U0921177

1999 STATISTICAL YEARBOOK OF SHANGHAI

上海统计年鉴

上海市统计局●编
SHANGHAI MUNICIPAL STATISTICS BUREAU
中国统计出版社
CHINA STATISTICAL PUBLISHING HOUSE

《上海统计年鉴——1999》编辑委员会 EDITORIAL BOARD

编　辑: 上海市统计局
出　版: 中国统计出版社
印　刷: 深圳宝峰印刷有限公司

Edited By: Shanghai Municipal Statistics Bureau
Published By: China Statistical Publishing House
Printed By: Shenzhen Baofeng Printing CO., Ltd.

编 者 说 明

一、《上海统计年鉴——1999》是一本信息高度密集的资料工具书。本书收录了1998年上海的经济和社会等各方面的统计数据。为庆祝中华人民共和国成立50周年，增加了上海解放50年来的主要统计数据。

二、全书内容分为21个篇目，即：1.综合；2.人口、劳动力；3.人民生活；4.价格水平；5.固定资产投资；6.城市建设；7.对外经济贸易和旅游；8.财政、金融、保险；9.农业；10.工业；11.建筑业；12.交通运输、邮电通信；13.国内商业；14.能源；15.科学技术；16.教育、文化；17.体育、卫生；18.法律、公证和其他；19.浦东新区；20.基本单位；21.新上海50年历史资料。为便于读者正确地使用资料，书末还附有主要统计指标解释。

三、资料中所使用的度量衡单位均采用国际统一标准计量单位。

四、本年鉴总量指标计算所采用的价格均为1998年现行价格。

五、本年鉴部分数据合计数或相对数由于单位取舍不同产生的计算误差均未作机械调整。

六、本年鉴表中的符号使用说明：

"…"表示数据不足本表最小单位数；

"空格"表示该项统计数据不详或无该项数据；

"#"表示其中的主要项。

七、读者在使用历史资料时，凡与本年鉴有出入的，均以本年鉴为准。

八、《上海统计年鉴》公开出版以来，受到了国内外广大读者的关心和支持，对本年鉴的内容和编辑工作提出了许多宝贵的意见，对此我们深表谢意。限于我们的水平，欢迎读者继续对年鉴的不足之处给予批评和指正，帮助我们进一步改进年鉴的编辑工作，以期更好地为广大读者服务。

EDITOR'S NOTE

Ⅰ. Shanghai Statistical Yearbook 1999 contains comprehensive statistics of Shanghai's social and economic development in 1998. To mark the 50th anniversary of the founding of the People's Republic of China, selected data of 50 years since Shanghai librated has been added to this yearbook.

Ⅱ. The book is composed of 21 parts. They include: 1. General Survey; 2. Population and Labor Force; 3. Living Standards; 4. Prices; 5. Investment in Fixed Assets; 6. Urban Construction; 7. Foreign Economic Relations, Trade and Tourism; 8. Fiscal, Financial and Insurance Performance; 9. Agriculture; 10. Industry; 11. Construction; 12. Transportation, Postal and Telecommunications; 13. Domestic Trade; 14. Energy; 15. Science and Technology; 16. Education and Culture; 17. Sports and Health; 18. Laws, Notary and Others; 19. Pudong New Area; 20. Basic Units and 21. Five-Decade Historical Data of New Shanghai. Interpretation of major statistical indicators attached is a useful tool for readers of this book.

Ⅲ. The international standard units of measurement are applied in this book.

Ⅳ. The prices used in caculation in this publication are current prices of the year 1998.

Ⅴ. Statistical discrepancies in this book due to rounding are not adjusted.

Ⅵ. Marks in this bok: … means not large enough to be rounded into the least unit; ""not available; # indicates major item in a category.

Ⅶ. In any case the data of this book shall be deemed as the authertic ones.

Ⅷ. Previous editions of Shanghai Statistical Yearbook have won wide acclaim among the readers. In order to excel, we welcome all candid comments and criticism from our readers.

目　　录
CONTENTS

第一篇　综　　合
CHAPTER 1　GENERAL SURVEY

第二篇 人口、劳动力
CHAPTER 2 POPULATION AND LABOUR FORCE

第三篇 人民生活
CHAPTER 3 LIVING STANDARDS

第四篇 价格水平
CHAPTER 4 PRICES

第五篇 固定资产投资
CHAPTER 5 INVESTMENT IN FIXED ASSETS

第六篇 城市建设
CHAPTER 6 URBAN CONSTRUCTION

第七篇 对外经济贸易和旅游
CHAPTER 7 FOREIGN ECONOMIC RELATIONS, TRADE AND TOURISM

第八篇 财政、金融、保险
CHAPTER 8 FISCAL, FINANCIAL AND INSURANCE PERFORMANCE

第九篇 农 业
CHAPTER 9 AGRICULTURE

第十篇 工 业
CHAPTER 10 INDUSTRY

第十一篇 建筑业
CHAPTER 11 CONSTRUCTION

第十二篇 交通运输、邮电通信
CHAPTER 12 TRANSPORTATION, POSTS AND TELECOMMUNICATIONS

第十三篇 国内商业
CHAPTER 13 DOMESTIC TRADE

第十四篇 能 源
CHAPTER 14 ENERGY

第十五篇 科学技术
CHAPTER 15 SCIENCE AND TECHNOLOGY

第十六篇 教育、文化
CHAPTER 16 EDUCATION AND CULTURE

第十七篇 体育、卫生
CHAPTER 17 SPORTS AND HEALTH

第十八篇　法律、公证和其他
CHAPTER 18　LAWS, NOTARY AND OTHERS

第十九篇　浦东新区
CHAPTER 19　PUDONG NEW AREA

第二十篇 基本单位
CHAPTER 20 BASIC UNITS

第二十一篇 新上海五十年历史资料（1952－1998）
CHAPTER 21 FIVE-DECADE HISTORICAL DATA OF NEW SHANGHAI

第 1 篇

综 合

Chapter 1

General Survey

第一篇　综　　合

上海，简称沪。位于北纬31度14分、东经121度29分。上海地处长江三角洲前缘，东濒东海，南临杭州湾，西接江苏、浙江两省，北界长江入海口，位于我国南北海岸的中部，交通便利，腹地广阔，地理位置优越，是一个良好的江海港口。

上海全市面积6340.5平方公里，占我国总面积的0.1%，南北长约120公里，东西宽约100公里。其中市区面积3248.7平方公里，陆地面积6218.65平方公里，水面面积121.85平方公里。境内辖有崇明岛，面积为1041平方公里，是我国第三大岛。

1998年，上海年末总人口（户籍人口）为1306.58万人，占我国总人口1%。全市人口密度为每平方公里2061人，其中市区每平方公里3296人。

1998年，上海国民经济运行状况良好，实现了持续、稳定、健康发展。全年实现国内生产总值3688.2亿元，按可比价格计算，比上年增长10.1%。其中，第一产业实现增加值78.5亿元，增长2.2%，占国内生产总值的2.1%，比上年下降0.2个百分点；第二产业实现增加值1847.2亿元，增长8.2%，占国内生产总值的50.1%，比上年下降2个百分点；第三产业实现增加值1762.5亿元，增长14.3%，占国内生产总值的47.8%，比上年提高2.3个百分点。1998年，全市人均国内生产总值达到28240元；全市财政收入完成1146亿元，比上年增长7%，其中，地方财政收入392.22亿元，增长11.3%。在经济实力不断增强的同时，价格水平稳中有降。全年商品零售价格水平比上年下降4.9%；居民消费价格水平与上年持平。全年完成全社会固定资产投资总额1964.83亿元，经济增长对投资的依赖度有所下降，经济增长的集约化程度提高。

Chapter 1　General Survey

Shanghai, also called "Hu" for short, is located at 31'14' north latitude and 121'29' east longitude. Bordering on Jiangsu and Zhejiang provinces on the west and situating at the tip of the Yangtze River Delta, Shanghai is washed by the East China Sea on the east and Hangzhou Bay on the south. North of the city, the Yangtze River pours into the East China Sea. The city also occupies a central location along China's coastline. Thanks to its advantageous geographic location, Shanghai is an excellent sea and river port, which also has an easy access to a vast hinterland.

The city covers an area of 6,340.5 square kilometres, 0.06% of China's total territory, extending about 120 kilometres from north to south and nearly 100 kilometres from east to west. Shanghai has an urban area of 3,249 square kilometres, land area of 6,219 square kilometres and water area of 122 square kilometres. The city's Chongming Island is the third largest island in China, covering an area of 1,041 square metres.

By the end of 1998, Shanghai had a population of 13.0658 million (according to the residential registration), representing 1% of China's total. The average population density in the city stands at 2,061 people per square kilometre, but the figure rises to 3,296 people in the urban area.

In 1998, the city reported sustained, rapid and sound economic development. Its total gross domestic product (GDP) reached 368.82 billion yuan, up 10.1% from the previous year according to the comparable prices. Agriculture achieved added value of 7.85 billion yuan, up 2.2% over 1997, and accounted for 2.1% of the city's total GDP, which was 0.2 percentage point lower than the previous year. The figures for industry stood at 184.72 billion yuan, up 10.6% from 1997, and accounted for 50.1% of the city's total GDP, which was and 2 percentage points down than the previous year. However, the services industry achieved added value of 176.25 billion yuan, up 14.3% from 1997 and accounting for 47.8% of the city's total GDP, or 2.3 percentage points higher than that of the previous year.

In 1998, the city's average per capita GDP reached 28,240 yuan. Shanghai's total financial revenue amounted to 114.6 billion yuan in the year, including 39.222 billion yuan in local financial revenue. The figures were 7% and 11.3% higher than that of 1997, respectively. While the economy showed sustained growth, the price indexes dropped in the city. In 1998, the price index for retail sales was 4.9 percentage points down from the 1997 figure while the consumption index remained unchanged from the previous year. The city's investment in fixed assets totalled 196.483 billion yuan, implying that the city relied less on investment for its economic growth. Instead, intensive operation was playing a bigger role.

国内生产总值指数
Indices of Gross Domestic Product

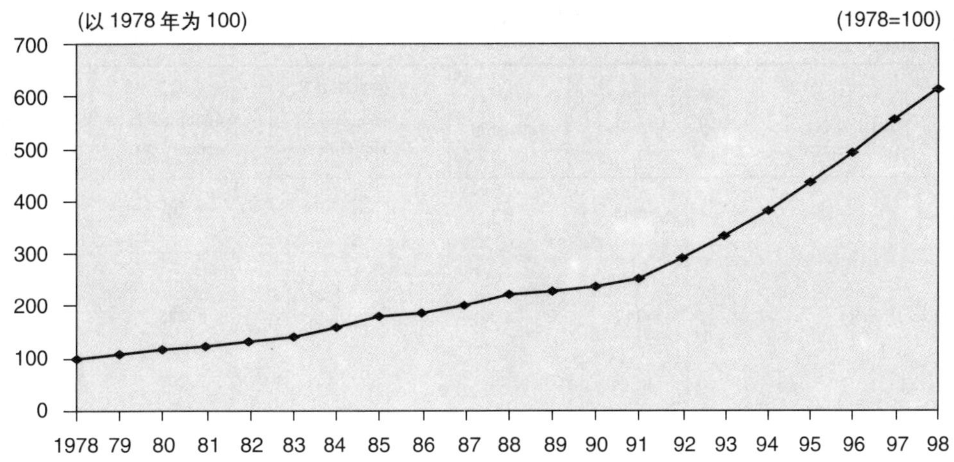

国内生产总值构成 (%)
Composition of Gross Domestic Product (%)

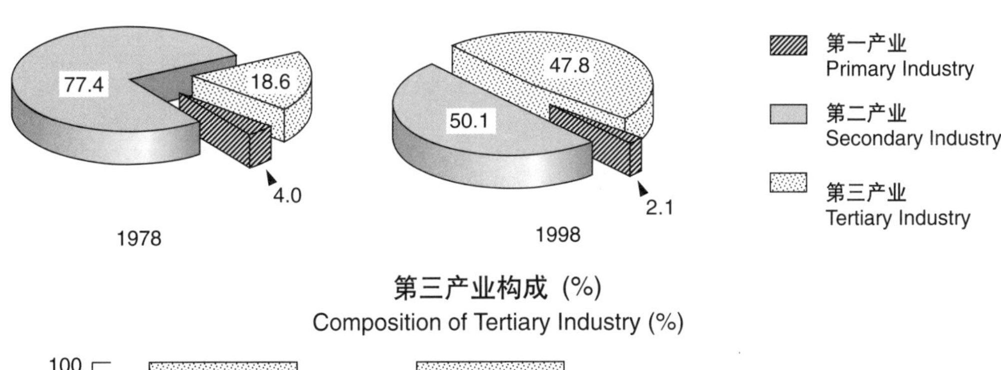

第三产业构成 (%)
Composition of Tertiary Industry (%)

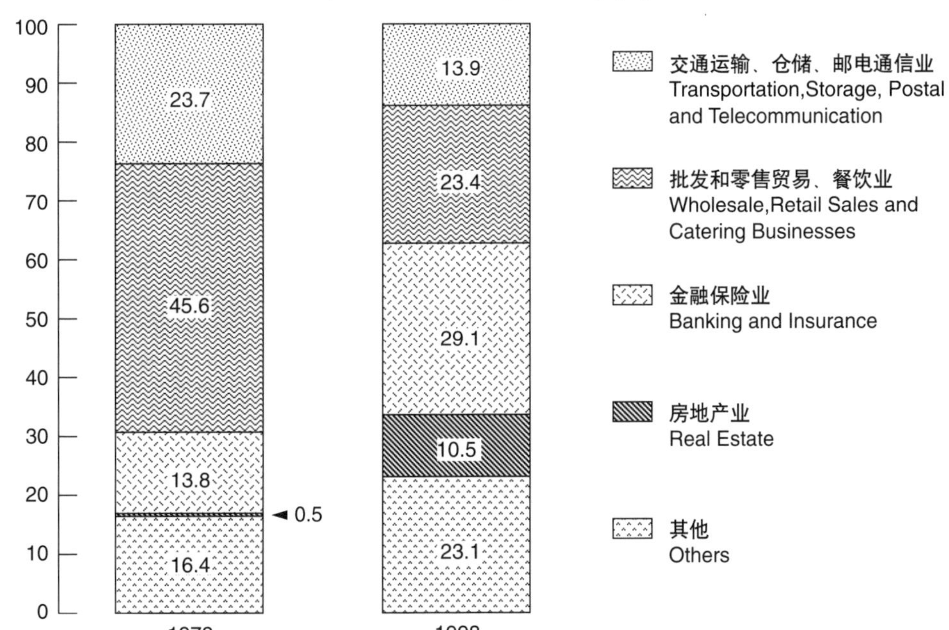

1-1 行政区划
ADMINISTRATIVE DIVISION
(1998)

单位：个

地区 District		镇 Town	乡 Township	街道办事处 Urban Sub-district Office	居民委员会 Neighbourhood Committees	村民委员会 Village Committees
全市	**Total**	**204**	**8**	**99**	**3 501**	**2 904**
市区	**Urban District**	**117**	**3**	**99**	**3 228**	**1 497**
黄浦区	Huangpu			4	63	
南市区	Nanshi			5	133	
卢湾区	Luwan			4	121	
徐汇区	Xuhui	3		10	351	20
长宁区	Changning	1		9	185	9
静安区	Jing'an			5	131	
普陀区	Putuo	3		12	310	18
闸北区	Zhabei	1		8	216	7
虹口区	Hongkou	1		9	264	
杨浦区	Yangpu	1		10	372	4
浦东新区	Pudong New Area	26		12	414	313
闵行区	Minhang	15		3	184	181
宝山区	Baoshan	14	2	5	223	175
嘉定区	Jiading	17		2	110	249
金山区	Jinshan	15	1	1	74	235
松江区	Songjiang	20			77	286
县	**County**	**87**	**5**		**273**	**1 407**
南汇县	Nanhui	25			85	342
奉贤县	Fengxian	22			77	296
青浦县	Qingpu	20			61	318
崇明县	Chongming	20	5		50	451

1－2 社会经济主要指标

MAIN SOCIAL AND ECONOMIC INDICATORS

(1978－1998)

年份 Year	年末总人口 (万人) Year-end Population (10 000 persons)	#市区 Urban Area	从业人员 (万人) Employment (10 000 persons)	#职工 Staff and Workers	国内生产总值 (亿元) Gross Domestic Product (100 million yuan)	第一产业 Primary Industry	第二产业 Secondary Industry	第三产业 Tertiary Industry
1978	1 098.28	557.38	698.32	422.81	272.81	11.00	211.05	50.76
1979	1 132.14	591.45	712.59	432.05	286.43	11.39	221.21	53.83
1980	1 146.52	601.29	730.77	446.92	311.89	10.10	236.10	65.69
1981	1 162.84	613.39	750.22	464.45	324.76	10.58	244.34	69.84
1982	1 180.51	626.84	764.03	475.16	337.07	13.31	249.32	74.44
1983	1 194.01	639.07	768.90	483.01	351.81	13.52	255.32	82.97
1984	1 204.78	688.13	769.79	478.44	390.85	17.26	275.37	98.22
1985	1 216.69	698.30	775.53	492.55	466.75	19.53	325.63	121.59
1986	1 232.33	710.16	782.99	500.22	490.83	19.69	336.02	135.12
1987	1 249.51	721.77	788.12	505.36	545.46	21.60	364.38	159.48
1988	1 262.42	732.65	792.13	509.76	648.30	27.36	433.05	187.89
1989	1 276.45	777.79	784.96	505.79	696.54	29.63	466.18	200.73
1990	1 283.35	783.48	787.72	508.10	756.45	32.60	482.68	241.17
1991	1 287.20	786.18	798.13	517.73	893.77	33.36	551.34	309.07
1992	1 289.37	792.75	806.91	511.16	1 114.32	34.16	677.39	402.77
1993	1 294.74	948.01	853.11	490.35	1 511.61	38.21	900.33	573.07
1994	1 298.81	953.04	850.04	478.65	1 971.92	48.59	1 143.24	780.09
1995	1 301.37	956.66	855.72	470.56	2 462.57	61.68	1 409.85	991.04
1996	1 304.43	961.02	851.21	456.75	2 902.20	71.58	1 582.50	1 248.12
1997	1 305.46	1 018.59	847.25	435.27	3 360.21	75.80	1 754.39	1 530.02
1998	1 306.58	1 070.62	836.21	412.61	3 688.20	78.50	1 847.20	1 762.50

注： 1992年以前从业人员为社会劳动者人数，以下同。

Note: Before 1992, employment refers to social laborers, The same in the following tables.

单位：亿元　　1－2 续表 1 continued　　(100 million yuan)

年份 Year	工业总产值 Gross Output Value of Industry	农业总产值 Gross Output Value of Agriculture	固定资产投资总额 Total Investment in Fixed Assets	#基本建设 Capital Construction	#更新改造 Technical Updates and Transformation	建筑业施工产值 Output Value of Construction	城市基础设施投资额 Infrastructure Investment
1978	514.01	18.26	27.91	14.46	5.60	5.34	4.46
1979	556.30	20.41	35.58	21.13	7.69	13.44	6.36
1980	598.75	18.90	45.43	25.74	11.30	16.41	9.60
1981	620.12	20.33	54.60	30.80	11.18	17.33	7.84
1982	634.65	23.97	71.34	43.63	14.41	20.74	7.22
1983	663.53	22.68	75.95	43.01	17.44	23.57	7.62
1984	728.12	26.59	91.72	47.42	22.56	29.08	9.77
1985	862.73	31.38	118.56	57.05	35.61	34.69	17.54
1986	952.21	33.76	146.93	71.37	46.83	46.06	24.78
1987	1 073.84	38.84	186.30	92.62	57.79	55.63	32.64
1988	1 304.66	53.07	245.27	116.06	78.04	63.97	37.08
1989	1 524.67	60.63	214.76	112.45	62.93	69.48	36.09
1990	1 642.75	68.16	227.08	108.53	71.77	69.39	47.22
1991	1 947.18	73.65	258.30	108.90	95.21	80.98	61.38
1992	2 429.96	80.01	357.38	129.60	126.84	113.26	84.35
1993	3 327.04	96.20	653.91	273.64	220.30	193.00	167.94
1994	4 255.19	140.24	1 123.29	511.24	304.01	309.68	238.16
1995	5 349.53	182.47	1 601.79	551.86	389.20	391.42	273.78
1996	5 126.22	200.95	1 952.05	651.28	415.73	450.41	378.78
1997	5 649.93	204.41	1 977.59	762.00	386.24	564.37	412.85
1998	5 919.35	206.75	1 964.83	844.15	365.01	593.11	531.38

单位：亿元　　1－2 续表 2 continued　　(100 million yuan)

年 份 Year	全市财政收入 Total Financial Revenue	#地 方 财政收入 Local	地方财政支出 Local Financial Expenditule	银行存款余额 Deposit Balance	银行贷款余额 Loans Balance	保险费收入 Insurance Income	保险赔款 Insurance Indemnity
1978	190.67	169.22	26.01	242.93	153.37	0.17	0.17
1979	192.75	172.69	27.06	267.92	165.16	0.16	0.07
1980	198.85	174.73	19.18	291.06	200.98	0.70	0.13
1981	204.52	174.35	19.06	148.85	221.98	0.95	0.32
1982	200.69	167.99	20.68	170.56	227.77	1.11	0.21
1983	204.34	156.39	22.39	190.73	239.50	1.33	0.45
1984	215.79	163.96	30.32	222.51	245.35	1.76	0.36
1985	263.86	184.23	46.07	261.09	306.27	2.27	0.54
1986	257.72	179.46	59.08	324.81	427.66	3.04	0.68
1987	241.36	168.97	53.85	396.38	523.35	4.03	0.92
1988	261.69	161.62	65.88	419.68	576.11	5.38	1.55
1989	297.25	166.88	73.31	473.73	698.71	7.37	1.89
1990	284.36	170.03	75.56	613.86	857.76	8.99	2.22
1991	324.66	175.53	86.05	769.95	1 008.82	11.16	4.47
1992	340.13	185.56	94.99	1 051.45	1 213.32	11.10	4.23
1993	439.53	242.34	129.26	1 495.06	1 605.57	14.46	5.89
1994	615.91	175.33	196.92	2 247.56	1 966.96	21.20	11.91
1995	702.46	227.30	267.89	3 056.76	2 387.33	25.73	12.75
1996	873.76	288.49	342.66	3 870.98	2 852.66	52.40	15.00
1997	1 070.95	352.33	428.92	5 560.65	3 722.30	87.59	19.10
1998	1 146.00	392.22	480.70	5 595.43	4 259.71	102.92	28.67

1－2 续表 3 continued

年 份 Year	职工工资总额(亿元) Total Wages of Staff and Workers (100 million yuan)	职工年平均工资(元) Average Annual Wages (yuan)	年末储蓄存款余额(亿元) Year-end Saving Deposit Balance (100 million yuan)	#城镇储蓄 Urban	#农村储蓄 Rural	社会消费品零售总额(亿元) Retail Sales of Consumer Goods (100 million yuan)	商品零售价格指数(以上年为100) Retail Price Indices (Preceding year=100)	居民消费价格指数(以上年为100) Residents Consumer Price Indices (Preceding year=100)
1978	28.12	672	18.18	16.92	1.26	54.10	100.5	100.5
1979	32.73	784	24.88	22.96	1.92	68.28	101.0	100.9
1980	38.10	873	30.20	27.64	2.56	80.43	106.5	105.9
1981	39.59	870	32.92	29.52	3.40	88.73	101.5	101.4
1982	41.34	883	37.94	32.68	5.26	89.80	100.3	100.3
1983	42.91	897	45.97	40.17	5.80	100.68	100.1	100.2
1984	53.72	1 110	56.10	50.13	5.97	123.72	102.2	102.2
1985	68.99	1 416	70.09	62.79	7.30	173.39	116.4	115.2
1986	83.35	1 689	90.95	80.69	10.26	196.84	106.7	106.3
1987	94.78	1 893	120.33	106.79	13.54	225.25	108.8	108.1
1988	114.47	2 277	141.21	125.74	15.47	295.83	121.3	120.1
1989	131.10	2 608	193.47	172.93	20.54	331.38	116.7	115.9
1990	146.78	2 917	252.16	223.05	29.11	333.86	104.8	106.3
1991	172.84	3 375	328.22	290.41	37.81	382.06	109.5	110.5
1992	217.21	4 273	413.09	368.00	45.09	464.82	109.7	110.0
1993	279.33	5 650	578.39	519.53	58.86	624.30	117.5	120.2
1994	357.89	7 401	975.95	888.70	87.25	770.74	117.5	123.9
1995	440.75	9 279	1 396.13	1 278.44	117.69	970.04	113.0	118.7
1996	492.70	10 663	1 868.34	1 718.56	149.78	1 161.30	105.0	109.2
1997	510.10	11 425	2 729.57	2 556.83	172.74	1 325.21	98.8	102.8
1998	510.35	12 059	2 372.94	2 180.69	192.25	1 471.03	95.1	100.0

1－2 续表 4 continued

年 份 Year	能源终端消费量(万吨标准煤) Final Energy Consumption (10 000 tons of SCE)	# 工业 Industry	工业每万元产值综合能耗(吨标准煤) General Energy Consumption Per 10 000 yuan Output Value of Industry (ton of SCE)	货 物 运输量(万吨) Freight Traffic (10 000 tons)	旅 客 发送量(万人次) Passenger Transportation (10 000 person-times)	港口货物吞吐量(万吨) Cargo Handled at Seaports (10 000 tons)	邮电业务总量(1990年不变价格)(亿元) Revenue of Post and Telecommunication (100 million yuan)	函 件(亿件) Mails (100 million pieces)
1978		1 630.24		19 645	1 763	7 955	1.59	1.30
1979		1 655.10		19 613	2 047	8 350	1.78	1.40
1980		1 645.20		20 037	2 369	8 483	2.04	1.60
1981		1 661.03		20 150	2 532	8 335	2.12	1.61
1982		1 703.88		21 153	2 598	8 976	2.26	1.66
1983		1 746.88		21 594	2 825	9 190	2.58	1.64
1984		1 789.92		23 121	3 150	10 066	2.94	1.85
1985		1 878.33	2.16	24 243	3 434	11 291	3.53	2.19
1986		1 065.27	2.33	26 671	3 720	12 604	3.94	2.28
1987		2 122.06	2.28	27 241	4 138	12 833	4.65	2.70
1988		2 667.12	2.12	27 832	4 409	13 320	6.58	2.88
1989	2 969.66	2 285.15	2.05	27 666	4 140	14 604	8.30	2.93
1990	3 107.46	2 369.99	2.06	26 777	3 835	13 959	10.23	2.96
1991	3 466.49	2 591.11	1.31	27 558	4 035	14 679	13.16	3.14
1992	3 546.35	2 731.13	1.16	29 580	4 283	16 297	18.52	3.17
1993	3 807.56	3 151.03	1.23	30 293	4 389	17 596	28.64	3.91
1994	4 176.63	3 233.83	0.97	28 585	5 074	16 581	39.19	4.90
1995	4 465.87	3 512.49	0.89	27 571	5 265	16 567	55.70	5.58
1996	4 782.03	3 456.97	0.80	45 821	5 269	16 402	77.06	6.82
1997	4 758.82	3 498.84	0.71	45 938	6 057	16 397	102.01	5.09
1998	4 874.11	3 452.96	0.66	46 230	6 139	16 388	139.87	4.20

1－2 续表 5 continued

年 份 Year	外贸出口商品总额(亿美元) Total Exports Value of Foreign Trade (USD 100 million)	轻纺产品 Light Industrial and Textile Products	重工产品 Heavy Industrial Products	农副产品 Farming and Sideline Products	吸收外资 Absorption of Foreign Capital			来沪旅游人数(万人次) Tourists (10 000 person-times)
					签订合同项目(个) Number of Contracts	签订合同金额(亿美元) Contracted Investment (USD 100 million)	实际吸收外资金额(亿美元) Foreign Capital Actually Absorbed (USD 100 million)	
1978	28.93	16.36	3.55	9.02				24.02
1979	36.75	20.85	5.48	10.42				21.36
1980	42.66	23.25	8.13	11.28				31.18
1981	38.07	21.95	7.67	8.45	20	0.47	0.18	36.91
1982	36.05	20.37	7.05	8.63	33	0.76	0.14	37.12
1983	36.48	20.52	6.74	9.22	20	1.13	0.16	44.04
1984	35.87	20.69	5.96	9.24	51	2.75	0.42	53.22
1985	33.61	19.74	6.20	7.67	125	4.10	1.15	60.23
1986	35.82	22.56	6.11	7.15	165	4.22	2.61	65.93
1987	41.60	25.76	8.29	7.55	187	9.74	7.00	76.77
1988	46.05	28.50	10.03	7.52	320	8.88	13.22	91.64
1989	50.32	32.54	11.29	7.49	326	10.19	11.90	65.58
1990	53.21	33.89	12.68	6.62	269	4.27	7.80	89.30
1991	57.40	34.88	17.73	4.79	509	7.72	8.66	98.18
1992	65.55	40.74	16.96	7.85	2 169	29.28	22.38	125.31
1993	73.82	54.18	12.17	7.47	3 864	45.36	31.75	124.84
1994	90.77	64.78	22.78	3.21	4 050	71.55	39.89	132.18
1995	115.77	75.70	35.74	4.33	3 334	74.08	52.98	136.79
1996	132.38	84.96	43.09	4.33	2 709	98.82	75.10	143.19
1997	147.24	88.24	54.95	4.05	2 541	81.74	63.45	165.35
1998	163.28	91.03	64.26	7.99	2 154	84.16	48.16	152.71

1－2 续表 6 continued

年 份 Year	全市科技成果(项) Achievements in Science and Technology (item)	国有经济单位各类专业人员(万人) Professional Personnel in State-Owned Units (10 000 persons)	高等学校在校学生数(万人) Student Enrollment in Institutions of Higher Education (10 000 persons)	研究生在读人数(人) Postgraduate Enrollment (person)	小学在校学生数(万人) Pupil Enrollment in Primary Schools (10 000 persons)	学龄儿童入学率(%) Percentage of School-age Children Enrollment	文化事业机构数(个) Cultural Institutions	文化事业人员数(人) Cultural Personnel (person)
1978	694	27.00	5.06	1 253	87.06	99.3		
1979	502	29.90	6.74	2 363	88.00			
1980	624	33.08	7.67	2 696	85.47	99.2	1 269	21 879
1981	559	35.15	9.11	2 003	83.22			
1982	650	37.95	8.39	2 965	78.88			
1983	736	47.07	7.87	3 668	79.82	99.5	1 403	24 662
1984	1 585	51.21	8.99	5 601	83.47	99.8	1 407	24 293
1985	1 957	55.32	10.79	8 333	84.18	99.9	1 412	23 691
1986	2 123	59.87	11.77	10 433	86.56	99.9	1 460	24 797
1987	1 955	64.76	12.25	11 009	89.35	99.8	1 498	24 925
1988	2 062	76.18	12.82	11 686	98.39	99.9	1 366	25 700
1989	1 855	84.31	12.61	10 287	106.02	99.9	1 203	23 513
1990	2 092	86.16	12.13	9 568	110.19	99.9	602	12 820
1991	2 588	88.60	11.69	8 969	111.38	100.0	582	12 887
1992	2 557	90.10	11.95	9 855	113.37	99.9	585	13 471
1993	1 995	88.88	13.10	11 045	116.70	99.7	567	12 253
1994	1 715	87.66	14.04	13 090	113.98	99.1	564	11 573
1995	1 350	84.79	14.41	14 713	109.78	99.6	517	11 468
1996	1 094	83.09	14.79	16 835	106.46	99.9	529	13 928
1997	1 193	77.83	15.38	18 460	102.44	100.0	519	13 777
1998	1 305	75.26	16.51	21 162	96.14	100.0	552	14 217

注： 1990年起，文化事业机构数和人员数不包括电影事业。
Note: From 1990, the data of cultural institutions and personnel excluded the film sector.

1－2 续表 7 continued

年 份 Year	图书出版量(万册、张) Books Published (10 000 copies)	杂志出版量(万册) Magazines Published (10 000 copies)	报纸出版量(万份) Newspapers Published (10 000 copies)	卫生机构数(个) Health Care Institutions	#医院 Hospitals	医院病床(万张) Beds in Hospitals (10 000)	卫生技术人员(万人) Health Care Professionals (10 000 persons)	#医生 Doctors
1978	39 206	4 710	64 063	4 823	388	4.68	8.50	3.36
1979	45 815	7 278	73 249	5 627	394	4.78	8.88	3.59
1980	56 207	12 209	85 520	6 067	399	4.94	9.41	3.93
1981	60 149	20 331	102 780	6 337	403	4.99	9.57	4.37
1982	60 652	23 069	149 290	6 445	408	5.11	9.88	4.72
1983	46 510	25 144	181 289	6 451	415	5.20	10.09	4.87
1984	53 727	31 018	196 328	6 318	420	5.34	10.24	4.85
1985	49 598	34 503	195 383	7 245	405	5.32	10.42	4.85
1986	36 567	30 344	199 406	7 306	419	5.47	10.71	4.91
1987	42 624	31 324	224 511	7 330	431	5.60	11.00	5.05
1988	43 285	26 620	213 758	7 471	444	5.89	11.46	5.40
1989	32 843	18 609	158 545	7 550	460	6.04	11.65	5.73
1990	29 849	17 314	161 575	7 690	462	6.21	11.84	5.82
1991	31 097	17 939	175 981	7 554	463	6.31	11.92	5.88
1992	27 512	18 424	184 792	7 363	454	6.42	11.82	5.88
1993	22 599	18 187	201 767	6 077	486	6.75	11.53	5.75
1994	23 549	17 232	186 445	5 606	497	6.81	11.20	5.52
1995	24 438	17 846	190 372	5 286	485	6.69	11.06	5.37
1996	27 899	16 587	189 300	5 200	477	6.73	10.95	5.24
1997	27 023	16 623	193 431	5 028	474	6.78	10.89	5.13
1998	28 345	16 503	197 344	4 637	473	6.83	10.84	5.03

1－3 社会经济主要指标增长率
(比上年增长,1978－1998)
GROWTH RATE OF MAIN SOCIAL AND ECONOMIC INDICATORS
(OVER THE PREVIOUS YEAR, 1978－1998)

单位：%

年 份 Year	年末总人口 Year-end Population	#市 区 District	从业人员 Employment	#职 工 Staff and Workers	国内生产总值 Gross Domestic Product	第一产业 Primary Industry	第二产业 Secondary Industry	第三产业 Tertiary Industry
1978	1.1	1.1	2.5	3.6	15.8	27.0	16.6	10.6
1979	3.1	6.1	2.0	2.2	7.4	-0.7	8.6	3.0
1980	1.3	1.7	2.6	3.4	8.4	-0.5	6.0	22.2
1981	1.4	2.0	2.8	3.9	5.6	0.3	4.9	8.9
1982	1.5	2.2	1.6	2.3	7.2	26.1	4.6	13.4
1983	1.1	2.0	0.5	1.7	7.8	平	7.6	9.8
1984	0.9	7.7	0.1	0.9	11.6	25.2	10.0	14.7
1985	1.0	1.5	0.7	1.0	13.4	-22.2	14.8	14.7
1986	1.3	1.7	1.0	1.6	4.4	-0.2	4.0	6.0
1987	1.4	1.6	0.6	1.0	7.5	-2.7	7.4	8.9
1988	1.0	1.5	0.5	0.9	10.1	4.6	9.4	12.6
1989	1.1	6.2	-0.1	-0.8	3.0	0.3	1.6	7.1
1990	0.5	0.7	0.4	0.5	3.5	4.3	2.8	5.3
1991	0.3	0.3	1.3	1.9	7.1	0.4	6.8	8.4
1992	0.2	0.8	1.1	-1.3	14.8	0.4	17.2	12.0
1993	0.4	19.6	5.7	-4.1	14.9	-2.7	16.7	13.2
1994	0.3	0.5	-0.4	-2.4	14.3	2.9	14.2	15.8
1995	0.2	0.4	0.7	-1.7	14.1	6.4	14.8	13.1
1996	0.2	0.5	-0.5	-2.9	13.0	5.0	11.1	17.8
1997	0.1	6.0	-0.5	-4.7	12.7	4.2	10.6	17.7
1998	0.1	5.1	-1.3	-5.2	10.1	2.2	8.2	14.3

单位：%

1－3 续表 1 continued

年 份 Year	工业总产值 Gross Output Value of Industry	农业总产值 Gross Output Value of Agriculture	固定资产投资总额 Total Investment in Fixed Assets	#基本建设 Capital Construction	#更新改造 Technical Updates and Transformation	#房地产投资 Investment in Real Estate	城市基础设施投资额 Infrastructure Investment	建筑业施工产值 Output Value of Construction
1978	12.1	32.6	55.1	78.5	-21.5		42.6	37.4
1979	8.6	1.4	27.5	46.1	37.3		37.1	1.5倍
1980	6.5	-9.1	27.7	21.8	46.9		50.9	22.1
1981	3.7	8.6	20.2	19.7	-1.1		-18.3	5.6
1982	4.7	17.4	30.7	41.7	28.9		-7.9	19.7
1983	7.0	-6.4	6.4	-1.4	21.0		5.5	13.6
1984	9.9	13.2	20.8	10.3	29.4		28.2	23.4
1985	13.5	-9.2	29.3	20.3	57.8		79.5	19.3
1986	5.5	6.0	23.9	25.1	31.5		41.3	32.8
1987	6.7	2.3	26.8	29.8	23.4		31.7	20.8
1988	10.5	6.3	31.7	25.3	35.0		13.6	15.0
1989	3.0	1.3	12.4	-3.1	-19.4		-2.7	8.6
1990	4.0	5.7	5.7	-3.5	14.1		30.8	-0.1
1991	14.1	4.8	13.7	0.3	32.7	-7.0	30.0	16.7
1992	20.2	5.8	38.4	19.0	33.2	67.5	37.4	39.9
1993	20.0	-4.4	84.0	1.1倍	73.7	73.3	1.0倍	70.4
1994	17.9	7.8	71.8	86.8	38.0	4.3倍	38.0	60.5
1995	17.4	11.0	42.6	7.9	28.0	3.0倍	15.0	26.4
1996	15.5	8.3	21.9	18.0	6.8	41.1	38.4	15.1
1997	14.5	5.6	1.3	17.0	-7.1	-6.6	9.0	25.3
1998	10.8	2.4	-0.6	10.8	-5.5	-6.0	28.7	5.1

单位：%　　1－3 续表 2 continued

年　份 Year	全　市 财政收入 Total Financial Revenue	#地　方 财政收入 Local	地　方 财政支出 Local Financial Expenditure	保险费收入 Insurance Income	保险赔款 Insurance Indemnity	职工工资总额 Total Wages of Staff and Workers	社会消费品 零售总额 Retail Sales of Consumer Goods	工业能源 终端消费量 Final Industrial Energy Consumption
1978	19.2	14.6	51.4	22.6	50.1	12.6	9.8	6.6
1979	1.1	2.1	4.0	-24.1	-17.6	16.4	26.2	1.5
1980	3.2	1.2	-29.1	3.4倍	99.3	16.4	17.8	-0.6
1981	2.9	-0.2	-0.6	35.7	1.4倍	3.9	10.3	1.0
1982	-1.9	-3.6	8.5	17.5	-33.5	4.4	1.2	2.6
1983	1.8	-6.9	8.3	19.4	1.1倍	3.8	12.1	2.5
1984	5.6	4.8	35.4	32.6	-18.7	25.2	22.9	2.5
1985	22.3	12.4	51.9	27.3	53.1	28.4	40.1	4.9
1986	-2.3	-2.6	28.2	39.6	23.3	20.8	13.5	-43.3
1987	-6.3	-5.8	-8.9	28.5	34.1	13.7	14.4	99.2
1988	8.4	-4.3	22.3	31.1	68.5	20.8	31.3	25.7
1989	13.6	3.3	11.3	40.0	22.4	14.5	12.3	-14.3
1990	-4.3	1.9	3.1	21.9	17.1	12.0	0.7	3.7
1991	14.2	3.2	13.9	24.1	1.0倍	17.8	14.4	9.3
1992	4.8	5.7	10.4	-0.5	-5.3	25.7	21.7	5.4
1993	29.2	30.6	99.1	30.3	39.2	28.6	34.3	15.4
1994	40.1		41.8	46.6	1.0倍	28.1	23.5	2.6
1995	14.1	29.6	36.0	21.4	7.1	23.2	25.9	8.6
1996	24.4	26.9	27.9	103.7	17.6	11.8	19.7	-1.6
1997	22.6	22.1	25.2	67.2	27.3	3.5	15.2	1.2
1998	7.0	11.3	12.1	17.5	50.1	…	11.0	-1.3

单位：%　　1－3 续表 3 continued

年　份 Year	货　物 运输量 Freight Traffic	旅　客 发送量 Passerger Transportation	港口货物 吞吐量 Cargo Handled at Seaports	邮电业务 总　量 Revenue of Post and Telecommunications	外贸出口 商品总额 Total Exports Value of Foreign Trade	吸收外资 Absorption of Foreign Capital			来　沪 旅游人数 Tourists
						签订合同 项　目 Number of Contracts	签订合同 金　额 Contracted Investment	实际吸收 外资金额 Foreign Capital Actually Absorbed	
1978	14.6		30.6	6.6	30.2				
1979	-0.2	16.1	5.0	14.8	27.0				-11.1
1980	2.2	15.7	1.6	12.0	16.1				46.0
1981	0.6	6.9	-1.8	4.0	-10.8				18.4
1982	5.0	2.6	7.7	6.6	-5.3	65.0	61.7	-22.2	0.6
1983	2.1	8.7	2.4	14.0	1.2	-39.4	48.7	14.3	18.6
1984	7.1	11.5	9.5	13.8	-1.7	1.6倍	1.4倍	1.6倍	20.8
1985	4.9	9.0	12.2	20.2	-6.3	1.5倍	49.1	1.7倍	13.2
1986	10.0	8.3	11.6	11.7	6.6	32.0	2.9	1.3倍	9.5
1987	2.1	11.3	1.8	17.9	16.1	13.3	1.3倍	1.7倍	16.4
1988	2.2	6.5	3.8	41.5	10.7	71.1	-8.8	88.7	19.4
1989	-0.6	-6.1	9.6	26.2	9.3	1.9	14.8	-10.0	-28.4
1990	-3.2	-7.4	-4.4	23.2	5.7	-17.5	-58.1	-34.5	36.2
1991	2.9	5.2	5.2	28.7	8.0	89.2	80.8	11.1	9.9
1992	7.3	6.1	11.0	40.7	14.2	3.3倍	2.8倍	41.9	27.6
1993	2.4	2.5	8.0	54.7	12.6	78.1	54.9	41.9	-0.4
1994	-5.6	15.6	-5.7	36.9	23.0	4.8	57.7	25.6	5.9
1995	-3.5	3.8	-0.1	42.1	27.5	-17.7	3.5	32.8	3.5
1996	66.2	0.1	-1.0	38.3	14.3	-18.7	33.4	41.8	4.7
1997	0.3	15.0	…	32.4	11.2	-6.2	-17.3	-15.5	15.5
1998	0.6	1.4	-0.1	37.1	10.9	-15.2	3.0	-24.1	-7.6

单位：%

1－3 续表 4 continued

年 份 Year	全 市 科技成果 Achievements in Science and Technology	国有经济单位各类专业人员 Professionals in State-Owned Units	高等学校在校学生数 Student Enrollment in Institutions of Higher Education	研究生在读人数 Post-graduate Enrollment	小学在校学生数 Student Enrollment in Primary Schools	文化事业机构数 Cultural Institutions	文化事业人员数 Cultural Personnel
1978			42.1		3.6		
1979	-27.7	10.7	33.2	88.6	1.1		
1980	24.3	10.6	13.8	14.1	-2.9		
1981	-10.4	6.3	18.8	-25.7	-2.6		
1982	16.3	7.9	-7.9	48.0	-5.2		
1983	13.2	24.0	-6.2	23.7	1.2		
1984	1.2倍	8.8	14.2	52.7	4.6	0.3	-1.5
1985	23.5	8.0	20.0	48.8	0.8	0.4	-2.5
1986	8.5	8.2	9.1	25.2	2.8	3.4	4.7
1987	-7.9	8.2	4.1	5.5	3.2	2.6	0.5
1988	5.5	17.6	4.7	6.1	10.1	-8.8	3.1
1989	-10.0	10.7	-1.6	-12.0	7.8	-11.9	-8.5
1990	12.8	2.2	-3.8	-7.0	3.9		
1991	23.7	2.8	-3.6	-6.3	1.1	-3.3	0.5
1992	-1.2	1.7	2.2	9.9	1.8	0.5	4.5
1993	-22.0	-1.4	9.6	12.1	2.9	-3.1	-9.0
1994	-14.0	-1.4	7.2	18.5	-2.3	-0.5	-5.5
1995	-21.3	-3.3	2.6	12.4	-3.7	-8.3	-0.9
1996	-19.0	-2.0	2.6	14.4	-3.0	2.3	21.5
1997	9.0	-6.3	4.0	9.7	-3.8	-1.9	-1.1
1998	9.4	-3.3	7.3	14.6	-6.1	6.4	3.2

单位：%

1－3 续表 5 continued

年 份 Year	图书出版量 Books Published	杂志出版量 Magazines Published	报纸出版量 Newspapers Published	卫生机构数 Health Care Institutions	#医 院 Hospitals	医院病床数 Beds in Hospitals	卫生技术人员 Health Care Professionals	#医 生 Doctors
1978	20.0	75.9	9.1	-5.7	1.6	0.4	3.4	4.3
1979	16.9	54.5	14.3	16.7	1.5	2.1	4.5	6.8
1980	22.7	67.8	16.8	7.8	1.3	3.3	6.0	9.5
1981	7.0	66.5	20.2	4.5	1.0	1.0	1.7	11.2
1982	0.8	13.5	45.3	1.7	1.2	2.4	3.2	8.0
1983	-23.3	9.0	21.4	0.1	1.7	1.8	2.1	3.2
1984	15.5	23.4	8.3	-2.1	1.2	2.7	1.5	-0.4
1985	-7.7	1.2	-0.5	14.7	-3.6	-0.4	1.8	7.0
1986	-26.3	-12.1	2.1	0.8	3.5	2.8	2.8	1.2
1987	16.6	3.2	12.6	0.3	2.9	2.4	2.7	2.9
1988	1.6	-15.2	-4.8	1.9	3.0	5.2	4.2	6.9
1989	-24.1	-30.1	-25.8	1.1	3.6	2.5	1.7	6.1
1990	-9.1	-7.0	1.9	1.9	0.4	2.8	1.6	1.6
1991	4.2	3.6	8.9	-1.8	0.2	1.6	0.7	1.0
1992	-11.5	2.7	5.0	-2.5	-1.9	1.7	-0.8	7.0
1993	-17.9	-1.3	9.2	-17.5	7.0	5.1	-2.5	-2.2
1994	4.2	-5.3	-7.6	-7.8	2.3	0.9	-2.9	-4.0
1995	3.8	3.6	2.1	-5.7	-2.4	-1.8	-1.2	-2.7
1996	14.2	-7.1	-0.6	-1.6	-1.6	0.6	-1.0	-2.4
1997	-3.1	0.2	2.2	-3.3	-0.6	0.7	-0.5	-2.1
1998	4.9	-0.7	2.0	-7.8	-0.2	0.7	-0.5	-1.9

1－4 社会经济主要指标比例关系

PERCENTAGE OF MAIN SOCIAL AND ECONOMIC INDICATORS

(1978－1998)

单位：%

年 份 Year	以从业人员为100 Employment＝100			以国内生产总值为100 Gross Domestic Product＝100			以工业总产值为100 Gross Output Value of Industry＝100	
	第一产业 Primary Industry	第二产业 Secondary Industry	第三产业 Tertiary Industry	第一产业 Primary Industry	第二产业 Secondary Industry	第三产业 Tertiary Industry	轻工业 Light Industry	重工业 Heavy Industry
1978	34.5	44.1	21.4	4.0	77.4	18.6	51.8	48.2
1979	31.6	46.4	22.0	4.0	77.2	18.8	52.3	47.7
1980	29.0	48.6	22.4	3.2	75.7	21.1	55.3	44.7
1981	27.3	50.0	22.7	3.3	75.2	21.5	58.1	41.9
1982	25.4	50.9	23.7	3.9	74.0	22.1	56.7	43.3
1983	23.0	52.7	24.3	3.8	72.6	23.6	54.8	45.2
1984	19.5	55.1	25.4	4.4	70.5	25.1	54.3	45.7
1985	16.4	57.5	26.1	4.2	69.8	26.0	52.9	47.1
1986	14.2	58.4	27.4	4.0	68.5	27.5	51.8	48.2
1987	13.0	58.8	28.2	4.0	66.8	29.2	51.9	48.1
1988	11.8	59.0	29.2	4.2	66.8	29.0	52.1	47.9
1989	11.3	59.1	29.6	4.3	66.9	28.8	51.8	48.2
1990	11.1	59.3	29.6	4.3	63.8	31.9	51.5	48.5
1991	10.4	59.0	30.6	3.7	61.7	34.6	50.1	49.9
1992	8.7	58.3	32.0	3.1	60.8	36.1	46.6	53.4
1993	11.6	58.0	30.4	2.5	59.6	37.9	42.1	57.9
1994	11.6	56.3	32.1	2.5	58.0	39.5	44.4	55.6
1995	11.9	54.6	33.5	2.5	57.3	40.2	45.5	54.5
1996	11.9	52.3	35.8	2.5	54.5	43.0	45.5	54.5
1997	12.7	49.1	38.2	2.3	52.2	45.5	44.7	55.3
1998	12.5	46.0	41.5	2.1	50.1	47.8	44.1	55.9

单位：%

1－4 续表 1 continued

年 份 Year	以农业总产值为100 Gross Output Value of Agriculture＝100				以固定资产投资总额为100 Total Investment in Fixed Assets＝100			
	种植业 Farming	林 业 Forestry	牧 业 Animal Husbandary	渔 业 Fishery	基本建设 Capital Construction	更新改造 Technical Updates and Transformation	房地产投资 Investment in Real Estate	集体单位和其他 Collective Units and Others
1978	74.9	0.3	20.1	4.7	51.8	20.1		28.1
1979	74.7	0.2	20.7	4.4	59.4	21.6		19.0
1980	61.4	0.3	33.2	5.1	56.7	24.9		18.4
1981	61.6	1.0	31.4	6.0	56.4	20.5		23.1
1982	60.0	1.0	32.6	6.4	61.2	20.2		18.6
1983	59.0	0.9	34.4	5.7	56.6	23.0		20.4
1984	63.6	0.8	30.3	5.3	51.7	24.6		23.7
1985	51.3	0.7	39.0	9.0	48.1	30.0		21.9
1986	51.3	0.7	37.8	10.2	48.6	31.9		19.5
1987	46.9	0.9	39.9	12.3	49.7	31.0		19.3
1988	43.4	0.8	41.8	14.0	47.3	31.8		20.9
1989	42.8	0.6	43.6	13.0	52.4	29.3		18.3
1990	43.3	0.5	44.4	11.8	47.8	31.6	3.6	17.0
1991	42.0	0.5	45.3	12.2	42.2	36.9	2.9	18.0
1992	41.5	0.5	46.5	11.5	36.3	35.5	3.6	24.6
1993	42.1	0.4	44.7	12.8	41.8	33.7	3.4	21.1
1994	42.9	0.4	44.2	12.5	45.5	27.1	10.5	16.9
1995	42.6	0.2	44.7	12.5	34.5	24.3	29.1	12.1
1996	43.6	0.4	42.5	13.5	33.4	21.3	33.7	11.6
1997	41.7	0.2	43.2	14.9	38.5	19.5	31.1	10.9
1998	43.1	0.4	42.2	14.3	43.0	18.6	29.4	9.0

单位：%

1—4 续表 2 continued

年 份 Year	以固定资产投资总额为100 Total Investment in Fixed Assets=100			以货物运输总量为100 Freight Traffic=100			以社会消费品零售总额为100 Retail Sales of Consumer Goods=100			
	第一产业 Primary Industry	第二产业 Secondary Industry	第三产业 Tertiary Industry	#铁 路 Railway	#公 路 Highway	#水 运 Waterway	吃 Food	穿 Clothing	用 Daily-use Articles	烧 Fuels
1978				22.0	36.6	41.4	49.1	21.4	28.0	1.5
1979				22.3	37.0	40.7	44.0	23.5	31.2	1.3
1980				22.4	36.4	41.2	42.6	24.6	31.6	1.2
1981				21.9	37.0	41.1	43.7	23.9	31.3	1.1
1982				21.6	37.0	41.4	45.3	21.8	31.8	1.1
1983				21.4	37.3	41.3	43.9	22.2	32.9	1.0
1984				20.9	37.6	41.5	40.5	22.4	36.3	0.8
1985				20.9	38.0	41.1	37.0	20.5	41.9	0.6
1986				19.9	38.0	42.1	39.1	20.0	40.3	0.6
1987				20.1	37.3	42.6	40.4	18.9	40.1	0.6
1988				19.1	36.0	44.9	40.3	18.1	41.0	0.6
1989				19.2	34.4	46.4	42.3	15.6	41.6	0.5
1990				19.4	32.5	48.1	42.6	15.7	41.1	0.6
1991				18.8	32.3	48.9	42.6	13.9	42.7	0.8
1992				18.7	31.9	49.4	41.0	14.4	43.6	1.0
1993	1.0	47.5	51.5	20.1	30.4	49.5	39.3	15.0	44.9	0.8
1994	1.6	35.7	62.7	21.8	26.1	52.1	39.8	14.9	44.5	0.8
1995	0.6	32.3	67.1	23.3	22.8	53.8	39.6	14.7	45.0	0.7
1996	1.0	33.2	65.8	13.6	54.6	31.7	39.8	14.3	45.2	0.7
1997	0.3	33.6	66.1	12.7	56.6	30.7	40.2	14.0	45.1	0.7
1998	0.3	33.3	66.4	11.4	57.0	31.4	41.1	13.4	44.8	0.7

单位：%

1—4 续表 3 continued

年 份 Year	全市财政收 入 Total Financial Revenue	固定资产投资总额 Total Fixed Assets Investment	外贸出口商品总额 Total Exports Value of Foreign Trade	基建拨款 Capital Construction Investment	文教科学卫生事业费 Culture, Education, Science and Health Care Investment	城市维护费 City Maintenance Investment
	相当于国内生产总值 in Gross Domestic Product			占财政支出比例 of Financial Expenditure		
1978	69.9	10.2	18.2	45.2	11.8	2.0
1979	67.3	12.4	19.9	47.0	13.3	2.8
1980	63.8	14.6	20.4	32.1	22.1	5.0
1981	63.0	16.8	20.8	28.4	24.2	6.3
1982	59.5	21.2	20.6	24.0	25.1	7.6
1983	58.1	21.6	20.3	21.4	25.1	8.2
1984	55.2	23.6	24.0	26.3	21.2	6.9
1985	56.5	25.4	23.0	30.9	19.7	6.0
1986	52.5	29.9	27.2	24.0	18.4	6.6
1987	44.2	34.2	28.4	18.6	22.2	8.4
1988	40.4	37.8	26.4	8.6	21.7	7.0
1989	42.7	30.8	26.9	7.5	22.5	8.0
1990	38.2	30.0	33.6	18.5	24.4	8.9
1991	36.3	28.9	34.2	14.8	24.0	8.5
1992	30.5	32.1	32.4	19.7	25.8	9.9
1993	29.1	43.3	28.1	17.2	25.4	9.3
1994	31.2	57.0	39.6	17.5	23.2	6.7
1995	28.5	65.0	39.1	15.8	22.8	6.5
1996	30.1	67.3	37.9	17.2	22.7	5.7
1997	31.9	58.9	35.9	19.3	22.2	5.6
1998	31.1	53.3	36.6	20.3	22.5	5.7

1－5 社会经济主要指标平均每天水平
AVERAGE DAILY LEVEL OF MAIN SOCIAL AND ECONOMIC INDICATORS
(1978－1998)

年 份 Year	国内生产总值(万元) Gross Domestic Product (10 000 yuan)	工业总产值(万元) Gross Output Value of Industry (10 000 yuan)	农业总产值(万元) Gross Output Value of Agriculture (10 000 yuan)	建筑业施工产值(万元) Output Value of Construction (10 000 yuan)	固定资产投资总额(万元) Total Investment in Fixed Assets(10 000 yuan)	全市财政收入(万元) Total Financial Revenue (10 000 yuan)	货物运输量(万吨) Freight Traffic (10 000 tons)	旅客发送量(万人次) Passenger Transportation (10 000 person-times)	函件(万件) Mails (10 000)
1978	7 474	14 082	500	146	765	5 224	53.82	4.83	35.62
1979	7 847	15 241	559	368	975	5 281	53.73	5.61	39.18
1980	8 545	16 404	518	450	1 245	5 448	54.90	6.49	43.84
1981	8 898	16 990	557	475	1 496	5 603	55.21	6.94	44.11
1982	9 235	17 388	657	568	1 955	5 498	57.95	7.12	45.48
1983	9 639	18 179	621	646	2 081	5 598	59.16	7.74	44.93
1984	10 708	19 948	728	797	2 529	5 912	63.35	8.63	50.68
1985	12 788	23 636	860	950	3 248	7 229	66.42	9.41	60.00
1986	13 447	26 088	925	1 262	4 025	7 061	73.07	10.09	62.47
1987	14 944	29 420	1 064	1 524	5 014	6 613	74.63	11.34	73.97
1988	17 762	35 744	1 454	1 753	6 720	7 170	76.24	12.08	78.90
1989	19 083	41 772	1 661	2 048	5 884	8 144	75.78	11.34	80.27
1990	20 725	45 007	1 867	2 072	6 222	7 791	73.35	10.51	81.10
1991	24 487	53 347	2 018	2 310	7 077	8 895	75.48	11.05	86.03
1992	30 529	66 574	2 192	3 224	9 791	9 319	81.02	11.73	86.85
1993	41 414	91 152	2 636	5 288	17 915	12 042	82.99	12.02	107.12
1994	54 025	116 581	3 842	8 484	30 775	16 874	78.32	13.90	134.25
1995	67 468	146 562	4 999	10 724	43 885	19 245	75.54	14.42	152.88
1996	79 512	140 444	5 505	12 340	53 481	23 939	125.54	14.44	186.85
1997	92 061	154 793	5 600	15 462	54 181	29 341	125.86	16.59	139.45
1998	101 047	162 174	5 664	16 250	53 831	31 397	126.66	16.82	115.07

1－5 续表 continued

年 份 Year	自来水售水量(万吨) Tap Water Sales (10 000 tons)	煤气售气量(万立方米) Gas Sales (10 000 cu.m)	用电量(万千瓦·时) Electricity Consumption (10 000 kwh)	市内公共车辆乘客人数(万人次) Bus Passengers (10 000 person-times)	住宅竣工面积(平方米) Floor Space of Residence Completed (sq.m)	社会消费品零售总额(万元) Retail Sales of Consumer Goods (10 000 yuan)	图书出版量(万册、张) Books Published (10 000 copies)	杂志出版量(万册) Magazinges Published (10 000 copies)	报纸出版量(万份) Newspapers Published (10 000 copies)	出生人数(人) Births (person)	死亡人数(人) Deaths (person)	结婚(对) Marriages (couple)	离婚(对) Divorces (couple)
1978	249.50	228.22	3 499	686	5 469	1 482	107.40	12.88	175.52	339	187	246	
1979	258.63	245.48	3 685	822	5 918	1 871	125.52	19.94	200.68	377	187	352	8
1980	250.91	261.10	3 834	934	8 338	2 204	153.97	33.42	234.25	368	202	461	9
1981	258.50	267.67	3 923	1 010	8 153	2 431	164.79	55.70	281.59	531	204	774	14
1982	258.82	271.23	4 060	1 053	10 811	2 460	166.17	63.20	409.01	594	201	532	15
1983	261.39	277.53	4 224	1 126	11 120	2 758	127.42	68.89	496.68	501	224	411	16
1984	268.25	285.75	4 471	1 248	12 007	3 390	147.20	84.98	537.88	449	214	387	18
1985	287.82	301.64	4 924	1 373	13 385	4 750	135.89	94.52	535.34	423	222	500	19
1986	288.75	313.70	5 242	1 421	13 451	5 393	100.18	83.13	546.32	486	217	521	24
1987	300.59	326.58	5 569	1 518	13 322	6 171	116.78	85.82	615.10	521	227	425	31
1988	317.62	334.25	5 865	1 534	13 010	8 105	118.59	72.93	585.64	453	232	405	37
1989	323.44	331.78	6 012	1 509	10 165	9 079	90.00	51.00	434.37	436	231	321	42
1990	335.64	332.90	6 414	1 490	11 560	9 147	81.78	47.44	442.67	359	236	295	45
1991	340.00	340.27	7 912	1 560	13 087	10 467	85.00	49.04	482.19	276	235	270	47
1992	353.42	378.63	8 695	1 608	14 890	12 735	75.38	50.48	506.28	257	249	268	48
1993	370.14	403.56	9 476	1 534	16 890	17 104	61.92	49.83	552.79	230	258	246	51
1994	388.49	407.67	10 337	1 435	23 933	21 116	64.52	47.21	510.81	209	258	238	55
1995	521.64	433.70	11 048	1 407	34 764	26 576	66.95	48.89	521.57	195	268	230	60
1996	542.19	467.67	11 792	632	41 356	31 816	76.44	45.44	518.63	186	268	245	68
1997	542.74	466.85	12 445	652	46 142	36 307	74.04	45.54	529.95	176	262	242	75
1998	550.14	472.60	13 231	682	44 494	40 302	77.66	45.21	540.67	169	277	235	81

1－6 社会经济主要指标平均每人水平

PER CAPITA MAIN SOCIAL AND ECONOMIC INDICATORS

(1978－1998)

单位：元 (yuan)

年 份 Year	国内生产总值 Gross Domestic Product	工业总产值 Gross Output Value of Industry	农业总产值 Gross Output Value of Agriculture	建筑业施工产值 Output Value of Construction	全市财政收入 Total Financial Revenue	社会消费品零售总额 Retail Sales of Consumer Goods	职工年平均工资 Average Annual Wages	城市居民家庭年可支配收入 Annual Disposable Incomes for Living of Urban Households	城市居民家庭年消费性支出 Expenditure of Urban Households
1978	2 498	4 705	167	49	1 745	495	672	560.00	488
1979	2 568	4 988	183	121	1 728	612	784	578.00	518
1980	2 738	5 255	166	144	1 745	706	873	586.00	553
1981	2 813	5 370	176	150	1 771	768	870	636.82	585
1982	2 877	5 417	205	177	1 713	766	883	659.25	576
1983	2 963	5 589	191	199	1 721	848	897	685.92	615
1984	3 259	6 071	222	242	1 799	1 032	1 110	834.15	726
1985	3 855	7 126	259	287	2 179	1 432	1 416	1 075.26	992
1986	4 008	7 776	276	376	2 105	1 608	1 689	1 293.24	1 170
1987	4 396	8 654	313	448	2 014	1 815	1 893	1 437.09	1 282
1988	5 161	10 388	423	509	2 084	2 355	2 277	1 723.44	1 648
1989	5 489	12 011	478	589	2 342	2 610	2 608	1 975.64	1 812
1990	5 910	12 835	533	591	2 222	2 608	2 917	2 181.65	1 936
1991	6 955	15 150	573	656	2 527	2 973	3 375	2 485.46	2 167
1992	8 652	18 862	621	913	2 641	3 608	4 273	3 008.97	2 509
1993	11 700	25 750	745	1 494	3 402	4 814	5 650	4 277.38	3 530
1994	15 204	32 814	1 081	2 388	4 750	5 944	7 401	5 868.48	4 669
1995	18 943	41 147	1 404	3 011	5 403	7 461	9 279	7 171.91	5 868
1996	22 275	39 345	1 542	3 457	6 706	8 913	10 663	8 158.74	6 763
1997	25 750	43 296	1 566	4 325	8 207	10 155	11 425	8 438.89	6 820
1998	28 240	45 324	1 583	4 541	8 775	11 263	12 059	8 773.10	6 866

1－6 续表 continued

年 份 Year	农民家庭年纯收入(元) Annual Net Income of Rural Households (yuan)	农民家庭年生活消费支出(元) Annual Living Expenditure of Rural Households (yuan)	市区居住面积(平方米) Living Space of Urban Areas (sq.m)	每万人拥有 Per 10 000 Population: 公共车辆(辆) Buses	零售商业、饮食业服务业网点数(个) Number of Outlets of Retail Catering and Service Businesses	零售商业、饮食业服务业人员数(人) Personnel in Retail Sales, Catering Trade and Service (person)	大学生(人) University Students (person)	医院床位(张) Beds in Hospitals	医生数(人) Doctors (person)	市区每一就业者负担人数(人) Persons Supported by Each Urban Employee (person)	市区公共绿地面积(平方米) Urban Public Green Areas (sq.m)
1978	281	193	4.5	2.7	25	470	46	43	31	1.65	0.47
1979	360	247	4.3	3.1	28	330	60	43	32	1.67	0.47
1980	402	323	4.4	3.2	31	333	67	43	34	1.69	0.44
1981	444	390	4.5	3.4	35	347	78	43	38	1.65	0.46
1982	536	444	4.7	3.6	44	352	71	44	40	1.62	0.45
1983	563	512	4.9	3.7	50	389	66	44	41	1.58	0.45
1984	785	619	4.7	3.9	72	367	75	44	40	1.56	0.47
1985	806	778	5.4	4.2	87	319	89	44	40	1.64	0.71
1986	937	896	6.0	4.5	85	445	95	44	40	1.60	0.90
1987	1 057	977	6.2	4.7	93	458	98	45	41	1.61	0.93
1988	1 301	1 229	6.3	4.8	100	502	102	47	43	1.62	0.96
1989	1 520	1 319	6.4	4.8	101	530	99	48	45	1.63	0.96
1990	1 665	1 262	6.6	4.9	98	519	94	48	45	1.64	1.02
1991	2 003	1 540	6.7	5.1	103	520	91	49	46	1.66	1.07
1992	2 226	1 967	6.9	5.3	113	570	93	50	46	1.69	1.15
1993	2 727	2 200	7.3	5.4	98*	797*	101	52	45	1.71	1.15
1994	3 437	2 715	7.5	5.7	106*	681*	108	52	43	1.82	1.40
1995	4 246	3 368	8.0	8.9	126*	847*	110	51	41	1.88	1.69
1996	4 846	3 868	8.7	10.2	151*	1 117*	113	52	40	1.95	1.92
1997	5 277	4 228	9.3	10.9	155*	1 149*	118	52	39	1.94	2.41
1998	5 407	4 207	9.7	11.7	156*	1 155*	126	52	39	1.95	2.96

注：* 为每万人拥有批发零售贸易业、餐饮业网点和人数。

Note: The data with * refer to outlets and personnel in wholesale, retail sales and catering trade.

1－7 各时期社会经济主要指标

MAIN SOCIAL AND ECONOMIC INDICATORS OF EACH PERIOD

单位：亿元 (100 million yuan)

时 期 Period		国内生产总值 Gross Domestic Product	第一产业 Primary Industry	第二产业 Secondary Industry	第三产业 Tertiary Industry	固定资产投资总额 Total Investment in Fixed Assets	住宅竣工建筑面积（万平方米） Floor Space of Residence Completed (10 000 sq.m)
"一五"时期	"First Five-Year Plan" Period	293.26	12.56	163.89	116.81	19.29	294.12
"二五"时期	"Second Five-Year Plan" Period	568.99	21.03	412.70	135.26	55.61	375.31
	1963－1965	304.94	17.28	220.81	66.85	20.29	137.04
"三五"时期	"Third Five-Year Plan" Period	657.06	37.64	487.88	131.54	34.77	207.16
"四五"时期	"Fourth Five-Year Plan" Period	918.76	42.75	708.84	167.17	95.78	345.50
"五五"时期	"Fifth Five-Year Plan" Period	1 309.61	49.26	1 004.23	256.12	150.88	917.64
"六五"时期	"Sixth Five-Year Plan" Period	1 871.24	74.20	1 349.98	447.06	412.17	2 024.85
"七五"时期	"Seventh Five-Year Plan" Period	3 137.58	130.88	2 082.31	924.39	1 020.34	2 245.02
"八五"时期	"Eight Five-Year Plan" Period	7 954.19	216.00	4 682.15	3 056.04	3 994.67	3 780.14
	1953－1978	3 454.30	159.03	2 541.04	754.23	295.61	1 756.46
	1953－1998	26 966.24	827.48	16 296.88	9 841.88	11 698.28	15 144.49
	1979－1998	23 511.94	668.45	13 755.84	9 087.65	11 402.66	13 388.03

单位：亿元 1－7 续表 continued (100 million yuan)

时 期 Period		全市财政收入 Total Financial Revenue	地方财政支出 Total Financial Expenditure	工业总产值 Gross Output Value of Industry	农业总产值 Gross Output Value of Agriculture	外贸出口商品总额（亿美元） Total Exports Value of Foreign Trade (USD 100 million)	社会消费品零售总额 Retail Sales of Consumer Goods
"一五"时期	"First Five-Year Plan" Period	177.51	12.25	512.03	18.85	17.46	121.02
"二五"时期	"Second Five-Year Plan" Period	430.23	60.79	1 069.50	33.35	31.00	145.82
	1963－1965	224.52	19.28	596.63	27.88	20.12	79.50
"三五"时期	"Third Five-Year Plan" Period	466.76	39.41	1 334.94	58.83	43.08	153.86
"四五"时期	"Fourth Five-Year Plan" Period	680.97	86.78	1 894.01	69.97	92.86	200.62
"五五"时期	"Fifth Five-Year Plan" Period	886.60	111.30	2 550.91	88.24	150.33	302.07
"六五"时期	"Sixth Five-Year Plan" Period	1 089.20	138.52	3 509.15	124.95	180.08	576.32
"七五"时期	"Seventh Five-Year Plan" Period	1 342.38	327.68	6 498.13	254.46	226.96	1 383.16
"八五"时期	"Eight Five-Year Plan" Period	2 422.69	775.11	17 308.90	572.57	403.31	3 211.96
	1953－1978	2 474.99	283.57	6 802.97	258.01	275.44	854.18
	1953－1998	10 811.57	2 823.40	51 167.64	1 861.21	1 608.14	10 131.87
	1979－1998	8 336.58	2 539.83	44 364.67	1 603.40	1 332.70	9 277.69

1－8 各时期社会经济主要指标平均增长率
GROWTH RATE OF MAIN SOCIAL AND ECONOMIC INDICATORS OF EACH PERIOD

单位：%

时 期 Period		国内生产总值 Gross Domestic Product	第一产业 Primary Industry	第二产业 Secondary Industry	第三产业 Tertiary Industry	固定资产投资总额 Total Investment in Fixed Assets	住宅竣工建筑面积 Floor Space of Residence Completed
"一五"时期	"First Five-Year Plan" Period	13.8	3.3	18.2	8.3	23.1	28.9
"二五"时期	"Second Five-Year Plan" Period	1.6	1.3	3.7	-3.1	26.5	-3.7
	1963－1965	17.1	12.0	20.9	5.6	31.4	20.1
"三五"时期	"Third Five-Year Plan" Period	8.7	3.3	9.5	5.7	-3.6	-14.7
"四五"时期	"Fourth Five-Year Plan" Period	6.6	-1.6	6.9	6.2	19.4	41.6
"五五"时期	"Fifth Five-Year Plan" Period	8.4	0.9	8.5	8.6	-2.4	19.0
"六五"时期	"Sixth Five-Year Plan" Period	9.1	4.3	8.2	12.3	20.6	9.7
"七五"时期	"Seventh Five-Year Plan" Period	5.7	1.2	5.0	8.0	18.7	-2.8
"八五"时期	"Eight Five-Year Plan" Period	13.0	1.4	13.9	12.5	45.4	20.1
	1953－1978	8.8	2.7	10.7	4.6	11.3	6.5
	1953－1998	9.1	2.5	10.1	7.7	15.6	8.8
	1979－1998	9.5	2.2	9.0	11.9	24.6	10.6

单位：%

1－8 续表 continued

时 期 Period		全 市 财政收入 Total Financial Revenue	地 方 财政支出 Total Financial Expenditure	工 业 总产值 Gross Output Value of Industry	农 业 总产值 Gross Output Value of Agriculture	外贸出口 商品总额 Total Exports Value of Foreign Trade	社会消费品 零售总额 Retail Sales of Consumer Goods
"一五"时期	"First Five-Year Plan" Period	18.9	12.3	14.5	2.7	30.6	5.6
"二五"时期	"Second Five-Year Plan" Period	6.2	0.6	4.9	5.2	4.2	1.2
	1963－1965	10.5	25.2	18.8	12.8	11.4	-0.1
"三五"时期	"Third Five-Year Plan" Period	6.5	11.2	10.2	2.6	2.5	3.3
"四五"时期	"Fourth Five-Year Plan" Period	5.2	15.5	7.5	0.1	20.7	8.4
"五五"时期	"Fifth Five-Year Plan" Period	6.2	-6.3	7.6	1.8	14.0	11.0
"六五"时期	"Sixth Five-Year Plan" Period	5.8	19.2	7.7	4.2	-4.7	16.6
"七五"时期	"Seventh Five-Year Plan" Period	1.5	10.4	5.9	4.3	9.6	14.0
"八五"时期	"Eight Five-Year Plan" Period	19.8	28.8	18.0	4.9	16.8	23.8
	1953－1978	9.2	10.2	10.1	4.1	13.1	4.0
	1953－1998	9.3	12.5	10.3	3.9	11.3	9.9
	1979－1998	9.4	15.7	10.6	3.7	9.0	18.0

1－9 上海社会经济主要指标占全国比重
PERCENTAGE IN THE COUNTRY OF SHANGHAI'S MAIN SOCIAL AND ECONOMIC INDICATORS (1998)

指 标	Indicators	全 国 Country	上 海 Shanghai	上海占全国比重(%) Percentage of the National Total
土地面积(万平方公里)	Land Area (10 000 sq.km)	960	0.63	0.1
年末总人口(万人)	Population (10 000 persons)	124 810	1 306.58	1.0
从业人员(万人)	Employment(10 000 persons)	69 957	836.21	1.2
#职工人数	Staff and Workers	12 337	412.61	3.3
国内生产总值(亿元)	Gross Domestic Product (100 million yuan)	79 553	3 688.20	4.6
#第一产业	Primary Industry	14 299	78.50	0.5
第二产业	Secondary Industry	39 150	1 847.20	4.7
#工 业	Industry	33 541	1 646.70	4.9
第三产业	Tertiary Industry	26 104	1 762.50	6.8
财政收入(亿元)	Total Municipal Financial Revenue (100 million yuan)	9 853	1 146	11.6
财政支出(亿元)	Local Expenditure(100 million yuan)	10 771.0	480.70	4.5
港口货物吞吐量(万吨)	Cargo Handled at Seaports (10 000 tons)	92 237	16 388	17.8
货物周转量(亿吨・公里)	Turnover Volume of Freight Traffic (100 million tons.km)	37 855	4 838	12.8
邮电业务总量(亿元)	Revenue of Post and Telecommunication (100 million yuan)	2 431	139.87	5.8
全社会固定资产投资总额(亿元)	Total Investment in Fixed Assets (100 million yuan)	28 457.5	1 964.83	6.9
#基本建设	Capital Construction	11 904.3	844.15	7.1
更新改造	Technical Updates and Transformation	4 467.2	365.01	8.2
房地产开发	Investment in Real Estate	3 579.6	577.12	16.1
社会消费品零售总额(亿元)	Retail Sales of Consumer Goods (100 million yuan)	29 152.5	1 471.03	5.0
口岸进出口商品总额(亿美元)	Total Exports and Imports Through Coustoms (USD 100 million)	3 239.23	636.38	19.6
#出口商品总额	Exports	1 837.57	374.58	20.4
接待外国旅游人数(万人次)	Foreign Tourists (10 000 person-times)	6 347.80	152.71	2.4
学校数(所)	Schools	702 719	2 590	0.4
大学生在校学生数(万人)	Collage students Enrollment (10 000 persons)	340.9	16.51	4.8
图书出版量(亿册/张)	Books Published (100 million copies/signatures)	72.4	2.83	3.9
杂志出版量(亿册)	Magazines Published (100 million copies)	25.4	1.65	6.5
报纸出版量(亿份)	Newspaper Published (100 million copies)	196	19.73	10.1
职工工资总额(亿元)	Total Wages of Stall and Workers (100 million yuan)	9 297	510.35	5.5
卫生机构数(个)	Health Care Institutions	67 081	4 637	6.9
医生(万人)	Doctors(10 000 persons)	200.0	5.03	2.5
卫生机构床位数(万张)	Beds in Health Care Institutions (10 000 beds)	291.4	7.01	2.4
园林绿地面积(公顷)	Total Area of Parks, Gardens and Green Areas(hectare)	745 559	8 855	1.2

1－10 北京、天津、上海主要指标对比 COMPARISON OF MAIN INDICATORS AMONG BEIJING, TIANJIN AND SHANGHAI (1998)

指 标	Indicators	北京市 Beijing	天津市 Tianjin	上海市 Shanghai
土地面积(平方公里)	Land Area(sq.km)	16 807.80	11 920.00	6 340.50
年末总人口(万人)	Year-end Population(10 000 persons)	1 091.50	905.09	1 306.58
人口出生率(‰)	Birth Rate	6.0	9.9	4.7
人口自然增长率(‰)	Natural Growth Rate	0.7	3.4	-3.1
年末从业人员(万人)	Year-end Employment(10 000 persons)	622.16	508.10	836.21
# 职工人数	Staff and Workers	450.06	269.18	412.61
第一产业	Primary Industry	71.45	52.84	104.05
第二产业	Secondary Industry	225.99	262.35	384.88
第三产业	Tertiary Industry	324.71	192.91	347.28
职工工资总额(亿元)	Total Wages of Staff and Workers(100 million yuan)	558.19	225.61	510.35
职工年平均工资(元)	Average Annual Wages(yuan)	12 285	9 079	12 059
国内生产总值(亿元)	Gross Domestic Product (100 million yuan)	2 011.31	1 340.70	3 688.20
第一产业	Primary Industry	86.56	78.00	78.50
第二产业	Secondary Industry	786.85	658.08	1 847.20
# 工 业	Industry	610.66	586.20	1 646.70
第三产业	Tertiary Industry	1 137.9	604.62	1 762.50
人均国内生产总值(元)	Per Capita Gross Domestic Product(yuan)	18 478	14 041	28 240
全社会固定资产投资总额(亿元)	Total Investment in Fixed Assts(100 million yuan)	1 115.34	575.86	1 964.83
地方财政收入(亿元)	Local Financial Revenue(100 million yuan)	227.33	101.40	392.22
地方财政支出(亿元)	Local Financial Expenditure(100 million yuan)	281.07	137.93	480.70
城乡居民储蓄存款余额(亿元)	Savings Deposit Balance(100 million yuan)	2 287.19	1 020.14	2 372.94
保险业保费收入(亿元)	Premiums Revenue(100 million yuan)	84.31	27.17	102.92
保险业赔款支出(亿元)	Settlements Expenditure(100 million yuan)	1.79	7.01	28.67
商品零售价格指数(以上年为100)	Retail Price Indices(preceding year=100)	98.3	96.6	95.1
居民消费价格指数(以上年为100)	Residents Consumer Price Indices(preceding year=100)	102.4	99.5	100.0
城市居民家庭人均可支配收入(元)	Average Per Capita Annual Disposable Income of Urban Households(yuan)	8 471.98	7 111.00	8 773.10
农民家庭人均纯收入(元)	Average Annual Net Income of Peasants(yuan)	4 028.90	3 890.00	5 407.00
城市人均居住面积(平方米)	Average Living Space of Urban Areas(sq.m)	10.03	8.26	9.70
乡村劳动力(万人)	Rural Labour Force(10 000 persons)	161.02	166.39	270.63
年末实有耕地面积(万公顷)	Year-end Cultivated Areas(10 000 hectares)	34.11	42.49	29.38
农业总产值(亿元)	Gross Output Value of Agriculture(100 million yuan)	176.61	156.16	206.75
产品销售收入500万元以上工业企业单位数(个)	Industrial Enterprises which Revenue of Products Sales is Over 5 million yuan	18 089	5 500	9 320
# 国有企业	State-owned Enterprises	3 253	1 782	1 819
全部工业总产值(亿元)	Gross Output Value of Industry(100 million yuan)	2 027.02	2 562.62	5 919.35
# 产品销售收入500万元以上产值	Enterprises which Revenue of Products Sales is Over 5 million yuan	1 991.96	2 068.51	5 191.43
# 国有经济	State-owned	863.46	572.64	1 326.10

1－10 续表 continued

指 标	Indicators	北京市 Beijing	天津市 Tianjin	上海市 Shanghai
独立核算工业企业主要指标	Main Indicators of Industrial Enterprises with Independent Accounting Systems			
固定资产原价(亿元)	Original Value of Fixed Assets(100 million yuan)	2 221.34	1 899.35	4 354.26
固定资产净值年平均余额(亿元)	Average Balance Net Value of Fixed Assets(100 million yuan)	1 424.34	1 289.83	2 758.62
流动资产年末合计(亿元)	Total Circulating Funds(100 million yuan)	1 802.30	1 444.03	4 092.05
利润总额(亿元)	Total After-tax Profits(100 million yuan)	48.45	55.53	187.41
产品销售收入(亿元)	Revenue of Product Sales(100 million yuan)	2 034.54	1 943.89	5 398.14
利税总额(亿元)	Total Pre-tax Profits(100 million yuan)	101.73	148.69	481.01
资金利税率(%)	Ratio of Profit and Tax to Assets	4.99	5.56	7.10
全员劳动生产率(按增加值计算)(元/人)	Labor Productivity of Industrial Enterprises(yuan/person)	35 130	29 055	44 556
全部流动资金周转次数(次)	Turnover of Working Capital(time)	1.12		1.34
港口货物吞吐量(万吨)	Cargo Handled at Seaports(10 000 tons)		6 818	16 388
邮电业务总量(亿元)	Revenue of Post and Telecommunication(100 million yuan)	129.10	47.41	139.87
客运量(万人次)	Passenger (10 000 person-times)	12 419.40	3 207.00	6 139.00
批发零售贸易业网点数(万个)	Number of Outlets in Wholesale, Retail Sale and Catering Trade (10 000)	18.05	16.06	17.67
餐饮业网点数(万个)	Dutlets In Catering Trade (10 000)	2.89	2.85	2.65
社会消费品零售总额(亿元)	Retail Sales of Consumer Goods(100 million yuan)	1 195.21	587.12	1 471.03
外贸进出口商品总额(亿美元)	Total Value of Exports and Imports of Foreign Trade(USD 100 million)	65.05	106.16	260.46
#出口商品总额	Exports	28.29	54.99	163.28
实际吸收外资金额(亿美元)	Foreign Capital Actually Absorbed (USD 100 million)	28.70	30.58	48.16
#外商直接投资	Direct Foreign Investment	20.64	25.18	36.38
年末累计实际吸收外资金额(亿美元)	Year-end Accumulative Foreign Capital Actually Absorbed (USD 100 million)		173.68	386.15
#外商直接投资	Direct Foreign Investment		107.89	246.81
接待旅游人数(万人次)	Foreign Tourists(10 000 person-times)	220.09	13.94	152.71
年末实有出租汽车数(辆)	Year-end Taxis(vehicle)	61 301	34 150	41 183
年末实有铺装道路面积(万平方米)	Area of Paved Roads(10 000 sq.m)	4 214	3 737	5 403
绿化覆盖率(%)	Coverage Rate of Urban Green Areas	35.57	22.84	19.10
高等学校个数(个)	Institutions of Higher Education	63	20	40
高等学校在校学生数(万人)	Students Enrollment of Higher Education (10 000 persons)	21.30	7.87	16.51
自然科研与技术开发机构数(个)	Number of Natural Sciences Research and Technology Development Institutions	413	143	230
卫生机构数(个)	Health Care Institutions	5 723	3 190	4 637
卫生技术人员数(万人)	Health Professional Personnel(10 000 persons)	11.60	6.81	10.84
#医 生	Doctors	5.19	3.15	5.03
卫生机构床位数(万张)	Beds in Health Care Institutions(10 000 beds)	6.91	4.05	7.01

注：北京市出口商品总额为海关口径。
Note: Total import and export value of Beijing is approached by custom.

1－11 主要年份国内生产总值(按三次产业分)

GROSS DOMESTIC PRODUCT IN MAIN YEARS (CLASSIFIED BY THREE INDUSTRIES)

单位：亿元 (100 million yuan)

指 标	Indicators	1990	1995	1997	1998
国内生产总值	**Gross Domestic Product**	**756.45**	**2 462.57**	**3 360.21**	**3 688.20**
第一产业	Primary Industry	32.60	61.68	75.80	78.50
第二产业	Secondary Industry	482.68	1 409.85	1 754.39	1 847.20
工 业	Industry	446.88	1 298.97	1 580.15	1 646.70
建筑业	Construction	35.80	110.88	174.24	200.50
第三产业	Tertiary Industry	241.17	991.04	1 530.02	1 762.50
交通运输、仓储、邮电通信业	Transportation, Storage, Post and Telecommunications	62.44	169.76	227.88	244.42
交通运输业	Transportation	55.30	109.45	123.64	124.97
仓储业	Storage	3.41	11.33	14.14	14.86
邮电通信业	Post and Telecommunications	3.73	48.98	90.10	104.59
批发和零售贸易、餐饮业	Wholesale, Retail and Catering Businesses	51.84	269.49	380.78	412.04
商 业	Commerce	47.48	198.62	348.44	371.80
餐饮业	Catering Trade	4.36	17.93	32.34	40.24
金融保险业	Banking and Insurance	71.07	245.45	459.63	512.21
金融业	Banking	66.98	238.72	448.54	499.20
保险业	Insurance	4.09	6.73	11.09	13.01
房地产业	Real Estate	3.75	91.29	147.51	185.40
社会服务业	Social Service	14.80	83.01	120.06	160.45
公共服务业	Public Service	6.52	31.54	37.43	49.69
居民服务业	Services for Residents	7.95	45.14	52.69	73.25
信息咨询业	Information and Consultancy Service	0.33	6.33	29.94	37.51
卫生、体育、社会福利事业	Health,Sports and Social Welfare	6.01	23.88	33.77	43.51
教育、文艺、广播电影电视事业	Education, Culture, Broadcasting, Film and Television	12.73	44.80	64.70	89.93
教 育	Education	11.75	29.98	42.48	62.55
文 艺	Culture and Art	0.72	9.53	12.56	13.27
广播电影电视	Broadcasting, Film and Television	0.26	5.29	9.66	14.11
科学研究和综合技术服务业	Scientific Research and Comprehensive Technical Services	10.60	33.65	52.29	58.86
综合技术服务业	Comprehensive Technical Services	5.15	20.93	29.04	31.67
科学研究	Scientific Research	5.45	12.72	23.25	27.19
国家政党机关、社会团体	Government Agencies,Political Party Institutions and Social Organizations	5.71	25.01	37.35	48.63
其 他	Others	7.93	4.70	6.05	7.05

1－12 各时期国内生产总值使用额

UTILIZATION OF GROSS DOMESTIC PRODUCT IN DIFFERENT PERIOD

单位：亿元 (100 000 000 yuan)

时 期 Period		国内生产总值 Gross Domestic Product	国内生产总值净流出 Net Outflow of GDP	本市使用的国内生产总值 Gross Domestic Product Used			本市使用的国内生产总值构成(%) Composition of GDP Used		可供投资率(%) Available Investment Rate
					总消费 Total Consumption	总投资 Total Investment	总消费 Total Consumption	总投资 Total Investment	
1953～1978		3 454.26	1 916.97	1 537.29	978.93	558.36	63.7	36.3	71.7
1953～1998		26 966.24	3 457.39	23 508.81	10 664.49	12 864.32	45.3	54.7	60.5
1979～1998		23 511.94	1 540.42	21 971.52	9 665.56	12 305.96	44.0	56.0	58.9
"六五"时期	"Sixth Five-Year Plan" Period	1 871.24	785.45	1 085.79	556.22	529.57	51.2	48.8	70.3
"七五"时期	"Seventh Five-Year Plan" Period	3 137.58	405.99	2 731.59	1 253.32	1 478.27	45.9	54.1	60.1
"八五"时期	"Eight Five-Year Plan" Period	7 954.19	182.05	7 772.14	3 501.20	4 270.94	45.0	55.0	56.0
1996～1998		9 950.61	-168.68	10 119.29	4 202.24	5 917.05	41.5	58.5	57.8

1－13 个体工商业基本情况

SELF－EMPLOYMENT BUSINESS

(1998)

单位：万元 (10 000 yuan)

类 别	Items	户 数 (户) Households	从业人数 (人) Employment (person)	注册资金 Registered Capital	总产值 Total Output Value	销售额 Total Sales Value	社会消费品零售额 Total Retail Sales of Consumer Goods
总 计	**Total**	**176 537**	**226 676**	**159 773**	**97 542**	**1 192 688**	**918 776**
# 农林牧渔业	Farming, Forestry, Animal Husbandry and Fishery	130	208	666	1 355	65	19
制造业	Manufacturing	7 048	11 061	8 358	93 356		1 481
建筑业	Construction	130	204	267	2 831		
交通运输业	Transportation	2 997	3 540	10 610		23 834	
批发零售贸易业、餐饮业	Wholesale, Retail and Catering Businesses	132 078	171 436	117 383		1 013 129	884 873
# 餐饮业	Catering Trade	20 588	41 654	23 421		172 890	137 499
社会服务业	Services	32 057	36 666	20 411		144 101	30 742

1－14 私营企业基本情况

PRIVATE ENTERPRISES

(1998)

单位：万元 (10 000 yuan)

类 别	Items	户 数 (户) Households	雇工人数 (人) Employees (persons)	投资者人数 (人) Owners (persons)	注册资金 Registered Capital	总产值 Total Output Value	销售额 Total Sales Value	社会消费品零售额 Total Retail Sales of Consumer Goods
总 计	**Total**	**94 705**	**751 390**	**189 008**	**6 036 825**	**2 237 546**	**7 359 356**	**4 116 978**
# 农林牧渔业	Farming, Forestry, Animal Husbandry and Fishery	79	1 078	164	6 931	8 501	109	140
制造业	Manufacturing	22 469	207 767	39 514	1 240 735	2 079 826		21 155
建筑业	Construction	1 441	14 042	3 032	159 163	149 219		
交通运输业	Transportation	203	2 331	442	15 079		36 316	
批发零售贸易业、餐饮业	Wholesale, Retail and Catering Businesses	60 435	450 829	124 013	3 718 927		6 788 841	4 058 212
社会服务业	Services	7 337	54 510	15 566	474 488		344 876	24 094

第 2 篇

人口、劳动力

Chapter 2

Population and Labour Force

第二篇　人口、劳动力

1998年末,全市总人口(户籍人口)为1306.58 万人,占全国总人口的1%。在全市总人口中,男性为658.22万人,占50.4 %;农业人口为352.93万人,占27 %。全市人口出生率为4.7‰,死亡率为7.8‰,自然增长率为－3.1‰。

1998年末,全市家庭总户数465.72万户,平均每户家庭人口2.8人。全市人口密度每平方公里为2061人,其中市区每平方公里为3296人,县每平方公里为763人。人口分布继续由中心城区向边缘地区转移。全市人口密度最高的为南市区,每平方公里达56791人,比上年减少1442人。

1998年,上海出生人口6.17万人,出生率为4.7‰,比1978年下降6.6个千分点;人口自然增长率为－3.1‰,比1978年下降8.2个千分点。上海人口平均期望寿命男性为75.06岁,女性为79.02岁,分别比1978年提高4.37岁和4.24岁,高于世界平均水平和中等收入国家水平,接近主要发达国家水平。

1998年末,上海全社会从业人员为836.21万人,比上年减少11.04万人。年末全市职工人数412.61万人,比上年减少22.66万人。其中,国有单位职工259.07万人,集体单位职工59.81万人,其他单位职工93.73万人。全年全市城镇新安置就业人员26.73万人。城镇失业人数15.96万人,城镇登记失业率为2.9%,比上年提高0.1个百分点。

从业人员的产业结构发生变化。从业人员主要向第三产业转移,年末比重达到41.5%,比上年末增加3.3个百分点;第一产业从业人员比重比上年末略有增加,达12.4 %;而第二产业从业人员比重比上年末减少6个百分点,为46 %。

Chapter 2　Population and Labour Force

By the end of 1998, Shanghai had a population (with residence cards) of 13,065,800, accounting for 1% of the nation's total. Of the city's population, 6,582,200, or 50.4%, were male, and 3,529,300, or 27%, were rural residents involved with agriculture. The birth rate stood at 0.47‰, mortality rate 0.78‰ and the natural growth rate －0.31‰. By the end of 1998, there were 4,657,200 households in the city with an average family having 2.8 members. The city's average population density reached 2,061 persons per square kilometre, with the figure in the urban area standing at 3,296 persons per square kilometre and the rural figure 763 persons per square kilometre. However, the population is continuing to spread from downtown areas to suburban areas. Nanshi District reported the highest population density of 56,791 persons per square kilometre, 1,442 persons less than that of the previous year.

In 1998, the city reported a birth rate of 0.47‰, or 61,700 new births, down 6.6 permillage points from the figure of 1978. The city's natural growth rate of －0.31‰ was down 8.2 permillage points from the 1978 figure. The city's average life expectancy grew to 75.06 years for men and 79.02 years for women, 4.37 years and 4.24 years longer than the 1978 figures, respectively. So, the city's average life expectancy was higher than the level of the world average and that of the middle－income countries and close to that of economically advanced countries.

By the end of 1998, the city employed a total of 8,362,100 people, 110,400 less than 1997. The year－end number of staff and workers amounted to 4,126,100, 226,600 less than the figure of the previous year. Of the total number of staff and workers, 2,590,700 were hired by state－owned work units; 598,100 were employed by collectively owned work units; and 937,300 were on the payroll of work units with other types of ownership. In 1998, the city found jobs for 267,300 people in the urban area. The number of unemployed was 159,600, representing a registered unemployment rate of 2.9% in the urban area, up 0.1 percentage points from the previous year.Employment changes continued in the three basic industrial groups, with more people switching to the services industry. The year－end proportion of employment in services industry climbed to 41.5%, 3.3 percentage points higher than the previous year. The figure for agriculture edged up to 12.4%, and the figure for industry dropped by 6 percentage points to 46%.

从业人员三次产业构成 (%)
Composition of Employment Grouped by three Industries (%)

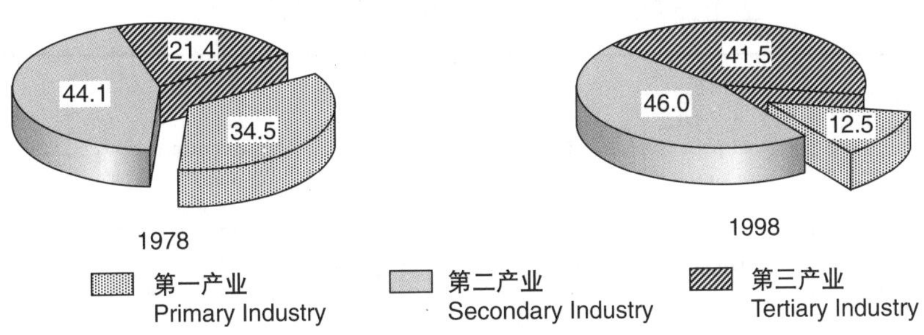

婴儿死亡率 (‰)
Infant Death Rate (‰)

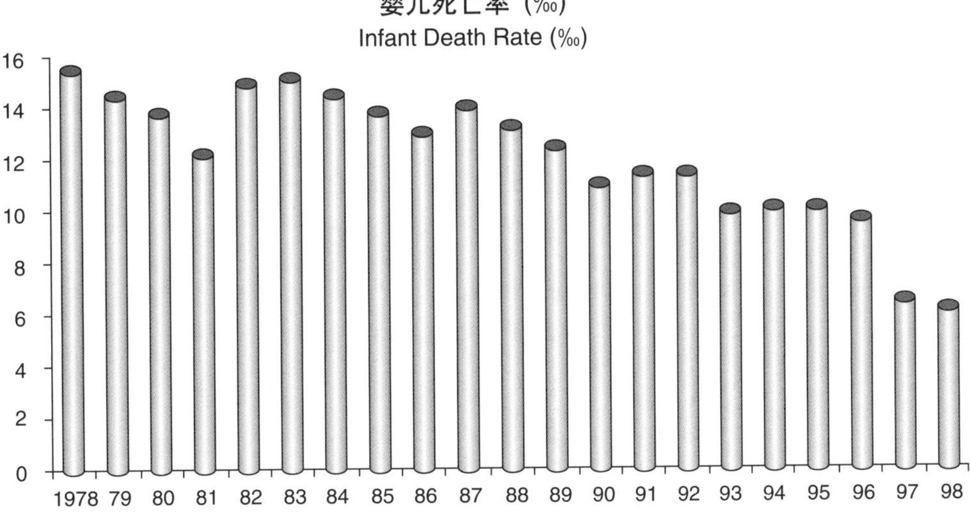

城镇失业率 (%)
Unemployment Rate in Urban Areas (%)

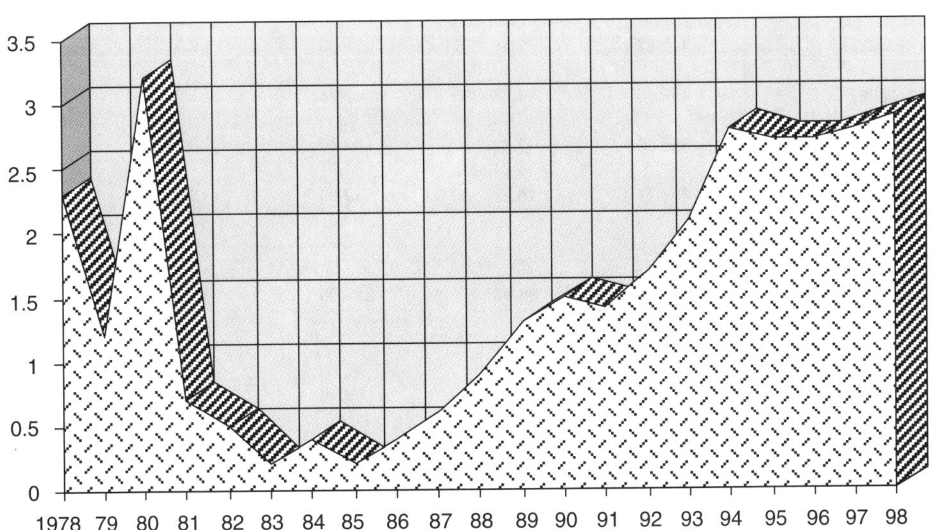

2－1　各区、县土地面积、户数、人口及人口密度

LAND AREA, HOUSEHOLDS, POPULATION AND DENSITY OF POPULATION IN DISTRICTS AND COUNTIES (1998)

地　区 District		土地面积 (平方公里) Land Area (sq.km)	户　数 (万户) Total Households (10 000)	年末人口 (万人) Year-end Population (10 000 persons)	平均每户人口 (人) Average Persons Per Household (person)	人口密度 (人/平方公里) Density of Population (person/sq.km)
全　市	**Total**	**6 340.50**	**465.72**	**1 306.58**	**2.8**	**2 061**
市　区	**Urban District**	**3 248.70**	**378.79**	**1 070.62**	**2.8**	**3 296**
黄浦区	Huangpu	4.54	8.33	24.91	3.0	54 862
南市区	Nanshi	7.87	16.30	44.69	2.7	56 791
卢湾区	Luwan	8.05	13.51	36.80	2.7	45 710
徐汇区	Xuhui	54.76	30.41	84.79	2.8	15 483
长宁区	Changning	38.30	22.19	61.07	2.8	15 945
静安区	Jing'an	7.62	13.18	37.31	2.8	48 968
普陀区	Putuo	54.83	29.60	83.45	2.8	15 220
闸北区	Zhabei	29.26	25.14	68.65	2.7	23 460
虹口区	Hongkou	23.48	29.33	79.97	2.7	34 058
杨浦区	Yangpu	60.73	37.61	108.03	2.9	17 789
浦东新区	Pudong New Area	522.75	56.39	156.18	2.8	2 988
闵行区	Minhang	371.68	20.96	59.34	2.8	1 597
宝山区	Baoshan	415.27	27.42	75.30	2.7	1 813
嘉定区	Jiading	458.80	14.98	47.41	3.2	1 033
金山区	Jinshan	586.05	17.22	53.69	3.1	916
松江区	Songjiang	604.71	16.22	49.03	3.0	811
县	**County**	**3 091.80**	**86.93**	**235.96**	**2.7**	**763**
南汇县	Nanhui	687.66	25.92	69.49	2.7	1 011
奉贤县	Fengxian	687.39	20.03	51.44	2.6	748
青浦县	Qingpu	675.54	14.58	45.57	3.1	675
崇明县	Chongming	1 041.21	26.40	69.46	2.6	667

2－2 计划生育基本情况

FAMILY PLANNING

(1978－1998)

单位：万人 (10 000 persons)

年 份 Year	出生人数 Births	符合计划生育人数 Births Under Control	计 划 生育率(%) Family Planning Rate	已婚育龄妇女人数 Married Women at Childbearing Age	领独生子女证人数 The Number of Couples with One-child Certificate	领证率(%) Coverage of One-child Certificate	采取节育措施人数 Number of Married People Adopting Contraception	避孕率(%) Contraception Rate
全市 Total								
1978	11.60	9.77	84.3	146.93			127.01	86.4
1980	13.00	11.88	91.4	162.30	36.67	74.6	143.05	88.1
1981	18.11	16.79	92.7	180.42	54.79	86.2	152.22	84.4
1982	20.75	19.19	92.5	191.89	77.03	94.8	164.31	85.6
1983	17.80	17.26	97.0	197.98	94.87	98.7	173.56	87.7
1984	16.28	16.12	99.1	206.83	109.73	99.2	184.74	89.3
1985	15.43	15.33	99.4	219.64	118.56	54.0	189.54	86.3
1986	17.24	17.09	99.1	230.81	132.93	56.3	198.87	86.2
1987	19.03	18.88	99.2	242.77	147.03	60.6	212.48	87.5
1988	16.53	16.43	99.4	251.52	158.93	63.2	223.74	89.0
1989	15.91	15.81	99.4	261.73	171.13	65.4	235.97	90.2
1990	13.12	13.06	99.6	268.05	181.94	67.9	245.59	91.6
1991	10.08	10.05	99.7	270.95	188.10	69.4	249.70	92.2
1992	9.37	9.35	99.8	274.42	192.63	70.2	252.96	92.2
1993	8.40	8.38	99.8	274.44	195.51	71.2	253.45	92.4
1994	7.63	7.62	99.8	272.90	196.23	71.9	252.90	92.7
1995	7.11	7.09	99.7	270.35	193.09	71.4	250.49	92.7
1996	6.79	6.76	99.6	267.81	182.78	68.3	247.42	92.4
1997	6.42	6.39	99.6	266.64	162.87	61.1	245.67	92.1
1998	6.17	6.14	99.5	263.70	147.79	56.0	241.93	91.8
市区 Urban District								
1978	3.99	3.61	90.5	68.81			62.77	91.2
1980	5.19	5.12	98.6	74.31	22.79	85.6	66.32	89.2
1981	7.50	7.42	99.0	81.67	31.74	94.2	69.45	85.0
1982	10.20	10.08	98.8	88.92	42.41	98.5	74.40	83.7
1983	10.63	10.60	99.7	93.74	51.55	99.6	79.38	84.7
1984	10.40	10.38	99.9	100.11	61.68	99.7	87.00	86.9
1985	9.86	9.84	99.8	113.87	70.74	62.1	94.34	82.8
1986	10.20	10.17	99.7	120.43	79.11	65.7	100.01	83.0
1987	11.10	11.06	99.7	127.53	87.60	68.7	107.75	84.5
1988	9.79	9.76	99.7	132.38	94.30	71.2	114.29	86.3
1989	9.80	9.76	99.6	146.70	107.35	73.2	129.43	88.2
1990	7.74	7.71	99.6	150.59	113.86	75.6	135.79	90.2
1991	5.35	5.33	99.7	151.96	116.83	76.9	137.94	90.8
1992	4.89	4.88	99.8	155.33	119.52	77.0	140.81	90.7
1993	5.37	5.36	99.7	191.72	145.12	75.7	175.48	91.5
1994	4.87	4.86	99.8	191.72	145.24	75.8	176.10	91.7
1995	4.54	4.52	99.6	189.57	142.33	75.1	174.25	91.9
1996	4.39	4.37	99.6	187.67	135.00	71.9	171.81	91.6
1997	4.56	4.53	99.5	200.34	127.04	63.4	183.17	91.4
1998	4.77	4.74	99.5	209.36	120.41	57.5	190.87	91.2
县 County								
1978	7.61	6.16	81.0	78.12			64.24	82.2
1980	7.81	6.76	86.7	87.99	13.88	61.7	76.73	87.2
1981	10.61	9.37	88.3	98.76	23.05	77.2	82.77	83.8
1982	10.55	9.11	86.4	102.97	34.62	90.7	89.91	87.3
1983	7.17	6.66	92.9	104.23	43.32	97.6	94.18	90.4
1984	5.88	5.74	97.7	106.72	48.05	98.4	97.73	91.6
1985	5.57	5.19	98.6	105.77	47.82	45.2	95.20	90.0
1986	7.04	6.92	98.3	110.38	53.82	46.4	98.86	89.6
1987	7.93	7.82	98.6	115.23	59.43	51.6	104.73	90.9
1988	6.74	6.67	99.0	119.14	64.63	54.3	109.45	91.9
1989	6.12	6.06	99.0	115.03	63.78	55.4	106.54	62.6
1990	5.27	5.34	99.5	117.46	68.08	58.0	109.80	93.5
1991	4.73	4.72	99.7	118.99	71.27	59.9	111.76	93.9
1992	4.48	4.47	99.9	119.09	73.11	61.4	112.15	94.2
1993	3.02	3.02	99.9	82.72	50.39	60.9	77.97	94.3
1994	2.76	2.76	99.8	81.18	50.99	62.8	76.80	94.6
1995	2.57	2.57	99.8	80.78	50.77	62.8	76.23	94.4
1996	2.40	2.39	99.6	80.14	47.78	59.6	75.61	94.4
1997	1.86	1.86	99.7	66.30	35.83	54.0	62.50	94.3
1998	1.40	1.40	99.5	54.34	27.38	50.4	51.06	94.0

2－3 各区、县计划生育基本情况

FAMILY PLANNING IN DISTRICTS AND COUNTIES

(1998)

单位：万人 (10 000 persons)

地　区 District		出生人数 Births	已婚育龄妇女人数 Married Women at Childbearing Age	领独生子女证人数 Number of Married Couples with One-child Certificate	采取节育措施人数 Number of Married People Adopting Contarception	计划生育率(%) Family Planning Rate	领证率(%) Coverage of One-child Certificate	避孕率(%) Contraception Rate
全　市	**Total**	**6.17**	**263.70**	**147.79**	**241.93**	**99.5**	**56.0**	**91.8**
市　区	**Urban District**	**4.77**	**209.36**	**120.41**	**190.87**	**99.5**	**57.5**	**91.2**
黄浦区	Huangpu	0.09	4.45	2.82	3.91	99.2	63.5	88.0
南市区	Nanshi	0.24	8.18	5.39	7.26	99.0	65.9	88.8
卢湾区	Luwan	0.14	6.56	4.08	5.73	99.3	62.2	87.3
徐汇区	Xuhui	0.33	14.11	8.51	12.80	99.5	60.3	90.7
长宁区	Changning	0.23	11.77	7.48	10.52	99.5	63.6	89.4
静安区	Jing'an	0.14	6.72	4.22	5.79	98.9	62.7	86.1
普陀区	Putuo	0.31	16.00	10.03	14.50	99.0	62.7	90.6
闸北区	Zhabei	0.25	13.42	8.25	12.03	99.3	61.4	89.6
虹口区	Hongkou	0.31	15.85	9.71	14.24	99.3	61.3	89.9
杨浦区	Yangpu	0.42	17.65	11.15	15.99	99.6	63.2	90.6
浦东新区	Pudong New Area	0.70	32.30	17.61	29.96	99.6	54.5	92.8
闵行区	Minhang	0.31	11.38	5.88	10.69	100.0	51.7	93.9
宝山区	Baoshan	0.35	16.00	8.72	14.88	99.6	54.5	93.0
嘉定区	Jiading	0.28	11.06	4.93	10.31	99.8	44.6	93.3
金山区	Jinshan	0.37	12.50	6.33	11.61	99.8	50.6	92.9
松江区	Songjiang	0.30	11.41	5.30	10.65	99.9	46.4	93.3
县	**County**	**1.40**	**54.34**	**27.38**	**51.06**	**99.5**	**50.4**	**94.0**
南汇县	Nanhui	0.43	16.26	9.02	15.28	99.1	55.5	93.9
奉贤县	Fengxian	0.34	11.80	5.56	11.09	99.5	47.1	94.0
青浦县	Qingpu	0.26	10.47	4.88	9.72	99.9	46.6	92.8
崇明县	Chongming	0.37	15.81	7.92	14.97	99.6	50.1	94.7

2-4 婚姻情况

MARRIAGE STATISTICS

(1978-1998)

年份 Year	准予登记结婚（万对）Marriage Registration Permitted (10 000 couples)	市区 District	县 County	初婚（万人）First Marriage (10 000persons)	再婚（万人）Remarriage (10 000 persons)	#女性 Female	离婚人数（万人）Divorce (10 000 persons)	#民政部门批准 Approved by the Civil Administration	#法院调判 Mediated by the Count
1978	8.98	4.11	4.87						
1979	12.85	6.76	6.09				0.60	0.17	0.42
1980	16.82	10.10	6.72	33.07	0.57		0.66	0.18	0.48
1981	28.25	14.75	13.50	55.79	0.71		0.99	0.26	0.73
1982	19.42	13.19	6.23	38.08	0.76		1.08	0.31	0.78
1983	15.01	9.46	5.55	29.14	0.86		1.20	0.33	0.86
1984	14.12	9.17	4.95	27.26	0.95		1.30	0.37	0.93
1985	18.24	11.78	6.46	35.47	1.01	0.48	1.39	0.46	0.93
1986	19.02	12.02	7.00	36.64	1.39	0.67	1.76	0.68	1.08
1987	15.53	9.90	5.63	29.64	1.42	0.73	2.26	0.86	1.40
1988	14.78	8.98	5.80	28.05	1.51	0.79	2.68	1.11	1.58
1989	11.70	7.23	4.47	21.53	1.87	0.87	3.10	1.34	1.77
1990	10.77	6.19	4.58	19.49	2.04	1.06	3.27	1.45	1.82
1991	9.87	5.49	4.38	17.16	2.59	1.08	3.43	1.54	1.89
1992	9.77	5.49	4.28	17.52	2.02	1.00	3.52	1.58	1.94
1993	8.98	6.43	2.55	15.92	2.05	0.95	3.76	1.56	2.19
1994	8.70	6.25	2.45	15.42	1.99	1.00	4.02	1.64	2.38
1995	8.40	6.21	2.19	14.61	2.19	1.09	4.53	1.97	2.57
1996	8.96	6.56	2.40	14.98	2.31	1.24	4.93	2.14	2.79
1997	8.84	6.82	2.02	15.12	2.57	1.27	5.46	2.38	3.08
1998	8.57	7.12	1.45	14.48	2.67	1.28	5.92	2.85	3.07

2-5 涉外婚姻情况

CHINESE-FOREIGN MARRIGE

(1979-1998)

年份 Year	涉外婚姻（对）Chinese-Foreign Marriage (couple)	在涉外婚姻中 国内公民（人）In Chinese-Foreign Marriage: Chinese Citizens (person)	在国内公民中 Among the Chinese Citizens	
			男性 Male	女性 Female
1979	287			
1980	396			
1981	628			
1982	677			
1983	677	676	71	605
1984	781	779	83	696
1985	826	824	91	733
1986	794	793	73	720
1987	773	767	95	672
1988	802	800	92	708
1989	963	961	90	871
1990	1 345	1 345	136	1 209
1991	1 865	1 863	170	1 693
1992	2 555	2 554	214	2 340
1993	2 552	2 552	488	2 064
1994	2 549	2 457	139	2 318
1995	3 033	3 030	274	2 756
1996	3 107	3 105	307	2 798
1997	2 839	2 838	298	2 540
1998	2 926	2 923	293	2 630

2－6 各行业从业人员和职工人数(1998)

单位：万人

类别	Items	从业人员 Employment	#不包括离岗职工的从业人员 Excluding Reemployment of the Retired	按登记注册类型分 国有、集体、其他单位从业人员 Staff and Workers in State-Owned, Collective-Owned and Other Units
总计	**Total**	**836.21**	**772.07**	**449.63**
一、按产业分	**Grouped by Industry**			
第一产业	Primary Industry	104.05	103.30	4.30
第二产业	Secondary Industry	384.88	346.82	220.17
第三产业	Tertiary Industry	347.28	321.95	225.16
二、按国民经济行业分	**Grouped by Sector**			
农、林、牧、渔业	Farming,Forestry,Animal Husbandry and Fishery	104.05	103.30	4.30
采掘业	Excavation	0.09	0.09	0.09
制造业	Manufacturing	343.35	307.81	191.05
电力、煤气及水的生产和供应业	Power,Gas and Water Production and Supply	6.52	6.48	6.52
建筑业	Construction	33.90	31.48	21.49
地质勘查业、水利管理业	Geological Prospecting and Water Conservancy Administration	1.02	0.96	1.02
交通运输、仓储及邮电通信业	Transportation,Storage,Postal and Telecommunications	34.36	31.07	28.65
批发和零售贸易、餐饮业	Wholesale,Retail and Catering Businesses	108.04	98.44	57.58
#批发业	Wholesale	22.71	18.91	22.71
零售业	Retail Sales	76.14	71.20	29.50
商业经纪与代理业	Business Brokerage	0.96	0.94	0.96
金融保险业	Banking and Insurance	6.60	6.59	6.56
房地产业	Real Estate	8.48	8.13	7.72
社会服务业	Social Services	58.31	55.13	34.98
#公共服务业	Public Services	20.77	18.88	20.17
居民服务业	Inhabitant Services	24.38	23.72	3.19
信息、咨询服务业	Community and Consultancy Services	2.62	2.60	1.22
卫生、体育和社会福利业	Health Care,Sports and Social Welfare	19.19	18.71	16.16
#卫　生	Health Care	15.99	15.80	13.91
体　育	Sports	0.88	0.86	0.81
教育、文化艺术及广播电影电视业	Education, Culture, Art, Broadcasting, Film and Television	40.98	40.28	33.53
教　育	Education	36.28	35.86	29.56
文化艺术业	Culture and Art	3.11	3.03	2.50
广播电影电视业	Radio,Film and Television	1.59	1.39	1.47
科学研究和综合技术服务业	Scientific Research and Polytechnical Services	10.19	9.75	9.01
国家机关、政党机关和社会团体	Government Institutions,Party and Social Organizations	18.03	18.00	14.52
其他行业	Others	43.10	35.85	16.45

EMPLOYMENT, STAFF AND WORKERS IN DIFFERENT TRADES

(10 000 persons)

Classified according to the Categories of Registration					按登记注册类型分 Classified according to the Categories of Registration		
城镇个体劳动者 Urban Self-Employed Labourers	农村集体和个体劳动者 Rural Collective and Self-employed Labourers	其他劳动者 Others	职工人数 Staff and Workers	# 在岗职工 Working Staff and Workers	国有单位 State-owned Units	集体单位 Urban Collective-Owned Units	其他单位 Other Ownership Units
8.82	**270.63**	**107.13**	**412.61**	**348.47**	**259.07**	**59.81**	**93.73**
	99.05	0.70	3.64	2.89	3.56	0.01	0.07
0.17	127.37	37.17	205.76	167.70	106.32	29.38	70.06
8.65	44.21	69.26	203.21	177.88	149.19	30.42	23.60
	99.05	0.70	3.64	2.89	3.56	0.01	0.07
			0.09	0.09	0.06		0.03
0.16	115.86	36.28	178.37	142.83	88.96	25.74	63.67
			6.40	6.36	4.86	0.33	1.21
0.01	11.51	0.89	19.92	17.50	11.47	3.31	5.14
			0.98	0.92	0.97	…	0.01
0.20	5.09	0.42	26.80	23.51	21.08	2.98	2.74
6.72	10.32	33.42	49.71	40.11	22.50	17.59	9.62
			19.79	15.99	11.14	6.20	2.45
4.66	9.00	32.98	25.91	20.97	9.76	10.17	5.98
			0.60	0.58	0.23	0.02	0.35
		0.04	6.03	6.02	4.64	0.39	1.00
	0.18	0.58	6.32	5.97	3.90	0.58	1.84
1.43	1.49	20.41	30.93	27.75	20.42	3.16	7.35
	0.44	0.16	18.27	16.38	13.05	1.05	4.17
1.33	1.05	18.81	2.74	2.08	1.23	1.14	0.37
		1.40	0.86	0.84	0.52	0.10	0.24
	1.12	1.91	14.84	14.36	12.21	2.55	0.08
	0.76	1.32	13.18	12.99	11.06	2.07	0.05
		0.07	0.65	0.63	0.62	…	0.03
	0.69	6.76	31.41	30.71	31.02	0.25	0.14
	0.29	6.43	27.92	27.50	27.71	0.19	0.02
	0.28	0.33	2.18	2.10	2.13	0.03	0.02
	0.12		1.31	1.11	1.18	0.03	0.10
	1.06	0.12	8.30	7.86	7.74	0.14	0.42
		3.51	13.25	13.22	13.20	0.04	0.01
0.30	24.26	2.09	15.62	8.37	12.48	2.74	0.40

2－7 各行业在岗女职工人数

WORKING FEMALE STAFF AND WORKERS IN VARIOUS TRADES

(1998)

单位：万人 (10 000 persons)

行业	Sector	在岗女职工人数 Working Female Staff and Workers	国有单位 State-owned Units	集体单位 Collective-owned Units	其他单位 Other Units
总 计	**Total**	**133.93**	**85.04**	**19.13**	**29.76**
农、林、牧、渔业	Farming,Forestry,Animal Husbandry and Fishery	0.84	0.81	…	0.03
采掘业	Excavation	0.01	0.01		…
制造业	Manufacturing	52.48	24.95	7.17	20.36
电力、煤气及水的生产和供应业	Power,Gas and Water Production and Supply	1.74	1.21	0.08	0.45
建筑业	Construction	3.45	2.06	0.59	0.80
地质勘查业、水利管理业	Geological Prospecting and Water Conservancy Administration	0.19	0.19	…	…
交通运输、仓储及邮电通信业	Transportation, Storage,Postal and Telecommunications	5.42	4.13	0.63	0.66
批发和零售贸易、餐饮业	Wholesale, Retail and Catering Businesses	19.27	8.45	6.54	4.28
#批发业	Wholesale	6.62	3.42	2.24	0.96
零售业	Retail Sales	11.15	4.30	3.89	2.96
商业经纪与代理业	Business Brokerage	0.12	0.11	0.01	…
金融保险业	Banking and Insurance	2.73	2.21	0.20	0.32
房地产业	Real Estate	1.86	1.22	0.17	0.47
社会服务业	Social Services	9.99	6.70	1.17	2.12
#公共服务业	Public Services	5.59	4.34	0.27	0.98
居民服务业	Residents Services	1.19	0.46	0.59	0.14
信息、咨询服务业	Imformation and Consultancy Services	0.26	0.18	0.03	0.05
卫生、体育和社会福利业	Health Care,Sports and Social Welfare	9.31	7.87	1.42	0.02
#卫 生	Health Care	8.64	7.35	1.27	0.02
体 育	Sports	0.23	0.23	…	…
教育、文化艺术及广播电影电视业	Education, Culture, Art, Broadcasting, Film and Television	16.43	16.26	0.11	0.06
教 育	Education	15.20	15.10	0.09	0.01
文化艺术业	Culture and Art	0.82	0.80	0.01	0.01
广播电影电视业	Radio,Film and Television	0.41	0.36	0.01	0.04
科学研究和综合技术服务业	Scientific Research and Polytechnical Services	2.68	2.49	0.05	0.14
国家机关、政党机关和社会团体	Government Institutions,Party and Social Organizations	3.50	3.47	0.03	…
其他行业	Others	4.03	3.01	0.97	0.05

注：本表按登记注册类型划分。

Note: The table is classified according to the categories of registration.

2－8 国有经济单位工业企业职工分类人数

CLASSIFICATION OF STAFF AND WORKERS IN STATE-OWNED INDUSTRIAL ENTERPRISES (1978－1998)

单位：万人 (10 000 persons)

年 份 Year	合 计 Total	工 人 Workers	学 徒 Apprentices	工程技术人员 Engineers and Technicians	管理人员 Managers Clerks	服务人员 Service Clerks	其他人员 Others
1978	180.23	128.99	7.64	7.07	15.21	15.19	6.13
1979	190.02	135.73	8.61	7.73	16.42	16.15	5.38
1980	194.43	135.24	10.79	8.11	17.23	16.55	6.51
1981	201.07	139.10	9.71	8.44	18.10	17.23	8.49
1982	205.32	141.45	8.27	9.55	18.99	18.05	9.01
1983	207.88	146.04	3.51	10.64	19.69	18.23	9.77
1984	206.08	143.72	2.26	11.11	20.67	18.24	10.08
1985	206.73	141.18	2.10	11.98	22.12	19.73	9.62
1986	210.27	142.31	1.92	12.63	23.05	20.53	9.83
1987	212.56	144.04	1.38	13.03	23.57	20.62	9.92
1988	213.06	142.99	1.01	13.68	23.01	20.63	11.74
1989	208.39	137.36	0.87	14.57	22.41	21.04	12.14
1990	209.91	138.12	0.91	15.18	22.90	21.39	11.41
1991	208.99	135.97	0.92	15.15	23.39	22.35	11.21
1992	209.99	135.97	0.66	14.85	23.35	21.32	14.02
1993	173.07	107.32		12.21	19.48	18.57	15.49
1994	160.18	97.69		11.19	18.18	16.55	16.57
1995	148.40	87.22		10.35	16.93	15.39	18.51
1996	132.35	77.04		9.37	15.68	13.25	17.01
1997	112.53	66.01		8.10	13.80	11.10	13.52
1998	101.05	50.68		6.90	11.14	8.27	24.06

2－9 国有经济单位建筑业职工分类人数

CLASSIFICATION OF STAFF AND WORKERS IN STATE-OWNED CONSTRUCTION ENTERPRISES (1978－1998)

单位：万人 (10 000 persons)

年 份 Year	合 计 Total	工 人 Workers	学 徒 Apprentices	工程技术人员 Engineers and Technicians	管理人员 Managers Clerks	服务人员 Service Clerks	其他人员 Others
1978	11.82	8.38	0.50	0.36	1.18	0.94	0.46
1979	12.86	9.32	0.30	0.47	1.39	1.00	0.38
1980	15.22	10.88	0.59	0.52	1.57	1.29	0.37
1981	16.02	10.98	0.73	0.60	1.74	1.48	0.49
1982	16.73	11.23	0.85	0.67	1.84	1.61	0.53
1983	18.44	12.64	0.57	0.82	2.18	1.60	0.63
1984	18.67	13.08	0.25	0.86	2.21	1.59	0.68
1985	20.49	14.15	0.21	0.95	2.52	1.91	0.75
1986	20.22	13.85	0.21	0.98	2.56	1.87	0.75
1987	21.33	14.47	0.27	1.08	2.73	2.00	0.78
1988	21.61	14.21	0.25	1.26	2.83	2.07	0.99
1989	20.43	12.90	0.15	1.44	2.78	2.11	1.05
1990	21.03	13.17	0.12	1.56	2.89	2.29	1.00
1991	21.15	12.99	0.13	1.63	2.95	2.35	1.10
1992	21.37	12.85	0.16	1.81	2.95	2.28	1.32
1993	19.25	10.73		1.78	2.92	2.00	1.82
1994	19.13	10.35		1.99	3.00	1.98	1.81
1995	17.66	9.30		2.04	2.94	1.73	1.65
1996	15.72	7.97		1.97	2.74	1.50	1.54
1997	13.73	6.49		1.97	2.54	1.23	1.50
1998	11.75	5.39		1.57	1.95	0.85	1.99

2－10 集体经济单位工业职工分类人数

CLASSIFICATION OF STAFF AND WORKERS IN COLLECTIVE-OWNED INDUSTRIAL ENTERPRISES (1978－1998)

单位：万人 (10 000 persons)

年份 Year	合计 Total	工人 Workers	学徒 Apprentices	工程技术人员 Engineers and Technicians	管理人员 Managers Clerks	服务人员 Service Clerks	其他人员 Others
1978	22.46	16.20	2.16	0.08	1.83	1.67	0.52
1979	24.56	17.75	2.33	0.13	2.13	1.82	0.40
1980	28.52	21.17	2.08	0.17	2.42	2.13	0.55
1981	31.21	23.21	1.75	0.23	2.76	2.38	0.88
1982	32.59	23.81	1.68	0.32	3.02	2.61	1.15
1983	34.42	25.21	1.25	0.44	3.35	2.73	1.44
1984	33.75	24.34	0.72	0.54	3.67	2.72	1.76
1985	35.28	25.12	0.52	0.67	4.11	3.05	1.81
1986	36.38	25.75	0.32	0.72	4.28	3.23	2.08
1987	37.12	26.15	0.22	0.76	4.43	3.32	2.24
1988	36.99	25.28	0.25	0.89	4.25	3.56	2.76
1989	38.72	26.01	0.14	1.14	4.31	3.80	3.32
1990	38.40	25.85	0.12	1.21	4.37	3.86	2.99
1991	38.33	25.46	0.10	1.27	4.50	3.88	3.12
1992	37.29	25.44	0.08	1.26	4.20	3.49	2.82
1993	42.11	27.68		1.38	4.74	2.96	5.35
1994	38.98	25.56		1.29	4.24	2.42	5.47
1995	37.82	22.74		1.28	4.19	2.21	7.40
1996	35.45	21.67		1.17	3.73	1.78	7.10
1997	30.83	18.62		1.08	3.25	1.42	6.46
1998	27.57	10.76		0.83	2.52	1.03	12.43

2－11 集体经济单位建筑业职工分类人数

CLASSIFICATION OF STAFF AND WORKERS IN COLLECTIVE-OWNED CONSTRUCTION ENTERPRISES(1978－1998)

单位：万人 (10 000 persons)

年份 Year	合计 Total	工人 Workers	学徒 Apprentices	工程技术人员 Engineers and Technicians	管理人员 Managers Clerks	服务人员 Service Clerks	其他人员 Others
1978	2.78	2.20	0.09	0.01	0.20	0.11	0.17
1979	5.82	4.82	0.30	0.01	0.41	0.19	0.09
1980	5.63	4.55	0.23	0.02	0.48	0.24	0.11
1981	6.00	4.58	0.34	0.03	0.53	0.32	0.20
1982	5.98	4.65	0.12	0.03	0.59	0.36	0.23
1983	6.39	4.89	0.11	0.06	0.65	0.41	0.27
1984	6.31	4.75	0.06	0.07	0.72	0.43	0.28
1985	6.27	4.57	0.02	0.08	0.73	0.52	0.35
1986	5.82	4.11	0.02	0.09	0.70	0.54	0.36
1987	5.46	3.75	0.02	0.08	0.70	0.55	0.36
1988	4.66	3.05	0.02	0.08	0.60	0.44	0.47
1989	4.48	2.86	0.01	0.15	0.54	0.41	0.51
1990	4.11	2.60	0.01	0.15	0.53	0.38	0.44
1991	4.17	2.60	0.01	0.17	0.50	0.42	0.47
1992	4.28	2.92	0.02	0.18	0.47	0.29	0.40
1993	3.66	2.36		0.21	0.46	0.28	0.35
1994	4.41	2.70		0.26	0.54	0.37	0.54
1995	4.67	2.86		0.33	0.55	0.36	0.57
1996	3.96	2.38		0.31	0.49	0.30	0.48
1997	5.09	2.95		0.43	0.73	0.40	0.58
1998	3.82	1.85		0.34	0.47	0.27	0.89

2－12 主要年份城镇新就业人数
NEW EMPLOYMENT IN URBAN AREAS IN MAIN YEARS

单位：万人 (10 000 persons)

指 标	Indicators	1980	1990	1997	1998
总 计	**Total**	**23.05**	**14.17**	**36.13**	**26.73**
一、按就业人员主要来源分	**Grouped by Major Source of Employment**				
城镇劳动力	Urban Labour Force	21.36	4.55	26.83	18.33
农村劳动力	Rural Labour Force	2.67	2.51	2.38	1.43
大学、中专、技校毕业生	Graduates from Universities, Secondary Technical Schools and Worker Training Schools	5.22	5.76	5.05	4.33
其 他	Others	2.80	1.35	1.87	2.64
二、按就业人员安置去向分	**Grouped by Employment Assignment**				
国有经济单位	State-Owned Units	16.54	11.46	7.43	6.30
城镇集体经济单位	Urban Collective-Owned Units	5.82	1.46	1.19	1.14
其他经济单位	Other Ownership Units		0.76	5.57	4.90
城镇个体劳动者	Urban Individual Labourers	0.33			1.31
其他劳动者	Others	0.36	0.49	21.94	13.08

2－13 城镇失业人数和失业率
THE NUMBER OF UNEMPLOYED IN URBAN AREAS AND THE UNEMPLOYMENT RATE (1978－1998)

单位：万人 (10 000 persons)

年 份 Year	城镇从业人数 Employment in Urban Areas	城镇失业人数 Unemployed in Urban Areas	市 区 District	县 County	失业率 (%) Unemployment Rate
1978	423.64	10.00			2.3
1979	432.83	5.20	5.03	0.17	1.2
1980	448.39	14.75			3.2
1981	466.56	3.52	2.29	1.23	0.7
1982	479.33	2.57	2.10	0.47	0.5
1983	487.85	1.02	0.53	0.49	0.2
1984	492.98	1.96	1.58	0.38	0.4
1985	499.58	1.20	0.94	0.26	0.2
1986	507.38	1.82	1.42	0.40	0.4
1987	515.26	2.90	2.43	0.47	0.6
1988	520.87	4.50	3.79	0.71	0.9
1989	517.77	6.99	5.97	1.02	1.3
1990	519.44	7.70	6.62	1.08	1.5
1991	532.32	7.61	6.69	0.92	1.4
1992	536.24	9.42	8.42	1.00	1.7
1993	521.28	12.97	12.21	0.76	2.4
1994	521.06	14.85	13.98	0.87	2.8
1995	531.34	14.36	13.52	0.84	2.7
1996	533.00	14.54	13.69	0.85	2.7
1997	534.91	14.90	14.03	0.87	2.8
1998	566.99	15.96	15.24	0.72	2.9

2－14 主要年份离休、退休及退职职工人数

NUMBER OF VCSR, RRSW AND RESIGNED BY REGION IN MAIN YEARS

单位：万人 (10 000 persons)

指 标	Indicators	1980	1990	1997	1998
总 计	**Total**	**96.47**	**159.14**	**209.75**	**220.36**
一、国有经济单位	**State-owned Units**	**68.24**	**113.65**	**148.96**	**156.83**
离 休	Retired Veteran Carders		3.85	3.84	3.28
退 休	Retired	67.39	108.54	144.04	152.45
退 职	Resigned	0.85	1.26	1.08	1.10
二、集体经济单位	**Collective-Owned Units**	**28.23**	**44.18**	**45.55**	**48.67**
离 休	Retired Veteran Carders		0.40	0.25	0.10
退 休	Retired	27.85	42.02	44.20	46.85
退 职	Resigned	0.38	1.76	1.10	1.72
三、其他经济单位	**Others Units**		**1.31**	**15.24**	**14.86**
离 休	Retired Veteran Carders		0.01	0.20	0.19
退 休	Retired		1.22	14.93	14.56
退 职	Resigned		0.08	0.11	0.11
四、离休、退休及退职人数与在职职工人数的比例 (以在职职工人数为1)	**Ratio Employed Staff and Workers to VCSR and RRSW** (Working Staff and Workers＝1)	**0.22**	**0.31**	**0.48**	**0.53**

2－15 在岗职工人数变动

CHANGES IN THE NUMBER OF WORKING STAFF AND WORKERS (1998)

单位：万人 (10 000 persons)

指 标	Indicators	在岗职工人数变动 Changes of Working Staff and Workers	国有单位 State-owned Units	集体单位 Collective-owned Units	其他单位 Others Units
增加人数	**Increase of Staff and Workers**	**33.80**	**19.18**	**4.09**	**10.53**
从农村招收	Recruited from Rural	1.43	0.46	0.33	0.64
从城镇招收	Recruited from Urban Areas	3.95	1.08	0.37	2.50
录用的复员转业军人	Demobilized Soldiers	0.33	0.25	0.01	0.07
录用的大、中专、技工学校毕业生	Graduates from College, Secondary Technical Schools and Worker Training Schools	4.33	2.99	0.15	1.19
调入人数	Number Transferred into	17.37	10.34	2.36	4.67
# 市外调入	From Outside the City	0.45	0.33	0.06	0.06
其 他	Others	6.39	4.06	0.87	1.46
减少人数	**Decrease of Staff and Workers**	**68.65**	**42.97**	**11.21**	**14.47**
离休、退休、退职	Retired and Resigned	13.46	8.99	2.38	2.09
开除、除名、辞退	Expelled and Discharged	1.09	0.62	0.18	0.29
终止、解除合同	Contract Terminated	11.74	6.09	1.38	4.27
调出人数	Number Transferred Out	17.22	10.58	3.28	3.36
# 调往市外	To Outside City	0.14	0.08	0.01	0.05
其 他	Others	25.14	16.69	3.99	4.46

注：本表按登记注册类型划分。
Note: The table is classified according to the categories of registration.

2－16 在岗长期职工和临时职工人数
LONG-TERM AND SHORT-TERM WORKING STAFF AND WORKERS
(1998)

单位：万人 (10 000 persons)

行业	Sector	合计 Total	在岗长期职工 Long-term Working Staff and Workers	在岗临时职工 Short-term Working Staff and Workers
总　计	**Total**	**384.47**	**338.62**	**9.85**
农、林、牧、渔业	Farming,Forestry,Animal Husbandry and Fishery	2.89	2.82	0.07
采掘业	Excavation	0.09	0.09	…
制造业	Manufactruing	142.83	139.82	3.01
电力、煤气及水的生产和供应业	Power,Gas and Water Production and Supply	6.36	6.25	0.11
建筑业	Construction	17.50	16.27	1.23
地质勘查业、水利管理业	Geological Prospecgting and Water Conservancy Administration	0.92	0.86	0.06
交通运输、仓储及邮电通信业	Transportation, Storage, Postal and Telecommunications	23.51	23.34	0.17
批发和零售贸易、餐饮业	Wholesale, Retail and Catering	40.11	39.24	0.87
金融保险业	Banking and Insurance	6.02	5.97	0.05
房地产业	Real Estate	5.97	5.84	0.13
社会服务业	Social Services	27.75	26.30	1.45
卫生、体育和社会福利业	Health Care,Sports and Social Welfare	14.36	13.58	0.78
教育、文化艺术及广播电影电视业	Education, Culture, Art, Broadcasting, Film and Television	30.71	29.71	1.00
科学研究和综合技术服务业	Scientific Research and Polytechnical Services	7.86	7.80	0.06
国家机关、政党机关和社会团体	Government Institutions,Party and Social Organizations	13.22	12.88	0.34
其　他	Others	8.37	7.85	0.52

第 3 篇

人民生活

Chapter 3

Living Standards

第三篇　人民生活

城乡人民生活继续得到改善，居民收入稳定增长。1998年，全市从业人员报酬达到535.51亿元，其中，国有单位从业人员为330.7亿元。全市职工工资总额达到510.35亿元，比上年增长0.05 %；职工年平均工资为12059元，增长5.5 %。在职工工资总额中，国有单位工资总额为330.1 亿元，外商投资企业工资总额为74.96亿元。

据抽样调查统计，1998年，城市居民家庭人均年可支配收入8773.1 元，比上年增长4 %。按收入水平分组，年人均可支配收入在3000元以下的家庭占总户数的1%，3000－4000元之间的占3.2%，4000－5000元之间的占4.4%，5000－6000元之间的占9.2%，6000－7000元之间的占14.6%，7000－8000元之间的占12.4%，8000－9000元之间的占15%，9000－10000元之间的占11.2%，10000元以上的占29%。随着收入水平的稳步提高，上海城市居民家庭人均年消费性支出继续增加。1998年，城市居民家庭年人均消费性支出为6866.41 元，比上年增长0.7 %。其中，食品类支出为3467.96元，占总支出的50.5 %；衣着类支出472.27元，占6.9%；家庭设备、用品及服务类支出466.84元，占6.8%；医疗保健类支出260.78元，占3.8%；交通和通信类支出384.49元，占5.6%；娱乐、教育、文化服务类支出843.24元，占3%；居住类支出659.59元，占9.6%；杂项商品和服务类支出311.24元，占4.5%。

1998年，上海农民家庭人均年纯收入为5407 元，比上年增长2.5 %；人均年生活消费支出4923.53元，比上年增长0.6 %。

城乡居民储蓄存款继续增加。至1998年末，全市城乡居民储蓄存款余额2372.94亿元，人均储蓄存款达18161元。

Chapter 3　Living Standards

The living standards of residents living in both urban and rural areas have continued to improve, and their incomes keep growing steadily. In 1998, the pay for the city's employees totalled 53.551 billion yuan, including 33.07 billion yuan for employees of state economic work units. In the year, the salaries paid to staff and workers in the city amounted to 51.035 billion yuan, up 0.05% from the previous year, with an average worker's annual salary reaching 12,059 yuan, up 5.5%. Of the total, the salaries paid to staff and workers in the state economic work units stood at 33.01 billion yuan, and the figures for foreign－invested companies were 7.496 billion yuan.According to statistics from a sample survey, the average per capita annual income in 1998 among urban families reached 8,773.1 yuan, 4% higher than that of 1997. A breakdown of income levels indicates that families with per capita annual income below 3,000 yuan accounted for 1% of the total; families in the 3,000 yuan to 4,000 yuan category made up 3.2% of the total; families in the 4,000 yuan to 5,000 yuan level were 4.4% of the total; families in the 5,000 yuan to 6,000 yuan group were 9.2%; families of 6,000 yuan to 7,000 yuan, 14.6%; families of 7,000 yuan to 8,000 yuan, 12.4%; families of 8,000 yuan to 9,000 yuan, 15%; families of 9,000 yuan to 10,000 yuan, 11.2%; and families with per capital annual income of more than 10,000 yuan amounted to 29% of the total.

Along with the steady increase in incomes, the level of the average per capita annual consumption expenditures among Shanghai residents continued to increase.

In 1998, an average urban resident's consumption expenditure reached 6,866.41 yuan, 0.7% more than the 1997 figure. Of the total, expenditure on food was 3,467.96 yuan, or 50.5%; expenditure on clothing was 472.27 yuan, or 6.9%; expenditure on household appliances and services was 466.84 yuan, or 6.8%; expenditure on medical and health care was 260.78 yuan, or 3.8%; expenditure on transportation and teleconmunications was 384.49 yuan, or 5.6%; expenditure on recreation, education and cultural services was 843.24 yuan, or 3%; expenditure on housing was 659.59 yuan, or 9.6%; and expenditure on other goods and services was 311.24 yuan, or 4.5%.

In 1998, the average per capita annual net income among the city's farmers stood at 5,407 yuan, 2.5% more than in 1997. The average per capita living expenses hit 4,923.53 yuan, 0.6% more than the figure of the previous year.

The amount of urban and rural residents' savings deposits continued to grow. By the end of 1998, the balance of their savings deposits totalled 23729.4 billion yuan, average per capita savings deposit 18161 yuan.

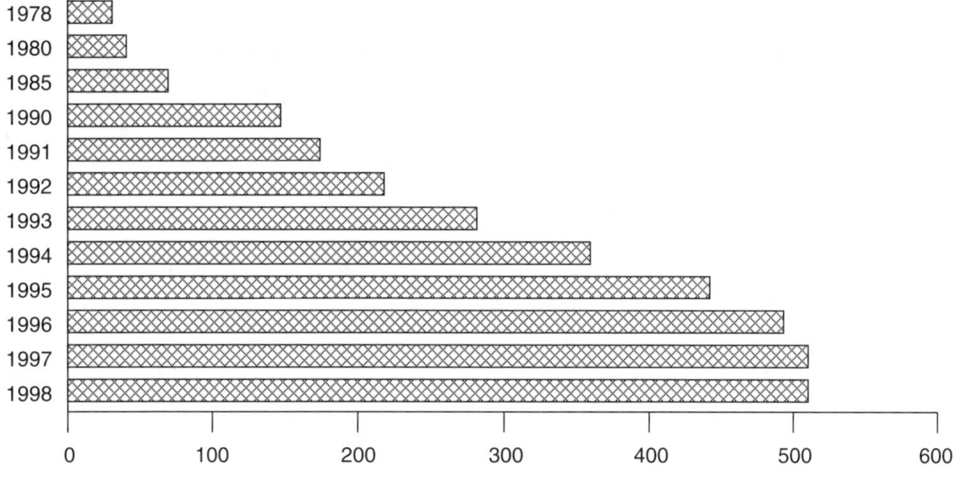
职工工资总额 (亿元)
Total Wages of Staff and Workers (100 000 000 yuan)
1978
1980
1985
1990
1991
1992
1993
1994
1995
1996
1997
1998
0
100
200
300
400
500
600

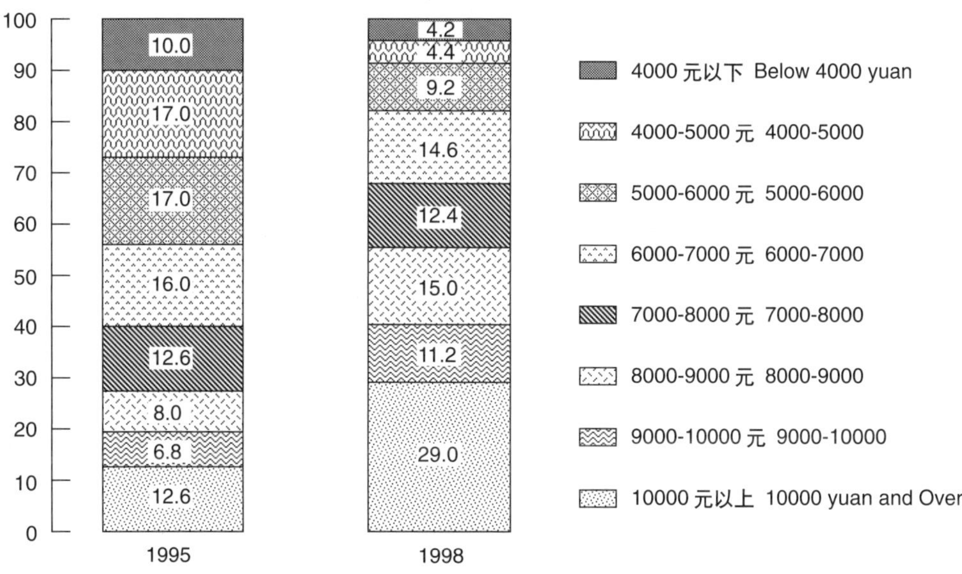
城市居民家庭人均可支配收入构成 (%)
Composition of Urban Household Disposable Income (%)
100
90
80
70
60
50
40
30
20
10
0
10.0
17.0
17.0
16.0
12.6
8.0
6.8
12.6
1995
4.2
4.4
9.2
14.6
12.4
15.0
11.2
29.0
1998
4000 元以下 Below 4000 yuan
4000-5000 元 4000-5000
5000-6000 元 5000-6000
6000-7000 元 6000-7000
7000-8000 元 7000-8000
8000-9000 元 8000-9000
9000-10000 元 9000-10000
10000 元以上 10000 yuan and Over

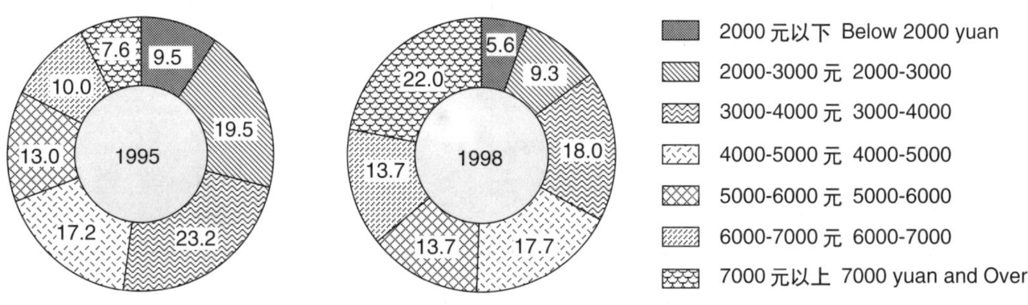
农民人均纯收入构成 (%)
Percentage of Annual Net Income of Peasants (%)
1995
9.5
19.5
23.2
17.2
13.0
10.0
7.6
1998
5.6
9.3
18.0
17.7
13.7
13.7
22.0
2000 元以下 Below 2000 yuan
2000-3000 元 2000-3000
3000-4000 元 3000-4000
4000-5000 元 4000-5000
5000-6000 元 5000-6000
6000-7000 元 6000-7000
7000 元以上 7000 yuan and Over

3－1 职工工资总额和年平均工资(1998)

行 业	Sectors	职工工资总额(亿元) Total Wages of Staff and Workers 全 市 Total	国有单位 State-owned Units	集体单位 Collective-owned Units
总 计	**Total**	**510.35**	**330.10**	**44.13**
农、林、牧、渔业	Farming,Forestry,Animal Husbandry and Fishery	3.34	3.26	0.01
工 业	Industry	218.72	108.43	15.38
采掘业	Excavation	0.13	0.09	
制造业	Manufacturing	207.14	99.77	14.74
电力、煤气及水的生产和供应业	Power,Gas and Water Production and Supply	11.45	8.57	0.64
建筑业	Construction	25.26	15.23	3.64
地质勘查业、水利管理业	Geological Prospecting and Water Conservancy Administration	1.37	1.36	0.01
交通运输、仓储及邮电通信业	Transportation,Storage,Postal and Telecommunications	39.35	33.20	2.15
批发和零售贸易、餐饮业	Wholesale, Retail and Catering Businesses	53.46	26.98	12.43
批发业	Wholesale	23.87	15.03	5.14
零售业	Retail Sales	25.25	10.19	6.58
商业经纪与代理业	Business Brokerage	1.37	0.34	0.03
餐饮业	Catering	2.97	1.42	0.68
金融、保险业	Banking and Insurance	14.23	10.42	0.71
房地产业	Real Estate	10.41	6.28	0.82
服务业	Social Services	34.56	23.88	2.54
# 公共服务业	Public Services	19.48	14.98	0.96
居民服务业	Community Services	2.20	1.21	0.65
信息、咨询服务业	Information and Consultancy Services	2.00	1.13	0.30
卫生、体育和社会福利业	Health Care,Sports and Social Welfare	21.78	18.33	3.26
# 卫 生	Health Care	19.92	16.80	2.97
体 育	Sports	0.85	0.81	…
教育、文化艺术及广播电影电视业	Education, Culture, Art, Broadcasting, Film and Television	44.39	43.93	0.26
教 育	Education	38.30	38.09	0.18
文化艺术业	Culture and Art	3.99	3.93	0.04
广播电影电视业	Radio, Film and Television	2.10	1.91	0.04
科学研究和综合技术服务业	Scientific Research and Polytechnical Services	12.51	11.62	0.13
国家机关、政党机关和社会团体	Government Institutions, Party and Social Organizations	19.90	19.84	0.05
其 他	Others	11.07	7.34	2.74

注：本表按登记注册类型划分（下表同）。
Note: The table is classified according to the categories of registration. (the same in the following table)

TOTAL WAGES AND ANNUAL AVERAGE WAGES OF STAFF AND WORKERS

(100 million yuan)		职工年平均工资(元) Average Annual Wages of Staff and Workers (yuan)				
其他单位 Other Units	#港澳台和外商投资单位 Units with Investment form Hong Kong, Taiwan and other Countries	全市 Total	国有单位 State-owned Units	集体单位 Collective-owned Units	其他单位 Other Units	#港澳台和外商投资单位 Units with Investment form Hong Kong, Taiwan and other Countries
136.12	**74.96**	**12 059**	**12 361**	**7 138**	**14 430**	**16 890**
0.07	0.03	8 922	8 899	7 439	10 218	12 340
94.91	62.40	11 346	10 848	5 657	14 460	16 679
0.04	0.04	15 294	17 547		11 455	11 455
92.63	60.18	11 127	10 510	5 492	14 385	16 624
2.24	2.18	17 544	17 237	18 579	18 512	18 524
6.39	0.44	12 458	12 999	10 580	12 485	15 847
…	…	13 798	13 822	15 458	8 567	20 091
4.00	1.85	14 347	15 341	6 913	14 924	24 484
14.05	4.40	10 410	11 567	6 830	14 296	17 225
3.70	0.57	11 615	12 947	8 007	14 669	16 453
8.48	2.37	9 455	10 123	6 245	13 892	15 468
1.00	1.00	22 499	14 615	12 461	28 268	28 454
0.87	0.46	8 521	10 028	5 578	10 275	14 237
3.10	0.02	23 746	22 502	18 053	32 004	34 127
3.31	1.38	16 324	15 867	13 848	18 116	24 000
8.14	3.22	11 175	11 598	7 948	11 401	14 395
3.54	0.63	10 711	11 366	9 133	8 950	9 447
0.34	0.06	7 861	9 435	5 627	9 384	15 330
0.57	0.36	23 222	21 712	28 500	24 186	28 113
0.19	0.19	14 759	15 078	12 986	21 142	21 696
0.15	0.15	15 190	15 269	14 488	24 587	25 683
0.04	0.04	13 214	13 164	10 810	14 377	14 333
0.20	0.09	14 140	14 169	10 487	14 059	11 691
0.03	0.03	13 695	13 720	9 868	14 239	14 239
0.02	0.01	18 233	18 410	13 461	8 558	7 404
0.15	0.05	16 957	17 246	11 512	15 406	12 653
0.76	0.25	14 857	14 800	9 491	17 705	20 484
0.01		15 138	15 145	12 798	16 019	
0.99	0.69	7 082	5 880	9 954	24 963	27 205

3－2 在岗职工工资总额和年平均工资(1998)

行 业	Sectors	在岗职工工资总额(亿元) Total Wages of Working		
		全 市 Total	国有单位 State-owned Units	集体单位 Collective-owned Units
总 计	**Total**	**490.99**	**317.92**	**39.58**
农、林、牧、渔业	Farming,Forestry,Animal Husbandry and Fishery	3.15	3.07	…
工 业	Industry	208.25	102.51	12.88
采掘业	Excavation	0.13	0.10	
制造业	Manufacturing	196.68	93.85	12.24
电力、煤气及水的生产和供应业	Power,Gas and Water Production and Supply	11.44	8.56	0.64
建筑业	Construction	24.33	14.57	3.51
地质勘查业、水利管理业	Geological Prospecting and Water Conservancy Administration	1.33	1.32	0.01
交通运输、仓储及邮电通信业	Transportation,Storage,Postal and Telecommunications	38.44	32.57	1.94
批发和零售贸易、餐饮业	Wholesale, Retail and Catering Businesses	50.97	25.83	11.33
批发业	Wholesale	22.77	14.36	4.78
零售业	Retail Sales	24.06	9.78	5.94
商业经纪与代理业	Business Brokerage	1.36	0.33	0.03
餐饮业	Catering	2.78	1.36	0.58
金融、保险业	Banking and Insurance	14.22	10.41	0.71
房地产业	Real Estate	10.27	6.20	0.79
服务业	Social Services	33.70	23.25	2.40
# 公共服务业	Public Services	18.99	14.56	0.93
居民服务业	Community Services	2.02	1.13	0.57
信息、咨询服务业	Information and Consultancy Services	2.00	1.13	0.30
卫生、体育和社会福利业	Health Care,Sports and Social Welfare	21.60	18.25	3.16
# 卫 生	Health Care	19.82	16.74	2.93
体 育	Sports	0.84	0.80	…
教育、文化艺术及广播电影电视业	Education, Culture, Art, Broadcasting, Film and Television	44.05	43.61	0.24
教 育	Education	38.07	37.87	0.17
文化艺术业	Culture and Art	3.94	3.88	0.04
广播电影电视业	Radio, Film and Television	2.04	1.86	0.03
科学研究和综合技术服务业	Scientific Research and Polytechnical Services	12.30	11.42	0.13
国家机关、政党机关和社会团体	Government Institutions, Party and Social Organizations	19.88	19.82	0.05
其 他	Others	8.50	5.09	2.43

TOTAL WAGES AND ANNUAL AVERAGE WAGES OF WORKING STAFF AND WORKERS

Staff and Workers(100 million yuan)		在岗职工年平均工资(元) Annual Average Wages of Working Staff and Workers				
其他单位 Other Units	#港澳台和外商投资单位 Units with Investment form Hong Kong, Taiwan and other Countries	合计 Total	国有单位 State-Owned Units	集体单位 Collective-Owned Units	其他单位 Other Units	#港澳台和外商投资单位 Units with Investment form Hong Kong, Taiwan and other Countries
133.49	**74.28**	**13 580**	**13 746**	**9 344**	**15 188**	**17 224**
0.08	0.03	10 404	10 408	10 300	10 260	12 526
92.86	61.76	13 136	12 572	8 082	15 208	17 030
0.03	0.04	16 243	19 111		11 688	11 688
90.59	59.54	12 944	12 263	7 851	15 143	16 985
2.24	2.18	17 579	17 280	18 579	18 524	18 536
6.25	0.44	13 533	14 119	12 072	13 154	15 898
…	…	14 175	14 198	15 745	8 927	22 100
3.93	1.84	15 833	16 570	8 872	16 152	24 976
13.81	4.37	12 099	13 201	8 356	15 338	17 562
3.63	0.57	13 437	14 864	9 588	15 884	16 762
8.34	2.35	10 968	11 526	7 620	14 748	15 886
1.00	0.99	22 959	15 035	14 894	28 300	28 486
0.84	0.46	10 472	11 437	7 639	11 852	14 254
3.10	0.02	23 785	22 503	18 053	32 338	34 127
3.28	1.38	17 000	17 861	15 001	18 743	24 000
8.05	3.22	12 115	12 637	9 290	11 774	14 526
3.50	0.63	11 619	12 567	9 942	9 157	9 458
0.32	0.06	9 545	10 832	7 353	10 768	15 367
0.57	0.36	23 457	21 911	29 066	24 382	28 113
0.19	0.19	15 117	15 173	14 552	21 142	21 696
0.15	0.15	15 329	15 349	14 933	24 587	25 683
0.04	0.04	13 450	13 407	11 947	14 377	14 333
0.20	0.09	14 317	14 336	11 350	14 575	11 691
0.03	0.03	13 816	13 834	10 690	14 239	14 239
0.02	0.01	18 725	18 913	13 882	8 558	7 404
0.15	0.05	18 362	18 720	12 669	16 232	12 653
0.75	0.25	15 386	15 317	10 740	17 989	20 498
0.01		15 151	15 159	12 798	16 019	
0.98	0.69	9 826	7 749	14 158	26 465	27 205

3－3 从 业 人 员 报 酬

REMUNERATION OF EMPLOYMENT

(1998)

单位：亿元 (100 million yuan)

行业	Sectors	合计 Total	国有单位 State-owned Units	集体单位 Collective-Owned Units	其他单位 Other Units
从业人员报酬	**Remuneration of Employment**	**535.51**	**330.70**	**45.11**	**159.70**
农、林、牧、渔业	Farming,Forestry,Animal Husbandry and Fishery	3.47	3.36	0.01	0.10
工　业	Industry	229.25	105.04	13.83	110.38
采掘业	Excavation	0.14	0.10		0.04
制造业	Manufacturing	217.55	96.34	13.19	108.02
电力、煤气及水的生产和供应业	Power,Gas and Water Production and Supply	11.56	8.60	0.64	2.32
建筑业	Construction	26.18	15.31	4.16	6.71
地质勘查业、水利管理业	Geological Prospecting and Water Conservancy Administration	1.36	1.35	0.01	…
交通运输、仓储及邮电通信业	Transportation,Storage,Postal and Telecommunications	40.61	33.88	2.15	4.58
批发和零售贸易、餐饮业	Wholesale, Retail and Catering Businesses	58.76	27.80	13.72	17.24
批发业	Wholesale	25.13	15.11	5.89	4.13
零售业	Retail Sales	27.12	10.79	7.07	9.26
商业经纪与代理业	Business Brokerage	3.02	0.38	0.03	2.61
餐饮业	Catering	3.49	1.52	0.73	1.24
金融、保险业	Banking and Insurance	14.87	10.85	0.71	3.31
房地产业	Real Estate	11.94	6.95	0.86	4.13
服务业	Social Services	38.01	24.81	2.97	10.23
# 公共服务业	Public Services	20.28	15.16	0.98	4.14
居民服务业	Community Services	2.44	1.25	0.79	0.40
信息、咨询服务业	Information and Consultancy Services	2.82	1.42	0.37	1.03
卫生、体育和社会福利业	Health Care, Sports and Social Welfare	22.44	18.75	3.42	0.27
# 卫　生	Health Care	20.30	17.12	3.02	0.16
体　育	Sports	0.98	0.87	…	0.11
教育、文化艺术及广播电影电视业	Education, Culture, Art, Broadcasting, Film and Television	45.41	44.81	0.29	0.31
教　育	Education	39.01	38.77	0.18	0.06
文化艺术业	Culture and Art	4.20	4.11	0.07	0.02
广播电影电视业	Radio,Film and Television	2.20	1.93	0.04	0.23
科学研究和综合技术服务业	Scientific Research and Polytechnical Services	12.90	11.89	0.18	0.83
国家机关、政党机关和社会团体	Government Institutions,Party and Social Organizations	20.71	20.63	0.07	0.01
其　他	Others	9.60	5.27	2.73	1.60

注：本表不包括离岗职工的从业人员报酬。

Note: The data in this table does not includ remuneration of staff and workers not working.

3－4 主要年份职工劳保福利费用
LABOUR INSURANCE AND WELFARE FUNDS FOR STAFF AND WORKERS IN MAIN YEARS

单位：亿元 (100 million yuan)

指 标	Indicators	1990	1996	1997	1998
总 计	**Total**	**68.00**	**245.50**	**252.61**	**256.57**
相当于工资总额(%)	Percentage of Total Wages	46.30	49.80	49.50	50.27
一、非在职职工劳保福利费	Labour Insurance and Welfare Funds for Non-working Staff and Workers	37.22	161.83	168.35	174.17
离休职工的离休费	Pensions for Retired Veteran Cardens	0.97	7.01	5.02	5.60
退休职工的退休费	Pensions for Retirement	18.25	99.05	113.55	126.62
退职人员的退职生活费	Living Expenses for the Resigned	0.25	0.94	1.14	1.12
医疗卫生费	Medical Care	7.42	40.39	34.67	28.18
其 他	Others	10.33	14.44	13.97	12.65
二、在职职工劳保福利费	Labour Insurance and Welfare Funds for Working Staff and Workers	30.78	83.67	84.26	82.40
集体福利事业补贴费和设施费	Subsidies for Collective Welfare Funds	5.49	15.12	15.11	12.74
文体宣传费	Expenses for Cultural Activities, Sports and Propaganda	0.44	1.26	1.43	1.25
医疗卫生费	Medical Care	12.98	42.91	46.15	46.29
其 他	Others	11.87	24.38	21.57	22.12
在职职工每人年平均(元)	Annual Average Per Capita (yuan)	612	1 811	1 887	1 947

注：劳保福利费中不包括民政部门支付的退休费。
Note: Pensions for retirement paid by civil administration depantments are excluded in labor insurance and welfare funds.

3－5 按登记注册类型分的职工劳保福利费用
LABOUR INSURANCE AND WELFARE FUNDS FOR STAFF AND WORKERS CLASSIFIED ACCORDING TO THE CATEGORIES OF REGISTRATION (1998)

单位：亿元 (100 million yuan)

指 标	Indicators	劳保福利费用 Labour Insurance and Welfare Funds	国有单位 State-owned Units	集体单位 Collective-owned Units	其他单位 Other Units
总 计	**Total**	**256.57**	**187.82**	**31.49**	**37.26**
相当于工资总额(%)	Percentage of Total Wages	50.3	56.9	71.4	27.4
一、非在职职工劳保福利费	Labour Insurance and Welfare Funds for Non-working Staff and Workers	174.17	125.93	26.13	22.11
离休职工的离休费	Pensions for Retired Veteran Cardens	5.60	4.89	0.26	0.45
退休职工的退休费	Pensions for Retirement	126.62	90.20	20.50	15.92
退职人员的退职生活费	Living Expenses for the Resigned	1.12	0.47	0.55	0.10
医疗卫生费	Medical Care	28.18	21.10	3.08	4.00
其 他	Others	12.65	9.27	1.74	1.64
二、在职职工劳保福利费	Labour Insurance and Welfare Funds for Working Staff and Workers	82.40	61.89	5.36	15.15
集体福利事业补贴费和设施费	Subsidies for Collective Welfare Funds	12.74	9.76	0.51	2.47
文体宣传费	Expenses for Cultural Activities, Sports and Propagands	1.25	0.90	0.07	0.28
医疗卫生费	Medical Care	46.29	36.06	3.14	7.09
其 他	Others	22.12	15.17	1.64	5.31
在职职工每人年平均(元)	Annual Average Per Capita (yuan)	1 947	2 318	867	1 606

3-6 城市居民家庭生活基本情况
(1990-1998)

指 标	Indicators	1990	1991	1992
调查户数(户)	Households Surveyed(household)	500	500	500
平均每户常住家庭人口(人)	Average Number of Permanent Persons Per Household (person)	3.25	3.18	3.11
平均每户就业人员(人)	Average Number of Employees Per Household (person)	1.98	1.91	1.86
平均每户就业面(%)	Percentage of Employees Per Household(%)	60.92	59.90	59.50
国有经济单位职工人数(人/户)	Staff and Workers in State-owned Units (Person/household)	1.42	1.37	1.28
集体经济单位职工人数(人/户)	Staff and Workers in Collective-owned Units (Person/household)	0.25	0.23	0.23
其他经济单位职工人数(人/户)	Staff and Workers in Other Ownership Units (Person/household)			0.03
平均每个就业者赡养人口(人)	Persons Supported by Each Employees (person)	1.64	1.67	1.68
平均每人年可支配收入(元)	Average Per Capita Annual Disposable Income (yuan)	2 181.60	2 485.56	3 009.12
平均每人年实际收入(元)	Annual Actural Incomer Per Capita (yuan)	2 198.28	2 502.84	3 026.76
(1)国有单位职工收入	Income of Staff and workers of State-owned Units	1 228.80	1 408.68	1 637.28
(2)集体单位职工收入	Income of Staff and Workers of Collective-owned Units	174.60	215.76	246.60
(3)其他经济单位职工收入	Income of Staff and Workers of other Ownerkship Units			60.24
(4)个体经营者净收入	Net Income of Self-employed Laborers	1.20		2.69
(5)个体被雇劳动者收入	Income of Privately-hired Labourers		1.92	1.87
(6)离退休人员再就业收入	Reemployment Income of Retirees	126.12	135.24	174.00
(7)其他就业者收入	Income of Other Employees	6.12	5.64	1.44
(8)其他劳动收入	Other Income	11.28	12.24	16.56
(9)财产性收入	Interest Dividends and Rent	21.24	29.16	44.28
(10)转移性收入	Pensions Subsidies Donations and Other	628.92	694.20	841.80
# 离退休金	Pension	427.68	487.32	702.00
平均每人年储蓄借贷收入(元)	Savings and Lending Income Per Capita (yuan)	390.48	422.64	503.28
平均每人年实际支出(元)	Annual Actural Expenditure Per Capita (yuan)	2 049.60	2 298.96	2 673.96
(1)消费性支出	Consumption Spending	1 936.20	2 166.96	2 509.44
(2)非消费性支出	Nonconsumption Expenditure	113.40	132.00	164.52
平均每人年储蓄借贷支出(元)	Savings and Lending Expenditure Per Capita (yuan)	495.84	577.08	738.60
按人均可支配收入分组占全部户数比重(%)	Percentage of the Households Grouped by Disposable Income (%)			
2 000元以下	Below 2 000 yuan	51.0	29.8	12.8
2 000-3 000元	2 000-3 000 yuan	43.2	54.2	45.0
3 000-4 000元	3 000-4 000 yuan	5.4	13.0	31.2
4 000-5 000元	4 000-5 000 yuan	0.4	2.6	7.8
5 000-6 000元	5 000-6 000 yuan		0.2	2.8
6 000-7 000元	6 000-7 000 yuan			0.2
7 000-8 000元	7 000-8 000 yuan		0.2	0.2
8 000-9 000元	8 000-9 000 yuan			
9 000-10 000元	9 000-10 000 yuan			
10 000元以上	Over 10 000 yuan			

注: 1996年以前的人均可支配收入分组占全部户数比重为人均生活费收入分组占全部户数比重。

Note: Before 1996, percentage of the households grouped by disposable income is grouped by living expense income.

BASIC INDICATORS OF URBAN HOUSEHOLD INCOME AND EXPENDITURES

1993	1994	1995	1996	1997	1998
500	500	500	500	500	500
3.03	3.07	3.11	3.07	3.08	3.09
1.77	1.69	1.65	1.58	1.58	1.58
58.42	55.05	53.05	51.50	51.50	51.28
1.17	1.10	1.04	1.02	1.00	0.99
0.20	0.22	0.20	0.19	0.20	0.15
0.04	0.08	0.09	0.14	0.15	0.16
1.71	1.82	1.88	1.95	1.94	1.95
4 277.40	5 868.48	7 171.91	8 158.74	8 438.89	8 773.10
4 297.44	5 889.60	7 196.42	8 191.41	8 475.50	8 825.26
2 319.96	3 037.20	3 515.86	3 995.83	3 987.13	4 028.57
331.08	452.40	471.88	490.00	503.09	373.10
131.16	326.76	405.50	829.23	905.57	798.45
4.08	28.20	69.14	86.84	150.07	98.55
10.08	11.28	29.80	20.92	61.13	89.11
242.88	262.56	366.93	297.96	309.02	418.89
12.12	40.32	25.09	30.22	6.13	2.53
51.96	93.24	191.40	237.69	216.08	313.98
37.08	54.48	92.46	61.01	68.72	56.60
1 157.04	1 583.16	2 028.36	2 141.71	2 268.56	2 645.48
978.12	1 295.28	1 669.40	1 798.18	1 953.82	2 310.77
651.00	778.08	1 314.82	1 151.44	1 075.73	1 121.56
3 770.28	5 065.20	6 662.75	7 306.40	7 377.22	7 520.93
3 530.04	4 668.96	5 868.12	6 763.12	6 819.94	6 866.41
240.24	396.24	794.63	543.28	557.28	654.52
1 011.60	1 195.44	1 577.62	1 679.99	1 745.01	2 175.08
2.6	1.0				
19.6	5.6	2.6	1.0	1.0	1.0
32.2	15.4	7.4	4.0	2.8	3.2
23.0	22.8	17.0	13.4	5.8	4.4
10.4	22.8	17.0	15.0	12.6	9.2
6.6	11.2	16.0	13.6	14.2	14.6
3.2	7.4	12.6	12.4	13.6	12.4
1.6	5.4	8.0	11.8	12.2	15.0
0.4	2.4	6.8	9.4	9.6	11.2
0.4	6.0	12.6	19.4	28.2	29.0

3－7 城市居民家庭年人均实际收入和可支配收入
URBAN HOUSEHOLD PER CAPITA ANNUAL ACTURAL INCOME AND DISPOSABLE INCOME
(1990－1998)

单位：元 (yuan)

指 标	Indicators	1990	1991	1992	1993
平均每人年实际收入	**Annual Actural Income Per Capita**	**2 198.28**	**2 502.84**	**3 026.76**	**4 297.44**
最低收入户	Lowest Income (First Decile)	1 404.12	1 536.36	1 785.12	2 333.76
低收入户	Low Income (Second Decile)	1 648.44	1 867.08	2 181.96	2 891.04
中等偏下户	Medium-low Income(Second Quintite)	1 851.84	2 108.04	2 519.16	3 398.64
中等收入户	Medium Income (Third Quintite)	2 119.80	2 450.76	2 953.68	4 037.16
中等偏上户	Medium-high Income (Fourth Quintite)	2 487.60	2 770.80	3 460.08	4 843.20
高收入户	High Income (Ninth Decile)	2 862.96	3 299.28	3 971.88	5 919.48
最高收入户	Highest Income (Tenth Decile)	3 468.36	4 185.84	5 044.08	7 566.96
平均每人年可支配收入	**Annual Disposable Income Per Capita**	**2 181.60**	**2 485.56**	**3 009.12**	**4 277.40**
最低收入户	Lowest Income (First Decile)	1 388.04	1 519.32	1 769.76	2 312.16
低收入户	Low Income (Second Decile)	1 633.56	2 088.84	2 167.56	3 236.04
中等偏下户	Medium-low Income(Second Quintite)	1 835.64	2 092.32	2 503.20	3 380.28
中等收入户	Medium Income (Third Quintite)	2 103.84	2 434.32	2 935.92	4 016.76
中等偏上户	Medium-high Income (Fourth Quintite)	2 469.84	2 753.04	3 441.24	4 821.24
高收入户	High Income (Ninth Decile)	2 845.32	3 280.68	3 951.72	5 899.68
最高收入户	Highest Income (Tenth Decile)	3 449.40	4 163.28	5 020.32	7 546.80

单位：元 3－7 续表 continued (yuan)

指 标	Indicators	1994	1995	1996	1997	1998
平均每人年实际收入	**Annual Actural Income Per Capita**	**5 889.60**	**7 196.40**	**8 191.41**	**8 475.50**	**8 825.26**
最低收入户	Lowest Income (First Decile)	2 985.60	3 506.64	4 027.32	4 097.12	4 175.61
低收入户	Low Income (Second Decile)	3 780.36	4 607.88	5 170.08	5 388.31	5 657.81
中等偏下户	Medium-low Income(Second Quintite)	4 578.84	5 431.80	6 111.60	6 495.21	6 778.81
中等收入户	Medium Income (Third Quintite)	5 426.04	6 620.28	7 551.84	7 963.72	8 166.49
中等偏上户	Medium-high Income (Fourth Quintite)	6 478.92	8 029.08	9 288.36	9 693.32	10 050.26
高收入户	High Income (Ninth Decile)	8 258.52	10 065.00	11 194.80	11 892.47	12 190.82
最高收入户	Highest Income (Tenth Decile)	11 629.80	13 838.16	15 725.16	16 041.56	16 602.66
平均每人年可支配收入	**Annual Disposable Income Per Capita**	**5 868.48**	**7 171.91**	**8 158.74**	**8 438.89**	**8 773.10**
最低收入户	Lowest Income (First Decile)	2 967.00	3 485.97	4 006.56	4 080.38	4 148.33
低收入户	Low Income (Second Decile)	3 761.40	4 587.34	5 147.17	5 368.67	5 625.84
中等偏下户	Medium-low Income(Second Quintite)	4 558.68	5 412.12	6 091.50	6 475.40	6 740.44
中等收入户	Medium Income (Third Quintite)	5 405.40	6 599.84	7 528.06	7 939.21	8 132.21
中等偏上户	Medium-high Income (Fourth Quintite)	6 455.88	8 004.55	9 256.56	9 658.75	9 997.42
高收入户	High Income (Ninth Decile)	8 234.40	10 031.73	11 146.69	11 833.51	12 126.42
最高收入户	Highest Income (Tenth Decile)	11 607.96	13 795.67	15 638.69	15 916.24	16 452.35

3－8 主要年份城市居民家庭年人均消费性支出
URBAN HOUSEHOLD PER CAPITA ANNUAL CONSUMER EXPENDITURES IN MAIN YEARS

单位：元 (yuan)

指 标	Indicators	1990	1995	1997	1998
消费性支出合计	**Total Consumer Expenditures**	**1 936.20**	**5 868.12**	**6 819.94**	**6 866.41**
一、食 品	Food	1 094.28	3 120.33	3 510.04	3 467.96
#粮 食	Grain	35.52	282.90	254.25	260.77
副 食	Non-staple Food	606.60	1 693.88	1 920.23	1 856.74
烟、酒、茶、饮料	Cigarette Liquor and Tea	85.80	276.22	294.27	284.67
在外饮食	Dining Out	134.52	362.47	415.52	423.88
二、衣 着	Clothing	211.08	561.10	551.58	472.27
三、家庭设备、用品及服务	Household Facilities, Articles and Services	177.96	673.46	590.15	466.84
#家庭设备耐用品	Durable Goods of Household Facilities	83.40	463.47	359.49	240.79
四、医疗保健	Medicines and Medical Services	11.40	112.82	197.09	260.78
五、交通和通信	Traffic and Communications	51.00	301.46	379.19	384.49
#交通费	Transportation	46.20	146.76	163.65	171.10
通信费	Postal and Telecommunications	4.80	154.70	215.54	213.39
六、娱乐、教育、文化服务	Recreation, Education and Cultural Services	231.12	465.88	784.04	843.24
#文娱用耐用消费品	Durable Consumer Goods for Recreational Use	153.48	143.37	301.11	301.95
学杂费	Tuition Fee	12.12	101.82	182.28	246.34
托幼费	Child-caer Fee	10.92	17.87	15.20	10.84
文化用品	Recreational and Cultural Goods	22.08	51.08	65.01	44.66
书报杂志	Books, Newspaper and Magazines	21.96	37.41	44.67	49.63
文化娱乐费	Funds for Cultural and Recreational Activities	10.56	57.73	63.30	72.40
七、居 住	Residence	89.88	365.07	539.79	659.59
#房 租	Rent	16.92	38.78	68.45	99.94
水 费	Water	6.24	26.08	40.97	45.34
电 费	Electricity	30.48	124.31	180.70	221.52
燃料费	Fuels	6.00	99.36	140.77	147.24
八、杂项商品和服务	Miscellanecus Commodities and Services	69.48	268.00	268.06	311.24

3－9 主要年份城市居民家庭年人均购买的主要商品数量
URBAN HOUSEHOLD PER CAPITA PURCHASE OF PRINCIPAL GOODS IN MAIN YEARS

商品名称	Items	1980	1985	1990	1995	1997	1998
粮食(千克)	Grain (kg)	148.6	132.7	108.4	81.6	72.7	74.0
食用植物油(千克)	Edible Vegetable (kg)	5.4	9.4	10.3	9.6	9.7	10.5
猪肉(千克)	Pork (kg)	19.8	19.8	20.3	19.9	18.1	18.6
牛、羊肉(千克)	Beef and Mutton (kg)	0.6	1.5	2.2	1.8	2.1	1.7
家禽类(千克)	Poultry (kg)	3.0	9.0	8.4	14.4	13.8	13.1
蛋类(千克)	Eggs (kg)	7.7	11.5	11.5	10.8	12.0	11.2
水产品类(千克)	Aquatic Products (kg)	17.4	18.2	18.1	22.9	24.8	26.0
鲜菜(千克)	Vegetables (kg)	146.3	132.6	113.4	97.7	96.9	100.4
食糖(千克)	Sugar (kg)	5.3	6.0	5.3	3.6	3.3	3.4
卷烟(盒)	Cigarettes (case)	38.5	43.4	36.1	32.4	28.8	27.9
酒类(千克)	Liquor (kg)	7.4	10.7	15.1	15.6	13.4	18.0
糖果、糕点类(千克)	Sugar Fruits and Pastry (kg)	6.2	7.5	5.8	4.5	4.8	4.7
水果类(千克)	Fruits (kg)	35.9	39.6	55.8	60.0	65.4	76.7
奶类及制品(千克)	Milk and its Products (kg)	4.8	13.8	22.4	25.3	21.8	21.2

3－10 主要年份平均每百户城市居民家庭年末耐用消费品拥有量
PER 100 URBAN HOUSEHOLDS YEAR-END POSSESSION OF DURABLE CONSUMER GOODS IN MAIN YEARS

商品名称	Items	1980	1985	1990	1995	1997	1998
自行车(辆)	Bicycle	65	81	114	115	125	132.8
助力自行车(助动车)(辆)	Scooter				4.8	7.2	13.0
摩托车(辆)	Motorcycle				0.8	1.2	1.4
收录音机(台)	Recorder	11	59	100	89	82	82.2
彩色电视机(台)	Color TV Set		22	77	109	119	128.2
录放像机(台)	Video Recorder			14	49	52	48.8
影碟机(台)	VCD Player					15.2	25.4
组合音响(台)	Stereo System			1	13	18	21.2
家用空调器(台)	Household Air Conditioner				33	62	68.6
热水淋浴器(台)	Water Heater				37	51	53.8
微波炉(台)	Microwave Oven				33	55	62.8
家用电脑(台)	Computer				2.2	8.6	13.2
电风扇(台)	Electric Fan	45	118	187	216	228	229
电冰箱(台)	Household Refrigerator		20	88	98	102	103
洗衣机(台)	Washing Machine		26	72	78	87	91.6
照相机(架)	Camera	7	20	44	52	54	58.6
摄像机(架)	Video Camera				1.4	1.4	2.6
钢琴(架)	Piano				2.2	2.0	2.6
移动电话(台)	Mobile Phone					2.4	6.0

3－11 主要年份农民家庭平均每人全年主要消费品消费量
RURAL HOUSEHOLD PER CAPITA CONSUMPTION ON MAJOR CONSUMER GOODS IN MAIN YEARS

商品名称	Items	1980	1985	1990	1995	1997	1998
粮食(千克)	Grain(kg)	302.79	263.84	236.49	250.69	260.80	244.00
#大　米	Rice	242.58	250.00	229.92	242.28	242.64	236.00
食油(千克)	Edible Vegetable Oil(kg)	3.73	4.94	7.92	6.35	5.65	6.73
肉禽及其制品(千克)	Meat, Poultry and Their Products (kg)				22.36	24.34	25.88
#猪　肉	Pork	12.46	16.11	15.95	13.52	13.80	15.01
家　禽	Poultry	0.79	2.47	5.10	4.24	6.03	5.75
蛋类及蛋制品(千克)	Eggs and Their Products (kg)	2.79	5.04	8.38	5.64	7.93	7.89
水产品(千克)	Aquatic Products (kg)	4.13	5.08	9.82	9.91	11.70	12.04
#鱼　类(千克)	Fish (kg)				8.35	8.87	8.83
虾　类(千克)	Shrimp (kg)				0.63	1.03	1.46
蔬　菜(千克)	Vegetables (kg)	109.05	113.96	119.89	76.77	84.62	80.75
瓜　果(千克)	Fruits(kg)			21.00	20.48	31.65	40.44
食　糖(千克)	Sugar (kg)	2.82	3.49	3.59	2.74	2.67	3.99
卷　烟(盒)	Cigarette (case)	40.01	65.39	58.59	41.75	41.48	40.15
酒　(千克)	Liquor(kg)	4.44	11.82	12.71	15.29	14.91	16.18
棉　布(米)	Cotton Cloth (m)	3.82	1.91	1.23	0.51	0.43	0.52
化纤布(米)	Chemical Fibre Cloth (m)	2.06	4.40	3.29	1.91	1.70	1.54
呢　绒(米)	Wool Fabric (m)	0.14	0.29	0.29	0.16	0.16	0.11
绸　缎(米)	Silk and Satin (m)	0.23	0.35	0.07	0.03	0.03	0.03

3－12 主要年份平均每百户农民家庭年末耐用消费品拥有量
PER 100 RURAL HOUSEHOLD YEAR-END POSSESSION OF DURABLE CONSUMER GOODS IN MAIN YEARS

商品名称	Items	1980	1985	1990	1995	1997	1998
自行车(辆)	Bicycle	70.7	151.7	254	256	246	239
缝纫机(架)	Sewing Machine	42	77	85	83	86	88
手　表(只)	Wristwatche	129	212	266	263	253	239
收音机(台)	Radio	41	49	27	39	43	42
黑白电视机(台)	Black/ White TV Set	2	41	74	75	73	68
彩色电视机(台)	Color TV Set		3.5	25	49	62	74
电风扇(台)	Electric Fans	10	62	204	270	302	308
电冰箱(台)	Household Refrigerator		…	29	56	68	72
洗衣机(台)	Washing Machine		2	45	63	67	66
录音机(台)	Recorder		8.9	27	36	42	41
录像机(台)	Video Recorder				9	11	9
照相机(架)	Camera		1	4	6	7	9
轻骑、摩托车(辆)	Moped and Motorcycle			1	22	46	55
家用空调器(台)	Air-conditioners				1	4	7
微波炉(台)	Microwave oven						7
热水淋浴器(台)	Water Heater						29
影碟机(台)	VCD player						8
电　话(台)	Phone						82

3－13 农民家庭生活基本情况(1990－1998)

指 标	Indicators	1990	1991	1992
调查户数(户)	Households Surveyed	1 000	600	600
平均每户人口(人)	Average Number of Persons Per Household (persons)	3.68	3.49	3.43
平均每户劳动力(人)	Average Number of Laborers Per Household (persons)	2.46	2.36	2.36
平均每一劳动力赡养人口(人)	Persons Supported by Each Laborer (persons)	1.49	1.48	1.47
平均每人年总收入(元)	Annual Average Income Per Capita (yuan)	1 990	2 253	2 581
平均每人年纯收入(元)	Annual Average Net Income Per Capita (yuan)	1 665	2 003	2 226
劳动者的报酬收入	Payment for Labour	922	1 059	1 224
家庭经营纯收入	Household Business Income	574	726	750
转移性和财产性收入	Property and Transfer Income	169	218	252
按年纯收入分组占全部户数比重(%)	Percentage of Households with Different Per Capita Annual Net Income	100	100	100
2 000元以下	Below 2 000 yuan	69.9	55.3	44.0
2 000－3 000元	2 000－3 000 yuan	24.5	33.3	35.3
3 000－4 000元	3 000－4 000 yuan	4.1	8.0	14.7
4 000－5 000元	4 000－5 000 yuan	1.5	2.2	4.0
5 000－6 000元	5 000－6 000 yuan		1.2	2.0
6 000－7 000元	6 000－7 000 yuan			
7 000元以上	Over 7000 yuan			
平均每人年总支出(元)	Annual Average Expenditure Per Capita (yuan)	1 591.81	1 892.86	2 322.35
一、生活消费支出(元)	Consumption Expenditure (yuan)	1 262.37	1 539.78	1 967.39
1. 食 品	Food	590.54	738.76	852.62
2. 衣 着	Clothing	110.05	134.28	148.19
3. 居 住	Housing	278.43	324.32	451.28
4. 家庭设备、用品及服务	Household Facilities, Articles and Services	124.98	151.47	231.96
5. 医疗保健	Medicines and Medical Services	32.89	35.40	45.26
6. 交通和通信	Traffic and Communications	16.55	15.42	31.30
7. 文教娱乐用品及服务	Cultural, Education and Recreation Articles and Services	59.27	85.41	121.30
8. 其他商品和服务	Other Commodities and Services	49.69	54.71	85.48
二、家庭经营支出(元)	Household Business Expenditure (yuan)	258.01	295.67	277.04
# 种植业生产支出	Farming Production Costs	95.64	114.45	110.96
牧业生产支出	Animal Husbandry Costs	146.09	161.19	144.81
三、购置生产性固定资产支出(元)	Buying Fixed Assets of Production (yuan)	5.00	3.25	9.24
四、纳税、上交集体、集体提留和摊派支出(元)	Tax Payment, Payment for the Collective Contract, the Collective Retainment and Apportioned Charges (yuan)	36.17	40.50	38.45
五、其他非借贷性支出(元)	Other Non-credit Expenditures (yuan)	30.16	13.66	30.23
平均每户年内新建房屋间数(间)	New Rooms Built Per Household	0.31	0.21	0.40
平均每户年底居住房屋间数(间)	Rooms Occupied Per Household Year-end	6.10	5.88	6.04
平均每人年底居住房屋面积(平方米)	Average Per Capita Living Space Year-end (sq.m)	37.08	39.60	42.07
平均每百户购买商品房	Commercial Housing Purchased by every 100 Households			
面 积(平方米)	Floor Space (sq.m)			
金 额(万元)	Sum Pail (10 000 yuan)			

BASIC INDICATORS OF RURAL HOUSEHOLDS

1993	1994	1995	1996	1997	1998
600	600	600	600	600	600
3.41	3.41	3.47	3.40	3.35	3.33
2.33	2.37	2.37	2.40	2.33	2.33
1.46	1.44	1.46	1.42	1.44	1.60
3 149	4 031	4 861	5 506	5 933	5 965
2 727	3 437	4 246	4 846	5 277	5 407
1 662	2 112	2 734	3 240	3 735	3 869
949	1 085	1 183	1 278	1 226	1 185
116	240	329	328	315	353
100	100	100	100	100	100
27.0	16.2	9.5	6.3	5.0	5.6
37.3	30.1	19.5	13.7	11.5	9.3
22.5	22.7	23.2	20.8	18.8	18.0
8.5	15.2	17.2	20.0	17.5	17.7
4.7	7.8	13.0	16.8	14.8	13.7
	8.0	10.0	6.7	12.3	13.7
		7.6	15.7	20.1	22.0
2 659.95	3 319.53	4 041.33	4 580.84	4 952.89	4 923.53
2 200.07	2 714.63	3 367.84	3 867.86	4 227.90	4 206.89
1 021.56	1 315.29	1 491.40	1 656.56	1 755.64	1 775.04
156.99	212.60	233.11	255.52	267.11	238.58
357.29	454.11	761.06	815.50	920.53	876.39
258.58	266.70	284.37	363.36	337.81	369.05
50.17	74.80	72.56	107.80	174.20	169.85
65.62	79.24	159.03	199.73	240.19	226.50
219.68	221.99	256.04	347.11	414.06	462.59
70.18	89.91	110.27	122.26	118.36	88.89
344.65	402.77	497.94	532.78	502.06	410.11
132.17	183.16	219.78	244.88	233.66	232.50
191.02	194.69	244.54	209.04	199.48	122.62
21.21	21.91	41.31	24.31	40.65	28.57
42.08	57.26	65.72	71.07	65.95	62.66
51.94	122.96	68.52	84.83	116.34	215.31
0.10	0.11	0.17	0.14	0.17	0.07
5.32	5.51	5.58	5.65	5.99	5.92
44.22	44.15	43.08	45.47	46.44	47.24
			159.20	147.80	128.70
			8.27	12.10	12.10

3－14 农民家庭年人均总收入和纯收入
AVERAGE PER CAPITA ANNUAL INCOME OF RURAL HOUSEHOLD
(1998,按平均每人年纯收入水平分组)
(1998, GROUPED BY THE LEVEL OF AVERAGE PER CAPITA NET INCOME)

单位: 元 (yuan)

指 标	Indicators	总平均 Total Average	2 000元以下 Below 2 000 yuan	2 000－3 000元 2 000－3 000 yuan	3 000－4 000元 3 000－4 000 yuan
平均每人年总收入	**Average Per Capita Annual Income**	**5 964.55**	**2 013.95**	**3 152.19**	**3 980.79**
一、劳动者的报酬收入	Payment for Labour	3 869.37	877.05	1 617.67	2 215.55
1. 在集体组织中劳动的报酬	Payment for Labour in Collective Units	1 005.38	283.05	474.37	470.40
2. 在企业劳动得到的报酬	Payment for Labour in Enterprises	2 811.51	532.25	1 108.92	1 671.94
# 在乡村企业劳动得到的	Payment for Labour in Rural Enterprises	2 093.17	346.43	902.77	1 239.30
3. 其他单位劳动得到的报酬	Payment for Labour in Other Units	52.48	61.75	34.38	73.21
二、家庭经营收入	Household Business Income	1 711.05	1 005.05	1 391.45	1 529.83
# 种植业	Farming	1 164.28	743.70	1 056.25	1 132.09
牧 业	Animal Husbandry	194.20	51.91	251.03	94.20
手工业	Handicraft	84.85	5.98	6.88	32.57
商业、饮食业、服务业	Commerce, Catering and Service Trade	96.85	13.55	4.80	101.53
三、财产性收入	Property Income	163.15	3.74	25.53	37.95
四、转移性收入	Transfer Income	220.98	128.11	117.53	197.45
# 在外人口寄回或带回	Income from Outside City	38.45		5.39	18.52
平均每人年纯收入	**Average Per Capita Net Income**	**5 406.84**	**1 458.98**	**2 517.85**	**3 503.34**

单位: 元　　3－14 续表 continued　　(yuan)

指 标	Indicators	4 000－5 000元 4 000－5 000 yuan	5 000－6 000元 5 000－6 000 yuan	6 000－7 000元 6 000－7 000 yuan	7 000元以上 Over 7 000 yuan
平均每人年总收入	**Average Per Capita Annual Income**	**4 903.39**	**6 029.17**	**6 911.08**	**10 291.24**
一、劳动者的报酬收入	Payment for Labour	3 152.61	3 787.58	4 862.98	7 164.65
1. 在集体组织中劳动的报酬	Payment for Labour in Collective Units	788.01	848.87	1 319.76	1 985.29
2. 在企业劳动得到的报酬	Payment for Labour in Enterprises	2 339.54	2 897.79	3 465.66	5 123.81
# 在乡村企业劳动得到的	Payment for Labour in Rural Enterprises	1 988.14	2 330.62	2 492.39	3 535.24
3. 其他单位劳动得到的报酬	Payment for Labour in Other Units	25.06	40.92	77.56	55.55
二、家庭经营收入	Household Business Income	1 546.18	1 855.76	1 608.46	2 319.26
# 种植业	Farming	1 114.73	1 148.55	1 215.66	1 374.71
牧 业	Animal Husbandry	107.80	204.88	118.76	404.03
手工业	Handicraft	104.50	88.14	14.17	213.49
商业、饮食业、服务业	Commerce, Catering and Service Trade	88.18	124.23	106.98	142.75
三、财产性收入	Property Income	77.51	105.52	192.24	467.01
四、转移性收入	Transfer Income	127.09	280.31	247.40	340.32
# 在外人口寄回或带回	Income from Outside City	3.21	42.11	58.99	95.71
平均每人年纯收入	**Average Per Capita Net Income**	**4 463.45**	**5 467.92**	**6 490.31**	**9 517.12**

3－15 农民家庭人均总支出

AVERAGE PER CAPITA EXPENDITURES OF RURAL HOUSEHOLD

(1998，按平均每人年纯收入水平分组)

(1998, GROUPED BY THE LEVEL OF AVERAGE PER CAPITA NET INCOME)

单位：元 (yuan)

指标	Indicators	总平均 Total Average	2 000元以下 Below 2 000 yuan	2 000－3 000元 2 000－3 000 yuan	3 000－4 000元 3 000－4 000 yuan
平均每人年总支出	**Average Per Capita Annual Expenditures**	**4 923.53**	**3 126.79**	**3 093.39**	**3 561.60**
一、生活消费总支出	Consumption Expeditures	4 206.89	2 212.35	2 481.90	3037.57
1.食　品	Food	1 775.04	1 131.72	1 488.28	1 500.67
#主　食	Grain	370.48	347.01	336.90	369.35
副　食	Non-Staple Food	803.13	493.21	709.55	717.44
2.衣　着	Clothing	238.58	106.01	138.47	161.28
3.居　住	Residence	876.39	165.18	185.07	423.96
4.家庭设备用品及服务	Household Facilities, Articles and Services	369.05	250.77	158.03	223.25
5.医疗保健	Medicines and Medical Services	169.85	149.74	187.88	183.93
6.交通通信	Traffic and Communications	226.50	96.75	142.28	134.62
7.娱乐、教育、文化服务	Recreation, Education and Cultural Services	462.59	255.24	151.98	376.89
8.其　他	Others	88.89	56.95	29.91	32.97
二、家庭经营支出	Household Business Expenditures	410.11	427.74	417.60	351.47
#种植业生产费用	Farming Production Costs	232.50	163.70	223.02	234.17
牧业生产费用	Animal Husbandry Costs	122.62	210.73	182.16	57.24
三、购置生产性固定资产	Buying Fixed Assets of Production	28.57	318.77	20.01	9.40
四、纳税、上交集体承包、集体提留和摊派	Tax Payment, Payment for the Collective Contract, the Collective Retainment and Apportioned Charges	62.66	54.87	73.11	57.01
五、其他非借贷性支出	Other Non-credit Expenditures	215.31	113.06	100.77	106.14

3－15 续表 continued

单位：元 (yuan)

指标	Indicators	4 000－5 000元 4 000－5 000 yuan	5 000－6 000元 5 000－6 000 yuan	6 000－7 000元 6 000－7 000 yuan	7 000元以上 Over 7 000 yuan
平均每人年总支出	**Average Per Capita Annual Expenditures**	**3 764.18**	**4 329.73**	**5 917.19**	**8 145.47**
一、生活消费总支出	Consumption Expeditures	3 199.40	3 618.09	5 307.61	7 069.75
1.食　品	Food	1 501.93	1 707.12	1 922.43	2 495.21
#主　食	Grain	340.26	399.73	382.62	393.18
副　食	Non-Staple Food	666.63	741.35	858.10	1 122.16
2.衣　着	Clothing	206.18	226.48	306.33	378.89
3.居　住	Residence	362.74	338.61	1 559.21	2 114.61
4.家庭设备用品及服务	Household Facilities, Articles and Services	194.72	390.60	381.44	750.13
5.医疗保健	Medicines and Medical Services	147.55	149.61	106.09	226.78
6.交通通信	Traffic and Communications	295.48	179.86	294.56	306.63
7.娱乐、教育、文化服务	Recreation, Education and Cultural Services	420.74	508.56	633.18	636.45
8.其　他	Others	70.06	117.24	104.37	161.05
二、家庭经营支出	Household Business Expenditures	295.62	403.71	302.63	620.36
#种植业生产费用	Farming Production Costs	229.66	229.15	214.85	269.76
牧业生产费用	Animal Husbandry Costs	37.83	132.22	72.62	223.30
三、购置生产性固定资产	Buying Fixed Assets of Production	4.29	0.05	43.00	0.16
四、纳税、上交集体承包、集体提留和摊派	Tax Payment, Payment for the Collective Contract, the Collective Retainment and Apportioned Charges	72.04	63.45	47.54	65.74
五、其他非借贷性支出	Other Non-credit Expenditures	192.82	244.43	216.40	389.45

第 4 篇

价格水平

Chapter 4

Prices

第四篇　价格水平

1998年，上海认真贯彻中央制定的积极的财政政策和稳健的货币政策，在综合经济实力不断增强的同时，价格水平稳中有降，再次呈现了上涨率低于经济增长率的良好势头。全年商品零售价格指数95.1，比上年回落了3.7点，居民消费价格指数100，比上年回落了2.8点。在居民消费分类价格中，食品类价格水平下降2.3%，衣着类下降7%，家庭设备及用品类下降6.9%，医疗保健类上涨2.6%，交通和通信工具类下降5.1%，娱乐、教育、文化用品类下降7.2%，居住类上涨13.4%，服务项目类上涨14.4%。在商品零售各分类价格中，绝大部分大类商品价格涨幅比上年有明显回落，其中，燃料、服装和书报杂志类价格涨幅分别比上年回落了14.7、10.3和9.9个百分点。

1998年，上海居民消费价格处于全国36个大中城市的中游水平，居第18位，高于36个大中城市平均涨幅0.3个百分点。商品零售价格居全国36个大中城市的下游水平，低于全国36个大中城市平均涨幅2个百分点，居第34位。

工业品价格水平在前两年下降的基础上继续下降。1998年，本市工业品出厂价格水平比上年下降6.1%，原材料、燃料、动力购进价格水平下降5.9%。

Chapter 4　　Prices

In 1998, Shanghai followed the Central Government's positive financial and stable monetary policies. The city deemed it as a major economic task to improve market price control, reduce inflation and lower the levels of price hikes. As a result, the price hike level was again lower than the economic growth rate. In the whole year of 1998, the price index of the commodity retail sales was 95.1, dropping by 3.7 percentage points from the figure of the previous year. The price index of residents' consumption stood at 100, down 2.8 percentage points. Of the price indexes of residents' consumption, the figure with food was down 2.3 percentage points; clothing down 7 percentage points; household equipment and articles down 6.9 percentage points; medical and health products up 2.6 percentage points; transport and telecommunications tools down 5.1 percentage points; expenditures for recreation, education and culture down 7.2 percentage points; housing up 13.4 percentage points; and services up 14.4 percentage points. Among the indexes of commodity retail sales, the price hikes for most commodities had noticeably slowed down. For instance, the price hike levels of fuels, clothing and books and magazines declined by 14.7, 10.3 and 9.9 percentage points, respectively.

In 1998, the city's growth level of the price index of residents' consumption ranked 18th among the nation's 36 big and medium cities, or 0.3 percentage point higher than the average growth rate of the 36 cities. The city's growth level of the price index of the commodity retail sales ranked 34th among the 36 cities, or 2 percentage points down from the average.

The price index of industrial products continued to drop in 1998. The index of factory price of industrial products was down 6.1 percentage points from the 1997 fiture and that of raw materials and fuel and purchasing price index of power dropped by 5.9%.

居民消费价格指数
Residents Consumer Price Index

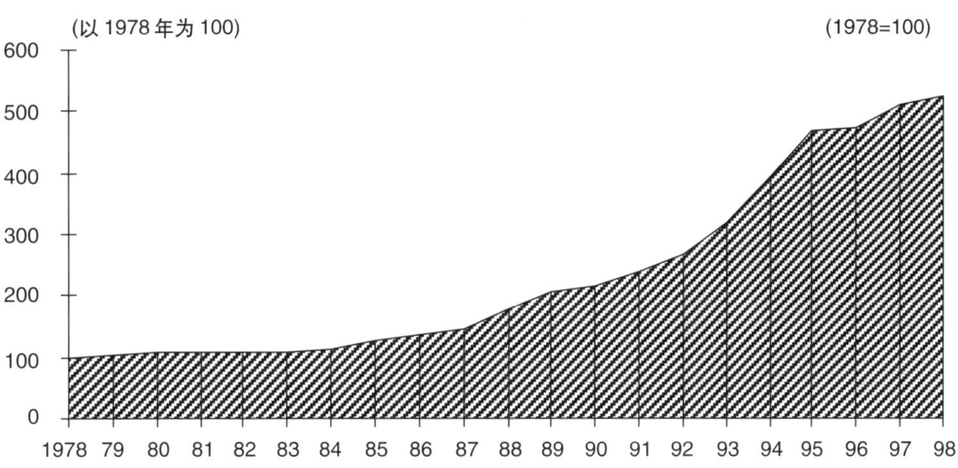

商品零售价格指数
Retail Sales Price Index

(以 1978 年为 100) (1978=100)

450
400
350
300
250
200
150
100
50
0
1978 79 80 81 82 83 84 85 86 87 88 89 90 91 92 93 94 95 96 97 98

工业品出厂价格指数
Producer Price Indices Industrial Products

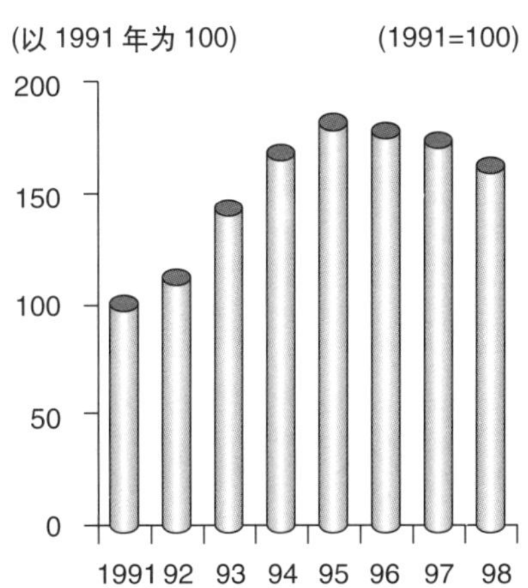

原材料、燃料动力购进价格指数
Purchasing Price Indicex of Raw Materials, Fuels and Power

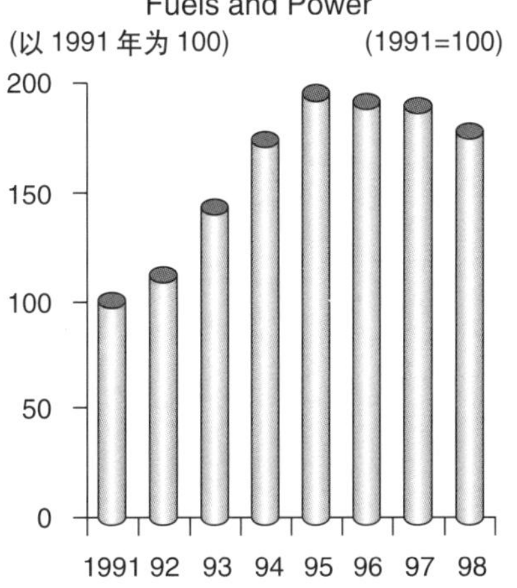

4－1 居民消费价格分类指数
CLASSIFIED RESIDENTS CONSUMER PRICE INDICES
(1995－1998)

(以上年为100) (preceding year＝100)

指 标	Indicators	1995	1996	1997	1998
居民消费价格指数	**Overall Residents Consumer Price Index**	**118.7**	**109.2**	**102.8**	**100.0**
食品类	Food	124.4	109.7	99.3	97.7
粮 食	Grain	136.2	109.4	84.6	96.4
油脂类	Oil or Fat	110.7	95.6	99.0	106.9
肉禽及其制品	Meat Poultry and Their Products	135.5	107.4	106.3	91.8
蛋 类	Eggs	123.7	124.5	72.9	105.2
水产品类	Aquatic Products	117.8	111.8	95.9	93.4
菜 类	Vegetables	125.0	122.8	98.3	110.3
调味品	Flavoring	117.6	109.4	100.4	99.5
糖 类	Sugars	125.8	98.6	99.9	97.0
烟草类	Tobacco	98.0	98.9	86.5	95.9
酒和饮料	Liquor and Beverages	123.2	105.5	99.1	94.9
干鲜瓜果类	Dried and Fresh Fruits	124.6	107.2	92.5	92.5
糕点类	Pastry	112.4	109.1	102.1	99.5
奶及奶制品	Milk and Its Products	141.5	115.4	111.7	99.1
其他食品	Other Food	106.9	100.3	103.3	106.5
饮食业	Catering Trade	125.2	111.0	109.6	101.8
衣着类	Clothing	109.0	108.8	101.0	93.0
服 装	Garments	107.1	109.9	101.3	92.4
衣着材料	Clothing Materials	109.6	108.0	98.8	95.9
鞋袜帽及其他衣着	Shoes,Socks,Hats and Other Clothing	114.1	106.0	101.0	93.7
家庭设备及用品类	Household Facilities and Articles	103.5	99.9	92.4	93.1
耐用消费品	Durable Consumer Goods	98.5	95.6	87.3	88.5
室内装饰品	Interior Decorations	108.1	100.2	89.9	97.1
床上用品	Bed Articles	106.2	101.4	103.1	102.5
家庭日用杂品	Daily Use Household Articles	120.7	108.1	102.2	100.7
其他日用品	Other Daily Use Articles	105.6	106.3	98.9	97.0
医疗保健类	Medicine and Medical Services	108.2	107.6	103.3	102.6
交通和通信工具类	Means of Transportation and Communication	93.4	98.6	99.5	94.9
娱乐教育文化用品类	Recreation,Education and Culture Articles	103.2	105.3	96.9	92.8
文娱用耐用消费品	Durable Consumer Goods for Recreational Use	95.9	97.1	89.2	88.0
教材及参考书	Teaching Material and Reference Books	119.6	123.4	124.0	101.3
文化娱乐用品	Recreation and Culture Articles	105.7	111.8	100.0	101.0
居住类	Residence	120.1	109.7	120.3	113.4
住 房	Housing	111.5	110.0	111.7	124.0
水电燃料	Water,Electricity and Fuels	126.5	109.5	123.9	107.7
服务项目类	Services	124.7	118.9	122.9	114.4
电信费	Telecommunications	117.5	110.7	170.5	113.9
邮 费	Postage	100.0	107.5	193.4	100.0
交通费	Transportation	116.9	107.0	109.8	103.0
洗理美容费	Washing and Haircut	112.3	114.4	100.0	100.7
文娱费	Recreation	143.9	171.3	117.6	109.7
学杂保育费	Education and Child-care	131.2	116.4	117.5	126.1
修理及其他服务费	Repair and Other Services	117.8	104.4	122.8	110.1
医疗保健服务费	Medicine and Medical Services	159.2	106.2	132.2	123.5

4－2 商品零售价格分类指数
CLASSIFIED RETAIL PRICE INDICES
(1995－1998)

(以上年为100) (preceding year＝100)

指 标	Indicators	1995	1996	1997	1998
商品零售价格指数	**Overall Retail Price Index**	**113.0**	**105.0**	**98.8**	**95.1**
食品类	Food	126.9	111.6	101.5	97.2
粮 食	Grain	131.4	117.5	94.0	93.4
油脂类	Oil or Fat	108.9	95.8	100.1	106.9
肉禽蛋	Meat, Poultry and Eggs	137.0	108.3	105.4	92.1
水产品	Aquatic Products	115.6	111.1	96.7	94.1
鲜 菜	Fresh Vegetables	128.0	124.3	97.5	111.6
干 菜	Dried Vegetables	109.0	111.7	105.1	98.1
鲜 果	Fresh Fruits	120.4	103.1	91.6	88.5
干 果	Nuts	138.0	144.7	101.1	103.5
其他食品	Other Food	128.4	108.1	104.4	99.7
饮食业	Catering Trade	123.9	111.7	108.5	101.9
饮料烟酒类	Beverages,Tobacco and Liquor	108.2	102.5	92.7	95.4
服装鞋帽类	Garments,Shoes and Hats	112.6	108.5	99.9	89.6
纺织品类	Textiles	111.0	104.8	100.3	97.5
中西药品类	Traditional Chinese and Western Medicines	112.1	106.0	102.2	102.2
化妆品类	Cosmetics	109.2	101.8	99.9	98.7
书报杂志类	Books, Newspapers and Magazines	108.1	117.1	112.8	102.9
文化体育用品类	Stationery and Sports Goods	110.1	103.2	97.2	97.1
日用品类	Daily Use Articles	117.1	106.8	100.2	95.3
家用电器类	Household Appliances	95.1	94.6	87.2	89.3
首饰类	Jewelry	98.1	101.2	94.9	90.0
燃料类	Fuels	118.5	103.1	123.0	108.3
建筑装潢材料类	Building Decoration Materials	100.8	96.6	92.0	94.3
机电产品类	Mechanical and Electrical Products	96.1	88.0	95.2	88.1

4－3 工业品出厂价格和原材料、燃料、动力购进价格指数
PRICE INDEXES OF EX-FACTORY PRODUCTS AND PURCHASE OF RAW MATERIALS, FUEL AND POWER (1995－1998)

(以上年为100) (preceding year＝100)

指 标	Indicators	1995	1996	1997	1998
工业品出厂价格指数	**Producer Price Industrial Products**	**107.9**	**97.6**	**97.8**	**93.9**
一、按轻、重工业分	Grouped by Industries				
轻工业	Light Industry	112.3	96.4	97.1	93.4
重工业	Heary Industry	104.4	98.6	98.4	94.2
二、按两大部类分	Grouped by Means of Production and Consumer Goods				
生产资料	Means of Production	107.3	95.8	96.9	92.9
生活资料	Consumer Goods	108.9	100.3	99.1	95.4
原材料、燃料、动力购进价格指数	**Purchasing Price Indices of Raw Materials Fuels and Power**	**113.3**	**97.6**	**98.6**	**94.1**
燃料、动力类	Fuel、Power	107.6	109.9	103.2	97.4
黑色金属材料类	Ferrous Metals	99.1	96.0	98.3	99.0
#钢 材	Rolled-steel	98.8	98.5	94.8	98.0
有色金属材料和电线类	Nonferrous Metals and Electric Wire	131.7	87.3	96.4	83.3
化工原料类	Chemical Raw Materials	124.1	93.7	96.4	86.0
木材及纸浆类	Wood and Paper Pulps	121.3	102.8	105.3	75.2
建筑材料类	Building Materials	91.1	132.8	90.9	91.9
非金属矿类	Nonmetal Minerals Processing	93.7	108.6		
农副产品类	Farm and Sideline Products	123.3	100.6	119.5	92.2
纺织原料类	Textile Raw Material	114.8	90.0	96.0	100.2

第 5 篇

固定资产投资

Chapter 5

Investment in Fixed Assets

第五篇　固定资产投资

1998年,上海的固定资产投资进行了一系列政策调控和战略调整,使全市投资基本保持上年水平。全年完成全社会固定资产投资总额1964.83亿元,比上年略降0.6%。其中基本建设投资844.15亿元,增长10.8 %;更新改造投资365.01亿元,下降5.5%;房地产开发建设投资577.12亿元,增长6%;城乡私人建房投资14.17亿元,下降20.8%。在全社会固定资产投资总额中,按隶属关系分,中央单位完成投资316.50亿元,比上年下降13.8%;地方单位完成投资1648.33亿元,增长2.4%。按构成分,建筑安装工程完成投资982.69亿元,比上年下降6.5%;设备、工具、器具购置完成投资489.54亿元,增长15.2%;其他费用完成投资492.60亿元,下降1.9%。按经济类型分,国有经济单位完成投资1087.94亿元,比上年下降5.3%;集体经济单位完成投资208.84,下降18.8%;私营经济单位完成投资41.60亿元,增长48.3%;股份制经济单位完成投资203.81,增长71.6%;外商投资经济单位完成投资287.39亿元,增长10.3%;港澳台商投资经济单位完成117.78亿元,增长10.1%。投资结构继续向第三产业倾斜。全年第三产业完成投资1303.67亿元,第二产业完成投资655.06亿元,第一产业完成投资6.10亿元。三、二、一产业所占全市投资的比重分别为66.4%、33.3%和0.3%。

市重大项目资金到位及时,完成情况良好。全年57个市重大项目完成投资484.18亿元,占全市投资总额的24.6%。延安高架路(中段)、世纪大道、黄浦江行人隧道等重大项目建设顺利。

1998年,全市竣工各类房屋建筑面积2569.35万平方米,其中住宅竣工面积为1624.03万平方米。全年新增固定资产1534.9亿元,固定资产交付使用率为78.1%。

Chapter 5　Investment in Fixed Assets

In 1998, Shanghai adopted a series of measures to readjust and improve the investment structure of its fixed assets. In the year, the city's total investment in social fixed assets reached 196.483 billion yuan, down 0.6% from the previous year. Of the total, the investment in capital construction amounted to 84.415 billion yuan, representing an increase of 10.8%; investment in renovation and transformation projects stood at 36.501 billion yuan, up down 5.5%; investment in commodity housing development was 57.712 billion yuan, up 6%; and investment in private housing in both urban and rural areas reached 1.417 billion yuan, down 20.8%. Of the investment in the social fixed assets, the central government-owned work units completed investment of 31.65 billion yuan, down 13.8% from that of 1997 and local work units completed investment of 164.833 billion yuan, up 2.4%. In terms of the investment composition, the investment in construction installation amounted to 98.269 billion yuan, down 6.5%; investment in purchase of equipment and apparatus totalled 48.954 billion yuan, growing by 15.2%; and investment in other categories stood at 49.26 billion yuan, down 1.9%. In terms of type of economic sectors, the state sector completed investment of 108.794 billion yuan, down 5.3% from the previous yar; the collective sector completed investment of 20.884 billion yuan, down 18.8%; the private sector completed investment of 4.160 billion yuan, growing by 48.3%; the shareholding sector completed investment of 20.381 billion yuan, surging by 71.6%; the sector with overseas capital completed investment of 28.739 billion yuan, up 10.3%; and the sector with fund from Hongkong, Macao and Taiwan completed investment of 11.778 billion yuan, up 10.1%.

The investment structure continues to tilt towards the services industry. In the whole year of 1998, the city's services industry absorbed a total investment of 130.367 billion yuan, with the figures for industry and agriculture standing at 65.506 billion yuan and 610 million yuan, respectively. The proportions of investment in the services, industry and agriculture reached 66.4%, 33.3% and 0.3%, respectively, of the city's total.

Investment in the city's key projects was completed in time and in a satisfactory way. The total investment in the fixed assets of the city's 57 key projects reached 48.418 billion yuan or 24.6 % of the city's total. Construction of the middle section of the Elevated Yan'an Road, the Century Boulevard, the pedestrian tunnel under the Huangpu River and other key projects are proceeding smoothly.

In 1998, the city completed building projects with a combined floor space of 25.6935 million square metres. Of the total, the housing floor space reached 16.2403 million square metres. The newly added fixed assets during the year amounted to 153.49 billion yuan, and the operational rate of newly-invested fixed assets was 78.1%.

各计划时期全社会固定资产投资总额（亿元）
Total Investment in Fixed Assets (100 000 000 yuan)

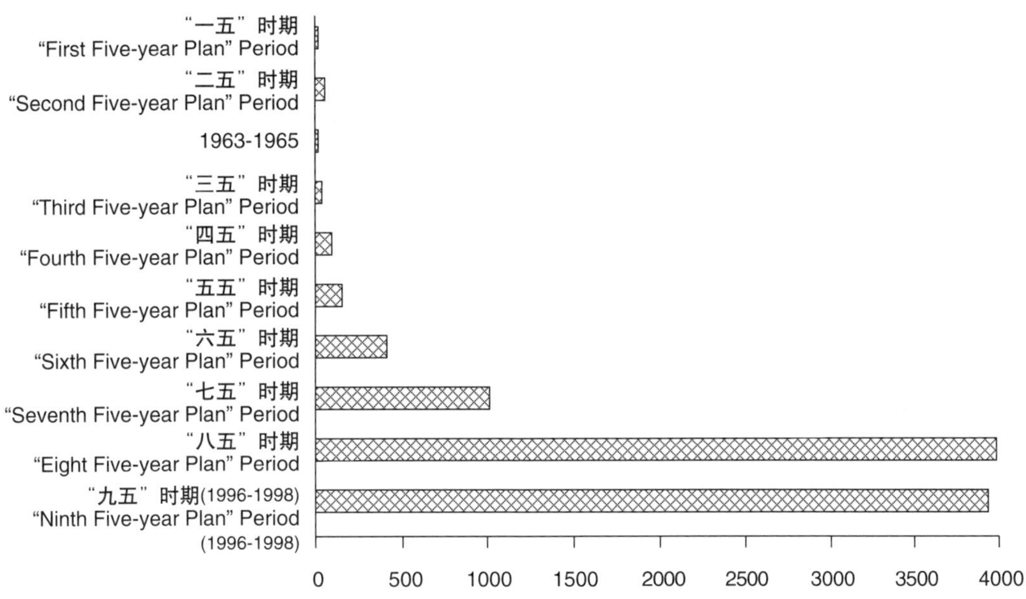

全社会固定资产投资总额构成（%）
Composition of Total Investment in Fixed Assets (%)

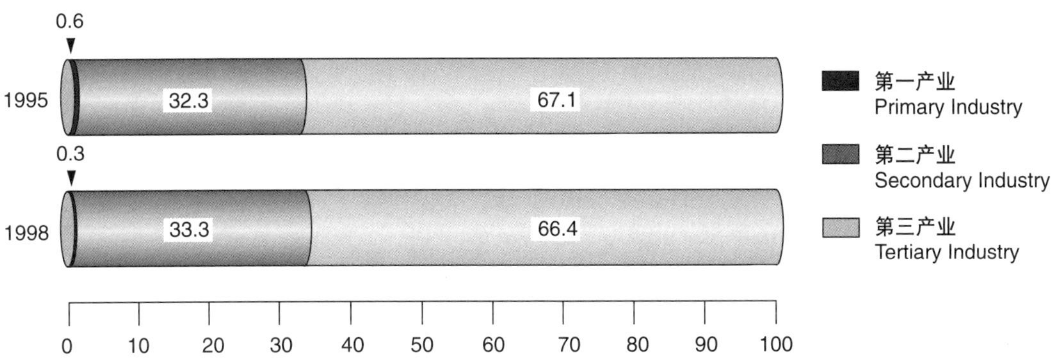

房屋竣工建筑面积构成（%）
Composition of Floor Space of Buildings Completed (%)

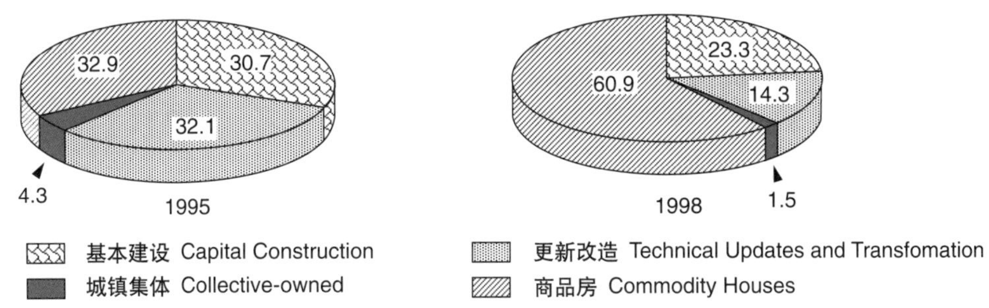

5－1 主要年份全社会固定资产投资主要指标

MAJOR INDICATORS OF TOTAL INVESTMENT IN FIXED ASSETS IN MAIN YEARS

单位：亿元 (100 million yuan)

指标	Indicators	1990	1995	1997	1998
投资总额	**Total Investment**	**227.08**	**1 601.79**	**1 977.59**	**1 964.83**
一、按隶属关系分	**Grouped by Administrative Relationship**				
中央项目	Central Government Projects	75.50	254.73	367.24	316.50
地方项目	Local Projects	151.58	1 347.06	1 610.35	1 648.33
二、按构成分	**Grouped by Use of Funds**				
建筑安装工程	Construction and Installation	127.63	916.34	1 050.66	982.69
设备、工具、器具购置	Purchase of Equipment and Instruments	79.51	355.47	424.90	489.54
其他费用	Others	19.94	329.98	502.03	492.60
三、按建设性质分	**Grouped by Type of Construction**				
#新 建	New Construction	78.01	516.75	763.00	826.39
改 建	Reconstruction	70.48	215.14	174.52	186.64
扩 建	Expansion	47.50	323.98	327.35	272.13
单纯建造生活设施	Construction of Living Facilities	24.00	45.22	54.14	55.67
四、按产业分	**Grouped by Type of Industry**				
第一产业	Primary Industry	2.60	9.77	6.97	6.10
第二产业	Secondary Industry	123.31	517.12	663.65	655.06
第三产业	Tertiary Industry	101.17	1 074.90	1 306.97	1 303.67
#住 宅	Residential Housing	42.94	433.76	458.22	404.96
五、按国民经济行业分	**Grouped by Economic Sectors**				
#工 业	Industry	118.98	385.39	502.83	633.70
采掘业	Excavation		1.03	18.43	18.43
制造业	Manufacturing		297.94	363.78	494.08
电力、煤气及水的生产和供应业	Electricity, Gas, Water Production and Supply		86.42	120.62	121.19
交通运输、仓储及邮电通信业	Transportation, Storage, Postal and Telecommunications	15.14	85.18	154.19	194.21
六、按经济类型分	**Grouped by Economic Types**				
#国有经济	State-owned			1 148.69	1 087.94
集体经济	Collective-owned			257.10	208.84
联营经济	Joint Owned			37.00	10.16
股份制经济	Shareholding			118.80	203.81
外商投资经济	Foreign Funded			260.50	287.39
港澳台商投资经济	Hong Kong, Macao and Taiwan Funded			107.00	117.78
新增固定资产	**Newly Increased Fixed Assets**	**222.99**	**826.76**	**1 316.43**	**1 534.90**
固定资产交付使用率(%)	Rate of Fixed Assets Transfered and in Use	98.2	51.6	66.6	78.1
房屋建筑面积(万平方米)	**Floor Space of Buildings(10 000 sq.m)**				
施工面积	Floor Space Under Construction	3 801.46	10 566.42	9 955.21	9 364.36
#住 宅	Residential Housing	2 269.06	6 195.12	5 450.13	5 113.52
竣工面积	Floor Space Completed	2 138.44	3 093.93	3 614.19	3 364.43
#住 宅	Residential Housing	1 339.02	1 746.82	2 179.68	1 963.51

注：从1997年起，固定资产投资统计起点为50万元以上（含50万元）项目，建设性质中不包括房地产开发投资。以下同。

Note: Starting from 1997, the statistics that have been collected are about projects of fixed assets investment each involving 500,000 yuan and more. In the construction category, the investment in real estate development is excluded (the same hereinafter).

5－2 全市固定资产投资额
THE CITYS FIXED ASSETS INVESTMENT
(1995－1998)

单位：亿元 (100 million yuan)

指标	Indicators	1995	1996	1997	1998
全市固定资产投资额	**Fixed Assets Investment**	**1 448.40**	**1 772.65**	**1 793.54**	**1 813.26**
一、按经济类型分	**Grouped by Economic Types**				
#国有经济	State-owned	957.39	1 048.27	1 148.69	1 087.94
集体经济	Collective-owned	24.82	81.15	90.94	71.44
股份制经济	Shareholding		165.57	118.80	203.81
外商、港澳台经济	Investment from Hong Kong, Macao, Taiwan and other countries		340.18	367.50	405.17
二、按隶属关系分	**Grouped by Administrative Relationship**				
中央项目	Central Government Projects	254.74	314.77	367.24	316.50
地方项目	Local Projects	1 193.66	1 457.88	1 426.30	1 496.76
三、按构成分	**Grouped by Use of Funds**				
建筑安装工程	Construction and Installation	820.88	928.71	941.18	894.23
设备、工具、器具购置	Purchase of Equipment and Instruments	303.93	421.93	361.37	437.71
其他费用	Others	323.59	422.01	490.99	481.32
四、按建设性质分	**Grouped by Type of Construction**				
#新 建	New Construction	414.99	503.04	646.99	738.00
改 建	Reconstruction	208.32	167.47	168.03	178.44
扩 建	Expansion	298.86	382.76	301.41	247.91
单纯建造生活设施	Construction of Living Facilities	31.39	34.32	36.25	24.91
五、按产业分	**Grouped by Type of Industry**				
第一产业	Primary Industry	5.07	6.73	3.45	2.12
第二产业	Secondary Industry	423.57	543.05	543.02	563.03
第三产业	Tertiary Industry	1 019.76	1 222.87	1 247.07	1 248.11
#住 宅	Residential Housing	407.82	433.85	433.05	383.27
新增固定资产	**Newly Increased Fixed Assets**	**704.88**	**1 051.60**	**1 153.98**	**1 401.18**
房屋建筑面积（万平方米）	**Floor Space of Buildings (10 000 sq.m)**				
施工面积	Floor Space Under Construction	9 230.19	9 690.07	8 728.70	8 341.07
#住 宅	Residential Housing	5 651.34	5 450.03	4 879.41	4 718.40
竣工面积	Floor Space Completed	2 127.00	2 455.76	2 643.62	2 569.35
#住 宅	Residential Housing	1 268.90	1 509.48	1 684.20	1 624.03

5－3　全社会固定资产投资主要指标
MAJOR INDICATORS OF TOTAL INVESTMENT IN FIXED ASSETS
(1998)

单位：亿元　　(100 million yuan)

指　标	Indicators	总　计 Total	基本建设 Capital Construction Investment	更新改造 Technical Updates and Transformation	其他投资 Others
投资总额	**Total Investment**	**1 964.83**	**844.15**	**365.01**	**13.44**
一、按隶属关系分	**Grouped by Administrative Relationship**				
中央项目	Central Government Projects	316.50	183.23	74.45	
地方项目	Local Projects	1 648.33	660.92	290.56	13.44
二、按构成分	**Grouped by Use of Funds**				
建筑安装工程	Construction and Installation	982.69	376.55	120.44	7.74
设备、工具、器具购置	Purchase of Equipment and Instruments	489.54	202.72	202.30	
其他费用	Others	492.60	264.88	42.27	5.70
三、按建设性质分	**Grouped by Type of Construction**				
#新　建	New Construction	826.39	619.67	98.63	8.43
改　建	Reconstruction	186.64	34.33	142.52	0.89
扩　建	Expansion	272.13	167.09	76.18	4.12
单纯建造生活设施	Construction of Living Facilities	55.67	12.69	12.01	
四、按产业分	**Grouped by Type of Industry**				
第一产业	Primary Industry	6.10	1.38	0.27	
第二产业	Secondary Industry	655.06	355.82	202.49	
第三产业	Tertiary Industry	1 303.67	486.95	162.25	13.44
#住　宅	Residential Housing	404.96	37.75	20.62	
五、按国民经济行业分	**Grouped by Economic Sectors**				
#工　业	Industry	633.70	343.83	196.43	
采掘业	Excavation	18.43	17.02		
制造业	Manufacturing	494.08	241.13	161.75	
电力、煤气及水的生产和供应业	Electricity, Gas, Water Production and Supply	121.19	85.68	34.68	
交通运输、仓储及邮电通信业	Transportation,Storage,Postal and Telecommunications	194.21	104.63	73.05	11.92
新增固定资产	**Newly Increased Fixed Assets**	**1 534.90**	**496.25**	**377.04**	**12.64**
固定资产交付使用率(%)	Rate of Fixed Assets Transfered and in Use	78.1	58.8	103.3	94.0
房屋建筑面积(万平方米)	**Floor Space of Buildings(10 000 sq.m)**				
施工面积	Floor Space Under Construction	9 364.36	2 038.96	766.62	
#住　宅	Residential Housing	5 113.52	625.90	331.92	
竣工面积	Floor Space Completed	3 364.43	599.30	366.20	
#住　宅	Residential Housing	1 963.51	196.55	168.27	

单位：亿元　　5－3 续表 continued　　(100 million yuan)

指标	Indicators	房地产投资 Investment by Urban Collective-owned Units	城镇集体 Investment by Urban Collective-owned Units	农村集体 Investment by Rural Collective-owned Units	私人建房 Investment by Individual
投资总额	**Total Investment**	**577.12**	**13.54**	**137.40**	**14.17**
一、按隶属关系分	**Grouped by Administrative Relationship**				
中央项目	Central Government Projects	58.82			
地方项目	Local Projects	518.30	13.54	137.40	14.17
二、按构成分	**Grouped by Use of Funds**				
建筑安装工程	Construction and Installation	380.50	9.00	74.29	14.17
设备、工具、器具购置	Purchase of Equipment and Instruments	29.76	2.92	51.83	
其他费用	Others	166.86	1.62	11.28	
三、按建设性质分	**Grouped by Type of Construction**				
#新　建	New Construction		11.27	88.39	
改　建	Reconstruction		0.69	8.21	
扩　建	Expansion		0.52	24.22	
单纯建造生活设施	Construction of Living Facilities		0.22	16.58	14.17
四、按产业分	**Grouped by Type of Industry**				
第一产业	Primary Industry		0.47	3.98	
第二产业	Secondary Industry		4.72	92.03	
第三产业	Tertiary Industry	577.12	8.35	41.39	14.17
#住　宅	Residential Housing	320.66	4.24	7.52	14.17
五、按国民经济行业分	**Grouped by Economic Sectors**				
#工　业	Industry		4.51	88.93	
采掘业	Excavation			1.4	
制造业	Manufacturing		4.45	86.75	
电力、煤气及水的生产和供应业	Electricity, Gas, Water Production and Supply		0.06	0.77	
交通运输、仓储及邮电通信业	Transportation,Storage,Postal and Telecommunications		0.21	4.40	
新增固定资产	**Newly Increased Fixed Assets**	**508.32**	**6.94**	**119.54**	**14.17**
固定资产交付使用率(%)	Rate of Fixed Assets Transfered and in Use	88.1	51.3	87.0	100.0
房屋建筑面积(万平方米)	**Floor Space of Buildings(10 000 sq.m)**				
施工面积	Floor Space Under Construction	5 416.10	119.39	789.03	234.26
#住　宅	Residential Housing	3 704.29	56.30	161.08	234.03
竣工面积	Floor Space Completed	1 565.34	38.51	560.82	234.26
#住　宅	Residential Housing	1 242.00	17.21	105.45	234.03

5-4 全社会地方固定资产投资主要指标

MAJOR INDICATORS OF LOCAL INVESTMENT IN FIXED ASSETS

(1998)

单位：亿元 (100 million yuan)

指标	Indicators	总计 Total	基本建设 Capital Construction Investment	更新改造 Technical Updates and Transformation	其他投资 Others
投资总额	**Total Investment**	**1 648.33**	**660.92**	**290.56**	**13.44**
一、按构成分	**Grouped by Use of Funds**				
建筑安装工程	Construction and Installation	844.14	306.24	97.00	7.74
设备、工具、器具购置	Purchase of Equipment and Instruments	377.95	139.18	158.02	
其他费用	Others	426.24	215.50	35.54	5.70
二、按建设性质分	**Grouped by Type of Construction**				
#新　建	New Construction	764.27	570.59	85.58	8.43
改　建	Reconstruction	112.27	13.14	89.34	0.89
扩　建	Expansion	153.73	55.58	69.30	4.12
单纯建造生活设施	Construction of Living Facilities	54.42	11.78	11.67	
三、按产业分	**Grouped by Type of Industry**				
第一产业	Primary Industry	6.10	1.38	0.27	
第二产业	Secondary Industry	461.99	216.04	149.20	
第三产业	Tertiary Industry	1 180.24	443.50	141.09	13.44
#住　宅	Residential Housing	376.98	28.28	17.74	
四、按国民经济行业分	**Grouped by Economic Sectors**				
#工　业	Industry	446.21	205.63	147.13	
采掘业	Excavation	18.39	16.97		
制造业	Manufacturing	393.18	174.01	127.97	
电力、煤气及水的生产和供应业	Electricity, Gas, Water Production and Supply	34.64	14.65	19.16	
交通运输、仓储及邮电通信业	Transportation,Storage,Postal and Telecommunications	145.45	75.41	53.51	11.92
新增固定资产	**Newly Increased Fixed Assets**	**1 296.91**	**376.44**	**293.09**	**12.64**
固定资产交付使用率(%)	Rate of Fixed Assets Transfered and in Use	78.7	57.0	100.9	94.0
房屋建筑面积(万平方米)	**Floor Space of Buildings(10 000 sq.m)**				
施工面积	Floor Space Under Construction	8 481.63	1 625.03	717.33	
#住　宅	Residential Housing	4 775.39	501.66	318.07	
竣工面积	Floor Space Completed	3 162.02	481.92	336.92	
#住　宅	Residential Housing	1 867.13	142.42	156.76	

单位：亿元　　5－4 续表 continued　　(100 million yuan)

指　标	Indicators	房地产投资 Investment by Urban Collective-owned Units	城镇集体 Investment by Urban Collective-owned Units	农村集体 Investment by Rural Collective-owned Units	私人建房 Investment by Individual
投资总额	**Total Investment**	**518.30**	**13.54**	**137.40**	**14.17**
一、按构成分	**Grouped by Use of Funds**				
建筑安装工程	Construction and Installation	335.70	9.00	74.29	14.17
设备、工具、器具购置	Purchase of Equipment and Instruments	26.00	2.92	51.83	
其他费用	Others	156.60	1.62	11.28	
二、按建设性质分	**Grouped by Type of Construction**				
#新　建	New Construction		11.27	88.39	
改　建	Reconstruction		0.69	8.21	
扩　建	Expansion		0.51	24.22	
单纯建造生活设施	Construction of Living Facilities		0.22	16.58	14.17
三、按产业分	**Grouped by Type of Industry**				
第一产业	Primary Industry		0.47	3.98	
第二产业	Secondary Industry		4.72	92.03	
第三产业	Tertiary Industry	518.30	8.35	41.39	14.17
#住　宅	Residential Housing	305.03	4.24	7.52	14.17
四、按国民经济行业分	**Grouped by Economic Sectors**				
#工　业	Industry		4.51	88.94	
采掘业	Excavation			1.42	
制造业	Manufacturing		4.45	86.75	
电力、煤气及水的生产和供应业	Electricity, Gas, Water Production and Supply		0.06	0.77	
交通运输、仓储及邮电通信业	Transportation,Storage,Postal and Telecommunications		0.21	4.40	
新增固定资产	**Newly Increased Fixed Assets**	**474.09**	**6.94**	**119.54**	**14.17**
固定资产交付使用率(%)	Rate of Fixed Assets Transfered and in Use	91.5	51.3	87.0	100.0
房屋建筑面积(万平方米)	**Floor Space of Buildings(10 000 sq.m)**				
施工面积	Floor Space Under Construction	4 996.59	119.39	789.03	234.26
#住　宅	Residential Housing	3 504.25	56.30	161.08	234.03
竣工面积	Floor Space Completed	1 509.59	38.51	560.82	234.26
#住　宅	Residential Housing	1 211.26	17.21	105.45	234.03

5－5 全市固定资产投资资金来源

CAPITAL SOURCE OF FIXED ASSETS INVESTMENT

(1995－1998)

单位：亿元 (100 million yuan)

指 标	Indicators	1995	1996	1997	1998
本年资金来源合计	**Total Capital Source of the Year**	**1 750.11**	**2 217.56**	**2 252.16**	**2 306.17**
#基本建设	Capital Construction Investment	612.45	747.91	882.09	990.37
更新改造	Technical Update and Transformation	424.99	454.92	399.56	393.53
上年末结余资金	**A Balance at End of Previous Year**	**237.33**	**349.71**	**362.89**	**382.79**
#基本建设	Capital Construction Investment	54.74	105.87	105.66	160.54
更新改造	Technical Update and Transformation	37.63	31.69	39.51	32.98
本年资金来源小计	**Sub-total Capital Source of the Year**	**1 512.78**	**1 867.85**	**1 889.27**	**1 923.38**
#基本建设	Capital Construction Investment	527.71	642.04	776.43	829.83
更新改造	Technical Update and Transformation	387.36	423.23	360.05	360.55
国家预算内资金	Capital Within the State Budget	28.33	27.94	25.64	40.92
#基本建设	Capital Construction Investment	14.12	24.33	21.98	39.19
更新改造	Technical Update and Transformation	1.67	1.18	0.86	0.82
国内贷款	Domestic Loans	278.12	358.97	423.41	419.51
#基本建设	Capital Construction Investment	68.19	97.42	168.48	176.65
更新改造	Technical Update and Transformation	81.96	78.44	75.26	60.81
债 券	State Treasury Bond	1.21	1.06	0.28	3.18
#基本建设	Capital Construction Investment	0.10	0.10		3.18
吸收外资	Foreign Capital Absorbed	169.88	318.77	299.41	296.84
#基本建设	Capital Construction Investment	66.42	111.03	124.48	149.73
更新改造	Technical Update and Transformation	46.37	81.30	37.51	41.97
在吸收外资中：	Of Foreign Capital Absorbed				
外商直接投资	Direct Overseas Investment	93.08	151.65	148.61	167.97
#基本建设	Capital Construction Investment	20.81	28.98	55.93	74.09
更新改造	Technical Update and Transformation	33.02	58.32	25.07	31.22
自筹资金	Self-raised Capital	779.69	900.56	871.14	871.47
#基本建设	Capital Construction Investment	295.61	365.99	406.53	401.77
更新改造	Technical Update and Transformation	243.13	251.65	230.50	249.66
其他资金	Other Capital	255.54	260.54	269.38	291.46
#基本建设	Capital Construction Investment	83.28	43.17	54.96	59.30
更新改造	Technical Update and Transformation	14.22	10.36	15.93	7.29
在其他资金中：	Of Other Capital				
集 资	Raising Funds	65.63	32.21	29.97	20.73
#基本建设	Capital Construction Investment	47.72	17.77	20.68	7.69
更新改造	Technical Update and Transformation	0.45	0.91	1.25	0.22

5－6 工业各行业基本建设主要指标
MAIN INDICATORS OF CAPITAL CONSTRUCTION BY INDUSTRIAL SECTORS
(1998)

单位：亿元 (100 million yuan)

行 业	Sectors	施工项目(个) Projects Under Construction	全部建成投产项目(个) Projects Completed and Put Into Production	建成投产率(%) Rate of Projects Completed and Put into Use	基本建设投资额 Capital Construction Investment
总 计	**Total**	**148**	**58**	**39.2**	**343.83**
采掘业	Excavation	3			17.02
石油和天然气开采业	Petrolem and Natural Gas Extraction	2			16.02
黑色金属矿采选业	Ferrous Metals Mining and Processing	1			1.00
制造业	Manufacturing	104	46	44.2	241.13
食品加工业	Food Processing	1	1	100.0	0.15
食品制造业	Food Manufacturing	2	1	50.0	0.73
饮料制造业	Beverage Manufacturing	2	2	100.0	3.93
烟草加工业	Tobacco Processing	4			0.56
纺织业	Textile Industry	4	2	50.0	1.34
服装及其他纤维制品制造业	Garments and Other Fiber Products	3	2	66.7	1.80
造纸及纸制品业	Papermaking and Paper Products	2	2	100.0	2.87
印刷业、记录媒介的复制	Printing and Record Processing	3	1	33.3	2.61
石油加工及炼焦业	Petroleum Processing and Coking Products	3	1	33.3	5.08
化学原料及化学制品制造业	Raw Chemical Materials and Chemical Products	13	2	15.4	10.32
医药制造业	Medical and Pharmaceutical Products	8	2	25	2.70
化学纤维制造业	Chemical Fibers	1			8.71
塑料制品业	Plastic Products	4	4	100.0	0.78
非金属矿物制品业	Nonmetal Mineral Products	5	3	60.0	5.07
黑色金属冶炼及压延加工业	Smelting and Processing of Ferrous Metals	6	3	50.0	76.08
金属制品业	Metal Products	2	2	100.0	0.07
普通机械制造业	Ordinary Machinery Manufacturing	4	3	75.0	0.85
专用设备制造业	Special-purpose Equipment Manufacturing	2	2	100.0	0.39
交通运输设备制造业	Transportation Equipment Manufacturing	20	9	45.0	59.87
电气机械及器材制造业	Electric Equipment and Machinery	5	2	40.0	4.31
电子及通信设备制造业	Electrics and Telecommunications Equipment	9	2	22.2	52.88
仪器仪表及文化、办公用机械制造业	Instruments,Meters,Cultural and Office Facilities	1			0.03
电力、煤气及水的生产和供应业	Electric Power,Gas,Water Production and Supply	41	12	29.3	85.68
电力、蒸汽、热水的生产和供应业	Electricity, Steam, Hot Water Production and Supply	25	6	24.0	71.92
煤气生产和供应业	Gas Production and Supply	8	3	37.5	7.85
自来水的生产和供应业	Tap Water Production and Supply	8	3	37.5	5.91

5－7 工业各行业更新改造主要指标

MAIN INDICATORS OF TECHNICAL UPDATES AND TRANSFORMATION BY INDUSTRIAL SECTORS

(1998)

单位：亿元 (100 million yuan)

行业	Sectors	施工项目(个) Projects Under Construction	全部建成投产项目(个) Projects Completed and Put Into Production	建成投产率(%) Rate of Projects Completed and Put into Use	更新改造投资额 Technical Updates and Transformation
总 计	**Total**	**1 345**	**827**	**61.5**	**196.43**
制造业	Manufacturing	964	524	54.4	161.75
食品加工业	Food Processing	14	10	71.4	0.94
食品制造业	Food Manufacturing	14	6	42.9	1.52
饮料制造业	Beverage Manufacturing	2	1	50.0	0.03
烟草加工业	Tobacco Processing	11	5	45.5	7.63
纺织业	Textile Industry	45	27	60.0	3.47
服装及其他纤维制品制造业	Garments and Other Fiber Products	9	9	100.0	0.72
木材加工及竹、藤、棕、草制品业	Timber Processing, Bamboo, Cane, Palm Fiber and Straw Products	5			1.62
造纸及纸制品业	Papermaking and Paper Products	5	2	40.0	0.79
印刷业、记录媒介的复制	Printing and Record Processing	17	13	76.5	2.20
文教体育用品制造业	Stationery, Education and Sports Goods	4	3	75.0	0.29
石油加工及炼焦业	Petroleum Processing and Coking Products	82	72	87.8	6.32
化学原料及化学制品制造业	Raw Chemical Materials and Chemical Products	96	52	54.2	14.76
医药制造业	Medical and Pharmaceutical Products	37	21	56.8	8.38
化学纤维制造业	Chemical Fibers	27	11	40.7	4.13
橡胶制品业	Rubber Products	16	4	25.0	2.22
塑料制品业	Plastic Products	10	7	70.0	1.27
非金属矿物制品业	Nonmetal Mineral Products	10	7	70.0	1.32
黑色金属冶炼及压延加工业	Smelting and Processing of Ferrous Metals	187	95	50.8	28.64
有色金属冶炼及压延加工业	Smelting and Pressing of Nonferrous Metals	23	6	26.1	1.56
金属制品业	Metal Products	8	5	62.5	1.65
普通机械制造业	Ordinary Machinery Manufacturing	45	22	48.9	8.77
专用设备制造业	Special-purpose Equipment Manufacturing	41	20	48.8	4.69
交通运输设备制造业	Transportation Equipment Manufacturing	156	57	36.5	38.03
电气机械及器材制造业	Electric Equipment and Machinery	37	18	48.6	11.14
电子及通信设备制造业	Electrics and Telecommunications Equipment	30	24	80.0	6.46
仪器仪表及文化、办公用机械制造业	Instruments,Meters,Cultural and Office Facilities	30	26	86.7	2.46
其他制造业	Others	3	1	33.3	0.74
电力、煤气及水的生产和供应业	Electric Power,Gas,Water Production and Supply	381	303	79.5	34.68
电力、蒸汽、热水的生产和供应业	Electricity, Steam, Hot Water Production and Supply	324	283	87.3	20.76
煤气生产和供应业	Gas Production and Supply	20	8	40.0	5.24
自来水的生产和供应业	Tap Water Production and Supply	37	12	32.4	8.68

5－8 基本建设、更新改造新增主要生产能力或设施

THE NEW PRODUCTIVE CAPACITY OR FACILITIES CREATED BY CAPITAL CONSTRUCTION, RENOVATION AND TRANSFORMATION PROJECTS

(1998)

能力名称	Built Capacity	单位	Unit	数量 Amount
天然气管输	Pipe Transportation of Natural Gas	公里	kilometre	40
裂化设备	Cracking Equipment	万吨/年	10 000 tons/year	140
加氢精制设备	Hydrogen finishing Equipment	万吨/年	10 000 tons/year	100
催化重整设备	Catforming Equipment	万吨/年	10 000 tons/year	60
油罐容量	Oil Tank Storage	万立方米	10 000 cu.m	9
冷加工钢材	Cold-Processing Steel Products	万吨/年	10 000 tons/year	20
锌冶炼	Zinc Iron Smelting	吨/年	ton/year	2 000
铝加工	Aluminum Processing	吨/年	ton/year	170
单晶硅	Single-Crystal Silicon	公斤/年	kg/year	50 000
水力发电	Hydropower Generation	万千瓦	10 000 kilowatt	60
火力发电	Fuel Power Generation	万千瓦	10 000 kilowatt	25
输电线路长度（11万伏及以上）	Length of Power Line (110, 000 voltage and higher)	公里	kilometre	201.14
变电设备能力（11万伏及以上）	Capacity of Converting Facilities (110,000 voltage and higher)	万千伏安	10 000 kilovotampere	219.60
浓硝酸	Strong Nitric Acid	吨/年	ton/year	5 200
乙　烯	Ethene	万吨/年	10 000 tons/year	10
冰醋酸	Glacial Acetic Acid	吨/年	ton/year	7 200
染　料	Dyestuff	吨/年	ton/year	12 781
碳　黑	Black Pigment	吨/年	ton/year	40 000
塑料树脂及共聚物	Plastic Resin and copolymer	吨/年	ton/year	11 000
合成橡胶	Synthetic Rubber	吨/年	ton/year	6 400
合成纤维聚合物	Synthetic Fibre Polymer	吨/年	ton/year	4 000
化学原料药	Chemical Raw Material Medicine	吨/年	ton/year	6 213
化学药制剂	Chemical Medicament	吨/年	ton/year	6 612.50
中成药	Chinese Patent Drug	吨/年	ton/year	42
交流电动机制造	Alternating-Current Motor Manufacturing	万千瓦/年	10 000 kilowatt/year	20
轴　承	Bearings	万套/年	10 000/year	814
烟草加工机械制造	Tobacco Processing Machine Manufacturing	台（套）/年	unit/year	20
其它汽车制造	Other Automobile Manufacturing	辆/年	vehicle/year	2 500
彩色电视机	Colour TV Sets	万部/年	10 000/year	20
大中规模半导体集成电路	Large and Medium-Sized Semiconductor Integrated Circuits	万块/年	10 000/year	2 000
化学纤维	Chemical Fibre	吨/年	ton/year	88 135
# 合成纤维	Synthetic Fibre	吨/年	ton/year	66 600
棉布织机	Cotton Cloth Loom	台	unit	15 925
棉印染	Cotton Printing and Dyeing	万米/年	10 000m/year	334
食用植物油	Edible Vegetable Oil	日处理原料:吨	raw material treatment per day:ton	4
肉加工品	Processed Meat Products	吨/年	ton/year	100
乳制品	Dairy Products	吨/年	ton/year	10 000
啤　酒	Beer	吨/年	ton/year	19 358
卷　烟	Cigarette	万箱/年	10 000/year	136
合成洗涤剂	Synthetic Detergent	吨/年	ton/year	6 007
服　装	Garments	万件/年	10 000/year	60
塑料制品	Plastic Products	万吨/年	10 000 tons/year	0.3
铁路货车购置	Purchase of Rail Wagon	辆	vehicle	1
车辆购置	Purchase of Automobile	辆	vehicle	1 565
新建公路	New Highway	公里	kilometre	38.84
改建公路	Revamped Highway	公里	kilometre	6.10

5－8 续表 continued

能力名称	Built Capacity	单位	Unit	数量 Amount
新建独立公路桥梁	New Independent Highway Bridges	延长米	extending metre	338.76
		座	brigde	6
新(扩)建港口码头	New (Expanded) Ports and Wharves	年吞吐量:万吨	cargo handled per day: 10 000 tons	250
		泊位:个	berth	4
船舶购置	Purchase of Vessels	艘		31
		载重量:吨位	carrying	25 468
		载客量:客位	capacity	3 068
		拖轮功率:千瓦	power: kilowatt	442
改善内河航道里程	Mileage of Improved River Courses	公里	kilometre	40
新（扩）建客、货运站	New (Expanded) Passenger/Cargo Stations	个	station	3
		平方米	sq.m	63 893
飞机购置	Purchase of Airplanes	架		8
长途电缆	Long-Distance Cables	延长公里	extending kilometre	103
新建微波电路	New Microwave Electrocircuit	公里	kilometre	51
市内电话自动交换机	In-city Telephone Switchboard	门	——	887 122
商业石油库	Commercial Oil Storage	万立方米	10 000 cu.m	0.17
粮食仓库	Grain Storage	万公斤	10 000kg	3 300.39
		平方米	sq.m	20 700
商业饮食服务网点	Commercial Catering Service Outlets	处	outlet	128
		万平方米	10 000 sq.m	28.65
中等院校:学生席位	Secondary Schools and Colleges: Enrollment	个	seat	38 253
建筑面积	Construction Area	平方米	sq.m	313 743
小 学 校:学生席位	Primary Schools: Enrollment	个	seat	19 452
建筑面积	Construction Area	万平方米	10 000 sq.m	11.74
其他学校:学生席位	Other Schhools: Enrollment	个	seat	2 780
建筑面积	Construction Area	平方米	sq.m	8 200
公共图书馆:建筑面积	Public Libraries: Construction Area	平方米	sq.m	2 463
影剧院	Movie Theatres	座席:个	seat	500
		平方米	sq.m	700
医院病床	Hospital Beds	张	bed	2 949
疗养院、所病床	Beds in Convalescent Homes	张	bed	510
宾馆、旅馆、招待所客房数	Number of Rooms in Guest Houses, Hotels and Boarding Houses	间	room	253
		平方米	sq.m	13 480
城市自来水供水能力	Capacity of Tap Water Supply in the City	万吨/日	10 000 tons/day	41
城市自来水管道长度	Length of Tap Water Pipes	公里	kilometre	313.67
城市公共交通车辆购置	Purchase of City Publie Transportation Vehicles	辆	vehicle	4 951
城市道路扩建长度	Length of Expanded Roads in the City	公里	kilometre	174.32
城市道路扩建面积	Area of Expanded Roads in the City	万平方米	10 000 sq.m	533.41
城市排水管道铺设长度	Length of Drainage Pipes in the City	公里	kilometre	334.13
城市污水处理能力	City's Capability in Waste Water Treatment	万吨/日	10 000 tons/day	145.2
城市永久性桥梁	Permanent Bridges in the City	座	brigde	54
城市防洪堤长度	Length of the City's Floodwalls	公里	kilometre	15.60

5－9 市重大项目完成情况
PROGRESS OF CITY'S MAJOR PROJECTS
(1998)

单位:万元 (10 000 yuan)

项目	Project	投资额 Investment
总计	**Total**	**4 850 155**
外环线一期工程(浦西段)	The First Phase of Outer Ring Road (Puxi Section)	188 881
外环线绿带一期工程	The first Phase of Greening the Outer Ring Road	41 034
沪杭高速公路上海段	The Shanghai Section of Huhang Expressway	61 561
公路四号线(北段)	The No.4 Highway (Northern Section)	29 524
延安高架路中段工程	The Middle Section of the Elevated Yan'an Road	161 173
逸仙路高架路	The Elevated Yixian Road	120 060
西藏北路－和田路辟通工程	The Expansion Project of Xizang Road North-Hetian Road	18 849
地铁二号线一期工程	The First Phase of Metro Line Two	122 969
城市轻轨明珠线一期工程	The First Phase of Bright Pearl Light Rail	149 818
东海天燃气工程	The East China Sea Natural Gas Project	
东海天燃气上游工程	The Upper Reach Project of the East China Sea Natural Gas Project	159 736
东海天燃气下游工程	The Lower Reach Project of the East China Sea Natural Gas Project	70 801
污水治理二期工程	The Second Phase of the Combined Sewage Project	151 659
吴闵污水北排工程	The Northern Pipeline of Wumin Sewage Discharge Project	53 777
浦东垃圾焚烧厂	Pudong Garbage Incineration Plant	3 000
苏州河综合治理六条支流污水截流	The Damming of Sewage of the Six Traibutaries of Suzhou Creek	8 784
浦东中央公园	Pudong Central Park	30 000
世纪大道	Century Boulevard	107 808
人民公园地区改造	The Renovation Project of the People's Park Area	
人民广场地下水库	The Underground Water Tank of People's Square	3 949
市规划展示厅	The Display Building of Shanghai Urban Planning	9 751
浦东国际机场	The Pudong International Airport	
机场一期主体工程	The Main Structure of the First Phase of the Pudong International Airport	450 896
南线快速干道	The South Line of the Expressway	127 634
外高桥港区一期改造和二期工程	The First and Second Phases of Waigaoqiao Harbour	124 044
长江口航道整治一期工程	The First Phase of Dredging Waterways of the Yangtze River Mouth	78 084
信息和航运设施	Information and Shipping Facilities	
浦东信息枢纽大厦	The Pudong Information Hub Building	16 000
国际航运大厦	The International Shipping Building	33 531
黄浦江上游干流段	The Main Course of the Upper Reaches of the Huangpu River	2 683
上海市种子繁育加工中心	Shanghai Seeds Developing and Processing Centre	1 902
张家塘水闸	Zhangjiatang Floodgate	4 725
SGM上海通用轿车合资项目	Sino-US Joint Venture Shanghai General Motor Co Ltd	539 172
909华虹微电子工程	909 Project of Shanghai Hua Hong Microelectronics Co	454 013
上海化学工业围海造地	Reclaiming Land from the Sea for Shanghai's Chemical Industrial Zone	24 842
吴泾电厂八期	The 8th Phase of Wujing Power Plant	178 406
宝钢三期工程	The 3rd Phase of Baosteel	555 728

单位:万元 5－9 续表 continued (10 000 yuan)

项目	Project	投资额 Investment
梅山炼钢工程	Meishan Steel Project	54 204
上钢一厂2500立方米高炉	The 2500 cu.m Blast Furnace Project of Shanghai No.1 Steel Works	129 276
上海克虏伯不锈钢有限公司	Shanghai Stairless Steel Co. Ltd	15 214
金茂大厦	The Jinmao Building	163 898
期货大厦	The Futures Exchange Building	25 160
上海大剧院	Shanghai Grand Opera House	15 399
上海儿童医学中心	Shanghai Children's Medical Center	12 587
上海大学新校区	The New Campus of Shanghai University	21 191
九所寄宿制高中	Construction of Nine Boarding High Schools	53 882
上海科技城	Shanghai Science and Technology City	5 400
虹口体育场改造	The Renovation Project of Hongkou Stadium	23 580
上海书城	Shanghai Book City	16 522
肇嘉浜路拓宽	The Expansion of Zhaojiabang Road	20 929
天目路－新疆路－海宁路拓宽工程	Expansion of Tianmu Road-Xinjiang Road-Haining Road	156 342
国家储备粮库四、七、九库建设	Construction of the No 4, No 7 and No 9 State Grain Storages	7 225
上海东方明珠国际会议中心	Shanghai Orient Pearl International convention Centre	22 206
上海马戏城	Shanghai Circus City	4 346
黄浦江人行隧道	The Pedestrian Tunnel Under the Huangpu River	18 000

5－10 房屋竣工建筑面积

COMPLETED CONSTRUCTION AREA OF HOUSING IN THE CITY

(1998)

单位：万平方米 (10 000 sq.m)

类别	Items	房屋竣工建筑面积 Floor Space of Buildings Completed	# 基本建设 Capital Construction	# 更新改造 Technical Updates and Transformation	# 房地产开发 Real Estate	# 城镇集体 Collective-Owned
总　计	**Total**	**2 569.35**	**599.30**	**366.20**	**1 565.34**	**38.51**
厂　房	Plant Building	176.57	78.36	91.59		6.62
仓　库	Storehouse	39.85	28.53	10.76		0.56
商业营业用房	Commerce	187.25	46.26	25.23	111.09	4.67
服务业用房	Service	12.62	4.75	7.23		0.64
办公室	Office	227.67	42.24	16.52	166.94	1.97
住　宅	Residence	1 624.03	196.55	168.27	1 242.00	17.21
教育用房	Education	96.51	79.02	15.20		2.29
文化体育用房	Culture and Physical Training	13.08	11.33	1.02		0.73
医疗用房	Health Care	21.74	19.47	2.02		0.25
科学实验研究用房	Scientific Research	15.75	11.68	3.96		0.11
其　他	Others	154.28	81.11	24.40	45.31	3.46

5－11 土地批租
LAND LEASE
(1995－1998)

指 标	Indicators	1995	1996	1997	1998
出让地块（幅）	**Leased Plot (piece)**	**258**	**207**	**220**	**262**
市 区	District	93	103	104	100
#浦东新区	Pudong New Area	12	1	4	1
县	County	165	104	116	162
出让面积（万平方米）	**Leased Area (10 000 sq.m)**	**640.30**	**378.66**	**461.36**	**421.05**
市 区	District	291.42	161.01	219.41	82.40
#浦东新区	Pudong New Area	190.30	7.82	34.10	0.64
县	County	348.88	217.65	241.95	338.65
可建面积（万平方米）	**Area Suitable for Construction(10 000 sq.m)**	**543.07**	**527.16**	**540.73**	**413.20**
住 宅	Residence	39.02	140.68	168.62	9.17
商办综合楼	Commercial-office Building	97.32	112.04	32.60	27.50
商 业	Commerce	0.07	0.40	18.14	6.34
厂 房	Plant Building	403.32	269.91	291.82	366.17
其 他	Others	3.34	4.13	29.55	4.02

5－12 房地产投资
INVESTMENT IN REAL ESTATE
(1995－1998)

单位：亿元 (100 million yuan)

指 标	Indicators	1995	1996	1997	1998
投资总额	**Total Investment**	**466.20**	**657.79**	**614.23**	**577.12**
#土地开发投资	Investment in Land Development	53.19	67.60	41.50	18.19
商品房屋建设投资	Investment in Commercial Houses	286.45	454.79	515.78	440.47
在投资总额中：	Of Total Investment				
住 宅	Residence	280.38	356.01	334.07	320.66
#别墅、高档公寓	Villas and Flats	31.75	40.64	26.17	28.69
安居工程	Comfortable Living Project	33.72	16.12	7.74	18.21
写字楼	Office Building	81.74	150.83	140.03	121.91
商业营业用房	Commercial Building	32.38	62.71	54.20	61.10
其 他	Others	71.70	88.24	85.93	73.45
新增固定资产	**Newly Increased Fixed Assets**	**150.06**	**318.58**	**427.19**	**508.32**
房屋建筑面积(万平方米)	**Floor Space of Buildings(10 000 sq.m)**				
施工面积	Floor Space Under Construction	5 074.80	6 005.46	5 341.79	5 416.10
#住 宅	Residential Housing	3 843.22	4 154.16	3 647.47	3 704.29
竣工面积	Floor Space Completed	700.39	1 207.86	1 464.96	1 565.34
#住 宅	Residential Housing	529.77	992.30	1 176.14	1 242.00

5－13 商品房销售面积和空置面积

SOLD AREA AND IDLE AREA OF COMMERCIAL HOUSING

(1995－1998)

单位：万平方米 (10 000 sq.m)

指 标 Indicators		1995	1996	1997	1998
商品房销售面积	Sold Area of Commercial Housing	567.66	573.50	686.45	1 150.77
#住 宅	Residence	536.31	528.56	617.02	1 065.24
办公楼	Office	4.03	22.77	37.41	51.22
商品房实际销售额（亿元）	Actual Sales Volume of Commercial Housing (100 million yuan)	146.01	183.49	219.56	409.32
#住 宅	Residence	132.83	156.90	178.35	329.73
办公楼	Office	2.28	18.16	30.38	58.99
商品房空置面积	Idle Area of Commercial Housing	413.39	629.90	968.80	1 238.33
#住 宅	Residence	345.59	507.26	729.21	901.62
办公楼	Office	14.90	45.99	117.84	188.80

5－14 物业管理房屋面积

HOUSING AREAS UNDER PROPERTY MANAGEMENT

(1998)

单位：万平方米 (10 000 sq.m)

指 标 Indicators		管 理 房屋面积 Floor Space	#住 宅 Residence	#公寓、别墅 Apartments, Villas	办公楼 Office	商 业 营业用房 Commerce	厂 房 Plant Building	其 他 Others
总 计	**Total**	**19 053.67**	**16 380.13**	**779.67**	**1 004.31**	**634.47**	**610.50**	**424.26**
国有经济	State-owned	8 808.02	7 380.08	253.84	399.41	345.63	396.83	286.07
集体经济	Collective-owned	3 855.44	3 643.93	135.74	81.57	89.91	17.66	22.37
私营经济	Private	257.28	229.92	20.49	7.64	11.17	6.52	2.04
联营经济	Joint Owned	219.37	198.81		8.44	4.37	0.60	7.15
股份制经济	Share Holding	5 219.27	4 490.53	255.85	346.77	155.74	141.97	84.26
外商投资经济	Foreign Funded	223.44	149.45	26.99	54.78	11.89	1.44	5.87
港澳台商投资经济	Hong Kong, Macao and Taiwan Funded	428.04	248.25	85.39	102.41	15.40	45.48	16.50
其他经济	Others	42.81	39.16	1.37	3.29	0.36		

第 6 篇

城市建设

Chapter 6

Urban Construction

第六篇　城市建设

1998年，上海城市基础设施建设投资力度继续加大。全年完成城市基础设施投资517.04亿元，比上年增长25.2%，占全市固定资产投资的比重达到28.4%。年内沪杭高速公路上海段、外环线一期工程、公路四号线等重大建设项目全面完成。浦东国际机场、地铁二号线、延安高架路中段、西藏路—和田路辟通、天目路—新疆路—海宁路拓宽等重大工程达到进度节点目标。同时，旧区改造取得新进展，城市面貌发生新变化。

城市公用事业加大了改革力度，取得了新的发展。1998年末，全市公交线路1098条，比上年末增加20条；公交运营车辆15282辆，增加1075辆；运营出租车41183辆，增加206辆。全年市内公共交通客运量24.88亿人次，比上年增长4.7%，平均每天客运量681.72万人次。自来水售水量20.08亿立方米，比上年增长1.4%，其中，生活用水11.54亿立方米，增长2.7%。城乡居民生活用电45.49亿千瓦小时，比上年增长20.1%。年末人工煤气家庭用户达到247.2万户，比上年增长9.3%；液化气家庭用户219.5万户，增长11.8%。全市人工煤气供应总量19 .27亿立方米，比上年下降1.4%。

城市环境综合治理取得较大进展。年内总悬浮颗粒、二氧化硫、氮氧化物的浓度都有不同程度的下降。新建噪声控制达标街道23个，覆盖面积达到62.43平方公里，完成固定源噪声治理项目1208项；已建成烟尘控制区448.22平方公里。年内共整治中小河道5389条（段），总长4852公里，城市环境质量有所改善。

城市园林绿化面积继续扩大，全年市区新建公共绿地面积350公顷，新建3000平方米以上的公共绿地25块。年末市区绿化覆盖率为18.8%，比上年提高1个百分点；人均公共绿地面积2.75平方米，比上年增加0.34平方米。

Chapter 6　Urban Construction

In 1998, Shanghai invested 51.704 billion yuan into local infrastructure facilities, up 25.2% from the previous year and accounting for 28.4% of the city's total fixed assets investment. During the year, the Shanghai section of Huhang Expressway, the first phase of the Outer Ring Road and the No 4 Highway were all completed. Meanwhile, construction of the Pudong International Airport, the Metro Line Two, the middle section of the Elevated Yan'an Road, the expanding projects of Xizhang－Hetian roads and Tianmu－Xinjiang－Haining roads and other key projects was processing according to the schedule. New progress was also made in the renovation project of the city's old town areas, adding new skylines to the city.

More efforts were made to develop the city's public utilities. By the end of 1998, the city had 1,098 public transport routes, 20 more than in the previous year. Also, the city had 15,282 vehicles running along the public transport routes, representing a year－by－year increase of 1,075 vehicles. At the same time, 41,183 taxis were plying city streets, up 206. In the whole year, 2.488 billion people (times) used the public transport services, up 4.7% from the previous year and representing a daily average of 6.8172 million riders.

In 1998, the city sold 2.008 billion cubic metres of tap water, up 4.7% from the previous year. Of the total, 1.154 billion cubic metres were sold to households, up 2.7%. Residents in both urban and rural areas used a total of 4.549 billion kilowatt hours of electricity in 1998, a rise of 20.1%. By the end of the yar, 2.472 million households used pipeline gas, up 9.3% from the previous year; and 2.195 million households used liquefied petroleum gas, up 11.8%. The city supplied a total of 1.927 billion cubic metres of gas, down 1.4% from the previous year.

In 1998, the city's environment continued to improve and the density of sulfur dioxide and nitride in the air continued to drop. The city completed 1,208 projects to control noise pollution and as a result, 23 streets covering 62.43 square kilometres were added to the list that reached the standards of noise control. A total of 448.22 square kilometres of the city reached the standards of waste smoke control. The city also dredged 5,389 rivers and waterways, covering 4,852 kilometres.

Meanwhile, the green areas of the city continue to expand. In 1998, the city added 350 hectares to its green areas and built 25 greenbelts each covering more than 3,000 square metres of land. By the end of 1998, the green areas made up 18.8% of the city's total territory, one percentage point higher than the figure of the previous year. The average per capita green area among local residents reached 2.75 square metres, 0.34 square metre more than that in 1997.

城市基础设施投资额（亿元）
Investment in Urban Infrastructure (100 000 000 yuan)

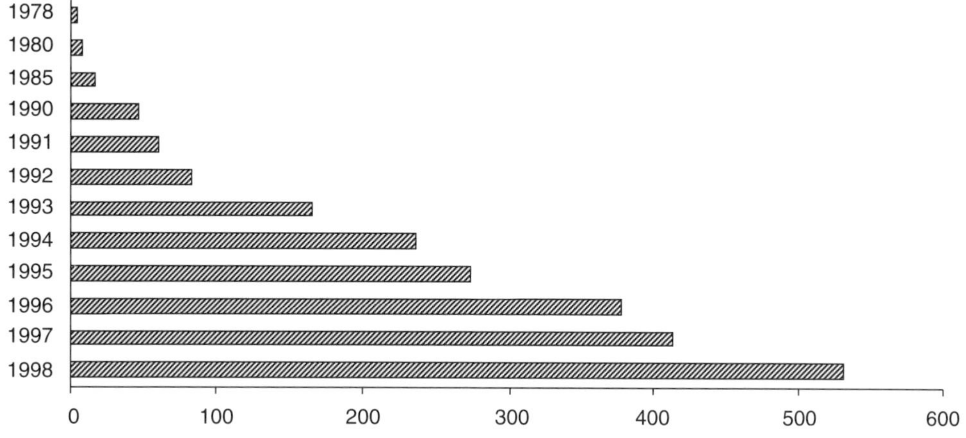

市区居住房屋构成 (%) (1998)
Composition of Urban Residencial Buildings (%) (1998)

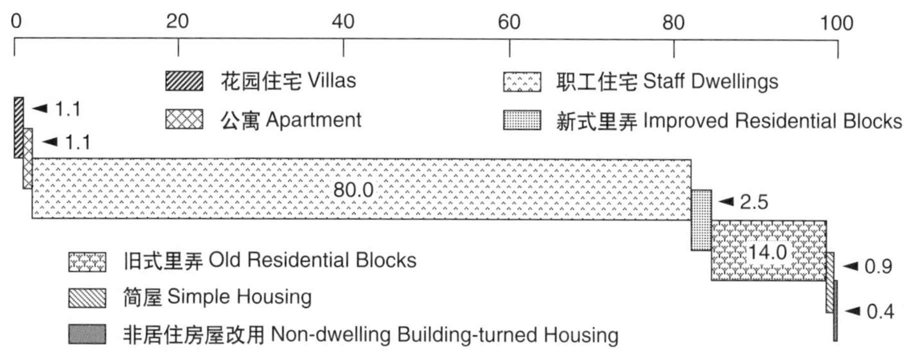

市区人均居住面积（平方米）
Dwelling Area Per Capita (sq.m)

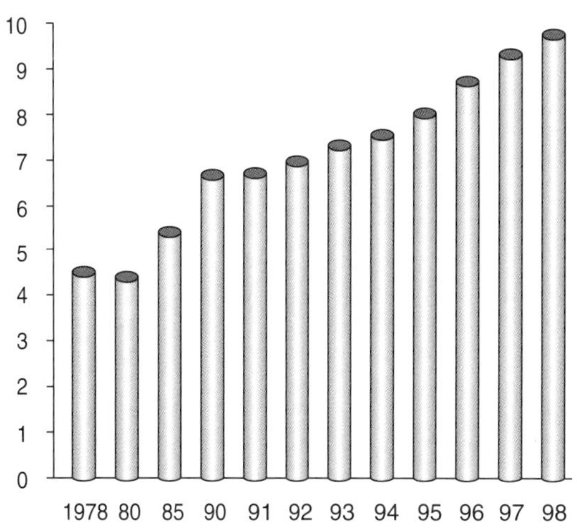

市区绿化覆盖率（%）
Coverage Rate of Urban Green Areas (%)

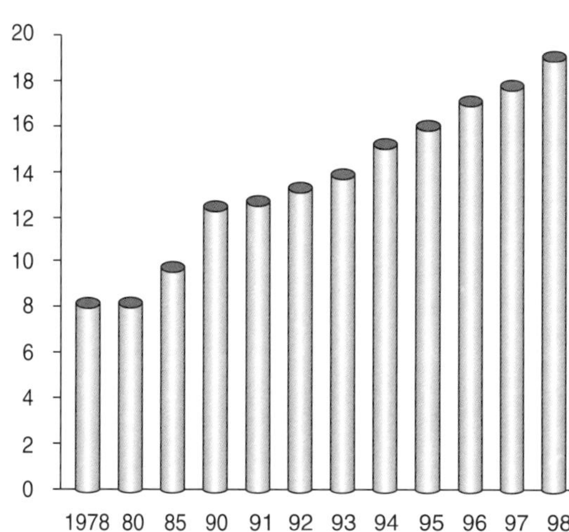

6－1 城市基础设施投资额
URBAN INFRASTRUCTURE INVESTMENT
(1981－1998)

单位：亿元 (100 million yuan)

年份 Year	合计 Total	电力建设 Electric Power	运输邮电 Transportation, Postal and Telecommunications	交通运输 Transportation	邮电通信 Postal and Telecommunications	公用设施 Facilities for Public Use	公用事业 Public Utilities	市政建设 Civil Construction
1981	7.84	3.48	2.79	2.37	0.42	1.57	0.63	0.94
1982	7.22	1.84	3.22	2.86	0.36	2.16	0.72	1.44
1983	7.62	1.30	3.55	3.02	0.53	2.77	1.11	1.66
1984	9.77	1.65	4.05	3.35	0.70	4.07	1.40	2.67
1985	17.54	3.92	6.04	4.86	1.18	7.58	3.67	3.91
1986	24.78	5.68	8.40	6.56	1.84	10.70	5.67	5.03
1987	32.64	9.31	12.39	10.02	2.37	10.94	5.36	5.58
1988	37.08	14.18	12.35	8.80	3.55	10.55	4.01	6.54
1989	36.09	11.69	9.96	6.16	3.80	14.44	6.84	7.60
1990	47.22	17.53	10.06	7.16	2.90	19.63	10.83	8.80
1991	61.38	19.79	19.07	14.49	4.58	22.52	9.15	13.37
1992	84.35	19.70	21.45	15.01	6.43	43.20	12.57	30.63
1993	167.94	25.77	46.44	31.75	14.69	95.73	37.91	57.82
1994	238.16	41.57	72.68	36.83	35.85	123.91	26.77	97.14
1995	273.78	57.33	79.36	25.94	53.42	137.09	35.03	102.06
1996	378.78	77.61	147.21	69.66	77.55	153.96	48.31	105.65
1997	412.85	80.24	146.10	85.06	61.04	186.51	52.24	134.27
1998	531.38	89.57	181.47	108.79	72.68	260.34	58.37	201.97

注：本表各项投资额均不包括住宅建设投资。Note: All items in this table exclude investment in residential housing.

6－2 用于公用事业和市政建设的投资额
INVESTMENT IN PUBLIC UTILITIES AND CIVIL CONSTRUCTION
(1981－1998)

单位：亿元 (100 million yuan)

年份 Year	公用事业 Public Utilities	#自来水 Tap Water	#煤气 Gas	#市内公共交通 Public Traffic	市政建设 Civil Construction	园林绿化 Parks and Green Areas	环境卫生 Environmental Sanitation	市政工程 Administration of Civil Utilities	其他 Others
1981	0.63				0.94				
1982	0.72				1.44				
1983	1.11				1.66				
1984	1.40				2.67				
1985	3.67				3.91				
1986	5.67	2.74	1.78	1.12	5.03	0.43	0.71	3.84	0.05
1987	5.36	2.53	1.79	0.59	5.58	0.30	0.34	4.94	…
1988	4.01	0.72	1.25	1.20	6.54	0.24	0.58	5.72	…
1989	6.84	0.90	1.03	1.52	7.60	0.06	0.52	7.02	…
1990	10.83	1.06	1.81	1.68	8.80	0.11	0.37	8.31	0.01
1991	9.15	2.35	4.46	2.34	13.37	0.15	0.45	12.76	…
1992	12.57	3.24	6.14	3.20	30.63	0.33	0.79	28.45	1.07
1993	37.91	6.90	16.72	14.28	57.82	0.52	1.06	56.24	…
1994	26.77	11.50	7.80	7.48	97.14	2.42	1.01	93.46	0.24
1995	35.03	13.12	12.97	8.93	102.06	4.27	1.26	96.22	0.32
1996	48.31	22.12	14.61	11.58	105.65	2.66	1.14	101.79	0.05
1997	52.24	27.08	10.03	15.13	134.27	5.11	1.62	127.41	0.12
1998	58.37	14.59	13.15	30.63	201.97	9.08	3.36	189.41	0.12

6－3 主要年份市区各类房屋构成情况

COMPOSITION OF URBAN BUILDING SITUATION IN MAIN YEARS

单位：万平方米 (10 000 sq.m)

类别	Items	1978	1980	1990	1997	1998
总计	**Total**	**8 653**	**9 134**	**17 256**	**26 148**	**29 211**
一、居住房屋	**Dwellings**	**4 117**	**4 403**	**8 901**	**15 116**	**17 416**
花园住宅	Villas	128	134	158	185	197
公寓	Apartments	90	92	118	151	191
职工住宅	Staff Dwellings	1 140	1 402	4 884	11 622	13 925
新式里弄	Improved Residential Block	433	434	474	448	443
旧式里弄	Old Residential Block	1 777	1 822	3 067	2 582	2 438
简屋	Simple Housing	464	437	123	57	160
非居住房屋改用	Non-dwelling Building-turned housing	85	82	77	71	62
二、非居住房屋	**Non-dwelling Buildings**	**4 536**	**4 731**	**8 355**	**11 032**	**11 795**
工厂	Plant	2 543	2 646	4 822	5 566	5 639
学校	School	504	520	927	1 133	1 249
仓库堆栈	Storehouse	354	365	472	591	631
办公建筑	Office	228	336	599	1 491	1 725
商场店铺	Shop	228	243	403	755	937
医院	Hospital	123	127	203	270	303
旅馆	Hotel	55	54	237	296	336
影剧院	Theatre and Cinema	20	22	34	40	42
其他	Others	481	418	658	890	933

注：本表按建筑面积计算(下表同)。Note: This table is calculated by floor space of builings (the same next).

6－4 市区房屋建筑分布情况

DISTRIBUTION OF URBAN BUILDINGS

(1998)

单位：万平方米 (10 000 sq.m)

地区	District	建筑面积合计 Total	#年内新建 Newly Constructed	居住房屋 Dwellings	#年内新建 Newly Constructed	非居住房屋 Non-dwellings	#年内新建 Newly Constructed
总计	**Total**	**29 211**	**2 322**	**17 416**	**1 652**	**11 795**	**670**
黄浦区	Huangpu	570	61	222	13	348	48
南市区	Nanshi	852	79	498	38	354	41
卢湾区	Luwan	974	38	525	22	449	16
徐汇区	Xuhui	3 185	352	2 194	268	991	84
长宁区	Changning	1 992	144	1 128	83	864	60
静安区	Jing'an	1 102	146	565	67	537	79
普陀区	Putuo	2 554	393	1 627	341	927	53
闸北区	Zhabei	1 804	22	971	16	833	6
虹口区	Hongkou	2 226	127	1 295	97	931	30
杨浦区	Yangpu	3 421	86	1 915	77	1 506	8
浦东新区	Pudong New Area	3 505	314	2 767	175	738	139
闵行区	Minhang	1 404	82	768	80	636	2
宝山区	Baoshan	2 757	212	1 569	212	1 188	…
嘉定区	Jiading	1 364	169	623	87	741	83
金山区	Jinshan	928	59	439	42	489	17
松江区	Songjiang	573	38	310	34	263	4

6－5 市区各类房屋分布情况

DISTRIBUTION OF URBAN BUILDINGS

(1998)

单位：万平方米 (10 000 sq.m)

地区 District		居住房屋 Residencial Housing	花园住宅 Villas	公寓 Apartment	一类职工住宅 Staff Dwelling of 1st Class	二类职工住宅 Staff Dwelling of 2nd Class	三类职工住宅 Staff Dwelling of 3rd Class
总计	**Total**	**17 416**	**197**	**191**	**2 512**	**10 604**	**809**
比重(%)	Proportion	100	1.1	1.1	14.4	60.9	4.7
黄浦区	Huangpu	222	1	3	12	17	1
南市区	Nanshi	498	1		121	124	12
卢湾区	Luwan	525	16	25	116	143	8
徐汇区	Xuhui	2 194	64	44	548	1 337	13
长宁区	Changning	1 128	40	10	238	660	12
静安区	Jing'an	565	24	37	177	104	4
普陀区	Putuo	1 627	2	20	262	1 153	37
闸北区	Zhabei	971	1		118	541	41
虹口区	Hongkou	1 295	9	16	260	638	16
杨浦区	Yangpu	1 915	4	1	255	1 349	44
浦东新区	Pudong New Area	2 767	15	32	262	1 543	431
闵行区	Minhang	768		3	45	623	34
宝山区	Baoshan	1 569	3		57	1368	46
嘉定区	Jiading	623	17		15	501	20
金山区	Jinshan	439			26	296	71
松江区	SongJiang	310				207	19

单位：万平方米 6－5 续表 1 continued (10 000 sq.m)

地区 District		新式里弄 Improved Residential Block	旧式里弄 Old Residential Block 一等 1st Class	旧式里弄 Old Residential Block 二等 2nd Class	简屋 Simple Housing	非居住房屋改用 Non-dwelling Building-turned Housing	非居住房屋 Non-Dwelling Building	工厂 Plant	学校 School
总计	**Total**	**443**	**720**	**1 718**	**160**	**62**	**11 795**	**5 639**	**1 249**
比重(%)	Proportion	2.5	4.1	9.9	0.9	0.4	100	47.8	10.6
黄浦区	Huangpu	23	145	1		19	348	19	10
南市区	Nanshi	14	74	128	6	18	354	111	37
卢湾区	Luwan	84	106	23	1	3	449	128	43
徐汇区	Xuhui	85	22	81			991	318	189
长宁区	Changning	24	2	138	2	2	864	304	110
静安区	Jing'an	113	64	37		5	537	148	41
普陀区	Putuo	5	8	128	6	6	927	430	111
闸北区	Zhabei	2	72	195		1	833	451	79
虹口区	Hongkou	77	153	109	10	7	931	395	109
杨浦区	Yangpu	8	54	182	17	1	1 506	997	212
浦东新区	Pudong New Area	8	16	345	115		738	425	43
闵行区	Minhang		1	62			636	424	51
宝山区	Baoshan		3	92			1 188	709	57
嘉定区	Jiading			69	1		741	395	74
金山区	Jinshan			45	1		489	273	48
松江区	Songjiang			83	1		263	112	35

单位：万平方米 6－5 续表 2 continued (10 000 sq.m)

地区 District		仓库堆栈 Storehouse	办公建筑 Office	商场店铺 Shop	医院 Hospital	旅馆 Hotel	影剧院 Theatre and Cinema	其他 Others
总计	**Total**	**631**	**1 725**	**937**	**303**	**336**	**42**	**933**
比重(%)	Proportion	5.4	14.6	7.9	2.6	2.8	0.4	7.9
黄浦区	Huangpu	18	162	72	14	31	6	16
南市区	Nanshi	17	78	59	19	8	1	24
卢湾区	Luwan	8	137	61	20	29	2	21
徐汇区	Xuhui	25	217	47	39	41	3	112
长宁区	Changning	27	205	53	25	57	2	81
静安区	Jing'an	5	176	52	25	54	2	34
普陀区	Putuo	65	115	89	15	19	3	80
闸北区	Zhabei	65	77	53	31	6	1	70
虹口区	Hongkou	77	103	77	32	36	3	99
杨浦区	Yangpu	81	48	52	22	13	4	77
浦东新区	Pudong New Area	28	114	51	11	3	2	61
闵行区	Minhang	41	48	22	5	4	2	39
宝山区	Baoshan	96	88	115	13	13	4	93
嘉定区	Jiading	31	83	65	12	8	2	71
金山区	Jinshan	27	42	38	12	9	3	37
松江区	Songjiang	20	32	31	8	5	2	18

6－6 主要年份八层以上房屋情况
BUILDINGS OVER EIGHT STOREYS IN MAIN YEARS

单位：万平方米 (10 000 sq.m)

分组 Items		单位 Unit	1978	1980	1990	1997	1998
总计	**Total**	**幢(building)**	**135**	**149**	**799**	**2 437**	**2 743**
		面积(floor Space)	**139**	**155**	**959**	**3 719**	**4 498**
8－10层	8－10 Storeys	幢(building)	89	102	228	391	413
		面积(floor Space)	75	89	186	309	344
11－15层	11－15 Storeys	幢(building)	35	36	252	459	504
		面积(floor Space)	40	42	243	488	548
16－19层	16－19 Storeys	幢(building)	6	6	159	621	681
		面积(Floor Space)	11	11	190	789	872
20－29层	20－29 Storeys	幢(building)	5	5	145	861	1 010
		面积(Floor Space)	13	13	248	1 687	2 081
30层以上	Over 30 Storeys	幢(building)			15	105	135
		面积(floor Space)			92	446	653

6－7 八层以上房屋分布

DISTRIBUTION BUILDINGS OVER EIGHT STOREYS

(1998)

单位：万平方米 (10 000 sq.m)

地 区 District		合 计 Total		8－10层 8－10 Storeys		11－15层 11－15 Storeys	
		幢 Building	面 积 Floor Space	幢 Building	面 积 Floor Space	幢 Building	面 积 Floor Space
总 计	**Total**	**2 743**	**4 498**	**413**	**344**	**504**	**548**
比重(%)	Proportion	100	100	15.1	7.6	18.4	12.2
黄浦区	Huangpu	111	199	44	43	19	30
南市区	Nanshi	118	176	26	18	17	13
卢湾区	Luwan	107	264	10	9	13	25
徐汇区	Xuhui	492	766	80	71	78	77
长宁区	Changning	269	482	52	42	52	68
静安区	Jing'an	175	347	36	28	17	16
普陀区	Putuo	318	461	28	20	59	62
闸北区	Zhabei	178	255	25	18	53	50
虹口区	Hongkou	257	401	29	28	49	48
杨浦区	Yangpu	218	314	16	14	37	46
浦东新区	Pudong New Area	300	608	24	18	31	41
闵行区	Minhang	49	65	14	12	11	14
宝山区	Baoshan	75	73	4	4	50	42
嘉定区	Jiading	19	22	3	2	7	5
金山区	Jinshan	27	31	9	9	2	2
松江区	Songjiang	5	6	3	2		
郊 县	Counties	25	28	10	6	9	9

单位：万平方米 6－7 续表 continued (10 000 sq.m)

地 区 District		16－19层 16－19 Storeys		20－29层 20－29 Storeys		30层以上 Over 30 Storeys	
		幢 Building	面 积 Floor Space	幢 Building	面 积 Floor Space	幢 Building	面 积 Floor Space
总 计	**Total**	**681**	**872**	**1 010**	**2 081**	**135**	**653**
比重(%)	Proportion	24.8	19.4	36.8	46.3	4.9	14.5
黄浦区	Huangpu	15	31	27	69	6	26
南市区	Nanshi	20	27	41	89	14	29
卢湾区	Luwan	18	26	49	118	17	86
徐汇区	Xuhui	159	201	161	347	14	70
长宁区	Changning	50	64	95	200	20	108
静安区	Jing'an	25	33	75	161	22	109
普陀区	Putuo	67	72	154	269	10	38
闸北区	Zhabei	25	37	72	132	3	18
虹口区	Hongkou	88	122	83	169	8	34
杨浦区	Yangpu	87	109	72	123	6	22
浦东新区	Pudong New Area	76	87	155	352	14	110
闵行区	Minhang	20	31	4	8		
宝山区	Baoshan	15	16	6	11		
嘉定区	Jiading	3	3	5	9	1	3
金山区	Jinshan	10	9	6	11		
松江区	Songjiang			2	4		
郊 县	Counties	3	4	3	9		

6－8 市区房屋拆迁情况
RESIDENTS RESETTLEMENT IN DIFFERENT DISTRICTS
(1998)

地 区 District		拆迁户数（户）Households Resettled	#居民住宅拆迁 Residence Resettlement	拆迁面积（万平方米）Work Unit Resettlement (10 000 sq.m)	#居民住宅拆迁 Areas of Dismantled Housing	#危棚简屋 Dilapidated and Makeshift Housing
总 计	**Total**	**78 205**	**75 157**	**452.22**	**343.94**	**48.99**
黄浦区	Huangpu	2 789	2 562	5.92	3.80	
南市区	Nanshi	5 993	5 832	20.27	14.64	7.00
卢湾区	Luwan	3 787	3 566	18.02	9.53	
徐汇区	Xuhui	6 336	6 141	42.23	23.05	7.90
长宁区	Changning	7 712	7 236	42.47	25.51	1.31
静安区	Jing'an	5 736	5 240	26.79	16.72	
普陀区	Putuo	8 655	8 497	60.33	40.39	8.20
闸北区	Zhabei	7 844	7 622	27.38	22.61	5.13
虹口区	Hongkou	10 380	9 690	38.56	24.83	6.50
杨浦区	Yangpu	4 643	4 643	19.99	19.99	11.70
浦东新区	Pudong New Area	12 524	12 347	121.94	116.21	1.25
宝山区	Baoshan	1 806	1 781	28.32	26.66	

6－9 市政工程设施
CIVIL FACILITIES
(1978－1998)

年 份 Year	年末实有铺装道路长度（公里）Length of Paved Roads (year-end)(km)	年末实有铺装道路面积（万平方米）Area of Paved Roads(year-end) (10 000 sq.m)	城市桥梁（座）Bridges	城市排水管道长度(公里) Length of Sewer Pipelines (km)	城市污水处理能力（万吨/日）Capacity of Sewage Treatment (10 000 tons/day)	防汛泵站（座）Pumps of Flood Prevention	路灯盏数（万盏）Street Lights (10 000)
1978	905	868	174	1 301	13.9	90	
1979	907	889	170	1 307	13.9	94	
1980	907	894	170	1 370	15.3	96	6.50
1981	964	974	202	1 438	17.2	101	6.57
1982	973	981	200	1 446	17.1	102	6.78
1983	987	997	203	1 453	17.1	107	7.08
1984	1 030	1 017	212	1 487	17.1	107	7.31
1985	1 265	1 294	348	1 502	21.3	108	7.44
1986	1 300	1 343	385	1 514	21.3	116	7.81
1987	1 340	1 394	381	1 592	39.1	120	
1988	1 643	1 688	566	1 751	39.1	127	
1989	1 674	1 755	578	1 886	39.4	131	
1990	1 663	1 787	553	1 892	40.5	134	
1991	1 653	1 802	567	1 942	40.5	140	6.82
1992	1 677	1 841	569	1 976	42.7	145	7.27
1993	2 722	2 829	1 548	2 132	44.8	154	9.57
1994	2 799	3 037	1 575	2 275	49.3	165	8.70
1995	3 008	3 434	1 625	2 536	49.3	171	11.12
1996	3 118	3 755	1 690	2 898	189.3	193	12.04
1997	3 553	4 341	1 762	3 023	188.7	194	13.94
1998	4 712	5 403	2 598	3 651	188.7	178	15.29

6－10 出租汽车车辆数和运营情况
TAXIS AND OPERATING CAR-TIMES
(1978－1998)

年份 Year	年末运营车辆数(辆) Year-end Operating Vehicles	#小客车 Small-sized	#中客车 Medium-sized	#大客车 Large-sized	服务车次(万次) Service (10 000 times)	行驶里程(亿公里) Length of Running (100 million km)	营业收入(亿元) Turnover (100 million yuan)
1978	1 720	256	48	84	41.23	0.13	0.06
1979	1 739	324	106	135	45.13	0.44	0.14
1980	1 813	448	72	137	53.44	0.52	0.17
1981	1 852	474	69	149	53.15	0.51	0.18
1982	1 924	501	69	164	51.21	0.50	0.19
1983	1 984	549	91	164	48.71	0.51	0.21
1984	1 960	514	93	166	51.04	0.55	0.25
1985	2 033	599	169	204	28.19	0.57	0.36
1986	1 969	961	130	206	28.82	0.63	0.48
1987	9 503	4 434	1 095	1 414	851.84	2.67	2.33
1988	10 696	4 848	1 689	1 561	908.72	3.02	3.25
1989	11 119	5 734	1 643	2 171	1 349.21	2.96	4.24
1990	11 298	8 095	1 542	1 661	2 128.73	3.76	5.76
1991	12 308	9 095	1 479	1 734	2 781.08	4.21	7.54
1992	17 951	14 192	1 667	2 092	5 421.12	7.32	13.82
1993	31 010	26 374	2 159	2 477	8 881.99	11.17	19.25
1994	33 875	30 737	1 292	1 846	14 207.67	17.58	31.83
1995	36 991	33 968	1 216	1 807	15 536.35	22.58	37.38
1996	38 554	35 603	1 239	1 712	18 613.04	27.43	42.09
1997	40 977	38 428	1 296	1 253	22 386.69	29.67	48.46
1998	41 183	39 041	1 005	1 137	27 368.07	35.94	54.56

注：从1996年起微型车归入小客车。Note: From 1996, minicar is classified as Small-sized vehicles.

6－11 地铁、高架、隧道机动车运营情况
MOTOR VEHICLES TRANSPORTATION OF RAILWAYS, ELEVATED ROADS AND TUNNELS
(1996－1998)

指标	Indicators	单位 Unites	1996	1997	1998
地　铁	**Metro**				
运营车辆	Operating Vehicles	节 Car	96	96	96
运营线路长度	Length of Operation Routes	公里 km	15.21	20.06	20.06
行驶里程	Mileage (10,000 vehicle/kilometre)	万车公里 10 000 vehicle-km	772.26	1 055.03	1 268.79
客运总量	Volume of Passenger Traffic	万人次 10 000 person-times	8 944	11 174	12 606
利润总额	Total Profits	万元 10 000 yuan	－4 779	－5 500	－5 760
年末职工人数	Year-End Number of Staff and Workers	人 person	1 510	1 531	1 458
高架、隧道	**Motor Vehicles Plying Elevated Roads and Tunnels**				
高架道路长度	Length of Elevated Roads	公里 km	42	42	49
大桥数	Number of Bridges	座 bridge	4	5	5
大桥、隧道通车量	Traffic Volume of Bridges and Tunnels	万次 10 000 vehicle-times	3 934	5 624	5 567
大桥、隧道售票收入	Toll Income of Bridges and Tunnels	万元 10 000 yuan	37 639	60 074	62 727

6－12 市区绿化面积
URBAN GREEN AREA
(1998)

地 区 District	城市园林绿地面积(公顷) Total Area of Parks, Gardens and Green Areas(hectare)	公 共 绿地面积(公顷) Public Green Areas (hectare)	公园数(个) Number of Parks	公园游园人数(万人次) Visitors to Parks and Zooes(10 000 person-times)
总 计 Total	8 278.38	2 776.64	103	9 125.28
黄浦区 Huangpu	34.64	32.05	2	1 094.77
南市区 Nanshi	34.26	17.54	2	107.81
卢湾区 Luwan	63.02	24.78	4	781.36
徐汇区 Xuhui	634.16	229.02	11	819.76
长宁区 Changning	710.85	221.95	7	925.32
静安区 Jing'an	44.95	11.85	3	129.97
普陀区 Putuo	470.03	177.45	9	806.93
闸北区 Zhabei	319.46	109.21	7	564.59
虹口区 Hongkou	271.00	91.03	9	1 520.55
杨浦区 Yangpu	725.46	278.86	11	1 072.74
浦东新区 Pudong New Area	1 530.22	719.48	11	567.92
闵行区 Minhang	769.66	307.47	4	140.12
宝山区 Baoshan	1 582.37	210.30	9	367.65
嘉定区 Jiading	338.72	107.60	5	81.86
金山区 Jinshan	600.52	197.67	7	66.88
松江区 Songjiang	149.06	40.38	2	77.05

6－12 续表 continued

地 区 District	覆盖面积(公顷) Coverage Areas (hectare)	绿化覆盖率(%) Coverage Rate of Urban Green Areas	绿化种植数(万株) Trees Planted (10 000)	行道树实有数(万株) Roadside Trees (10 000)	人均公共绿地面积(平方米) Per Capita Public Green Areas (sq.m)
总 计 Total	9 600.07	19.1	845.27	44.43	2.96
黄浦区 Huangpu	42.22	9.3	6.75	0.37	1.01
南市区 Nanshi	52.88	6.7	11.34	0.49	0.39
卢湾区 Luwan	91.41	11.4	6.82	0.78	0.67
徐汇区 Xuhui	791.71	16.7	24.67	3.17	2.72
长宁区 Changning	817.99	21.4	40.68	1.65	3.66
静安区 Jing'an	79.55	10.4	10.03	0.76	0.32
普陀区 Putuo	587.71	16.9	27.09	2.46	2.18
闸北区 Zhabei	400.66	14.1	31.38	1.88	1.59
虹口区 Hongkou	324.40	13.8	8.50	1.85	1.14
杨浦区 Yangpu	888.83	17.1	8.95	2.66	2.57
浦东新区 Pudong New Area	1 659.17	19.3	296.45	16.00	3.93
闵行区 Minhang	882.66	28.4	173.73	2.18	5.80
宝山区 Baoshan	1 726.72	24.6	107.33	2.06	8.85
嘉定区 Jiading	390.81	22.0	36.53	2.23	7.34
金山区 Jinshan	694.26	30.2	28.49	5.13	14.17
松江区 Songjiang	169.09	14.6	26.53	0.76	3.75

注：市区绿化覆盖率和人均公共绿地面积不包括金山区和松江区。

Note: Jinshan and Songjiang district is not included while calculating the city's total green coverage and average per capita public green space.

6－13 新辟3000平方米以上公共绿地一览

NEW PUBLIC GREEN PLOTS EACH WITH AN AREA OF 3,000 SQUARE METRES OR LARGER IN DIFFERENT DISTRICTS (1998)

地区	District	绿地名称	Name of Green Plot	面积（平方米） Area (sq.m)	位置	Location
黄浦区	Huangpu	苏州河绿地	Greanbelt Along Suzhou Creek	4 000	西藏路桥—黄河路	Xizang Road Bridge-Huanghe Road
南市区	Nanshi	南外滩2号绿地	No.2 Green Plot of Southern Bund	3 500	毛家路—白渡桥	Maojia Road-Baidu Bridge
卢湾区	Luwan	第五丝织厂前绿地	Green Plot in front of the No 5 Silk Mill	3 054	鲁班路—中山南路	Luban Road-Zhongshan Road S.
		金鹿苑	Jinju Garden	3 106	金陵路—巨鹿路	Jinling Road-Julu Road
徐汇区	Xuhui	沪闵路迎春园绿地	Green Plot of Yingchun Garden on Minhang Road	3 154	沪闵路—虹漕南路	Humin Road-Hongcao Road S.
		嘉川路绿地	Green Plot of Jiachuan Road	4 883	嘉川路—龙州路	Jiachuan Road-Longzhou Road
		田林新村中心绿地	Central Green of Tianlin Residential Zone	7 000	田林新苑	Tailin New Garden
长宁区	Changning	芙蓉江绿地一期	The 1st Phase of Furongjiang Green Plot	3 100	天山路—仙霞路	Tianshan Road-Xianxia Road
静安区	Jing'an	苏州河绿地	Greenbelt along Suzhou Creek	3 000	苏州河路—淮安路	Suzhouhe Road-Huai'an Road
普陀区	Putuo	大渡河绿地	Daduhe Green Plot	6 861	长风公园四号门	No 4 Gate of Changfeng Park
		怒江花苑	Nujiang Garden	4 648	大渡河路—怒江路	Daduhe Road-Nujiang Road
		真光八街坊绿地	Zhenguangba Neighbourhood Green Plot	4 850	真光八街坊外—曹安路北侧	Outside Zhenguangba Neighbourhood and North of Cao'an Road
闸北区	Zhabei	大统路绿地	Datong Road Green Plot	3 200	大统路隧道口	Datong Road Tunnel Entry
		临汾路绿地	Linfen Road Green Plot	14 700	临汾路三泉路处	Linfen Road and Sanquan Road
		泗塘河绿地	Sitang River Green Plot	6 600	泗塘河东侧	East of Sitang River
虹口区	Hongkou	曲阳广场绿地	Quyang Square Green Plot	4 000	中山北二路—曲阳路	Zhongshan Road N.Ⅱ-Quyang Road
杨浦区	Yangpu	佳木斯绿地	Jiamusi Green Plot	3 125	营口路—军工路	Yingkou Road-Jungong Road
浦东新区	Pudong New Area	金杨小区小游园	Little Garden of Jinyang Community	15 400	金杨路—金口路	Jinyang Road-Jinkou Road
		东方路北绿地	Green Plot North of Dongfang Road	19 493	浦电路—灵山路	Pudian Road-Lingshan Road
		东方路南绿地	Green Plot South of Dongfang Road		灵山路—潍坊路	Lingshan Road-Weifang Road
		九六广场绿地	96 Square Green Plot	3 600	东方路—众城大厦	Dongfang Road-Zhong Cheng Masion
闵行区	Minhang	井亭绿地	Jingting Green Plot	30 667	吴中路井亭村口	Wuzhong Road Jingting Village
宝山区	Baoshan	双共绿地	Shaunggong Green Plot	3 264	共和新路—共江路东北角	Gonghexin Road-Northeast Corner of Gongjiang Road
		牡丹江路老年乐园	The Elderly's Park on Mudanjiang Road	3 200	牡丹江路—淞宝路	Mudanjiang Road-Songbao Road
嘉定区	Jiading	新城街道小游园	Little Garden of Xincheng Neighbourhood	16 665	新城路东面	East of Xincheng Road

6－14 环境综合整治情况
ENVIRONMENT IMPROVEMENT
(1996－1998)

指标	Indicators	1996	1997	1998
一、环境质量	**Environment Quality**			
大气总悬浮微粒	The Average Yearly and Daily Indicators of			
日平均值(毫克/立方米)	Airborne Dust (mg/cu.m)	0.239	0.231	0.215
二氧化硫	The Average Yearly and Daily Indicators of			
日平均值(毫克/立方米)	Sulfur Dioxide (mg/cu.m)	0.059	0.068	0.053
氮氧化物	The Average Yearly and Daily Indicators of			
日平均值(毫克/立方米)	Nitrogen Oxide (mg/cu.m)	0.089	0.105	0.102
饮用水源水质达标率(%)	Up-to-Standard Rate of Drinking Water Quality	89.01	83.33	92.38
城市地面水质达标率(%)	Up-to-Standard Rate of Urban Surface Water Quality	88.89	83.33	92.90
区域环境噪声平均值(分贝)	The Average Indicator of Urban Noise (decibel)	58.8	57.1	57.8
交通干线噪声平均值(分贝)	The Average Indicator of Traffic Main Line Noise (decibel)	72.6	72.2	70.2
二、污染控制	**Pollution Control**			
烟尘控制区覆盖率(%)	The Coverage Rate of Soot Control	100	100	100
环境噪声达标区覆盖率(%)	Rate of Reach Standard of Noise Control	51.9	52.1	55.9
工业废水排放达标率(%)	Up-to-Standard Rate of Industrial Waste Water Discharge	87.4	86.6	88.2
汽车尾气达标率(%)	Up-to-Standard Rate of Automobile Exhaust Discharge		82.8	85.1
工业固体废物综合利用率(%)	Rate of Comprehensive Utilization of Solid Industrial Waste	86.4	90.9	93.0
危险废物处置率(%)	Rate of Treatment of Hazardous Waste	94.3	99.9	99.9
三、环境建设	**Environment Improvement**			
城市污水处理率(%)	Rate of Treatment of City Waste Water	39.65	39.87	53.29
城市集中供热率(%)	Rate of Centralized Heating	52.34	59.01	69.92
城市气化率(%)	Rate of Gas Utilization in the City	91.4	92.0	98.0
生活污水处理率(%)	Rate of Treatment of Domestic Wastes	15.86	11.23	22.65
建成区绿化覆盖率(%)	Green Coverage Rate in Constructed Areas	17.0	17.8	18.8
自然保护区覆盖率(%)	Coverage Rate of Nature Preservation Areas	0.85	0.85	5.99
四、环境处理	**Environment Treatment**			
城市环境保护投资指数	Indexes of Investment in City Environment Protection	2.39	2.45	2.80
"三同时"合格执行率(%)	Up-to-Standard Rate of the "Three-Simultaneous"			
	Implementation	99.13	100	100
排污费征收面(%)	Scale of Sewage Discharge Levy	114	108	488
污染防治设施运行率(%)	Operation Rate of Pollution Prevention Facilities	95.17	99.13	99.73

注:"三同时"是指防治污染设施必须与主体工程同时设计、同时施工、同时投产。

Note: The "Three-Simultaneous" means that pollution prevention measures shall be adopted simultaneously with construction, production and designing.

6－15 主要年份环境保护情况

ENVIRONMENTAL PROTECTION IN MAIN YEARS

指 标	Indicators	1990	1997	1998
一、工业废水量	**Industrial Waste Water**			
工业废水排放量(万吨/日)	Industrial Waste Water Discharged(10 000 tons/day)	364.98	273.76	246.63
#符合排放标准的	Inline with Standard	264.23	237.17	217.41
工业废水排放的	Pollution of Industrial Waste Water			
污染物(公斤/日)	Discharged(kg/day)			
镉及其无机化合物	Cadmium and Inorganic Compound	0.49	0.05	0.11
六价铬化合物	6-valence Chromium Compound	43.64	13.56	5.42
砷及其无机化合物	Arsenic and Inorganic Compound	18.44	11.92	18.88
铅及其无机化合物	Aluminium and Inorganic Compound	26.58	4.68	4.60
氰化物	Cyanide	278.99	79.53	45.53
石油类	Petroleum Type	19 517	9 814	7 959
二、工业废气排放总量	**Industrial Waste Gas Emission(10 000 cu.m/day)**	**96 847**	**130 260**	**134 585**
(万标立方米/日)				
#生产工艺排放	Waste Gas Discharged in the Process of Production	36 718	55 437	59 305
#净化处理	Purified Gas	27 619	49 498	53 318
废气中排放的污染物	Pollution of Industrial Waste Gas Emission			
#二氧化硫(万吨/年)	Sulphur of Dioxide (10 000 tons/year)	41.50	43.62	39.09
烟尘(万吨/年)	Soot(10 000 tons/year)	18.93	13.38	10.74
三、工业粉尘产生量(万吨/年)	**Industrial Dust Produced(10 000 tons/year)**	**105**	**151**	162
排放量	Volume Discharged	7	9	10
回收量	Volume Retrieved	98	142	152
工业粉尘回收率(%)	Rate of Industrial Dust Retrieved	93.3	94.0	94.0
四、固体废渣产生量(万吨/年)	**Solid Waste Residue Produced(10 000 tons/year)**	**1 107**	**1 348**	**1 252**
五、蒸汽锅炉(台/万蒸吨)	**Steam Boiler(10 000 steam tons)**	**8 346/3.20**	**3 057/4.20**	**3 004/4.34**
工业炉窑(座)	Industrial Stove	3 102	1 957	1 837
六、其 他	**Others**			
"三废"综合利用产品产值(万元)	Output Value of Products Made from Waste Gas,Waste Water and Waste Residue(10 000 yuan)	20 554	121 458	80 135
"三废"综合利用产品利润(万元)	Profits of Products Made from Waste Gas, Waste Water and Waste Residue(10 000 yuan)	4 745	47 334	47 295

第 7 篇

对外经济贸易和旅游

Chapter 7

Foreign Economic Relations, Trade and Tourism

第七篇 对外经济贸易和旅游

1998年,上海外贸、外汇及关税体制改革进展顺利,口岸功能进一步完善。外贸部门和生产企业积极实施市场多元化战略,调整出口产品结构和地区结构,在努力稳定亚洲出口市场的同时,大力拓展欧美市场,对外贸易继续保持增长势头。1998年,上海口岸进出口商品总额达到636.4亿美元,比上年增长8.4%。其中,出口总额374.6亿美元,增长12%;进口总额261.8亿美元,增长3.8%。全市外贸出口总额163.28亿美元,增长10.9%。按海关口径统计,本市出口总额159.56亿美元,增长5.9%;进口总额153.88亿美元,增长4.5%。

投资环境进一步改善。通过改进招商方式,加大招商力度,拓展吸收外资领域,投资项目规模不断扩大。全年批准外商直接投资项目1490项,吸收外资合同金额58.48亿美元;实际吸收外资金额36.38亿美元。在外商直接投资中,合同金额在1000万美元以上的项目有84项,共吸收外资45.51亿美元,占全部外商直接投资合同金额的77.8%。一批投资规模大、技术含量高的项目落户申城。全球最大的100家工业跨国公司中,目前已有59家在上海投资。

积极引进国外先进技术,促进上海产业结构的调整和升级,全年共成交技术引进合同940项,成交金额10.03亿美元。

旅游产业发挥大都市优势,积极开发旅游资源,广泛吸引国内外旅游者来沪观光。全年旅游产业增加值172亿元,比上年增长7.7%。全年接待来自177个国家和地区的旅游者152.71万人次,其中,外国人117.55万人次,港、澳、台同胞30.09万人次。以都市为依托的国内旅游进一步发展,全年接待国内旅游者7098万人次,比上年增长4.7%,其中,外省市来沪旅游者5834.4万人次,增长4.2%。

Chapter 7 Foreign Economic Relations, Trade and Tourism

In 1998, reform in the city's foreign trade, foreign exchange and tariff systems proceeded smoothly and its port functions was further improved. The city's foreign trade companies and enterprises adopted positive measures to open up markets, readust structures of exported goods and export markets, and expand new markets in Europe and America while maintaining their market shares in Asia. As a result, the city's foreign trade kept up its fast-growth momentum. In 1998, the total value of commodities passing through Shanghai port reach US$63.64 billion, up 8.4% from that of the previous year. Of the total, the export was valued at US $37.46 billion, up 12%, and the import was US$26.18 billion, up 3.8%. In 1998, the city's foreign trade exports totalled US$16.328 billion, rising by 10.9%. According to the statistics of Shanghai Customs, the city's total exports were valued at US$15.956 billion, up 5.9% and imports stood at US$15.388 billion, up 4.5%.

The scale of foreign-invested projects continues to expand, as a result of improved investment environment. In 1998, the city approved a total of 1,490 projects with contracted and direct foreign investment reaching US$5.848 billion and US$3.638 billion, respectively. Of the projects with direct foreign investment, 84 involved contracted investment of more than US$10 million each. These projects brought in a total foreign investment of US$4.551 billion, accounting for 77.8% of the city's total contracted foreign investment. Meanwhile, the city approved a large number of projects with big investment and high technologies. Of the world's top 100 multinational industrial companies, 59 have launched investment projects in the city.Shanghai continued to introduce advanced technologies from abroad in an effort to upgrade its industrial structure. In 1998, the city concluded 940 contracts to buy technologies from foreign countries, involving US$1.003 billion.

By resorting to the metropolitan culture of the city, Shanghai has taken great efforts to develop its tourist resources and attract tourists from around the world. In 1998, the city's tourist industry generated an added value of 17.2 billion yuan, up 7.7% from 1997. The city received 1.11755 million overseas tourists from 177 countries and regions. Of the total, the number of foreign travelers reached 1.11755 million and the number of tourists from Hong Kong, Macao and Taiwan hit 300,900. The city also received 70.98 million domestic tourists, up 4.7% from the 1997 figure. Of the total number of the domestic tourists, 58.344 million came from other parts of China, up 4.2%.

外贸进出口商品总额（亿美元）
Total Value of Foreign Trade Imports and Exports (USD100 000 000)

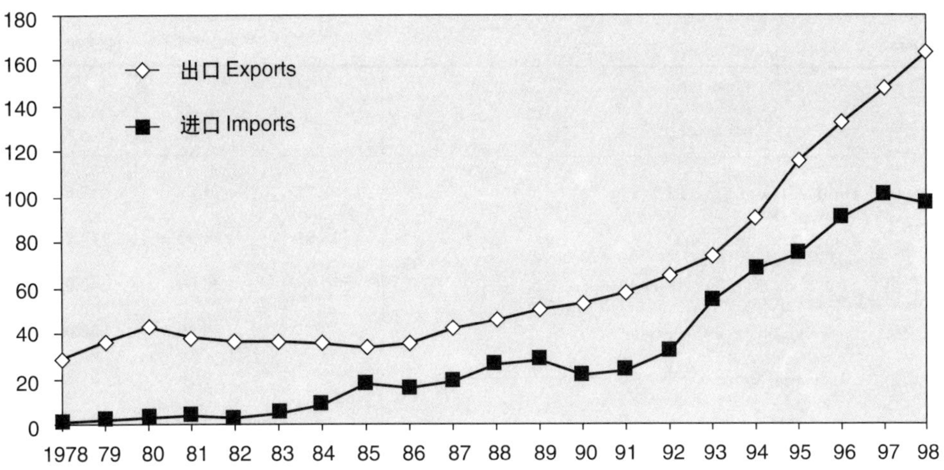

至1998年末在上海外商直接投资的国家(地区)构成（%）
Composition of Countries (Regions) Investing in Shanghai at the Year-end of 1998 (%)

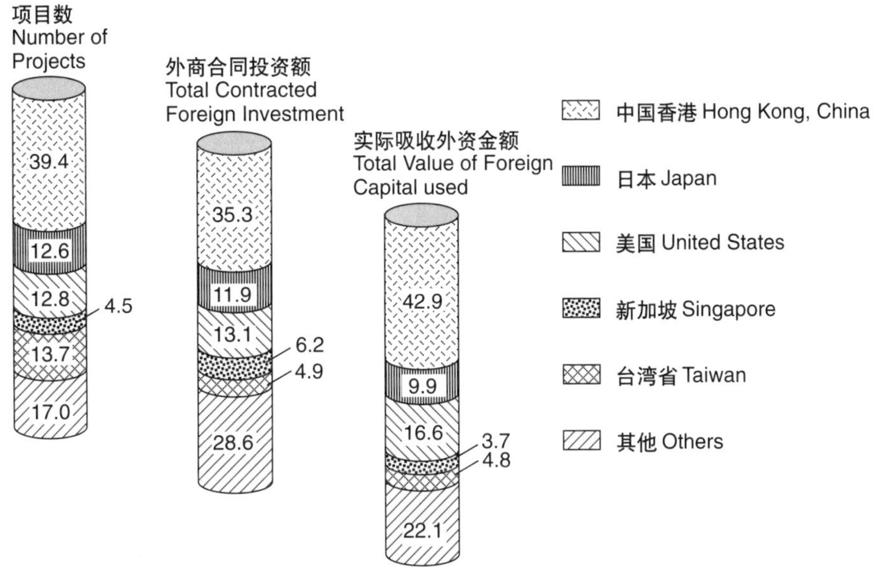

外商直接投资的行业分布构成(至1998年底累计)(%)
Composition of Sectors With Direct Foreign Investment (At Year-end of 1998) (%)

7－1　主要年份外贸进出口商品总额

TOTAL VALUE OF FOREIGN TRADE IN MAIN YEARS

单位：亿美元　　(USD 100 million)

指标	Indicators	1985	1990	1997	1998
进出口总额	**Total Value of Foreign Trade**	**51.74**	**74.31**	**247.64**	**260.46**
出口总额	**Total Value of Export**	**33.61**	**53.21**	**147.24**	**163.28**
#专业外贸公司	Specialized Foreign Trade Companies		40.09	43.02	40.93
外商投资企业	Foreign-Invested Companies		2.99	52.00	75.16
工业自营企业	Industrial Enterprises with Autonomy in Foreign Trade		3.16	24.86	22.05
地方工贸公司	Local Industrial and Trade Companies		3.78	23.05	21.22
进口总额	**Total Value of Import**	**18.13**	**21.10**	**100.40**	**97.18**

7－2　主要年份上海海关进出口商品总额

TOTAL VALUE OF IMPORT AND EXPORT COMMODITIES THROUGH SHANGHAI CUSTOM IN MAIN YEARS

单位：亿美元　　(USD 100 million)

指标	Indicators	1985	1990	1997	1998
进出口总额	**Total Value of Import and Export**	**148.73**	**172.89**	**586.83**	**636.38**
出口总额	**Total Value of Export**	**49.08**	**86.62**	**334.52**	**374.58**
#一般贸易	Original Trade	47.04	51.39	178.93	199.24
补偿贸易	Compensation Trade	0.11	0.30	0.05	0.02
来料加工装配贸易	Processing and Assembly Trade	0.73	3.20	37.17	44.13
进料加工贸易	Processing Trade of Imported Material	1.05	30.67	115.17	127.55
对外承包工程货物	Constructed Projects in Foreign Countries		0.41	0.71	0.79
进口总额	**Total Value of Import**	**99.65**	**86.27**	**252.31**	**261.80**
#一般贸易	Original Trade	93.45	51.79	83.02	93.24
补偿贸易	Compensation Trade	0.29	0.32	0.01	…
来料加工装配贸易	Processing and Assembly Trade of Income	0.43	2.40	27.64	29.63
进料加工贸易	Procssing Trade of Imported Material	5.03	19.70	79.79	80.37
租赁贸易	International Leasing		…	3.65	2.63
外商投资企业作为投资进口的设备物品	Imported Equipment and Materials as Investment of Foreign Investment Enterprises		6.11	45.86	40.52

7－3 上海海关按国别(地区)分的进出口商品总额

IMPORT AND EXPORT VALUE THROUGH SHANGHAI CUSTOM BY DIFFERENT COUNTRIES AND REGIONS

(1997－1998)

单位：亿美元 (USD 100 million)

国别(地区)	Country (Region)	进出口总额 Total		出口总额 Export		进口总额 Import	
		1997	1998	1997	1998	1997	1998
总　计	**Total**	**586.83**	**636.38**	**334.52**	**374.58**	**252.31**	**261.80**
亚　洲	**Asia**	**321.46**	**323.00**	**178.33**	**176.76**	**143.13**	**146.24**
#中国香港	Hong Kong, China	37.47	35.88	26.75	24.62	10.72	11.26
日　本	Japan	148.98	148.46	82.03	83.47	66.95	64.99
韩　国	Republic of Korea	37.16	30.67	15.77	10.64	21.39	20.03
新加坡	Singapore	17.52	20.15	9.72	8.97	7.80	11.18
马来西亚	Malaysia	7.58	7.32	4.17	3.14	3.41	4.18
泰　国	Thailand	7.19	8.05	3.27	2.81	3.92	5.24
菲律宾	Philippines	3.43	7.06	3.06	5.89	0.37	1.17
巴基斯坦	Pakistan	2.82	2.02	2.65	1.87	0.17	0.15
科威特	Kuwait	0.34	0.42	0.29	0.38	0.05	0.04
沙特阿拉伯	Saudi Arabia	2.51	2.69	0.59	2.34	1.92	0.35
阿拉伯联合酋长国	United Arab Emirates	4.06	3.89	3.76	3.73	0.30	0.16
非　洲	**Africa**	**12.60**	**13.33**	**10.11**	**12.13**	**2.49**	**1.20**
#埃　及	Egypt	1.22	1.79	1.19	1.76	0.03	0.03
苏　丹	Sudan	0.26	0.28	0.19	0.27	0.07	0.01
南　非	South Africa	2.44	2.33	1.87	1.95	0.57	0.38
欧　洲	**Europe**	**116.81**	**141.79**	**61.44**	**79.90**	**55.37**	**61.89**
#德　国	Germany	35.11	41.97	14.59	17.90	20.52	24.07
法　国	France	12.54	14.30	4.97	7.20	7.57	7.10
意大利	Italy	13.46	14.86	6.63	8.40	6.83	6.46
荷　兰	Netherlands	11.07	14.25	8.49	11.49	2.58	2.76
英　国	United Kingdom	11.06	14.46	7.25	9.79	3.81	4.67
瑞　典	Sweden	3.93	6.29	1.52	1.75	2.41	4.54
俄罗斯	Russia	3.66	2.89	1.51	1.39	2.15	1.50
美　洲	**America**	**122.52**	**144.59**	**77.60**	**97.88**	**44.92**	**46.71**
#美　国	United States	92.78	113.37	59.95	77.63	32.83	35.74
加拿大	Canada	8.42	10.28	4.80	5.05	3.62	5.23
巴　西	Brazil	6.13	5.50	2.92	3.28	3.21	2.22
智　利	Chile	3.10	3.07	1.65	1.74	1.45	1.33
大洋洲及太平洋岛屿	**Oceanic and Pacific Island**	**13.41**	**13.66**	**7.02**	**7.91**	**6.39**	**5.75**
#澳大利亚	Australia	11.34	11.53	5.91	6.78	5.43	4.75
新西兰	New Zealand	1.81	1.92	0.91	0.97	0.90	0.95
其　他	**Others**	**0.02**	**0.01**	**0.02**	…	**0.01**	**0.01**

7－4 主要年份按国别(地区)分的外贸出口商品总额

EXPORT VALUE OF DIFFERENT COUNTRIES AND REGIONS IN MAIN YEARS

单位：亿美元 (USD 100 million)

国别(地区)	Country (Region)	1978	1980	1985	1990	1997	1998
总 计	**Total**	**28.93**	**42.66**	**33.61**	**53.21**	**147.24**	**163.28**
亚 洲	**Asia**	**13.63**	**19.15**	**14.75**	**25.57**	**89.25**	**84.94**
#中国香港	Hong Kong, China	5.80	8.01	5.85	10.30	22.95	20.50
日 本	Japan	2.69	3.69	3.63	7.59	45.91	39.81
韩 国	Republic of Korea					6.50	3.28
新加坡	Singapore	0.98	1.32	1.01	1.82	4.70	3.81
马来西亚	Malaysia	0.38	0.50	0.29	0.40	1.22	1.10
泰 国	Thailand	0.11	0.31	0.15	0.78	1.15	1.05
巴基斯坦	Pakistan	0.21	0.25	0.26	0.33	0.76	0.46
科威特	Kuwait	0.58	0.86	0.42	0.58	0.34	0.40
沙特阿拉伯	Saudi Arabia	0.21	0.57	0.38	0.66	1.20	1.38
阿拉伯联合酋长国	United Arab Emirates	0.37	0.51	0.32	0.90	1.41	1.37
非 洲	**Africa**	**2.90**	**3.27**	**1.52**	**1.38**	**3.52**	**3.65**
#埃 及	Egypt					0.35	0.44
苏 丹	Sudan					0.35	0.15
阿尔及利亚	Algeria					0.05	0.10
摩洛哥	Moracco					0.21	0.11
欧 洲	**Europe**	**9.15**	**13.62**	**8.51**	**11.43**	**18.85**	**25.12**
#德 国	Germany	1.18	2.19	1.30	2.54	5.16	6.19
法 国	France	0.80	1.45	0.57	0.85	1.74	2.93
意大利	Italy	0.73	1.35	0.64	1.27	2.04	2.63
荷 兰	Netherlands	0.25	0.46	0.38	0.74	2.10	3.32
比利时	Belgium					1.05	1.80
英 国	United Kingdom	1.19	1.56	0.92	1.15	2.91	3.83
俄罗斯	Russia					0.49	0.54
美 洲	**America**	**2.24**	**4.81**	**6.14**	**9.57**	**31.19**	**42.32**
#美 国	United States	1.03	2.77	4.73	7.45	27.44	35.64
加拿大	Canada	0.46	0.64	0.66	0.92	2.00	2.37
巴 西	Brazil					1.06	1.79
古 巴	Cuba					0.11	0.10
大洋洲及太平洋岛屿	**Oceanic and Pacific Island**	**0.80**	**1.10**	**0.97**	**1.17**	**2.55**	**3.53**
#澳大利亚	Australia	0.67	0.86	0.81	1.02	2.34	3.06
其 他	**Others**	**0.21**	**0.71**	**1.72**	**4.09**	**1.88**	**3.72**

7－5 主要年份按国别(地区)分的外贸进口商品总额
IMPORT VALUE BY COUNTRY AND REGIONS IN MAIN YEARS

单位：亿美元 (USD 100 million)

国别(地区)	Country (Region)	1978	1980	1985	1990	1997	1998
总 计	**Total Import**	**1.33**	**2.40**	**18.13**	**21.10**	**100.40**	**97.18**
亚 洲	**Asia**	**0.75**	**1.34**	**10.39**	**11.15**	**56.48**	**52.27**
#中国香港	Hong Kong, China	0.02	0.29	3.71	5.30	13.66	5.47
台湾省	Taiwan				0.21	3.97	6.80
日 本	Japan	0.69	0.92	6.34	4.59	28.11	24.75
韩 国	Republic of Korea					6.11	6.78
新加坡	Singapore	0.02	0.06	0.09	0.37	1.82	2.80
马来西亚	Malaysia	0.01	0.06	0.06	0.28	1.04	1.69
泰 国	Thailand				0.10	0.31	0.80
菲律宾	Philippines					0.03	0.36
科威特	Kuwait				0.03	0.03	0.05
沙特阿拉伯	Saudi Arabia					0.16	0.15
阿拉伯联合酋长国	United Arab Emirates					0.03	0.02
非 洲	**Africa**	…	**0.01**	**0.08**	**0.26**	**0.37**	**0.64**
欧 洲	**Europe**	**0.41**	**0.65**	**5.74**	**5.26**	**16.51**	**21.39**
#德 国	Germany	0.13	0.34	3.24	3.46	8.28	9.05
法 国	France	0.02	0.01	0.09	0.11	0.80	3.90
意大利	Italy	0.05	0.03	0.26	0.30	1.34	1.66
荷 兰	Netherlands	0.03	0.02	0.10	0.09	0.33	1.12
比利时	Belgium	0.02	0.03	0.11	0.21	0.88	1.23
英 国	United Kingdom	0.04	0.07	0.84	0.48	1.06	1.17
瑞 士	Switzerland	0.05	0.07	0.56	0.22	0.46	0.68
瑞 典	Sweden	0.02	0.01	0.10	0.09	0.41	0.60
美 洲	**America**	**0.07**	**0.30**	**1.73**	**3.14**	**13.95**	**19.80**
#美 国	United States	0.01	0.25	1.12	2.81	10.12	15.95
加拿大	Canada	0.02	0.02	0.01	0.14	0.63	1.30
巴 西	Brazil					2.09	1.79
大洋洲及太平洋岛屿	**Oceanic and Pacific Island**	**0.10**	**0.10**	**0.19**	**1.22**	**3.63**	**3.08**
#澳大利亚	Australia	0.07	0.08	0.17	1.08	3.17	2.65
新西兰	New Zealand	0.03	0.01	0.02	0.13	0.46	0.39
其 他	**Others**				**0.07**	**9.46**	

7－6 主要商品出口额
EXPORT VALUE OF MAJOR COMMODITIES
(1997－1998)

单位：万美元 (USD 10 000)

商品名称	Name of Commodities	1997	1998
肉及肉制品	Meat and Meat Products	11 872	9 403
鱼、甲壳及软体类动物及其制品	Fish, Crustacean, Mollusk and Their Products	12 176	7 038
蔬菜及水果	Vegetable and Fruits	6 454	6 041
咖啡、茶、可可、调味料及其制品	Coffee, Tea, Coco, Quelite and Their Products	7 690	6 268
烟草及其制品	Tobacco and Tobacco Products	7 433	9 782
软木及木材	Cork Wood and Timber	1 165	713
石油、石油产品及有关原料	Petroleum, Oil Products and Related Raw Materials	10 812	11 450
有机化学品	Organic Chemicals	28 460	25 757
无机化学品	Inorganic Chemicals	11 813	12 534
医药品	Medical Products	17 079	21 195
皮革、皮革制品及鞣毛皮	Leather, Leather Products and Tan Hides	3 258	3 753
橡胶制品	Rubber Products	10 309	10 557
纺纱、织物及制成品	Spinning, Weaving and Textile Products	142 415	136 861
钢　铁	Steel	78 402	50 177
有色金属	Nonferrous Metal	15 568	13 357
金属制品	Metal Products	66 520	69 048
动力机械及设备	Power-driven Machines and Equipment	21 503	24 298
通用工业机械设备及零件	General Industrial Machinery and Spare Parts	42 717	57 754
办公用机械及自动数据处理设备	Office Equipment and Automatic Data-processing Equipment	52 521	87 185
电力机械、器具及电气零件	Electric Machines, Tools and Spare Parts	121 706	159 678
服装及衣着饰品	Clothes and Ornaments	369 392	373 825
鞋　靴	Shoes	28 818	28 905
摄影器材、光学物品及钟表	Photo Equipment, Optical Products and Clocks and Watches	20 408	19 388

7－7 主要商品进口额
IMPORT VALUE OF MAJOR COMMODITIES
(1997－1998)

单位：万美元 (USD 10 000)

商品名称	Name of Commodities	1997	1998
乳品及蛋品	Dairy Products and Egg Products	484	726
谷物及其制品	Cereals and Cereal Products	806	3 242
蔬菜及水果	Vegetable and Fruits	2 569	2 256
咖啡、茶、可可、调味料及其制品	Coffee, Tea, Coco, Quelite and Their Products	3 555	2 748
油籽及含油果实	Rapeseeds and Oil-Bearing Fruit	6 861	21 063
软木及木材	Cork Wood and Timber	12 780	13 636
金属矿砂及金属废料	Metal Ore Sand and Metal Wastes	63 556	62 095
石油、石油产品及其有关原料	Petroleum, Oil Products and Related Raw Materials	26 047	23 781
有机化学品	Organic Chemicals	35 702	48 233
染料、鞣料及着色料	Dyestuff, Tannin and Colouring Materials	11 663	12 188
医药品	Medical Products	9 172	12 456
初级形状的塑料	Primary-Stage Plastics	36 133	41 047
纺纱、织物及制成品	Spinning, Weaving and Textile Products	129 980	118 022
钢　铁	Steel	64 505	60 119
特种工业专用设备	Special Equipment for Special Industries	125 659	113 596
通用工业机械设备及零件	General Industrial Machinery and Spart Parts	136 719	111 563
电信及声音的录制及重放装置设备	Telecommunication and Acoustic Recording and Play-Back Equipment	79 835	106 979
电力机械器具及电气零件	Electric Machines, Tools and Spare Parts	149 521	190 789
服装及衣着饰品	Clothes and Ornaments	21 680	19 252
专业、科学及控制用仪器和装置	Instrument and Devices for Use in Specialized Fields, Science and Control	32 516	39 117

7－8 吸 收 外 资

FOREIGN CAPITAL ABSORBED

(1981－1998)

年 份 Year	签订合同项目(个) Number of Signed Contracts	# 直接吸收外资 Direct Foreign Investment	签订合同金额(万美元) Contracted Foreign Capital (USD 10 000)	# 直接吸收外资 Direct Foreign Investment	实际吸收外资金额(万美元) Foreign Capital Actually Absorbed (USD 10 000)	# 直接吸收外资 Direct Foreign Investment
1981	20	3	4 667	620	1 808	300
1982	33	7	7 597	1 712	1 433	333
1983	20	6	11 347	4 662	1 566	1 066
1984	51	41	27 516	19 548	4 189	2 827
1985	125	94	41 021	30 528	11 523	6 242
1986	165	62	42 172	9 475	26 129	9 750
1987	187	76	97 430	12 914	70 033	21 196
1988	320	219	88 770	16 625	132 178	36 415
1989	326	199	101 942	17 737	118 954	42 212
1990	269	203	42 717	21 375	77 970	17 719
1991	509	365	77 205	27 886	86 595	17 527
1992	2 169	2 012	292 797	185 981	223 790	125 894
1993	3 864	3 650	453 563	375 682	317 500	231 762
1994	4 050	3 802	715 514	534 669	398 897	323 101
1995	3 334	2 845	740 838	536 027	529 807	324 996
1996	2 709	2 106	988 231	580 783	750 995	471 578
1997	2 541	1 802	817 421	531 999	634 508	480 816
1998	2 154	1 490	841 577	584 776	481 550	363 786

7－9 吸 收 外 资

FOREIGN CAPITAL ABSORBED

(1998)

指 标	Indicators	签订合同项目(个) Number of Signed Contracts		签订合同金额(亿美元) Contracted Foreign Capital (USD 100 million)		实际吸收外资金额(亿美元) Foreign Capital Actually Absorbed (USD 100 million)	
		1998	至1998年底累计 Total by the End of 1998	1998	至1998年底累计 Total by the End of 1998	1998	至1998年底累计 Total by the End of 1998
总 计	**Total**	**2 154**	**22 784**	**84.16**	**755.29**	**48.16**	**386.15**
一、直接吸收外资	**Direct Foreign Investment**	**1 490**	**18 984**	**58.48**	**349.30**	**36.38**	**246.81**
# 合资企业	Joint Ventures	378	10 262	25.29	168.96	14.86	121.50
合作经营企业	Coopration Ventures	278	3 859	7.31	76.21	4.81	57.86
独资企业	Sole-Foreign Enterprises	833	4 826	14.95	89.04	12.74	51.12
二、间接吸收外资	**Indirect Foreign Investment**	**664**	**3 800**	**25.68**	**405.99**	**11.78**	**139.34**
# 对外借款	Foreign Loans	662	3 754	25.68	405.92	11.77	134.85

注：1. 累计数中包括增资和调整数据。 The accumulative figures include the increased value and adjusted data.
2. 至1998年底，在外商直接投资中，合同金额在1000万美元以上的项目1601项，吸收合同外资金额245.59亿美元，其中，1998年合同金额在1000万美元以上的项目84项，吸收合同外资金额45.51亿美元。

Note: By the end of 1998, the number of projects each involving a contracted investment of 10 million US dollars or more grew to 1, 601 in the category of direct foreign investment and their total contractual foreign investment reached 24.449 billion US dollars. And the figures in 1998 alone stood at 84 and 3.289 billion US dollars, respectively.

7－10 外商投资合同(项目)和投资额

NUMBER OF CONTRACTS AND INVESTMENT VALUES OF FOREIGN-INVESTED PROJECTS (1998)

类 别 Items		签订合同(项目)(个) Number of Contracts Signed		签订合同投资额(万美元) Total Investment Contracted Foreign Capital (USD 10 000)		实际吸收外资金额(万美元) Total Value of Foreign Capital Absorbed (USD 10 000)	
		1998	至1998年底累计 Total by the End of 1998	1998	至1998年底累计 Total by the End of 1998	1998	至1998年底累计 Total by the End of 1998
总　计	**Total**	**1 490**	**18 984**	**584 776**	**3 492 999**	**363 786**	**2 468 100**
一、按投资方式分	**Grouped by Investment Mode**						
#合资经营	Joint Ventures	378	10 262	252 906	1 689 645	148 643	1 214 996
合作经营	Cooperative Ventures	278	3 859	73 117	762 095	48 063	578 626
独资经营	Sole-Foreign Enterprises	833	4 826	149 514	890 417	127 402	511 184
二、按产业分	**Grouped by Industry**						
第一产业	Primary Industry	14	140	3 713	11 999	399	3 131
第二产业	Secondary Industry	777	12 869	405 378	1 843 732	229 762	1 343 545
工　业	Industry	770	12 263	403 728	1 810 589	227 073	1 327 197
建筑业	Construction	7	606	1 650	33 143	2 689	16 348
第三产业	Tertiary Industry	699	5 975	175 685	1 637 268	133 625	1 121 424
#交通、运输、仓储及邮电通信业	Transport,Communication, Storage,Postal and Telecommunications	16	246	5 843	127 967	1 859	40 624
批发、零售贸易及餐饮业	Whalesale, Retail and Caterting Businesses	55	795	10 511	112 137	5 199	197 309
房地产业	Real Estate	55	881	40 014	912 535	92 343	588 776
社会服务业	Social Services	198	1 548	18 618	241 180	22 415	188 034
三、按主要国别(地区)分	**Grouped by Country and Region**						
#中国香港	Hong Kong, China	356	7 477	76 814	1 231 832	102 612	1 057 585
澳　门	Macao	3	162	83	19 357	971	17 505
台湾省	Taiwan	238	2 605	12 482	171 057	12 764	119 662
日　本	Japan	160	2 394	25 788	416 523	37 436	244 419
韩　国	Republic of Korea	25	214	5 346	55 084	1 900	33 734
新加坡	Singapore	85	857	26 748	215 701	11 596	91 633
泰　国	Thailand	15	128	2 599	16 553	924	10 710
德　国	Germany	39	243	151 804	215 279	15 187	59 470
英　国	United Kingdom	36	324	9 302	89 049	13 277	79 362
法　国	France	18	119	3 843	19 067	1 975	14 556
意大利	Italy	16	84	1 690	8 826	924	7 879
美　国	United States	221	2 435	159 551	459 294	86 477	408 483
加拿大	Canada	27	364	14 585	41 148	112	20 003
澳大利亚	Australia	54	339	3 008	33 920	2 227	15 909

7－11 外贸出口额最大的50家企业一览

TOP 50 EXPORTERS IN THE CITY

(1998)

序号 Order	企业名称	Name of Enterprise	出口总额(万美元) Export Value (USD10 000)
1	上海丝绸（集团）有限公司	Shanghai Silk (Group) Co. Ltd	60 204
2	宝钢集团国际经济贸易总公司	International Economic and Trade Corpration of Baoshan Iron and Steel Group	35 125
3	东方国际集团上海市服装进出口有限公司	Shanghai Garment Import and Export Co. Ltd of Oriental International Group	28 491
4	中国华源集团有限公司	China Worldbest Group Co. Ltd	23 681
5	上海索广电子有限公司	Shanghai Suoguang Electronic Corporation Ltd	23 643
6	东方国际集团上海市针织品进出口有限公司	Shanghai Knitwear Import and Export Corporation of Oriental International Group	21 746
7	东方国际集团上海市纺织品进出口有限公司	Shanghai Textiles Import and Export Co. Ltd of Oriental International Group	20 891
8	上海市工艺品进出口公司	Shanghai Handicrafts Import and Export Corporation	20 420
9	英特尔科技（中国）有限公司	Intel Technology (China) Co. Ltd	19 943
10	东方国际集团上海市家用纺织品进出口有限公司	Shanghai Household Textiles Import and Export Co. Ltd of Oriental International Group	19 208
11	上海市机械进出口（集团）有限公司	Shanghai Machinery and Equipment Import and Export Co. Ltd	18 018
12	上海轻工国际（集团）有限公司	Shanghai Light Industry International (Group) Co. Ltd	16 538
13	上海兰生股份有限公司	Shanghai Lansheng (Group) Corporation	16 508
14	中国抽纱上海进出口公司	Shanghai Drawnwork Import and Export Co.	14 486
15	上海美蓓亚精密机电有限公司	Shanghai Meibeiya Precision Mechanical and Electronic Products Co. Ltd	13 488
16	上海服装（集团）有限公司	Shanghai Garment (Group) Corporation	12 942
17	上海新康电子有限公司	Shanghai Xinkang Electronics Co. Ltd	12 471
18	上海市食品进出口公司	Shanghai Foodstuff Import and Export Company	12 369
19	上海新联纺进出口有限公司	Shanghai New Union Textile Import and Export Corporation	12 135
20	上海畜产（集团）有限公司	Shanghai Livestock Products (Group) Co. Ltd	11 858
21	飞利浦光磁电子（上海）有限公司	Philips Key Modules (Shanghai) Co. Ltd	9 768
22	中国烟草上海进出口公司	China Tabacco Import and Export Corporation Shanghai Branch	9 728
23	上海市五金矿产进出口公司	Shanghai Metals and Minerals Import and Export Corporation	9 657
24	上海市土产进出口公司	Shanghai Native Products Import and Export Company	9 204
25	上海JVC电器有限公司	Shanghai JVC Electric Appliances Co. Ltd	9 153

7－11 续表 continued

序号 Order	企业名称	Name of Enterprise	出口总额(万美元) Export Value (USD10 000)
26	青浦－现代电子（上海）有限公司	Qingpu-Hyundai Electronics (Shanghai) Co. Ltd	8 962
27	上海爱梯恩梯通信设备有限公司	AT&T of Shanghai Ltd	8 900
28	鸿城电子（上海）有限公司	Hongcheng Electronics (Shanghai) Co. Ltd	8 865
29	上海大霸电子有限公司	Shanghai Daiba Electronics Co. Ltd	8 760
30	上海振华港口机械有限公司	Shanghai Zhenhua Port Machinery Co. Ltd	8 745
31	上海汉森进出口有限公司	Shanghai Handsome Import and Export Corporation	8 512
32	上海钟表进出口有限公司	Shanghai Clocks and Watches Import & Export Co. Ltd	8 485
33	东方国际集团上海市对外贸易有限公司	East International Group Shanghai Foreign Trade Co. Ltd	8 411
34	上海市化工进出口公司	Shanghai Chemicals Import and Export Corporation	8 338
35	上海申达纺织服装（集团）公司	Shanghai Shenda Textile and Garment (Group) Company	7 571
36	上海美能达光学仪器有限公司	Shanghai Minolta Optical Instrument Co. Ltd	7 449
37	上海华申国际企业（集团）有限公司	Shanghai Huashen International Enterprise (Group) Co. Ltd	7 367
38	上海机械设备进出口有限公司	Shanghai Machine Import and Export (Group) Co. Ltd	7 243
39	上海夏普电器有限公司	Shanghai Sharp Home Appliance Co. Ltd	7 167
40	上海市医药保健品进出口公司	Shanghai Medicines and Health Products I/E Corp	6 977
41	上海茶叶进出口公司	Shanghai Tea Import and Export Company	6 911
42	柯达电子（上海）有限公司	Kodak Electronic Products (Shanghai) Co. Ltd	6 798
43	上海东方航空进出口公司	Shanghai China Eastern Import & Export Co	6 661
44	上海索广映像有限公司	Shanghai Suoguang Image Products Co. Ltd	6 621
45	飞利浦照明电子（上海）有限公司	Philips Lighting Electronics (Shanghai) Co. Ltd	5 922
46	上海海鸟电子股份有限公司	Shanghai Hainiao Electronics Stock-holding Co. Ltd	5 810
47	上海新格有色金属有限公司	Shanghai Xinge Nonferrous Metal Co. Ltd	5 763
48	上海轮胎橡胶（集团）股份有限公司	Shanghai Tyre and Rubber Co. Ltd	5 677
49	上海大江（集团）股份有限公司	Shanghai Dajiang (Group) Corporation	5 545
50	富士通将军（上海）有限公司	Fujitsu General (Shanghai) Co. Ltd	5 512

7－12 主要年份外商投资企业生产经营情况
PRODUCTION AND OPERATION OF OVERSEAS-FUNDED ENTERPRISES IN MAIN YEARS

单位：亿美元 (USD 100 million)

指标	Indicators	1990	1995	1997	1998
销售(经营)收入(亿元)	Sales (Operation) Income (100 million yuan)	111.02	1 589.66	2 240.45	2 786.80
利润总额(亿元)	Total After-tax Profits (100 million yuan)	11.04	99.25	105.52	70.90
交纳税金总额(亿元)	Total Tax Payment (100 million yuan)	3.90	73.60	107.50	120.93
外汇总收入	Total Foreign Exchange Earnings		196.92	141.20	186.22
# 经常项目外汇收入	Foreign Exchange Income of Regular Items	11.92	53.62	59.75	80.86
外汇总支出	Total Foreign Exchange Expenditures		171.74	140.04	180.84
# 经常项目外汇支出	Foreign Exchange Spending of Regular Items	10.81	63.76	73.39	95.62
年末外汇结存	Foreign Exchange Balance at Year End	5.46	90.10	19.71	24.08
从业人员薪金总额(亿元)	Total Payment for Employees (100 million yuan)		112.54	123.98	167.02

7－13 主要年份引进技术
TECHNICAL IMPORT IN MAIN YEARS

单位：万美元 (USD 10 000)

国别(地区) Country (Region)		成交金额 Contracted Value				到货金额 Executed Value			
		1985	1990	1998	至1998年底累计 Total by the End of 1985	1985	1990	1998	至1998年底累计 Total by the End of 1998
总计	**Total**	**26 370**	**14 848**	**100 348**	**801 456**	**23 628**	**15 063**	**133 294**	**630 071**
# 中国香港	Hong Kong, China	4 619	1 311	2 356	63 657	2 263	1 688	1 722	44 501
日本	Japan	8 883	3 861	28 078	210 738	8 165	2 868	41 355	203 306
德国	Germany	4 540	893	15 944	179 300	4 632	2 925	25 007	121 154
意大利	Italy	1 611	1 003	901	35 981	924	1 755	551	25 574
美国	United States	3 424	4 448	41 636	145 992	3 742	2 226	50 696	118 769
瑞士	Switzerland	526	638	602	17 206	1 383	1 060	626	13 649
英国	United Kingdom	669	632	2 663	16 403	1 214	667	2 552	10 706
瑞典	Sweden	632	46	247	11 558	262	576	1 125	6 798
奥地利	Austria	204	1 322	484	20 953	119	603	789	11 427
法国	France	274	159	2 358	18 864	82	70	3 223	16 625

注：1983年到1998年累计引进技术设备项目11 030个，其中1998年引进940个。
Note: 11 030 projects of technique and equipment were imported during 1983－1998, which 940 projects were imported in 1998.

7－14 主要年份对外承包工程和劳务合作

OVERSEAS CONTRACTED PROJECTS AND LABOUR SERVICES IN MAIN YEARS

指 标	Indicators	1985	1990	1995	1997	1998
签订合同项目(个)	**Number of Contracted Projects**	**22**	**78**	**619**	**980**	**1 010**
# 对外承包工程	Contracted Projects	7	12	43	72	71
劳务合作	Labour Services Cooperation	15	66	419	806	882
签订合同金额(万美元)	**Value of Contract(USD 10 000)**	**1 292**	**6 010**	**35 120**	**63 561**	**71 062**
# 对外承包工程	Contracted Projects	1 149	3 929	16 454	38 922	46 036
劳务合作	Labour Services Cooperation	143	2 081	14 883	22 666	20 946
实际营业额(万美元)	**Actual Turnover(USD 10 000)**	**622**	**5 131**	**24 380**	**42 208**	**55 728**
# 对外承包工程	Contracted Projects		4 083	13 848	23 477	34 503
劳务合作	Labour Services Cooperation	622	1 048	8 435	17 124	19 979
年末在外人员(人)	**Persons in Abroad(year-end) (person)**	**806**	**989**	**7 415**	**21 527**	**24 117**
# 对外承包工程	Contracted Projects	6	93	437	548	975
劳务合作	Labour Services Cooperation	800	896	6 709	20 938	23 108

7－15 对外承包工程和劳务合作合同金额

VALUE OF CONTRACTED PROJECTS AND LABOUR SERVICES COOPERATION (1998)

单位：万美元 (USD 10 000)

国 别(地区)	Country (Region)	合同额 Contracted Value	国 别(地区)	Country (Region)	合同额 Contracted Value
对外承包工程	**Contracted Projects**	**46 036**	**劳务合作**	**Labour Services Cooperation**	**20 946**
# 新加坡	Singapore	16 300	# 日 本	Japan	5 764
境内(外资)	Within China (Foreign Investment)	11 000	境内(外资)	Within China (Foreign Investment)	5 100
伊 朗	Iran	8 580	美 国	United States	3 631
美 国	United States	4 380	新加坡	Singapore	1 154
朝 鲜	D.P.R. Korea	2 000	阿 曼	Oman	690
越 南	Viet Nam	1 313	柬埔寨	Cambodia	357
印 尼	Indonesia	900	毛里求斯	Mauritius	344
巴巴多斯	Barbados	500	中国香港	Hong Kong, China	292
也 门	Yemen	300	阿拉伯联合酋长国	United Arab Emirates	196
塔吉克斯坦	Tajikistan	190			

7－16 海 外 企 业

ENTERPRISES IN ABROAD

(1997－1998)

指 标	Indicators	1997年新增 Established in 1997	至1997年底累计 Accumulated by the end of 1997	1998年新增 Established in 1998	至1998年底累计 Accumulated by the end of 1998
企业个数(个)	**Number of Enterprises**	**34**	**482**	**29**	**511**
# 贸易性企业	Trade Enterprises	14	218	6	224
非贸易性企业	Nontrade Enterprises	20	264	23	287
投资额(万美元)	**Investment Value(USD 10 000)**	**2 793**	**30 143**	**6 618**	**36 761**
# 贸易性企业	Trade Enterprises	360	9 000	3 294	12 294
非贸易性企业	Nontrade Enterprises	2 433	21 143	3 324	24 467

7－17 上海与国际友好城市交流情况

FRIENDLY EXCHANGES BETWEEN SHANGHAI AND ITS SISTER CITIES AROUND THE WORLD

(1983－1998)

年 份 Year	出访交流考察 Overseas Exchange and Investigation Visits		派出进修生 People Sent Overseas for Advanced Studies		接待来访团组 Visiting Delegations Received	
	批 数 Number of Groups	人 次 Number of Persons	批 数 Number of Groups	人 次 Number of Persons	批 数 Number of Groups	人 次 Number of Persons
1983	57	268	15	43	75	779
1984	65	357	15	43	85	772
1985	51	332	6	27	119	1 160
1986	66	336	20	64	116	844
1987	69	411	14	45	94	754
1988	76	347	12	23	141	1 325
1989	78	566	15	30	68	428
1990	77	606	8	16	92	720
1991	57	408	8	17	69	598
1992	56	322	13	44	89	772
1993	70	530	18	59	76	1 386
1994	57	479	17	51	140	1 855
1995	80	921	18	57	163	1 348
1996	66	413	11	42	139	1 620
1997	72	479	14	52	122	2 277
1998	96	639	13	39	129	1 990

7－18 旅馆业接待经营情况

OPERATION OF HOTELS

(1997－1998)

指 标 Indicators		1997	1998
接待能力	**Capacity**		
年末客房数(万间)	Year end Guest Rooms (10,000)	9.12	10.07
年末客房床位数(万张)	Year-end Guest Beds (10,000)	20.03	22.70
客房率(%)	Room Occupancy Rate (%)	58.3	52.6
# 星级宾馆	Star-rated Hotels(%)	63.0	55.5
实际住宿人次数(万人次)	Actual Number of Guests (10,000)	1 684.21	1 689.86
# 境外来沪	Overseas Visitors (10,000)	155.68	143.71
实际住宿人天数(万人天)	Actual Number of Guests and Days of Stay (10,000 person/day)	4 718	4 901
# 境外来沪	Overseas Visitors	607	546
经营和财务	**Operation and Finance**		
营业收入(亿元)	Operational Income (100 million yuan)	90.03	87.29
# 客房收入	Room Rate Income	47.32	45.13
餐饮收入	Catering Income	26.18	28.31
商品收入	Commodity Sales Income	7.37	4.07
利润总额(亿元)	Total Profit (100 million yuan)	4.79	-5.54

7－19 主要年份来沪国际旅游者人数

NUMBER OF OVERSEAS TOURISTS VISITING SHANGHAI IN MAIN YEARS

指 标 Indicators		1978	1980	1990	1997	1998
一、来沪国际旅游者人数(万人次)	**Number of Tourists Visiting Shanghai (10 000 Person-times)**	**24.02**	**31.18**	**89.30**	**165.35**	**152.71**
1.外国人	Foreigner	17.07	21.05	46.06	129.99	117.55
# 日 本	Japan	5.73	7.73	22.60	59.97	50.89
新加坡	Singapore	0.34	0.52	1.02	5.30	4.74
德 国	Germany	0.73	0.72	1.60	5.33	5.68
法 国	France	0.70	0.75	1.19	3.91	4.00
英 国	United Kingdom	0.44	0.59	1.11	3.28	3.74
意大利	Italy	0.39	0.35	0.99	1.95	2.15
加拿大	Canada	0.34	0.43	0.81	1.93	2.04
美 国	United States	3.87	5.27	4.67	12.41	13.05
澳大利亚	Australia	0.42	0.46	0.53	2.90	3.49
2.港澳同胞	Hong Kong and Macao Chinese	6.29	9.55	10.33	16.34	16.76
3.台湾同胞	Taiwanese			31.03	13.78	13.33
4.华 侨	Overseas Chinese	0.66	0.58	1.88	5.24	5.07
二、平均每天来沪旅游人数(人次)	**Average Number of Tourists Visiting Shanghai Everyday (person-time/day)**	**658**	**854**	**2 447**	**4 530**	**4 184**
三、来沪旅游者平均逗留天数(天/人)	**Average Time Tourists Staying in Shanghai (day/person)**	**5.19**	**3.96**	**2.83**	**3.90**	**3.80**

7－20 上海国际友好城市、与上海建立国际友好交流关系的城市

FOREIGN CITIES WITH SISTER-CITY RELATIONSHIP OR WITH FRIENDLY EXCHANGE RELATIONS WITH SHANGHAI (1998年底)

城 市	Cities	国 家	Countries	缔结日期	Relationship Eastabished Date
上海国际友好城市	**Cities with Sister-city Relationship**				
横滨市	Yokohama	日 本	Japan	1973年11月30日	Nov.30,1973
大阪市	Osaka	日 本	Japan	1974年 4月18日	Apr.18,1974
米兰市	Milan	意大利	Italy	1979年 6月25日	Jun.25,1979
鹿特丹市	Rotterdam	荷 兰	Netherlands	1979年11月23日	Nov.23,1979
旧金山市	San Francisco	美 国	United States	1980年 1月28日	Jan.28,1980
萨格勒布市	Zagreb	克罗地亚	Croatia	1980年 6月18日	Jun.18,1980
大阪府	Osaka	日 本	Japan	1980年11月21日	Nov.21,1980
咸兴市	Hamhung	朝 鲜	D.P.R.Korea	1982年 6月18日	Jun.18,1982
大马尼拉市	Manila	菲律宾	Philippines	1983年 6月15日	Jun.15,1983
卡拉奇市	Karachi	巴基斯坦	Pakistan	1984年 2月15日	Feb.15,1984
安特卫普市	Antwerp	比利时	Belgium	1984年 5月27日	May.27,1984
蒙特利尔市	Montreal	加拿大	Canada	1985年 5月14日	May.14,1985
比雷埃夫斯市	Piraiev	希 腊	Greece	1985年 6月24日	Jun.24,1985
革但斯克省	Gdansk	波 兰	Poland	1985年 7月 4日	Jul.4,1985
汉堡市	Hamburg	德 国	Germany	1986年 5月29日	May.29,1986
卡萨布兰卡市	Casablanca	摩洛哥	Morocco	1986年 9月 8日	Sep.8,1986
马赛市	Marseilles	法 国	France	1987年10月26日	Oct.26,1987
圣堡罗市	Sao Paul	巴 西	Brazil	1988年 7月 7日	Jul.7,1988
圣彼得堡市	St Petersburg	俄罗斯	Russia	1988年12月15日	Dec.15,1988
昆士兰州	Queensland	澳大利亚	Australia	1989年 5月24日	May.24,1989
伊斯坦布尔市	Istanbul	土耳其	Turkey	1989年10月23日	Oct.23,1989
亚历山大省	Alexandria	埃 及	Egypt	1992年 5月15日	May.15,1992
海法市	Haifa	以色列	Israel	1993年 6月21日	Jun.21,1993
釜山市	Pusan	韩 国	Republic of Korea	1993年 8月24日	Aug.24,1993
胡志明市	Ho Chi Minh City	越 南	Viet Nam	1994年 5月14日	May.14,1994
维拉港市	Port-Vila	瓦努阿图	Vanuatu	1994年 6月 8日	Jun.8,1994
达尼丁市	Dunedin	新西兰	New Zealand	1994年10月21日	Oct.21,1994
塔什干市	Tashkent	乌兹别克	Uzbekistan	1994年12月15日	Dec.15,1994
波尔图市	Oporto	葡萄牙	Portugal	1995年 4月15日	Apr.15,1995
亚丁省	Aden	也 门	Yemen	1995年 9月14日	Sep.14,1995
温得和克市	Windhoek	纳米比亚	Namibia	1995年11月 1日	Nov.1,1995
圣地亚哥省	Santiago	古 巴	Cuba	1996年 7月30日	Jul.30,1996
罗萨里奥市	Rosario	阿根廷	Argentina	1997年 6月17日	Jun.17,1997
埃斯波市	Espoo	芬 兰	Finland	1998年 9月 4日	Sep.4,1998
哈利斯科州	Jalisco Estado	墨西哥	Mexico	1998年11月18日	Nov.18,1998
与上海建立国际友好交流关系的城市	**Cities with Friendly Exchange Relations**				
芝加哥市	Chicago	美 国	United States	1985年 9月 5日	Sep.5,1985
哥德堡市	Gothenburg	瑞 典	Sweden	1986年 4月29日	Apr.29,1986
罗纳阿尔卑斯大区	Rhone-Aples	法 国	France	1986年11月20日	Nov.20,1986
巴塞罗那市	Barcelona	西班牙	Spain	1988年10月 5日	Oct.5,1988
海参崴市	Vladivostok	俄罗斯	Russia	1993年 4月27日	Apr.27,1993
全罗南道	Cholla-Namdo	韩 国	Republic of Korea	1996年 4月19日	Apr.19,1996
伦敦城	London City	英 国	United Kingdom	1996年 9月 4日	Sep.4,1996
长崎县	Nagasaki	日 本	Japan	1996年10月14日	Oct.14,1996

7－21 旅游涉外星级饭店一览 (1998)

名 称	Name	年末客房数(间) Year-End Guest Rooms Number
五星级（7家）	**Five-Star**	
静安希尔顿饭店	Shanghai Hilton	720
新锦江股份有限公司	Jin Jiang Tower	640
太平洋大饭店	Tai Ping Yang Hotel	578
花园饭店（上海）	Garden Hotel Shanghai	500
华亭宾馆	Hua Ting Hotel and Towers Shanghai	770
波特曼丽思卡尔顿大酒店	Portman Ritz-Corlton Shanghai	520
上海锦沧文华大酒店	Shanghai JC Mandarin Hotel	513
四星级（15家）	**Four-Star**	
上海静安宾馆	Jing'an Hotel	227
上海兰生大酒店	Radisson SAS Lansheng Hotel	405
宝钢集团宝山宾馆	Bao Steel Group Baoshan Hotel	808
扬子江大酒店	Yangtze River Hotel	553
世博会议大酒店	Shanghai Worldfield Convention Hotel	365
上海锦江饭店	Shanghai Jingjiang Hotel	470
银星宾馆	Holiday lnn Crowne Plaza Shanghai	496
上海建国宾馆	Jianguo Hotel	464
上海银河宾馆	Calaxy Hotel	650
上海远洋宾馆	Ocean Hotel Shanghai	370
上海市虹桥宾馆	Rainbow Hotel	626
上海和平饭店	Peace Hotel	284
上海海伦宾馆	Hotel Sofitel Hyland Shanghai	370
上海国际贵都大饭店	Equatoria Hotel	525
上海日航饭店	Nikko Hotel Shanghai	385
三星级（47）家	**Three-Star**	
华亭宾馆2号楼	Building 2, Hua Ting Hotel	178
上海青年会宾馆	Jing Jiang Pacific Hotel	150
上海新民大酒店	Xinmin Hotel	130
上海玉屏宾馆	Yuping Hotel	148
宝隆宾馆	Baolong Hotel	380
白玉兰滨海度假村	White Magnolia Beach Resort	148
上海物贸大厦	Shanghai Goods and Materials Trade Centre Building	219
上海金富运大酒店	Shanghai Jinfuyun Hotel	160
丝绸之路大饭店	Silk Road Hotel	241
上海东湖宾馆	Donghu Hotel	262
上海宾馆	Shanghai Hotel	543
上海国际机场宾馆	Shanghai International Airport Hotel	300
白玉兰宾馆	Magnolia Hotel	219
上海三湘大厦	Hunan Hotel	130
城市酒店（上海）	City Hotel Shanghai	257
华东大酒店	East China Hotel Shanghai	327
中科院上海学术活动中心	Shanghai Academic Centre of Chinese Academy of Sciences	279
上海汽车工业活动中心	The Shanghai Automobile Industry Activities Centre	150
上海延安饭店	Yan'an Hotel	399
上海奥林匹克俱乐部	Olympic Hotel	200

LIST OF STAR-RATED TOURIST HOTELS

地　址	Address	电　话 Telephone Number	邮政编码 Post Code
华山路250号	No.250 Huashan Road	62480000	200040
长乐路161号	No.161 Changle Road	64151188	200020
遵义南路5号	No.5 Zunyi Road S.	62758888	200336
茂名南路58号	No.58 Maoming Road S.	64151111	200020
漕溪北路1200号	No.1200 Caoxi Road N.	64391000	200030
南京西路1376号	No.1376 Nanjing Road W.	62798888	200040
南京西路1225号	No.1225 Nanjing Road W.	62791888	200040
华山路370号	No.370 Huashan Road	62481888	200040
曲阳路1000号	No.1000 Quyang Road	65428000	200437
牡丹江路1813号	No.1813 Mudanjiang Road	56698888	201900
延安西路2099号	No.2099 Yan'an Road W.	62750000	200336
虹桥路2106号	No. 2106 Hongqiao Road	62703388	200335
茂名南路59号	No.59 Maoming Road S.	62582582	200020
番禺路400号	No.400 Fanyu Road	62808888	200052
漕溪北路439号	No.439 Caoxi Road N.	64399299	200030
中山西路888号	No.888 Zhongshan Road W.	62755888	200051
东大名路1171号	No.1171 Daming Road E.	65458888	200082
延安西路2000号	No.2000 Yan'an Road W.	62753388	200051
南京东路20号	No.20 Nanjing Road E.	63216888	200002
南京东路505号	No.505 Nanjing Road E.	63515580	200001
延安西路65号	No.65 Yan'an Road W.	62481688	200040
虹桥路2451号	No.2451 Hongqiao Road	62689111	200335
漕溪北路1200号	No.1200 Caoxi Road N.	64391000	200030
西藏南路123号	No.123 Xizang Road S.	63261040	200021
沪太路701号	No.701 Hutai Road	56081389	200072
遵义路448号	No.448 Zunyi Road	62333448	200051
逸仙路70号	No.70 Yixian Road	65425425	200434
南汇县滨海镇东首	Binhai Town, Nanhui County	58291000	201302
中山北路2550号	No.2550 Zhongshan Road N.	62570000	200063
吴淞路299号	No.299 Wusong Road	63259800	200080
曲阳路777号	No.777 Quyang Road	65549988	200437
东湖路70号	No.70 Donghu Road	64158158	200031
乌鲁木齐北路505号	No.505 Urumuqi Road N.	62480088	200040
虹桥路2550号	No.2550 Hongqiao Road N.	62688866	200335
四平路1251号	No.1251 Siping Road	65026888	200092
中山西路1243号	No.1243 Zhongshan Road W.	62752468	200051
陕西南路5-7号	No.5-7 Shanxi Road S.	62551133	200020
天目西路111号	No.111 Tianmu Road W.	63178000	200070
肇嘉浜路500号	No.500 Zhaojiabang Road	64716060	200031
嘉定沪嘉高速公路北出口	North Exit of Jiading Hu-Jia Expressway	59161000	201800
延安中路1111号	No.1111 Yan'an Road M.	62481111	200040
中山南二路1800号	No.1800 Zhongshan Road S.2	64391391	200030

7－21 续表 1 continued

名　称 Name		年末客房数 (间) Year-End Guest Rooms Number
上海千鹤宾馆	Qianhe Hotel	482
上海天鹅宾馆	Shanghai Swan Hotel	208
上海红楼宾馆	Honglou Hotel	203
上海华夏宾馆	Huaxia Hotel	390
上海大厦	Shanghai Mansion	114
远东不夜城大酒店有限公司	Fareast Ever Bright City Hotel Ltd.	161
虹港大酒店	Honggang Hotel	230
园林宾馆有限公司	Yuanlin Hotel	223
龙华迎宾馆	Long Hua Hotel	136
龙门宾馆	Long Men Hotel	349
新亚大酒店	New Asia Hotel	351
建工锦江大酒店	Jiangong Jinjiang Hotel	244
金岛（温莎）酒店有限公司	Windsor Evergreen Hotel	175
江苏饭店	Jiangsu Hotel	233
衡山宾馆	Hengshan Hotel	211
锦丽华大酒店	The Grand Jinlihua Hotel	162
新苑宾馆	New Garden Hotel	302
扬子饭店	Yangzi Hotel	185
蓝天宾馆	Lantian Hotel	288
上海绿洲企业发展有限公司	Shanghai Oasis Industrial Development Co. Ltd	186
金桥大酒店	The Grand Jinqiao Hotel	519
天鹤大酒店	Swan Hotel	166
国际饭店	Park Hotel	183
锦江金门大酒店	Jin Jiang Pacific Hotel	163
悦华大酒店	Yue Hua Hotel	150
金沙江大酒店	Jin Sha Jiang Hotel	298
天马大酒店	Tian Ma Hotel	119
二星级（45家）	**Two-Star**	
吴宫大酒店	Wugong Hotel	194
新城饭店	Metropole Hotel	143
新潮宾馆	Xinchao Hotel	58
东虹大酒店	Donghong Mansion	225
南京饭店	Nanjing Hotel	169
仙霞宾馆	Xianxia Hotel	256
上外国际文化交流中心	Shanghai International Centre for Cultural Exchange	150
良友饭店	Liangyou Hotel	155
铁道宾馆	The Railway Hotel	92
宫霄大酒店	Gongxiao Hotel	84
闵行区政府招待所	Guest House of Minhang District Govenment	129
天益宾馆	Tianyi Hotel	141
申华大酒店	Shenhua Hotel	138
大都市酒店	Dadushi Hotel	114
金山宾馆	Jinshan Hotel	312

	地 址 Address	电 话 Telephone Number	邮政编码 Post Code
宜山路650号	No.650 Yishan Road	64700000	200233
四川北路2211号	No.2211 Sichuan Road N.	56665666	200081
普照路1号	No.1 Puzhao Road	57822812	201600
漕宝路38号	No.38 Caobao Road	64360100	200233
北苏州路20号	No.20 Suzhou Road N.	63246260	200080
恒丰路600号	No.600 Hengfeng Road	63178900	200070
虹桥路2550号	No.2550 Hongqiao Road	62681008	200335
百色路201号	No.201 Baise Road	64701688	200231
龙华路2787号	No.2787 Longhua Road	64570570	200232
恒丰路777号	No.777 Hengfeng Road	63170000	200070
天潼路422号	No.422 Tiantong Road	63242210	200085
建国西路691号	No.691 Jianguo Road W.	64155688	200030
百色路189号	No.189 Baise Road	64700888	200231
武宁路888号	No.88 Wunin Road	62051888	200063
衡山路534号	No.534 Hengshan Road	64377050	200030
川环西路289号	No.289 Chuanhuan Road W.	58923700	201200
虹桥路1900号	No.1900 Hongqiao Road	62426688	200336
汉口路740号	No.740 Hankou Road	63517880	200001
四平路2400号	No.2400 Siping Road	65116666	200433
中山西路555号	No.555 Zhongshan Road W.	62865888	200051
金桥路1379号	No.1379 Jinqiao Road	58990890	201206
崇明城桥镇南门178号	No.178 Nanmen, Chengqiao County, Chongming	59625962	202150
南京东路170号	No.170 Nanjing Road E.	63275225	200003
南京西路108号	No.108 Nanjing Road W.	63276226	200003
江海路88号	No.88 Jianghai Road	57181908	201400
金沙江路801号	No.801 Jinshajiang Road	62578888	200062
吴中路699号	No.699 Wuzhong Road	64015888	201103
福州路431号	No.431 Fuzhou Road	63260303	200001
江西中路180号	No.180 Jiangxi Road M.	63213030	200002
浦东大道2598号乙	No.2598 B Pudong Avenlue	58712555	200129
东大名路1161号	No.1161 Daming Road E.	65455008	200082
山西南路200号	No.200 Shanxi Road S.	63222888	200001
水城路555号	No.555 Shuicheng Road	62419600	200335
赤峰路555号	No.555 Chifeng Road	65318882	200083
南苏州路1455号	No.1455 Suzhou Road S.	62533663	200041
贵州路160号	No.160 Guizhou Road	63226633	200001
恒丰路1号	No.1 Hengfeng Road	63171818	200070
莘庄镇莘建路268号	No.268 Xinjian Road, Xinzhuang County	64922610	201100
四平路1805号	No.1805 Siping Road	65490155	200433
浦东新区川北路1558号	No.1558 Chuanbei Road, Pudong New Area	58900618	201200
湖北路131号	No.131 Hubei Road	63226800	200001
金山区石化经一东路1号	No.1 JingYi Road E.1, Jinshan District	57931497	200540

7－21 续表 2 continued

名　称	Name	年末客房数(间) Year-End Guest Rooms Number
百乐门大酒店	Bailemen Hotel	349
海港宾馆	Haigang Hotel	264
邮电大厦	Shanghai Post and Telecommunications Hotel	176
技贸宾馆	Jimao Hotel	67
田林宾馆	Tianlin Hotel	292
沪纺大厦	Huflang Hotel	121
海虹宾馆	Haihong Hotel	250
迎园饭店	Yinyuan Hotel	118
繁华大酒店	Fanhua Hotel	157
亭枫宾馆	Tingfeng Hotel	97
白厦宾馆	Baisha Hotel	101
嘉定宾馆	Jiading Hotel	95
海鸥饭店	Seagull Hotel	105
高桥石化宾馆	Gaoqiao Petrochemical Hotel	151
樱花度假村	Cherry Holiday Villa	128
大方饭店	Dafang Hotel	126
宝山大酒店	Baoshan Hotel	61
七重天宾馆	Seventh Heaven Hotel	55
良良大酒店	Liangliang Hotel	88
上海教育国际交流中心	Shanghai International House for Education	168
阳光大酒店	Sunshine Hotel	130
云峰宾馆	Yunfeng Hotel	140
八一迎宾楼	"August 1" Guest Hotel	92
西亚大酒店	West Asia Hotel	101
上海水产大厦大酒店	Shanghai Shuichan Mansion Hotel	118
上海绿苑大酒店	The Grand Luyuan Hotel	265
东亚饭店	East Asia Hotel	143
中山宾馆	Zhongshan Hotel	175
中亚饭店	Zhongya Hotel	438
东风饭店	Dongfeng Hotel	65
一星级（12家）	**One-Star**	
上海云峰综合服务中心	The Grand Yunfeng Hotel	54
上海沪江宾馆	Hujiang Hotel	112
长阳饭店	Changyang Hotel	100
教苑宾馆	Jewel Hotel	61
襄阳饭店	Xiangyang Hotel	54
申佳宾馆	Shenjia Guest House	45
闵行饭店	Minhang Hotel	125
华南宾馆	Huanan Hotel	133
上船宾馆	Shangchuan Hotel	74
和新饭店	Hexin Hotel	230
西园饭店	West Garden Hotel	33
浦江饭店	Pujiang Hotel	115

地 址	Address	电 话 Telephone Number	邮政编码 Post Code
南京西路1730号	No.1730 Nanjing Road W.	62488686	200040
泰兴路89号	No.89 Taixing Road	62553553	200041
恒丰路601号	No.601 Hengfeng Road	63178888	200070
中山西路1525号	No.1525 Zhongshan Road W.	64645558	200233
田林路1号	No.1 Tianlin Road	64367070	200233
陕西北路670号	No.670 Shanxi Road N.	62551249	200041
水电路528号	No.528 Shuidian Road	65166699	200083
清河路150号	No.150 Qinghe Road	59520952	201800
翔殷路1103号	No.1103 Xiangyin Road	65485356	200433
定西路1031号	No.1031 Dingxi Road	62100003	200050
四川北路1755号	No.1755 Sichuan Road N.	65405555	200081
博乐路100号	No.100 Bole Road	59525512	201800
黄浦路60号	No.60 Huangpu Road	63251500	200080
浦东大道2998号	No.2998 Pudong Avenue	58712633	201208
农工路77号	No.77 Nonggong Road	62758350	201103
福建南路33号	No.33 Fujian Road S.	63260505	200002
友谊路48号	No.48 Youyi Road	56601111	201900
南京东路627号	No.627 Nanjing Road E.	63220777	200001
外马路80号	No.80 Waima Road	63743969	200010
桂林路5号	No.5 Guilin Road	64360440	200233
虹桥路2266号	No.2266 Hongqiao Road	62429220	200335
虹桥路1665号	No.1665 Hongqiao Road	62755388	200336
曲阳路888号	No.888 Quyang Road	65535288	200437
天钥桥路20号	No.20 Tianyaoqiao Road	64872000	200030
杨树浦路1100号	No.1100 Yangshu Pu Road	55211777	200082
东门路外咸瓜街39号	No.39 Waixiangua Street, Dongmen Road	63736060	200010
南京东路680号	No.680 Nanjing Road E.	63223223	200001
定西路1525号	No.1525 Dingxi Road	62402288	200050
梅园路330号	No.330 Meiyuan Road	63172317	200070
中山东一路3号	No.3 Zhongshan Road E.1	63218060	200002
北京西路1700号	No.1700 Beijing Road W.	62153857	200040
钦州路500号	No.500 Qinzhou Road	64361130	200233
长阳路1800号	No.1800 Changyang Road	65484890	200090
霍山路170号	No.170 Huoshan Road	65412150	200082
襄阳北路1号	No.1 Xiangyang Road N.	54037658	200040
海防新村74号	No.74 Haifang New Residential Zone	58856101	200135
兰坪路202号	No.202 Lanping Road	64308121	200240
龙漕路漕溪四村55号	No.55 Caoxi Residential Zone Ⅳ Longcao Road	64705888	200233
浦东即墨路3号	No.3 Jimo Road	58790451	200120
共和新路2750号	No.2750 Gonghexin Road	56652250	200072
虹桥路2384号	No.2384 Hongqiao Road	64780769	200335
黄浦路15号	No.15 Huangpu Road	63246388	200080

7－22　外资金融机构驻沪办事处一览
(1998)

外资金融机构办事处	Representative Office	所属国家(地区)	Country (Region)
澳洲联邦银行	Commonwealth Bank	澳大利亚	Australia
国卫人寿保险协会澳大利西亚	National Mutual	澳大利亚	Australia
康联保险	Colonial Mutual Group	澳大利亚	Australia
通用银行	Generale Bank	比利时	Belgium
安联保险控股公司	Allianz	德　国	Germany
巴伐利亚联合银行	Bayerische Vereinsbank AG	德　国	Germany
德意志银行	Deutsche Bank AG	德　国	Germany
汉诺威再保险	Hannover Re.	德　国	Germany
科隆再保险	Cologne Re.	德　国	Germany
联合西方银行	Vereins & West Bank	德　国	Germany
慕尼黑再保险	Munich Re	德　国	Germany
裕宝银行	HYPO Bank	德　国	Germany
中央合作银行	D G Bank	德　国	Germany
AGF国际保险有限公司	AGF	法　国	France
巴黎国民银行	Banque Nationale De Paris	法　国	France
商业信贷银行	Credit Commercial De France	法　国	France
外贸银行	Natexis Banque Bfce	法　国	France
兴业高诚证券公司	Socgen-crosby	法　国	France
首都银行	Metropolitan Bank and Trust Company	菲律宾	Philippines
大信证券	Daishin Securities	菲律宾	Philippines
大宇证券	Daewoo Securities Co. Ltd	韩　国	Republic of Korea
东西证券	Dongsuh Securities	韩　国	Republic of Korea
东洋证券	Toyo Securities Co. Ltd	韩　国	Republic of Korea
富国证券	Bookook Securities	韩　国	Republic of Korea
国民银行	Kookmin Bank	韩　国	Republic of Korea
韩亚银行	Hana Bank	韩　国	Republic of Korea
乐金证券	LG Securities	韩　国	Republic of Korea
三星火灾	Samsung Fire & Marine Co. Ltd	韩　国	Republic of Korea
双龙证券	Ssang Yong Investment Securities Co. Ltd	韩　国	Republic of Korea
安泰控股有限公司	Aetna Life Insurance Co. Of America	荷　兰	Netherlands
霸菱集团	ING Baring Securities Limited Shanghai	荷　兰	Netherlands

REPRESENTATIVE OFFICES OF FOREIGN-FUNDED FINANCIAL INSTITUTIONS IN SHANGHAI

地 址 Address		邮政编码 Post Code
延安东路100号联谊大厦805室	Rm 805 Union Building No.100 Yan'an Road E.	200002
愚园路172号环球世界大厦副楼703A	Rm 703A Subbuilding Globe Mansion No.172 Yuyuan Road	200040
延安东路100号联谊大厦2402室	Rm2402 Union Building No.100 Yan'an Road E.	200002
延安西路65号国际贵都大饭店602室	Rm 602 Business Tower Equatorial Hotel No.65 Yan'an Road W.	200040
延安西路65号国际贵都大饭店707室	Rm 602 Business Tower Equatorial Hotel No.65 Yan'an Road W.	200040
延安西路2200号国贸中心1808室	Rm 1808 Shanghai International Trade Centre No.2200 Yan'an Road W.	200335
金陵东路2号光明大厦25楼	25 Floor Bright Mansion No.2 Jinling Road E.	200002
淮海中路333号瑞安广场1107B	1107B Shui An Plaza No.333 Huaihai Road C.	200021
南京西路1376号上海商城西峰508室	Rm 508 West Wing Shanghai Centre No.1376 Nanjing Road W.	200040
延安西路2200号国贸大厦1808室	Rm1808 Shanghai International Trade Centre No.2200 Yan'an Road W.	200335
南京西路1376号上海商城702室	Rm 702 Shanghai Centre No.1376 Nanjing Road W.	200040
南京西路1376号上海商城356室	Rm 356 Shanghai Centre No.1376 Nanjing Road W.	200040
中山东二路555号外滩商城510室	Rm 510 Shanghai Band Centre No.555 Zhongshan Road E2.	200010
南京西路1376号上海商城660室	Rm 660 Shanghai Centre No.1376 Nanjing Road W.	200040
茂名南路58号锦泰办公楼101-105室	Rm 101-105 Jintai Office Building No.58 Maoming Road S.	200020
茂名南路58号锦泰大厦310室	Rm 310 Jintai Office Building No.58 Maoming Road S.	200020
延安东路100号联谊大厦2710室	Rm 2710 Union Building No.100 Yan'an Road E.	200002
南京西路1376号上海商城东峰342室	Rm 342 East Wing Shanghai Centre No.1376 Nanjing Road W.	200040
徐汇区桃江路28号	No.28 Yaojiang Road, Xuhui District	200031
仙霞路320号鑫达大厦1404室	Rm 1404 Jinda Masnsion No.320 XianXia Road	200336
淮海中路283号香港广场南座802室	Rm 802 South Wing Hong Kong Square No.283 Huaihai Road	200021
招商局大厦1306-1307室	Rm 1306-1307 China Merchant's Building	200120
证券大厦北塔1405室	Rm 1405 North Tower Shanghai Stock Exchange Masion	200120
娄山关路55号新虹桥大厦701室	Rm 701 New Town Mansion No.55 Loushanguan Road	200335
延安西路2067仲盛金融中心1103室	Rm 1103 Super Ocean Financial Centre No.2067 Yan'an Road W.	200335
证券大厦北塔1205-6室	Rm 1205-6 North Tower Shanghai Stock Exchange Masion	200120
延安西路2200号国贸大厦1908室	Rm 1908 Shanghai International Trade Centre No.2200 Yan'an Road	200335
证券大厦北塔1105室	Rm 1105 North Tower Shanghai Stock Exchange Masion	200120
延安西路2200号国贸中心802室	Rm 802 Shanghai International Trade Centre No.2200 Yan'an Road W.	200335
南京西路1376号上海商城东峰538室	Rm 538 East Wing Shanghai Centre No.1376 Nanjing Road W.	200040

7－22 续表 1 continued

外资金融机构办事处	Representative Office	所属国家(地区)	Country (Region)
荷兰保险公司	ING Insurance International	荷 兰	Netherlands
荷兰合作银行	Rabobank Netherland	荷 兰	Netherlands
荷兰万贝银行	Mees & Pierso N.V.	荷 兰	Netherlands
国民银行	National Bank OF Canada	加拿大	Canada
捷克储蓄银行	Czech Savings Bank	捷 克	Czechic
GE金融服务公司	Ge Capital	美 国	United States
JP摩根	J.P. Morgan & Co.	美 国	United States
贝尔斯登有限公司	Bear Stearns & Co. Inc	美 国	United States
波士顿第一国民银行	Bank OF Boston	美 国	United States
大都会人寿保险公司	Metropolitan Insurance & Annuity Co.	美 国	United States
大西洋再保险公司	Transatlantic Reinsurance Co.	美 国	United States
费城国民银行	Corestates Bank	美 国	United States
高盛（中国）有限责任公司	Goldman Sachs (China) L.L.C.	美 国	United States
恒康相互人寿保险公司	John Hancock Mutual Life Insurance Co.	美 国	United States
花旗银行	The Citibank Country Corporate Office for China	美 国	United States
林肯国民（中国）股份有限公司	Lincoln National (China) Inc.	美 国	United States
美林国际有限公司	Merrill Lynch International Co. Ltd.	美 国	United States
美商联邦产物保险公司	Federal Insurance Company	美 国	United States
纽约人寿国际公司	New York Life International, Inc.	美 国	United States
纽约银行	Bank Of New York	美 国	United States
培基证券有限公司	Prudential Securities Co. Ltd.	美 国	United States
全美人寿保险公司	Transamerican Occidental Life Insurance Co.	美 国	United States
通用再保险公司	General Reinsurance Corporation	美 国	United States
万事达卡国际组织	Mastercard International Inc.	美 国	United States
威达信国际保险顾问公司	Marsh & Mclennan Incorporated	美 国	United States
威士国际服务组织	Visa Internation	美 国	United States
信诺保险公司	Cigna Corporation	美 国	United States
运通银行	American Express Bank	美 国	United States
南非联合银行	ABSA	南 非	South Africa
里斯本圣灵商业银行	Banco Espirito Santo	葡萄牙	Portugal
AEON信贷财务公司	AEON Credit Service Co. Ltd	日 本	Japan

地 址	Address	邮政编码 Post Code
河南南路16号中汇大厦2楼	2nd Floor Zhonghui Mansion No.16 Henan Road S.	200002
陆家嘴路66号招商局大厦33楼	Floor 33, China Merchants Tower (Shanghai), 66 Lujiazui Road	200120
河南南路16号中汇大厦809室	Rm 809 Zhonghui Mansion No.16 Henan Road S.	200002
延安中路1440号阿波罗大厦4层C单元	Cellc Floor 4 Apolo Building No.58 Yan'an Road M.	200040
淮海中路527号A901-902室	Rm A901-902 No.527 Huaihai Road M.	200020
浦东大道138号永华大厦18楼	18 Floor Yonghua Mansion No.138 Pudong Avenue	200120
南京西路1376号上海商城665室	Rm 665 Shanghai Centre No.1376 Nanjing Road W.	200040
延安西路2200号国贸中心1710室	Rm 1710 Shanghai International Trade Centre No.2200 Yan'an Rood W.	200335
延安东路100号联谊大厦1110室	Rm 1110 Union Building No.100 Yan'an Road E.	200002
延安西路129号华侨大厦809室	Rm 809 Huaqiao Mansion No.129 Yan'an Road W.	200040
宛平南路521号B座1005室	Rm 1005 Wing B No.521 Wanping Road S.	200032
浙江中路400号春申江大厦905室	Rm 905 Chunshenjiang Mansion No.400 Zhejiang Road M.	200001
南京西路1376号上海商城505室	Rm 505 Shanghai Centre No.1376 Nanjing Road W.	200040
延安西路129号华侨大厦1812室	Rm 1812 Huaqiao Mansion No.129 Yan'an Road W.	200040
浦东南路1号船舶大厦20楼	Floor 20, Marine Tower, 1 Pudong Road S.	200120
茂名南路58号锦泰办公楼604室	Rm 604 Jintai Office Building No.58 Maoming Road S.	200020
南京西路1376号上海商城308室	Rm 308 Shanghai Centre No.1376 Nanjing Road W.	200040
国定路777号财大丘博保险中心	Qiubo Insurance & Finarcing Centre Financial Univ, No.777 Guoding Road	200433
延安西路129号华侨大厦1411室	Rm 1411 Huaqiao Mansion No.129 Yan'an Road W.	200040
乌鲁木齐北路457号朝代商务中心503室	Rm 503 Chaodai Business Centre No.457 Urumuqi Road N.	200040
南京西路1376号上海商城453室	Rm 453 Shanghai Centre No.1376 Nanjing Road W.	200040
延安西路2200号国贸中心803室	Rm 803 Shanghai International Trade Centre No.2200 Yan'an Road W.	200335
南京西路1376号上海商城655室	Rm 655 Shanghai Centre No.1376 Nanjing Road W.	200040
延安东路100号联谊大厦2703室	Rm 2703 Union Building No.100 Yan'an Road E.	200002
淮海中路283号香港广场南座1306-1307室	Rm 1306-1307, Hong Kong Plaza B, 283 Huaihai Road M.	200021
中山东一路7号5楼	5 Floor No.7 Zhongshan Road E.1	200001
浦东大道288号锦泰办公楼604室	Rm 604 Jintai Office Building No.288 Pudong Avenoe	200120
茂名南路205号瑞金大厦1502室	Rm 1502 Ruijin Building No.205 Maoming Road S.	200020
乌鲁木齐北路457号朝代商务中心404室	Rm 404 Chaodai Business Centre No.457 Urumuqi Road N.	200040
南京东路20号和平饭店343室	Rm 343 Peace Hotel No.20 Nanjing Road E.	200002
天目西路218号嘉里不夜城商城310室	Rm 310 Jiali Ever Bright City No.218 Tianmu Road W.	200070

7－22 续表 2 continued

外资金融机构办事处	Representative Office	所属国家(地区)	Country (Region)
安田火灾保险公司	Yasuda Marine Insurance Co. Ltd	日　本	Japan
安田信托银行	The Yasuda Trust & Banking Co. Ltd	日　本	Japan
北陆银行	The Hokorike Bank, Ltd	日　本	Japan
常阳银行	The Joyo Bank, Ltd	日　本	Japan
大和证券公司	Daiwa Securities Co. Ltd	日　本	Japan
东洋信托银行	The Toyo Trust & Banking Co. Ltd	日　本	Japan
福冈城市银行	The Fukuoka City Bank, Ltd	日　本	Japan
福冈银行	The Fukui Bank Ltd	日　本	Japan
富士火灾保险公司	The Fuji Fire & Marine Insurance Co. Ltd	日　本	Japan
共立株式会社	The Kyoritsu Co. Ltd	日　本	Japan
广岛银行	The Hiroshima Bank, Ltd	日　本	Japan
国际信用卡公司	JCB International Co. Ltd	日　本	Japan
国际证券	Kokusai Securities Co. Ltd	日　本	Japan
横滨银行	Yokohama Bank Ltd	日　本	Japan
静冈银行	The Hizuoka Bank, Ltd	日　本	Japan
名古屋银行	The Bank Of Nagoya Ltd	日　本	Japan
千代田火灾保险公司	Chiyota Marine Insurance Co. Ltd	日　本	Japan
千叶银行	The Chiba Bank, Ltd	日　本	Japan
亲和银行	The Shinwa Bank, Ltd	日　本	Japan
群马银行	The Gunma Bank, Ltd	日　本	Japan
日本短资公司	Nihon Tanshi Co. Ltd	日　本	Japan
日本火灾海上保险	The Nippon Fire & Marine Insurance Co. Ltd	日　本	Japan
日产火灾海上保险公司	The Nissan Fire & Marine Co. Ltd	日　本	Japan
日兴研究中心	Nikko Research Center	日　本	Japan
日兴证券公司	The Nikko Securities Co. Ltd	日　本	Japan
三井海上火灾保险公司	Mitsui Marine & Fire Insurance Co. Ltd	日　本	Japan
三井信托银行	The Mitsui Bank, Ltd	日　本	Japan
三菱信托银行	The Mitsubishi Trust & Banking Co. Ltd	日　本	Japan
上田短资公司	Ueda Tanshi Co. Ltd	日　本	Japan
日本生命保险公司	Nippon Life Insurance Company	日　本	Japan
十六银行	The Juroku Bank, Ltd	日　本	Japan

	地 址 Address	邮政编码 Post Code
淮海中路1375号启华大厦2202室	Rm 2202 Qihua Mansion No.1375 Huaihai Road M.	200031
茂名南路205号瑞金大厦2104室	Rm 2104 Ruijin Monsion No.205 Maoming Road S.	200020
遵义南路5号太平洋饭店524号	Rm 524 Westin Tai Ping Yang Hotel Shanghai No.5 Zunyi Road S.	200335
延安西路2200号国贸中心1901室	Rm 1901 Shanghai International Trade Centre No.2200 Yan'an Road W.	200335
汉口路300号解放大厦23楼A座	23rd Floor Wing A Jiefang Daily Press Building No.300 Hankou Road	200001
茂名南路205号瑞金大厦1901室	Rm 1901 Ruijin Mansion No.205 Maoming Road S.	200020
延安西路2200号国贸中心1702室	Rm 1702 Shanghai International Trade Centre No.2200 Yan'an Road W.	200335
延安西路2200号国贸中心2607室	Rm 2607 Shanghai International Trade Centre No.2200 Yan'an Road W.	200335
南京西路1376号上海商城460室	Rm 460 Shanghai Centre No.1376 Nanjing Road W.	200335
延安西路2200号国贸中心2404室	Rm 2404 Shanghai International Trade Centre No.2200 Yan'an Road W.	200335
延安西路2200号国贸中心1713室	Rm 1713 Shanghai International Trade Centre No.2200 Yan'an Road W.	200335
茂名南路205号瑞金大厦1605室	Rm 1605 Ruijin Mansion No.205 Maoming Road S.	200020
延安东路100号联谊大厦2507室	Rm 2507 Union Building No.100 Yan'an Road E.	200002
茂名南路205号瑞金大厦1605室	Rm 1605 Ruijin Mansion No.205 Maoming Road S.	200020
延安西路2200号国贸大厦1813室	Rm 1813 Shanghai International Trade Centre No.2200 Yan'an Road W.	200335
延安西路2200号国贸大厦1809室	Rm 1809 Shanghai International Trade Centre No.2200 Yan'an Road W.	200335
延安西路2200号国贸大厦1013室	Rm 1013 Shanghai International Trade Centre No.2200 Yan'an Road W.	200335
延安西路2200号国贸大厦707室	Rm 707 Shanghai International Trade Centre No.2200 Yan'an Road W.	200335
延安西路2200号国贸大厦1914室	Rm 1914 Shanghai International Trade Centre No.2200 Yan'an Road W.	200335
延安西路2200号国贸大厦1712室	Rm 1712 Shanghai International Trade Centre No.2200 Yan'an Road W.	200020
淮海中路887号永新大厦12B	Rm 12B Yongxin Mansion No.887 Huaihai Road M.	200335
东方国际大厦C座1501室	Rm 1501, East International Building C	200335
延安西路2200号国贸大厦811室	Rm 811 Shanghai International Trade Centre No.2200 Yan'an Road W.	200335
南京西路1376号上海商城710室	Rm 710 Shanghai Centre No.1376 Nanjing Road W.	200040
南京西路1376号上海商城416室	Rm 416 Shanghai Centre No.1376 Nanjing Road W.	200040
仙霞路88号太阳广场东塔楼508室	Rm 508 East Tower Sun Plaza No.88 XianXia Road	200335
茂名南路205号瑞金大厦2308室	Rm 2308 Ruijin Mansion No.205 Maoming Road S.	200020
茂名南路205号瑞金大厦2404室	Rm 2404 Ruijin Mansion No.205 Maoming Road S.	200020
复兴西路45号底楼	Ground Floor No.45 Fuxing Road W.	200020
延安西路2200号国贸大厦1715室	Rm 1715 Shanghai International Trade Centre No.2200 Yan'an Road W.	200335
茂名南路205号瑞金大厦1201室	Rm 1201 Ruijin Mansion No.205 Maoming Road S.	200335

7－22 续表 3 continued

金融机构办事处	Representative Office	所属国家(地区)	Country (Region)
西日本银行	The Nishi Nippon Bank, Ltd	日　本	Japan
新日本证券	The New Japan Securities Co. Ltd	日　本	Japan
兴亚火灾保险公司	The Koa Fire & Marine Insurance Co. Ltd	日　本	Japan
野村证券	The Nomura Securities Co. Ltd	日　本	Japan
伊予银行	The Iyo Bank, Ltd	日　本	Japan
中国银行	The Chugoku Bank, Ltd	日　本	Japan
住友海上保险公司	Smitomo Marine & Fire Insurance Co. Ltd	日　本	Japan
住友信托银行	The Sumitomo Trust & Banking Co. Ltd	日　本	Japan
瑞士联合银行	Union Bank of Switzerland	瑞　士	Switzerland
瑞士银行	Swiss Bank	瑞　士	Switzerland
瑞士再保险公司	Swiss Reinsurance	瑞　士	Switzerland
苏黎士保险公司	Zurich Insurance	瑞　士	Switzerland
斯洛伐克总信贷银行	General Credit Bank of Slovakia	斯洛伐克	Slovak
群益国际控股有限公司	Csc International Holding Ltd. (Bvi)	斯洛伐克	Slovak
香港京华证券国际有限公司	Core Pacific Securities International Ltd.	斯洛伐克	Slovak
泰华农民银行	Thai Farmers Bank	斯洛伐克	Slovak
泰京银行	Krung Thai Bank Public Co. Ltd	斯洛伐克	Slovak
国际银行	Banco Santander	西班牙	Spain
百富勤投资集团	Peregrine Investments Holdings Ltd.	中国香港	Hong Kong, China
道亨银行	Dao Heng Bank Ltd.	中国香港	Hong Kong, China
荷银证券亚洲有限公司	Abn Amro Asia Ltd.	中国香港	Hong Kong, China
华人银行	The Hongkong Chinese Bank, Ltd	中国香港	Hong Kong, China
嘉里保险有限公司	Kerry Insurance Ltd.	中国香港	Hong Kong, China
里昂证券（亚洲）有限公司	Credit Iynnais Securities (Asia) Ltd	中国香港	Hong Kong, China
廖创兴银行	Liu Chong Hing Asia, Ltd.	中国香港	Hong Kong, China
洛希尔父子（香港）有限公司	Nm Rothschild & Sons Ltd.	中国香港	Hong Kong, China
摩根士坦利（亚洲）有限公司	Morgan Stanley Asia Ltd.	中国香港	Hong Kong, China
鹏利保险（百慕达）有限公司	Top Glory Insurance Co. (Bermuda) Ltd.	中国香港	Hong Kong, China
瑞银华宝亚洲有限公司	Sbc Warburg Asia Ltd.	中国香港	Hong Kong, China
太丰行融资公司	Pacific Capital Ltd.	中国香港	Hong Kong, China
太古保险顾问有限公司	Sun Hung Kai Investment Services Ltd.	中国香港	Hong Kong, China

地　址	Address	邮政编码 Post Code
延安西路2200号国贸大厦2209室	Rm 2209 Shanghai International Trade Centre No.2200 Yan'an Road W.	200335
延安西路2200号国贸大厦1711室	Rm 1711 Shanghai International Trade Centre No.2200 Yan'an Road W.	200335
延安西路2200号国贸大厦2502室	Rm 2502 Shanghai International Trade Centre No.2200 Yan'an Road W.	200335
茂名南路58号花园饭店601室	Rm 601 Garden Hotel No.58 Maoming Road S.	200020
延安西路2200号国贸大厦1603室	Rm 1603 Shanghai International Trade Centre No.2200 Yan'an Road W.	200335
延安西路2200号国贸大厦2007室	Rm 2007 Shanghai International Trade Centre No.2200 Yan'an Road W.	200335
南京西路1376号上海商城517室	Rm 517 Shanghai Centre No.1376 Nanjing Road W.	200040
延安西路2200号国贸大厦602室	Rm 602 Shanghai International Trade Centre No.2200 Yan'an Road W.	200335
延安东路100号联谊大厦1904室	Rm 1904 Union Building No.100 Yan'an Road E.	200002
延安西路2200号国贸中心812室	Rm 812 Shanghai International Trade Centre No.2200 Yan'an Road W.	200335
淮海中路333号瑞安广场2508-2509室	Rm 2508-2509, Shui An Plaza, 333 Huaihai Road M.	200021
南京西路1376号上海商城东峰735A室	Rm 735A Eastwing Shanghai Centre No.1376 Nanjing Road W.	200002
金陵东路2号光明大厦2203-2205室	Rm 2203-2205 Bright Mansion No.2 Jinlin Road E.	200002
浦东南路360号新上海国际大厦18楼	Floor 18, New Shanghai International Building, 360 Pudong Road S.	200120
浦东南路528号上海证券大厦北塔1102-1104室	Rm 1102-1104, Shanghai Stock Exchange Building N, 528 Pudong Road S.	200120
南京西路1376号上海商城663室	Rm 663 Shanghai Centre No.1376 Nanjing Road W.	200040
南京西路1376号上海商城721室	Rm 721 Shanghai Centre No.1376 Nanjing Road W.	200040
延安西路65号国际贵都大饭店803室	Rm 803 Business Tower Equatorial Hotel No.65 Yan'an Road W.	200040
淮海中路1325号百富勤广场22楼	Floor 22, Peregrine Plaza, 1325 Huahai Road M.	200031
河南中路16号中汇大厦601室	Rm 601 Zhonghui Mansion No.16 Henan Road M.	200002
南京西路1376号上海商城601A室	Rm 601A Shanghai Centre No.1376 Nanjing Road W.	200040
遵义南路88号协泰中心8楼	8th Floor Shartex Centre No.88 Zunyi Road S.	200335
中山东二路555号上海外滩商城403室	Rm 403 Shanghai Band Centre No.555 Zhongshan Road E2.	200010
黄浦路99号上海滩国际大厦1102室	Rm 1102, Shanghai International Mansion, 99 Huangpu Road	200002
南京西路1486号东海广场3号楼1013-1015室	Rm 1013-1015 No.3 Building Donghai Plaza No.1486 Nanjing Road W.	200040
南京西路1376号上海商城630室	Rm 630 Shanghai Centre No.1376 Nanjing Road W.	200040
南京西路1376号上海商城700B室	Rm 700B Shanghai Centre No.1376 Nanjing Road W.	200040
浦东陆家嘴路66号招商局大厦1309室	Rm 1309, China Merchants Tower (Shanghai), 66 Lujiazui Road, Pudong	200120
延安西路2200号国贸中心813室	Rm 813 Shanghai International Trade Centre No.2200 Yan'an Road W.	200335
张杨路188号汤臣商务中心大厦C栋2508室	Rm 2508, Tomson Business Centre C, 188 Zhangyang Road	200120
延安东路100号联谊大厦1802室	Rm 1802 Union Building No.100 Yan'an Road E.	200002

7－22 续表 4 continued

金融机构办事处 Representative Office		所属国家(地区) Country (Region)	
新鸿基投资服务有限公司	Sun Hung Kai Investment Services Ltd.	中国香港	Hong Kong, China
亚洲商业银行	Asia Commercial Bank	中国香港	Hong Kong, China
怡富证券有限公司	Jardine Fleming Securities Ltd.	中国香港	Hong Kong, China
约翰逊和希金斯（香港）有限公司	Johnson & Higgins (HK) Ltd.	中国香港	Hong Kong, China
中银信用卡（国际）有限公司	BOC Credit Card (INTERNATIONAL) Ltd.	中国香港	Hong Kong, China
大东方人寿保险公司	Great Eastern Life	新加坡	Singapore
新加坡再保险有限公司	Singapore Reinsurance	新加坡	Singapore
大华银行	United Overseas Bank Group	新加坡	Singapore
国民劳动银行	Banca Nazionale Del Lavoro	意大利	Italy
红麒麟保险	Assicurazioni Generali S.P.A.	意大利	Italy
嘉立堡意大利伦巴地储蓄银行	Cariplo	意大利	Italy
圣保罗银行	Sanpaolo Bank	意大利	Italy
西雅那银行	Banca Monte Deipaschi Di Siena Spa	意大利	Italy
印度国家银行	State Bank of India	印　度	India
巴厘银行	Bank Ball	印度尼西亚	Indonesia
宁波国际银行	BIN	印度尼西亚	Indonesia
中亚保险	P T Assuransi Central Asia	印度尼西亚	Indonesia
巴克莱德胜证券公司	Barclays De Zoete Wedo	英　国	United Kingdom
保诚集团	Prudential	英　国	United Kingdom
保众保险	General Accident	英　国	United Kingdom
标准人寿保险公司	Standard Life	英　国	United Kingdom
德利国际有限公司	Tullett & Tokyo Forex International Ltd.	英　国	United Kingdom
国民西敏银行	National Westmister Bank Plc	英　国	United Kingdom
皇家太阳联合保险集团	Royal & Sun Alliance Insurance Group Plc	英　国	United Kingdom
马素公司	Marshal	英　国	United Kingdom
麦理伦国际集团有限公司	Mclarens International Group Limited	英　国	United Kingdom
塞奇维克集团公司	Sedgwick	英　国	United Kingdom
商联保险有限公司	Commercial Union Insurance Company	英　国	United Kingdom
施罗德国际商人银行	Schroders Plc	英　国	United Kingdom
韦莱科伦中国有限公司	Willis Corroon Group Plc	英　国	United Kingdom
鹰星保险	Eagle Star Life Insurance Co.	英　国	United Kingdom
渣打银行	Standard Charted Bank China Rep.	英　国	United Kingdom
致高集团	EXCO. Plc.	英　国	United Kingdom
阿拉伯银行	Arab Bank PLC	约　旦	Jordan

地 址	Address	邮政编码 Post Code
延安东路100号联谊大厦1802室	Rm 1802 Union Building No.100 Yan'an Road E.	200002
中山东一路7号302室	Rm 302 No.7 Zhongshan Road E.1	200002
淮海中路918号久事复兴大厦9楼	9 Floor Jiushi Mansion No.918 Huaihai Road M.	200020
淮海中路887号永新大厦9008室	Rm 9008 Yongxin Mansion No.887 Huaihai Road M.	200020
延安西路65号国际贵都大饭店办公楼603室	Rm 603 Business Tower Equatorial Hotel No.65 Yan'an Road W.	200040
东方路710号汤臣金融大厦1506室	Rm 1506, Tomson Finacial Building, 710 Dongfang Road	200122
香港路59号	No.59 Xianggang Road	200002
浦东南路528号上海证券大厦北塔2306室	Rm 2306, Shanghai Stock Exchange Building, 528 Pudong Road S.	200120
延安西路65号国际贵都大饭店东楼505室	Rm 505 Business Tower Equatorial Hotel No.65 Yan'an Road W.	200040
南京西路128号永新广场1904室	Rm 1904 No.128 Nanjing Road W.	200003
汉口路300号解放大厦2505室	Rm 2505 Jiefang Daily Press Building No.300 Hankou Road	200001
愚园路168号环球世界大厦1601室	Rm 1601 Globe Mansion No.168 Yuyuan Road	200040
河南南路16号中汇大厦803A	Rm 803A Zhonghui Mansion No.16 Henan Road S.	200002
淮海中路333号瑞安广场1108室	Rm 1108, Shui An Plaza, 333 Huaihai Road M.	200021
常熟路90号602室	Rm 602 No.90 Changshu Road	200040
肇嘉浜路746号怡甸大厦6楼A座	Wing A Floor 6 Yidian Mansion No.746 Zhaojiabang Road	200030
中山东一路7号2楼	2nd Floor No.7 Zhongshan Road E.1	200002
南京西路1376号上海商城530室	Rm 530 Shanghai Centre No.1376 Nanjing Road W.	200040
漕溪北路1200号华亭宾馆5011室	Rm 5011 Huating Hotel No.1200 Caoxi Road N.	200030
淮海中路887号永兴大厦8010B	Rm 8010B Yongxing Mansion No.887 Huaihai Road M.	200031
淮海中路887号永兴大厦8004室	Rm 8004 Yongxing Mansion No.887 Huaihai Road M.	200040
延安西路2077号金桥大厦2402室	Rm 2402, Golden Bridge Building, 2077 Yan'an Road West	200335
南京西路1376号上海商城西峰708室	Rm 708 West Wing Shanghai Centre No.1376 Nanjing Road W.	200040
华山路620号奥力孚大厦3C	3C, Olive Mansion, 620 Huashan Road	200040
延安中路1440号阿波罗大厦601室	Rm 601 Apolo Building No.1440 Yan'an Road M.	200040
淮海中路1号柳林大厦1603室	Rm 1603 Liulin Mansion No.1 Huaihai Road M.	200021
南京西路128号永新广场1205-1206室	Rm 1205-1206, Novel Plaza, 128 Nanjing Road West	200003
延安西路129号华侨大厦1801-1802室	Rm 1801-1802 Huaqiao Mansion No.129 Yan'an Road W.	200040
华侨大厦1508室	Rm 1508 Huaqiao Mansion No.129 Yan'an Road W.	200040
娄山关路85号东方国际大厦C座807室	Rm 807, East International Building C, 85 Loushanguan Road	200335
淮海中路918号久事大厦16楼E	Wing E 16th Floor Jiushi Mansion No.918 Huaihai Road M.	200020
陆家嘴路66号招商局大厦35楼	Floor 35, China Merchants Tower (Shanghai), 66 Lujiazui Road, Pudong	200120
延安西路129号华侨大厦1011室	Rm 1011 Huaqiao Mansion No.129 Yan'an Road W.	200040
四平路128号商贸大厦1803室	Rm 1803, Commerce and Trade Building, 128 Siping Road	200080

7－23 外国和中国香港艺术团体访沪演出一览

VISITING ART TROUPES FROM OTHER COUNTRIES AND HONG KONG SAR (1998)

名称	Name	访问日期 Date of Visit
法国南锡国家芭蕾舞团	Nancy State Ballet of France	5月2日－11日
1998年恰克上海之行演唱会	1998 Chage and Aska Shanghai Concert	5月13日－18日
柴可夫斯基模范芭蕾舞团	Tchaikovsky Model Ballet	7月31日－8月2日
1998年谭泳麟再见上海演唱会	1998 Allen Tan's Farewell to Shanghai Concert	9月12日
新加坡华乐团	Singapore Chinese Music Ensemble	9月24日－27日
刘德华上海之旅演唱会	Andy Lau Shanghai Concert	10月30日－31日
爵士系列音乐会	Series Jazz Concerts	11月18日－22日
中国香港歌星王菲上海演唱会	Hong Kong Singer Faye Wang's Shanghai Concert	12月12日－13日
朝鲜万寿台艺术团	Korean (KPRK) Art Troupe	12月17日－19日
俄罗斯克里姆林宫芭蕾舞剧团	Russian Kremlin Ballet	12月24日－27日

7－24 海外来访文化展出情况

OVERSEAS CULTURAL EXHIBITIONS STAGED IN SHANGHAI (1998)

展出内容	Exhibition	起讫日期 Date
日本挂历展	Japanese Calendar	1月16日－19日
意大利美第琦家族藏品展	Italian Private Collections	2月17日－4月17日
法国画家奥利维·德勃雷版画50周年回顾展	French Artist's Print Art Works Exhibition	3月6日－10日
德国艺术家沃尔夫·卡伦/袁顺二人画展	German Two-Men Art Show	3月28日－4月5日
日本女画家时井桂子个人画展	Japanese Woman Artist Show	4月7日－12日
法国画家索非·特德斯基画展	French Artist Show	4月13日－27日
日本玩具博物馆《世界的玩具和娃娃展》	Japanese Toys Museum	4月19日－9月20日
德国女画家贺恩娜个人画展	German Woman Artist Show	4月26日－5月3日
日本服饰文化展	Japanese Costume Culture	5月12日－19日
日本友人杉谷隆志画展	Japanese Artist Show	5月20日－23日
日本"超日常"展览	Japanese Exhibition	5月21日－6月7日
日本现代绘画巨作品展暨平山郁夫版画展	Japanese Modern Art Works	7月15日－8月10日
老上海风情－奥地利画家希夫画展	Austrian Artist Show	8月20日－27日
上海－仁川国际美术交流展	Shanghai International Art Exchange	9月7日－17日
当代澳大利亚艺术展	Contemporary Australian Art Show	9月16日－27日
现代日本广告画展	Modern Japanese Advertisement Show	10月10日－13日
德国亨特·格拉斯版画作品展	German Woodcut works Show	11月10日－14日
第三届亚洲漫画展	The 3rd Asian Cartoon Exhibition	11月15日－26日
蔡国华旅日十年汇报展暨日本画家作品展	Cai Guohua Art Works	11月23日－27日
"松下幸之助"展	Japanese Exhibition	11月27日－12月1日
全日本娱乐休闲设备展览会	All-nippon Recreational Equipment Show	12月4日－6日

7－25 外国政府文化代表团访沪情况

FOREIGN GOVERNMENT CULTURAL DELEGATIONS VISITING SHANGHAI (1998)

团组名称	Delegation Name	来问日期 Date
俄罗斯电视摄制组	Russian TV Crew	4月12日－15日
俄罗斯新闻报道小组	Russian Press Group	4月17日－19日
俄罗斯政府文化代表团	Russian Government Cultural Delegation	4月17日－19日
吉布提政府文化代表团	Djibouti Government Cultural Delegation	4月17日－19日
比利时那慕尔省文化代表团	Belgian Cultural Delegation	4月17日－20日
瑞典摄影家	Swedish Photographer	4月27日－5月5日
芬兰爱斯堡博物馆代表团	Finnish Museum Delegation	5月14日－16日
罗马尼亚友好人士	Romanian Friends	5月23日－25日
巴哈马文化青年体育代表团	Bahamas Delegation of the Culture, Youth and Sports Ministry	6月2日－4日
日中文化交流协会代表团	Japan-China Cultural Exchange Association Delegation	6月10日－12日
中非政府文化代表团	Central Africa Government Cultural Delegation	7月5日－8日
哥（哥伦比亚）中友好协会代表团	Colombian Columbia-China Friendship Association Delegation	7月12日－15日
蒙古政府文化代表团	Mongolian Government Cultural Delegation	7月18日－19日
格鲁吉亚政府文化代表团	Georgian Government Cultural Delegation	7月23日－24日
乌拉圭国家视觉艺术博物馆代表团	Uruguayan State Visual Art Museum Cultural Delegation	8月12日－14日
缅甸政府文化代表团	Myamar Government Cultural Delegation	9月1日－3日
韩国政府文化代表团	South Korean Government Cultural Delegation	9月4日－6日
加拿大政府代表团	Canadian Government Cultural Delegation	9月17日－18日
摩洛哥友好人士	Moroccan Friends	10月11日－14日
法国摄影师	French Photographer	10月11日－17日
英国布莱顿艺术节	British Art Festival	10月19日－24日
爱沙尼亚政府文化代表团	Estonian Government Cultural Delegation	10月23日－25日
土耳其埃登道昂新闻媒体代表团	Turkish Press Delegation	10月25日－28日
法国友人于塞尔摄制组	French TV Crew	10月26日－27日
秘鲁国家博物馆馆长夫妇	Peruvian Museum Delegation	11月1日－3日
英国卡迪夫声乐比赛组委会成员	British Vocal Music Contest Organizing Committee	11月6日－8日
智利友好人士	Chilean Friends	11月8日－10日
墨西哥友好人士	Mexican Friends	11月12日－15日
瑞典学会文化代表团	Swedish Study Society Cultural Delegation	11月26日－28日
摩尔多瓦政府文化代表团	Moldavian Government Cultural Delegation	12月1日－3日
摩洛哥政府文化代表团	Moroccan Government Cultural Delegation	12月7日－9日
朝鲜人民大学习堂代表团	Korean People Great Study Hall Delegation	12月13日－15日
日中友好会馆访问代表团	Japanese-Chinese Friendship Society Delegation	12月16日－17日
韩国文化代表团	South Korean Cultural Delegation	12月24日－26日

7－26 各国驻沪总领事馆一览

LIST OF CONSULATES GENERAL OF FOREIGN COUNTRIES IN SHANGHAI

(1998)

馆名	Country	领区领域	Consular Region
俄罗斯	Russia	上海、浙江、江苏、安徽	Shanghai,Zhejiang,Jiangsu and Anhui
波　兰	Poland	上海、浙江、江苏、安徽、福建	Shanghai,Zhejiang,Jiangsu, Anhui and Fujian
印　度	India	上海、浙江、江苏	Shanghai,Zhejiang and Jiangsu
韩　国	Republic of Korea	上海、浙江、江苏、安徽	Shanghai,Zhejiang,Jiangsu and Anhui
日　本	Japan	上海、浙江、江苏、安徽	Shanghai,Zhejiang,Jiangsu and Anhui
澳大利亚	Australia	上海、浙江、江苏、安徽	Shanghai,Zhejiang,Jiangsu and Anhui
古　巴	Cuba	上海、浙江、江苏、安徽	Shanghai,Zhejiang,Jiangsu and Anhui
巴　西	Brazil	上海、浙江、江苏	Shanghai,Zhejiang and Jiangsu
法　国	France	上海、浙江、江苏	Shanghai,Zhejiang and Jiangsu
以色列	Israel	上海、浙江、江苏	Shanghai,Zhejiang and Jiangsu
美　国	United States	上海、浙江、江苏、安徽	Shanghai,Zhejiang,Jiangsu and Anhui
荷　兰	Netherlands	上海、浙江、江苏、安徽	Shanghai,Zhejiang,Jiangsu and Anhui
英　国	United Kingdom	上海、浙江、江苏	Shanghai,Zhejiang and Jiangsu
捷　克	Czech	上海、浙江、江苏、安徽	Shanghai,Zhejiang,Jiangsu and Anhui
德　国	Germany	上海、浙江、江苏、安徽	Shanghai,Zhejiang,Jiangsu and Anhui
瑞　士	Switzerland	上海、浙江、江苏	Shanghai,Zhejiang and Jiangsu
加拿大	Canada	上海、浙江、江苏、安徽	Shanghai,Zhejiang, Jiangsu and Anhui
新西兰	New Zealand	上海、浙江、江苏、安徽	Shanghai,Zhejiang,Jiangsu and Anhui
墨西哥	Mexico	上海、浙江、江苏	Shanghai,Zhejiang and Jiangsu
丹　麦	Denmark	上海、浙江、江苏、安徽	Shanghai,Zhejiang,Jiangsu and Anhui
意大利	Italy	上海、浙江、江苏、安徽	Shanghai,Zhejiang,Jiangsu and Anhui
伊　朗	Iran	上海、浙江、江苏、安徽	Shanghai,Zhejiang,Jiangsu and Anhui
新加坡	Singapore	上海、浙江、江苏	Shanghai,Zhejiang and Jiangsu
奥地利	Austria	上海、浙江、江苏、安徽	Shanghai,Zhejiang,Jiangsu and Anhui
芬　兰	Finland	上海、浙江、江苏、安徽	Shanghai,Zhejiang,Jiangsu and Anhui
智　利	Chile	上海、浙江、江苏、安徽	Shanghai,Zhejiang,Jiangsu and Anhui
瑞　典	Sweden	上海、浙江、江苏、安徽	Shanghai,Zhejiang,Jiangsu and Anhui
挪　威	Norway	上海、浙江、江苏、安徽	Shanghai,Zhejiang,Jiangsu and Anhui
比利时	Belgium	上海、浙江、江苏、安徽	Shanghai,Zhejiang,Jiangsu and Anhui
泰　国	Thailand	上海、浙江、江苏、安徽	Shanghai,Zhejiang,Jiangsu and Anhui
土耳其	Turkey	上海、浙江、江苏、安徽	Shanghai,Zhejiang,Jiangsu and Anhui
南斯拉夫	Yugoslavia	上海、浙江、江苏、安徽	Shanghai,Zhejiang,Jiangsu and Anhui

注：1. 波兰领馆原设天津，1954年10月22日迁来上海，当时系领事馆，1955年6月17日升格为总领事馆。

Note: Poland consulate was in Tianjin formerly and moved to Shanghai in Oct. 22, 1954. In Jun. 17. 1955, it was upgraded as consulate general.

2. 1990年10月3日德国统一后原民主德国驻上海领事馆被联邦德国驻上海总领事馆合并。

In Oct. 3, 1990, former Democratic Germany consulate was combined by the Consulate General of United Germany after Germany unified.

3. 原苏联驻上海总领事馆于1991年12月更名为俄罗斯驻上海总领事馆。

In Dec. 1991, former U.S.S.R. consulate general renamed as Russian consulate general.

财政、金融、保险

Chapter 8

Fiscal, Financial and Insurance Performance

第八篇　财政、金融、保险

1998年，上海的财政收入与经济发展保持同步。全市财政收入完成814.3亿元，比上年增长11%，其中，地方财政收入392.2亿元，增长11.3%。上海地方财政支出480.70亿元，比上年增长12.1%。在地方财政支出中，用于城市维护费及建设资金的财政支出为151.19亿元，其中，城市公共设施及维护费84.89亿元；用于文教、卫生、科学部门的财政支出为117.48亿元，其中，用于教育、卫生支出分别为76.01亿元和12.42亿元。

1998年上海金融业不断强化和完善服务功能，全年金融业实现增加值500亿元，比上年增长12.2%。年末全市金融机构各项存款余额6330.65亿元，比上年末增加697.86亿元；各项贷款余额4812.63亿元，增加650.61亿元。金融机构呈多元化发展，金融领域对外开放继续扩大。年末外资在沪的经营性金融机构已达62家，其中获准经营人民币业务的有19家。

上海在全面实施“一个龙头，三个中心”发展战略的过程中，努力培育和发展要素市场，增强中心城市的要素集散功能和辐射能力，积极为全国服务。全年证券市场各类证券成交额累计34335.79亿元，比上年增长151%。至年末，上市证券数528个，比上年末增加61个，其中，上市股票477个，增加55个。在全年证券交易额中，国债成交额21235.24亿元，比上年增长38.1%；股票成交额12386.11亿元，比上年减少10%。全年中国外汇交易中心成交额519.61亿美元，上海商品交易所交易额348.47亿元，金属交易所交易额4730.86亿元，粮油交易所交易额80.12亿元。上海技术交易所全年共签订各类技术合同18364项，合同金额31.41亿元，比上年增长9.2%。产权交易又有新发展，全年共有1103家企业通过产权交易实现了重组，交易金额172.58亿元。房地产交易中心成交过户面积315万平方米，比上年增长94%。至年末，全市以批发为主的各类生产资料市场已达到184个。

Chapter 8　Fiscal, Financial and Insurance Performance

Shanghai's fiscal revenue in 1998 totaled 81.43 billion yuan, a 11% increase over the previous year. Of the total, local fiscal revenue was 39.22 billion yuan, 11.3% higher than in 1997. Local fiscal spending in the year was 48.07 billion yuan, up 12.1%. Fiscal spending on urban maintenance and construction reached 15.119 billion yuan, including 8.489 billion yuan for building and maintaining public facilities. Fiscal spending on culture, education, public health, scientific institutions reached 11.748 billion yuan, including 7.601 billion yuan and 1.242 billion yuan, respectively, for education and public health.

In 1998, the city's finance sector adotped continous efforts to improve its services and realized an added value of 50 billion yuan, up 12.2% from the previous year. At the end of 1998, the balance on deposit accounts of all financial institutions in the city totaled 633.065 billion yuan, which was 69.786 billion yuan more than at the beginning of the year. The balance on lending accounts was 481.263 billion yuan, an increase of 65.061 billion yuan over the end of 1997. Financial institutions also diversified and the sector opened wider to the outside world. At the end of the year, Shanghai had a total of 62 foreign-funded financial institutions, of which 19 were approved to deal in renminbi business.

The securities markets developed at a fast pace in the year in line with the overall plan to turn the city into a fiance, business and trade centre. In 1998, a total of 3433.579 billion yuan of securities were traded, which represented a 151% increase over the previous year. At the end of the year, the Shanghai Stock Exchange had 528 security listings, up 61 from the previous year. Of the total, 477 were stocks, adding 55. Of the trading of all securities in the year, the government bond transactions were 2123.524 billion yuan, up 38.1% over 1997; and stock transactions reached 1238.611 billion yuan, down 10%.

In 1998, the transactions of Shanghai-based China Foreign Exchange Trading System amounted to US $51.961 billion; Shanghai Commodities Exchange 34.847 billion yuan; Shanghai Metal Exchange 473.086 billion yuan; and Shanghai Grain and Edible Oil Market 8.012 billion yuan. Meanwhile, the city's Technology Exchange signed 18,364 technology exchange contracts, involving 3.141 billion yuan, which was an increase of 9.2% over 1997. The year also saw 1,103 enterprises reorganized through exchange of property right, with transactions totalling 17.258 billion yuan. The city's Real Estate Exchange Centre reported a total transaction of 3.15 million square metres of housing space, a growth of 94% over the 1997 figure. The city also had 184 wholesale markets dealing in various production materials.

全市财政收入（亿元）
Total Municipal Financial Revenue (100 000 000 yuan)

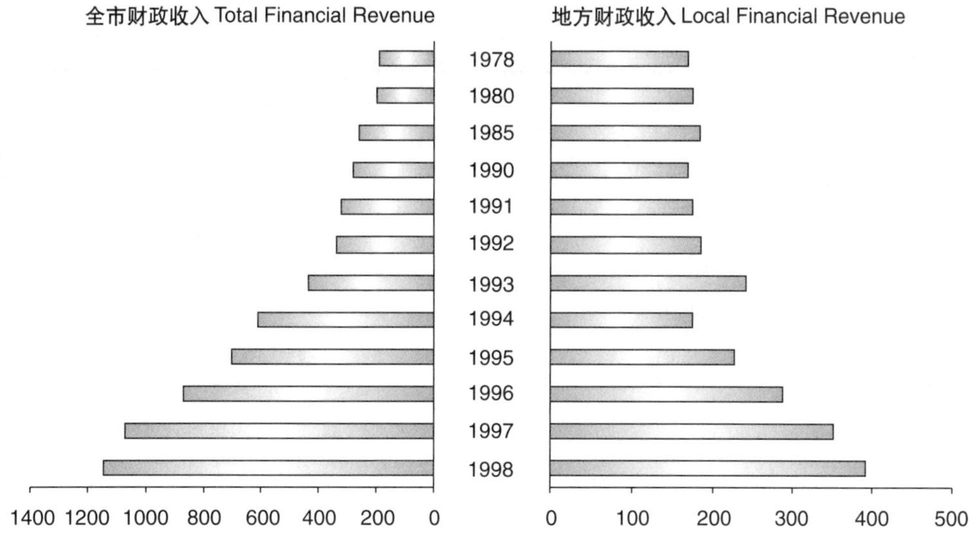

地方财政支出构成（%）
Composition of Local Financial Expenditure (%)

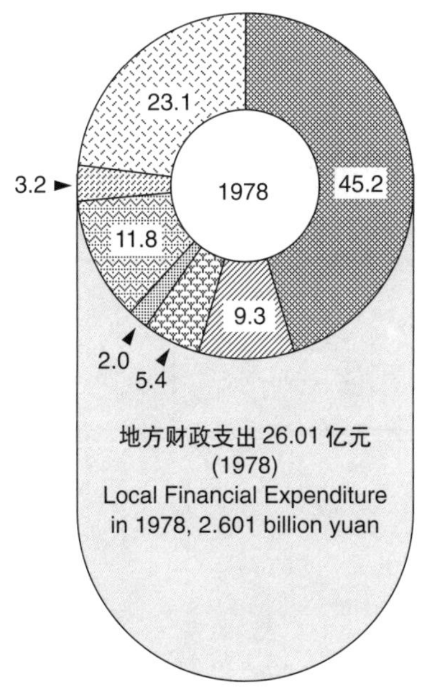

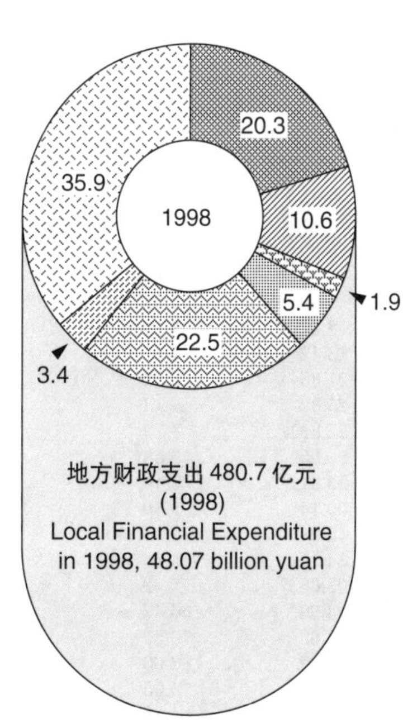

8－1 主要年份财政收支

TOTAL MUNICIPAL FINANCIAL BALANCE IN MAIN YEARS

单位：亿元 (100 million yuan)

指　标	Indicators	1995	1996	1997	1998
全市财政收入	Financid Revenue	702.46	874.00	1 070.95	1 146.00
地方财政收入	Local Financid Rervenue	227.30	288.49	352.33	392.22
#工商税收	Industrial and Commercial Tax	215.31	271.28	298.78	344.83
#增值税	Value-added Tax	141.35	165.84	189.82	213.68
企业所得税	Enterprise Income Tax	21.00	29.09	54.29	50.44
#国有企业	State-owned Enterprises	6.15	6.23	24.30	13.48
集体企业	Collective-owned Enterprises	8.49	14.00	17.40	17.02
股份制企业	Shareholding Enterprises	3.76	4.60	4.90	9.61
私营企业	Private Enterprises	1.30	3.20	4.70	5.89
地方财政支出	Local Expenditure	267.89	342.66	428.92	480.70
#基本建设	Capital Construction	42.26	43.80	82.78	97.77
企业挖潜改造资金	Technical Updates and Transformoction of Enterprises	28.60	53.08	59.80	51.11
支农支出	Supporting Agricultural Production	6.44	6.72	8.13	6.52
城市维护费	City Maintenance	17.52	19.70	23.81	27.39
科教文卫事业费	Culture, Education, Science and Health Care	61.02	77.87	95.42	108.14
行政管理事业费	Administration	9.62	11.06	13.66	16.35
价格补贴	Price Subsidies	8.89	10.44	8.54	9.74

8－2 用于城市维护费及建设资金的财政支出

EXPENDITURE USED AS CITY MAINTENANCE AND CONSTRUCTION FUND

(1978－1998)

单位：亿元 (100 million yuan)

年　份 Year	合　计 Total	城市公共设施及维护费 Public Instal-lation and Maintenance	城市公用事业建设及维护费 Public Facility Construction and Maintenance	城市住宅建设及维护费 City Residence Construction and Maintenance	环境保护补助资金 Environmental Protection Subsidies	其他支出 Others
1978	3.65	0.90	0.63	2.06		0.06
1979	4.61	1.49	0.86	2.19		0.07
1980	5.29	1.56	0.66	2.86		0.21
1981	6.50	2.10	0.62	3.40		0.39
1982	8.55	2.63	0.70	3.59	0.10	1.54
1983	8.47	3.10	0.96	3.30	0.38	0.74
1984	13.12	4.17	1.48	5.14	0.46	1.86
1985	21.35	6.82	3.97	6.94	0.77	2.85
1986	25.82	9.13	5.13	8.36	0.75	2.44
1987	22.32	7.79	4.28	7.77	1.20	1.28
1988	26.05	8.55	3.28	11.58	1.15	1.50
1989	23.01	8.46	3.14	7.64	1.16	2.60
1990	30.14	11.89	4.00	10.94	1.16	2.15
1991	43.94	22.59	7.28	10.34	1.21	2.52
1992	64.19	26.63	10.50	21.38	1.19	4.49
1993	103.68	45.32	27.21	25.00	1.23	4.92
1994	123.90	66.42	20.53	29.30	1.22	6.45
1995	137.30	76.55	25.86	22.45	1.33	11.13
1996	142.53	86.60	27.71	22.71	1.44	4.08
1997	151.76	73.05	35.09	26.07		17.55
1998	151.19	84.89	29.58	26.28	1.55	8.89

8－3 用于文教、卫生、科学部门的财政支出
FINANCIAL EXPENDITURE ON EDUCATION, HEALTH CARE AND SCIENCE
(1978－1998)

单位：亿元 (100 million yuan)

年 份 Year	合 计 Total	#教 育 Education	#卫 生 Health Care	#公费医疗 Free Medical Service	#科 学 Science	#通信广播 Communication and Broadcasting	#计划生育 Family Planning
1978	3.43	2.05	0.67	0.18	0.11	0.07	0.01
1979	4.12	2.50	0.80	0.18	0.14	0.08	0.01
1980	4.77	2.89	0.95	0.20	0.19	0.10	0.02
1981	5.20	3.08	1.15	0.22	0.18	0.10	0.02
1982	5.92	3.36	1.34	0.25	0.20	0.16	0.03
1983	6.50	3.52	1.56	0.30	0.20	0.18	0.03
1984	7.64	4.43	1.70	0.35	0.29	0.19	0.05
1985	11.14	6.58	2.35	0.43	0.39	0.30	0.08
1986	13.23	7.51	2.86	0.54	0.61	0.36	0.08
1987	13.92	7.47	2.83	0.75	1.09	0.29	0.11
1988	15.98	8.60	3.09	1.02	1.19	0.29	0.10
1989	20.05	10.25	4.09	1.27	1.73	0.35	0.10
1990	21.81	11.35	4.53	1.53	1.76	0.36	0.18
1991	23.55	12.48	4.30	1.74	1.45	0.56	0.17
1992	27.63	14.93	5.29	2.31	1.78	0.56	0.20
1993	37.56	20.06	6.37	4.15	2.22	0.43	0.22
1994	53.46	31.21	8.25	5.28	3.14	0.54	0.29
1995	70.97	39.44	9.62	7.35	4.99	0.53	0.34
1996	87.44	49.89	11.19	9.47	5.68	0.61	0.38
1997	105.40	63.59	14.90	11.74	5.58	0.66	0.44
1998	117.48	76.01	12.42	13.53	5.48	0.64	0.49

8－4 有价证券发行、成交情况
ISSUES AND TRANSACTIONS OF MARKETABLE SECURITIES
(1996－1998)

单位：亿元 (100 million yuan)

指 标	Indicators	1996	1997	1998
有价证券发行额	**Issues of Marketable Securities**	**1 133.58**	**1 589.16**	**1 649.21**
#债 券	Bond	392.92	526.77	273.35
#国库券	State Treasury Bond	387.92	521.77	262.25
企业债券	Enterprises Bond	5.00	5.00	11.10
股 票	Stock	740.66	1 062.39	1 375.86
A 股	A-Share	625.54	907.77	1 206.12
B 股	B-Share	45.28	67.61	74.23
H 股	H-Share	69.84	87.01	95.51
有价证券成交总额	**Transaction Volume of Marketable Securities**	**27 661.45**	**29 842.54**	**34 335.79**
#债 券	Bond	17 402.70	15 396.06	21 266.56
#国库券	State Treasury Bond	17 401.54	15 380.56	21 235.24
股 票	Stock	9 114.82	13 763.18	12 386.11
A 股	A-Share	9 020.24	13 550.24	12 304.23
B 股	B-Share	94.57	212.94	81.88
期末上证指数	**Index of Shanghai Marketable Securities at Period End**	**917.02**	**1 194.10**	**1 146.70**
A 股	A-Share	954.98	1 258.49	1 219.64
B 股	B-Share	67.03	55.88	28.71

注：本表股票发行额为当年存量数。
Note: The issues of marketable securities in this toble is the deposit of the year.

8－5 银行存贷款余额

SAVING DEPOSIT AND LOANS BALANCES OF BANK

(1995－1998)

单位：亿元 (100 million yuan)

指 标	Indicators	1995	1996	1997	1998
银行存款余额	**Total Saving Deposit Balance**	**3 056.76**	**3 870.98**	**5 560.65**	**5 595.43**
#企业存款	Enterprise Deposit	1 601.88	1 982.03	2 780.63	3 123.31
#工 业	Industry	354.88	369.29	393.33	
商 业	Commerce	108.50	128.61	203.63	
财政性存款	Treasury Saving Deposit	142.27	141.24	174.20	195.10
农业存款	Rural Saving Deposit	12.33	15.13	14.84	14.76
银行贷款余额	**Total Loan Balance**	**2 387.33**	**2 852.66**	**3 722.30**	**4 259.71**
#短期贷款	Short Term	1 773.36	2 141.28	3 071.43	3 327.96
#工 业	Industry	792.40	943.57	1 068.85	1 143.80
商 业	Commerce	582.21	660.68	772.08	871.94
中长期贷款	Middle and Long Term	432.27	488.14	564.91	604.14

8－6 保险费收入和赔款支出

PREMIUMS INCOME AND INDEMNITE EXPENDITURE

(1952－1998)

单位：万元 (10 000 yuan)

年 份 Year	保险费收入 Premium Income	赔款支出 Indemnite Expenditure	综合赔付率(%) Comprehensive Loss Ration	年 份 Year	保险费收入 Premium Income	赔款支出 Indemnite Expenditure	综合赔付率(%) Comprehensive Loss Ration
1952	2 531	308	12.2	1976	1 361	977	71.8
1953	2 882	299	10.4	1977	1 422	1 101	77.4
1954	2 978	175	5.9	1978	1 744	1 653	94.8
1955	2 664	372	14.0	1979	1 578	673	42.7
1956	2 688	168	6.3	1980	6 967	1 341	19.2
1957	2 425	269	11.1	1981	9 452	3 224	34.1
1958	2 714	444	16.3	1982	11 105	2 144	19.3
1959	2 755	478	17.4	1983	13 250	4 462	33.7
1960	3 281	661	20.2	1984	17 582	3 626	20.6
1961	2 951	594	20.1	1985	22 725	5 385	23.7
1962	2 752	743	27.0	1986	30 428	6 829	22.4
1963	2 844	505	17.8	1987	40 306	9 180	22.8
1964	3 173	332	10.5	1988	53 772	15 466	28.8
1965	3 522	478	13.6	1989	73 739	18 936	25.7
1966	3 411	428	12.5	1990	89 905	22 179	24.7
1967	612	554	90.5	1991	111 579	44 667	40.0
1968	672	644	95.8	1992	111 000	42 300	38.1
1969	665	593	89.2	1993	144 600	58 900	40.7
1970	658	435	66.1	1994	211 976	119 088	56.2
1971	733	861	117.5	1995	257 344	127 478	49.5
1972	1 058	616	58.2	1996	524 000	150 000	28.6
1973	1 673	573	34.2	1997	875 900	191 000	23.4
1974	1 368	1 204	88.0	1998	1 029 200	286 700	27.9
1975	1 344	1 193	88.8				

8－7 上海企业公开发行股票(A股)一览

LIST OF STOCKS PUBLICLY ISSUED BY SHANGHAI ENTERPRISES

(1998年底)(BY THE END OF 1998)

单位：万元 (10 000 yuan)

名称	Name	股票价格(元)Price (yuan) 面值 Face Value	发行价 Issued Price	股本面值 Face Value #国家股 Government Share	#社会法人股 Cooperation Share	#个人股 Personal Share	发行值 Issued Value
1984年	**Year of 1984**				**17**	**33**	**50**
飞乐音响	Feilo Accoustics	50.00	50.00		17	33	50
1985年	**Year of 1985**				**32**	**498**	**530**
延中实业	YanZhong	50.00	50.00		20	480	500
爱　使	AiShi	50.00	50.00		12	18	30
1987年	**Year of 1987**			**15 485**	**680**	**1 730**	**2 410**
真空电子	Vacuum Electron	100.00	100.00	14 244		1 450	15 694
中华企业	China Enterprise	100.00	100.00		30	70	100
飞乐股份	Feilo Accoustics	100.00	100.00	1 241	650	210	2 101
1988年	**Year of 1988**			**165**	**356**	**129**	**650**
豫园商城	Yuyuan Bazar	100.00	100.00	165	356	129	650
1991年	**Year of 1991**				**1 603**	**1 100**	**13 658**
兴业房产	Xingye Re	10.00	35.00		803	500	5 258
浦东大众	Pudong Dazhong	10.00	60.00		800	600	8 400
1992年	**Year of 1992**			**711 893**	**116 350**	**68 326**	**1 675 752**
二纺机	ErfangJi	10.00	38.00	14 134	800	3 020	28 650
轻工机械	Light ind Mach	10.00	24.00	15 516		1 000	17 916
嘉　丰	Jiafeng	10.00	35.00	5 913	150	1 000	9 938
联合实业	United Holding	10.00	43.00			1 100	12 923
异型钢管	Special Steel Ture	10.00	28.00	2 335	475	800	5 905
中纺机	China Textile Mach	10.00	38.00	11 010	1 300	1 500	21 650
大众出租	DaZhong Taxi	10.00	49.00	5 090	500	500	9 990
第一铅笔	First Pencil	10.00	40.00	2 892	508	500	6 924
永生制笔	Wing Sung	10.00	72.00	4 404	700	500	13 044
胶带股份	Rubber Belt	10.00	35.00	3 395	500	500	6 895
丰华圆珠	Fenghua Ballpen	10.00	55.00	3 872	1 200	600	13 772
第一食品	1 st Provision Store	10.00	58.00	969	570	730	9 079
联华合纤	Lian Hua Fibre	10.00	55.80	5 289	1 500	500	16 449
氯碱化工	Chlor Alkali	10.00	54.00	50 538	7 000	1 643	97 210
冰箱压缩	Refrige Compressor	10.00	48.00	7 991	3 000	1 000	27 191
联　农	United Agriculture	10.00	50.00		1 100	600	9 300
金　陵	Jinling	10.00	42.00		1 217	600	10 913
嘉宝实业	Jiabao	10.00	50.00		1 500	1 000	20 626
轮胎橡胶	Tyre and Rubber	10.00	68.00	43 201	400	1 600	56 801
复华实业	Forward	10.00	52.00	432		1 500	10 639
水仙电器	Narcissus Electric	10.00	46.00	6 078	1 700	800	17 578

单位：万元 8－7 续表 1 continued (10 000 yuan)

名 称 Name		股票价格(元)Price (yuan) 面 值 Face Value	发行价 Issued Price	股本面值 Face Value #国家股 Government Share	#社会法人股 Cooperation Share	#个人股 Personal Share	发行值 Issued Value
申达实业	Shenda	10.00	30.00	10 155	2 300	1 200	20 655
电 器	Electric	10.00	44.00	36 151	2 000	2 500	55 951
新 世 界	New World	10.00	88.00	820	241	400	6 500
棱光实业	Lengguang	10.00	22.00	1 880	400	1 100	5 180
龙 头	Dragon Head	10.00	38.00	12 947	3 000	1 500	30 047
中百一店	No.1 Store	10.00	89.00	6 808	3 000	2 300	53 978
华联商厦	Shanghai Hualian	10.00	92.80	3 653	2 800	1 700	45 413
双鹿电器	Shuanglu Ele	10.00	56.60		3 000	500	25 527
海鸟电子	Albatronics	10.00	40.00			600	3 329
三 爱 富	3F New Material	10.00	34.00	3 000	500	1 500	9 800
广 电	Radio and Audio	10.00	48.00	39 384	4 000	2 538	70 766
黄浦房产	Huangpu Re	10.00	60.80	4 069	2 100	793	22 720
浦东金桥	Jin Qiao	10.00	25.00	24 000		3 000	34 500
国脉实业	Guo Mai	10.00	51.80		2 129	750	19 034
众城实业	Zhongcheng	10.00	12.00			1 000	6 380
申 能	Shenergy	10.00	28.00	212 286	25 000	2 988	290 652
爱 建	Aijian	10.00	70.00		2 000	2 500	42 000
望 春 花	Wang Chun Hua	10.00	50.00		700	500	7 822
国嘉实业	Citic-Jiading	10.00	36.00		500	500	5 598
新亚快餐	New Asia Fast Food	10.00	32.80		300	400	3 296
外 高 桥	Outer Gaoqiao	10.00	28.00	24 000		1 000	29 800
原 水	Raw Water	10.00	38.00	48 993	14 875	2 374	114 539
新 锦 江	Jinjiang Tower	10.00	52.00		6 000	2 000	50 230
豫园商城	Yuyuan Bazar	10.00	80.00	1 619	4 000	1 350	48 740
南洋实业	Nanyang Int'l	10.00	55.80	541	1 824	750	18 389
浦东强生	Qiang Sheng Taxi	10.00	28.50			720	3 132
陆 家 嘴	Lujiazui	10.00	28.00	67 000		1 500	74 200
沪昌特钢	Huchang Sp Steel	10.00	28.00	19 528	5 431	3 500	56 076
良华实业	Liang Hua	10.00	24.50		1 570	730	9 605
东方明珠	Oriential Pearl	10.00	51.00		2 000	2 000	57 400
商业网点	Commerial Re	10.00	41.00		1 260	740	11 050
凌 桥	Lingqiao Tapwater	10.00	15.00	12 000	1 300	2 400	20 050
1993年	**Year of 1993**			**598 397**	**34 051**	**83 390**	**1 155 968**
中华企业	China Enterprise	1.00	6.50	5 863	493	1 507	18 864
钢 运	Steel Trans	1.00	4.00	3 584	500	1 000	9 584
上海凤凰	Phoenix Bicycle	1.00	6.00	22 176	1 000	2 000	40 176
邮通设备	Posts and Telecoms	1.00	5.00	4 761	900	1 000	14 261
上海石化	Shanghai Petrochem	1.00	3.00	400 000	15 000	40 000	565 000
上海三毛	Sanmao Textile	1.00	4.00	4 909	750	1 000	11 909

单位：万元 8－7 续表 2 continued (10 000 yuan)

名 称 Name		股票价格(元)Price (yuan)		股本面值 Face Value			发行值 Issued Value
		面 值 Face Value	发行价 Issued Price	# 国家股 Government Share	# 社会法人股 Cooperation Share	# 个人股 Personal Share	
亚 通	Ya Tong	1.00	2.80	3 216	800	1 000	8 256
大 江	Dajiang (Group)	1.00	4.00		1 000	1 500	53 435
上海永久	Forever Bicycle	1.00	5.50	14 801	1 000	1 300	27 451
耀皮玻璃	Yaohua Pilkington	1.00	6.30		452	2 500	44 645
隧 道	Tunnel Engineering	1.00	3.40	5 533	900	2 000	15 393
物贸中心	Goods and Materials	1.00	3.70	12 087	900	1 000	19 117
万象集团	Wan Xiang	1.00	5.00	3 000	750	1 250	13 000
益民百货	Yimin	1.00	6.60	3 763		1 270	12 145
时 装	Fashion Clothing	1.00	5.40	3 000	750	1 250	13 800
兰 生	Lansheng	1.00	5.50	10 613		3 550	30 138
友谊华侨	Friendship	1.00	5.20	3 000	497	1 003	10 800
上菱电器	Shangling Electric	1.00	5.50	17 665	900	1 800	32 515
界龙实业	Jielong	1.00	4.00	464	609	1 250	10 577
农垦商社	Saic Trading	1.00	5.00	3 759		1 260	10 059
第九百货	No.9 Store	1.00	5.00	3 000	750	1 250	13 000
上 柴	Diesel Engine	1.00	5.20	20 142	1 000	1 800	34 702
中西药业	Zhongxi Pharm	1.00	5.00	3 080	670	1 250	12 680
工业缝纫	Industrial Sewing	1.00	5.80	9 720	1 000	1 200	22 480
英 雄	Hero	1.00	5.80	5 821	680	1 000	15 565
钢 管	Steel Tube	1.00	4.00	13 640	1 000	1 200	22 440
同济科技	Tongji Science	1.00	6.00	491		1 300	11 509
自 仪	Auto Instrument	1.00	3.50	15 886	1 000	2 200	27 086
四 药	No.4 Pharm	1.00	4.50	4 297		1 500	11 047
华东电脑	East-china Computer	1.00	3.00	126	750	1 250	9 000
海 欣	Haixin	1.00	7.00			1 000	15 334
1996年	**Year of 1996**			**51 984**	**36 349**	**36 349**	**311 486**
东海股份	Shanghai Donghai	1.00	5.80	6 579	2 880	5 412	53 521
耀华玻璃	Yaohua Pil Glass	1.00	6.06	13 420	80	4 500	40 770
上海港机	Shanghai Port Ma	1.00	5.18	7 960	400	3 600	28 680
浦东不锈	Pudong Stainless	1.00	5.40	4 021	13 979	6 000	50 400
巴士股份	Shanghai Bus	1.00	5.80	3 640	1 760	5 000	42 848
新亚股份	New Asia	1.00	4.90	16 364	6 000	3 100	60 954
张江高科	Zhangjiang Hi-te	1.00	6.15		11 250	3 750	34 313
1997年	**Year of 1997**			**99 618**	**605 166**	**83 000**	**1 107 864**
华源股份	China Energy	1.00	7.04			4 000	28 160
中纺投资	China Textile Investment	1.00	6.20	5 417	5 166	3 000	29 183
江南重工	Jiangnan Heavy Industry	1.00	5.37	7 201		6 000	39 421
上海梅林	Shanghai Meiling	1.00	4.00	17 000		10 000	57 000
东方航空	Eastern Airline	1.00	2.45		600 000	30 000	673 500
上海汽车	Shanghai Auto	1.00	7.02	70 000		30 000	280 600
1998年	**Year of 1998**			**111 551**	**18 641**	**62 000**	**406 460**
虹桥机场	Hongqiao Airport	1.00	6.41	60 000		30 000	192 300
上海建工	Shanghai Construction	1.00	6.67	38 700		15 000	100 050
上海贝岭	Shanghai Belling	1.00	6.53	12 851	8 567	12 000	78 360
上海复星	Shanghai Fuxing	1.00	7.15		10 074	5 000	35 750

8－8 上海企业向海外发行人民币特种股票(B股)一览

LIST OF SPECIAL STOCKS (B-SHARE) ISSUED ABROAD BY SHANGHAI ENTERPRISES (1992－1998)

名 称	Name	股票价格Price 股票面值(元) Face Value (yuan)	发行价 Issued Price 美元 USD	发行价 折人民币RMB (yuan)	发行B股面值(万元) Face Value of B-Share (10 000 yuan)	发行值Issued Value 万美元 USD (10 000)	发行值 折人民币 RMB (10 000 yuan)
1992年	**Year of 1992**				**85 500**	**65 558**	**426 891**
真 空	Vacuum	100.00	71.20	420.00	10 000	7 120	42 000
二 纺	Erfang Ji	10.00	6.10	38.80	12 500	7 625	48 500
大 众	Dazhong	10.00	6.50	43.00	2 500	1 626	10 750
永 生	Wing Sung	10.00	8.36	53.00	2 500	2 091	13 250
中 铅	First Pencil	10.00	5.20	34.70	2 500	1 301	8 675
中 纺	China Textile	10.00	6.10	40.00	7 000	4 270	28 000
胶 带	Bubber Belt	10.00	5.31	35.00	2 500	1 327	8 750
氯 碱	Chlor Alkali	10.00	8.00	52.50	24 000	19 200	126 000
轮 胎	Tyre and Rubber	10.00	11.00	72.98	17 000	18 701	124 066
冰 箱	Refrigerator	10.00	4.60	33.80	5 000	2 300	16 900
1993年	**Year of 1993**				**85 300**	**38 464**	**339 100**
金 桥	Jinqiao	1.00	0.3440	2.8000	11 000	3 784	30 800
外高桥	Outer Gaoqiao	1.00	0.3800	4.0700	8 500	3 230	34 595
联 华	Lian Hua	1.00	0.3800	3.3400	3 000	1 140	10 020
新锦江	Jinjiang Tower	1.00	0.3790	3.3000	9 000	3 411	29 700
永 久	Forever Bicycle	1.00	0.3550	3.0900	6 000	2 130	18 540
凤 凰	Phoenix Bicycle	1.00	0.4050	3.5200	10 000	4 050	35 200
海 欣	HaiXin	1.00	0.7000	6.0900	3 500	2 450	21 315
耀 皮	Yaohua Pilkinton	1.00	0.7200	6.2664	10 000	7 200	62 664
大 江	Dajiang (Group)	1.00	0.4020	3.5000	3 500	1 407	12 250
上 柴	Diesel Engine	1.00	0.5230	4.5500	10 000	5 230	45 500
英 雄	Hero	1.00	0.4390	3.8200	3 500	1 537	13 370
三 毛	Sanmao	1.00	0.3440	2.9800	3 300	1 135	9 834
友 谊	Friendship	1.00	0.4400	3.8280	4 000	1 760	15 312
1994年	**Year of 1994**				**86 500**	**39 400**	**349 970**
工 缝	Industrial Sewing	1.00	0.4200	3.6540	7 500	3 150	27 405
上 菱	Shangling	1.00	0.7500	6.5220	7 000	5 250	45 654
钢 管	Steel Tube	1.00	0.3980	4.0000	8 000	3 184	32 000
物 贸	Goods and Materials	1.00	0.2580	3.7000	5 000	1 290	18 500
自 仪	Auto Instrument	1.00	0.2480	2.1576	7 000	1 736	15 103
国 旅	Int'L Travel	1.00	0.3600	3.0769	6 000	2 160	18 461
邮 通	Posts and Telecoms	1.00	0.5200	4.4356	6 000	3 120	26 614
水 仙	Narcissus	1.00	0.2650	2.2602	10 000	2 650	22 602
陆家嘴	Lujiazui	1.00	0.6680	5.6925	20 000	13 360	113 850
新 亚	New Asia	1.00	0.3500	2.9781	10 000	3 500	29 781
1995年	**Year of 1995**				**8 000**	**2 216**	**18 400**
金 泰	Jintai	1.00	0.2770	2.3000	8 000	2 216	18 400
1997年	**Year of 1997**				**18 000**	**6 348**	**52 054**
开 开	Kai Kai	1.00	0.2560	2.0992	8 000	2 048	16 794
振 华	Zhenghua	1.00	0.4300	3.5260	10 000	4 300	35 260
1998年	**Year of 1998**				**24 0000**	**6 624**	**54 847**
凯 马	Kaima B	1.00	0.276	2.287	24 000	6 624	54 847
茉织华	Mozhihua	1.00	0.280	2.3200	11 000	3 080	25 520

第 9 篇

农业

Chapter 9

Agriculture

第九篇　农　　业

1998年末，上海农村家庭户数为116.71万户；农村人口387.54万人，从业人员270.63万人。实有耕地面积29.38万公顷，比上年减少了0.42万公顷，平均每个农村劳动力占有耕地1087平方米。

加快推进农业现代化进程，继续加大农业投入，以农田水利、"三高"农田、蔬菜设施为重点的农业基础设施建设得到加强，有效地改善了农业生产条件。全年农业总产值206.75亿元，比上年增长2.4%。其中种植业89.10亿元，增长5.1%；牧业87.27亿元，增长1.9%；渔业29.54亿元，下降3.4%。新一轮"米袋子"、"菜篮子"工程向集约化、产业化、规模化、市场化方向发展。全年粮食总产量212.58万吨，棉花总产量0.47万吨，蔬菜、肉类、牛奶、水产品等主要农副产品供应丰富，价格稳定。

农牧业特色种养得到发展。全年鸵鸟产量1300只，比上年增长4.5%；肉鸽132.93万只，增长6%；甲鱼795吨，增长91.1%；牛蛙28吨，增长86.7%；河蟹2262吨，增长33%。

积极依靠科技进步加快发展农业，大力发展出口创汇农业。全年农业出口产品收购额4.06亿元，其中直接出口3.14亿元。

年末郊县（区）拥有农业机械总动力155.73万千瓦，比上年末下降1.9%。全年农村用电量67.91亿千瓦·小时，比上年增长4.5%；化肥施用量85.24万吨，增长36.5 %。

Chapter 9　Agriculture

At the end of 1998, Shanghai had a total of 1.1671 million rural households, with a rural population of 3.8754 million and a work force of 2.7063 million people. Its cultivated land totaled 293,800 hectares, down 4, 200 hectares from the previous year. Per－capita labour cultivated land was 1,087 square meters.

A series of policy measures were taken in favour of agricultural production and the city continued to increase its investment in agriculture, while high－yielding, quality and efficient farming was actively encouraged. Fresh progress was also made in contruction of basic agricultural facilities focusing on vegetable farming. Total agricultural output value in 1998 was 20.675 billion yuan, up 2.4% from 1997. Of the total output value, planting rose by 5.1% to 8.91 billion yuan; livestock industry up 1.9% to 8.727 billion yuan; and fisheries down 3.4% to 2.954 billion yuan. The "vegetable basket" and "rice bag" projects made new progress in terms of scale and market orientation and effectively ensured the market supply of farm and sideline products. Shanghai's total grain output in 1998 was 2.1258 million tons and its cotton output reached 4,700 tons. The city also reported an abundant supply of vegetables, meat, milk and aquatic products, with prices remaining stable.

Breeding of special poultry also made progress. The output of ostriches reached 1,300, up 4.5% over 1997; piegons 1.3293 million, up 6%; soft－shelled turtles 795 tons, up 91.1%; bullfrogs 28 tons, up 86.7%; and river crabs 2,262 tons, up 33%.

New techniques and high technologies were applied in developing agriculture. Efforts were also made to boost export－orianted agricultural production. In 1998, a total of 406 million yuan worth of agricultural export products were purchased from the farmers and direct exports stood at 314 million yuan.

At the end of 1998, farm machinery owned by Shanghai's suburban districts and counties totaled 1.5573 million kilowatts, down 1.9% from a year earlier. Rural electricity consumption was 6.791 billion kilowatt hours, up 4.5% from the previous year. The use of chemical fertilizers increased by 36.5% to 852,240 tons.

农业总产值指数 (以 1978 年为 100)
Indices of Gross Output Value of Agriculture (1978=100)

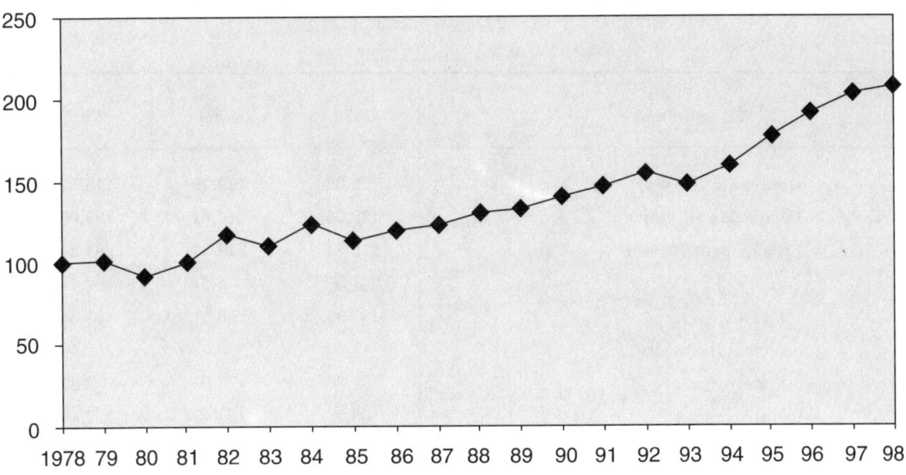

农村劳动力的构成 (%)
Composition of Rural Labor Force (%)

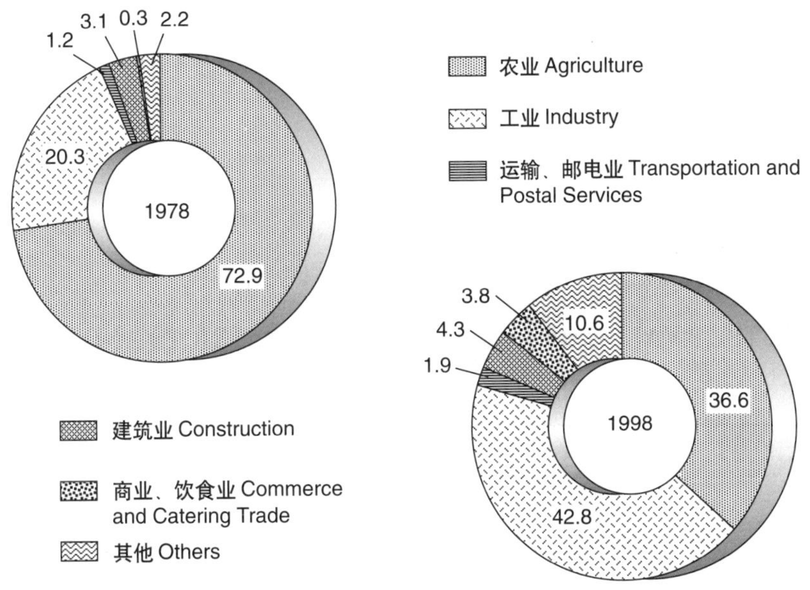

农作物总播种面积构成 (%)
Composition of Total Sown Areas of Farm Crops (%)

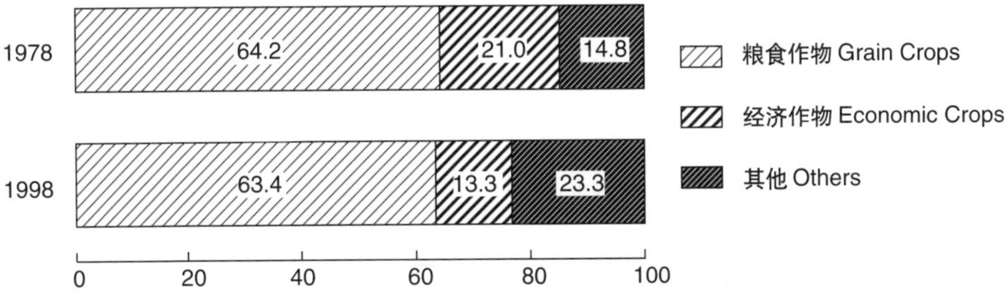

9－1 主要年份农村户数、人口及从业人员

RURAL HOUSEHOLDS, POPULATION AND EMPLOYMENT IN MAIN YEARS

指 标	Indicators	1978	1990	1997	1998
户数(万户)	**Households (10 000)**	**122.32**	**139.79**	**116.53**	**116.71**
人口(万人)	**Population (10 000)**	**429.56**	**417.91**	**391.06**	**387.54**
从业人员(万人)	**Employment (10 000)**	**276.24**	**249.97**	**283.20**	**270.63**
农 业	Farming	201.38	75.04	92.71	99.05
#种植业	Planting	187.93	66.51	83.54	89.45
牧 业	Animal Husbandry	11.33	3.02	2.49	2.60
渔 业	Fishery	1.80	3.02	3.22	3.34
工 业	Industry	56.03	124.45	127.44	115.86
交通运输、仓储邮电业	Transportation, Postal and Telecommunications	3.42	3.62	6.94	5.09
建筑业	Construction	8.54	6.48	13.78	11.51
批发零售贸易、餐饮业	Commerce and Catering Trade	0.93	4.21	9.50	10.32
其 他	Others	5.94	36.17	32.83	28.80

注：从1997年起，从业人员包括农村区域内国有经济的机关、团体、学校、企事业单位的集体户人口和户口在家而领取工资的国家职工。

Note: Since 1997, job holders has included salary. taking state staff and workers who had local residential papers or registered in the collective residential papers of state-owned economic departments, organizations, schools, enterprises and institutions in rural areas.

9－2 各区、县农业总产值

GROSS OUTPUT VALUE OF AGRICULTURE IN DISTRICTS AND COUNTIES (1998)

单位：万元 (10 000 yuan)

地 区	District	农业总产值 Gross Output Value of Agriculture	种植业 Planting	林 业 Forestry	牧 业 Animal Husbandry	渔 业 Fishery
总 计	**Total**	**2 067 473**	**890 960**	**8 434**	**872 674**	**295 405**
#徐汇区	Xuhui	59	59			
长宁区	Changning	6 811	874		5 920	17
普陀区	Putuo	3 168	1 126		1 961	82
闸北区	Zhabei	1 613	929		684	
浦东新区	Pudong New Area	115 862	52 111	284	59 255	4 212
闵行区	Minhang	95 380	40 643	385	50 973	3 379
宝山区	Baoshan	102 354	44 180	953	38 155	19 066
嘉定区	Jiading	147 930	75 097	1 106	63 849	7 878
金山区	Jinshan	171 426	89 545	2 029	66 679	13 173
松江区	Songjiang	236 176	75 376	1 092	146 416	13 292
南汇县	Nanhui	303 233	146 357	244	133 401	23 231
奉贤县	Fengxian	220 319	103 519	700	85 600	30 500
青浦县	Qingpu	247 808	81 417	306	134 502	31 583
崇明县	Chongming	267 067	142 362	1 289	45 709	77 707

9－3 主要年份农业商品产值和商品率
AGRICULTURAL COMMODITY OUTPUT VALUE AND COMMODITY RATE IN MAIN YEARS

指标	Indicators	农业商品产值(万元)(10 000 yuan) Agricultural Commodity Output Value			农业商品率(%) Agricultural Commodity Rate		
		1990	1997	1998	1990	1997	1998
总　计	**Total**	**522 116**	**1 638 137**	**1 677 224**	**76.6**	**80.1**	**81.1**
# 种植业	Planting	160 784	541 350	585 881	55.3	63.5	65.8
# 粮食作物	Grain Crops	54 714	159 784	160 865	33.5	42.3	47.0
经济作物	Cash Crops	40 185	84 871	89 052	92.4	84.0	85.6
牧　业	Animal Husbandry	278 376	817 670	811 856	92.0	92.5	93.0
# 猪	Hogs	118 525	319 488	303 828	97.6	96.4	95.4
禽	Poultry	81 748	323 166	315 627	92.0	91.8	93.0
蛋	Egg	49 882	86 287	93 909	90.5	84.2	87.8
渔　业	Fishery	77 114	277 190	275 281	96.0	91.3	93.2
# 淡水产品	Freshwater Aquatic Products	43 474	170 783	175 361	93.9	88.1	90.3

9－4 各区、县农业商品产值、商品率和农业出口产品收购额
AGRICULTURAL COMMODITY OUTPUT VALUE, COMMODITY RATE AND TOTAL PURCHASING VALUE OF AGRICULTURAL EXPORT PRODUCTS OF DISTRICTS AND COUNTIES
(1998)

单位：万元　　(10 000 yuan)

地区	District	农业商品产值 Agricultural Commodity Output Value	# 种植业 Planting	农业商品率(%) Commodity Rate	# 种植业 Planting	出口产品收购额 Purchasing Value of Agricultural Export Products	# 直接出口 Direct Export Products
总　计	**Total**	**1 677 224**	**585 881**	**81.1**	**65.8**	**40 616**	**31 424**
# 徐汇区	Xuhui	28	28	47.5	47.5		
长宁区	Changning	6 811	874	100.0	100.0		
普陀区	Putuo	3 105	1 105	98.0	98.2	121	
闸北区	Zhabei	1 610	926	99.8	99.7		
浦东新区	Pudong New Area	91 588	31 946	79.0	61.3		
闵行区	Minhang	81 309	28 768	85.2	70.8	1 505	493
宝山区	Baoshan	83 471	25 767	81.6	58.3	3 452	3 452
嘉定区	Jiading	112 136	46 625	75.8	62.1	3 631	926
金山区	Jinshan	124 519	54 097	72.6	60.4	680	
松江区	Songjiang	208 800	54 448	88.4	72.2	901	597
南汇县	Nanhui	246 729	104 769	81.4	71.6	5 263	1 377
奉贤县	Fengxian	167 618	64 033	76.1	61.9	811	327
青浦县	Qingpu	213 663	53 032	86.2	65.1	992	992
崇明县	Chongming	195 304	84 611	73.1	59.4	3 962	3 962

9－5 主要年份耕地面积增减情况
INCREASE AND DECREASE OF CULTIVATED AREA IN MAIN YEARS

单位：公顷 (hectare)

指标	Indicators	1978	1980	1990	1997	1998
年初耕地面积	**Cultivated Area (Year-beginning)**	**363 147**	**358 416**	**324 013**	**300 580**	**298 045**
当年增加	Increase in the Year	2 960	977	676	2 134	455
# 新开荒	Newly Developed Wasteland	2 345	245	159	1 425	61
当年减少	Decrease in the Year	5 980	5 340	1 496	4 669	4 686
国家征用	Government Requisition	1 793	878	615	2 022	1 035
乡村基建	Rural Capital Construction	393	472	382	1 822	1 471
私人造房	Private Building	280	678	187	71	90
其 他	Others	3 514	3 312	312	754	2 090
年末耕地面积	**Cultivated Area (Year-end)**	**360 127**	**354 053**	**323 193**	**298 045**	**293 814**

9－6 各区、县耕地面积
AREAS UNDER CULTIVATION IN DISTRICTS AND COUNTIES
(1998)

单位：公顷 (hectare)

地区	District	年初耕地面积 Cultivated Areas (Year-Beginning)	当年增加耕地面积 Increased Area of Cultivated Land in the Year	当年减少耕地面积 Decreased Area of Cultivated Land in the Year	年末耕地面积 Cultivated Areas (Year-end)	水田 Paddy Fields	旱田 Dry Fields
总 计	**Total**	**298 045**	**455**	**4 686**	**293 814**	**266 700**	**27 114**
# 徐汇区	Xuhui	42	12		54	42	12
长宁区	Changning	99		8	91	91	
普陀区	Putuo	407		33	374	126	248
闸北区	Zhabei	46	1		47		47
浦东新区	Pudong New Area	12 642	50	182	12 510	10 953	1 557
闵行区	Minhang	12 851	38	628	12 261	10 867	1 394
宝山区	Baoshan	16 795		1 161	15 634	15 634	
嘉定区	Jiading	24 923		499	24 424	22 317	2 107
金山区	Jinshan	32 016	17	110	31 923	29 915	2 008
松江区	Songjiang	31 572	36	820	30 788	28 371	2 417
南汇县	Nanhui	28 812	69	868	28 013	26 679	1 334
奉贤县	Fengxian	30 302	33	158	30 177	28 630	1 547
青浦县	Qingpu	28 589	27	182	28 434	26 378	2 056
崇明县	Chongming	46 303		35	46 268	34 435	11 833
市郊农场	Surburb Farm	18 208	158		18 366	17 826	540

9－7 各区、县粮食和棉花生产

OUTPUT OF GRAIN AND COTTON OF DISTRICTS AND COUNTIES

(1998)

地 区 District		粮食(包括大豆) Grain (Including Soybean)			棉 花 Cotton		
		播种面积 (公顷) Planting Areas (ha)	单 产 (千克/公顷) Yield Per Unit (kg/ha)	总产量 (万吨) Total Output (10 000 tons)	播种面积 (公顷) Planting Areas (ha)	单 产 (千克/公顷) Yield Per Unit (kg/ha)	总产量 (万吨) Total Output (10 000 tons)
总 计	**Total**	**352 483**	**6 031**	**212.58**	**4 457**	**1 059**	**0.47**
# 浦东新区	Pudong New Area	16 318	6 366	10.39			
闵行区	Minhang	15 757	5 688	8.96			
宝山区	Baoshan	16 730	6 653	11.13	2	555	…
嘉定区	Jiading	27 748	6 018	16.70	200	1 060	0.02
金山区	Jinshan	37 183	7 141	26.55	593	474	0.03
松江区	Songjiang	46 501	6 289	29.24	121	1 070	0.01
南汇县	Nanhui	35 971	6 269	22.55	600	1 248	0.07
奉贤县	Fengxian	38 700	6 250	24.19	1 180	1 089	0.13
青浦县	Qingpu	38 719	6 468	25.04			
崇明县	Chongming	57 369	5 522	31.68	661	1 576	0.10
市郊农场	Suburban Farm	20 862	6 766	14.12	1 100	926	0.10

9－8 各区、县油菜籽和蔬菜生产

OUTPUT OF RAPESEED AND VEGETABLES OF DISTRICTS AND COUNTIES

(1998)

地 区 District		油菜籽 Rapeseed			蔬 菜 Vegetables		
		播种面积 (公顷) Planting Areas (ha)	单 产 (千克/公顷) Yield Per Unit (kg/ha)	总产量 (万吨) Total Output (10 000 tons)	播种面积 (公顷) Planting Areas (ha)	单 产 (千克/公顷) Yield Per Unit (kg/ha)	总产量 (万吨) Total Output (10 000 tons)
总 计	**Total**	**56 550**	**1 143**	**6.47**	**107 052**	**28 171**	**301.58**
# 浦东新区	Pudong New Area	215	2 207	0.05	5 868	36 736	21.56
闵行区	Minhang	407	899	0.04	6 677	33 002	22.04
宝山区	Baoshan	2 708	1 028	0.28	8 300	26 685	22.15
嘉定区	Jiading	2 161	387	0.08	9 887	29 551	29.61
金山区	Jinshan	18 237	1 263	2.30	5 792	32 234	18.67
松江区	Songjiang	5 284	1 346	0.71	5 250	24 860	13.05
南汇县	Nanhui	5 222	1 038	0.54	16 825	32 093	53.99
奉贤县	Fengxian	4 534	1 174	0.53	10 500	21 409	22.48
青浦县	Qingpu	5 050	1 552	0.78	10 201	33 273	33.94
崇明县	Chongming	12 705	900	1.14	25 320	21 950	55.58
市郊农场	Suburban Farm	27	1 630	…	1 772	34 851	6.18

9－9 主要年份蔬菜和西甜瓜生产
OUTPUT OF VEGETABLE, WATERMELON AND MUSKMELON IN MAIN YEARS

指 标	Indicators	1978	1990	1997	1998
一、蔬 菜	**Vegetables**				
播种面积(公顷)	Planting Area (hectare)	42 964	77 605	98 180	107 052
产量(万吨)	Output (10 000 tons)	158.29	186.79	300.58	301.58
二、西甜瓜	**Watermelon and Muskmelon**				
播种面积(公顷)	Planting Area (hectare)	4 102	12 833	10 222	13 979
产量(万吨)	Output (10 000 tons)	15.24	30.77	28.55	42.34

9－10 主要年份水果生产
OUTPUT OF FRUIT IN MAIN YEARS

指 标	Indicators	1978	1990	1997	1998
水 果	**Fruit**				
果园面积(公顷)	Orchard (hectare)	3 005	9 695	11 296	10 844
产量(万吨)	Output (10 000 tons)	3.03	9.42	23.92	21.13
#生 梨	Pear	1.90	1.15	1.47	1.29
柑 桔	Citrus Fruits	0.01	2.58	12.43	9.87

9－11 农牧业特色种养产品产量
OUTPUT OF SPECIAL PRODUCTS IN AGRICULTURE AND ANIMAL HUSBANDRY (1997－1998)

指 标	Indicators	1997	1998	指 标	Indicators	1997	1998
桃 子(吨)	Peach(ton)	65 659	58 109	驼 鸟(只)	Ostrich	1 244	1 300
葡 萄(吨)	Graper(ton)	29 900	26 644	肉 鸽(万只)	Meet Dove(10 000)	125	133
桔 子(吨)	Orange(ton)	124 350	85 059	甲 鱼(吨)	Soft-shelled Turtle(ton)	416	795
草 莓(吨)	Strawberry(ton)	30 200	38 534	牛 蛙(吨)	Bullforg(ton)	15	28
				河 蟹(吨)	Hairy Crab(ton)	1 700	2 262

9－12 林业生产
FORESTRY OUTPUT
(1978－1998)

年份 Year / 地区 District		年末竹园面积(公顷) Bamboo Areas (year-end)(hectare)	年末林地面积(公顷) Forest Areas (year-end)(hectare)	年末实有育苗面积(公顷) Nursery Garden Areas (year-end)(ha)	年末四旁植树(万株) Surronding Tree Planting (10 000)	木材采伐(万立方米) Cut Timber (10 000 cu.m)
	1978	3 053	2 333	447	839	0.51
	1979	2 600	1 987	487	710	1.27
	1980	2 747	1 667	447	3 790	0.68
	1981	2 620	2 027	500	3 594	0.86
	1982	2 627	1 613	520	3 798	1.17
	1983	2 593	1 800	693	3 540	1.56
	1984	2 593	2 200	747	3 325	1.32
	1985	2 507	3 147	960	3 574	1.34
	1986	2 307	2 380	887	3 482	1.36
	1987	2 240	2 907	853	3 967	1.58
	1988	2 307	3 253	833	4 224	1.40
	1989	2 113	3 493	793	3 997	1.60
	1990	2 147	3 867	747	4 416	1.49
	1991	1 983	4 649	671	3 611	1.57
	1992	4 773	5 373	986	5 458	1.67
	1993	3 390	5 918	1 050	5 369	1.68
	1994	2 720	6 486	946	9 535	1.43
	1995	2 466	6 337	1 086	4 931	1.54
	1996	2 533	5 026	1 134	5 146	1.79
	1997	3 607	5 558	1 501	5 126	1.67
	1998	3 232	5 672	1 916	5 904	1.47
# 浦东新区	Pudong New Area	56	144	194	536	…
闵行区	Minhang	85	76	45	357	…
宝山区	Baoshan	120	265	69	244	
嘉定区	Jiading	164		124	500	
金山区	Jinshan	528	107	146	610	0.02
松江区	Songjiang	143	73	98	506	0.03
南汇县	Nanhui	227	528	98	524	0.05
奉贤县	Fengxian	415	301	437	921	0.07
青浦县	Qingpu	211	44	192	774	0.05
崇明县	Chongming	1 233	1 574	300	847	1.25
市郊农场	Suburban Farm	51	1 517	213	84	…

9－13 农业规模经营情况

SCALE OPERATION OF AGRICULTURE

(1997－1998)

指 标	Indicators	1997	1998
蔬菜园艺场单位数（个）	Vegetable Horticultural Farm Number	165	165
蔬菜上市量（万吨）	Market Supply of Vegetable(10 000 tons)	5.77	5.74
生猪饲养场单位数（个）	Pig Farm Number	825	748
#1000头以上饲养场	Farms Each Raising 1 000 or More Pigs	550	462
生猪出栏数（万头）	Number of Butchered Pigs(10 000)	285.00	289.49
#1000头以上饲养场	Number of Butchered Pigs from Farms Each Raising 1,000 or More Pigs	260.51	211.60
家禽饲养场单位数（个）	Poultry Farm Number	1 637	1 809
#万羽以上饲养场	Farms Each Breeding 10,000 or More Birds	702	723
家禽出栏数（万羽）	Number of Market Delivered Birds(10 000)	9 310	8 678
#万羽以上饲养场	Number of Birds Delivered to the Market from Farms Each Breeding 10,000 or More Birds	9 285	8 088

9－14 家禽、鲜蛋和蔬菜产量

OUTPUT OF POULTRY, FRESH EGG AND VEGETABLES

(1978－1998)

年 份 Year	家禽(万羽) Poultry (10 000)		鲜蛋上市量 (万吨) Fresh Egg on Market (10 000 tons)	蔬菜产量 (万吨) Output of Vegatable (10 000 tons)
	年末存养数 Poultry on Hand (year-end)	全年上市量 On Market (the whole year)		
1978	1 006	1 733	2.28	158.29
1979	1 331	2 544	3.99	135.61
1980	1 133	2 577	4.59	112.55
1981	1 227	2 564	4.71	115.93
1982	1 237	2 441	6.31	163.75
1983	1 389	2 722	5.97	123.70
1984	1 001	1 649	6.68	232.95
1985	1 373	1 935	8.50	152.26
1986	1 538	3 064	7.91	178.92
1987	1 529	5 071	9.02	182.18
1988	3 054	7 532	11.85	186.31
1989	2 287	7 079	14.03	193.72
1990	2 553	7 357	13.63	186.79
1991	3 428	8 380	15.46	169.15
1992	3 122	10 142	14.83	182.01
1993	3 008	11 083	13.00	193.49
1994	1 896	12 972	13.10	213.33
1995	2 270	14 882	14.78	244.33
1996	3 739	16 509	14.88	262.01
1997	3 798	17 851	14.27	300.58
1998	3 389	16 124	13.10	301.58

9－15 主要农副产品产量与建国以来最高年产量的比较

OUTPUT OF MAJOR GRAIN AND SIDELINE PRODUCTS IN COMPARISON WITH THE PEAK YEAR SINCE 1949

(1998)

指标	Indicators	1998	建国以来最高年 Peak Year Since 1949		1998年为建国以来最高年份(%) 1998/Peak Year Since 1949
			年份 Year	产量 Output	
一、农产品(万吨)	**Farm Output (10 000 tons)**				
粮豆总产量	Total Grain Output	212.58	1978	260.88	81.5
#小 麦	Wheat	31.13	1997	36.28	85.8
大 麦	Barley	7.77	1984	34.79	22.3
后季稻	Late Season Rice	8.79	1978	104.21	8.4
晚 稻	Late Rice	154.22	1991	164.27	93.9
经济作物产量	Cash Crop Output				
#棉 花	Cotton	0.47	1978	12.10	3.9
油菜籽	Rapeseed	6.47	1992	21.84	29.6
蔬菜总产量	Total Output of Vegetables	301.58	1997	300.58	100.3
西甜瓜产量	Output of Watermelon and Muskmelon	42.34	1988	53.71	78.8
水果产量	Fruit Output	21.13	1996	26.83	78.8
二、畜产品	**Animal Husbandry Products**				
猪年末圈存数(万头)	Number of Hogs On Hand (year-end)(10 000)	242.79	1978	365.74	66.4
猪肉产量(万吨)	Pork Output (10 000 tons)	25.3	1997	23.67	106.9
奶牛年末头数(万头)	Number of Milk Cow(year-end)(10 000)	5.8	1991	7.31	79.3
牛奶产量(万吨)	Milk Output (10 000 tons)	24.61	1992	27.74	88.7
家禽上市量(万羽)	Poultry on Market (10 000)	16 124	1997	17 851	90.3
鲜蛋上市量(万吨)	Egg on Market (10 000 tons)	13.1	1991	15.46	84.7
三、水产品(吨)	**Aquatic Products (ton)**				
淡水产品产量	Freshwater Aquatic Output	146 095	1997	140 179	104.2
海水产品产量	Seawater Aquatic Output	122 055	1989	196 308	62.2

注：建国以来最高年年份和产量均是1997年及以前的年份和产量，不包括1998年在内。
Note: Peak year and output of peak year since 1949 are what before 1997, excluding 1998.

9－16 主要年份农业机械拥有量
OWNERSHIP OF AGRICULTURAL MACHINERY IN MAIN YEARS

机械名称	Name of Machinery	1978	1990	1997	1998
农业机械总动力(万千瓦)	Total Power of Agricultural Machinery (10 000 kw)	187.10	276.50	158.73	155.73
每万公顷耕地拥有动力(千瓦)	Power Per 10 000 hectares of Cultivated Land (kw)	48 630	76 095	53 257	53 004
每万公顷耕地拥有拖拉机(台)	Number of Tractors Per 10 000 hectares of Cultivated Land	986.90	1 173.75	634.97	678.23
耕作机械：动力合计(万千瓦)	Farming Machinery: Total Power (10 000 kw)	40.54	65.09	44.39	43.46
#大、中型拖拉机(台)	Large and Medium Tractors	6 170	11 600	9 159	9 037
(万千瓦)	(10 000 kw)	18.59	42.73	45.34	33.66
小型拖拉机(台)	Walking Tractors	29 370	26 335	11 786	10 890
(万千瓦)	(10 000 kw)	21.97	22.35	14.10	9.80
排灌机械：动力合计(万千瓦)	Drainage and Irrigation Machinery: Total Powers (10 000 kw)	24.08	30.12	26.62	26.45
种植机械:动力合计(万千瓦)	Planting Machinery: Total Power (10 000 kw)	7.99	0.71	0.78	0.79
#机动插秧机(台)	Motorized Rice Transplanters	27 975	691	246	237
(万千瓦)	(10 000 kw)	6.01	0.17	0.08	0.08
植物保护机械:动力合计(万千瓦)	Plant Protecting Machinery: Total Power (10 000 kw)	4.87	3.88	3.46	3.41
#机动喷雾器(万台)	Motorized Sprayers (10 000)	2.33	2.16	2.27	2.28
(万千瓦)	(10 000 kw)	4.81	3.56	3.46	3.41
收获机械:动力合计(万千瓦)	Harvest Machinery: Total Power (10 000 kw)	39.33	56.04	36.91	35.85
#联合收割机(台)	Combined Harvesters	69	3 033	5 711	5 841
(万千瓦)	(10 000 kw)	…	0.91	1.90	2.09
机动收割机(割晒机)(台)	Swathers	8 620	380	245	291
机动脱粒机(万台)	Motorized Thresher (10 000)	8.26	14.35	12.57	12.14
(万千瓦)	(10 000 kw)	30.80	44.56	34.54	33.08
农产品加工机械:动力合计(万千瓦)	Farming Products Processing Machinery: Total Power (10 000 kw)	7.56	6.93	6.15	6.26
运输机械:动力合计(万千瓦)	Transport Machinery: Total Power (10 000 kw)	27.65	83.34	14.38	13.21
#农用汽车(辆)	Farm Tracks	2 865	6 413	1 931	1 751
机动船(艘)	Motorized Boats	4 911	6 623	2 707	2 371
肥料机械:动力合计(万千瓦)	Fertilizer Machinery: Total Power (10 000 kw)	6.75	2.99	1.03	0.94
畜牧机械:动力合计(万千瓦)	Animal Husbandry Machinery: Total Power (10 000 kw)	16.36	6.75	3.83	3.65
渔业机械:#机动渔船(艘)	Fisherny Machinery: Motorize Fishing Boats	1 343	2 683	2 788	2 766
(万千瓦)	(10 000 kw)	11.98	17.83	20.83	21.11
农田水利基建机械:动力合计(万千瓦)	Farmland Capital Construction and Irrigation Machinery: Total Power (10 000 kw)		0.26	0.15	0.15

注：种植机械动力合计中包括蔬菜机械动力在内。
Note: Planting machinery power includes vegetable planting machinery power.

9－17 各区、县主要农业机械拥有量

OWNERSHIP OF MAJOR AGRICULTURAL MACHINERY BY DISTRICTS AND COUNTIES

(1998)

地 区 District		农业机械总动力(万千瓦) Total Power of Farm Machinery (10 000 kw)	农用大中型拖拉机 Large and Medium Tractors for Farm Use		小型拖拉机 Small Tractors		大中型拖拉机配套农具(万台) Farm Tools for Large and Medium Tractor (10 000)
			万千瓦 (10 000 kw)	台 Unit	万千瓦 (10 000 kw)	台 Unit	
总 计	**Total**	**155.73**	**33.66**	**9 037**	**9.80**	**10 890**	**2.13**
# 徐汇区	Xuhui	0.24	0.03	9	…	1	…
普陀区	Putuo	0.75	0.08	21	0.06	63	…
闸北区	Zhabei	0.50	…	2	…	1	…
浦东新区	Pudong New Area	8.04	3.27	885	0.17	194	0.23
闵行区	Minhang	7.12	2.68	721	0.26	283	0.20
宝山区	Baoshan	8.33	2.34	634	0.08	116	0.20
嘉定区	Jiading	12.23	3.69	997	0.49	552	0.24
金山区	Jinshan	16.52	2.48	671	1.44	1 600	0.12
松江区	Songjiang	15.24	4.15	1 122	0.75	826	0.27
南汇县	Nanhui	14.58	2.75	742	1.83	2 017	0.15
奉贤县	Fengxian	17.05	3.27	883	0.75	836	0.20
青浦县	Qingpu	13.13	3.01	813	0.79	874	0.20
崇明县	Chongming	19.91	3.06	824	2.55	2 870	0.15
市郊农场	Suburban Farm	7.53	2.83	709	0.59	640	0.16

9－17 续表 continued

地 区 District		农用载重汽车 Farm Tracks		机动喷雾(粉)机 Motorized Sprayers		渔用机动船 Motorized Fishing Boat		
		辆	万千瓦 (10 000kw)	部	万千瓦 (10 000 kw)	艘	万吨 (10 000 tons)	万千瓦 (10 000 kw)
总 计	**Total**	**1 751**	**10.90**	**22 774**	**3.41**	**2 766**	**11.92**	**21.11**
# 徐汇区	Xuhui	2	0.02	5	…			
长宁区	Changning	38	0.14	16	…			
普陀区	Putuo	12	0.08	206	0.03			
闸北区	Zhabei	36	0.25	14	…			
杨浦区	Yangpu	22	0.13					
浦东新区	Pudong New Area	210	1.39	1 759	0.19	34	0.09	0.18
闵行区	Minhang	50	0.42	2 475	0.43	3	…	0.01
宝山区	Baoshan	8	0.06	1 338	0.25	223	1.01	1.79
嘉定区	Jiading	23	0.14	4 387	0.53	65	0.02	0.08
金山区	Jinshan	17	0.10	1 146	0.32	161	0.48	0.91
松江区	Songjiang	91	0.52	1 745	0.37	139	0.06	0.14
南汇县	Nanhui	324	1.90	827	0.08	211	0.59	1.33
奉贤县	Fengxian	595	3.78	3 633	0.43	100	0.09	0.22
青浦县	Qingpu	13	0.08	1 582	0.31	1 108	0.44	0.85
崇明县	Chongming	80	0.47	2 783	0.31	510	1.94	3.88
市郊农场	Suburban Farm	26	0.14	858	0.13			

9－18 农业机耕和机电排灌水平
LEVEL OF MOTORIZED FARMING CULTIVATION DRAINAGE AND IRRIGATION
(1978－1998)

单位：公顷 (hectare)

年份 Year / 地区 District		机耕面积 Areas of Motorized Cultivation		机电排灌总控制面积 Total Area with Motorized Drainage and Irrigation Facilities	
		合计 Total	占耕地面积(%) Rate in Total	合计 Total	占耕地面积(%) Rate in Total
	1978	307 533	85.4	353 400	98.1
	1979	309 267	86.9	349 333	98.2
	1980	311 400	88.0	349 200	98.6
	1981	318 800	90.4	246 933	98.4
	1982	319 467	90.8	347 400	98.8
	1983	328 333	93.8	346 200	98.9
	1984	323 000	93.4	341 667	98.8
	1985	310 533	91.5	335 067	98.7
	1986	302 200	90.7	326 800	98.1
	1987	296 467	89.6	326 867	98.8
	1988	289 400	88.5	323 533	98.9
	1989	296 200	91.4	320 467	98.9
	1990	291 447	90.2	319 667	98.9
	1991	290 497	90.5	318 594	99.3
	1992	288 958	90.9	314 424	98.9
	1993	278 444	92.2	299 636	99.2
	1994	274 195	93.3	291 368	99.2
	1995	265 748	91.7	287 708	99.2
	1996	254 263	84.6	285 377	94.9
	1997	255 224	85.6	281 583	94.5
	1998	241 117	82.1	277 570	94.5
# 徐汇区	Xuhui	54	100.0	54	100.0
长宁区	Changning	91	100.0	91	100.0
普陀区	Putuo	374	100.0	374	100.0
闸北区	Zhabei	47	100.0	47	100.0
浦东新区	Pudong New Area	11 824	94.5	12 491	99.8
闵行区	Minhang	10 646	86.8	11 870	96.8
宝山区	Baoshan	15 228	97.4	15 068	96.4
嘉定区	Jiading	18 789	76.9	23 580	96.5
金山区	Jinshan	27 050	84.7	31 923	100.0
松江区	Songjiang	29 545	96.0	30 788	100.0
南汇县	Nanhui	25 525	91.1	27 987	99.9
奉贤县	Fengxian	26 302	87.2	30 145	99.9
青浦县	Qingpu	25 658	90.2	28 399	99.9
崇明县	Chongming	37 141	80.3	46 268	100.0
市郊农场	Surburb Farm	15 162	82.6	18 174	99.0

9－19 农村用电量

RURAL ELECTRICITY CONSUMPTION

(1978－1998)

单位：万千瓦·时 (10 000 kwh)

年份 Year / 地区 District		农村用电量 Rural Electricity Consumption	#机电排灌 Motorized Drainage and Irrigation	#农、副业加工 Farming and Sideline Product Processing	#乡村办工业 Rural Enterprises	每公顷耕地排灌用电量 (千瓦·时) Electricity Consumption Drainage and Irrigation Per ha. (kwh)
1978		89 320	15 125	27 848	33 600	420
1979		108 209	15 271	32 286	43 800	429
1980		122 261	12 392	30 979	62 813	350
1981		136 515	13 225	30 742	75 415	375
1982		150 439	12 919	31 369	88 836	368
1983		165 951	13 361	30 183	102 961	410
1984		184 786	14 658	29 401	119 626	425
1985		218 676	14 353	30 150	147 348	423
1986		256 300	16 025	30 372	185 149	482
1987		285 825	16 275	32 750	213 479	492
1988		307 805	18 094	41 349	220 652	554
1989		304 261	16 653	37 663	219 976	515
1990		324 503	18 043	40 166	229 711	558
1991		359 884	18 414	42 442	257 535	574
1992		426 173	17 874	48 430	312 922	562
1993		522 374	16 010	47 780	383 457	530
1994		480 380	19 868	85 894	325 346	676
1995		581 936	19 950	72 575	412 408	729
1996		620 688	20 055	77 892	441 634	698
1997		649 761	19 381	69 213	475 534	650
1998		679 098	20 908	67 877	495 482	712
#浦东新区	Pudong New Area	92 865	529	4 107	65 829	423
闵行区	Minhang	84 565	1 980	9 627	52 850	1 615
宝山区	Baoshan	88 406	2 848	3 566	73 797	1 822
嘉定区	Jiading	83 256	1 862	7 613	66 241	762
金山区	Jinshan	18 517	2 452	5 118	7 372	768
松江区	Songjiang	72 808	3 059	7 493	58 329	994
南汇县	Nanhui	68 815	1 385	7 249	49 917	494
奉贤县	Fengxian	77 454	2 226	6 158	64 079	738
青浦县	Qingpu	44 183	1 898	9 483	24 341	668
崇明县	Chongming	48 229	2 669	7 463	32 727	577

9－20 化肥和农药施用量

CONSUMPTION OF CHEMICAL FERTILIZER AND FARM PESTICIDES (1978－1998)

年份 Year / 地区 District		化肥施用量(实物量)(万吨) Chemical Fertilizer (subject) (10 000 tons)	#氮肥 Nitrogenous	#磷肥 Phosphate	每公顷耕地施用化肥(千克) Chemical Fertilizer Consumption Per hectare Cultivation(kg)	每公顷播种面积施用化肥(千克) Chemical Fertilizer Consumption Per hectare Planting(kg)	农药施用量(万吨) Cosumption of Farm Pesticides (10 000 tons)
1978		87.43	73.31	14.07	2 429	1 056	2.75
1979		102.25	85.78	15.94	2 874	1 241	2.17
1980		103.56	87.84	15.46	2 925	1 335	2.03
1981		102.42	87.63	14.66	2 904	1 350	1.59
1982		100.10	83.01	16.81	2 847	1 319	1.55
1983		95.37	80.51	14.66	2 726	1 265	1.64
1984		89.50	75.28	13.78	2 588	1 320	0.99
1985		72.42	60.57	11.46	2 133	1 041	1.01
1986		85.36	72.69	12.29	2 564	1 257	1.64
1987		91.70	73.02	13.12	2 775	1 365	2.30
1988		90.81	73.57	15.79	2 775	1 401	1.92
1989		95.86	77.34	17.12	2 958	1 508	1.41
1990		100.66	80.82	17.82	3 114	1 595	1.88
1991		102.87	80.18	19.54	3 205	1 643	1.44
1992		85.12	66.94	15.25	2 678	1 415	0.89
1993		84.55	68.25	13.33	2 800	1 514	1.09
1994		75.68	61.99	10.50	2 576	1 410	0.71
1995		86.09	70.31	11.88	3 059	1 636	0.84
1996		74.33	60.95	8.54	2 588	1 362	0.90
1997		62.46	50.32	6.85	1 850	999	1.06
1998		85.24	66.49	10.23	2 901	1 532	1.46
#浦东新区	Pudong New Area	4.69	3.05	0.33	3 752	1 977	0.50
闵行区	Minhang	3.05	2.44	0.15	2 489	1 320	0.04
宝山区	Baoshan	2.65	1.85	0.40	1 697	941	0.04
嘉定区	Jiading	8.30	5.81	0.60	3 398	1 975	0.04
金山区	Jinshan	4.97	3.78	0.94	1 556	768	0.20
松江区	Songjiang	9.34	7.66	0.84	3 033	1 595	0.09
南汇县	Nanhui	9.65	7.33	1.83	3 444	1 412	0.23
奉贤县	Fengxian	15.50	12.40	2.17	5 136	2 643	0.06
青浦县	Qingpu	7.37	5.75	0.59	2 593	1 302	0.12
崇明县	Chongming	16.01	13.29	1.92	3 459	1 539	0.10
市郊农场	Suburban Farm	3.62	2.82	0.43	1 970	1 332	0.04

9－21 农田水利工程投资

INVESTMENT IN FARM WATER CONSERVANCY PROJECTS

(1978－1998)

单位：万元 (10 000 yuan)

年份 Year / 地区 District		合计 Total	国家投资 Government Investment	#海塘 Seadike	#农田水利 Farm Water Conservancy	#基本建设 Capital Construction	乡、村自筹 Funds Raised by Township and Village
1978		17 431	13 542	719	8 237	4 134	3 889
1979		25 529	17 825	1 228	9 500	6 526	7 701
1980		13 172	8 080	623	4 291	2 765	5 092
1981		6 606	3 865	645	1 548	1 393	2 741
1982		5 787	3 010	652	1 244	703	2 777
1983		6 445	3 652	816	1 613	533	2 793
1984		6 964	4 405	584	2 383	801	2 559
1985		7 425	5 079	796	2 260	1 276	2 346
1986		10 631	7 711	779	3 850	1 596	2 920
1987		13 028	7 821	925	3 157	1 547	5 207
1988		18 223	11 655	1 184	5 309	1 565	6 568
1989		20 702	13 299	781	5 071	2 846	7 403
1990		26 402	16 218	907	5 105	1 506	10 184
1991		37 722	23 310	1 400	7 818	9 697	14 412
1992		55 260	38 651	2 541	6 780	25 263	16 609
1993		48 025	37 060	3 537	4 942	25 349	10 965
1994		70 920	56 478	3 653	5 722	39 087	14 442
1995		62 474	44 651	6 103	7 099	21 800	17 823
1996		76 467	56 421	6 470	11 531	20 693	20 046
1997		95 081	72 482	14 467	22 477	22 447	22 599
1998		108 565	83 596	9 660	21 654	37 780	24 969
#浦东新区	Pudong New Area	10 114	7 684	1 448	2 426	2 772	2 430
闵行区	Minhang	9 997	7 307		1 940		2 690
宝山区	Baoshan	7 117	5 594	2 581	1 539	752	1 523
嘉定区	Jiading	7 824	3 490	198	598	1 280	4 334
金山区	Jinshan	9 639	7 498	965	4 896	464	2 141
松江区	Songjiang	9 529	5 977		3 954	1 000	3 552
南汇县	Nanhui	5 828	3 664	1 126	1 238		2 164
奉贤县	Fengxian	5 765	3 900	1 165	1 388	364	1 865
青浦县	Qingpu	11 786	9 187		1 985	6 656	2 599
崇明县	Chongming	8 777	7 106	2 177	1 690	2 304	1 671

第10篇

工业

Chapter 10

Industry

第十篇　工　　业

1998年，工业企业坚持以改革为动力，狠抓市场开拓和产品开发等关健环节，克服种种困难，促使生产增长逐月回升。全年实现工业增加值1646.7亿元，比上年增长14.8 %；工业总产值5919.35 亿元，增长10.8%。轻重工业协调发展，全年重工业总产值3307.87亿元，比上年增长14.5%；轻工业总产值2611.48亿元，增长6.4%。工业企业努力按照市场需求优化产品结构，提高产品竞争力。全年工业产品销售率97.95%。其中，重工业98.08%，轻工业97.77%。工业经济效益综合指数达到107.11。

工业产品结构调整按照“有所为，有所不为”的指导思想，以建设面向新世纪的工业新高地为目标，继续壮大支柱工业产业实力，加快高新技术产业发展，努力提高新技术和新产品开发能力。全年开发新产品2万项，新产品开发的总产值为530.64亿元，占全市工业总产值的9%。加快培育以集成电路与计算机、现代生物与医药、新材料等高新技术产业，全年高新技术产业完成产值1093.56亿元，占全市工业总产值的19.9%；完成销售产值1075.92亿元，占20%；利税总额253.36亿元，占52.7%。钢铁制造业、汽车制造业、电子通信设备制造业及计算机工业、电站设备及配件制造业、石油化工及精细化工加工业、家用电器制造业等支柱工业完成产值2447.41亿元，占全市工业总产值的44.5%；支柱产业销售产值2409.4亿元，占44.7%；支柱产业利税总额253.36亿元，占52.7%。全年轿车产量23.5万辆，增长1.5%；程控交换机产量794.96万线，增长27.1%；钢材1417.34万吨，增长9.3%；彩色电视机107.8万台，增长53.1%；家用电冰箱38.61万台，增长25.7%。

工业经济实力进一步增强。1998年独立核算工业企业资产总计8749.44 亿元，增长6.1%；固定资产原价合计4354.26 亿元，增长18.4%。

Chapter 10　Industry

The industrial sector of Shanghai vigorously expanded market and enhanced the competitiveness of its products in 1998. Thanks to the efforts made to fight all the problems facing the industry, the sector registered a growth every month in the year, bringing in an added value of 164.67 billion yuan in 1998, up 14.8% from the 1997 figure. The total industrial output value was 591.935 billion yuan, up 10.8% from the previous year. Heavy industry rose by 10.8% to 330.787 billion yuan, and light industry by 6.4% to 261.148 billion yuan. Industrial marketing was also integrated with industrial production. In 1998, the production－sales ratio of industrial products was 97.95%. The ratio for heavy industry stood at 98.08% and light industry 97.77%. The economic return index of the industry reached 107.11. Also in the year, the industrial sector accelerated its restructuring, aimed at building a modern industrial system featuring high technical contents, high added values and high market shares. Continued efforts were made to strengthen the city's key industries and boost the development of new and high－tech industrial products. As a result, a total of 20,000 kinds of new products were developed in the year, realizing an industrial output value of 53.064 billion yuan and accounting for 9% of the total industrial output value.

Development of the major new and high－tech industries namely integrated circuits and computers, modern biological and new medicines, and new materials, was at a faster space, demonstrating better economy of scale. The output value of new and high－tech industries totaled 109.356 billion yuan, accounting for 19.9% of the city's total industrial output value; the total sales of the new and high－tech industries reached 107.592 billion yuan, accounting for 20% of the city's total; and the industries generated taxes and profits totalling 25.336 billion yuan, accounting for 52.7% of the city's total.

The city's six pillar industries, namely auto, electronic telecommunications equipment, power plant equipment and heavy－duty machinery and electric equipment, petro－chemicals and precision chemistry, iron and steel, and household appliance manufacturing, reported a total output value of 244.747 billion yuan in 1998, accounted for 44.5% of the city's total industrial output value; their total sales reached 240.94 billion yuan, accounting for the 44.7% of the total; and their taxes and profits totalled 25.336 billion yuan, accounting for 52.7% of the city's total. In 1998, the city produced 235,00 cars, up 1.5% from the previous year; computer－controlled telephone exchanges 7.9496 million lines, up 27.1%; steel products 14.1734 million tons, up 9.3%; colour TV sets 1.078 million, up 53.1%; and household refrigerators 386,1000, up 25.7%.

The industrial economy further strengthened in 1998. The total capital of the independently accounting industrial enterprises stood at 874.944 billion yuan, a 6.1% rise over the previous year. Their fixed assets at the original prices were 435.426 billion yuan, up 18.4% from the previous year.

工业总产值指数和工业总值构成 (%)

Indices of Gross Output Value of Industry and Composition of Gross output Value of Industry (%)

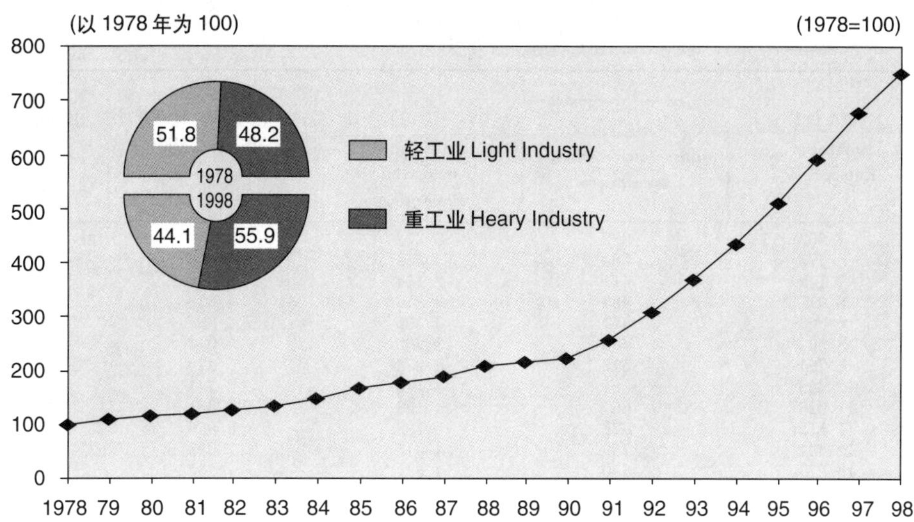

工业总产值 (村及村以上)构成 (%)

Composition of Gross Output Value of Industry (Village Level and Above) (%)

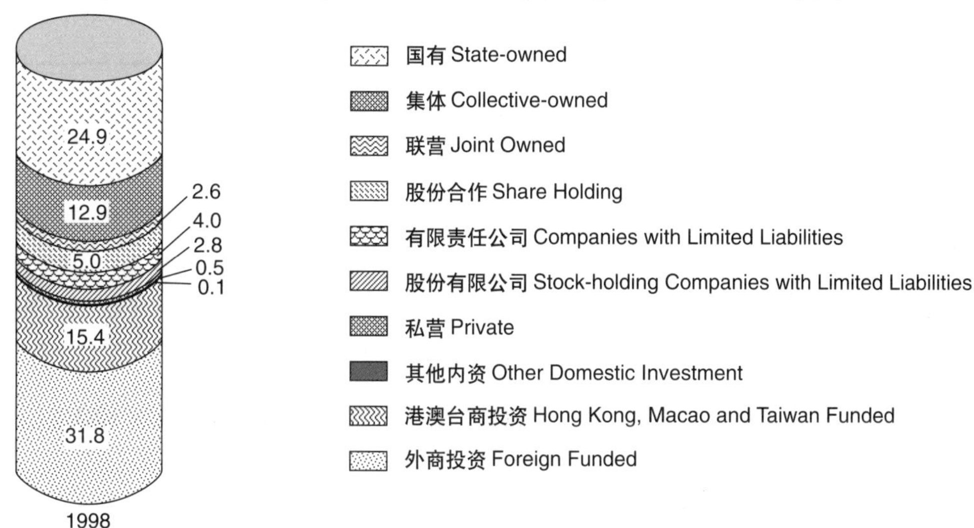

支柱产业工业总产值构成 (%)

Composition of Output Value of Pillar Industries (%)

钢铁制造业 Steel Industry

汽车制造业 Motor Vehicles Manufacturing

电子通信设备制造业 Telecommunication Equipment and Computers

家用电器制造业 Household Electrical Appliances Manufacturing

电站设备及配件制造业 Power Generating Electricity Equipment and Fittings Manufacturing

石油化工、精细化工生物及现代医药工业 Petrochemical, Fine Chemical, Biological and Modern Medicine Industry

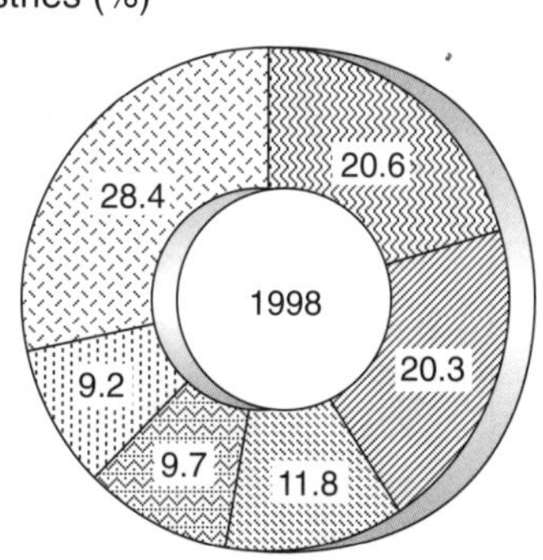

10－1 工业企业单位数

NUMBER OF INDUSTRIAL ENTERPRISES

(1978－1998)

单位：个

年份 Year	企业单位数 Number of Enterprises	# 大中型企业 Large and Medium Enterprises	国有经济工业企业 State-owned Industrial Enterprises	集体经济工业企业 Collective-owned Industrial Enterprises	其他经济工业企业 Others
1978	7 962	382	3 372	4 590	
1979	6 770	384	3 254	3 516	
1980	7 149	411	3 164	3 914	71
1981	8 017	433	3 356	4 536	125
1982	8 368	457	3 309	4 888	171
1983	8 562	480	3 290	5 074	198
1984	8 764	512	3 278	5 279	207
1985	10 656	584	4 176	6 141	339
1986	11 029	607	4 123	6 381	525
1987	11 812	678	4 188	6 859	765
1988	12 431	759	4 318	7 089	1 024
1989	13 277	850	4 637	7 252	1 388
1990	13 220	937	4 517	7 122	1 581
1991	13 468	1 023	4 517	7 206	1 745
1992	13 416	928	4 500	6 968	1 948
1993	13 699	932	4 270	6 762	2 667
1994	14 375	1 057	4 015	7 129	3 231
1995	15 877	1 272	3 713	7 871	4 293
1996	15 595	1 324	3 612	7 607	4 376
1997	23 986	1 489	3 245	14 623	6 118
1998	22 450	1 482	2 842	12 920	6 688

注：1. 从1997年开始，工业企业单位数合计包括独立核算和非独立核算工业企业，但不包括村以下工业企业。

Note: From 1997, Total number of industrial enterprises include firms of every ownership, with or without an independent accounting system. But the figure does not include village industrial enterprises.

2. 自1978年以来，大中型工业企业划分标准作了调整，1992年作了修改和补充。

The classification standard of large and medium enterprises had been adjusted since 1978, It was modified in 1992.

10－2 村以下工业企业单位数

NUMBER OF INDUSTRIAL ENTERPRISES BELOW VILLAGE LEVEL

(1985－1998)

单位：个

年份 Year	农村合作经营工业 Rural Cooperation	城镇合作经营工业 Township Cooperation	私营工业企业 Private	农村个体工业 Rural Individual	城镇个体工业 Township Individual
1985	3 703			6 217	2 468
1986	3 809			5 863	2 270
1987	3 760			7 224	2 042
1988	3 558			7 397	2 086
1989	3 700		874	7 994	1 686
1990	3 200		1 356	7 638	1 467
1991	2 700		1 945	7 749	1 421
1992	2 700		3 192	8 105	1 510
1993	1 965			7 186	1 404
1994	1 368		8 262	4 555	3 259
1995	995	482	5 155	5 302	717
1996	949	378	8 611	5 035	726
1997	467	329	14 557	7 679	671
1998	434	275	18 367	8 322	743

10－3 全市工业企业单位数、从业人员及工业总产值(全部口径)

NUMBER OF ENTERPRISES, EMPLOYMENT AND GROSS OUTPUT VALUE OF INDUSTRY (WHOLE APPROACH)

(1998)

类别	Items	单位数(个) Number of Enterprises	从业人员(万人) Employment (10 000 persons)	工业总产值(亿元) Gross Output Value of Industry (100 million yuan)
总计	**Total**	**50 591**	**321.80**	**5 919.35**
轻工业	Light Industry	36 506	173.11	2 611.48
重工业	Heavy Industry	14 085	148.69	3 307.87
一、村及村以上工业	**Village Level and Above**	**22 450**	**290.08**	**5 503.52**
轻工业	Light Industry	12 231	146.14	2 276.02
重工业	Heavy Industry	10 219	143.93	3 227.49
二、村以下工业	**Below Village**	**28 141**	**31.72**	**415.83**
轻工业	Light Industry	24 275	26.96	335.45
重工业	Heavy Industry	3 866	4.76	80.38
1. 城镇合作经营企业	Township Cooperation	275	0.71	11.99
轻工业	Light Industry	217	0.30	4.61
重工业	Heavy Industry	58	0.41	7.38
2. 农村合作经营企业	Rural Cooperated Industry	434	0.73	8.83
轻工业	Light Industry	345	0.62	8.10
重工业	Heavy Industry	89	0.11	0.73
3. 城镇个体工业	Township Individul Industry	743	0.45	4.43
轻工业	Light Industry	725	0.45	4.40
重工业	Heavy Industry	18	…	0.03
4. 农村个体工业	Rural Individul Industry	8 322	1.40	16.53
轻工业	Light Industry	7 887	1.34	15.91
重工业	Heavy Industry	435	0.06	0.62
5. 私营工业	Private Industry	18 367	28.43	374.05
轻工业	Light Industry	15 101	24.25	302.43
重工业	Heavy Industry	3 266	4.18	71.62

10－4 全市工业企业单位数、从业人员及工业总产值(村及村以上)

NUMBER OF ENTERPRISES, EMPLOYMENT AND GROSS OUTPUT VALUE OF INDUSTRY (VILLAGE LEVEL AND ABOVE)

(1998)

类 别	Items	单位数(个) Number of Enterprises	从业人员(万人) Employment (10 000 persons)	工业总产值(亿元) Gross Output Value of Industry (100 million yuan)
总 计	**Total**	**22 450**	**290.08**	**5 503.52**
一、按隶属关系分	**Grouped by Subordination**			
#中央工业	Central	243	26.31	952.97
市(局)属工业	City	3 073	109.69	2 181.86
区属工业	District	3 459	26.58	306.53
县属工业	County	801	6.75	103.62
街道属工业	Neighbourhood	818	2.89	18.36
镇属工业	Town	2 435	30.38	488.08
乡属工业	Country	2 364	27.18	370.19
村属工业	Village	8 236	47.39	729.65
二、按登记注册类型分	**Grouped by Registration Categories**			
内 资	Domestic Investment	17 825	209.63	2 905.66
国 有	State-owned	2 046	79.63	1 368.69
集 体	Collective-owned	10 634	67.80	709.69
股份合作	Share Holding	1 870	13.25	145.15
联 营	Joint Owned	2 324	22.92	274.66
有限责任公司	Companies with Limited Liabilities	568	16.24	221.85
股份有限公司	Stock-holding Companies with Limited Liabilities	67	8.30	153.69
私 营	Private	292	1.39	29.14
其 他	Others	24	0.12	2.80
港澳台商投资	Hong Kong, Macao and Taiwan Funded	2 094	35.94	849.75
外商投资	Foreign Funded	2 531	44.51	1 748.11
三、按轻、重工业分	**Grouped by Light and Heavy Industries**			
轻工业	Light Industry	12 231	146.14	2 276.02
重工业	Heavy Industry	10 219	143.93	3 227.49
四、按企业规模分	**Grouped by Size of Enterprises**			
大型企业	Large	666	90.30	2 772.76
特大型企业	Outsize	28	26.04	1 282.95
大一型企业	Large(First)	215	33.04	794.43
大二型企业	Large(Second)	423	31.22	695.38
中型企业	Medium	816	30.86	556.62
中一型企业	Medium(First)	312	12.68	239.03
中二型企业	Medium(Second)	504	18.19	317.59
小型企业	Small	20 968	168.92	2 174.14
五、按工业行业分	**Grouped by Sectors**			
非金属矿采选业	Nonmetal Minerals Mining and Processing	1	0.02	0.05
土沙石开采业	Sand and Stone Mining and Processing	1	0.02	0.05
食品加工业	Food Processing	400	4.76	120.18
粮食及饲料加工业	Grain and Feed Processing	186	1.19	33.14
植物油加工业	Vegetable Oil Processing	40	0.54	26.64
制糖业	Sugar Refining	3	0.01	0.93
屠宰及肉类蛋类加工业	Butcher Meat and Egg Processing	97	2.37	47.94
水产品加工业	Aquatic Product Processing	23	0.34	4.44
其他食品加工业	Other Food Processing	51	0.30	7.08

10－4 续表 1 continued

类 别	Items	单位数(个) Number of Enterprise	从业人员(万人) Employment (10 000 persons)	工业总产值(亿元) Gross Output Value of Industry (100 million yuan)
食品制造业	Food Production	530	6.37	104.72
糕点、糖果制造业	Pastry and Sweets Production	248	3.06	48.27
乳制品制造业	Dairy Production	21	0.52	15.18
罐头食品制造业	Canned Food Production	19	0.24	4.48
发酵制品业	Fermented Production	19	0.16	3.64
调味品制造业	Flavouring Production	47	0.63	14.18
其他食品制造业	Other Food Production	176	1.76	18.96
饮料制造业	Beverage Production	125	1.82	69.78
酒精及饮料酒制造业	Alcohl and Wine Manufacturing	23	0.59	13.68
软饮料制造业	Soft Drinking Manufacturing	83	0.99	45.85
制茶业	Tea Manufacturing	1	0.07	0.53
其他饮料制造业	Other Beverage Manufacturing	18	0.17	9.72
烟草加工业	Tobacco Processing	4	0.73	70.77
卷烟制造业	Cigeratte Manufacturing	2	0.65	69.11
其他烟草加工业	Other Tobacco Processing	2	0.08	1.66
纺织业	Textile Industry	1 348	23.88	242.08
纤维原料初步加工业	Raw Fiber Initial Processing	39	0.25	3.39
棉纺织业	Cotton Textile	581	12.30	113.26
毛纺织业	Wool Textile	132	3.80	42.86
麻纺织业	Flex Textile	3		0.07
丝绢纺织业	Silk Textile	79	1.27	8.33
针织品业	Knitting Textile	441	5.69	64.54
其他纺织业	Other Textile	73	0.55	9.62
服装及其他纤维制品制造业	Garment and Other Fiber Products Industry	1 472	20.10	224.81
服装制造业	Garment Industry	1 288	18.33	203.26
制帽业	Cap Industry	31	0.36	4.04
制鞋业	Shoes Industry	52	0.72	6.88
其他纤维制品制造业	Other Fiber Products Industry	101	0.69	10.64
皮革、毛皮、羽绒及其制品业	Leathers, Furs, Down and Related Products	393	5.29	50.92
制革业	Leather Manufacturing	30	0.28	6.54
皮革制品制造业	Leather and Related Products	332	4.62	41.76
毛皮鞣制及制品业	Fur Processing and Related Products	6	0.11	0.33
羽毛(绒)及制品业	Down and Related Products	25	0.28	2.29
木材加工及竹、藤、棕、草制品业	Timber Processing, Bamboo, Cane, Palm Fiber and Straw Products	344	2.87	75.02
锯材、木片加工业	Timber and Wood Processing	39	0.17	1.78
人造板制造业	Artificial Board Manufacturing	56	1.42	59.28
木制品业	Wood Products	226	1.14	11.24
竹、藤、棕、草制品业	Bamboo, Cane, Palm Fiber and Straw Products	23	0.13	2.72
家具制造业	Furniture Manufacturing	337	2.35	29.28
木制家具制造业	Wooden Furniture Manufacturing	232	1.71	23.21
金属家具制造业	Metal Furniture Manufacturing	62	0.45	3.79
其他家具制造业	Other Furniture Manufacturing	43	0.20	2.28
造纸及纸制品业	Papermaking and Paper Products	531	4.82	65.22
造纸业	Papermaking	121	1.91	30.83
纸制品业	Paper Products	409	2.90	34.38
印刷业、记录媒介的复制	Printing and Record Processing	798	5.41	55.07
印刷业	Printing	795	5.27	53.98
记录媒介的复制	Record Processing	3	0.13	1.09

10－4 续表 2　continued

类　别	Items	单 位 数 (个) Number of Enterprises	从业人员 (万人) Employment (10 000 persons)	工业总产值 (亿元) Gross Output Value of Industry (100 million yuan)
文教体育用品制造业	Stationary, Education and Sports Goods	583	7.15	74.19
# 文化用品制造业	Cultural Goods	255	3.03	27.85
体育用品制造业	Sports Goods	83	0.98	14.43
乐器及其他文娱用品制造业	Music Instruments and Other Stationary Goods	40	0.54	4.16
玩具制造业	Toy Manufacturing	182	2.46	26.67
游艺器材制造业	Entertanment Equipment Manufacturing	14	0.07	0.33
石油加工及炼焦业	Petroleum Processing and Coking Products	81	2.61	116.66
# 原油加工业	Petroleum Processing	48	1.71	95.75
石油制品业	Petroleum Products	29	0.14	3.24
化学原料及化学制品制造业	Raw Chemical Materials and Chemical Products	1 299	14.96	354.77
基本化学原料制造业	Basic Raw Chemical Materials	181	2.30	28.97
化学肥料制造业	Chemical Fertilizers	18	0.41	4.67
化学农药制造业	Chemical Pesticides	24	0.45	10.67
有机化学产品制造业	Organic Chemical Products	425	4.70	106.06
合成材料制造业	Synthetic Materials	137	2.28	53.61
专用化学产品制造业	Special Purpose Chemical Products	287	1.87	37.40
日用化学产品制造业	Daily Use Chemical Products	227	2.95	113.39
医药制造业	Medicine Manufacturing	245	5.06	114.00
化学药品原药制造业	Original Chemical Medicine	61	1.61	30.57
化学药品制剂制造业	Chemical Medicine Preparation	65	1.76	55.81
中药材及中成药加工业	Raw Materials and Products of Chinese Medicine	58	1.04	13.85
动物药品制造业	Animal Medicine	23	0.16	2.82
生物制品业	Biological Products	38	0.50	10.94
化学纤维制造业	Chemical Fiber Manufacturing	93	4.04	125.37
人造纤维(纤维素纤维)制造业	Artificial Fibers	18	0.40	6.23
合成纤维制造业	Synthetic Fibers	64	3.56	118.68
渔具及渔具材料制造业	Fishing Tool and Materials	11	0.08	0.46
橡胶制品业	Rubber Products	319	6.23	90.22
轮胎制造业	Tire Manufacturing	10	1.98	48.27
力车胎制造业	Vehicle Tire Manufacturing	11	0.51	5.70
橡胶板、管、带制造业	Rubber Borad, Tube and Belt	47	0.72	7.99
橡胶零件制品业	Rubber Spares Manufacturing	88	0.63	4.96
再生橡胶制造业	Regeneration Rubber Manufacturing	15	0.07	0.43
橡胶靴鞋制造业	Rubber Shoes and Boots Manufacturing	54	1.33	11.36
日用橡胶制品业	Daily Use Rubber Products	18	0.28	2.67
橡胶制品翻修业	Rubber Products Repairing	6	0.13	1.58
其他橡胶制品业	Other Rubber Products	70	0.57	7.27
塑料制品业	Plastic Products	1 179	8.62	123.41
塑料薄膜制造业	Plastic Film	91	1.10	13.34
塑料板、管、棒材制造业	Plastic Board, Tube and Club	109	0.71	12.79
塑料丝、绳及编织品制造业	Plastic Silk, Rope and Knitting	79	0.74	9.48
泡沫塑料及人造革、合成革制造业	Foamed Plastic, Artificial Leather and Synthetical Leather	115	0.85	12.64
塑料包装箱及容器制造业	Plastic Cases and Containers	112	0.95	15.74
塑料鞋制造业	Plastic Shoes Manufacturing	32	0.20	2.42
日用塑料杂品制造业	Daily Use Plastic Goods	90	0.63	8.60
塑料零件制造业	Plastic Spares Manufacturing	108	0.69	13.05
其他塑料制品业	Other Plastic Products	443	2.74	35.35

10－4 续表 3 continued

类别 Items		单位数(个) Number of Enterprises	从业人员(万人) Employment (10 000 persons)	工业总产值(亿元) Gross Output Value of Industry (100 million yuan)
非金属矿物制品业	Nonmetal Mineral Products	980	10.75	136.56
水泥制造业	Cement Manufacturing	29	0.91	10.79
水泥制品和石棉水泥制品业	Cement and Asbestos Cement Products	241	2.07	43.83
砖瓦、石灰和轻质建筑材料制造业	Brik, Tile and Light Construction Materials	316	2.63	20.15
玻璃及玻璃制品业	Glass and Glass Products	159	2.22	28.16
陶瓷制品业	Ceramies Products	42	0.71	13.38
耐火材料制品业	Fireproof Materials	62	0.85	7.95
石墨及碳素制品业	Graphite and Carbon Products	29	0.31	2.74
矿物纤维及其制品业	Mineral Fiber and Related Products	48	0.64	5.55
其他类未包括的非金属矿物制品业	Other Nonmetal Mineral Products	54	0.40	4.00
黑色金属冶炼及压延加工业	Smelting and Pressing of Ferrous Metals	229	13.44	504.89
炼铁业	Iron-smelting	12	2.46	33.82
炼钢业	Steel-smelting	14	4.67	136.52
钢压延加工业	Steel Pressing	179	5.78	326.77
铁合金冶炼业	Ferro-alloies Smelting	24	0.54	7.78
有色金属冶炼及压延加工业	Smelting and Pressing of Nonferrous Metals	258	3.21	76.41
重有色金属冶炼业	Heavy Nonferrous Metals Smelting	55	0.56	9.02
轻有色金属冶炼业	Light Nonferrous Metals Smelting	32	0.20	7.88
贵金属冶炼业	Noble Metals Smelting	9	0.06	4.66
稀有稀土金属冶炼业	Rare-Earth Metals Smelting	10	0.37	5.76
有色金属合金业	Nonferrous-Alloies Smelting	21	0.10	1.48
有色金属压延加工业	Nonferrous Metals Pressing	131	1.92	47.61
金属制品业	Metal Products	2 744	20.44	288.56
金属结构制造业	Metal Structure Manufacturing	310	2.44	42.40
铸铁管制造业	Cast Iron Tube Manufacturing	24	0.23	4.64
工具制造业	Tools Manufacturing	347	3.12	25.34
集装箱和金属包装物品制造业	Container and Metal Cover Manufacturing	186	2.24	60.91
金属丝绳及其制品业	Metal Silk and Rope and Related Products	159	1.15	13.90
建筑用金属制品业	Metal Products for Construction Use	414	2.08	40.91
金属表面处理及热处理业	Metal Surface Treatment and Heat Treatment	391	2.34	15.78
日用金属制品业	Daily Metal Products	599	4.76	57.33
其他金属制品业	Other Metal Products	314	2.08	27.36
普通机械制造业	Ordinary Machinery Manufacturing	2 090	24.39	337.43
锅炉及原动机制造业	Boiler and Motive Machine Manufacturing	129	4.01	62.09
金属加工机械制造业	Metal Processing Machinery	325	3.18	25.29
通用设备制造业	Equipment for General Use	447	6.50	128.22
轴承、阀门制造业	Bearing and Valve Manufacturing	187	2.65	41.35
其他通用零部件制造业	Other Equipment for General Use	574	4.27	42.29
铸锻件制造业	Casting and Forging Manufacturing	330	3.08	28.61
普通机械修理业	Ordinary Machinery Repairing	23	0.22	1.86
其他普通机械制造业	Other Ordinary Machinery Manufacturing	75	0.49	7.73

10－4 续表 4 continued

类 别	Items	单位数(个) Number of Enterprises	从业人员(万人) Employment (10 000 persons)	工业总产值(亿元) Gross Output Value of Industry (100 million yuan)
专用设备制造业	Special Purpose Equipment Manufacturing	1 140	16.51	161.89
机电工业专用设备制造业	Mechanical and Electrical Equipment	93	1.75	19.34
石化及其他工业专用设备制造业	Equipment Petrol Chemical and Other Sectors of Industry	178	2.62	27.48
轻纺工业专用设备制造业	Equipment for Light and Textile Industries	293	3.66	30.87
农、林、牧、渔、水利业机械制造业	Machines of Farm, Forest, Animal Husbandry, Fishing and Irrigation	71	1.34	13.95
医疗器械制造业	Medical Equipment	177	2.03	26.39
其他专用设备制造业	Other Special Purpose Equipment Manufacturing	262	3.50	34.85
专用机械设备修理业	Special Purpose Equipment Repairing	66	1.62	9.01
交通运输设备制造业	Transportation Equipment Manufacturing	1 041	22.10	635.05
#铁路运输设备制造业	Railway Transportation Equipment Manufacturing	9	0.12	1.37
汽车制造业	Motor Vehicles Manufacturing	418	9.67	474.76
摩托车制造业	Motorcycles Manufacturing	96	1.16	21.07
自行车制造业	Bicycle Manufacturing	27	1.75	22.72
船舶制造业	Ship Building	46	4.33	80.16
航空航天器制造业	Aviation Machines Manufacturing	20	1.70	10.42
交通运输设备修理业	Transportation Equipment Repairing	413	3.21	23.46
电气机械及器材制造业	Electric Equipment and Machinery	1 810	22.22	402.93
#电机制造业	Electrical Machinery	119	2.74	36.94
输配电及控制设备制造业	Electricity Transmit, Distribution and Control Equipment	466	5.74	80.77
电工器材制造业	Electrical Engineering Manufacturing	441	4.53	120.68
日用电器制造业	Electrical Appliances Manufacturing	328	4.34	109.30
照明器具制造业	Lighting Equipment Manufacturing	322	3.94	48.48
电气机械修理业	Electric Machines Repairing	60	0.20	2.07
电子及通信设备制造业	Electronic and Telecommunications Equipment	693	11.22	496.51
#通信设备制造业	Telecommunication Equipment Manufacturing	133	2.27	177.32
广播电视设备制造业	Broadcast and Television Equipment Manufacturing	6	0.03	0.29
电子计算机制造业	Computer Manufacturing	63	0.78	66.89
电子器件制造业	Electronic Device Manufacturing	87	1.78	78.15
电子元件制造业	Electronic Cell Manufacturing	230	3.32	54.08
日用电子器具制造业	Daily Electronic Instrument Manufacturing	84	2.16	103.99
电子设备及通信设备修理业	Electronic and Telecommunications Equipment Repairing	5	0.01	0.12
仪器仪表及文化、办公用机械制造业	Instruments, Meters, Cultural and Office Equipment	605	7.07	89.94
通用仪器仪表制造业	Instruments and Meters for General Use	255	2.93	31.19
专用仪器仪表制造业	Special Purpose Instruments and Meters	47	0.62	8.04
电子测量仪器制造业	Electronic Survey Instruments	22	0.19	1.12
计量器具制造业	Measuring Instruments Manufacturing	57	0.52	6.44
文化、办公用机械制造业	Cultural and Office Equipment Manufacturing	69	1.31	31.49
钟表制造业	Watch Manufacturing	70	0.94	4.10
仪器仪表及文化、办公用机械修理业	Instruments, Meters, Cultural and Office Equipment Repairing	10	0.01	0.09
其他仪器仪表制造业	Other Instruments and Meters Manufacturing	75	0.55	7.48
其他制造业	Other Manufacturing	668	5.14	66.18
工艺美术品制造业	Arts and Crafts	253	2.43	35.16
日用杂品制造业	Daily Products Manufacturing	50	0.48	5.41
其他生产、生活用品制造业	Other Industrial and Daily Use Products	365	2.23	25.61
电力、蒸汽、热水的生产和供应业	Power, Steam and Water Production and Supply	14	3.62	166.74
电力生产业	Electric Power Production	9	0.57	37.78
电力供应业	Electric Power Supply	1	3.03	128.43
蒸汽、热水生产和供应业	Steam and Hot Water Production and Supply	4	0.02	0.53
煤气生产和供应业	Gas Production and Supply	3	1.28	17.56
煤气生产业	Gas Production	1	0.72	10.93
自来水的生产和供应业	Tap Water Production and Supply	93	1.60	16.36
自来水生产业	Tap Water Production	77	1.53	15.63
自来水供应业	Tap Water Supply	16	0.07	0.73

10－5 工业销售产值(村及村以上)

SALES VALUE OF INDUSTRY (VILLAGE LEVEL AND ABOVE)

(1998)

单位：亿元 (100 million yuan)

类 别	Items	工业销售产值 Sales Value of Industry	# 出口交货值 Delivery Value of Industry Export
总 计	**Total**	**5 391.35**	**998.24**
一、按隶属关系分	**Grouped by Subordination**		
# 中央工业	Central	947.27	122.32
市(局)属工业	City	2 160.75	288.64
区属工业	District	300.93	64.54
县属工业	County	99.22	7.92
街道属工业	Neighbourhood	18.24	0.62
镇属工业	Town	462.83	113.62
乡属工业	Country	358.12	99.80
村属工业	Village	703.25	109.79
二、按登记注册类型分	**Grouped by Registration Categories**		
内 资	Domestic Investment	2 851.43	286.39
国 有	State-owned	1 359.27	155.08
集 体	Collective-owned	685.26	42.30
股份合作	Share Holding	138.67	12.20
联 营	Joint Owned	263.75	25.52
有限责任公司	Companies with Limited Liabilities	219.53	37.25
股份有限公司	Stock-holding Companies with Limited Liabilities	153.22	13.50
私 营	Private	28.94	0.54
其 他	Others	2.78	
港澳台商投资	Hong Kong, Macao and Taiwan Funded	821.89	223.41
外商投资	Fereign Funded	1 718.03	488.45
三、按轻、重工业分	**Grouped by Light and Heary Industries**		
轻工业	Light Industry	2 226.33	564.08
重工业	Heavy Industry	3 165.02	434.16
四、按企业规模分	**Grouped by Size of Enterprises**		
大型企业	Large	2 741.22	403.13
特大型企业	Outsize	1 275.01	117.48
大一型企业	Large(First)	785.94	154.67
大二型企业	Large(Second)	680.27	130.99
中型企业	Medium	548.87	159.19
中一型企业	Medium(First)	237.30	88.00
中二型企业	Medium(Second)	311.57	71.19
小型企业	Small	2 101.26	435.93

单位：亿元　　10－5 续表 continued　　(100 million yuan)

类 别	Item	工业销售产值 Sales Value of Industry	# 出口交货值 Delivery Value of Industry Export
五、按工业行业分	Grouped by Sectors		
非金属矿采选业	Nonmetal Mineral Mining and Processing	0.05	
食品加工业	Food Processing	118.02	11.37
食品制造业	Food Manufacturing	101.82	5.19
饮料制造业	Beverage Manufacturing	66.24	2.34
烟草加工业	Tobacco Processing	70.67	6.73
纺织业	Textile Industry	240.08	92.60
服装及其他纤维制品制造业	Garment and Other Fiber Products Industry	217.97	117.48
皮革、毛皮、羽绒及其制品业	Leathers, Furs, Down and Related Products	49.61	26.30
木材加工及竹、藤、棕、草制品业	Timber Processing, Bamboo, Cane, Palm Fiber and Straw Procuts	71.60	4.03
家具制造业	Furniture Manufacturing	27.98	6.15
造纸及纸制品业	Papermaking and Paper Products	63.88	1.68
印刷业、记录媒介的复制	Printing and Record Processing	54.16	0.37
文教体育用品制造业	Stationary, Educational and Sports Goods	73.21	38.99
石油加工及炼焦业	Petroleum Processing and Coking Products	116.53	2.67
化学原料及化学制品制造业	Raw Chemical Materials and Chemical Products	341.97	32.23
医药制造业	Medical and Pharmaceutical Products	108.60	13.85
化学纤维制造业	Chemical Fiber Manufacturing	123.45	3.52
橡胶制品业	Rubber Products	85.23	14.50
塑料制品业	Plastic Products	120.00	26.45
非金属矿物制品业	Nonmetal Mineral Products	132.04	8.70
黑色金属冶炼及压延加工业	Smelting and Pressing of Ferrous Metals	500.26	57.42
有色金属冶炼及压延加工业	Smelting and Pressing of Nonferrous Metals	75.05	11.05
金属制品业	Metal Products	280.98	71.36
普通机械制造业	Ordinary Machinery Manufacturing	327.81	59.28
专用设备制造业	Special Purpose Equipment Manufacturing	158.73	19.04
交通运输设备制造业	Transportation Equipment Manufacturing	627.80	75.14
电气机械及器材制造业	Electric Equipment and Machinery	395.14	69.14
电子及通信设备制造业	Electronic and Telecommunications Equipment	489.82	177.66
仪器仪表及文化、办公用机械制造业	Instruments, Meters, Cultural and Office Equipment	89.91	30.53
其他制造业	Other Manufacturing	62.86	12.15
电力、蒸汽、热水的生产和供应业	Electric Power, Steam and Hot Water Production and Supply	166.28	
煤气生产和供应业	Gas Production and Supply	17.46	0.32
自来水的生产和供应业	Tap Water Production and Supply	16.15	

10－6 各区、县工业企业单位数、从业人员及产值(村及村以上)

NUMBER OF ENTERPRISES, EMPLOYMENT AND OUTPUT VALUE BY REGION (VILLAGE LEVEL AND ABOVE)

(1998)

单位:亿元 (100 million yuan)

地 区 District		单 位 数 (个) Number of Enterprises	从业人员 (万人) Employment (10 000 persons)	工业总产值 Gross Output Value of Industry	工业销售产值 Sales Value of Industry
总 计	**Total**	**22 450**	**290.08**	**5 503.52**	**5 391.35**
市 区	**Urban District**	**17 025**	**239.58**	**4 834.46**	**4 747.70**
黄浦区	Huangpu	150	9.07	228.23	222.60
南市区	Nanshi	258	3.62	32.71	35.24
卢湾区	Luwan	260	5.61	90.28	90.54
徐汇区	Xuhui	786	13.19	258.43	255.50
长宁区	Changning	515	8.12	93.32	92.28
静安区	Jing'an	259	6.04	72.84	72.71
普陀区	Putuo	838	10.49	146.11	143.88
闸北区	Zhabei	672	13.17	141.30	139.61
虹口区	Hongkou	552	9.26	99.63	98.78
杨浦区	Yangpu	877	19.78	300.18	297.70
浦东新区	Pudong New Area	3 790	44.57	1 219.75	1 200.20
闵行区	Minhang	2 143	27.15	678.39	660.87
宝山区	Baoshan	1 622	20.61	332.13	328.94
嘉定区	Jiading	2 010	21.42	668.06	657.50
金山区	Jinshan	877	12.79	206.36	199.80
松江区	Songjiang	1 416	14.67	266.74	251.56
县	**County**	**5 413**	**49.92**	**656.56**	**631.22**
南汇县	Nanhui	1 545	15.31	191.06	182.08
奉贤县	Fengxian	1 533	12.82	185.72	178.63
青浦县	Qingpu	1 335	12.21	209.54	202.27
崇明县	Chongming	1 000	9.58	70.25	68.24
外省市等	**Other Parts of China**	**12**	**0.58**	**12.50**	**12.42**

10－7 支柱产业主要指标

MAJOR INDICATORS OF PILLAR INDUSTRIES

(1998)

单位：亿元 (100 million yuan)

行 业	Sectors	工业总产值 Gross Output Value of Industry	工业销售产值 Sales Value of Industry	利税总额 Total Pre-tax Profits
总 计	**Total**	**2 434.37**	**2 396.49**	**253.36**
汽车制造业	Motor Vehicles Manufacturing	494.81	488.47	84.53
#客车制造业	Bus Manufacturing	6.12	5.95	0.27
小轿车制造业	Car Manufacturing	252.48	252.31	41.69
汽车零部件及配件制造业	Spares and Fittings of Vehicles	208.01	201.04	44.55
摩托车整车制造业	Motorcycle Manufacturing	4.39	6.31	-2.33
电子通信设备制造业及计算机	Telecommunication Equipment and Computers	287.82	281.07	34.95
通信信息设备制造业	Telecommunications Equipment Manufacturing	197.81	192.05	29.82
电子计算机及工业自动化仪表制造业	Computer and Industrial Automatic Instrument Manufacturing	90.01	89.02	5.13
钢铁制造业	Steel Industry	501.58	496.99	34.75
石油化工、精细化工、生物及现代医药工业	Petrochemical, Fine Chemical, Biological and Modern Medicine Industry	691.70	671.08	63.74
石油化工、精细化工制造业	Petrochemical and Fine Chemical Manufacturing	532.91	518.87	52.56
石油化工制造业	Petrochemical Production	97.60	97.87	13.48
精细化工制造业	Fine Chemical Production	435.31	421.00	39.08
生物及现代医药工业	Biological and Modern Medical Industry	158.79	152.21	11.18
#保健食品制造业	Healthy Food Production	9.39	7.64	1.28
农药制造业	Farm Chemical Medicine Manufacturing	10.67	11.00	0.59
化学药品原药制造业	Raw Chemical Medicine Manufacturing	30.51	29.41	-0.86
化学药品制剂制造业	Chemical Medical Preparation Manufacturing	55.46	53.98	3.69
中药成药业	Traditional Chinese Medicine Manufacturing	13.10	12.33	1.53
生物制品业	Biological Products Manufacturing	10.66	8.66	1.83
医疗器械制造业	Medical Equipment and Facilities Manufacturing	26.31	26.55	2.84

单位：亿元　　10－7 续表　continued　　(100 million yuan)

行　业	Sectors	工业总产值 Gross Output Value of Industry	工业销售产值 Sales Value of Industry	利税总额 Total Pre-tax Profits
电站设备及配件制造业	Power Generating Electricity Equipment and Fittings manufacturing	223.50	221.30	24.39
家用电器制造业	Household Electrical Appliance Manufacturing	234.96	237.58	11.00
洗衣机制造业	Washing Machine Manufacturing	7.27	7.09	-2.37
吸尘器制造业	Vacuum Cleaner Manufaturing	1.41	1.38	-0.01
电冰箱制造业	Refrigerator Manufacturing	5.00	5.30	-0.27
电风扇制造业	Electrical Fan Manufacturing	2.23	2.27	-0.52
空调器制造业	Air-conditioner Manufacturing	61.91	63.28	2.88
排油烟机制造业	Range Hood Manufacturing	0.59	0.57	-0.01
其他日用电器制造业	Other Household Electrial Appliance Manufacturing	21.24	21.06	0.33
电真空器件制造业	Electrical Vacuum Device Manufacturing	48.40	48.94	6.72
电视机制造业	Television Set Manufacturing	61.42	61.97	2.93
收音机、录音机制造业	Radio and Recorder Manufacturing	24.09	24.39	1.26
电子计算器制造业	Electrical Caculator Manufacturing	1.40	1.33	0.06
在总计中：信息产品制造业	In Total: Information Product Manufacturing	486.80	480.18	51.46
电子及通信设备制造业	Electronic and Telecommunications Equipment Manufacturing	482.43	475.81	50.97
#通信设备制造业	Telecommunications Equipment Manufacturing	169.30	164.02	28.26
电子计算机制造业	Computer Manufacturing	80.44	79.21	4.01
电子器件制造业	Electronic Equipment Manufacturing	77.56	77.63	8.31
日用电子器具制造业	Household Electrical Equipment Manufacturing	86.91	87.69	4.25
记录媒介的复制	Record Media Copying	1.09	1.06	0.08
信息化学品制造业	Information and Chemicals Industries	3.28	3.31	0.41

10－8　高新技术产业主要指标

MAIN INDICATORS ABOUT THE HIGH AND NEW TECHNOLOGY INDUSTRY

(1998)

单位：亿元　　(100 million yuan)

类　别	Items	工业总产值 Gross Output Value of Industry	工业增加值 Value Added	工业销售产值 Sales Value of Industry
总　计	**Total**	**980.25**	**278.39**	**964.08**
按登记注册类型分	Grouped by Registration Categories			
# 国有经济	State-owned	100.75	27.32	98.11
集体经济	Collective-owned	86.61	24.10	83.99
股份制企业	Share Holding	59.80	17.06	61.90
外商投资企业	Foreign Funded	578.42	162.11	569.70
按技术领域分	Grouped by Technology Kind			
# 电子及信息领域	Electronics and Information Industry	456.54	130.02	451.70
生物、医药技术	Biology and Medical Technologies	138.03	38.41	132.79
光机电一体化	Photoelectric, Mechanical and Electrial Products	133.69	36.10	132.81
新材料	New Materials	186.10		
环境保护	Environmental Protection	1.80	0.52	1.69
航空航天	Aviation and Aerospace Industry	8.72	2.96	7.91
地球、空间及海洋工程	Earth, Space and Ocean Projects	0.47	0.23	0.44
核应用技术	Nuclear Utilization Technology	0.04	0.02	0.04

单位：亿元　　10－8 续表　continued　　(100 million yuan)

类　别	Items	年末资产总计 Total Property (year-end)	产品销售收入 Revenue of Products Sales	利税总额 Total Pre-tax Profits	产品销售率(%) Sales Rate of Industrial Products
总　计	**Total**	**1 239.41**	**991.92**	**145.63**	**98.3**
按登记注册类型分	Grouped by Registration Categories				
# 国有经济	State-owned	163.09	98.34	9.29	97.4
集体经济	Collective-owned	79.74	80.66	9.92	97.0
股份制企业	Share Holding	155.33	73.79	15.58	103.5
外商投资企业	Foreign Funded	738.29	578.16	86.71	98.5
按技术领域分	Grouped by Technology Kind				
# 电子及信息领域	Electronics and Information Industry	517.25	411.97	88.96	98.9
生物、医药技术	Biology and Medical Technologies	138.56	139.49	20.32	96.2
光机电一体化	Photoelectric, Mechanical and Electrial Products	191.05	128.10	26.82	99.3
新材料	New Materials		196.48		
环境保护	Environmental Protection	2.83	1.58	0.20	94.1
航空航天	Aviation and Aerospace Industry	21.47	6.59	0.36	90.7
地球、空间及海洋工程	Earth, Space and Ocean Projects	0.87	0.44	0.04	94.8
核应用技术	Nuclear Utilization Technology	0.21	0.04	…	103.3

10－9 主要工业产品生产、销售总量
OUTPUT AND SALES OF MAIN INDUSTRIAL PRODUCTS
(1998)

产品名称	Products	单 位 Unit	生产量 Output	销售量 Sales
自行车	Bicycles	万辆(10 000)	540.78	550.39
缝纫机	Sewing Machines	万架(10 000)	242.93	223.40
表	Watches	万只(10 000)	302.14	274.01
照相机	Cameras	万架(10 000)	428.58	425.59
电视机	Television Sets	万台(10 000)	200.94	218.59
#彩色电视机	Color TV Sets	万台(10 000)	107.80	117.67
录像机	Videorecorders	万部(10 000)	102.14	107.43
收音机	Radio	万部(10 000)	24.00	25.66
组合音响	Stereo System	万台(10 000)	126.93	127.35
家用洗衣机	Household Washing Machines	万台(10 000)	72.55	67.16
排油烟机	Range Hoods	万台(10 000)	11.00	10.62
电风扇	Electric Fans	万台(10 000)	85.53	87.17
家用电冰箱	Household Refrigerators	万台(10 000)	38.61	38.62
冷冻箱	Household Freezers	万台(10 000)	2.72	2.54
房间空气调节器	Household Air-conditioners	万台(10 000)	113.98	122.83
吸尘器	Vacuum Cleaners	万台(10 000)	29.38	30.83
电饭锅	Electric Rice Cookers	万个(10 000)	77.97	73.26
燃气热水器	Hot Water Showers	万部(10 000)	36.52	35.67
化学纤维	Chemical Fibers	万吨(10 000 tons)	40.93	37.93
纱	Yarn	万吨(10 000 tons)	13.93	11.51
布	Cloth	亿米(10^8m)	4.32	4.34
丝织品	Silk Products	万米(10 000 m)	2 981	2 378
呢 绒	Wool Fabric	万米(10 000 m)	1 742	1 888
毛 线	Knitting Wool	万吨(10 000 tons)	6 236	5 960
服 装	Garments	万件(10 000)	55 006	55 641
啤 酒	Beer	万吨(10 000 tons)	29.28	28.44
无酒精饮料(软饮料)	Non-alcoholic Beverage	万吨(10 000 tons)	68.19	67.59
卷 烟	Cigarettes	万箱(10 000 cases)	113.88	113.73
机制纸及纸板	Paper and Paperboard	万吨(10 000 tons)	45.46	43.09
合成洗涤剂	Synthetic Detergents	万吨(10 000 tons)	27.74	24.47
生 铁	Pig Iron	万吨(10 000 tons)	1 208.57	203.65
钢	Steel	万吨(10 000 tons)	1 603.75	145.98
成品钢材	Rolled-steel Final Products	万吨(10 000 tons)	1 417.58	1 401.23
焦 炭	Coke	万吨(10 000 tons)	692.44	194.51
程控交换机	Program-controlled Exchange	万线(10 000)	794.96	794.01

10－9 续表 continued

产品名称	Products	单 位 Unit	生产量 Output	销售量 Sales
汽 油	Gasoline	万吨(10 000 tons)	185.03	169.85
柴 油	Diesel Oil	万吨(10 000 tons)	196.04	195.74
发电量	Electricity	亿千瓦·时(100 000 000 kwh)	482.16	379.92
硫 酸	Sulphuric Acid	万吨(10 000 tons)	35.59	29.79
烧 碱	Caustic Soda	万吨(10 000 tons)	38.22	37.00
乙 烯	Ethylene	万吨(10 000 tons)	50.36	15.93
合成氨	Synthtic Ammoma	万吨(10 000 tons)	25.10	9.54
中成药	Chinese Medicine	万吨(10 000 tons)	0.83	0.81
化学肥料	Chemical Fertilizer	万吨(10 000 tons)	12.73	12.92
#氮 肥	Nitrogen	万吨(10 000 tons)	12.27	12.47
磷 肥	Phophate	万吨(10 000 tons)	0.47	0.45
化学农药	Chemical Pesticides	万吨(10 000 tons)	1.06	1.04
轮胎外胎	Tires	万吨(10 000 tons)	957.75	967.00
合成橡胶	Synthetic Rubber	万吨(10 000 tons)	8.99	9.59
水 泥	Cement	万吨(10 000 tons)	330.95	329.20
平板玻璃	Plate Glass	万重量箱(10 000 wt.cases)	701.45	731.47
发电设备	Power Generating Equipment	万千瓦(10 000 kw)	403.85	400.60
电力电缆	Electric Cable	万公里(10 000 km)	12.79	12.89
金属切削机床	Metal-cutting Machines	台	11 916.00	10 477.00
#数控机床	Degital Machine Tools	台	1 169.00	878.00
高精度机床	High Precision Machine Tools	台	28.00	44.00
大型机床	Large Machine Tools	台	43.00	50.00
汽 车	Motor Vehicles	万辆(10 000)	23.64	23.65
#轿 车	Cars	万辆(10 000)	23.50	23.50
拖拉机	Tractors	万台(10 000)	1.38	1.38
摩托车	Motorcycles	万辆(10 000)	8.37	13.51
内燃机	Internal Combustion Engines	万千瓦(10 000kw)	462.54	465.15
民用钢质船舶	Civil Steel Ships	万吨(10 000 tons)	79.93	79.93
微型电子计算机	Personal-computers	万台(10 000)	21.16	21.16
大型电子计算机	Large, Medium and Small Sized Computers	台	1.00	1.00
彩色显像管	Color Tubes	万只(10 000)	422.16	426.83
载波通信设备	Carrier Communication Equipment	部	197.00	100.00
光通信设备	Light Communication Equipment	部	86 516	86 274
程控交换机	Program-controlled Exchange	万线(10 000)	794.96	794.01
摄像机和应用电视	Videorecorders and Applied Projective TV	部	1 037	1 248
移动通信设备	Moving Communication Facilities	万部(信道)(10 000)	23.06	17.88
光学仪器	Optical Instrument	万台(10 000)	6.49	6.54
传真机	Facsimile Printer	万部(10 000)	10.67	11.41

10－10 主要工业产品产量占全国的比重
PROPORTION OF MAJOR INDUSTRIAL PRODUCTS OUTPUT IN ALL COUNTRY
(1998)

产品名称	Name	单 位 Unit	全 国 Country	上 海 Shanghai	上海占全国比重 Shanghai/Country(%)
纱	Yarn	万吨(10 000 tons)	542.00	13.93	2.6
布	Cloth	亿米(100 million m)	241.00	4.32	1.8
化学纤维	Chemical Fibers	万吨(10 000 tons)	510.00	40.93	8.0
机制纸及纸板	Paper and Paperboard	万吨(10 000 tons)	2 126.00	45.46	2.1
合成洗涤剂	Synthetic Detergents	万吨(10 000 tons)	280.30	27.74	9.9
自行车	Bicycles	万辆(10 000)	2 312.50	540.78	23.4
彩色电视机	Color TV Set	万台(10 000)	3 497.00	107.80	3.1
家用洗衣机	Household Washing Machines	万台(10 000)	1 207.30	72.55	6.0
家用电冰箱	Household Refrigerators	万台(10 000)	1 060.00	38.61	3.6
发电量	Electricity	亿千瓦·时(100 million kwh)	11 670.00	482.16	4.1
生 铁	Pig Iron	万吨(10 000 tons)	11 863.00	1 208.57	10.2
钢	Steel	万吨(10 000 tons)	11 559.00	1 603.75	13.9
成品钢材	Rolled-steel Final Products	万吨(10 000 tons)	10 518.00	1 417.58	13.5
硫 酸	Sulphuric Acid	万吨(10 000 tons)	2 171.00	35.59	1.6
乙 烯	Ethylene	万吨(10 000 tons)	378.70	50.36	13.3
农用化肥(折100%)	Chemical Fertilizers	万吨(10 000 tons)	3 010.00	12.73	0.4
平板玻璃	Plate Glass	万重量箱(10 000 wt.cases)	17 194.00	701.45	4.1
水 泥	Cement	万吨(10 000 tons)	53 600.00	330.95	0.6
汽 车	Motor Vehicles	万辆(10 000)	163.00	23.64	14.5
焦 炭	Coke	万吨(10 000 tons)	12 806.00	692.44	5.4
程控交换机	Program-controlled Exchange	万线(10 000)	4 219.90	794.96	18.8
传真机	Facsimile Printer	万部(10 000)	128.69	10.67	8.3
移动通信设备	Moving Communication Facilities	万部(10 000)	2 215.20	23.06	1.0
微型电子计算机	Personal-computers	万部(10 000)	291.40	21.16	7.3

10－11 独立核算工业企业主要财务指标

(1998)

单位：亿元

类 别	Item	单位数(个) Number of Enterprises	从业人员(万人) Employment (10 000 persons)	工业总产值 Gross Output Value of Industry
总 计	**Total**	**22 053**	**284.67**	**5 431.90**
一、按隶属关系分	**Grouped by Subordination**			
#中央工业	Central	218	25.30	947.04
市(局)属工业	City	2 961	107.33	2 153.32
区属工业	District	3 307	25.86	290.20
县属工业	County	763	6.50	96.37
街道属工业	Neighbourhood	808	2.87	18.33
镇属工业	Town	2 429	30.26	486.47
乡属工业	Country	2 349	27.05	367.03
村属工业	Village	8 198	46.61	720.91
二、按登记注册类型分	**Grouped by Registration Categories**			
内 资	Domestic Investment	17 442	204.57	2 845.91
国 有	State-owned	1 819	76.13	1 326.10
集 体	Collective-owned	10 514	66.62	698.03
股份合作	Share Holding	1 860	13.18	144.22
联 营	Joint Owned	2 321	22.91	274.54
有限责任公司	Companies with Limited Liabilities	553	16.10	219.19
股份有限公司	Stock-holding Companies with Limited Liabilities	61	8.14	152.23
私 营	Private	292	1.39	29.14
其 他	Others	22	0.11	2.45
港澳台商投资	Hong Kong, Macao Taiwan Funded	2 087	35.91	847.50
外商投资	Foreign Funded	2 524	44.19	1 738.52
三、按轻、重工业分	**Grouped by Light and Heavy Industries**			
轻工业	Light Industry	11 953	143.32	2 231.69
以农产品为原料	Using Farm Products as Raw Materials	6 109	76.98	1 045.56
以非农产品为原料	Using Non-farm Products as Raw Materials	5 844	66.34	1 186.13
重工业	Heavy Industry	10 100	141.35	3 200.23
采掘工业	Excavation	1	0.02	0.05
原料工业	Raw Materials	1 408	34.70	1 094.00
加工工业	Processing	8 691	106.63	2 106.18
四、按企业规模分	**Grouped by Size of Enterprises**			
大型企业	Large	666	90.30	2 772.76
特大型企业	Outsized	28	26.04	1 282.95
大一型企业	Large(First)	215	33.04	794.43
大二型企业	Large(Second)	423	31.22	695.38
中型企业	Medium	816	30.86	556.62
中一型企业	Medium(First)	312	12.68	239.03
中二型企业	Medium(Second)	504	18.19	317.59
小型企业	Small	20 571	163.51	2 102.54
五、按工业行业分	**Grouped by Sectors**			
非金属矿采选业	Nonmetal Minerals Mining and Processing	1	0.02	0.05
食品加工业	Food Processing	283	3.87	102.94
食品制造业	Food Manufacturing	492	5.85	98.52
饮料制造业	Beverage Manufacturing	120	1.76	69.33
#酒精及饮料酒制造业	Alcohol and Wine Manufacturing	23	0.59	13.68
烟草加工业	Tobacco Processing	4	0.73	70.77
纺织业	Textile Industry	1 330	23.62	239.76
#丝绢纺织业	Silk Textile	77	1.22	7.89
针织品业	Knitting Textile	434	5.55	63.24

注：独立核算工业企业主要财务指标为村及村以上企业口径，以下同。

Note: The Major financial indicators of industrial enterprises with independent accounting systems are approached by vellege level and above, the same as below.

MAJOR FINANCIAL INDICATORS OF INDUSTRIAL ENTERPRISES WITH INDEPENDENT ACCOUNTING SYSTEM

(100 million yuan)

工业销售产值 Sales Value of Industry	年末资产总计 Total Property (year-end)	# 流动资产 Circulating Funds	流动资产年平均余额 Average Balance Circulating Funds	固定资产原价 Original Value of Fixed Assets
5 320.72	**8 749.43**	**4 092.05**	**4 023.16**	**4 354.24**
942.06	2 431.92	775.14	765.59	1 691.41
2 132.38	3 782.28	1 933.76	1 917.35	1 559.85
284.66	418.19	234.33	230.80	156.05
91.95	118.95	58.05	58.48	52.84
18.21	19.04	14.22	12.66	4.50
461.22	511.59	279.10	266.18	234.99
354.66	386.15	213.59	204.83	173.55
694.87	626.59	383.29	383.45	251.78
2 793.08	5 287.09	2 299.87	2 296.73	2 720.89
1 317.38	3 306.75	1 168.36	1 177.49	1 984.79
674.04	709.97	442.29	429.47	267.13
137.86	133.45	87.63	85.92	48.02
263.62	279.01	155.73	158.47	131.95
216.95	442.71	216.28	213.58	169.69
151.87	392.29	217.55	220.83	110.76
28.94	19.24	10.15	9.16	7.37
2.44	3.68	1.88	1.80	1.18
819.23	1 239.47	610.10	615.29	610.86
1 708.43	2 222.88	1182.08	1 111.14	1 022.50
2 181.89	3 148.60	1 607.07	1 605.39	1 394.27
1 019.41	1 365.00	691.35	694.94	597.20
1 162.48	1 783.60	915.72	910.44	797.06
3 138.85	5 600.84	2 484.98	2 417.78	2 959.99
0.05	0.06	0.04	0.04	0.04
1 081.41	2 630.33	795.89	784.93	1 792.69
2 057.39	2 970.45	1 689.04	1 632.80	1 167.27
2 741.22	5 592.09	2 291.95	2 276.94	3 060.41
1 275.01	2 866.31	956.18	941.51	1 939.74
785.94	1 518.30	733.57	726.06	644.85
680.27	1 207.48	602.20	609.37	475.82
548.87	844.25	469.03	455.57	345.39
237.30	372.13	189.71	182.58	166.50
311.57	472.13	279.32	272.99	178.89
2 030.65	2 313.10	1 331.07	1 290.65	948.45
0.05	0.06	0.04	0.04	0.04
100.23	85.50	42.86	53.90	37.71
95.78	137.54	63.21	61.84	74.50
65.84	106.72	41.59	41.51	47.41
12.68	31.32	10.75	11.62	15.46
70.67	112.55	45.34	45.51	31.33
237.83	359.14	191.80	197.67	169.47
7.85	18.43	8.27	8.23	9.85
62.58	72.27	44.52	44.64	31.50

单位：亿元　　　　10－11 续表 1 continued

类 别	Items	单位数（个）Number of Enterprises	从业人员（万人）Employment (10 000 persons)	工业总产值 Gross Output Value of Industry
服装及其他纤维制品制造业	Garment and Other Fiber Products Industry	1 453	19.88	216.31
# 服装制造业	Garment Industry	1 272	18.12	194.80
制鞋业	Shoe Industry	51	0.72	6.87
皮革、毛皮、羽绒及其制品业	Leathers, Furs, Down and Related Products	390	5.29	50.60
木材加工及竹、藤、棕、草制品业	Timber Processing, Bamboo, Cane, Palm Fiber and Straw Products	339	2.84	74.78
家具制造业	Furniture Manufacturing	335	2.35	29.24
造纸及纸制品业	Papermaking and Paper Products	530	4.82	65.22
印刷业、记录媒介的复制	Printing and Record Pressing	783	5.25	53.12
文教体育用品制造业	Stationary, Educational and Sports Good	582	7.14	74.13
# 游艺器材制造业	Entertainment Equipment Manufacturing	14	0.07	0.33
石油加工及炼焦业	Petroleum Processing and Coking Products	81	2.61	116.66
化学原料及化学制品制造业	Raw Chemical Materials and Chemical Products	1 283	14.76	353.35
# 合成材料制造业	Synthetic Materials	136	2.25	53.37
医药制造业	Medicine Manufacturing	235	4.95	112.55
化学纤维制造业	Chemical Fiber Manufacturing	92	3.98	125.12
橡胶制品业	Rubber Products	317	6.19	89.99
非金属矿物制品业	Nonmetal Mineral Products	969	10.51	131.43
# 玻璃及玻璃制品业	Glass and Glass Products	159	2.22	28.16
黑色金属冶炼及压延加工业	Smelting and Pressing of Ferrous Metals	223	13.10	501.59
有色金属冶炼及压延加工业	Smelting and Pressing of Non-Ferrous Metals	257	3.21	75.86
金属制品业	Metal Products	2 730	20.24	285.39
普通机械制造业	Ordinary Machine Manufacturing	2 067	24.17	335.16
专用设备制造业	Special Purpose Equipment Manufacturing	1 131	16.34	160.16
# 医疗器械制造业	Medical Equipment	177	2.03	26.39
交通运输设备制造业	Transportation Equipment Manufacturing	1 013	21.38	632.24
# 铁路运输设备制造业	Railway Transportation Equipment Manufacturing	9	0.12	1.37
汽车制造业	Motor Vehicles Manufacturing	418	9.67	474.76
摩托车制造业	Motorcycles Manufacturing	93	1.13	21.01
船舶制造业	Ship Manufacturing	45	4.33	80.15
电气机械及器材制造业	Electric Equipment and Machinery	1 798	21.98	400.39
电子及通信设备制造业	Electronics and Telecommunications Equipment	679	10.83	489.32
# 电子计算机制造业	Computer Manufacturing	61	0.77	63.36
仪器仪表及文化、办公用机械制造业	Instruments, Meters, Cultural and Office Equipment	602	6.99	89.56
# 通用仪器仪表制造业	Instruments and Meters for General Use	254	2.89	31.02
其他制造业	Other Manufacturing	654	5.04	64.85
电力、蒸汽、热水的生产和供应业	Electric Power, Steam and Hot Water Production and Supply	14	3.62	166.74
# 电力生产业	Electric Power Production	9	0.57	37.78
电力供应业	Electric Power Supply	1	3.03	128.43
煤气生产和供应业	Gas Production and Supply	3	1.28	17.56
# 煤气生产业	Gas Production	1	0.72	10.93
自来水的生产和供应业	Tap Water Production and Supply	92	1.60	16.36
# 自来水生产业	Tap Water Production	77	1.53	15.63

(100 million yuan)

工业销售产值 Sales Value of Industry	年末资产总计 Total Property (year-end)	# 流动资产 Circulating Funds	流动资产年平均余额 Average Balance Circulating Funds	固定资产原价 Original Value of Fixed Assets
209.59	201.51	123.26	117.65	70.59
188.70	183.95	112.32	107.29	64.15
6.65	5.22	3.21	2.87	1.85
49.29	55.38	35.93	34.94	18.89
71.35	61.49	31.54	32.54	27.49
27.94	35.36	18.93	18.12	15.91
63.88	94.49	43.03	41.51	50.94
52.23	86.81	38.21	36.96	49.00
73.14	112.29	65.92	65.44	32.58
0.38	0.51	0.40	0.47	0.16
116.53	162.95	47.73	49.76	122.53
340.56	548.14	262.24	256.84	221.59
52.79	107.73	42.67	42.27	56.37
107.14	162.83	81.67	78.33	63.08
123.20	282.86	91.79	98.40	206.80
84.99	124.27	64.66	60.75	57.10
127.06	267.73	132.75	129.65	132.60
27.44	62.68	27.11	26.89	38.46
496.99	1 330.56	345.59	342.95	936.06
74.51	96.66	51.33	46.69	35.51
277.98	339.69	183.58	176.35	146.17
325.58	559.80	313.10	304.71	214.19
156.98	300.85	165.33	162.38	113.73
26.63	33.07	19.63	18.92	12.47
625.09	769.68	424.75	433.30	312.64
1.25	1.23	0.88	0.83	0.44
467.44	477.70	246.75	248.66	196.44
22.11	32.71	17.33	18.71	16.92
80.03	150.85	102.97	106.78	47.09
392.64	560.70	327.52	326.33	207.96
483.22	650.58	433.03	386.92	203.32
62.44	44.92	30.90	26.95	8.25
89.54	132.90	83.71	83.29	46.76
31.19	50.54	32.19	32.96	16.88
61.52	73.03	44.59	48.98	27.46
166.28	584.57	169.78	164.63	456.99
37.78	97.33	17.84	16.45	92.57
127.97	484.16	151.39	147.62	362.51
17.46	95.05	30.87	31.87	67.87
10.83	28.24	6.99	7.31	25.84
16.14	94.14	19.66	18.81	68.09
15.43	91.87	19.16	18.39	65.96

单位：亿元

10－11 续表 2 continued

类 别	Items	固定资产净值 Net Value of Fixed Assets	固定资产净值年平均余额 Average Balance Net Value of Fixed Assets
总 计	**Total**	**2 853.76**	**2 758.61**
一、按隶属关系分	**Grouped by Subordination**		
#中央工业	Central	966.80	911.80
市(局)属工业	City	1 058.82	1 019.68
区属工业	District	111.68	117.93
县属工业	County	35.03	32.63
街道属工业	Neighbourhood	3.16	2.68
镇属工业	Town	174.08	171.29
乡属工业	Country	129.07	130.95
村属工业	Village	187.35	191.76
二、按登记注册类型分	**Grouped by Registration Categories**		
内 资	Domestic Investment	1 664.33	1 605.36
国 有	State-owned	1 160.02	1 103.80
集 体	Collective-owned	183.22	186.88
股份合作	Share Holding	31.97	31.94
联 营	Joint Owned	89.63	95.57
有限责任公司	Companies with Limited Liabilities	122.16	112.83
股份有限公司	Stock-holding Companies with Limited Liabilities	69.83	66.84
私 营	Private	6.50	6.52
其 他	Others	0.99	0.97
港澳台商投资	Hong Kong, Macao and Taiwan Funded	411.27	409.14
外商投资	Foreign Funded	778.17	744.12
三、按轻、重工业分	**Grouped by Light and Heavy Industries**		
轻工业	Light Industry	986.93	953.57
以农产品为原料	Using Farm Products as Raw Materials	427.14	423.51
以非农产品为原料	Using Non-Farm Products as Raw Materials	559.79	530.06
重工业	Heavy Industry	1 866.84	1 805.05
采掘工业	Excavation	0.01	0.01
原料工业	Raw Materials	1 070.49	1 023.86
加工工业	Processing	796.33	781.18
四、按企业规模分	**Grouped by Size of Enterprises**		
大型企业	Large	1 924.82	1 823.35
特大型企业	Outsized	1 137.46	1 075.54
大一型企业	Large(First)	454.89	438.36
大二型企业	Large(Second)	332.46	309.45
中型企业	Medium	239.43	248.60
中一型企业	Medium(First)	116.37	118.45
中二型企业	Medium(Second)	123.06	130.15
小型企业	Small	689.51	686.67
五、按工业行业分	**Grouped by Sectors**		
非金属矿采选业	Nonmetal Minerals Mining and Processing	0.01	0.01
食品加工业	Food Processing	25.91	25.12
食品制造业	Food Manufacturing	56.06	56.80
饮料制造业	Beverage Manufacturing	37.14	35.18
#酒精及饮料酒制造业	Alcohol and Wine Manufacturing	12.57	11.34
烟草加工业	Tobacco Processing	24.42	18.36
纺织业	Textile Industry	111.30	112.38
#丝绢纺织业	Silk Textile	6.63	6.91
针织品业	Knitting Textile	20.58	21.26

(100 million yuan)

年末负债合计 Total Liabilities (year-end)	# 流动负债合计 Total Circulating Liabilities	产品销售收入 Revenue of Products Sales	利润总额 Total After-Tax Profits	利税总额 Total Pre-Tax Profits	成本费用总额 Total Cost Value
4 787.45	**3 763.27**	**5 398.12**	**187.41**	**481.01**	**5 290.72**
1 055.32	658.29	1 022.20	57.52	168.46	950.90
2 256.46	1 813.16	2 233.00	67.56	179.34	2 231.56
253.27	223.32	290.40	3.25	13.77	293.59
67.21	59.55	88.87	2.49	5.18	90.18
11.75	10.68	18.37	0.95	1.86	17.97
290.41	256.90	421.52	16.50	30.32	410.88
235.37	204.05	333.07	9.36	20.80	327.44
359.30	327.67	660.10	31.89	54.91	634.88
2 959.34	2 209.69	2 861.54	87.39	263.85	2 828.54
1 807.43	1 223.06	1 402.62	13.49	130.57	1 397.51
457.06	410.07	635.40	24.16	49.67	624.37
82.59	73.63	129.06	7.50	13.21	124.10
164.33	138.36	255.10	7.64	18.09	251.31
271.17	202.92	230.06	7.45	16.42	233.55
165.31	151.83	179.38	25.28	33.28	168.53
9.63	8.50	27.19	1.73	2.35	26.62
1.81	1.33	2.72	0.14	0.26	2.57
641.41	539.85	804.56	27.76	67.60	784.64
1 186.70	1 013.74	1 732.04	72.26	149.56	1 677.56
1 807.73	1 517.53	2 186.15	26.36	155.15	2 173.60
762.65	643.49	1 021.13	13.50	85.12	994.51
1 045.08	874.04	1 165.02	12.86	70.03	1 179.09
2 979.72	2 245.75	3 211.99	161.05	325.86	3 117.15
0.05	0.04	0.04			0.04
1 265.90	788.55	1 166.34	30.15	100.94	1 160.55
1 713.78	1 457.15	2 045.61	130.89	224.92	1 956.56
2 866.33	2 099.25	2 902.34	130.35	334.76	2 812.72
1 306.17	856.40	1 355.74	83.40	178.72	1 302.55
931.96	739.63	826.57	7.48	46.54	843.08
628.20	503.22	720.03	39.47	109.50	667.09
540.76	448.49	552.10	5.72	26.19	556.51
226.08	177.62	241.34	-1.25	7.64	249.22
314.68	270.87	310.75	6.97	18.55	307.29
1 380.36	1 215.54	1 943.70	51.34	120.06	1 921.51
0.05	0.04	0.04	…	…	0.04
51.26	47.86	103.00	-0.90	0.69	104.78
82.47	70.40	97.63	-3.18	1.54	103.21
53.18	39.67	62.12	1.48	7.47	61.85
18.33	12.42	11.65	-1.83	0.08	12.95
14.02	13.17	70.66	5.30	41.46	36.73
223.13	186.82	243.19	3.02	10.52	245.13
13.63	11.25	8.12	-0.65	-0.32	9.26
48.64	43.39	63.48	0.74	2.80	63.57

单位：亿元 10－11 续表 3 continued

类 别	Items	固定资产净值 Net Value of Fixed Assets	固定资产净值年平均余额 Average Balance Net Value of Fixed Assets
服装及其他纤维制品制造业	Garment and Other Fiber Products Industry	51.22	50.10
#服装制造业	Garment Industry	46.61	45.65
制鞋业	Shoe Industry	1.49	1.38
皮革、毛皮、羽绒及其制品业	Leathers, Furs, Down and Related Products	13.57	13.28
木材加工及竹、藤、棕、草制品业	Timber Processing, Bamboo, Cane, Palm Fiber and Straw Products	22.09	21.83
家具制造业	Furniture Manufacturing	12.36	12.34
造纸及纸制品业	Papermaking and Paper Products	40.49	37.28
印刷业、记录媒介的复制	Printing and Record Pressing	33.73	38.75
文教体育用品制造业	Stationary, Educational and Sports Good	23.78	23.90
#游艺器材制造业	Entertainment Equipment Manufacturing	0.09	0.09
石油加工及炼焦业	Petroleum Processing and Coking Products	84.38	81.76
化学原料及化学制品制造业	Raw Chemical Materials and Chemical Products	156.35	153.69
#合成材料制造业	Synthetic Materials	38.11	39.51
医药制造业	Medicine Manufacturing	46.69	46.86
化学纤维制造业	Chemical Fiber Manufacturing	125.70	119.39
橡胶制品业	Rubber Products	40.61	39.62
非金属矿物制品业	Nonmetal Mineral Products	90.49	91.99
#玻璃及玻璃制品业	Glass and Glass Products	24.82	24.77
黑色金属冶炼及压延加工业	Smelting and Pressing of Ferrous Metals	449.79	431.96
有色金属冶炼及压延加工业	Smelting and Pressing of Non-Ferrous Metals	25.92	26.41
金属制品业	Metal Products	104.63	103.47
普通机械制造业	Ordinary Machine Manufacturing	146.75	149.91
专用设备制造业	Special Purpose Equipment Manufacturing	71.64	70.34
#医疗器械制造业	Medical Equipment	9.05	8.52
交通运输设备制造业	Transportation Equipment Manufacturing	215.88	202.10
#铁路运输设备制造业	Railway Transportation Equipment Manufacturing	0.29	0.28
汽车制造业	Motor Vechicles Manufacturing	138.56	129.28
摩托车制造业	Motorcycles Manufacturing	12.77	11.26
船舶制造业	Ship Manufacturing	31.33	28.27
电气机械及器材制造业	Electric Equipment and Machinery	146.25	137.25
电子及通信设备制造业	Electronic and Telecommunications Equipment	136.12	134.76
#电子计算机制造业	Computer Manufacturing	6.27	5.83
仪器仪表及文化、办公用机械制造业	Instruments, Meters, Cultural and Office Equipment	28.91	29.01
#通用仪器仪表制造业	Instruments and Meters For General Use	10.50	10.32
其他制造业	Other Manufacturing	18.77	21.04
电力、蒸汽、热水的生产和供应业	Electric Power, Steam and Hot Water Production and Supply	337.06	312.75
#电力生产业	Electric Power Production	75.04	77.85
电力供应业	Electric Power Supply	260.32	233.32
煤气生产和供应业	Gas Production and Supply	51.91	49.37
#煤气生产业	Gas Production	20.41	18.71
自来水的生产和供应业	Tap Water Production and Supply	56.72	46.02
#自来水生产业	Tap Water Production	55.00	44.31

(100 million yuan)

年末负债合计 Total Liabilities (year-end)	# 流动负债合计 Total Circulating Liabilities	产品销售收入 Revenue of Products Sales	利润总额 Total After-Tax Profits	利税总额 Total Pre-Tax Profits	成本费用总额 Total Cost Value
118.01	109.88	200.44	2.36	6.88	199.55
107.86	100.88	179.65	2.05	6.05	178.76
3.48	3.27	6.24	-0.04	0.18	6.37
38.01	34.98	47.42	-0.59	0.31	48.80
37.89	31.99	71.31	2.79	4.99	72.04
22.20	18.82	26.11	-0.22	0.67	26.72
56.44	41.40	60.71	1.20	4.34	60.67
44.77	35.43	53.14	2.80	6.46	51.55
62.80	55.64	77.08	4.49	6.92	75.17
0.46	0.45	0.36	-0.01	0.03	0.38
80.60	46.75	121.41	1.89	13.44	120.80
299.99	236.69	341.15	7.69	29.82	339.68
52.52	35.01	51.12	-0.60	1.78	52.39
107.39	85.82	110.45	1.19	6.46	111.65
122.28	72.73	125.27	2.29	13.51	122.42
78.64	61.62	85.20	2.51	10.29	82.60
154.17	126.57	121.35	0.25	5.81	124.16
31.41	23.49	27.87	-0.07	1.40	28.15
626.06	429.71	551.83	9.31	34.75	548.65
73.67	52.82	69.80	-1.89	0.02	70.39
207.26	180.17	273.26	6.76	16.08	268.75
331.27	279.73	322.92	13.96	29.65	316.33
190.17	162.63	157.60	2.45	9.56	160.60
19.48	16.42	26.18	1.50	2.85	25.68
395.64	324.57	610.91	56.64	89.05	565.62
0.84	0.76	1.25	0.06	0.13	1.20
182.48	160.53	466.60	60.17	86.69	411.78
26.56	10.03	19.90	-3.55	-2.08	23.20
123.34	100.11	69.12	0.65	2.92	72.80
362.60	326.85	378.41	6.14	20.76	381.04
409.25	357.33	516.06	35.67	51.49	491.86
27.42	26.29	73.64	1.16	1.69	73.38
83.97	73.04	94.18	1.73	5.66	96.02
30.25	27.06	32.86	0.94	2.67	33.43
44.79	40.40	61.33	1.96	3.91	60.08
246.63	94.52	189.05	17.19	39.34	177.95
29.69	10.61	37.54	7.73	11.39	31.17
215.97	83.48	150.99	9.10	27.57	146.26
34.74	17.96	26.82	0.22	0.67	31.99
6.41	4.20	8.68	-0.15	0.08	12.61
41.04	32.13	15.31	-0.31	0.89	23.04
40.55	31.65	14.60	-0.35	0.81	22.31

10－12 独立核算工业企业经济效益指标
(1998)

类 别	Items	工业经济效益综合指数 Comprehensive Index of Industry Economic Results	总资产贡献率(%) Total Assets Contribution Ratio
总 计	**Total**	**107.11**	**7.17**
一、按隶属关系分	**Grouped by Subordination**		
# 中央工业	Central	162.18	8.27
市(局)属工业	City	102.56	6.51
区属工业	District	79.02	4.81
县属工业	County	98.23	6.44
街道属工业	Neighbourhood	108.23	11.93
镇属工业	Town	107.77	7.93
乡属工业	Country	93.47	7.10
村属工业	Village	113.53	10.71
二、按登记注册类型分	**Grouped by Registration Categories**		
内 资	Domestic Investment	94.44	6.51
国 有	State-owned	88.40	5.36
集 体	Collective-owned	96.31	8.68
股份合作	Share Holding	115.92	11.98
联 营	Joint Owned	96.05	8.39
有限责任公司	Companies with Limited Liabilities	92.38	5.66
股份有限公司	Stock-holding Companion with Limited Liabilities	158.53	9.88
私 营	Private	164.76	18.75
其 他	Others	104.29	9.03
港澳台商投资	Hong Kong, Macao and Taiwan Funded	115.29	7.35
外商投资	Foreign Funded	148.41	8.71
三、按轻、重工业分	**Grouped by Light and Heavy Industries**		
轻工业	Light Industry	90.87	6.76
以农产品为原料	Using Farm Products as Raw Materials	92.44	8.09
以非农产品为原料	Using Non-Farm Products as Raw Materials	90.41	5.74
重工业	Heavy Industry	120.41	7.41
采掘工业	Excavation	67.09	7.68
原料工业	Raw Materials	112.30	5.26
加工工业	Processing	127.56	9.34
四、按企业规模分	**Grouped by Size of Enterprises**		
大型企业	Large	134.15	7.58
特大型企业	Outsized	177.21	7.46
大一型企业	Large(First)	95.02	5.15
大二型企业	Large(Second)	135.22	10.94
中型企业	Medium	85.07	5.13
中一型企业	Medium(First)	177.21	7.46
中二型企业	Medium(Second)	95.02	5.15
小型企业	Small	93.64	6.91
五、按工业行业分	**Grouped by Sectors**		
非金属矿采选业	Nonmetal Minerals Mining and Processing	67.09	7.68
食品加工业	Food Processing	77.73	2.73
食品制造业	Food Manufacturing	66.44	3.15
饮料制造业	Beverage Manufacturing	154.51	9.21
# 酒精及饮料酒制造业	Alcohol and Wine Manufacturing	34.30	3.13
烟草加工业	Tobacco Processing	353.84	39.34
纺织业	Textile Industry	75.67	4.78
# 丝绢纺织业	Silk Textile	22.24	-0.15
针织品业	Knitting Textile	76.42	5.85

ECONOMIC RESULTS INDICATORS OF INDUSTRIAL ENTERPRISES WITH INDEPENDENT ACCOUNTING SYSTEM

资本保值增值率(%) Ratio of Capital Hold and Rise	资产负债率(%) Asset-debt Ratio	流动资产周转率(%) Turnover Rate of Current Assets	成本费用利润率(%) After-Tax Profits/Cost	工业全员劳动生产率(元/人) Overall Industrial Labor Productivity (yuan/person)	工业产品销售率(%) Sales Rate of Industrial Products
111.22	**54.72**	**1.34**	**3.54**	**44 556**	**97.95**
111.15	43.39	1.34	6.05	116 224	99.47
106.78	59.66	1.16	3.03	45 922	99.03
104.69	60.56	1.26	1.11	23 696	98.09
134.60	56.50	1.52	2.76	29 561	95.41
138.44	61.72	1.45	5.30	13 543	99.30
113.98	56.77	1.58	4.02	36 515	94.81
117.49	60.95	1.63	2.86	21 281	96.63
113.35	57.34	1.72	5.02	28 718	96.39
110.73	55.97	1.25	3.09	30 136	98.14
106.80	54.66	1.19	0.97	38 441	99.34
109.09	64.38	1.48	3.87	20 757	96.56
119.18	61.89	1.50	6.05	25 780	95.58
110.22	58.90	1.61	3.04	21 954	96.02
136.20	61.25	1.08	3.19	26 306	98.98
120.43	42.14	0.81	15.00	55 898	99.76
252.97	50.05	2.97	6.48	27 673	99.30
115.67	49.18	1.51	5.51	17 852	99.38
106.81	51.75	1.31	3.54	59 347	96.66
115.12	53.39	1.56	4.31	98 711	98.27
109.78	57.41	1.36	1.21	33 571	97.77
114.52	55.87	1.47	1.36	28 410	97.50
106.19	58.59	1.28	1.09	38 779	98.01
111.98	53.20	1.33	5.17	55 686	98.08
104.27	75.54	0.85	0.03	16 666	95.16
108.99	48.13	1.49	2.60	62 841	98.85
115.41	57.69	1.25	6.69	52 592	97.68
109.89	51.26	1.27	4.63	82 289	98.86
109.36	45.57	1.44	6.40	140 012	99.38
106.75	61.38	1.14	0.89	52 144	98.93
114.82	52.03	1.18	5.92	66 370	97.83
110.84	64.05	1.21	1.03	34 209	98.61
109.36	45.57	1.44	6.40	140 012	99.38
106.75	61.38	1.14	0.89	52 144	98.93
115.44	59.68	1.51	2.67	25 252	96.58
104.27	75.54	0.85	0.03	16 666	95.16
105.07	59.96	1.91	-0.86	29 394	97.37
108.57	59.96	1.58	-3.08	27 992	97.22
114.03	49.83	1.50	2.39	121 192	94.97
119.40	58.51	1.00	-14.13	51 797	92.72
129.69	12.45	1.55	14.44	276 657	99.86
105.66	62.13	1.23	1.23	18 252	99.19
89.91	73.97	0.99	-6.98	9 651	99.37
91.60	67.30	1.42	1.17	19 150	98.96

10－12续表 continued

类 别	Items	工业经济效益综合指数 Comprehensive Index of Industry Economic Results	总资产贡献率(%) Total Assets Contribution Ratio
服装及其他纤维制品制造业	Garment and Other Fiber Products Industry	84.97	4.88
#服装制造业	Garment Industry	84.59	4.80
制鞋业	Shoe Industry	74.61	4.62
皮革、毛皮、羽绒及其制品业	Leathers, Furs, Down and Related Products	58.64	2.35
木材加工及竹、藤、棕、草制品业	Timber Processing, Bamboo, Cane, Palm Fiber and Straw Products	121.82	11.48
家具制造业	Furniture Manufacturing	73.26	3.40
造纸及纸制品业	Papermaking and Paper Products	93.73	6.50
印刷业、记录媒介的复制	Printing and Record Pressing	110.49	9.47
文教体育用品制造业	Stationary, Educational and Sports Good	103.47	7.59
#游艺器材制造业	Entertainment Equipment Manufacturing	34.16	4.28
石油加工及炼焦业	Petroleum Processing and Coking Products	116.20	10.44
化学原料及化学制品制造业	Raw Chemical Materials and Chemical Products	104.38	7.27
#合成材料制造业	Synthetic Materials	82.02	3.16
医药制造业	Medicine Manufacturing	111.13	7.07
化学纤维制造业	Chemical Fiber Manufacturing	126.92	6.55
橡胶制品业	Rubber Products	109.20	11.04
非金属矿物制品业	Nonmetal Mineral Products	72.13	3.76
#玻璃及玻璃制品业	Glass and Glass Products	73.83	3.97
黑色金属冶炼及压延加工业	Smelting and Pressing of Ferrous Metals	112.80	3.92
有色金属冶炼及压延加工业	Smelting and Pressing of Non-Ferrous Metals	64.15	2.52
金属制品业	Metal Products	92.46	6.44
普通机械制造业	Ordinary Machine Manufacturing	100.77	6.97
专用设备制造业	Special Purpose Equipment Manufacturing	77.23	4.83
#医疗器械制造业	Medical Equipment	113.65	10.22
交通运输设备制造业	Transportation Equipment Manufacturing	164.30	12.62
#铁路运输设备制造业	Railway Transportation Equipment Manufacturing	112.97	12.02
汽车制造业	Motor Vechicles Manufacturing	247.33	19.62
摩托车制造业	Motorcycles Manufacturing	-5.46	-2.58
船舶制造业	Ship Manufacturing	60.80	3.16
电气机械及器材制造业	Electric Equipment and Machinery	89.10	6.11
电子及通信设备制造业	Electronic and Telecommunications Equipment	185.82	10.02
#电子计算机制造业	Computer Manufacturing	145.66	6.15
仪器仪表及文化、办公用机械制造业	Instruments, Meters, Cultural and Office Equipment	83.47	5.84
#通用仪器仪表制造业	Instruments and Meters For General Use	87.47	6.70
其他制造业	Other Manufacturing	91.46	7.01
电力、蒸汽、热水的生产和供应业	Electric Power, Steam and Hot Water Production and Supply	159.57	7.99
#电力生产业	Electric Power Production	241.02	14.85
电力供应业	Electric Power Supply	142.63	6.48
煤气生产和供应业	Gas Production and Supply	70.63	0.69
#煤气生产业	Gas Production	43.10	0.14
自来水的生产和供应业	Tap Water Production and Supply	48.31	0.88
#自来水生产业	Tap Water Production	46.94	0.82

资本保值增值率(%) Ratio of Capital Hold and Rise	资 产 负债率(%) Asset-debt Ratio	流动资产周转率(%) Turnover Rate of Current Assets	成本费用利润率(%) After-Tax Profits/ Cost	工业全员劳动生产率(元/人) Overall Industrial Labor Productivity (yuan/person)	工业产品销售率(%) Sales Rate of Industrial Products
120.63	58.56	1.70	1.18	22 047	96.90
122.32	58.63	1.67	1.14	22 026	96.87
100.23	66.67	2.18	-0.58	16 846	96.81
97.57	68.64	1.36	-1.21	16 169	97.41
148.74	61.62	2.19	3.87	32 764	95.41
112.67	62.79	1.44	-0.83	27 510	95.57
136.16	59.73	1.46	1.98	26 819	97.95
117.67	51.57	1.44	5.44	28 193	98.32
116.89	55.93	1.18	5.97	23 387	98.67
40.24	89.07	0.77	-3.16	10 413	114.55
126.25	49.46	2.44	1.57	40 147	99.88
105.57	54.73	1.33	2.26	49 529	96.38
82.41	48.75	1.21	-1.14	52 966	98.91
128.71	65.95	1.41	1.07	65 518	95.19
104.20	43.23	1.27	1.87	92 115	98.47
103.76	63.28	1.40	3.03	42 308	94.45
114.01	57.58	0.94	0.20	24 446	96.67
104.57	50.11	1.04	-0.24	29 643	97.44
98.95	47.05	1.61	1.70	73 553	99.08
114.31	76.22	1.50	-2.68	31 558	98.23
106.55	61.02	1.55	2.52	27 297	97.40
101.75	59.18	1.06	4.41	36 158	97.14
111.34	63.21	0.97	1.52	22 619	98.01
112.46	58.89	1.38	5.84	30 042	100.88
115.48	51.40	1.41	10.01	79 563	98.87
98.68	67.67	1.51	5.26	33 836	91.73
122.41	38.20	1.88	14.61	157 307	98.46
65.50	81.18	1.06	-15.31	29 733	105.27
107.02	81.76	0.65	0.89	19 591	99.85
105.26	64.67	1.16	1.61	36 714	98.07
125.57	62.90	1.33	7.25	140 779	98.75
150.97	61.03	2.73	1.58	92 509	98.55
98.65	63.19	1.13	1.80	27 820	99.98
93.83	59.85	1.00	2.80	27 071	100.55
114.39	61.33	1.25	3.26	23 081	94.86
125.94	42.19	1.15	9.66	90 017	99.73
102.76	30.51	2.28	24.79	95 643	100.00
133.50	44.61	1.02	6.22	88 505	99.64
159.23	36.54	0.84	0.70	19 331	99.43
57.62	22.70	1.19	-1.17	4 024	99.08
127.60	43.60	0.81	-1.36	2 270	98.68
128.75	44.13	0.79	-1.56	1 565	98.66

10－13 国有独立核算工业企业主要财务指标 (1998)

单位：亿元

类 别 Item		单位数 (个) Number of Enterprises	从业人员 (万人) Employment (10 000 persons)	工业总产值 Gross Output Value of Industry
总 计	**Total**	**1 819**	**76.13**	**1 326.10**
一、按隶属关系分	**Grouped by Subordination**			
#中央工业	Central	126	18.29	678.86
市(局)属工业	City	1 159	52.82	610.40
区属工业	District	462	4.14	25.28
县属工业	County	70	0.86	11.17
二、按轻、重工业分	**Grouped by Light and Heavy Industries**			
轻工业	Light Industry	989	27.25	308.99
以农产品为原料	Using Farm Products as Raw Materials	553	14.68	188.49
以非农产品为原料	Using Non-Farm Products as Raw Materials	436	12.57	120.50
重工业	Heavy Industry	830	48.88	1 017.11
采掘工业	Excavation	1	0.02	0.05
原料工业	Raw Materials	132	20.86	722.38
加工工业	Processing	697	28.00	294.68
三、按企业规模分	**Grouped by Size of Enterprises**			
大型企业	Large	224	43.80	1 074.66
特大型企业	Outsized	12	16.20	678.57
大一型企业	Large(First)	49	11.95	160.43
大二型企业	Large(Second)	163	15.65	235.67
中型企业	Medium	301	15.34	137.09
中一型企业	Medium(First)	116	6.07	53.12
中二型企业	Medium(Second)	185	9.26	83.97
小型企业	Small	1 294	17.00	114.35
四、按工业行业分	**Grouped by Sectors**			
非金属矿采选业	Nonmetal Minerals Mining and Processing	1	0.02	0.05
食品加工业	Food Processing	70	1.18	21.94
食品制造业	Food Manufacturing	60	0.85	6.97
饮料制造业	Beverage Manufacturing	6	0.17	2.19
#酒精及饮料酒制造业	Alcohol and Wine Manufacturing	3	0.10	1.57
烟草加工业	Tobacco Processing	1	0.62	67.84
纺织业	Textile Industry	156	6.80	47.00
#丝绢纺织业	Silk Textile	11	0.48	2.07
针织品业	Knitting Textile	31	0.62	4.45
服装及其他纤维制品制造业	Garment and Other Fiber Products Industry	49	0.63	2.35
#服装制造业	Garment Industry	44	0.60	2.27

FINANCIAL INDICATORS OF STATE-OWNED INDUSTRIAL ENTERPRISES WITH INDEPENDENT ACCOUNTING SYSTEM

(100 million yuan)

工业销售产值 Sales Value of Industry Products	年末资产总计 Total Property (year-end)	# 流动资产 Circulating Funds	流动资产年平均余额 Average Balance Circulating Funds	固定资产原价 Original Value of Fixed Assets
1 317.38	**3 306.75**	**1 168.36**	**1 177.49**	**1 984.79**
675.99	1 906.94	518.23	515.16	1 383.93
606.18	1 324.21	614.78	627.14	565.64
24.26	48.95	24.54	24.33	23.18
10.63	25.73	10.33	10.43	11.43
306.41	684.87	304.01	309.43	286.68
187.51	352.75	161.92	168.52	140.97
118.90	332.12	142.09	140.91	145.71
1 010.97	2 621.88	864.35	868.07	1 698.10
0.05	0.06	0.04	0.04	0.04
719.92	2 025.52	544.96	541.43	1 467.05
291.00	596.29	319.35	326.59	231.02
1 068.64	2 773.08	894.69	896.90	1 769.12
676.28	1 963.38	508.17	507.62	1 450.32
157.89	349.85	170.18	169.64	147.41
234.47	459.85	216.34	219.64	171.39
136.09	301.82	153.93	160.67	128.67
53.41	131.42	65.05	66.57	57.86
82.68	170.40	88.88	94.09	70.81
112.64	231.85	119.74	119.93	87.00
0.05	0.06	0.04	0.04	0.04
20.48	19.47	11.02	11.29	10.28
6.73	12.68	6.09	5.99	4.94
2.22	3.03	1.55	1.62	1.31
1.60	2.18	1.26	1.27	0.97
67.77	106.91	43.80	43.80	26.44
49.61	111.40	53.56	60.72	54.77
2.23	7.54	3.48	3.31	3.35
5.20	10.58	4.94	4.92	4.98
2.42	7.73	4.31	4.15	2.25
2.32	7.55	4.15	3.99	2.22

单位：亿元 10－13 续表 1 continued

类 别	Item	单位数（个）Number of Enterprises	从业人员（万人）Employment (10 000 persons)	工业总产值 Gross Output Value of Industry
皮革、毛皮、羽绒及其制品业	Leathers, Furs, Down and Related Products	33	0.94	4.66
木材加工及竹、藤、棕、草制品业	Timber Processing, Bamboo, Cane, Palm Fiber and Straw Products	21	0.42	2.69
家具制造业	Furniture Manufacturing	29	0.39	2.86
造纸及纸制品业	Papermaking and Paper Products	28	0.80	8.56
印刷业、记录媒介的复制	Printing and Record Pressing	98	1.65	15.31
文教体育用品制造业	Stationary, Educational and Sports Goods	47	0.98	4.92
# 游艺器材制造业	Entertainment Equipment Manufacturing	2	0.02	0.09
石油加工及炼焦业	Petroleum Processing and Coking Products	4	1.56	90.16
化学原料及化学制品制造业	Raw Chemical Material and Chemical Products	106	3.68	45.30
# 合成材料制造业	Synthetic Materials	15	0.62	9.42
医药制造业	Medicine Manufacturing	34	2.05	42.05
化学纤维制造业	Chemical Fiber Manufacturing	11	0.49	9.45
橡胶制品业	Rubber Products	20	0.73	7.04
非金属矿物制品业	Nonmetal Mineral Products	70	2.93	29.19
# 玻璃及玻璃制品业	Glass and Glass Products	13	0.75	3.76
黑色金属冶炼及压延加工业	Smelting and Pressing of Ferrous Metals	17	10.08	421.17
有色金属冶炼及压延加工业	Smelting and Pressing of Non Ferrous Metals	18	1.13	14.83
金属制品业	Metal Products	159	3.12	24.25
普通机械制造业	Ordinary Machine Manufacturing	198	7.14	66.46
专用设备制造业	Special Purpose Equipment Manufacturing	136	5.88	45.46
# 医疗器械制造业	Medical Equipment	30	0.98	7.56
交通运输设备制造业	Transportation Equipment Manufacturing	89	7.43	94.90
# 铁路运输设备制造业	Railway Transportation Equipment Manufacturing	3	0.06	0.36
汽车制造业	Motor Vechicles Manufacturing	31	1.57	17.09
摩托车制造业	Motorcycles Manufacturing	2		0.05
船舶制造业	Ship Manufacturing	12	2.88	57.22
电气机械及器材制造业	Electric Equipment and Machinery	95	3.84	45.13
电子及通信设备制造业	Electronic and Telecommunications Equipment	50	1.02	8.84
# 电子计算机制造业	Computer Manufacturing	5	0.07	1.05
仪器仪表及文化、办公用机械制造业	Instruments, Meters, Cultural and Office Equipment	85	2.13	12.11
# 通用仪器仪表制造业	Instruments and Meters for General Use	22	0.39	3.05
其他制造业	Other Manufacturing	30	0.47	1.08
电力、蒸汽、热水的生产和供应业	Electric Power, Steam and Hot Water Production and Supply	7	3.50	143.60
# 电力生产业	Electric Power Production	4	0.46	15.08
电力供应业	Electric Power Supply	1	3.03	128.43
煤气生产和供应业	Gas Production and Supply	3	1.28	17.56
# 煤气生产业	Gas Production	1	0.72	10.93
自来水的生产和供应业	Tap Water Production and Supply	12	1.33	13.19
# 自来水生产业	Tap Water Production	11	1.30	12.95

(100 million yuan)

工业销售产值 Sales Value of Industry Products	年末资产总计 Total Property (year-end)	# 流动资产 Circulating Funds	流动资产年平均余额 Average Balance Circulating Funds	固定资产原价 Original Value of Fixed Assets
4.21	15.81	10.21	10.21	5.45
2.61	9.08	3.28	3.29	4.40
2.73	6.49	3.32	3.51	2.38
8.35	9.93	5.71	5.60	4.70
15.31	30.24	10.32	10.52	17.11
4.96	11.80	6.44	6.58	3.97
0.15	0.20	0.14	0.21	0.10
90.57	93.34	31.34	33.39	80.15
44.37	91.49	38.38	36.81	28.71
9.20	9.33	5.36	4.30	3.36
40.57	59.24	29.45	31.59	24.64
9.16	30.20	10.38	10.28	15.16
7.48	9.16	5.67	6.24	3.63
28.85	78.43	42.00	40.99	29.25
3.72	17.48	9.93	9.87	5.40
419.50	1 214.52	275.79	276.02	882.00
14.77	40.97	20.72	18.64	11.93
24.06	53.05	25.78	26.06	20.26
64.96	158.94	81.00	81.15	59.47
44.52	105.67	53.32	54.19	39.62
7.66	11.58	6.72	6.96	3.06
93.50	167.08	97.22	103.73	66.69
0.38	0.77	0.60	0.54	0.22
16.94	30.87	14.61	14.24	13.78
0.04	0.11	0.05	0.04	0.05
57.05	87.81	60.53	67.25	26.44
45.02	79.49	47.53	46.38	27.91
8.51	29.53	14.19	11.07	9.29
1.06	1.59	1.34	1.20	0.24
12.40	41.06	26.01	25.77	14.08
3.25	5.84	3.73	3.79	1.83
1.11	5.70	2.53	2.51	2.03
143.14	512.44	155.97	152.80	395.52
15.08	27.78	4.45	5.06	32.65
127.97	484.16	151.39	147.62	362.51
17.46	95.05	30.87	31.87	67.87
10.83	28.24	6.99	7.31	25.84
13.02	84.34	15.01	14.64	62.10
12.78	82.79	14.84	14.45	60.43

单位：亿元

10－13 续表 2 continued

类别	Items	固定资产净值 Net Value of Fixed Assets	固定资产净值年平均余额 Average Balance Net Value of Fixed Assets
总 计	**Total**	**1 160.02**	**1 103.80**
一、按隶属关系分	**Grouped by Subordination**		
#中央工业	Central	765.20	720.04
市(局)属工业	City	369.78	358.75
区属工业	District	16.27	17.12
县属工业	County	8.40	7.50
二、按轻、重工业分	**Grouped by Light and Heavy Industries**		
轻工业	Light Industry	198.73	184.49
以农产品为原料	Using Farm Products as Raw Materials	91.81	88.13
以非农产品为原料	Using Non-Farm Products as Raw Materials	106.92	96.37
重工业	Heavy Industry	961.29	919.31
采掘工业	Excavation	0.01	0.01
原料工业	Raw Materials	822.29	777.47
加工工业	Processing	138.99	141.83
三、按企业规模分	**Grouped by Size of Enterprises**		
大型企业	Large	1 023.12	964.67
特大型企业	Outsized	821.42	766.66
大一型企业	Large(First)	91.56	93.64
大二型企业	Large(Second)	110.14	104.37
中型企业	Medium	82.07	81.91
中一型企业	Medium(First)	35.87	37.02
中二型企业	Medium(Second)	46.20	44.89
小型企业	Small	54.84	57.23
四、按工业行业分	**Grouped by Sectors**		
非金属矿采选业	Nonmetal Minerals Mining and Processing	0.01	0.01
食品加工业	Food Processing	6.59	5.83
食品制造业	Food Manufacturing	3.12	3.77
饮料制造业	Beverage Manufacturing	0.78	0.84
#酒精及饮料酒制造业	Alcohol and Wine Manufacturing	0.62	0.67
烟草加工业	Tobacco Processing	20.79	15.30
纺织业	Textile Industry	32.06	33.52
#丝绢纺织业	Silk Textile	1.85	1.88
针织品业	Knitting Textile	2.88	3.25
服装及其他纤维制品制造业	Garment and Other Fiber Products Industry	1.63	1.64
#服装制造业	Garment Industry	1.60	1.61

(100 million yuan)

年末负债合计 Total Liabilities (year-end)	# 流动负债合计 Total Circulating Liabilities	产品销售收入 Revenue of Products Sales	利润总额 Total After-tax Profits	利税总额 Total Pre-tax Profits	成本费用总额 Total Cost Value
1 807.43	**1 223.06**	**1 402.62**	**13.49**	**130.57**	**1 397.51**
820.13	470.97	754.05	31.38	122.08	701.96
937.98	710.03	612.61	-17.01	7.91	658.07
33.05	27.37	25.07	-0.29	0.82	26.05
15.87	14.33	10.56	-0.06	-0.28	11.10
413.46	319.10	315.82	-5.53	41.48	306.99
185.94	143.54	193.49	3.27	44.43	164.98
227.53	175.56	122.33	-8.81	-2.94	142.01
1 393.97	903.96	1 086.80	19.02	89.09	1 090.51
0.05	0.04	0.04			0.04
959.78	567.13	807.17	20.57	76.67	798.58
434.14	336.79	279.59	-1.55	12.42	291.90
1 413.16	910.52	1 152.51	24.11	129.57	1 127.38
904.52	529.85	758.47	23.43	78.06	755.57
241.31	178.04	157.70	0.45	8.03	160.61
267.34	202.63	236.33	0.24	43.48	211.20
221.88	173.05	136.03	-5.21	1.29	146.68
99.29	73.79	54.24	-3.16	-0.13	60.66
122.59	99.26	81.80	-2.05	1.42	86.02
172.40	139.49	114.08	-5.41	-0.29	123.44
0.05	0.04	0.04			0.04
13.95	12.98	21.87	-0.60	-0.32	23.01
9.89	8.12	7.79	-0.40	-0.04	8.56
2.39	2.20	2.15	-0.07	0.16	2.12
1.66	1.47	1.54		0.22	1.42
11.61	10.97	67.75	5.13	40.73	34.08
81.58	60.62	49.78	-1.05	1.11	51.99
6.54	5.60	2.73	-0.38	-0.23	3.46
9.18	6.36	5.22	-0.44	-0.29	5.69
5.06	4.67	2.98		0.11	3.05
4.92	4.53	2.87		0.10	2.95

单位：亿元

10－13 续表 3 continued

类别	Items	固定资产净值 Net Value of Fixed Assets	固定资产净值年平均余额 Average Balance Net Value of Fixed Assets
皮革、毛皮、羽绒及其制品业	Leathers, Furs, Down and Related Products	3.58	3.77
木材加工及竹、藤、棕、草制品业	Timber Processing, Bamboo, Cane, Palm Fiber and Straw Products	2.99	3.00
家具制造业	Furniture Manufacturing	1.73	1.78
造纸及纸制品业	Papermaking and Paper Products	2.83	2.80
印刷业、记录媒介的复制	Printing and Record Pressing	10.61	10.80
文教体育用品制造业	Stationary, Educational and Sports Goods	2.74	2.62
#游艺器材制造业	Entertainment Equipment Manufacturing	0.05	0.05
石油加工及炼焦业	Petroleum Processing and Coking Products	49.34	48.16
化学原料及化学制品制造业	Raw Chemical Material and Chemical Products	17.00	17.13
#合成材料制造业	Synthetic Materials	1.52	2.54
医药制造业	Medicine Manufacturing	17.59	17.81
化学纤维制造业	Chemical Fiber Manufacturing	10.33	10.96
橡胶制品业	Rubber Products	2.14	2.12
非金属矿物制品业	Nonmetal Mineral Products	17.50	17.71
#玻璃及玻璃制品业	Glass and Glass Products	3.19	3.25
黑色金属冶炼及压延加工业	Smelting and Pressing of Ferrous Metals	413.47	397.38
有色金属冶炼及压延加工业	Smelting and Pressing of Non Ferrous Metals	8.96	9.08
金属制品业	Metal Products	12.03	12.39
普通机械制造业	Ordinary Machine Manufacturing	36.06	36.73
专用设备制造业	Special Purpose Equipment Manufacturing	21.92	20.61
#医疗器械制造业	Medical Equipment	1.81	1.86
交通运输设备制造业	Transportation Equipment Manufacturing	42.31	45.14
#铁路运输设备制造业	Railway Transportation Equipment Manufacturing	0.13	0.13
汽车制造业	Motor Vechicles Manufacturing	9.48	9.83
摩托车制造业	Motorcycles Manufacturing	0.05	0.05
船舶制造业	Ship Manufacturing	16.66	19.29
电气机械及器材制造业	Electric Equipment and Machinery	16.57	16.26
电子及通信设备制造业	Electronic and Telecommunications Equipment	5.94	6.83
#电子计算机制造业	Computer Manufacturing	0.18	0.16
仪器仪表及文化、办公用机械制造业	Instruments, Meters, Cultural and Office Equipment	7.33	7.42
#通用仪器仪表制造业	Instruments and Meters for General Use	1.00	0.98
其他制造业	Other Manufacturing	1.31	1.26
电力、蒸汽、热水的生产和供应业	Electric Power, Steam and Hot Water Production and Supply	282.21	255.85
#电力生产业	Electric Power Production	21.55	22.35
电力供应业	Electric Power Supply	260.32	233.32
煤气生产和供应业	Gas Production and Supply	51.91	49.37
#煤气生产业	Gas Production	20.41	18.71
自来水的生产和供应业	Tap water Production and Supply	52.17	41.38
#自来水生产业	Tap Water Production	50.80	39.97

(100 million yuan)

年末负债合计 Total Liabilities (year-end)	# 流动负债合计 Total Circulating Liabilities	产品销售收入 Revenue of Products Sales	利润总额 Total After-Tax Profits	利税总额 Total Pre-Tax Profits	成本费用总额 Total Cost Value
12.58	11.49	4.85	-0.56	-0.39	5.97
7.75	4.44	2.67	-0.20	-0.07	3.07
4.30	3.70	3.34	-0.11		3.61
8.16	7.04	7.33	-0.08	0.35	7.42
14.79	9.02	17.14	1.41	2.80	16.04
9.19	7.07	5.36	-0.58	-0.30	6.36
0.19	0.19	0.15	-0.02		0.17
44.64	27.27	95.48	2.06	12.73	91.08
58.60	47.20	44.67	-0.15	2.46	46.52
6.27	4.89	9.09	0.07	0.61	9.26
42.00	31.43	38.61	-0.01	1.39	38.72
21.68	12.56	10.03	-1.29	-0.91	11.35
9.15	7.14	7.88	-0.35	-0.16	8.41
58.41	41.91	25.99	-0.66	0.66	27.87
16.46	9.27	4.03	-0.80	-0.56	4.66
557.54	371.54	472.86	11.12	34.15	466.69
36.87	23.91	12.02	-2.57	-2.01	12.86
39.84	30.33	25.14	-0.19	1.39	25.38
116.26	85.05	62.27	-0.71	2.80	65.67
80.33	64.12	45.97	-1.52	0.85	48.50
9.66	7.42	7.70	0.21	0.72	7.92
116.74	96.01	86.73	0.64	4.64	91.14
0.59	0.55	0.37		0.02	0.39
16.07	13.00	17.50	0.59	1.76	17.42
0.12	0.12	0.04	-0.02	-0.02	0.07
71.13	59.12	50.91	0.18	2.26	53.52
60.26	50.47	40.28	-1.85	0.16	43.18
24.79	16.65	13.68	-0.58	-0.24	15.23
1.40	1.36	5.76		0.02	5.86
32.90	27.25	13.85	-1.13	-0.52	16.37
3.96	3.53	3.33		0.20	3.65
4.69	3.80	2.38	-0.24	-0.17	2.77
237.41	89.35	165.70	9.64	29.00	160.41
21.32	5.84	14.62	0.53	1.42	14.05
215.97	83.48	150.99	9.10	27.57	146.26
34.74	17.96	26.82	0.22	0.67	31.99
6.41	4.20	8.68	-0.15	0.08	12.61
38.48	29.73	12.28	-1.03		20.61
38.29	29.54	12.04	-0.13	-0.03	20.37

10－14 国有独立核算工业企业经济效益指标 (1998)

类 别	Items	工业经济效益综合指数 Comprehensive Index of Industry Economic Results	总资产贡献率(%) Total Assets Contribution Ratio
总 计	**Total**	**88.40**	**5.36**
一、按隶属关系分	**Grouped by Subordination**		
#中央工业	Central	147.53	7.60
市(局)属工业	City	49.85	2.46
区属工业	District	56.33	3.19
县属工业	County	41.28	0.51
二、按轻、重工业分	**Grouped by Light and Heavy Industries**		
轻工业	Light Industry	73.28	7.68
以农产品为原料	Using Farm Products as Raw Materials	102.18	13.76
以非农产品为原料	Using Non-Farm Products as Raw Materials	34.48	0.93
重工业	Heavy Industry	95.25	4.73
采掘工业	Excavation	67.09	7.68
原料工业	Raw Materials	118.64	4.95
加工工业	Processing	62.93	3.99
三、按企业规模分	**Grouped by Size of Enterprises**		
大型企业	Large	105.87	6.01
特大型企业	Outsized	130.42	5.08
大一型企业	Large(First)	72.04	4.28
大二型企业	Large(Second)	96.18	11.15
中型企业	Medium	45.23	2.59
中一型企业	Medium(First)	130.42	5.08
中二型企业	Medium(Second)	72.04	4.28
小型企业	Small	34.80	1.66
四、按工业行业分	**Grouped by Sectors**		
非金属矿采选业	Nonmetal Minerals Mining and Processing	67.09	7.68
食品加工业	Food Processing	57.85	0.88
食品制造业	Food Manufacturing	33.74	0.51
饮料制造业	Beverage Manufacturing	66.99	7.96
#酒精及饮料酒制造业	Alcohol and Wine Manufacturing	91.28	13.09
烟草加工业	Tobacco Processing	376.65	40.51
纺织业	Textile Industry	47.16	2.93
#丝绢纺织业	Silk Textile	-1.21	-0.93
针织品业	Knitting Textile	12.67	0.55
服装及其他纤维制品制造业	Garment and Other Fiber Products Industry	54.03	2.71
#服装制造业	Garment Industry	54.01	2.68

ECONOMIC RESULTS INDICATORS OF STATE-OWNED INDUSTRIAL ENTERPRISES WITH INDEPENDENT ACCOUNTING SYSTEM

资本保值增值率(%) Ratio of Capital Hold and Rise	资产负债率(%) Asset-debt Ratio	流动资产周转率(%) Turnover Rate of Current Assets	成本费用利润率(%) After-tax Profits/Cost	工业全员劳动生产率(元/人) Overall Industrial Labor Productivity (yuan/person)	工业产品销售率(%) Sales Rate of Industrial Products
106.80	**54.66**	**1.19**	**0.97**	**38 441**	**99.34**
112.03	43.01	1.46	4.47	101 613	99.58
93.96	70.83	0.98	-2.59	17 561	99.31
115.63	67.52	1.03	-1.12	10 329	95.96
118.09	61.66	1.01	-5.37	17 300	95.12
111.98	60.37	1.02	-1.80	25 427	99.16
113.45	52.71	1.15	1.98	28 107	99.48
109.70	68.51	0.87	-6.20	16 734	98.67
105.72	53.17	1.25	1.74	46 073	99.40
104.27	75.54	0.85	0.03	16 666	95.16
107.13	47.38	1.49	2.58	74 526	99.66
97.32	72.81	0.86	-0.53	23 948	98.75
108.70	50.96	1.28	2.14	55 976	99.44
110.35	46.07	1.49	3.10	89 553	99.66
90.91	68.97	0.93	0.28	31 449	98.42
111.84	58.14	1.08	0.11	39 442	99.49
101.17	73.51	0.85	-3.55	17 428	99.27
110.35	46.07	1.49	3.10	89 553	99.66
90.91	68.97	0.93	0.28	31 449	98.42
80.60	74.36	0.95	-4.38	11 662	98.51
104.27	75.54	0.85	0.03	16 666	95.16
126.76	71.64	1.94	-2.60	14 605	93.36
81.21	77.98	1.30	-4.72	11 949	96.65
104.35	78.85	1.33	-3.33	28 974	101.30
100.85	76.25	1.21	-0.53	37 224	101.83
130.02	10.86	1.55	15.06	306 833	99.89
98.22	73.23	0.82	-2.03	9 600	105.55
94.51	86.74	0.82	-10.94	4 121	107.99
55.34	86.73	1.06	-7.76	5 397	116.89
95.86	65.37	0.72	0.16	6 901	102.61
95.50	65.17	0.72	0.14	7 230	102.25

10－14 续表 continued

类 别	Items	工业经济效益综合指数 Comprehensive Index of Industry Economic Results	总资产贡献率 (%) Total Assets Contribution Ratio
皮革、毛皮、羽绒及其制品业	Leathers, Furs, Down and Related Products	5.42	0.85
木材加工及竹、藤、棕、草制品业	Timber Processing, Bamboo, Cane, Palm Fiber and Straw Products	19.94	0.78
家具制造业	Furniture Manufacturing	47.46	1.46
造纸及纸制品业	Papermaking and Paper Products	56.96	4.13
印刷业、记录媒介的复制	Printing and Record Pressing	126.04	10.68
文教体育用品制造业	Stationary, Educational and Sports Goods	11.76	-0.18
# 游艺器材制造业	Entertainment Equipment Manufacturing	-1.31	1.54
石油加工及炼焦业	Petroleum Processing and Coking Products	142.78	15.54
化学原料及化学制品制造业	Raw Chemical Material and Chemical Products	65.77	3.85
# 合成材料制造业	Synthetic Materials	73.98	3.86
医药制造业	Medicine Manufacturing	97.78	5.34
化学纤维制造业	Chemical Fiber Manufacturing	11.08	-0.08
橡胶制品业	Rubber Products	23.81	0.88
非金属矿物制品业	Nonmetal Mineral Products	47.80	2.76
# 玻璃及玻璃制品业	Glass and Glass Products	-33.52	-0.37
黑色金属冶炼及压延加工业	Smelting and Pressing of Ferrous Metals	124.88	4.02
有色金属冶炼及压延加工业	Smelting and Pressing of Non Ferrous Metals	-30.63	-2.73
金属制品业	Metal Products	59.96	4.81
普通机械制造业	Ordinary Machine Manufacturing	57.13	3.66
专用设备制造业	Special Purpose Equipment Manufacturing	48.58	2.68
# 医疗器械制造业	Medical Equipment	83.35	9.02
交通运输设备制造业	Transportation Equipment Manufacturing	69.47	4.10
# 铁路运输设备制造业	Railway Transportation Equipment Manufacturing	55.47	4.00
汽车制造业	Motor Vechicles Manufacturing	93.51	7.13
摩托车制造业	Motorcycles Manufacturing	-205.86	-35.62
船舶制造业	Ship Manufacturing	63.94	3.72
电气机械及器材制造业	Electric Equipment and Machinery	41.77	3.31
电子及通信设备制造业	Electronic and Telecommunications Equipment	47.33	0.50
# 电子计算机制造业	Computer Manufacturing	101.92	4.04
仪器仪表及文化、办公用机械制造业	Instruments, Meters, Cultural and Office Equipment	20.17	1.39
# 通用仪器仪表制造业	Instruments and Meters for General Use	72.77	6.02
其他制造业	Other Manufacturing	8.62	-1.85
电力、蒸汽、热水的生产和供应业	Electric Power, Steam and Hot Water Production and Supply	138.49	6.71
# 电力生产业	Electric Power Production	119.01	10.32
电力供应业	Electric Power Supply	142.63	6.48
煤气生产和供应业	Gas Production and Supply	70.63	0.69
# 煤气生产业	Gas Production	43.10	0.14
自来水的生产和供应业	Tap Water Production and Supply	30.98	-0.10
# 自来水生产业	Tap Water Production	30.65	-0.12

资本保值增值率(%) Ratio of Capital Hold and Rise	资 产 负债率(%) Asset-debt Ratio	流动资产周转率(%) Turnover Rate of Current Assets	成本费用利润率(%) After-tax Profits/ Cost	工业全员劳动生产率(元/人) Overall Industrial Labor Productivity (yuan/person)	工业产品销售率(%) Sales Rate of Industrial Products
88.78	79.57	0.48	-9.40	7 223	90.43
90.38	85.28	0.81	-6.63	9 679	97.25
121.17	66.34	0.95	-3.19	13 533	95.34
74.72	82.12	1.31	-1.11	19 742	97.48
114.69	48.92	1.63	8.77	26 486	100.02
88.81	77.90	0.81	-9.08	10 222	100.70
11.57	95.87	0.72	-9.27	-3 404	169.39
129.64	47.83	2.86	2.26	56 278	100.46
65.19	64.05	1.21	-0.33	24 941	97.95
13.08	67.16	2.12	0.78	29 879	97.69
127.15	70.91	1.22	-0.03	61 230	96.48
83.28	71.80	0.98	-11.33	19 226	96.88
2.58	99.87	1.26	-4.13	17 391	106.17
99.09	74.48	0.63	-2.37	18 265	98.86
49.73	94.16	0.41	-17.16	10 080	99.00
98.64	45.91	1.71	2.38	87 164	99.60
78.84	90.00	0.64	-19.95	27 079	99.55
83.85	75.10	0.96	-0.76	20 180	99.25
80.12	73.15	0.77	-1.08	24 421	97.74
112.49	76.02	0.85	-3.14	19 116	97.92
104.32	83.38	1.11	2.67	21 273	101.39
103.47	69.87	0.84	0.70	24 316	98.53
98.14	75.50	0.68	-0.41	13 598	104.37
111.50	52.04	1.23	3.37	24 830	99.14
-62.50	109.01	0.98	-37.21	-17 753	78.00
107.76	81.00	0.76	0.33	24 246	99.70
87.12	75.81	0.87	-4.29	17 871	99.77
97.86	83.94	1.24	-3.78	29 018	96.23
103.65	88.05	4.82	0.05	25 726	100.71
77.69	80.13	0.54	-6.92	13 518	102.38
106.33	67.76	0.88	-0.01	24 098	106.65
111.25	82.31	0.95	-8.57	1 610	102.75
132.98	46.33	1.08	6.01	81 418	99.68
113.50	76.74	2.89	3.76	35 268	100.00
133.50	44.61	1.02	6.22	88 505	99.64
159.23	36.54	0.84	0.70	19 331	99.43
57.62	22.70	1.19	-1.17	4 024	99.08
132.03	45.63	0.84	-5.01	-1 932	98.71
134.09	46.25	0.83	-5.07	-2 383	98.69

10－15 股份制、港澳台商和外商投资企业主要指标 (1998)

单位:亿元

指 标	Indicators	股份有限公司 Stock-holding Companies with Limited Liabilities	港澳台商投资企业 Enterprises with Investment from Hong Kong, Macao and Taiwan
单位数(个)	Number of Enterprises	67	2 094
从业人员(万人)	Staff and Workers (10 000 persons)	8.30	35.94
工业总产值	Gross Output Value of Industry	153.69	849.75
出口交货值	Export Delivery	13.50	223.41
工业增加值	Value Added	47.66	226.80
年末资产总计	Total Property (year-end)	392.29	1 239.47
#流动资产合计	Total Circulating Funds	217.55	610.10
流动资产年平均余额	Average Balance of Circulating Funds	220.83	615.29
固定资产合计	Total Fixed Assets	84.83	476.90
固定资产原价	Original Value of Fixed Assets	110.76	610.86
#固定资产净值	Net Value of Fixed Assets	69.83	411.27
固定资产净值年平均余额	Average Balance of Net Value of Fixed Assets	66.84	409.14
年末负债合计	Total Liability (year-end)	165.31	641.41
#流动负债合计	Total Circulating Liability	151.83	539.85
长期负债合计	Long-Term Liability	13.48	101.56
年末所有者权益	Right and Interests(year-end)	226.97	598.06
产品销售收入	Revenue of Products Sales	179.38	804.56
利润总额	Total After-tax Profits	25.28	27.76
利税总额	Total Pre-tax Profits	33.28	67.60
外汇收入(万美元)	Foreign Exchange Revenue (USD 10 000)	1 229.28	25 412.35
外汇支出(万美元)	Foreign Exchange Expenditure (USD 10 000)	635.17	23 869.94
进口用汇(万美元)	Foreign Exchange Expenditure for Imports (USD 10 000)	95.83	10 835.56

MAJOR INDICATORS OF STOCK-HOLDING ENTERPRISES AND ENTERPRISES WITH INVESTMENT FROM OTHER COUNTRIES OR FROM HONG KONG, MACAO AND TAIWAN

(100 million yuan)

# 与港澳台商合资合作经营 Joint and Cooperation Enterprises with Investment from Hong Kong, Macao and Taiwan	# 港澳台商独资 Ventures Solely invested by Business from Hong Kong, Macao and Taiwan	# 港澳台商投资股份有限公司 Stock-holding Companies with Limited Liabilities with Investment from Hong Kong, Macao and Taiwan	外商投资企业 Foreign-invested Enterprises	# 中外合资合作经营 Sino-foreign Joint and Cooperation Enterprises	# 外商独资 Soley Foreign-invested Ventures	# 外商投资股份有限公司 Stock-holding Companies with Limited Liabilities with Foreign Investment
1 688	386	20	2 531	1 951	572	8
23.41	4.78	7.75	44.51	35.05	7.85	1.60
554.19	91.25	204.31	1 748.11	1 445.06	255.31	47.73
156.35	38.45	28.61	488.45	334.73	152.07	1.66
139.72	18.33	68.75	403.27	334.70	44.25	24.32
632.78	118.19	488.50	2 222.88	1 738.57	327.91	156.40
346.10	58.72	205.28	1 182.08	987.54	136.66	57.88
348.56	56.40	210.34	1 111.14	936.80	122.33	52.02
233.66	40.13	203.11	807.81	575.00	152.01	80.81
296.10	46.00	268.76	1 022.50	741.68	180.06	100.76
212.87	37.19	161.21	778.17	553.73	148.25	76.19
212.01	38.99	158.14	744.12	529.44	138.49	76.19
361.98	67.45	211.97	1 186.70	961.88	186.35	38.47
323.09	52.59	164.17	1 013.74	828.92	152.87	31.95
38.90	14.86	47.81	172.96	132.96	33.48	6.52
270.80	50.74	276.52	1 036.18	776.69	141.55	117.93
514.83	81.08	208.65	1 732.04	1 443.62	243.39	45.03
20.14	0.81	6.81	72.26	65.98	-3.40	9.67
40.06	2.17	25.37	149.56	132.28	3.45	13.84
18 592.75	3 291.16	3 528.44	84 617.00	66 868.79	17 291.15	457.07
17 118.87	2 734.72	4 016.35	80 941.78	63 662.03	16 668.28	611.48
8 064.87	1 217.01	1 553.68	33 030.82	24 248.55	8 601.01	181.26

10－16 闵行经济技术开发区主要指标 (1998)

单位：亿元

类 别	Items	单位数(个) Number of Enterprises	工业总产值 Gross Output Value of Industry
总 计	**Total**	**77**	**145.15**
一、按登记注册类型分	**Grouped by Registration Categories**		
国 有	State-owned	2	1.13
与港澳台商合资经营	Joint Ventures with Investment from Hong Kong, Macao and Taiwan	12	2.44
与港澳台商合作经营	Cooperation Ventures with Businese from Hong Kong, Macao and Taiwan	2	24.34
港澳台商独资	Hong Kong, Macao and Taiwan Enterprises	6	1.45
中外合资经营	Sino-foreign Joint Ventures	41	99.62
外商独资	Foreign Funded Enterprise	12	16.07
其 他	Others	2	0.09
二、按轻、重工业分	**Grouped by Light and Heavy Industries**		
轻工业	Light Industry	56	107.34
重工业	Heavy Industry	21	37.81
三、按企业规模分	**Grouped by Size of Enterprises**		
大型企业	Large	22	102.12
大一型企业	Large(First)	10	78.31
大二型企业	Large(Second)	12	23.81
中型企业	Medium	11	28.06
中一型企业	Medium(First)	4	24.28
中二型企业	Medium(Second)	7	3.78
小型企业	Small	44	14.97
四、按工业行业分	**Grouped by Sectors**		
食品制造业	Food Manufacturing	7	4.27
饮料制造业	Beverage Manufacturing	4	34.46
纺织业	Textile Industry	5	1.16
服装及其他纤维制品制造业	Garment and Other Fiber Products Industry	8	3.49
皮革、毛皮、羽绒及其制品业	Leathers, Furs, Down and Related Products	3	0.28
家具制造业	Furniture Manufacturing	1	0.05
印刷业、记录媒介的复制	Printing and Record Pressing	2	0.59
文教体育用品制造业	Stationary Educational and Sports Goods	1	0.06
化学原料及化学制品制造业	Raw Chemical Materials and Chemical Products	6	14.28
医药制造业	Medicine Manufacturing	4	13.61
橡胶制品业	Rubber Products	2	0.41
塑料制品业	Plastic Products	1	0.99
非金属矿物制品业	Nonmetal Mineral Products	3	0.36
金属制品业	Metal Products	2	0.47
普通机械制造业	Original Machinery Manufacturing	7	28.23
专用设备制造业	Special Purpose Equipment Manufacturing	3	3.75
交通运输设备制造业	Transportation Equipment Manufacturing	2	3.84
电气机械及器材制造业	Electric Equipment and Machinery	1	2.25
电子及通信设备制造业	Electronic and Telecommunications Equipment	4	24.40
仪器仪表及文化、办公用机械制造业	Instruments, Meters, Cultural and Office Equipment	4	6.22
其他制造业	Other Manufacturing	6	1.04
自来水的生产和供应业	Tap Water Production and Supply	1	0.91

MAJOR INDICATORS OF MINHANG ECONOMIC AND TECHNICAL DEVELOPMENT ZONE

(100 million yuan)

工业销售产值 Sales Value of Industrial Products	年末资产总计 Total Property (year-end)	年末负债合计 Total Liability (year-end)	产品销售收入 Revenue of Products Sales	利税总额 Total Pre-tax Profits
142.82	**149.75**	**76.52**	**161.59**	**22.49**
1.11	7.74	0.57	1.12	0.12
2.39	5.03	2.77	3.38	
24.45	20.03	7.18	24.45	6.68
1.73	1.85	0.70	1.72	0.34
97.02	96.63	52.22	115.18	15.74
16.02	17.82	12.80	15.64	-0.37
0.10	0.64	0.27	0.09	-0.03
104.86	94.22	47.42	107.13	11.41
37.96	55.52	29.10	54.46	11.08
100.36	109.28	58.76	117.81	20.19
77.92	82.77	43.82	91.81	16.98
22.44	26.52	14.94	26.00	3.21
27.18	20.10	8.19	27.59	1.54
23.80	7.38	4.81	24.02	0.99
3.38	12.72	3.39	3.57	0.54
15.28	20.36	9.57	16.19	0.77
4.24	6.44	3.20	4.53	0.30
34.56	28.62	11.43	34.36	7.61
1.19	2.17	0.50	2.05	0.18
3.64	2.45	1.27	3.85	0.15
0.21	1.06	0.68	0.20	
0.05	0.14	0.14	0.05	
0.59	0.87	0.21	0.59	0.21
0.06	0.06	0.03	0.06	
12.65	16.96	13.25	14.59	-1.78
12.90	13.54	8.03	11.43	1.71
0.37	0.39	0.22	0.32	0.01
1.26	1.28	1.56	1.26	0.11
0.34	1.16	1.09	0.25	-0.24
0.62	0.68	0.06	0.61	0.23
28.19	42.97	22.45	44.15	9.57
3.50	6.08	3.52	3.54	0.93
3.69	4.42	1.29	4.11	0.92
2.29	2.44	1.31	2.29	0.53
23.94	6.26	4.27	23.94	0.76
6.37	3.67	1.49	7.22	0.84
1.25	1.25	0.41	1.25	0.32
0.91	6.83	0.10	0.93	0.11

10－17　漕河泾新兴技术开发区主要指标 (1998)

单位：亿元

类　别	Items	单位数(个) Number of Enterprises	工业总产值 Gross Output Value of Industry
总　计	**Total**	**100**	**71.43**
一、按登记注册类型分	**Grouped by Registration Categories**		
国　有	State-owned	13	5.59
与港澳台商合资经营	Joint Ventures with Investment from Hong Kong, Macao and Taiwan	14	3.94
与港澳台商合作经营	Cooperation Ventures with Business from Hong Kong, Macao and Taiwan	1	0.70
港澳台商独资	Hong Kong, Macao and Taiwan Enterprises	6	3.08
中外合资经营	Sino-foreign Joint Ventures	31	37.90
中外合作经营	Sino-foreign Cooperation Ventures	1	
外商独资	Foreign Funded Enterprise	8	11.76
外资投资股份有限公司	Stock-holding Companies with Limited Liabilities with Foreign Investment	2	4.80
其　他	Others	24	3.67
二、按轻、重工业分	**Grouped by Light and Heavy Industries**		
轻工业	Light Industry	25	13.53
重工业	Heavy Industry	75	57.90
三、按企业规模分	**Grouped by Size of Enterprises**		
大型企业	Large	23	56.01
特大型	Outsize	2	8.17
大一型企业	Large(First)	9	24.37
大二型企业	Large(Second)	12	23.47
中型企业	Medium	19	7.32
中一型企业	Medium(First)	5	1.17
中二型企业	Medium(Second)	14	6.15
小型企业	Small	58	8.10
四、按工业行业分	**Grouped by Sectors**		
食品加工业	Food Processing	1	0.10
食品制造业	Food Manufacturing	1	0.16
饮料制造业	Beverage Prodaction	1	0.01
纺织业	Textile Industry	1	0.17
文教体育用品制造业	Stationary, Educational and Sports Goods	2	0.15
石油加工及炼焦业	Petroleum Processing and Coking Products	1	0.03
化学原料及化学制品制造业	Raw Chemical Materials and Chemical Products	4	1.38
医药制造业	Medicine Manufacturing	5	1.26
化学纤维制造业	Chemical Fiber	1	0.05
有色金属冶炼及压延加工业	Smelting and Pressing of Non-ferrous Metals	1	0.06
金属制品业	Metal Products	1	0.06
普通机械制造业	Original Machinery Manufacturing	5	0.31
专用设备制造业	Special Purpose Equipment Manufacturing	7	0.86
交通运输设备制造业	Transportation Equipment Manufacturing	5	4.29
电气机械及器材制造业	Electric Equipment and Machinery	10	12.27
电子及通信设备制造业	Electronic and Telecommunications Equipment	40	42.99
仪器仪表及文化、办公用机械制造业	Instruments, Meters, Cultural and Office Equipment	12	7.27
其他制造业	Others	1	0.02

MAJOR INDICATORS OF CAOHEJING NEW TECHNICAL DEVELOPMENT ZONE

(100 million yuan)

工业销售产值 Sales Value of Industrial Products	年末资产总计 Total Property (year-end)	年末负债合计 Total Liability (year-end)	产品销售收入 Revenue of Products Sales	利税总额 Total Pre-tax Profits
69.58	**114.37**	**58.29**	**84.58**	**8.31**
5.64	9.44	7.53	4.74	0.15
3.79	5.90	2.83	3.84	0.18
0.69	0.98	0.29	0.70	0.05
2.37	3.65	1.91	2.29	-0.12
37.00	53.03	31.32	44.43	4.94
	0.03	0.02		
11.92	13.87	5.07	12.41	1.03
4.68	21.08	5.12	6.92	1.82
3.48	6.39	4.19	9.25	0.26
13.84	16.71	7.50	14.07	1.44
55.73	97.66	50.79	70.51	6.87
55.11	92.73	46.03	65.22	7.89
8.12	20.37	5.75	8.10	1.78
23.77	41.30	22.87	26.35	1.77
23.23	31.06	17.41	30.77	4.34
6.90	11.45	5.92	12.41	0.36
1.01	2.60	0.69	1.00	0.03
5.89	8.85	5.23	11.41	0.33
7.56	10.19	6.34	6.95	0.07
0.12	0.05	0.02	0.10	0.02
0.17	0.52	0.56	0.17	-0.05
0.02	0.05	0.01	0.02	
0.17	0.77	0.58	0.16	-0.02
0.17	0.44	0.35	0.17	0.02
0.03	0.02		0.03	
1.38	3.69	0.60	1.38	0.28
1.33	2.69	0.95	1.40	0.52
0.05	0.12	0.02	0.05	0.02
0.06	0.02		0.06	
0.05	0.13	0.06	0.05	
0.31	0.69	0.46	0.31	0.01
0.94	1.80	0.68	0.83	0.17
4.19	5.76	4.51	3.45	0.13
12.22	8.42	2.83	12.24	1.24
41.15	78.19	41.28	56.24	5.22
7.20	10.97	5.32	7.90	0.70
0.02	0.03	0.02	0.02	

10－18 虹桥经济技术开发区主要指标
(1998)

单位：亿元

类 别	Items	单位数(个) Number of Enterprises	工业总产值 Gross Output Value of Industry
总 计	**Total**	**6**	**0.75**
一、按登记注册类型分	**Grouped by Registration Categories**		
中外合资经营	Sino-foreign Joint Ventures	2	0.36
中外合作经营	Sino-foreign Cooperation Ventures	1	0.04
外商独资	Foreign Funded Enterprise	1	0.09
其 他	Others	2	0.26
二、按轻、重工业分	**Grouped by Light and Heavy Industries**		
轻工业	Light Industry	4	0.49
重工业	Heavy Industry	2	0.26
三、按企业规模分	**Grouped by Size of Enterprises**		
大 型	Large	1	0.20
小 型	Small	5	0.55
四、按行业分	**Grouped by Sectors**		
服装及其他纤维制品制造业	Garment and Other Fiber Products Industry	1	0.04
医药制造业	Medicine Manufacturing	1	0.16
金属制品业	Metal Products	1	0.09
普通机械制造业	Original Machinery Manufacturing	1	0.06
电气机械及器材制造业	Electric Equipment	1	0.20
仪器仪表及文化、办公用机械制造业	Instruments, Meters, Cultural and Office Equipment	1	0.20

10－19 九大工业园区主要经济指标
(1998)

单位：亿元

类 别	Items	松江工业区 Songjiang Industrial Park	康桥工业开发区 Kangqiao Industrial Park
单位数(个)	Number of Enterprises (unit)	83	111
从业人员(万人)	Employment (10 000 persons)	1.65	1.46
工业总产值	Gross Output Value of Industry	45.30	41.17
出口交货值	Delivery Value of Industry Export	24.48	6.39
工业增加值	Value Added	8.04	11.08
年末资产总计	Total Property (year-end)	78.97	41.34
流动资产合计	Total Circulating Funds	29.41	18.43
流动资产年平均余额	Average Balance Circulating Funds	27.16	18.38
固定资产合计	Total Fixed Assets	41.47	19.06
固定资产原价	Original Value of Fixed Assets	49.16	18.94
固定资产净值年平均余额	Average Balance Net Value of Fixed Assets	41.26	13.21
年末负债合计	Total Liabilities (year-end)	46.26	20.88
流动负债合计	Total Circulating Liabilities	35.51	19.12
长期负债合计	Total Long-term Liabilities	10.76	1.76
年末所有者权益	Right and Interests (year-end)	32.71	20.46
产品销售收入	Revenue of Products Sales	43.15	37.85
利润总额	Total After-tax Profits	-5.75	3.22
利税总额	Total Pre-tax Profits	-4.47	4.59
亏损总额	Total Loss	6.53	0.30

MAJOR INDICATORS OF HONGQIAO ECONOMIC AND TECHNICAL DEVELOPMENT ZONE

(100 million yuan)

工业销售产值 Sales Value of Industrial Products	年末资产总计 Total Property (year-end)	年末负债合计 Total Liability (year-end)	产品销售收入 Revenue of Products Sales	利税总额 Total Pre-tax Profits
0.72	**2.23**	**1.90**	**0.70**	**0.08**
0.30	0.32	0.14	0.29	0.05
0.04	0.08	0.06	0.04	-0.01
0.10	0.07	0.06	0.10	
0.28	1.76	1.64	0.26	0.04
0.53	2.03	1.80	0.51	0.05
0.19	0.20	0.10	0.18	0.03
0.23	1.69	1.62	0.21	0.04
0.49	0.54	0.28	0.49	0.05
0.04	0.08	0.06	0.04	-0.01
0.16	0.19	0.06	0.16	0.03
0.10	0.07	0.06	0.10	
0.05	0.06	0.02	0.06	
0.14	0.13	0.07	0.13	0.02
0.23	1.69	1.62	0.21	0.04

MAJOR ECONOMIC INDICATORS OF NINE INDUSTRIAL PARKS

(100 million yuan)

嘉定工业开发区 Jiading Industrial Park	莘庄工业区 Xinzhuang Industrial Park	奉浦工业开发区 Fengpu Industrial Park	金山嘴工业开发区 Jinshanzui Industrial Park	宝山城市工业园区 Baoshan Urban Industrial Park	青浦工业园区 Qingpu Industrial Park	崇明工业园区 Chongming Industrial Park
157	92	29	75	2	63	12
1.92	1.20	0.33	0.83	…	0.52	0.08
62.42	20.63	7.16	12.33	0.07	8.48	0.40
23.45	6.03	0.58	4.19		2.66	0.01
14.95	5.65	2.69	4.52	0.01	1.31	0.13
61.05	29.74	11.21	14.27	0.52	22.37	0.62
31.32	12.90	5.70	7.62	0.10	5.67	0.27
29.96	11.80	5.76	7.50	0.10	4.99	0.25
26.17	13.80	3.89	6.04	0.37	13.26	0.33
32.25	14.75	4.62	7.71	0.24	14.41	0.35
23.78	11.55	3.70	5.26	0.22	8.13	0.26
35.29	16.34	4.84	9.85	0.38	14.64	0.29
27.82	13.66	4.74	8.17	0.06	6.04	0.28
7.47	2.69	0.10	1.68	0.31	8.59	0.01
25.76	13.39	6.37	4.41	0.14	7.74	0.33
59.31	18.81	5.99	8.96	0.07	7.94	0.37
3.12	0.50	0.19	-0.63	-0.04	-0.23	0.03
5.15	1.02	0.23	-0.41	-0.03	0.06	0.06
1.38	1.03	0.11	0.89	0.04	0.76	0.01

10－20 全市独立核算大中型工业企业主要指标 (1998)

单位：亿元

类别	Items	单位数(个) Number of Enterprises	从业人员(万人) Employment (10 000 persons)	工业总产值 Gross Output Value of Industry
总 计	**Total**	**1 482**	**121.16**	**3 329.38**
一、按轻、重工业分	**Grouped by Light and Heavy Industries**			
大型企业	Large Enterprises	666	90.30	2 772.76
轻工业	Light Industry	326	31.02	846.80
重工业	Heavy Industry	340	59.28	1 925.96
中型企业	Medium Enterprises	816	30.86	556.62
轻工业	Light Industry	410	15.90	222.12
重工业	Heavy Industry	406	14.96	334.50
二、按隶属关系分	**Grouped by Subordination**			
大型企业	Large Enterprises	666	90.30	2 772.76
中央工业	Central	51	21.02	897.44
地方工业	Local	615	69.28	1 875.32
中型企业	Medium Enterprises	816	30.86	556.62
中央工业	Central	34	1.40	18.81
地方工业	Local	782	29.46	537.81
三、按从业人员分	**Grouped by Number of Employment**			
1万人及以上	10 000 persons and above	12	20.43	1 028.48
5 000－9 999人	5 000－9 999 persons	17	11.74	273.12
3 000－4 999人	3 000－4 999 persons	30	11.34	215.21
1 000－2 999人	1 000－2 999 persons	210	34.09	716.58
1 000人以下	Below 1 000 persons	1 213	43.56	1 095.98
四、按工业总产值分	**Grouped by Gross Output Value of Industry**			
10亿元及以上	1 000 million yuan and above	43	30.65	1 675.22
5－9.99亿元	500 million－999 million yuan	64	14.15	440.33
1－4.99亿元	100 million－499 million yuan	406	41.51	864.32
5 000－9 999万元	50 million－99.99 million yuan	290	15.19	206.92
1 000－4 999万元	10 million－49.99 million yuan	516	16.97	135.70
1 000万元以下	Below 10 million yuan	163	2.70	6.89
五、按固定资产原价分	**Grouped by Original Value of Fixed Assets**			
10亿元及以上	1 000 million yuan and above	32	26.85	1 423.21
1－9.99亿元	100 million－999 million yuan	352	49.90	1 155.22
5 000－9 999万元	50 million－99.99 million yuan	327	19.12	378.48
3 000－4 999万元	30 million－49.99 million yuan	256	10.89	152.83
1 000－2 999万元	10 million－29.99 million yuan	467	13.49	206.03
1 000万元以下	Below 10 millon yuan	48	0.91	13.61

MAJOR INDICATORS OF LARGE AND MEDIUM INDUSTRIAL ENTERPRISES WITH INDEPENDENT ACCOUNTING SYSTEM

(100 million yuan)

工业销售产值 Sales Value of Industrial Products	年末资产总计 Total Property (year-end)	# 流动资产合计 Circulating Assets	# 固定资产合计 Total Fixed Assets	年末负债合计 Total Liabilities (year-end)	产品销售收入 Revenue of Products Sales	利税总额 Total Pre-tax Profits	成本费用总额 Total Cost Value
3 290.09	**6 436.34**	**2 760.98**	**2 808.82**	**3 407.09**	**3 454.44**	**360.95**	**3 369.23**
2 741.22	5 592.09	2 291.95	2 539.33	2 866.33	2 902.34	334.76	2 812.72
840.69	1 514.95	709.30	573.33	813.83	893.01	96.21	876.70
1 900.53	4 077.13	1 582.65	1 966.00	2 052.50	2 009.33	238.55	1 936.02
548.87	844.25	469.03	269.49	540.76	552.10	26.19	556.51
219.75	375.04	189.78	128.39	233.13	224.36	5.93	232.25
329.12	469.22	279.25	141.10	307.63	327.74	20.26	324.26
2 741.22	5 592.09	2 291.95	2 539.33	2 866.33	2 902.34	334.76	2 812.72
893.53	2 346.86	730.53	1 378.27	1 005.66	972.65	163.24	901.67
1 847.69	3 245.22	1 561.42	1 161.06	1 860.68	1 929.69	171.52	1 911.05
548.87	844.25	469.03	269.49	540.76	552.10	26.19	556.51
18.58	33.95	17.40	12.65	22.31	19.03	1.02	20.18
530.30	810.30	451.64	256.84	518.45	533.07	25.18	536.33
1 021.66	2 281.90	672.37	1 359.83	1 012.65	1 108.36	137.35	1 066.32
274.32	571.80	275.48	211.87	271.64	263.09	56.53	237.69
212.07	476.43	268.74	123.58	272.43	238.39	29.73	229.03
710.23	1 187.82	599.30	397.54	740.15	740.27	56.64	732.00
1 071.82	1 918.40	945.10	716.00	1 110.23	1 104.33	80.70	1 104.20
1 662.73	3 267.53	1 213.73	1 672.05	1 519.55	1 758.91	265.26	1 634.65
435.35	676.20	330.45	269.48	362.46	459.59	38.53	457.60
844.80	1 489.22	755.85	499.97	890.38	864.91	58.62	867.34
203.13	432.30	207.23	165.15	254.35	207.97	7.86	217.36
136.64	472.78	218.46	162.84	313.42	153.50	-5.71	175.70
7.45	98.31	35.25	39.32	66.93	9.56	-3.61	16.58
1 414.56	3 105.98	1 004.68	1 737.09	1 366.81	1 500.49	236.31	1 402.66
1 138.14	2 123.31	1 098.95	720.36	1 277.07	1 207.33	84.22	1 212.30
370.37	615.67	329.02	193.09	375.58	370.01	26.55	366.42
149.63	247.21	135.50	77.34	160.96	149.64	6.69	153.79
203.46	330.90	184.21	79.07	216.61	214.86	6.68	222.07
13.93	13.28	8.63	1.87	10.06	12.10	0.51	11.99

单位：亿元 10－20 续表 continued

类 别 Items		单 位 数 (个) Number of Enterprises	从业人员 (万人) Employment (10 000 persons)	工业总产值 Gross Output Value of Industry
六、按工业行业分	**Grouped by Sectors**			
食品加工业	Food Processing	16	1.28	44.92
食品制造业	Food Manufacturing	50	2.15	46.05
饮料制造业	Beverage Manufacturing	29	1.03	52.80
烟草加工业	Tobacco Processing	1	0.62	67.84
纺织业	Textile Industry	124	8.81	97.16
服装及其他纤维制品制造业	Garment and Other Fiber Products Industry	44	1.52	15.83
皮革、毛皮、羽绒及其制品业	Leathers, Furs, Down and Related Products	18	1.20	9.43
木材加工及竹、藤、棕、草制品业	Timber Processing, Bamboo, Cane, Palm Fiber and Straw Products	14	0.99	33.59
家具制造业	Furniture Manufacturing	11	0.51	9.15
造纸及纸制品业	Papermaking and Paper Products	29	1.12	20.34
印刷业、记录媒介的复制	Printing and Record Pressing	37	1.57	21.29
文教体育用品制造业	Stationary, Educational and Sports Goods	29	1.76	18.97
石油加工及炼焦业	Petroleum Processing and Coking Products	3	2.29	107.54
化学原料及化学制品制造业	Raw Chemical Materials and Chemical Products	114	7.34	212.34
医药制造业	Medicine Manufacturing	48	3.27	87.03
化学纤维制造业	Chemical Fiber	11	3.25	114.05
橡胶制品业	Rubber Products	17	2.91	58.02
塑料制品业	Plastic Products	50	1.50	23.60
非金属矿物制品业	Nonmetal Mineral Products	78	3.88	61.93
黑色金属冶炼及压延加工业	Smelting and Pressing of Ferrous Metals	20	10.71	449.35
有色金属冶炼及压延加工业	Smelting and Pressing of Non-ferrous Metals	19	1.48	26.10
金属制品业	Metal Products	81	3.24	79.64
普通机械制造业	Original Machinery Manufacturing	126	10.45	195.52
专用设备制造业	Special Purpose Equipment Manufacturing	104	8.22	83.81
交通运输设备制造业	Transportation Equipment Manufacturing	94	14.48	538.23
电气机械及器材制造业	Electric Equipment and Machinery	114	9.32	215.33
电子及通信设备制造业	Electronic and Telecommunications Equipment	116	6.17	376.26
仪器仪表及文化、办公用机械制造业	Instruments, Meters, Cultural and Office Equipment	54	3.37	55.15
其他制造业	Other Manufacturing	16	0.66	12.64
电力、蒸汽、热水的生产和供应业	Electric Power, Steam and Hot Water Production and Supply	6	3.57	164.52
煤气生产和供应业	Gas Production and Supply	3	1.28	17.56
自来水的生产和供应业	Tap Water Production and Supply	6	1.21	13.38

(100 million yuan)

工业销售产值 Sales Value of Industrial Products	年末资产总计 Total Property (year-end)	# 流动资产合计 Circulating Assets	# 固定资产合计 Total Fixed Assets	年末负债合计 Total Liabilities (year-end)	产品销售收入 Revenue of Products Sales	利税总额 Total Pre-tax Profits	成本费用总额 Total Cost Value
44.65	43.93	18.39	14.29	25.28	49.00	-0.50	50.49
44.55	68.22	30.72	29.37	40.17	50.69	0.78	54.31
51.79	87.70	32.11	31.87	40.41	50.29	7.69	48.86
67.77	106.91	43.80	38.82	11.61	67.75	40.73	34.08
98.24	197.38	106.46	63.76	122.64	110.76	6.32	111.27
16.01	24.87	13.44	7.34	13.36	16.03	0.39	16.34
9.44	17.84	9.93	5.12	13.02	9.72	-0.50	10.74
32.13	23.12	10.72	11.19	14.22	33.38	1.98	33.15
8.95	15.47	6.55	7.43	10.23	8.42	-0.25	9.05
20.09	38.43	14.80	19.25	21.81	18.56	0.70	19.08
21.22	40.75	14.97	21.86	19.21	23.14	3.71	21.62
19.07	60.35	31.94	12.98	30.52	25.29	2.80	25.23
107.57	153.47	42.61	84.67	74.61	112.47	12.62	112.33
206.17	386.84	173.25	143.74	207.48	212.49	18.81	214.31
82.78	128.16	64.04	45.97	89.33	87.57	4.54	89.45
112.77	259.99	85.83	128.22	107.02	115.82	13.51	112.72
54.32	89.01	43.05	33.98	57.26	56.82	7.69	54.89
23.44	45.68	18.47	21.41	29.86	22.71	1.19	22.56
59.75	161.29	72.05	65.27	90.64	56.64	2.43	58.94
446.92	1 264.35	308.01	803.58	591.21	500.49	30.79	498.07
25.93	55.70	28.06	16.47	46.90	23.25	-1.39	24.05
78.18	113.95	56.03	44.16	69.59	82.14	6.23	79.11
192.08	395.69	212.57	125.66	228.22	197.95	21.69	192.23
82.71	204.14	105.81	65.64	133.25	86.67	4.11	90.61
533.88	671.79	370.77	203.27	338.78	524.47	80.91	481.97
213.68	373.90	207.22	108.96	249.05	204.30	5.58	213.12
372.58	539.67	357.69	117.65	344.62	408.23	44.26	387.47
55.66	92.75	56.49	25.23	58.83	61.40	3.45	63.17
12.91	17.12	10.69	4.42	12.84	12.02	0.70	11.69
164.06	577.59	166.59	381.22	241.51	186.65	38.77	176.01
17.46	95.05	30.87	60.16	34.74	26.82	0.67	31.99
13.30	85.24	17.04	65.85	38.88	12.51	0.55	20.31

10－21 全市独立核算大中型工业企业主要经济效益指标 (1998)

类 别	Items	工业经济效益综合指数 Comprehensive Index of Industry Economic Results	总资产贡献率 (%) Total Assets Contribution Ratio
总 计	**Total**	**123.77**	**7.26**
一、按轻、重工业分	**Grouped by Light and Heavy Industrial**		
大型企业	Large Enterprises	134.15	7.58
轻工业	Light Industry	113.69	8.31
重工业	Heavy Industry	144.24	7.31
中型企业	Medium Enterprises	85.07	5.13
轻工业	Light Industry	66.78	3.49
重工业	Heavy Industry	100.77	6.56
二、按隶属关系分	**Grouped by Subordination**		
大型企业	Large Enterprises	134.15	7.58
中央工业	Central	172.06	8.26
地方工业	Local	118.78	7.09
中型企业	Medium Enterprises	85.07	5.13
中央工业	Central	83.84	5.29
地方工业	Local	85.08	5.12
三、按从业人员分	**Grouped by Number of Employment**		
1万人及以上	10 000 persons and above	169.74	7.09
5 000－9 999人	5 000－9 999 persons	123.93	10.59
3 000－4 999人	3 000－4 999 persons	139.59	8.21
1 000－2 999人	1 000－2 999 persons	103.94	6.95
1 000人以下	Below 1 000 persons	109.46	6.37
四、按工业总产值分	**Grouped by Gross Output Value of Industry**		
10亿元及以上	1 000 million yuan and above	198.01	9.41
5－9.99亿元	500 million－999 million yuan	126.37	7.74
1－4.99亿元	100 million－499 million yuan	99.19	6.02
5 000－9 999万元	50 million－99.99 million yuan	73.36	3.86
1 000－4 999万元	10 million－49.99 million yuan	27.63	0.72
1 000万元以下	Below 10 million yuan	-56.77	-1.91
五、按固定资产原价分	**Grouped by Original Value of Fixed Assets**		
10亿元及以上	1 000 million yuan and above	194.51	8.93
1－9.99亿元	100 million－999 million yuan	101.79	5.96
5 000－9 999万元	50 million－99.99 million yuan	102.39	6.44
3 000－4 999万元	30 million－49.99 million yuan	77.73	4.80
1 000－2 999万元	10 million－29.99 million yuan	74.54	3.76
1 000万元以下	Below 10 million yuan	54.24	2.41

ECONOMIC RESULTS INDICATORS OF LARGE AND MEDIUM INDUSTRIAL ENTERPRISES WITH INDEPENDENT ACCOUNTING SYSTEM

资本保值增值率(%) Ratio of Capital Hold and Rise	资 产负债率(%) Asset-debt Ratio	流动资产周转率(%) Turnover Rate of Current Assets	成本费用利润率(%) After-tax Profits/Cost	工业全员劳动生产率(元/人) Overall Industrial Labor Productivity (yuan/person)	工业产品销售率(%) Sales Rate of Industrial Products Funds
109.99	**52.94**	**1.26**	**4.04**	**70 019**	**98.82**
109.89	51.26	1.27	4.63	82 289	98.86
109.69	53.72	1.26	1.32	67 163	99.28
109.96	50.34	1.28	6.14	90 329	98.68
110.84	64.05	1.21	1.03	34 209	98.61
100.76	62.16	1.12	-1.24	25 986	98.93
121.51	65.56	1.29	2.65	42 794	98.39
109.89	51.26	1.27	4.63	82 289	98.86
110.73	42.85	1.34	6.10	132 104	99.56
109.10	57.34	1.24	3.94	63 547	98.53
110.84	64.05	1.21	1.03	34 209	98.61
118.90	65.72	1.10	0.52	35 710	98.73
110.54	63.98	1.22	1.05	34 088	98.60
108.38	44.38	1.66	5.29	132 347	99.34
106.73	47.51	0.94	4.70	61 475	100.44
140.60	57.18	0.89	8.07	67 586	98.54
100.49	62.31	1.21	3.02	48 629	99.11
113.62	57.87	1.22	2.53	58 777	97.80
107.95	46.50	1.47	7.31	162 476	99.25
120.09	53.60	1.41	3.74	70 035	98.87
109.21	59.79	1.15	2.01	48 162	97.74
122.82	58.84	1.01	-0.81	29 019	98.16
105.43	66.29	0.69	-6.92	12 832	100.69
107.00	68.08	0.28	-24.33	-4 272	108.03
110.52	44.01	1.49	7.09	158 611	99.39
107.21	60.15	1.11	2.14	52 746	98.52
112.78	61.00	1.15	2.86	46 583	97.86
113.25	65.11	1.11	0.05	30 997	97.91
124.49	65.46	1.19	0.05	25 125	98.75
30.72	75.74	1.55	-0.10	15 739	102.31

10－21续表 continued

类 别	Items	工业经济效益综合指数 Comprehensive Index of Industry Economic Results	总资产贡献率(%) Total Assets Contribution Ratio
六、按工业行业分	Grouped by Sectors		
食品加工业	Food Processing	70.19	1.05
食品制造业	Food Manufacturing	68.73	3.22
饮料制造业	Beverage Manufacturing	190.43	11.21
烟草加工业	Tobacco Processing	376.65	40.51
纺织业	Textile Industry	80.34	5.42
服装及其他纤维制品制造业	Garment and Other Fiber Products Industry	70.00	2.91
皮革、毛皮、羽绒及其制品业	Leathers, Furs, Down and Related Products	24.06	-0.13
木材加工及竹、藤、棕、草制品业	Timber Processing, Bamboo, Cane, Palm Fiber and Straw Products	126.22	13.27
家具制造业	Furniture Manufacturing	59.66	-0.01
造纸及纸制品业	Papermaking and Paper Products	71.33	3.49
印刷业、记录媒介的复制	Printing and Record Pressing	132.90	10.57
文教体育用品制造业	Stationary, Educational and Sports Goods	105.78	5.70
石油加工及炼焦业	Petroleum Processing and Coking Products	115.85	10.40
化学原料及化学制品制造业	Raw Chemical Materials and Chemical Products	104.66	6.62
医药制造业	Medicine Manufacturing	112.74	7.05
化学纤维制造业	Chemical Fiber	136.83	6.77
橡胶制品业	Rubber Products	122.12	11.84
塑料制品业	Plastic Products	87.68	5.62
非金属矿物制品业	Nonmetal Mineral Products	68.57	3.06
黑色金属冶炼及压延加工业	Smelting and Pressing of Ferrous Metals	118.23	3.70
有色金属冶炼及压延加工业	Smelting and Pressing of Non-ferrous Metals	21.70	0.16
金属制品业	Metal Products	113.97	7.44
普通机械制造业	Original Machinery Manufacturing	117.77	7.27
专用设备制造业	Special Purpose Equipment Manufacturing	67.00	3.71
交通运输设备制造业	Transportation Equipment Manufacturing	183.24	12.94
电气机械及器材制造业	Electric Equipment and Machinery	76.02	4.18
电子及通信设备制造业	Electronic and Telecommunications Equipment	231.17	10.42
仪器仪表及文化、办公用机械制造业	Instruments, Meters, Cultural and Office Equipment	86.08	5.71
其他制造业	Other Manufacturing	83.97	6.77
电力、蒸汽、热水的生产和供应业	Electric Power, Steam and Hot Water Production and Supply	158.09	7.96
煤气生产和供应业	Gas Production and Supply	70.63	0.69
自来水的生产和供应业	Tap Water Production and Supply	41.40	0.55

资本保值增值率(%) Ratio of Capital Hold and Rise	资产负债率(%) Asset-debt Ratio	流动资产周转率(%) Turnover Rate of Current Assets	成本费用利润率(%) After-tax Profits/Cost	工业全员劳动生产率(元/人) Overall Industrial Labor Productivity (yuan/person)	工业产品销售率(%) Sales Rate of Industrial Products Funds
101.23	57.53	2.42	-2.29	23 085	99.40
124.41	58.88	1.66	-3.54	29 769	96.74
115.73	46.08	1.52	5.57	152 969	98.09
130.02	10.86	1.55	15.06	306 833	99.89
113.19	62.13	0.98	2.19	19 914	101.11
97.62	53.72	1.20	0.41	20 462	101.15
92.34	73.00	1.00	-5.96	4 841	100.08
188.17	61.51	2.57	2.24	29 681	95.66
114.77	66.14	1.36	-5.08	44 043	97.82
120.12	56.76	1.30	-2.05	30 253	98.79
108.42	47.15	1.54	8.97	39 856	99.69
112.97	50.57	0.78	7.70	29 257	100.51
126.71	48.62	2.52	1.22	40 435	100.03
102.01	53.63	1.25	1.36	59 552	97.09
119.34	69.70	1.43	0.40	75 933	95.12
102.51	41.17	1.26	2.25	106 016	98.88
103.74	64.33	1.41	2.70	63 800	93.64
138.52	65.37	1.26	0.49	33 969	99.29
107.41	56.20	0.79	-1.25	33 595	96.49
98.03	46.76	1.63	1.48	84 301	99.46
90.79	84.20	0.94	-10.07	32 780	99.36
107.41	61.07	1.44	4.15	51 049	98.17
103.28	57.68	0.95	5.84	55 550	98.24
105.27	65.27	0.82	0.33	21 234	98.69
115.29	50.43	1.37	10.90	104 875	99.19
97.55	66.61	0.98	-1.42	45 352	99.23
124.58	63.86	1.29	7.98	211 218	99.02
103.26	63.42	1.09	1.29	35 339	100.93
90.54	74.99	0.84	1.81	37 515	102.13
125.69	41.81	1.16	9.50	88 584	99.72
159.23	36.54	0.84	0.70	19 331	99.43
130.06	45.62	0.76	-2.48	-981	99.41

10－22 国有独立核算大中型工业企业主要指标 (1998)

单位：亿元

类 别	Items	单位数 (个) Number of Enterprises	从业人员 (万人) Employment (10 000 persons)	工业总产值 Gross Output Value of Industry
总 计	**Total**	**525**	**59.13**	**1 211.75**
一、按轻、重工业分	**Grouped by Light and Heavy Industries**			
大型企业	Large Enterprises	224	43.80	1 074.66
轻工业	Light Industry	100	9.97	182.08
重工业	Heavy Industry	124	33.83	892.58
中型企业	Medium Enterprises	301	15.34	137.09
轻工业	Light Industry	155	7.55	59.08
重工业	Heavy Industry	146	7.78	78.01
二、按隶属关系分	**Grouped by Subordination**			
大型企业	Large Enterprises	224	43.80	1 074.66
中央工业	Central	34	15.93	657.39
地方工业	Local	190	27.87	417.27
中型企业	Medium Enterprises	301	15.34	137.09
中央工业	Central	24	1.20	10.28
地方工业	Local	277	14.14	126.81
三、按从业人数分	**Grouped by Number of Employment**			
1万人及以上	10 000 persons and above	8	13.98	623.60
5 000－9 999人	5 000－9 999 persons	6	4.08	128.59
3 000－4 999人	3 000－4 999 persons	17	6.34	88.41
1 000－2 999人	1 000－2 999 persons	103	16.78	199.02
1 000人以下	Below 1 000 persons	391	17.95	172.12
四、按工业总产值分	**Grouped by Gross Output Value of Industry**			
10亿元及以上	1 000 million yuan and above	13	16.28	753.98
5－9.99亿元	500 million－999 million yuan	13	5.77	94.19
1－4.99亿元	100 million－499 million yuan	116	17.91	233.97
5 000－9 999万元	50 million－99.99 million yuan	106	8.48	74.90
1 000－4 999万元	10 million－49.99 million yuan	198	8.83	51.58
1 000万元以下	Below 10 million yuan	79	1.86	3.13
五、按固定资产原价分	**Grouped by Original Value of Fixed Assets**			
10亿元及以上	1 000 million yuan and above	12	15.95	719.99
1－9.99亿元	100 million－999 million yuan	105	21.42	295.99
5 000－9 999万元	50 million－99.99 million yuan	108	9.09	88.42
3 000－4 999万元	30 million－49.99 million yuan	102	5.75	52.01
1 000－2 999万元	10 million－29.99 million yuan	172	6.47	49.66
1 000万元以下	Below 10 millon yuan	26	0.46	5.68

MAJOR INDICATORS OF STATE-OWNED LARGE AND MEDIUM INDUSTRIAL ENTERPRISES WITH INDEPENDENT ACCOUNTING SYSTEM

(100 million yuan)

工业销售产值 Sales Value of Industrial Products	年末资产总计 Total Property (year-end)	# 流动资产合计 Circulating Assets	# 固定资产合计 Total Fixed Assets	年末负债合计 Total Liabilities (year-end)	产品销售收入 Revenue of Products Sales	利税总额 Total Pre-tax Profits	成本费用总额 Total Cost Value
1 204.73	**3 074.90**	**1 048.62**	**1 639.10**	**1 635.04**	**1 288.54**	**130.86**	**1 274.06**
1 068.64	2 773.08	894.69	1 540.97	1 413.16	1 152.51	129.57	1 127.38
180.10	392.64	164.30	167.15	200.12	183.69	43.85	162.69
888.54	2 380.44	730.39	1 373.83	1 213.04	968.82	85.73	964.69
136.09	301.82	153.93	98.12	221.88	136.03	1.29	146.68
59.57	156.33	72.48	54.39	112.58	63.99	-1.04	70.06
76.52	145.49	81.45	43.73	109.30	72.04	2.34	76.62
1 068.64	2 773.08	894.69	1 540.97	1 413.16	1 152.51	129.57	1 127.38
655.87	1 857.88	493.63	1 166.35	788.29	733.91	120.81	680.42
412.77	915.20	401.06	374.63	624.87	418.60	8.76	446.96
136.09	301.82	153.93	98.12	221.88	136.03	1.29	146.68
9.95	25.03	11.18	10.27	17.06	9.44	0.09	10.92
126.14	276.80	142.75	87.86	204.82	126.59	1.20	135.77
621.42	1 815.87	445.96	1 182.97	824.15	701.05	73.92	693.45
128.09	224.92	106.64	81.55	81.07	120.93	44.15	93.41
86.42	206.73	107.88	73.22	134.10	90.33	2.66	93.26
197.56	409.25	187.45	156.44	277.36	201.80	9.34	205.15
171.25	418.13	200.68	144.91	318.35	174.43	0.80	188.80
751.51	1 976.07	541.89	1 216.53	881.96	823.14	119.43	777.72
94.26	237.02	91.33	127.30	131.71	100.11	7.72	106.47
228.45	455.55	220.75	152.96	312.32	219.75	5.98	226.63
73.99	169.25	81.82	63.09	113.82	76.95	2.88	80.77
53.09	195.79	97.65	62.88	155.86	63.78	-3.16	74.92
3.43	41.23	15.19	16.34	39.37	4.81	-1.97	7.55
717.64	2 028.76	520.41	1 292.55	884.17	804.70	116.88	766.57
292.24	613.87	301.76	215.30	403.05	288.04	16.10	294.78
87.73	205.66	105.62	65.32	160.78	87.82	-2.51	95.46
51.57	102.07	54.05	30.61	83.60	47.37	1.08	51.11
49.42	118.26	62.79	34.03	98.86	56.05	-0.77	61.51
6.14	6.28	3.98	1.28	4.56	4.56	0.08	4.64

单位：亿元 10－22 续表 continued

类 别 Items		单位数 (个) Number of Enterprises	从业人员 (万人) Employment (10 000 persons)	工业总产值 Gross Output Value of Industry
六、按工业行业分	Grouped by Sectors			
食品加工业	Food Processing	6	0.51	7.56
食品制造业	Food Manufacturing	7	0.20	1.82
饮料制造业	Beverage Manufacturing	3	0.16	2.10
烟草加工业	Tobacco Processing	1	0.62	67.84
纺织业	Textile Industry	57	4.49	32.55
服装及其他纤维制品制造业	Garment and Other Fiber Products Industry	6	0.19	0.88
皮革、毛皮、羽绒及其制品业	Leathers, Furs, Down and Related Products	12	0.52	1.83
木材加工及竹、藤、棕、草制品业	Timber Processing, Bamboo, Cane, Palm Fiber and Straw Products	4	0.27	2.36
家具制造业	Furniture Manufacturing	4	0.15	1.77
造纸及纸制品业	Papermaking and Paper Products	7	0.44	6.46
印刷业、记录媒介的复制	Printing and Record Pressing	18	1.08	12.97
文教体育用品制造业	Stationary, Educational and Sports Goods	7	0.42	2.38
石油加工及炼焦业	Petroleum Processing and Coking Products	2	1.54	89.97
化学原料及化学制品制造业	Raw Chemical Materials and Chemical Products	32	2.70	35.43
医药制造业	Medicine Manufacturing	22	1.85	38.52
化学纤维制造业	Chemical Fiber	5	0.41	9.15
橡胶制品业	Rubber Products	5	0.51	6.07
塑料制品业	Plastic Products	12	0.50	4.58
非金属矿物制品业	Nonmetal Mineral Products	26	2.42	26.18
黑色金属冶炼及压延加工业	Smelting and Pressing of Ferrous Metals	11	9.88	418.09
有色金属冶炼及压延加工业	Smelting and Pressing of Non-ferrous Metals	9	0.99	13.70
金属制品业	Metal Products	35	1.72	17.88
普通机械制造业	Original Machinery Manufacturing	67	5.19	55.43
专用设备制造业	Special Purpose Equipment Manufacturing	53	4.78	39.43
交通运输设备制造业	Transportation Equipment Manufacturing	29	6.48	90.18
电气机械及器材制造业	Electric Equipment and Machinery	26	3.06	39.72
电子及通信设备制造业	Electronic and Telecommunications Equipment	20	0.74	5.69
仪器仪表及文化、办公用机械制造业	Instruments, Meters, Cultural and Office Equipment	25	1.26	7.96
其他制造业	Other Manufacturing	3	0.13	0.18
电力、蒸汽、热水的生产和供应业	Electric Power, Steam and Hot Water Production and Supply	3	3.47	143.37
煤气生产和供应业	Gas Production and Supply	3	1.28	17.56
自来水的生产和供应业	Tap Water Production and Supply	5	1.19	12.12

(100 million yuan)

工业销售产值 Sales Value of Industrial Products	年末资产总计 Total Property (year-end)	# 流动资产合计 Circulating Assets	# 固定资产合计 Total Fixed Assets	年末负债合计 Total Liabilities (year-end)	产品销售收入 Revenue of Products Sales	利税总额 Total Pre-tax Profits	成本费用总额 Total Cost Value
7.06	7.64	3.79	3.06	4.44	7.61	0.21	8.09
1.74	5.87	2.27	2.04	4.03	2.44	-0.17	3.00
2.13	2.49	1.45	0.80	1.79	2.06	0.22	2.01
67.77	106.91	43.80	38.82	11.61	67.75	40.73	34.08
34.43	76.51	38.15	27.57	56.35	35.38	0.95	36.35
0.91	4.80	2.48	1.12	2.99	1.38	0.11	1.37
1.83	9.79	5.73	2.73	8.25	1.95	-0.35	2.77
2.29	4.16	1.99	1.99	4.02	2.30	0.06	2.44
1.69	3.94	1.85	1.21	2.42	2.45	0.06	2.59
6.28	6.65	3.98	2.18	5.09	5.08	0.28	5.09
12.97	25.94	8.09	14.92	12.16	14.85	2.62	13.59
2.30	7.19	3.69	1.76	4.87	2.68	-0.05	3.19
90.38	92.84	31.00	49.65	44.21	95.28	12.74	90.88
35.03	69.05	29.50	25.08	45.76	34.84	1.85	36.20
37.10	54.87	27.31	19.69	39.11	35.71	1.00	36.01
8.86	28.95	10.26	10.32	20.66	9.71	-0.76	10.95
6.52	6.56	4.18	1.87	6.21	6.94		7.21
4.58	9.02	3.29	4.53	7.98	4.34	-0.46	4.78
25.86	67.08	35.73	18.56	49.43	22.83	0.78	24.24
416.33	1 210.19	272.99	787.72	554.76	469.84	34.12	463.61
13.64	37.96	18.64	11.24	34.23	10.88	-1.96	11.55
17.83	37.83	16.37	13.50	26.73	18.84	2.14	18.02
54.14	136.56	69.37	41.73	97.99	52.26	2.83	54.79
38.61	94.39	46.57	30.32	71.11	39.99	0.69	42.17
88.84	158.14	92.42	47.54	111.58	82.17	4.08	86.21
39.38	70.62	41.97	17.26	52.83	34.69	0.44	36.98
5.47	22.65	10.26	6.20	19.29	9.82	-0.08	11.05
8.15	30.46	20.06	7.33	25.64	9.72	-0.67	11.77
0.22	2.24	0.97	0.37	2.35	1.21	-0.09	1.32
142.91	508.72	155.49	324.39	234.66	165.40	28.98	160.08
17.46	95.05	30.87	60.16	34.74	26.82	0.67	31.99
12.04	79.81	14.10	63.43	37.77	11.33	-0.09	19.66

10－23 国有独立核算大中型工业企业主要经济效益指标 (1998)

类 别	Items	工业经济效益综合指数 Comprehensive Index of Industry Economic Results	总资产贡献率 (%) Total Assets Contribution Ratio
总 计	**Total**	**96.11**	**5.66**
一、按轻、重工业分	**Grouped by Light and Heavy Industrial**		
大型企业	Large Enterprises	105.87	6.01
轻工业	Light Industry	111.38	12.83
重工业	Heavy Industry	105.86	4.87
中型企业	Medium Enterprises	45.23	2.59
轻工业	Light Industry	33.26	1.45
重工业	Heavy Industry	57.14	3.88
二、按隶属关系分	**Grouped by Subordination**		
大型企业	Large Enterprises	105.87	6.01
中央工业	Central	154.74	7.68
地方工业	Local	58.30	2.73
中型企业	Medium Enterprises	45.23	2.59
中央工业	Central	54.25	3.06
地方工业	Local	44.46	2.55
三、按从业人员分	**Grouped by Number of Employment**		
1万人及以上	10 000 persons and above	136.92	5.18
5 000－9 999人	5 000－9 999 persons	153.68	18.78
3 000－4 999人	3 000－4 999 persons	78.83	3.03
1 000－2 999人	1 000－2 999 persons	69.55	4.39
1 000人以下	Below 1 000 persons	43.32	2.40
四、按工业总产值分	**Grouped by Gross Output Value of Industry**		
10亿元及以上	1 000 million yuan and above	146.42	7.21
5－9.99亿元	500 million－999 million yuan	89.97	4.55
1－4.99亿元	100 million－499 million yuan	62.78	3.33
5 000－9 999万元	50 million－99.99 million yuan	63.78	3.86
1 000－4 999万元	10 million－49.99 million yuan	17.63	0.81
1 000万元以下	Below 10 million yuan	-91.62	-2.39
五、按固定资产原价分	**Grouped by Original Value of Fixed Assets**		
10亿元及以上	1 000 million yuan and above	145.36	6.95
1－9.99亿元	100 million－999 million yuan	72.93	4.40
5 000－9 999万元	50 million－99.99 million yuan	30.24	1.10
3 000－4 999万元	30 million－49.99 million yuan	50.65	3.67
1 000－2 999万元	10 million－29.99 million yuan	32.01	1.55
1 000万元以下	Below 10 millon yuan	42.71	1.14

ECONOMIC RESULTS INDICATORS OF STATE-OWNED LARGE AND MEDIUM INDUSTRIAL ENTERPRISES WITH INDEPENDENT ACCOUNTING SYSTEM

资本保值增值率(%) Ratio of Capital Hold and Rise	资 产 负债率(%) Asset-debt Ratio	流动资产周转率(%) Turnover Rate of Current Assets	成本费用利润率(%) After-tax Profits/ Cost	工业全员劳动生产率(元/人) Overall Industrial Labor Productivity (yuan/person)	工业产品销售率(%) Sales Rate of Industrial Products Funds
108.25	**53.17**	**1.22**	**1.48**	**46 213**	**99.42**
108.70	50.96	1.28	2.14	55 976	99.44
122.28	50.97	1.13	1.40	48 288	98.91
106.74	50.96	1.32	2.26	58 539	99.55
101.17	73.51	0.85	-3.55	17 428	99.27
96.21	72.01	0.81	-5.46	13 669	100.83
107.89	75.13	0.88	-1.81	21 264	98.10
108.70	50.96	1.28	2.14	55 976	99.44
111.84	42.43	1.49	4.58	112 095	99.77
98.50	68.28	1.03	-1.58	21 313	98.92
101.17	73.51	0.85	-3.55	17 428	99.27
127.20	68.17	0.85	-4.07	26 296	96.83
98.93	73.99	0.85	-3.51	16 712	99.47
108.92	45.39	1.59	3.31	98 607	99.65
106.05	36.05	1.09	6.14	74 293	99.61
190.81	64.87	0.82	-0.26	27 698	97.75
91.92	67.77	1.06	-0.47	28 526	99.26
97.47	76.14	0.85	-3.88	18 876	99.49
107.89	44.63	1.52	3.78	105 218	99.67
126.45	55.57	1.06	3.16	27 444	100.08
106.77	68.56	0.98	-2.25	30 526	97.64
117.56	67.25	0.93	-1.06	20 735	98.78
93.41	79.60	0.63	-7.60	9 938	102.94
21.31	95.50	0.32	-28.89	-476	109.47
111.72	43.58	1.56	3.68	103 519	99.67
98.96	65.66	0.92	0.48	27 983	98.73
100.36	78.18	0.84	-6.46	18 019	99.23
100.88	81.91	0.85	-2.59	21 210	99.15
83.34	83.60	0.88	-5.15	17 021	99.50
27.70	72.60	1.36	-1.14	8 132	108.14

10－23 续表 continued

类 别 Items		工业经济效益综合指数 Comprehensive Index of Industry Economic Results	总资产贡献率(%) Total Assets Contribution Ratio
六、按工业行业分	**Grouped by Sectors**		
食品加工业	Food Processing	81.24	4.50
食品制造业	Food Manufacturing	8.70	-2.03
饮料制造业	Beverage Manufacturing	87.35	11.37
烟草加工业	Tobacco Processing	376.65	40.51
纺织业	Textile Industry	50.98	3.54
服装及其他纤维制品制造业	Garment and Other Fiber Products Industry	71.38	3.42
皮革、毛皮、羽绒及其制品业	Leathers, Furs, Down and Related Products	-26.06	-0.14
木材加工及竹、藤、棕、草制品业	Timber Processing, Bamboo, Cane, Palm Fiber and Straw Products	44.21	4.11
家具制造业	Furniture Manufacturing	59.02	2.53
造纸及纸制品业	Papermaking and Paper Products	61.98	3.90
印刷业、记录媒介的复制	Printing and Record Pressing	140.41	11.42
文教体育用品制造业	Stationary, Educational and Sports Goods	35.00	1.55
石油加工及炼焦业	Petroleum Processing and Coking Products	143.49	15.61
化学原料及化学制品制造业	Raw Chemical Materials and Chemical Products	63.37	3.63
医药制造业	Medicine Manufacturing	91.00	4.95
化学纤维制造业	Chemical Fiber	17.72	0.24
橡胶制品业	Rubber Products	49.07	2.33
塑料制品业	Plastic Products	-3.27	-0.86
非金属矿物制品业	Nonmetal Mineral Products	52.23	2.88
黑色金属冶炼及压延加工业	Smelting and Pressing of Ferrous Metals	126.06	4.03
有色金属冶炼及压延加工业	Smelting and Pressing of Non-ferrous Metals	-35.10	-2.99
金属制品业	Metal Products	96.46	8.01
普通机械制造业	Original Machinery Manufacturing	68.57	4.19
专用设备制造业	Special Purpose Equipment Manufacturing	50.36	2.57
交通运输设备制造业	Transportation Equipment Manufacturing	68.66	3.92
电气机械及器材制造业	Electric Equipment and Machinery	47.73	3.70
电子及通信设备制造业	Electronic and Telecommunications Equipment	60.25	1.01
仪器仪表及文化、办公用机械制造业	Instruments, Meters, Cultural and Office Equipment	7.69	1.04
其他制造业	Other Manufacturing	2.29	-3.73
电力、蒸汽、热水的生产和供应业	Electric Power, Steam and Hot Water Production and Supply	138.96	6.74
煤气生产和供应业	Gas Production and Supply	70.63	0.69
自来水的生产和供应业	Tap Water Production and Supply	28.38	-0.22

资本保值增值率(%) Ratio of Capital Hold and Rise	资 产 负债率(%) Asset-debt Ratio	流动资产周转率(%) Turnover Rate of Current Assets	成本费用利润率(%) After-tax Profits/Cost	工业全员劳动生产率(元/人) Overall Industrial Labor Productivity (yuan/person)	工业产品销售率(%) Sales Rate of Industrial Products Funds
155.45	58.06	1.94	0.13	12 879	93.35
102.09	68.72	0.91	-10.72	13 270	95.25
101.45	71.70	1.35	-0.15	29 026	101.45
130.02	10.86	1.55	15.06	306 833	99.89
108.54	73.65	0.80	-1.73	10 433	105.76
90.34	62.28	0.63	4.49	7 408	103.48
86.71	84.33	0.34	-16.18	3 421	99.87
79.73	96.71	1.21	-2.82	17 131	97.19
104.55	61.45	1.18	-0.10	7 634	95.66
68.23	76.54	1.30	-0.57	24 326	97.12
115.02	46.86	1.81	10.67	33 146	99.94
103.61	67.65	0.72	-5.12	12 710	96.61
129.67	47.62	2.88	2.28	56 810	100.46
54.43	66.27	1.23	-0.65	26 608	98.87
122.12	71.28	1.21	-0.59	56 175	96.30
81.30	71.35	0.96	-10.35	23 637	96.82
52.32	94.55	1.48	-1.71	22 156	107.38
123.95	88.49	1.15	-14.08	10 795	100.10
100.60	73.70	0.65	-1.75	20 410	98.77
98.56	45.84	1.72	2.41	88 847	99.58
75.21	90.18	0.65	-21.19	28 972	99.63
91.90	70.65	1.11	4.84	29 186	99.74
104.35	71.76	0.75		29 201	97.66
116.71	75.34	0.85	-3.01	20 387	97.92
103.83	70.56	0.83	0.40	25 765	98.51
88.18	74.80	0.86	-3.63	21 976	99.13
112.58	85.13	1.38	-2.70	37 068	96.16
68.83	84.18	0.49	-9.24	13 188	102.37
85.84	104.72	1.20	-8.13	444	121.37
132.79	46.13	1.09	6.03	81 989	99.68
159.23	36.54	0.84	0.70	19 331	99.43
134.75	47.33	0.82	-5.40	-3 916	99.35

第11篇

建筑业

Chapter 11

Construction

第十一篇　建 筑 业

1998年,上海建筑业进一步深化改革,加强行业和企业内部管理,生产稳步增长。

施工产值稳定增长,劳动生产率继续提高。至1998年末,全市共有建筑施工企业1618个,从业人员40.88万人。全年完成施工产值593.11亿元,比上年增长5.1%,其中建筑工程完成489.29亿元,安装工程完成88.8亿元。房屋建筑施工面积4719.16万平方米,比上年增加216.28万平方米;竣工面积1913.55万平方米,增加263.46万平方米。1998年,建筑施工企业全员劳动生产率达到10.25万元,比上年增长9%。其中,国有建筑施工企业人均10.61万元,集体企业人均7.76万元,外商投资企业人均8.76万元。

技术装备水平和工程质量优良率稳步提高。1998年,建筑行业拥有机械设备13.02万台,总功率206.31万千瓦,人均动力装备率达到5千瓦;人均技术装备率达到9698元。1998年,全市施工企业按工程个数计算的质量优良品率为35%。其中,国有企业质量优良率为56 %,集体企业为23%。

资产负债率下降,实现利税下降。1998年,全市建筑施工企业资产合计707.5亿元,比上年增长13.9%;负债合计526.7亿元,增长11.1%;资产负债率为74.4%,比上年下降1.9个百分点。全年产值利税率为5%。其中国有企业产值利税率为4%,集体企业产值利税率5%。

Chapter 11　Construction Industry

In 1998, construction enterprises in Shanghai continued to deepen internal reforms and improve internal management to boost their performance.

The output value of construction registered steady growth, while labour productivity continued to rise. By the end of 1998, the city had a total of 1,618 construction enterprises, employing 408,800 people. Their output value realized in the year totalled 59.311 billion yuan, up 5.1% from the previous year. Of the total, building construction accounted for 48.929 billion yuan and the installing sector 8.88 billion yuan. A total of 47.1916 million sqaure metres of housing was under construction in the year, 2.1628 million square metres more than the previous year. Of the total 19.1355 million square metres were completed within the year, up 2.6346 million square metres. Labour productivity in the construction industry reached 102,500 yuan in 1998, up 9% over the previous year. Per worker labour productivity was 106,100 yuan for the state－owned enterprises; 77,600 yuan for the collective enterprises and 87,600 yuan for the foreign－funded enterprises.

The levels of technical equipment and engineering quality continued to improve in 1998. At the end of the year, the construciton industry boasted 130,200 units of machinery and equipment, with a total power of 2.0631 million kilowatts or a per worker power of 5,000 kilowatts. Per worker technical equipment reached 9,698 yuan in 1998. The rate of "good quality" was 35% in terms of the number of projects. The "good quality" rate for the projects undertaken by the state－owned construction enterprises was 56% and by the collecitve enterprises 23%.

The asset－liability ratio of the construciton enterprises was declining, so was their profit and tax payment. In 1998, the entire construction industry's assets rose by 13.9% to 70.75 billion yuan, liabilities rose by 11.1% to 52.67 billion yuan, and its asset－liability ratio fell by 1.9 percentage points to 74.4%. The industry's output and profit and tax payment ratio in 1998 was 5%, with that for the state－owned enterprises standing at 4% and for the collective enterprises 5%.

建筑业施工产值（亿元）
Gross Output Value of Construction Industry (100 000 000 yuan)

建筑业施工产值构成（%）
Composition of Gross Output Value Under Construction Industry (%)

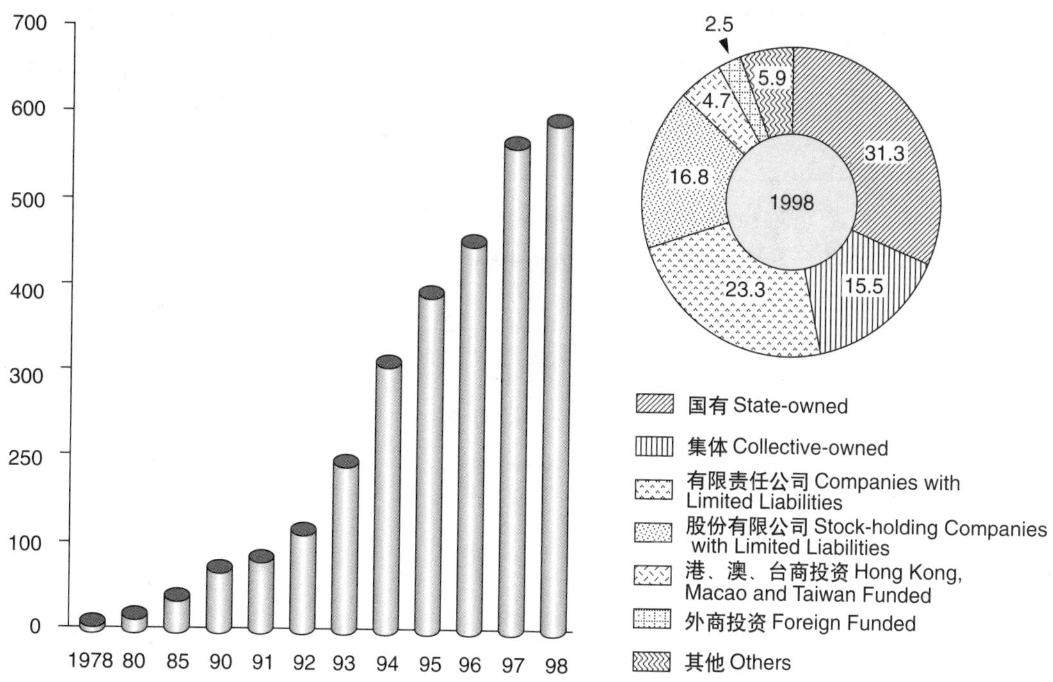

建筑业全员劳动生产率和技术装备率（元/人）
Construction Overall Labor Productivity and Per Capita Machinery (yuan/person)

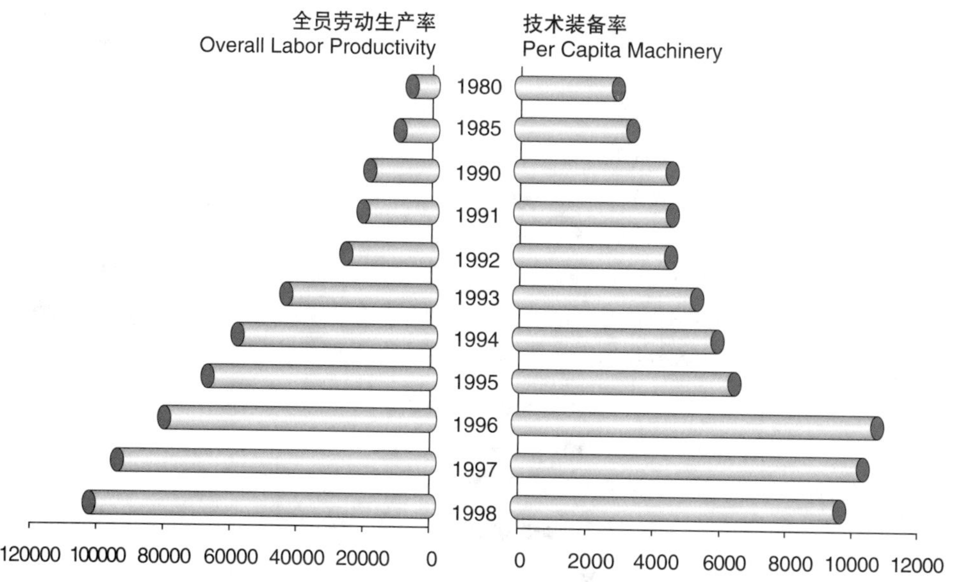

11－1 建筑施工企业主要指标 (1998)

单位：万元

指 标	Indicators	合 计 Total	内 资 Domestic Investment
施工企业单位个数(个)	Numbers of Construction Enterprises	1 618	1 414
年平均人数(人)	Staff and Workers (Annual Average)(person)	578 471	536 249
固定资产原价	Fixed Assets (Original Value)	1 317 523	1 243 595
固定资产净值	Fixed Assets (Net Value)	783 311	732 306
自有机械设备台数(台)	Machinery and Equipment(sets)	130 224	119 547
自有机械设备净值	Machinery and Equipment (Net Value)	396 406	374 450
自有机械设备总功率(千瓦)	Power of Machinery and Equipment(kw)	2 063 084	2 009 555
施工产值	Gross Output Value	5 931 140	5 505 737
资产总计	Assets at year-end	7 075 004	6 593 878
# 流动资产	Total Circulating Funds	5 525 091	5 117 050
固定资产	Total Fixed Assets	789 660	738 259
专项工程	Special Engineering Assets	95 563	93 366
无形及递延资产	Intangible and Prolonged Aseets	136 879	132 468
负债合计	Total Liabilities at year-end	5 266 965	4 947 908
流动负债	Circulating Liabilities	5 042 192	4 728 607
长期负债	Long-term Liabilities	224 773	219 301
所有者权益	Total Owners Rights and Interests	1 808 039	1 645 970
企业总收入	Total Revenue of Enterprises	5 671 958	5 258 309
工程结算收入	Revenue of Engineering Settlement Accounts	5 284 256	4 889 004
其他业务收入	Other Revenue	387 702	369 305
施工面积(万平方米)	Floor Space of Building Under Construction (10 000 sq.m)	4 719.16	4 532.41
竣工面积(万平方米)	Floor Space of Building Completed (10 000 sq.m)	1 913.55	1 819.92
利润总额	Total Profits	132 201	128 496
全员劳动生产率(元/人)	Overall Labor Productivity (yuan/person)		
按施工产值计算	In Term of Gross Output Value	102 531	102 671
按增加值计算	In Term of Construction Value Added	32 688	32 234
技术装备率(元/人)	Per Capita Machinery Value (yuan/person)	9 698	9 658
动力装备率(千瓦/人)	Per Capita Machinery Power (kw/person)	5.0	5.2
房屋建筑面积竣工率(%)	Rate of Buiding Completed	40.5	40.2
工程质量优良品率(%)	Rate of High Quality Projects	35.0	35.7
产值利润率(%)	Rate of Profit/Gross Output Value	2.2	2.3
产值利税率(%)	Rate of Profit and Taxes/Gross Output Value	4.7	4.8

MAJOR INDICATORS OF CONSTRUCTION WORKING ENTERPRISES

(10 000 yuan)

国有 State-owned	集体 Collective-Owned	股份合作 Stock-holding Cooperation	联营 Joint Owned	有限责任公司 Companies With Limited Liabilition	股份有限公司 Stock-holding Companies Liabilities	私营 Private	其他 Others	港澳台商投资 Hong Kong, Macao and Taiwan Funded	外商投资 Foreign Funded
267	544	71	80	343	66	38	5	131	73
175 160	118 665	18 051	18 279	140 553	55 512	8 180	1 849	25 601	16 621
607 026	161 407	21 435	43 774	305 320	93 496	9 019	2 118	32 073	41 855
329 333	115 943	14 557	31 186	186 416	45 360	7 663	1 848	20 178	30 827
43 061	29 148	2 883	4 525	33 089	4 607	2 175	59	7 013	3 664
158 170	59 108	7 162	17 311	99 913	27 048	5 306	432	9 312	12 644
1 064 622	263 813	32 474	59 322	454 715	114 257	19 754	598	30 814	22 715
1 858 287	921 389	127 008	159 466	1 384 524	995 243	37 631	22 189	279 790	145 613
2 875 830	1 054 982	170 916	146 470	1 668 108	616 351	50 558	10 663	300 309	180 817
2 158 168	874 485	143 956	104 929	1 296 182	494 633	36 138	8 559	269 224	138 817
330 535	118 994	14 920	31 400	187 105	45 727	7 728	1 850	20 396	31 005
32 168	9 508	3 298	1 983	34 465	11 652	292		10	2 187
88 444	4 026	2 592	3 123	25 782	5 318	3 174	9	2 163	2 248
2 201 913	777 456	131 302	85 546	1 267 307	450 952	27 334	6 098	212 718	106 339
2 079 470	764 094	128 628	82 854	1 197 365	444 369	26 205	5 622	210 377	103 208
122 443	13 362	2 674	2 692	69 942	6 583	1 129	476	2 341	3 131
673 917	277 526	39 614	60 924	400 801	165 399	23 224	4 565	87 591	74 478
1 690 272	858 251	128 931	159 790	1 401 766	968 261	36 585	14 453	265 765	147 884
1 542 863	841 411	125 953	157 112	1 214 524	956 429	36 369	14 343	254 982	140 270
147 409	16 840	2 978	2 678	187 242	11 832	216	110	10 783	7 614
1 025.67	1 040.40	127.30	150.53	1 252.32	883.83	46.04	6.32	104.73	82.02
414.81	500.73	75.03	69.61	514.50	222.15	19.80	3.28	46.70	46.93
22 504	22 438	5 219	3 394	33 409	39 850	1 077	605	2 987	718
106 091	77 646	70 361	87 240	98 505	179 284	46 004	120 005	109 289	87 608
36 932	22 378	22 753	26 534	29 888	65 271	17 348	19 430	40 585	41 834
12 307	5 974	4 958	12 657	10 719	9 390	6 288	2 620	7 037	16 156
8.3	2.7	2.2	4.3	4.9	4.0	2.3	0.4	2.3	2.9
40.4	48.1	58.9	46.2	41.1	25.1	43.0	51.9	44.6	57.2
56.2	22.7	17.1	29.3	25.7	30.7	27.1	85.7	18.0	18.6
1.2	2.4	4.1	2.1	2.4	4.0	2.9	2.7	1.1	0.5
3.6	5.3	6.9	5.8	4.6	6.2	6.5	4.4	3.5	3.1

11－2 全市建筑业企业主要指标
MAJOR INDICATORS OF CONSTRUCTION ENTERPRISES IN THE CITY
(1998)

类 别		企业数(个) Number of Enterprises	年末从业人员(万人) Year-end Employment (10 000 persons)	施工产值(亿元) Output Value of Construction (100 million yuan)	#建筑工程 Construction	#安装工程 Installation
总 计	**Total**	**1 618**	**40.88**	**593.11**	**489.29**	**88.80**
一、按登记注册类型分	**By Registration Categories**					
内 资	Domestic Investment	1 414	38.78	550.57	456.72	81.40
#国 有	State-owned	267	12.85	185.83	140.35	42.32
集 体	Collective Owned	544	9.90	92.14	76.81	12.06
股份合作	Stock-holding Cooperation	71	1.45	12.70	10.22	2.19
联 营	Joint Owned	80	1.37	15.95	13.43	1.90
有限责任公司	Companies with Limited Liabilition	343	9.32	138.45	118.50	16.55
股份有限公司	Stock-holding Companies Liabilities	66	2.88	99.52	92.08	6.13
私 营	Private	38	0.84	3.76	3.38	0.17
港、澳、台商投资	Hong Kong, Macao and Taiwan Funded	131	1.32	27.98	20.94	5.15
外商投资	Foreign Funded	73	0.78	14.56	11.63	2.25
二、按行业分	**Grouped by Sectors**					
土木工程建筑业	Civil Engineering Construction	1 003	33.11	476.46	433.98	34.41
#房屋建筑业	Buildings	690	24.72	352.91	318.32	28.74
铁路公路隧道桥梁建筑业	Railways, Tunnels, Highways and Bridges	108	3.32	57.40	53.78	2.48
线路管道设备安装业	Line and Equipments Installation	171	3.71	52.29	2.35	48.51
#线路管道安装业	Line Installation	76	1.26	24.20	1.34	22.82
设备安装业	Equipment Installation	95	2.45	28.09	1.01	25.69
建筑物装修装饰业	Buildings Decoration	444	4.06	64.36	52.96	5.88

11－2 续表 continued

类 别		竣工产值(亿元) Output Value of Construction Completed (100 million yuan)	房屋建筑面积(万平方米) Floor Space of Buildings (10 000 sq.m)		年末自有机械设备 Machines Owned (Year-end)	
Items			施工面积 Under Construction	竣工面积 Completed	总台数(万台) Number (10 000)	总功率(万千瓦) Capacity (10 000 kw)
总 计	**Total**	**399.07**	**4 719.16**	**1 913.55**	**13.02**	**206.31**
一、按登记注册类型分	**By Registration Categories**					
内 资	Domestic Investment	374.35	4 532.41	1 819.92	11.95	200.96
#国 有	State-owned	166.88	1 025.67	414.81	4.31	106.46
集 体	Collective Owned	63.38	1 040.40	500.73	2.91	26.38
股份合作	Stock-holding Cooperation	11.10	127.30	75.03	0.29	3.25
联 营	Joint Owned	10.41	150.53	69.61	0.45	5.93
有限责任公司	Companies with Limited Liabilition	80.82	1 252.32	514.50	3.31	45.47
股份有限公司	Stock-holding Companies Liabilities	39.23	883.83	222.15	0.46	11.43
私 营	Private	2.19	46.04	19.80	0.22	1.98
港、澳、台商投资	Hong Kong, Macao and Taiwan Funded	14.88	104.73	46.70	0.70	3.08
外商投资	Foreign Funded	9.84	82.02	46.93	0.37	2.27
二、按行业分	**Grouped by Sectors**					
土木工程建筑业	Civil Engineering Construction	321.87	4 520.92	1 791.77	10.16	182.18
#房屋建筑业	Buildings	246.19	4 288.76	1 681.95	7.60	106.73
铁路公路隧道桥梁建筑业	Railways, Tunnels, Highways and Bridges	31.99	65.57	35.53	0.98	23.92
线路管道设备安装业	Line and Equipments Installation	35.32	11.85	9.35	1.23	18.07
#线路管道安装业	Line Installation	17.86	3.80	2.96	0.30	7.68
设备安装业	Equipment Installation	17.46	8.05	6.39	0.94	10.39
建筑物装修装饰业	Buildings Decoration	41.88	186.39	112.43	1.63	6.06

交通运输、邮电通信

Chapter 12

Transportation, Posts And Telecommunications

第十二篇　交通运输、邮电通信

1998年，交通运输业进一步深化改革，加快发展国际集装箱运输，积极培育都市型旅客运输业，努力调整运输结构，强化中心城市的综合交通优势。全年货物运输总量46230万吨，比上年增长0.6%。其中，铁路运输5292万吨，下降9%；公路运输26352万吨，增长1.4%。全年港口货物吞吐量16388万吨，与上年持平。其中，进口吞吐量11839万吨，下降0.1%；出口吞吐量4549万吨，增长0.1%。外贸货物吞吐量4904万吨，增长4.1%。集装箱吞吐量达到306.63万国际标准箱，比上年增长21.2%。全年发送旅客6139万人次，比上年下降1.4 %。其中，铁路2760万人次，下降0.7%；公路2006万人次，下降11.9%；水路678万人次，下降13.6%；民用航空695万人次，增长3.3%。

邮电通信业发展迅速，现代化通信手段进一步普及。1998年邮电业务总量139.87亿元，比上年增长37.1%。邮政传统业务下降，新型业务明显上升。全年发送信函4.21亿件，比上年下降17.3%。其中国际特快专递47.76万件，下降2.5%。全年挂发长途电话7.1亿次，比上年增长19.6%，其中，国际及港、澳长途电话5161.1万次，增长7.3%。年末全市电话交换机总容量达到618.4万门，比上年末增加86.5万门；电话用户数达到431.12万户，增加57.81万户，其中住宅电话317.26万户，增加38.3万户。

移动通信继续发展。年末移动电话用户达到127万户，比上年末增加52万户；无线寻呼用户323.3万户，增加47.3万户。

Chapter 12　　Transport, Posts and Telecommunications

In 1998, the city took efforts to further deepen economic reforms of its transportation section, speed up its development of international contain transport, readjust its transport structure and promote urban passenge transportation industry. Cargo transport in the year totalled 462.3 million tons, up 0.6% over 1997. Of the total; goods and commodities handled by its railway system fell 9% to 52.92 million tons; and by the highway system rose 1.4% to 263.52 million tons. Goods handled by Shanghai port maintained the 1997 figure of 163.88 million tons, of which 118.39 million tons were imported goods, down 0.1%; and 45.49 million tons were exports, up 0.1%. The city transported 49.04 million tons of foreign trade cargos in 1998 and its containerized transportation totalled 3.0663 million TEUs, up 21.2% over the previous year. The city's passenger transport fell 1.4% to 61.39 million people (times) in 1998. Of the total, passenger transport by railway was down 0.7% to 27.6 million people (times); by highway down 11.9% to 20.06 million people (times); by waterway down 13.6% to 6.78 million people (times); and by airway up 3.3% to 6.95 million people (times).

Posts and telecommunications have expanded rapidly, thanks to the popularity of the Internet, global satellite communications and other modern communications means. The business turnover of the posts and telecommunications sector in 1998 was 13.987 billion yuan, up 37.1% from 1997. Traditional post business fell in the year, while new businesses of telecommunications grew. A total of 421 million pieces of mail, or 17.3% less, were handled in the year. Of the total, 477,600 pieces were international express mails, down 2.5% from the previous year. A total of 710 million long distance calls were made in the year, up 19.6% over the previous year. Of the total number, 51.611 million were calls to overseas countries and regions, up 7.3%. At the end of 1998, the city had a telephone switching capacity of 6.184 million lines and 4.3112 million telephone users, 865,000 lines and 578,100 users more than a year earlier. Of the total telephone users, 3.1726 million were household lines, 383,000 more than 1997.

Mobile communications continued to expand. At the end of 1998, there were 1.27 million mobile phone users, 520,000 more than a year earlier. Radio pager users totaled 3.233 million, an increase of 473,000.

货物周转量与国内生产总值增长速度 (%)

Growth Rate of Turnover Volume of Freight Transportation and Gross Domestic Product (%)

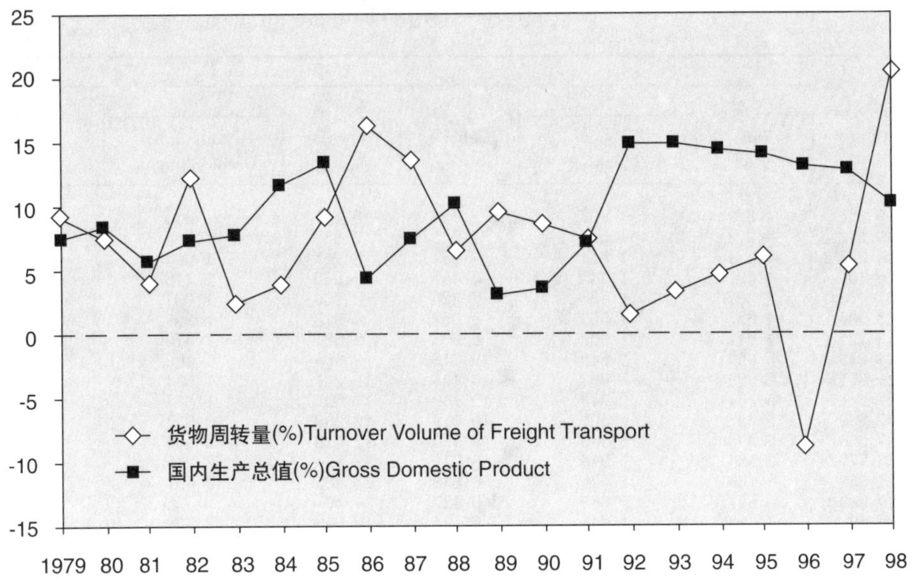

旅客发送量构成 (%)

Composition of Passenger Departing(%)

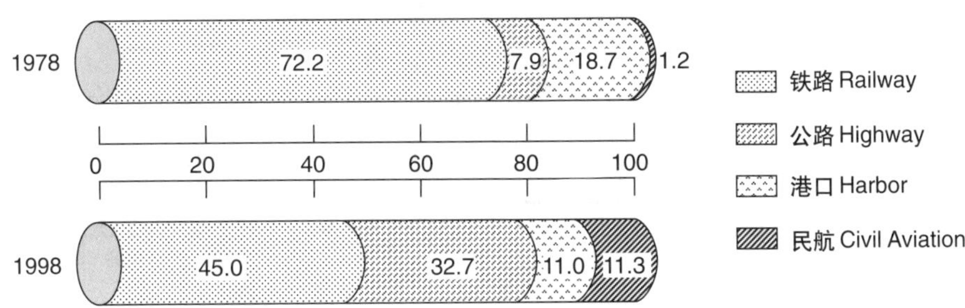

港口货物吞吐量 (万吨)

Cargo Handled at Ports (10000 tons)

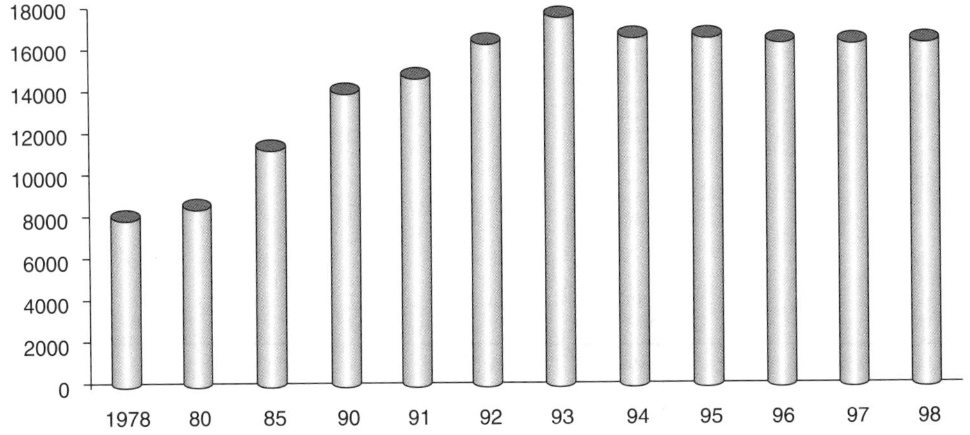

18000
16000
14000
12000
10000
8000
6000
4000
2000
0

1978 80 85 90 91 92 93 94 95 96 97 98

12－1 货物运输量

FREIGHT TRAFFIC VOLUME

(1978－1998)

单位：万吨 (10 000 tons)

年份 Year	合计 Total	铁路 Rail-way	#发送量 Departing	公路 High-way	水运 Waterway	#远洋运输 Ocean Shipping	民用航空 Civil Aviation
1978	19 645	4 329	1 605	7 184	8 131	939	1
1979	19 613	4 373	1 556	7 255	7 983	1 081	2
1980	20 037	4 484	1 511	7 284	8 267	1 098	2
1981	20 150	4 421	1 445	7 451	8 276	1 118	2
1982	21 153	4 562	1 488	7 826	8 763	1 097	2
1983	21 594	4 627	1 559	8 052	8 913	1 209	2
1984	23 121	4 841	1 608	8 696	9 581	1 370	3
1985	24 243	5 059	1 649	9 216	9 965	1 402	3
1986	26 671	5 306	1 693	10 126	11 235	1 634	4
1987	27 241	5 484	1 643	10 159	11 592	1 847	6
1988	27 832	5 322	1 501	10 019	12 480	2 032	11
1989	27 666	5 303	1 545	9 526	12 826	2 066	11
1990	26 777	5 186	1 519	8 714	12 864	2 246	13
1991	27 558	5 169	1 576	8 888	13 485	2 491	16
1992	29 580	5 527	1 688	9 427	14 607	2 525	19
1993	30 293	6 085	1 748	9 194	15 000	2 529	24
1994	28 585	6 230	1 745	7 446	14 882	2 605	27
1995	27 571	6 416	1 784	6 273	14 845	2 778	37
1996	45 821	6 213	1 740	25 023	14 544	3 594	41
1997	45 938	5 817	1 651	25 991	14 082	4 201	48
1998	46 230	5 292	1 493	26 352	14 529	4 844	57

注：从1996年开始，水路货运为本市独立核算运输企业口径。

Note: From 1996 the statistics of waterway freight traffic was bared on the independent accounting transportation enterprises.

12－2 货物周转量和旅客发送量

TURNOVER VOLUME OF FREIGHT TRAFFIC AND PASSENGER DEPARTING

(1978－1998)

单位：亿吨·公里 (100 million tons·km)

年份 Year	货物周转量 Freight Traffic	#铁路 Rail-way	#公路 High-way	#水运 Water-way	#远洋运输 Ocean Shipping	旅客发送量(万人次) Passenger Departing (10 000 person-times)	铁路 Rail-way	公路 High-way	港口 Har-bor	民用航空 Civil Aviation
1978	1 267	81	7	1 179	698	1 763	1 272	140	330	21
1979	1 383	84	8	1 291	773	2 047	1 470	148	402	27
1980	1 487	87	8	1 392	778	2 369	1 692	200	446	31
1981	1 547	87	8	1 412	846	2 532	1 805	209	481	37
1982	1 736	88	9	1 639	968	2 598	1 853	221	480	44
1983	1 778	89	10	1 679	999	2 825	1 995	227	511	42
1984	1 846	97	10	1 739	1 042	3 150	2 228	343	517	62
1985	2 015	102	11	1 902	1 072	3 434	2 320	410	622	82
1986	2 343	105	13	2 225	1 061	3 720	2 477	504	616	123
1987	2 659	106	13	2 540	1 533	4 138	2 610	713	659	156
1988	2 828	105	14	2 769	1 621	4 409	2 838	717	679	175
1989	3 096	111	13	2 972	1 733	4 140	2 711	657	621	151
1990	3 358	111	11	3 236	1 957	3 835	2 476	605	555	199
1991	3 608	112	12	3 484	2 117	4 035	2 594	598	592	251
1992	3 661	125	13	3 523	2 112	4 283	2 748	591	623	321
1993	3 777	132	12	3 622	2 081	4 389	2 860	520	617	392
1994	3 953	139	10	3 800	2 042	5 074	2 984	1 086	546	458
1995	4 187	143	9	4 030	2 259	5 265	2 929	1 257	512	567
1996	3 814	133	49	3 627	2 721	5 822	2 804	1 974	422	622
1997	4 016	123	47	3 840	3 049	6 057	2 779	2 277	328	673
1998	4 838	117	49	4 665	3 794	6 139	2 760	2 006	678	695

注：1997年前港口旅客发送量为港务局公用码头范围，1998年扩大为全港范围。以下同。

Note: Before 1998, the harbour passenger traffic volume referred to the amount passing through the public ports under the administration of Shanghai Harbour Bureau. In the 1998 statistics, the volume covered all the ports in Shanghai. The same in the following table.

12－3 铁路运输
RAILWAY TRANSPORTATION
(1978－1998)

年 份 Year	车 站 (个) Station	运营里程 (公里) Operation Mileage(km)	正线延展里程 (公里) Mainline Railway Length Completed (km)	货物发送量 (万吨) Freight Departing (10 000 tons)	货物到达量 (万吨) Freight Arriving (10 000 tons)	旅客发送量(万人次) Volume of Passenger Transport (10 000 person-times)
1978	32	245	273	1 409	1 829	1 272
1979	32	245	273	1 342	1 858	1 470
1980	33	245	273	1 283	1 963	1 692
1981	33	245	272	1 204	2 005	1 805
1982	34	245	276	1 232	2 051	1 853
1983	34	245	282	1 287	1 979	1 995
1984	38	245	282	1 322	2 091	2 228
1985	38	245	282	1 353	2 213	2 320
1986	43	245	282	1 382	2 381	2 477
1987	40	245	302	1 343	2 476	2 610
1988	40	259	307	1 218	2 359	2 838
1989	40	259	329	1 250	2 443	2 711
1990	40	259	356	1 257	2 283	2 476
1991	37	259	389	1 311	2 140	2 594
1992	37	235	388	1 371	2 232	2 748
1993	37	247	402	1 436	2 667	2 860
1994	37	246	403	1 420	2 739	2 984
1995	37	256	415	1 376	2 790	2 929
1996	37	256	414	1 320	2 673	2 804
1997	35	244	396	1 252	2 524	2 779
1998	35	248	400	1 152	2 279	2 760

注：本表为上海市辖范围。Note: This table covers the Shanghai administered area only.

12－4 公路运输
HIGHWAY TRANSPORTATION
(1978－1998)

年 份 Year	通车里程 (公里) Highways in Operation (km)	旅客发送量 (万人次) Volume of Passenger Transport (10 000 person-times)	旅客周转量 (万人・公里) Turnover Volume of Passenger Traffic (10 000 persons・km)	货物运输量 (万吨) Freight Traffic (10 000 tons)	货物周转量 (万吨・公里) Turnover Volume of Freight Traffic (10 000 tons・km)
1978	1 978	140	9 230	7 184	71 017
1979	2 134	148	10 337	7 255	76 856
1980	2 116	200	12 436	7 284	79 827
1981	2 086	209	13 729	7 451	83 535
1982	2 109	221	13 858	7 826	89 707
1983	2 109	277	24 836	8 052	95 389
1984	2 136	343	32 523	8 696	103 076
1985	2 058	410	43 179	9 216	110 718
1986	2 348	504	64 273	10 126	125 873
1987	2 681	713	80 845	10 159	134 169
1988	2 728	717	86 105	10 019	136 301
1989	2 904	657	82 408	9 526	130 000
1990	3 050	605	84 175	8 714	114 732
1991	3 165	598	72 690	8 888	119 397
1992	3 625	591	65 347	9 427	129 768
1993	3 677	520	60 771	9 194	119 299
1994	3 721	1 086	87 790	7 446	99 578
1995	3 787	1 257	82 289	6 273	93 214
1996	3 881	1 974	88 345	25 023	487 517
1997	3 961	2 277	126 122	25 991	471 196
1998	4 104	2 006	120 713	26 352	494 440

注：1995年前货物运输量和货物周转量是专业运输部门的数字,1996年后为全社会口径。

Note: Before 1995, the figures about Preight transportation and tumover came from specialized transportation departments. Since 1996, the figures have been collected about all social sectors.

12－5 水路运输
WATERWAY TRANSPORTATION
(1978－1998)

单位：万吨 (10 000 tons)

年 份 Year	货运量合计 Total Cargo Transport	远 洋 Ocean Shipping	沿 海 Coastal Traffic	长 江 The Yangtze River	内 河 Navigable Inland Waterways
1978	8 131	939	3 922	1 252	2 018
1979	7 983	1 081	3 641	1 274	1 987
1980	8 267	1 098	3 919	1 296	1 954
1981	8 276	1 118	3 974	1 179	2 005
1982	8 763	1 097	4 285	1 215	2 166
1983	8 913	1 209	4 308	1 180	2 216
1984	9 581	1 370	4 556	1 256	2 399
1985	9 965	1 402	4 769	1 272	2 522
1986	11 235	1 634	5 690	1 354	2 557
1987	11 592	1 847	5 815	1 448	2 482
1988	12 480	2 032	6 207	1 564	2 677
1989	12 826	2 065	6 887	1 525	2 349
1990	12 864	2 246	6 971	1 567	2 080
1991	13 485	2 491	7 234	1 646	2 114
1992	14 607	2 525	7 997	1 834	2 251
1993	15 000	2 529	8 304	2 027	2 140
1994	14 882	2 605	8 166	2 111	2 000
1995	14 845	2 778	8 084	2 230	1 753
1996	13 829	3 594	7 290	1 315	1 630
1997	14 082	4 201	7 259	1 217	1 405
1998	14 529	4 844	7 365	662	1 658

12－6 港口货物吞吐量
CARGO HANDLED AT PORTS
(1978－1998)

年 份 Year	港口货物吞吐量 (万吨) Cargo Handled at Ports (10 000 tons)			比 重(%) Percentage	
		进 口 Import	出 口 Export	进 口 Import	出 口 Export
1978	7 955	5 632	2 323	70.8	29.2
1979	8 350	5 781	2 569	69.2	30.8
1980	8 483	5 800	2 683	68.4	31.6
1981	8 335	5 745	2 590	68.9	31.1
1982	8 976	6 121	2 855	68.2	31.8
1983	9 190	6 374	2 816	69.4	30.6
1984	10 066	6 969	3 097	69.2	30.8
1985	11 291	7 972	3 319	70.6	29.4
1986	12 604	8 853	3 751	70.2	29.8
1987	12 833	8 877	3 956	69.2	30.8
1988	13 320	9 150	4 170	68.7	31.3
1989	14 604	9 910	4 694	67.9	32.1
1990	13 959	9 461	4 498	67.8	32.2
1991	14 679	9 933	4 746	67.7	32.3
1992	16 297	11 470	4 827	70.4	29.6
1993	17 596	12 672	4 924	72.0	28.0
1994	16 581	12 098	4 483	73.0	27.0
1995	16 567	12 097	4 470	73.0	27.0
1996	16 402	11 947	4 455	72.8	27.2
1997	16 397	11 851	4 546	72.3	27.7
1998	16 388	11 839	4 548	72.2	27.8

12－7 港口码头仓库

PORTS AND STOREHOUSE

(1978－1998)

年 份 Year	装卸公司 (个) Companies for Loading and Unloading	年末职工人数 (万人) Employment (year-end) (10 000 persons)	#装卸工人 Loading and Unloading Workers	货物吞吐量 (万吨) Cargo Handled (10 000 tons)	客运航线 (条) Routes for Passenger Transportation	旅客发送量 (万人次) Passenger Traffic (10 000 person-times)	码头长度 (万米) Length of Harbor (10 000 m)
1978	14	4.48	0.95	7 955	19	330	1.30
1979	14	4.72	0.96	8 350	19	402	1.28
1980	14	4.87	0.98	8 483	19	446	1.31
1981	14	5.06	0.99	8 335	20	481	1.35
1982	14	5.14	1.00	8 976	23	480	1.34
1983	13	5.03	0.96	9 190	22	511	1.35
1984	13	5.22	1.04	10 066	23	517	1.34
1985	13	5.32	1.09	11 291	26	622	1.39
1986	13	5.33	1.07	12 604	26	616	1.38
1987	13	5.45	1.08	12 833	26	659	1.45
1988	13	5.44	1.02	13 320	27	679	1.47
1989	15	5.58	0.98	14 604	28	621	1.60
1990	15	5.53	0.90	13 959	28	555	1.77
1991	14	5.49	0.87	14 679	27	592	1.78
1992	14	5.27	0.71	16 297	28	623	1.74
1993	15	4.87	0.47	17 596	26	617	1.83
1994	15	4.74	0.36	16 581	24	546	1.90
1995	14	4.55	0.37	16 567	23	512	1.90
1996	11	4.37	0.32	16 402	23	422	1.90
1997	11	4.11	0.30	16 397	23	328	1.96
1998	12	3.77	0.25	16 388	18	678	1.89

12－7 续表 continued

年 份 Year	泊 位 (个) Berths	#万吨级 10 000 Tonnage	仓库总面积 (万平方米) Total Area of Storehouse (10 000 sq.m)	堆场总面积 (万平方米) Total Area of Stacking (10 000 sq.m)	集装箱吞吐量 Container Handling Capacity			
					国际集装箱数 (万TEU) International Containers (10 000 TEU)	国际集装箱重量 (万吨) Weight of International Containers (10 000 tons)	国内集装箱数 (万箱) Domestic Containers (10 000)	国内集装箱重量 (万吨) Weight of Domestic Conainers (10 000 tons)
1978	99	50	71.7	121.4				
1979	95	50	71.9	123.7				
1980	96	48	69.9	122.0				
1981	97	48	70.2	123.0				
1982	96	45	68.6	121.6	6.6	71.3		
1983	96	45	66.6	110.9	8.0	85.2		
1984	96	44	67.0	106.8	11.5	116.9		
1985	98	46	68.5	124.3	20.2	184.4		
1986	98	45	68.4	123.1	20.4	201.6		
1987	102	47	68.0	125.3	22.4	246.5		
1988	104	48	67.7	126.1	31.3	345.1		
1989	113	55	71.8	147.2	35.4	351.3		
1990	122	64	80.0	176.2	45.6	445.5		
1991	134	62	73.6	172.1	57.7	610.5		
1992	131	63	69.6	171.9	73.1	715.6		
1993	136	67	70.8	191.6	93.5	847.5	6.4	22.3
1994	140	68	75.0	193.0	119.9	1 058.2	5.9	19.0
1995	140	68	71.9	195.4	152.7	1 388.9	6.4	21.5
1996	138	69	66.1	195.1	197.1	1 785.1	4.6	16.1
1997	142	71	63.9	214.7	252.7	2 303.6	3.6	12.4
1998	135	67	67.2	223.6	306.6	2 773.1	2.2	7.4

注：TEU是"折合20英尺标准箱"英文缩写语。Note: TEU is the abbreviation. It refers to converting into 20 feet standard container.

12－8 主要年份交通运输部门运输船舶拥有量
TRANSPORT VESSELS OWNED BY TRANSPORTATION DEPARTMENTIS IN MAIN YEARS

船舶名称	Transport Vessels	1978	1980	1990	1997	1998
客轮(艘)	Passenger Transport Vessels	21	16	15	24	20
(客位)	(Passenger Seats)	10 908	8 879	10 084	12 498	11 474
客货轮(艘)	Passenger and Freight Transport Vessels	29	48	51	52	38
(客位)	(Passenger Seats)	26 165	44 322	52 693	35 727	20 497
(载重万吨)	(10 000 tons Haulage Capacity)	2.10	3.64	4.27	4.65	2.85
货轮(艘)	Freight Transport Vessels	483	561	573	684	731
(载重万吨)	(10 000 tons Haulage Capacity)	342.00	359.20	534.78	605.90	688.60
拖轮(艘)	Tugboats	506	677	587	230	164
(万千瓦)	(10 000 kw)	8.81	10.08	13.73	7.27	4.15
驳船(艘)	Bargers	4 706	4 144	3 191	1 357	758
(载重万吨)	(10 000 tons Haulage Capacity)	51.93	54.35	71.01	62.00	24.16

12－9 主要年份交通运输主要经济技术指标
MAIN ECONOMIC AND TECHNICAL INDICATORS OF TRANSPORTATION IN MAIN YEARS

指标	Indicators	1978	1980	1990	1997	1998
铁路运输	**Railway Transportation**					
货车平均周转时间(天)	Turnover Days of Freight Cars (day)	0.96	0.98	1.24	1.37	1.36
铁路平均每日装车数(车)	Daily Average Loaded Freight Cars (wagon)	1 073	1 014	990	954	846
货运机车平均日产量(万吨・公里)	Daily Average Tonnage of Freight Locomotives (10 000 tons・km)	94	93	110	112	114
内燃机消耗柴油(千克/每万吨公里)	Oil Consumption of Diesel Locomotives (kg/10 000 tons・km)	34	34	20	23	24
公路运输	**Highway Transportation**					
货运汽车每车吨年产量(万吨・公里)	Annual Tonnage of Each Ton-Wagon (10 000 tons・km)	2.47	2.33	1.72	1.33	1.34
汽油车耗油(升/百吨公里)	Oil Consumption of Gasoline Trucks (litre/100 tons・km)	6.9	6.8	6.5	5.7	6.4
柴油车耗油(升/百吨公里)	Oil Consumption of Diesel Trucks (litre/100 tons・km)	4.5	4.4	4.0	4.5	5.3
水路运输	**Waterway Transportation**					
海运船舶每吨船年产量(万吨・公里)	Annual Tonnage of Each Ton Sea Vessel (10 000 tons・km)	3.54	3.68	4.64	5.00	5.01
远洋货轮每吨船年产量(万吨・公里)	Annual Tonnage of Each Ton Ocean Ship (10 000 tons・km)	3.87	3.66	6.90	8.70	8.50
长江拖轮每千瓦年产量(万吨・公里)	Annual Tonnage of Each Killo-qwat of Yangtze River Tugboat (10 000 tons・km)	18.66	16.29	16.46	16.71	16.23
港 口	**Harbor**					
船舶平均在港停泊时间(天)	Days of Vessel Berthed at Harbor (day)	2.0	2.0	1.5	1.0	1.0

12－10 邮电通信
POSTAL AND TELECOMMUNICATIONS SERVICES
(1978－1998)

年份 Year	邮电局、所（个） Post Office	邮路及农村投递路线总长度（万公里） Length of Postal Roultes and Rural Delivery Routes (10 000km)	长途电话电路（路） Long Distance Telephone Lines (line)	邮电业务总量（亿元） Revenue from Postal and Telecommunications Services (100 million yuan)	函件（亿件） Mail (100 million)	报纸、杂志累计订销数（亿份） Total Copy of Newspapers and Magazines Subscribed and Sold (100 million)
1978	437	4.68	758	1.59	1.30	5.86
1979	439	4.60	977	1.78	1.40	6.97
1980	411	4.62	1 044	2.04	1.60	7.83
1981	445	4.92	1 164	2.12	1.61	8.31
1982	457	5.11	1 271	2.26	1.66	9.92
1983	467	5.33	1 500	2.58	1.64	10.42
1984	478	5.71	1 669	2.94	1.85	11.13
1985	481	7.15	1 909	3.53	2.19	11.76
1986	493	18.76	2 156	3.94	2.28	12.13
1987	508	18.54	2 835	4.65	2.70	13.08
1988	519	19.89	4 934	6.58	2.88	11.51
1989	527	19.53	6 698	8.30	2.93	8.39
1990	535	18.40	9 558	10.23	2.96	8.71
1991	528	18.15	12 807	13.16	3.14	9.74
1992	538	18.27	17 840	18.52	3.17	10.67
1993	572	20.01	28 734	28.64	3.91	10.90
1994	599	20.10	34 385	39.19	4.90	10.35
1995	666	19.30	46 422	55.70	5.58	10.93
1996	712	20.63	58 677	77.06	6.82	11.63
1997	714	20.67	70 250	102.01	5.09	12.06
1998	849	20.60	84 357	139.87	4.20	12.98

注：邮电业务总量按1990年不变价格计算。
Note: Revenue from postal and telecommunications services are cakulated at 1990 constant prices.

12－10 续表 continued

年份 Year	国内长途电话(万次) Domestic Long-Distance Call (10 000)	国际及港澳长途电话(万次) International and Hongkong, Macao Long-Distance Call (10 000)	电话交换机容量(万门) Switchboard Lines (10 000)	年末电话用户(万户) Year-end Installed Telephones (10 000)	市区 Installed in Urban Area	#公用 Public Phones
1978	637.30	2.97	14.24	9.38	7.47	0.39
1979	735.50	6.97	14.98	10.56	8.42	0.41
1980	323.15	9.95	15.93	11.14	8.90	0.44
1981	365.14	11.09	17.08	11.73	9.38	0.46
1982	390.51	11.73	18.93	12.59	10.08	0.52
1983	463.20	15.80	21.02	13.94	11.23	0.58
1984	588.26	24.44	23.47	15.98	12.95	0.65
1985	741.20	39.90	27.30	18.57	15.19	0.70
1986	803.80	59.60	32.35	20.96	17.26	0.73
1987	920.50	79.10	37.40	23.96	19.89	0.76
1988	1 262.40	183.10	45.90	28.82	24.18	0.79
1989	1 861.40	312.20	57.62	36.15	30.72	0.81
1990	3 131.60	471.20	74.17	45.69	39.26	0.88
1991	4 923.50	657.50	83.68	56.59	48.63	0.92
1992	8 178.00	1 043.90	106.98	76.79	66.40	1.17
1993	13 471.40	1 746.80	163.63	108.24	95.53	1.52
1994	19 639.90	2 545.60	232.56	158.25	158.00	1.95
1995	30 328.60	3 259.50	345.71	223.27	223.27	3.42
1996	43 533.00	3 990.30	455.50	303.30	303.30	4.74
1997	54 516.60	4 811.20	531.90	373.31	373.31	5.30
1998	65 805.00	5 161.10	618.40	431.10	431.10	5.90

注：从1995年开始，上海建立本地网。Since 1995, the local net was set up in Shanghai.

12－11 邮政电信主要指标
MAJOR INDICATORS OF POST AND TELECOMMUNICATIONS
(1996－1998)

指 标	Indicators	1996	1997	1998
国内特快专递（万件）	Domestic Express Mail (10 000)	327.40	411.16	507.90
国际特快专递（万件）	International Express Mail (10 000)	47.20	49.00	47.76
邮政快件（万件）	Express Mail (10 000)	995	790	383
长话业务电路（路）	Lovg-distance Telephone Service Lines	58 677	70 250	84 357
分组交换用户（户）	Packet Switching Users	1 066	1 348	1 562
数字数据用户（户）	Digital and Data Users	3 178	4 823	5 401
新增电话用户（万户）	New Telephone Users (10 000 users)	80	70	58
移动电话用户（万户）	Mobil phone Users (10 000 users)	36	75	127
无线寻呼用户（万户）	Rodio Pagers (10 000 users)	222.70	275.90	323.30
电子信箱用户（户）	E-mail Users	925	2 010	2 100
国际互联网用户（户）	Internet Service Users	3 347	9 001	102 404
邮政储蓄期末余额（亿元）	Postal Saving Deposit Balance (100 million yuan)	10.98	132.50	140.86
集邮业务（万枚）	Postal Saving Peposit Balarce (10 000 stamps)	5 132.40	10 163.60	15 721.20
住宅电话普及率（%）	Revenue from stamp Collecting	49.7	61.0	68.8

12－12 民用车辆拥有量
CIVIL MOTOR VEHICLES
(1996－1998)

单位:辆 (cars)

指 标	Indicators	1996	1997	1998
民用车辆拥有量	**Civil Motor Vehicles**	**466 354**	**538 378**	**582 678**
一、民用汽车	Civil Automobile	342 771	383 372	386 849
载客汽车	Passenger Vehicles	196 603	226 575	244 270
载货汽车	Freight Trucks	126 584	134 645	123 088
其他专用汽车	Other Speicial Motor Vehicles	10 389	11 478	9 304
特种汽车	Special-parpose Cars	9 195	10 674	10 187
二、轮胎式拖拉机	Wheel Tractor	20 450	20 455	8 721
#手扶拖拉机	Walking Tractor	18 401	18 440	8 586
三、摩托车	Motorcycle	98 707	130 236	183 251
#两轮摩托车	Bicycle Motor	93 046	96 576	178 659
四、其他机动车	Other Motor Vehicles	3 926	4 100	3 675
五、载货挂车	Trailer Trucks	500	215	182

第13篇

国内商业

Chapter 13

Domestic Trade

第十三篇　国内商业

1998年,上海商业企业不断深化改革,调整业态结构和网点布局,改善经营服务,大力促进市场销售。

消费品市场稳中趋旺。全年社会消费品零售总额1471.03亿元,比上年增长11%。其中,国有经济零售额590.92亿元,增长10.5%;集体经济零售额417.01亿元,增长8.3%;私营经济零售额59.48亿元,增长6.8%;联营经济零售额36.79亿元,增长15.6%。各类商品销售全面增长。全年社会消费品零售总额中,吃的商品零售额604.21亿元,比上年增长13.5 %;穿的商品197.44亿元,增长6.1%;用的商品659.24亿元,增长10.3%。

高档耐用消费品成为新的消费热点。家用电冰箱零售量比上年增长17.9%;家用洗衣机增长22.2%;彩色电视机增长24.1%,其中25吋及以上彩色电视机增长27.9%;摄像机增长39.8%;摩托车增长73.1%。

在将上海建设成为国际性的贸易中心城市之一的过程中,上海的国内贸易也在积极探索内引外联、工商联手之路。全年,上海社会商业从市外批发零售贸易企业购进商品总值211.11亿元,社会商业售给市外批发零售贸易企业的商品总值为251.87亿元。

连锁商业迅速发展,年末全市连锁商业网点达到2900家,其中,连锁超市门店1150家。

Chapter 13　Domestic Trade

The reform of domestic trade continued to deepen in 1998, featuring the readjustment of business structure and commerical outlet network, improvment of services and expanding market shares.

Trade volume grew steadily and the consumer market was thriving. Retail sales of consumer goods totaled 147.103 billion yuan in 1998, up 11% from the previous year. The state－owned enterprises reported a retail turnover of 59.092 billion yuan, up 10.5%; the collective enterprises recorded a 8.3% growth to 41.701 billion yuan; the private businesses posted a 6.8% increase to 5.948 billion yuan; and the joint ventures registered a rise of 15.6% to 3.679 billion yuan. The growth also covered all commodities. Of the total retail sales of consumer goods in the year, food items were 60.421 billion yuan, up 13.5%; clothing, 19.744 billion yuan, up 6.1%; and household necessities, 65.924 billion yuan, up 10.3%.

High－grade and durable consumer goods became new consumption hot points and all reported sales growth. The sales of household refrigerators went up by 17.9% over the previous year, washing machines by 22.2%, colour TV sets by 24.1% (the growth for the colour TV sets with a 25－inch or above screen was 27.9%), video camaras by 39.8% and motorcycles by 73.1%.

In the course of building Shanghai into an international trade centre, the domestic trade enterprises in the city are also active in forming alliances with their counterparts in and outside the city and with the industrial enterprises. In 1998, they bought 21.111 billion yuan worth of commodities from and sold 25.187 billion yuan worth of goods to the wholesale and retail businesses outside the city.

Development of chain－stores and chain－supermarkets was at a faster speed in 1998. At the end of 1998, Shanghai had a total of 2,900 chain commerical outlets, including 1,150 chain－supermarkets.

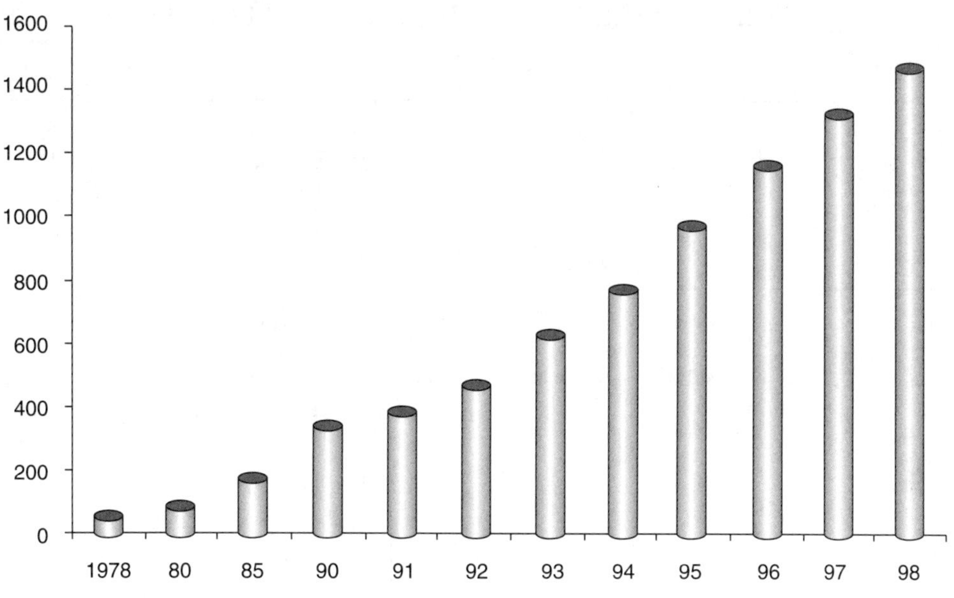
社会消费品零售总额 (亿元)
Retail Sales of Consumer Goods (100 000 000 yuan)
1600
1400
1200
1000
800
600
400
200
0
1978
80
85
90
91
92
93
94
95
96
97
98

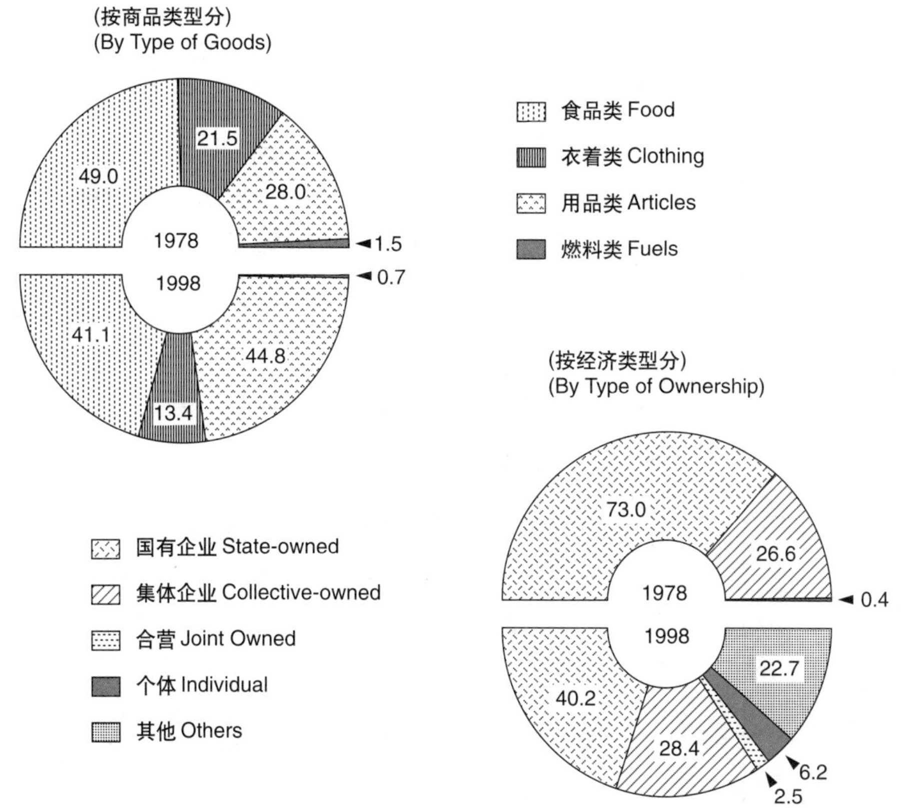
社会消费品零售总额构成 (%)
Composition of Retail Sales of Consumer Goods (%)
(按商品类型分)
(By Type of Goods)
1978
49.0
21.5
28.0
1.5
1998
0.7
41.1
13.4
44.8
食品类 Food
衣着类 Clothing
用品类 Articles
燃料类 Fuels
(按经济类型分)
(By Type of Ownership)
1978
73.0
26.6
0.4
1998
40.2
28.4
2.5
6.2
22.7
国有企业 State-owned
集体企业 Collective-owned
合营 Joint Owned
个体 Individual
其他 Others

13－1　各区、县零售商业、饮食业网点和从业人员

NUMBER OF OUTLETS AND EMPLOYMENT IN RETAIL SALES AND CATERING TRADE OF EACH DISTRICT AND COUNTY

(1998)

地　区 District		合　计 Total		零售商业 Retail Sales		饮食业 Catering	
		网　点 (个) Outlets	从业人员 (万人) Employment (10 000 persons)	网　点 (个) Outlets	从业人员 (万人) Employment (10 000 persons)	网　点 (个) Outlets	从业人员 (万人) Employment (10 000 persons)
总　计	**Total**	**168 426**	**97.29**	**141 897**	**72.89**	**26 529**	**24.40**
市　区	**Urban District**	**136 190**	**89.35**	**114 202**	**66.26**	**21 988**	**23.09**
黄浦区	Huangpu	5 468	10.00	4 479	7.78	989	2.22
南市区	Nanshi	7 686	5.41	6 465	4.05	1 221	1.36
卢湾区	Luwan	5 179	5.18	4 219	3.82	960	1.36
徐汇区	Xuhui	10 243	7.82	8 451	4.98	1 792	2.84
长宁区	Changning	7 627	5.66	6 371	3.71	1 256	1.95
静安区	Jing'an	5 733	5.67	4 834	3.95	899	1.72
普陀区	Putuo	8 468	5.28	7 269	4.05	1 199	1.23
闸北区	Zhabei	7 730	6.33	6 513	4.79	1 217	1.54
虹口区	Hongkou	8 922	6.51	7 437	5.15	1 485	1.36
杨浦区	Yangpu	9 243	6.48	7 594	4.95	1 649	1.53
浦东新区	Pudong New Area	16 148	9.77	13 616	7.10	2 532	2.67
闵行区	Minhang	9 062	3.72	7 688	2.89	1 374	0.83
宝山区	Baoshan	15 522	4.96	13 521	3.64	2 001	1.32
嘉定区	Jiading	3 836	2.17	3 123	1.88	713	0.29
金山区	Jinshan	7 177	2.12	5 776	1.68	1 401	0.44
松江区	Songjiang	8 146	2.27	6 846	1.84	1 300	0.43
县	**County**	**32 236**	**7.94**	**27 695**	**6.63**	**4 541**	**1.31**
南汇县	Nanhui	8 490	2.44	7 385	2.06	1 105	0.38
奉贤县	Fengxian	7 177	1.95	5 861	1.56	1 316	0.39
青浦县	Qingpu	8 339	1.85	7 049	1.52	1 290	0.33
崇明县	Chongming	8 230	1.70	7 400	1.49	830	0.21

13－2 批发贸易业网点和从业人员
OUTLETS AND EMPLOYMENT OF WHOLESALE BUSINESSES
(1998)

类别	Items	法人企业(个) Businesses	网点(个) Outlets	从业人员(人) Employment
总计	**Total**	**21 011**	**34 771**	**536 701**
一、按登记注册类型分	**Grouped by Registration Cootegories**			
内资企业	Domestic Investment Euterprises	20 060	33 434	515 901
国有	State-wned	4 714	6 386	249 508
集体	Collective-owned	10 226	13 299	185 626
私营	Private	2 861	3 238	32 515
个体	Individual		8 020	13 498
股份制公司	Share Holding	173	223	11 459
其它内资	Others	2 086	2 268	23 295
外商投资	Foreign Funded	648	886	15 098
港澳台商投资	Hong Kong, Macao and Taiwan Funded	303	451	5 702
二、按行业分	**By Sectors**			
食品、饮料、烟草和家庭用品批发商业	Food, Beverage, Tabacco and Family Use Goods	8 301	15 633	262 402
# 食品、饮料、烟草批发业	Food, Beverage and Tabacco	2 485	7 106	99 748
纺织品、服装和鞋帽批发业	Textile Products, Garments, Shoes and Hats	1 107	2 553	36 947
日用杂品批发业	Daily Use Goods Articles	301	525	6 888
五金、交电、化工批发业	Hardware, Electrical Appliance and Chemicals	3 213	4 227	68 263
能源、材料和机械电子设备批发业	Energy, Materials, Machine and Electric Equipment	10 889	15 896	244 874
# 化工材料批发业	Chemical Materials	939	1 032	23 443
建筑材料批发业	Building Materials	4 043	6 712	63 715
金属材料批发业	Ferrous Metals	1 720	2 146	32 646
机械、电子设备批发业	Machine and Electric Equipment	2 827	3 183	57 063
汽车、摩托车及零配件批发业	Spare and Component Parts for Automobiles, Motorcycles	789	965	15 942
其他批发业	Others	1 821	3 242	29 425
工艺美术品批发业	Handicaft Articles	225	319	2 920
图书报刊批发业	Books, Newspapers and Maganizes	120	173	3 398
农业生产资料批发业	Agricultural Production Means	334	901	6 657
其他类未包括的批发业	Others	1 142	1 849	16 450

13－3 零售贸易业网点和从业人员
OUTLETS AND EMPLOYMENT IN RETAIL SALES TRADE
(1998)

类别	Items	法人企业(个) Businesses	网点(个) Outlets	从业人员(人) Employment
总计	**Total**	**26 656**	**141 897**	**728 900**
一、按登记注册类型分	**Grouped by Registration Cootegories**			
内资企业	Domestic Investment Enterprises	26 054	140 653	693 886
国有	State-owned	5 322	10 049	224 791
集体	Collective-owned	15 891	28 121	267 953
私营	Private	2 982	3 679	32 660
个体	Individual		94 737	110 407
股份制公司	Share Holding	485	1 046	35 813
其他内资	Others	1 374	3 021	22 262
外商投资	Foreign Funded	392	855	23 009
港澳台商投资	Hong Kong, Macao and Taiwan Funded	210	389	12 005
二、按行业分	**By Sectors**			
# 食品、饮料和烟草零售业	Food, Beverage, and Tabacco	6 787	75 373	222 893
日用百货零售业	Daily Use Goods	4 146	19 574	159 225
纺织品、服装和鞋帽零售业	Textile, Garments, Shoes and Hats	2 182	14 821	71 842
日用杂品零售业	Daily Use Articles	721	3 712	16 306
五金、交电、化工零售业	Hardware, Electrical Appliance and Chemicals	7 716	15 278	144 902
药品及医疗器械零售业	Medicine and Medical Appliance	460	1 244	17 957
图书报刊零售业	Books, Newspapers and Magazines	264	1 477	7 433

13－4 饮食业网点和从业人员

NUMBER OF OUTLETS AND EMPLOYMENT IN CATERING TRADE

(1998)

地区 District		合计 Total		正餐 Main Meal		快餐 Fast Food		其他 Others	
		网点(个) Outlets	从业人员(人) Employment	网点(个) Outlets	从业人员(人) Employment	网点(个) Outlets	从业人员(人) Employment	网点(个) Outlets	从业人员(人) Employment
总计	**Total**	**26 529**	**244 043**	**9 749**	**172 965**	**1 879**	**21 972**	**14 901**	**49 106**
市区	**Urban District**	**21 988**	**230 927**	**8 366**	**164 280**	**1 534**	**20 795**	**12 088**	**45 852**
黄浦区	Huangpu	989	22 175	422	16 823	82	2 148	485	3 204
南市区	Nanshi	1 221	13 588	303	8 217	36	663	882	4 708
卢湾区	Luwan	960	13 560	330	9 297	83	977	547	3 286
徐汇区	Xuhui	1 792	28 444	571	20 831	161	3 457	1 060	4 156
长宁区	Changning	1 256	19 470	490	12 649	61	2 614	705	4 207
静安区	Jing'an	899	17 163	410	13 417	78	1 745	411	2 001
普陀区	Putuo	1 199	12 311	437	7 908	77	1 376	685	3 027
闸北区	Zhabei	1 217	15 449	361	10 216	114	1 098	742	4 135
虹口区	Hongkou	1 485	13 585	573	9 184	128	1 179	784	3 222
杨浦区	Yangpu	1 649	15 279	639	11 173	85	1 046	925	3 060
浦东新区	Pudong New Area	2 532	26 670	975	19 511	286	2 441	1 271	4 718
闵行区	Minhang	1 374	8 349	630	6 689	102	633	642	1 027
宝山区	Baoshan	2 001	13 218	685	9 983	118	715	1 198	2 520
嘉定区	Jiading	713	2 904	533	2 214	53	283	127	407
金山区	Jinshan	1 401	4 415	641	3 300	10	90	750	1 025
松江区	Songjiang	1 300	4 347	366	2 868	60	330	874	1 149
县	**County**	**4 541**	**13 116**	**1 383**	**8 685**	**345**	**1 177**	**2 813**	**3 254**
南汇县	Nanhui	1 105	3 761	342	2 491	96	401	667	869
奉贤县	Fengxian	1 316	3 928	428	2 803	126	324	762	801
青浦县	Qingpu	1 290	3 344	390	2 141	113	320	787	883
崇明县	Chongming	830	2 083	223	1 250	10	132	597	701

13－5 社会消费品零售总额
RETAIL SALES OF CONSUMER GOODS
(1978－1998)

单位：亿元 (100 million yuan)

年份 Year	社会消费品零售总额 Retail Sales of Consumer Goods	按经济类型分 By Type of Ownership				
		国有经济 State-owned	集体经济 Collective-owned	合营 Joint Owned	个体 Individual	其他 Others
1978	54.10	39.50	14.41		0.19	
1979	68.28	46.47	21.32		0.20	0.29
1980	80.43	54.01	25.31		0.24	0.87
1981	88.73	56.57	30.28	0.04	0.29	1.55
1982	89.80	56.48	31.39	0.03	0.32	1.58
1983	100.68	63.17	34.55	0.02	0.70	2.24
1984	123.72	75.63	43.80	0.02	1.68	2.59
1985	173.39	102.59	59.49	0.18	6.42	4.71
1986	196.84	111.73	69.06	0.67	8.47	6.91
1987	225.25	123.05	80.38	0.88	11.46	9.48
1988	295.83	161.65	103.84	1.72	14.56	14.06
1989	331.38	176.07	119.97	1.76	16.16	17.42
1990	333.86	179.37	115.59	2.05	16.17	20.68
1991	382.06	200.25	135.30	2.72	18.70	25.09
1992	464.82	247.68	157.56	5.75	22.88	30.95
1993	624.30	295.96	205.30	0.51	30.00	92.53
1994	770.74	326.94	256.16	0.64	47.04	139.96
1995	970.04	409.90	302.79	0.86	55.32	201.17
1996	1 161.30	454.28	350.15	30.10	67.04	259.73
1997	1 325.21	534.94	385.03	21.83	83.14	300.27
1998	1 471.03	590.92	417.01	36.79	91.88	334.43

单位：亿元 13－5 续表 continued (100 million yuan)

年份 Year	按销售地区分 By Regions		按行业分 By Sectors			
	市区零售额 Districts	县零售额 Counties	商业零售额 Commerce	饮食业零售额 Cotering Trade	工业零售额 Industry	其他行业零售额 Others
1978	41.42	12.68	47.55	2.39	1.65	2.51
1979	51.60	16.68	59.02	2.82	2.54	3.90
1980	61.08	19.35	70.28	3.41	4.24	2.50
1981	66.66	22.07	77.53	3.68	4.61	2.91
1982	67.49	22.31	77.31	3.76	5.44	3.29
1983	75.62	25.06	84.93	4.26	7.72	3.77
1984	93.71	30.01	103.27	4.90	10.60	4.95
1985	133.59	39.80	150.03	7.58	8.41	7.37
1986	149.64	47.20	170.12	9.54	8.79	8.39
1987	167.61	57.64	193.50	11.09	10.47	10.19
1988	227.12	68.71	254.99	14.48	11.90	14.46
1989	253.51	77.87	265.87	15.66	16.84	33.01
1990	265.83	68.03	265.67	17.08	15.15	35.96
1991	302.54	79.52	300.26	20.91	17.70	43.19
1992	361.64	103.18	362.03	25.92	20.25	56.62
1993	488.32	135.98	503.48	33.96	27.00	59.86
1994	606.98	163.76	630.36	40.93	30.25	69.20
1995	766.07	203.97	793.12	50.38	35.16	91.38
1996	925.68	235.62	943.82	75.16	36.81	105.51
1997	1 063.32	261.89	1 072.29	89.56	41.01	122.35
1998	1 185.61	285.42	1 190.05	92.52	41.95	146.51

13－6 主要消费品零售量
RETAIL SALES OF MAIN CONSUMER GOODS IN QUANTITY
(1990－1998)

年 份 Year	电饭锅 (万个) Electric Rice Cookers(10 000)	化妆品 (亿元) Cosmetics (100 million yuan)	摩托车 (万辆) Motorcycles (10 000)	彩色电视机 (万台) Color TV Sets (10 000)	录像机 (万台) Video Recorders (10 000)	家用空调器 (万台) Air-conditioners (10 000)	家用吸尘器 (万台) Vacuum Cleaners (10 000)
1990				23.04	37.51	1.12	
1991				26.67	38.98	2.34	
1992	62.25	2.16	2.22	26.25	26.24	4.59	6.80
1993	67.62	4.16	5.26	35.58	20.28	9.68	8.56
1994	129.36	5.29	7.19	34.33	14.14	19.48	8.27
1995	121.92	11.67	7.58	37.60	15.12	33.93	8.89
1996	90.18	10.32	7.05	36.12	9.12	39.11	7.19
1997	130.52	10.91	6.82	49.03	6.05	39.70	7.47
1998	212.67	12.46	11.80	60.87	4.31	40.87	7.03

13－6 续表 continued (10 000 tons)

年 份 Year	汽 车 (万辆) Automobiles (10 000)	金饰品 (亿元) Gold Ornaments (100 million yuan)	微波炉 (万台) Microwave Oven (10 000)	热水淋浴器 (万台) Water Heators (10 000)	电 脑 (台) Computer	脱排油烟机 (万台) Range Hoods (10 000)	钢 琴 (台) Piano
1992		13.60		14.04		8.63	
1993		21.38	6.47	24.42		11.96	
1994	3.45	16.17	16.50	24.66		11.59	
1995	4.62	24.51	23.19	28.38		17.36	
1996	3.84	23.95	29.63	26.18	3 903	15.59	1 904
1997	5.11	26.45	35.76	26.78	12 564	15.97	2 207
1998	5.11	27.16	34.94	21.72	17 279	16.85	3 660

13－7 社会商业商品购、销、存总额
PURCHASES, SALES AND INVENTORY OF COMMODITIES OF DOMESTIC TRADE
(1995－1998)

单位：亿元 (100 million yuan)

指 标	Indicators	1995	1996	1997	1998
一、商品购进总额	**Total Purchase of Commodities**	**1 515.46**	**1 867.84**	**2 064.88**	**2 297.98**
# 从生产者购进	Purchase from Producers	593.54	749.43	846.52	991.51
农副产品	Farm and Sideline Products	67.87	84.10	86.09	105.65
工业品	Industrial Products	525.67	665.33	760.43	885.86
从批发零售贸易业购进	Purchase from wholesalers and Retailers	866.42	1 078.70	1 171.28	1 269.07
市 内	In the City	641.77	865.86	932.94	1 057.95
市 外	Outside the City	224.65	212.84	238.34	211.11
二、商品销售总额	**Sales of Commodities**	**1 760.29**	**2 198.52**	**2 377.50**	**2 676.83**
零 售	Retail Sales	592.56	802.15	856.72	903.44
批发销售	Wholesale	1 167.73	1 396.37	1 520.78	1 773.39
售给生产经营用	Sales to Producers	260.87	300.51	301.68	274.02
售给批发零售贸易业	Sales to Retailers and Wholesalers	894.24	1 074.56	1 197.39	1 474.99
市 内	In the City	713.20	866.64	958.02	1 223.12
市 外	Outside the City	181.04	207.91	239.37	251.87
出 口	Export	12.62	21.29	21.71	24.38
三、期末库存总额	**Year-end Inventory**	**204.52**	**233.48**	**251.56**	**259.84**

13－8 主要年份社会商业主要工业品纯购进数量

PURE PURCHASE OF PRINCIPAL INDUSTRIAL PRODUCTS IN MAIN YEARS

品 名	Items	1978	1990	1997	1998
卷 烟(万箱)	Cigarettes(10 000 cases)	81.70	98.20	109.73	45.78
酒(万吨)	Liquor (10 000 tons)	7.48	26.75	62.58	16.89
棉花化纤混纺布(万米)	Cotton and Chemical Fibre Blended Fabric (10 000 m)		11 290	3 279	1 932
呢 绒(万米)	Wool Fabric (10 000 m)	2 231	1 539	985	603
绸 缎(万米)	Silk and Satins (10 000 m)	3 072	5 144	901	392
毛 线(吨)	Knitting Wool (ton)	5 980	3 826	6 795	5 103
各种服装(万件)	Garments (10 000 pieces)	2 738	4 240	4 029	5 892
皮 鞋(万双)	Leather Shoes (10 000 pairs)	892	2 001	1 144	805
洗衣粉(万吨)	Washing Powder (10 000 tons)	3.19	5.75	3.18	3.42
缝纫机(万架)	Sewing Machines (10 000)	156.71	78.33	8.46	3.67
自行车(万辆)	Bicycles (10 000)	300.64	317.55	56.81	26.62
电风扇(万台)	Electrical Fan (10 000)	24.75	108.84	30.43	23.33
电视机(万台)	TV Sets (10 000)	28.48	133.71	32.85	33.54
#彩色电视机(万台)	Color TV Sets (10 000)		26.70	28.56	17.68
录音机(万台)	Recorders (10 000)	5.16	36.49	14.82	12.69
录像机(万台)	Video Recorders (10 000)		3.91	0.99	0.45
照相机(万架)	Cameras (10 000)	8.66	20.75	6.52	5.22
电冰箱(万台)	Refrigerator (10 000)		19.06	50.02	37.91
洗衣机(万台)	Washing Machines (10 000)		29.17	32.02	30.27
家用空调器(万台)	Air Conditioner (10 000)		0.96	28.26	34.25
金饰品(亿元)	Gold Ornaments (100 million yuan)			13.70	16.76
书报杂志(亿元)	Books, Newspapers and Magazines (100 million yuan)		4.82	38.95	49.47
中 药(亿元)	Chinese Medicine (100 million yuan)		3.05	13.60	12.37
西 药(亿元)	Western Medicine (100 million yuan)		7.25	46.16	44.00
煤 油(万吨)	Kerosene (10 000 tons)		3.88	1.70	1.11
柴 油(万吨)	Diesel Oil (10 000 tons)		98.46	75.91	113.69

13－9　主要年份社会商业主要工业品从市外购进数量

PURCHASE FROM OUTSIDE CITY OF PRINCIPAL INDUSTRIAL PRODUCTS IN MAIN YEARS

品　名	Items	1990	1995	1997	1998
卷　烟(万箱)	Cigarettes (10 000 cases)	17.43	0.28	0.03	13.08
酒(万吨)	Liquor (10 000 tons)	10.42	3.13	50.82	3.34
棉花化纤混纺布(万米)	Cotton and Chemical Fibre Blended Fabric (10 000 m)	4 357	1 743.55	1 177	893
呢　绒(万米)	Wool Fabric (10 000 m)	738	240.93	346	217
绸　缎(万米)	Silk and Satins (10 000 m)	3 639	766.76	464	447
毛　线(吨)	Knitting Wool (ton)	976	2 414.20	5 582	2 852
各种服装(万件)	Garments (10 000 pieces)	1 082	425.25	586	686
皮　鞋(万双)	Leather Shoes (10 000 pairs)	708	287.28	209	93
洗衣粉(万吨)	Washing Powder (10 000 tons)	1.27	0.13	0.03	0.05
缝纫机(万架)	Sewing Machines (10 000)	6.22	0.36	0.53	0.29
自行车(万辆)	Bicycles (10 000)	29.58	7.73	7.29	6.20
电风扇(万台)	Electrical Fan (10 000)	16.07	2.21	3.24	4.15
电视机(万台)	TV Sets (10 000)	7.83	1.32	0.49	9.99
#彩色电视机(万台)	Color TV Sets (10 000)	6.12	1.17	0.46	9.93
录音机(万台)	Recorders (10 000)	5.40	10.33	1.15	4.52
录像机(万台)	Video Recorders (10 000)	14.06	0.18	0.07	…
照相机(万架)	Cameras (10 000)	2.03	1.35	0.84	4.03
电冰箱(万台)	Refrigerator (10 000)	1.81	2.61	4.30	6.77
洗衣机(万台)	Washing Machines (10 000)	1.27	2.60	9.42	14.26
家用空调器(万台)	Air-conditioner (10 000)	0.47	3.01	4.80	8.73
金饰品(万元)	Gold Ornaments (10 000 yuan)		43 411	3.04	2.27
书报杂志(万元)	Books, Newspapers and Magazines (10 000 yuan)		6 324	2.68	2.51
中　药(万元)	Chinese Medicine (10 000 yuan)		48 184	7.13	13.15
西　药(万元)	Western Medicine (10 000 yuan)		62 393	20.00	24.83
煤　油(吨)	Kerosene (ton)		4 070	4 436	1 673
柴　油(万吨)	Diesel Oil (10 000 tons)		2.55	44.14	132.22

13－10 主要年份社会商业主要工业品售给市外数量

SALES TO OUTSIDE CITY OF PRINCIPAL INDUSTRIAL PRODUCTS IN MAIN YEARS

品 名	Items	1978	1990	1997	1998
卷 烟(万箱)	Cigarettes (10 000 cases)	36.20	62.12	72.34	34.11
酒(万吨)	Liquor (10 000 tons)	0.34	0.31	0.31	0.58
棉花化纤混纺布(万米)	Cotton and Chemical Fibre Blended Fabric (10 000 m)		4 328	154.15	114.83
呢 绒(万米)	Wool Fabric (10 000 m)	1 934	427.11	111.09	33.15
绸 缎(万米)	Silk and Satins (10 000 m)	1 815	972.99	205.91	75.90
毛 线(吨)	Knitting Wool (ton)	2 950	1 575	5 362.90	2 968.9
各种服装(万件)	Garments (10 000 pieces)	503.73	594.14	189.80	356.59
皮 鞋(万双)	Leather Shoes (10 000 pairs)	50.82	319.15	76.01	24.91
洗衣粉(万吨)	Washing Powder (10 000 tons)	2.28	2.47	0.04	0.07
缝纫机(万架)	Sewing Machines (10 000)	140.89	56.08	5.37	2.5
自行车(万辆)	Bicycles (10 000)	275.08	270.82	34.92	5.89
电风扇(万台)	Electrical Fan (10 000)	15.67	40.47	0.48	0.49
电视机(万台)	TV Sets (10 000)	22.17	103.01	3.61	2.73
#彩色电视机(万台)	Color TV Sets (10 000)		18.34	3.09	2.69
录音机(万台)	Recorders (10 000)	4.32	15.69	0.23	0.87
照相机(万架)	Cameras (10 000)	8.82	12.88	0.40	0.42
电冰箱(万台)	Refrigerator (10 000)		7.38	2.88	0.83
洗衣机(万台)	Washing Machines (10 000)		12.66	5.70	2.39
家用空调器(万台)	Air-conditioner (10 000)		0.23	2.88	1.53
书报杂志(亿元)	Books, Newspapers and Magazines (100 million yuan)		4.36	15.62	22.48
中 药(亿元)	Chinese Medicine (100 million yuan)		1.42	2.20	2.67
西 药(亿元)	Western Medicine (100 million yuan)		5.31	17.88	13.82
煤 油(万吨)	Kerosene (10 000 tons)		21.88	0.24	0.03
柴 油(万吨)	Diesel Oil (10 000 tons)		157.20	124.40	118.92

13－11 主要年份社会商业主要农副产品纯购进数量
PURE PURCHASE OF PRINCIPAL FARM AND SIDELINE PRODUCTS IN MAIN YEARS

单位：万吨 (10 000 tons)

品 名	Items	从生产者购进 Purchase from Producers				
		1978	1990	1996	1997	1998
粮食(贸易粮)	Grain (for Trading)	41.45	57.84	85.04	81.99	77.10
食用植物油	Edible Vegetable Oil	4.39	4.79	5.33	7.67	3.01
猪和猪肉	Hogs and Pork	12.47	28.27	11.53	27.68	8.29
牛和牛肉	Oxes and Beef		0.29	0.18	1.23	1.31
家 禽	Poultries	0.77	2.26	1.58	11.14	10.10
鲜 蛋	Fresh Eggs	2.28	10.70	3.87	9.06	15.87
水产品	Aquatic Products	26.93	24.98	9.59	31.90	10.79
鲜 菜	Fresh Vegetable	145.45	117.78	69.53	62.46	55.96
茶 叶	Tea			0.09	0.09	0.08
棉 花	Cotton			0.35	0.48	0.45

单位：万吨 13－11 续表 continued (10 000 tons)

品 名	Items	从市外批发零售贸易购进 Purchase from Wholesalers and Retailers Outside City				
		1978	1990	1996	1997	1998
粮食(贸易粮)	Grain (for Trading)	135.80	137.10	118.61	69.10	56.58
食用植物油	Edible Vegetable Oil	3.87	10.11	6.38	11.70	11.89
猪和猪肉	Hogs and Pork	12.22	19.01	10.23	12.00	3.70
牛和牛肉	Oxes and Beef		1.26	0.54	0.50	0.45
家 禽	Poultries	0.79	1.04	1.63	1.08	7.73
鲜 蛋	Fresh Eggs	1.96	2.80	16.36	1.02	23.77
水产品	Aquatic Products	2.91	1.58	1.37	1.44	0.67
鲜 菜	Fresh Vegetable	7.00	5.40	31.44	40.73	49.94
茶 叶	Tea			0.03	0.28	0.20
棉 花	Cotton			1.72	0.90	0.77

13－12 批发零售贸易企业商品销售库存

COMMODITY IN VENTORY OF WHOLESALE AND RETAIL SALE ENTERPRISES

(1998)

单位：亿元 (100 million yuan)

项目	Items	商品总销售 Total Sales	# 零售额 Retail Sales	年末库存 Inventory (year-end)
合 计	**Total**	**2 676.83**	**903.44**	**259.84**
食品、饮料、烟酒类	Food, Beverage, Tabacco and Liquor	981.03	309.15	82.00
针、纺织品类	Knitwear	97.09	29.09	10.03
服装、鞋帽类	Garments, Shoes and Hats	223.74	106.50	13.92
化妆品类	Cosmetics	25.48	13.08	1.78
钟表、眼镜类	Clocks, Watches and Glasses	18.08	7.50	2.80
日用品类	Articles for Daily Use	86.72	51.22	10.25
五金、电工器具类	Hardware and Electrical Appliances	42.01	17.37	4.22
生活电器类	Household Appliances	148.91	61.19	10.07
音像器材类	Sound-video Equipment	49.33	32.23	5.36
自行车、摩托车类	Bicycles and Motorcycles	16.33	8.20	1.89
体育、娱乐用品类	Recreation and Sports Articles	24.06	5.62	8.14
文化、办公用品类	Culture and Office Articles	98.11	22.99	27.46
金银珠宝类	Jewelry	27.11	24.98	5.55
家具类	Furniture	7.21	4.94	0.42
中西药品类	Medicines	137.74	70.43	20.11
书报、杂志类	Book and Newspaper	86.11	20.09	14.43
汽车类	Automobiles	48.60	23.53	1.29
建筑材料类	Building Materials	56.26	21.05	5.09
木材类	Timber	13.73	3.04	0.53
化工材料及制品类	Chemical Materials and Products	53.68	1.62	4.02
黑色金属材料类	Ferrous Metal Materials	69.99	4.94	2.65
有色金属材料类	Nonferrous Metal Materials	24.24	0.86	0.63
机电设备及零件类	Mechanical and Electrical Instruments	21.29	2.65	5.49
煤炭及制品类	Coal and Coal Products	11.64	1.33	0.50
石油及制品类	Petroleum and Products	131.92	6.86	4.81
种子饲料类	Seeds and Forage	12.28	0.14	0.05
棉麻、土畜产品类	Cotton, Flas, Local and Animal Products	8.79	0.62	2.82
再生资源类	Reclaimed Source	10.50	0.46	0.51
其他类	Others	144.87	51.77	13.01

13－13　主要商业集团（公司）基本情况
BASIC FIGURES ABOUT MAJOR COMMERCIAL GROUPS (COMPANIES)
(1998)

名　称	Name	网　点（个）Outlets	从业人员（人）Emplogment	多种经营收入（亿元）Income from Diversified Operation (100 million yuan)
上海一百(集团)有限公司	Shanghai No 1 Department Store (Group) Co. Ltd.	177	16 595	127.15
华联(集团)有限公司	Hualian (Group) Co. Ltd.	880	19 825	121.01
上海友谊(集团)有限公司	Shanghai Friendship (Group) Co. Ltd	432	18 827	71.77
上海糖业烟酒(集团)有限公司	Shanghai Sugar, Tobacco and Wine (Group) Co. Ltd	140	6 896	65.48
上海豫园(集团)有限公司	Shanghai Yuyuan (Group) Co. Ltd	272	12 258	61.01
上海新世界控股(集团)公司	Shanghai New World Holding (Group) Company	182	9 757	51.33
上海石油(集团)有限公司	Shanghai Detroleum (Group) Co. Ltd.	285	3 543	50.41
上海淮海商业(集团)有限公司	Shanghai Huaihai Commercial (Group) Co. Ltd.	690	16 957	44.72
上海九百(集团)有限公司	Shanghai No 9 Department Store (Group) Co. Ltd	173	6 456	43.48
上海中山物贸(集团)有限公司	Shanghai Zhongshan Goods and Materials (Group) Co. Ltd	141	4 485	40.38
上海徐家汇商城(集团)股份有限公司	Shanghai Xujiahui Commercial City (Group) Stock-holding Co. Ltd	46	3 855	33.60
上海市食品(集团)公司	Shanghai Foodstuff (Group) Co. Ltd.	178	13 150	31.95
上海西门(集团)公司	Shanghai Ximen (Group) Co. Ltd.	335	6 157	25.77
上海开开(集团)有限公司	Shanghai Kaikai (Group) Co. Ltd	109	3 097	24.92
上海市蔬菜总公司	Shanghai Vegetables Corporation	60	5 000	22.23

13－14　主要超市公司基本情况
BASIC FIGURES ABOUT MAJOR SUPERMARKETS
(1998)

名　称	Name	网　点（个）Outlets	#本市直营店 Directly-operated Stores in the City	从业人员（人）Employment	销售额（万元）Sales Volume (10 000 yuan)
华联超市公司	Hualian Supermarket Company	400	124	6 443	326 761
联华超市公司	Lianhua Supermarket Company	358	167	9 295	422 158
#家乐福	Carrefour	4	4	2 764	97 440
农工商超市公司	Nonggongshang Supermarket Company	91	90	4 517	206 124
百佳超市公司	Park'N Shop Co.	21	21	1 159	22 738
阿霍德－中汇超市	Ahold-Zhonghui Supermarket	40	40	1 952	46 826
家家乐超市公司	Jiajiale Supermarket Company	33	33	994	17 655
东方超值连锁公司	Shanghai Orient Price Club Co. Ltd	31	31	2 119	55 782
八仙超市公司	Baxian Supermaket Company	12	12	754	14 355
为民超市公司	Weimin Supermarket Company	65	61	661	36 244
星地超市公司	Xingdi Supermarket Company	46	24	1 658	31 223
永昌超市公司	Yongchang Supermarket Company	13	13	511	13 992
锦江超市公司	Jinjiang Supermarket Company	31	14	415	11 026
捷强连锁公司	Jieqiang China Store Company	125	55	1 109	104 758
华润超市公司	Shanghai China Resources Supermarket Co. Ltd	21	21	484	8 207
广南超市公司	Guangnan Supermarket Company	21	21	433	8 103
恒大超市公司	Hengda Supermarket Company	15	11	268	7 529
麦德龙	Metro	4	2	1 530	236 229
易初莲花	Lotus	3	3	1 406	84 561
易买得	E-Mart	1	1	359	33 467

第14篇

能源

Chapter 14

Energy

第十四篇　能　　源

1998年，上海调进能源总计6223.48万吨标准煤（以下除实物品种外，均为标准量），比上年下降0.8%。在调进总计中，从外省市调进5484.03万吨，进口506.85万吨。调进的主要能源品种有煤炭4402.81万吨、原油996.64万吨、成品油416.37万吨、燃料油272.61万吨。全年调出能源1307.07万吨，比上年下降9.1%。其中调往外省市1233.37万吨，出口5963万吨。

1998年，上海能源生产3192.27万吨标准煤，比上年增长3.1%。为能源生产而投入的能源计4248.13万吨标准煤，投入产出效率75.2%，比上年提高近1个百分点。

1998年，上海能源终端消费量折合标准煤4874.11万吨，比上年增长2.4%。在能源终端消费量中，第一产业能源消费91.06万吨，增长0.6%。第二产业能源消费3527.19万吨，下降1.1%。其中，工业3452.96万吨，下降1.3%；建筑业74.23万吨，增长11.8%。第三产业能源消费828.84万吨，增长15.9%。其中，交通运输，仓储及邮电通信业459.91万吨，增长10.2%；批发和零售贸易业、餐饮业106.88万吨，增长28.3%。生活消费427.02万吨，增长11%。从能源最终消费构成来看，第一产业占1.9%，与上年持平；第二产业占72.4%，比上年减少2.5个百分点；第三产业占17%，比上年提高2个百分点；生活消费占8.7%，比上年提高0.5个百分点。分品种看，煤炭消费723.59万吨，增长3.6%；焦炭消费660.40万吨，增长1%；燃料油消费132.93万吨，下降0.1%；电力消费318.12亿千瓦时，增长2.7%。

能源使用效益有所提高，1998年工业万元产值综合能耗0.66吨，比上年下降7%。

Chapter 14　Energy

In 1998, Shanghai imported energy equivalent to 62.2348 million tons of standard coal (except for specific product, energy is calculated hereinafter in standard qualitities), 0.8 per cent less than the previous year. Of the total, 54.8403 million tons came from other provinces and 5.0685 million tons from abroad. Of the main imported energy products, coal amounted to 44.0281 million tons, crude oil 9.9664 million tons, finished oil 4.1637 million tons, and fuel oil 2.7261 million tons. In the year, the city exported energy equivalent to 13.0707 million tons, 9.1 per cent lower than the 1997 figure. Of the total export, 12.3337 million tons went to other provinces and 5.963 million tons shipped overseas.

In 1998, Shanghai's end－consumption of energy was equivalent to 48.7411 million tons of standard coal, up 2.4 per cent from the previous year. The primary industry consumed 910,600 tons, up 0.6 per cent and the secondary industry, 35.2719 million tons, down 1.1 per cent. Of the secondary industry, the consumption in industry stood at 34.5296 million tons, down 1.3 per cent and the building industry 742,300 tons, up 11.8 per cent. The services industry consumed 8.2884 million tons, up 15.9 per cent. In the service industry, transportation, storage and post and telecommunication sectors consumed 4.5991 million tons, up 10.2 per cent; wholesale and retail trade and the catering trade consumed 1.0688 million tons, up 28.3 per cent; and daily life, 4.2702 million tons, up 11 per cent. In terms of the structure of end－consumption, the primary industry accounted for 1.9 per cent, the same as in the previous year; the secondary industry accounted for 72.4 per cent, down 2.5 percentage points; the services industry accounted for 17 per cent, 2 percentage points higher; and daily life accounted for 8.7 per cent, up 0.5 per cent. In terms of product variety, coal consumption rose 3.6 per cent to 7.2359 million tons, coke consumption dropped 1 per cent to 6.604 million tons, fuel oil consumption fell 0.1 per cent to 1.3293 million tons, while electricity consumption went up 2.7 per cent to 31.812 billion kilowatt hours.

The energy consumption efficiency had been improved. In 1998, 10,000 yuan industrial output value consumed an average of 0.66 ton, 7 per cent less than the figure of the previous year.

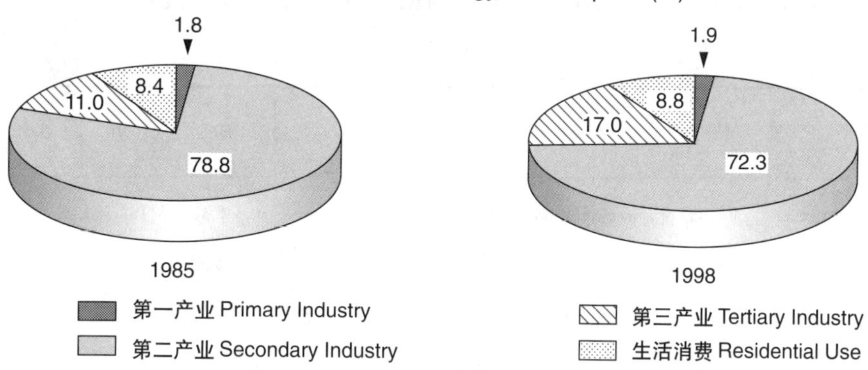
能源终端消费量构成 (%)
Composition of Final Energy Consumption (%)
1.8
8.4
11.0
78.8
1985
1.9
8.8
17.0
72.3
1998
第一产业 Primary Industry
第二产业 Secondary Industry
第三产业 Tertiary Industry
生活消费 Residential Use

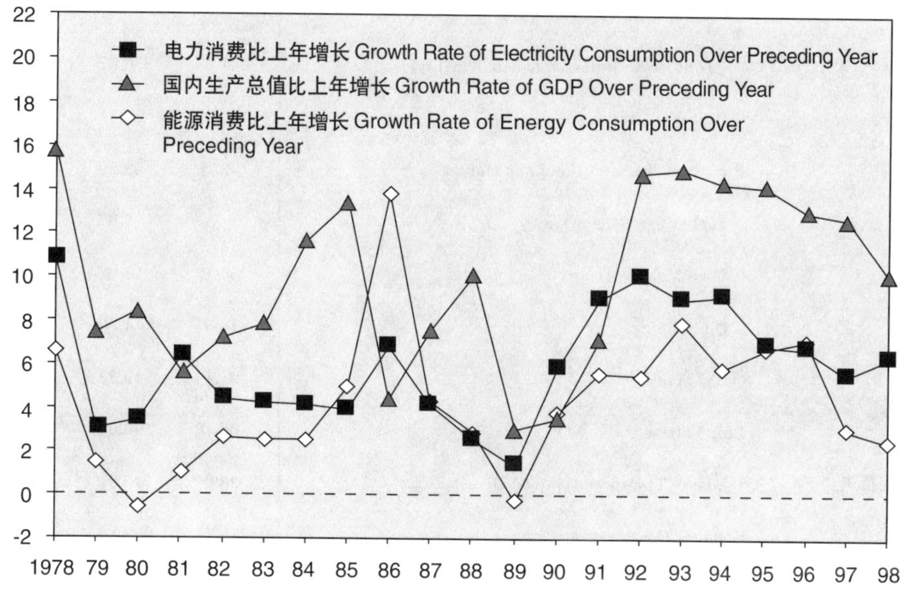
能源消费、电力消费与国内生产总值增长速度 (%)
电力消费比上年增长 Growth Rate of Electricity Consumption Over Preceding Year
国内生产总值比上年增长 Growth Rate of GDP Over Preceding Year
能源消费比上年增长 Growth Rate of Energy Consumption Over Preceding Year
22
20
18
16
14
12
10
8
6
4
2
0
-2
1978 79 80 81 82 83 84 85 86 87 88 89 90 91 92 93 94 95 96 97 98

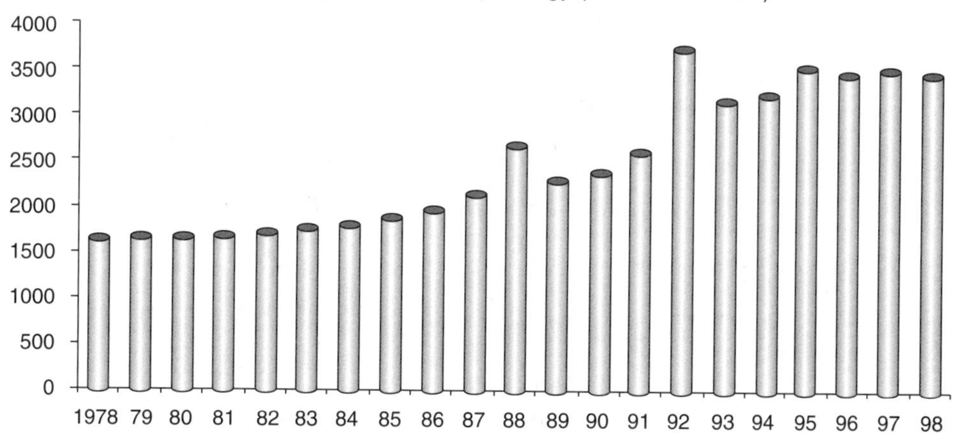
工业能源终端消费量 (万吨标准煤)
Final Consumption of Industry Energy (10 000 tons SCE)
4000
3500
3000
2500
2000
1500
1000
500
0
1978 79 80 81 82 83 84 85 86 87 88 89 90 91 92 93 94 95 96 97 98

14－1 主要年份能源平衡表（标准量）

BALANCE OF ENERGY IN MAIN YEARS (STANDARD EQUIVALENT)

单位:万吨标准煤 (10 000 tons SCE)

指 标	Indicators	1985	1990	1997	1998
一、可供本地区消费的能源量	Volume of Energy Available for Consumption in this Area	2 542.40	3 193.79	4 764.90	4 901.97
库存差	Storage Balance	14.27	41.63	-69.22	47.22
外省(市)调入量	Inflow from Other Provinces (Autonomons Regions and Municipalities)	3 272.36	4 186.21	5 850.56	5 483.03
进口量	Import	36.84	88.89	378.22	506.85
本市调出量	Outflow from This Provinces (Autonomous Region of Municipality)	631.38	936.67	1 383.96	1 331.34
出口量	Export	153.91	81.31	51.68	59.63
二、加工转换投入量	Processing Transfer Input and Output	70.29	52.20	117.53	108.22
# 火力发电	Fuel Power Generation		5.87	0.11	0.17
炼 焦	Coke Making	35.10	17.02	31.35	22.32
炼 油	Oil Refining	13.37	4.50	46.27	55.90
制 气	Gas Making	21.74	19.22	39.81	29.83
三、损失量	Loss Volume	66.48	40.04	135.59	157.76
# 运输和输配损失	Loss in Transportation and Distribution	36.06	40.04	135.59	157.76
四、终端消费量	End-user Consumption	2 416.44	3 098.82	4 505.74	4 608.13
第一产业	Primary Industry	43.91	58.49	90.53	91.06
第二产业	Secondary Industry	1 903.59	2 387.88	3 312.18	3 261.21
工 业	Industry	1 878.33	2 369.97	3 245.71	3 186.98
建筑业	Construction	25.26	17.91	66.42	74.23
第三产业	Tertiary Industry	266.99	403.47	715.31	828.84
# 交通运输、仓储及邮电通信业	Transportation, Storage, Post and Communications	201.70	276.29	417.32	459.91
批发和零售贸易业、餐饮业	Wholesale, Retail Sales and Catering Trade	17.05	53.41	83.30	106.88
生活消费	Living Consumption	201.95	248.98	387.72	427.02
城 镇	Townships	150.99	175.21	270.35	309.49
乡 村	Villages	50.96	73.77	117.37	117.53
五、平衡差额	Balance	-10.81	2.73	6.04	27.86

14－2 能源终端消费量(折合标准量)

FINAL CONSUMPTION OF ENERGY (STANDARD EQUIVALENT MEASUREMENT)

(1998)

单位：万吨标准煤 (10 000 tons SCE)

行业	Sectors	合计 Total	#原煤 Coal	#焦炭 Coke
总计	**Total**	**4 608.13**	**714.55**	**641.95**
生产消费	**Production Consumption**	**4 181.11**	**559.58**	**641.45**
第一产业	Primary Industry	91.06	8.66	
农、林、牧、渔业	Farming, Forestry, Animal Husbandry and Fishery	91.06	8.66	
第二产业	Secondary Industry	3 261.21	540.46	641.45
工业	Industry	3 186.98	533.05	641.45
建筑业	Construction	74.23	7.41	
第三产业	Tertiary Industry	828.84	10.46	
#交通运输、仓储及邮电通信业	Transportation, Storage, Post and Communications	459.91	8.84	
批发和零售贸易业、餐饮业	Wholesale, Retail Sales and Catering Trade	106.88	0.88	
生活消费	**Living Consumption**	**427.02**	**154.97**	**0.50**

单位：万吨标准煤　14－2 续表 1 continued　(10 000 tons SCE)

行业	Sectors	#燃料油 Fuel Oil	#汽油 Gasoline	#煤油 Kerosene
总计	**Total**	**335.47**	**151.90**	**82.16**
生产消费	**Production Consumption**	**335.47**	**134.70**	**81.88**
第一产业	Primary Industry		26.28	0.06
农、林、牧、渔业	Farming, Forestry, Animal Husbandry and Fishery		26.28	0.06
第二产业	Secondary Industry	186.12	32.74	1.59
工业	Industry	186.09	19.94	1.31
建筑业	Construction	0.03	12.80	0.28
第三产业	Tertiary Industry	149.35	75.68	80.23
#交通运输、仓储及邮电通信业	Transportation, Storage, Post and Communications	134.98	19.67	79.07
批发和零售贸易业、餐饮业	Wholesale, Retail Sales and Catering Trade	0.21	3.91	0.04
生活消费	**Living Consumption**		**17.20**	**0.28**

单位：万吨标准煤　14－2 续表 2 continued　(10 000 tons SCE)

行业	Sectors	#柴油 Diesel Oil	#其他石油制品 Other Petroleum Products	#电力 Electricity
总计	**Total**	**312.77**	**218.99**	**1 439.74**
生产消费	**Production Consumption**	**304.35**	**213.96**	**1 296.56**
第一产业	Primary Industry	26.75	0.68	28.30
农、林、牧、渔业	Farming, Forestry, Animal Husbandry and Fishery	26.75	0.68	28.30
第二产业	Secondary Industry	63.53	195.49	1 023.87
工业	Industry	35.20	193.46	1 001.20
建筑业	Construction	28.33	2.03	22.67
第三产业	Tertiary Industry	214.06	17.79	244.39
#交通运输、仓储及邮电通信业	Transportation, Storage, Post and Communications	187.31	6.52	23.25
批发和零售贸易业、餐饮业	Wholesale, Retail Sales and Catering Trade	14.22	3.12	65.81
生活消费	**Living Consumption**	**8.42**	**5.03**	**143.18**

14－3 能源终端消费量(实物量)

FINAL CONSUMPTION OF ENERGY (QUANTITY IN KIND)

(1998)

单位：万吨 (10 000 tons)

行 业	Sectors	原 煤 Coal	焦 炭 Coke	燃料油 Fuel Oil
总 计	**Total**	**969.98**	**660.91**	**239.64**
生产消费	**Production Consumption**	**759.62**	**660.40**	**239.64**
第一产业	Primary Industry	11.76		
农、林、牧、渔业	Farming, Forestry, Animal Husbandry and Fishery	11.76		
第二产业	Secondary Industry	733.68	660.40	132.95
工 业	Industry	723.59	660.40	132.93
建筑业	Construction	10.07		0.02
第三产业	Tertiary Industry	14.20		106.69
交通运输、仓储及邮电通信业	Transportation, Storage, Post and Communications	12.00		96.42
批发和零售贸易业、餐饮业	Wholesale, Retail Sales and Catering Trade	1.20		0.15
其 他	Others	1.00		10.12
生活消费	**Living Consumption**	**210.36**	**0.51**	

单位：万吨 14－3 续表 1 continued (10 000 tons)

行 业	Sectors	汽 油 Gassoline	煤 油 Kerosene	柴 油 Diesel Oil
总 计	**Total**	**103.24**	**55.84**	**214.65**
生产消费	**Production Consumption**	**91.55**	**55.65**	**208.87**
第一产业	Primary Industry	17.86	0.04	18.36
农、林、牧、渔业	Farming, Forestry, Animal Husbandry and Fishery	17.86	0.04	18.36
第二产业	Secondary Industry	22.25	1.08	43.60
工 业	Industry	13.55	0.89	24.16
建筑业	Construction	8.70	0.19	19.44
第三产业	Tertiary Industry	51.44	54.53	146.91
交通运输、仓储及邮电通信业	Transportation, Storage, Post and Communications	13.37	53.74	128.55
批发和零售贸易业、餐饮业	Wholesale, Retail Sales and Catering Trade	2.66	0.03	9.76
其 他	Others	35.41	0.76	8.60
生活消费	**Living Consumption**	**11.69**	**0.19**	**5.78**

单位：万吨 14－3 续表 2 continued (10 000 tons)

行 业	Sectors	其他石油制品 Other Petroleum Products	热 力 (万百万千焦) Thermopower (10 000 million K.J)	电 力 (亿千瓦・时) Electricity (100 million kwh)
总 计	**Total**	**161.22**	**3 880.56**	**457.46**
生产消费	**Production Consumption**	**157.52**	**3 782.46**	**411.97**
第一产业	Primary Industry	0.50		8.99
农、林、牧、渔业	Farming, Forestry, Animal Husbandry and Fishery	0.50		8.99
第二产业	Secondary Industry	143.92	3 720.18	325.32
工 业	Industry	142.42	3 720.18	318.12
建筑业	Construction	1.50		7.20
第三产业	Tertiary Industry	13.10	62.28	77.66
交通运输、仓储及邮电通信业	Transportation, Storage, Post and Communications	4.80		7.39
批发和零售贸易业、餐饮业	Wholesale, Retail Sales and Catering Trade	2.30		20.91
其 他	Others	6.00	62.28	49.36
生活消费	**Living Consumption**	**3.70**	**98.10**	**45.49**

14－4 主要年份平均每人生活用能源
AVERAGE PER CAPITA ANNUAL LIVING ENERGY CONSUMPTION IN MAIN YEARS

品　名	Items	1980	1990	1997	1998
生活消费能源总计(千克标准煤)	**Total (kg of SCE)**	**150.74**	**191.53**	**297.00**	**326.82**
煤炭(千克)	Coal(kg)	153.41	143.04	169.93	161.31
煤油(千克)	Kerosene (kg)		0.65	0.16	0.15
液化石油气(千克)	Liquefied Petroleum Gas (kg)	0.61	3.34	15.70	14.51
煤气(立方米)	Gas (cu.m)	28.61	45.08	85.18	85.03
电力(千瓦・时)	Electricity (kwh)	54.59	112.51	290.24	348.16

14－5 能源消费弹性系数
ELASTICITY COEFFICIENT OF ENERGY CONSUMPTION (1978－1998)

年　份 Year	能源消费比上年增长(%) Growth Rate of Energy Consumption Over Preceding Year	电力消费比上年增长(%) Growth Rate of Electricity Consumption Over Preceding Year	国内生产总值比上年增长(%) Growth Rate of GDP Over Preceding Year	能源消费弹性系数 Elasticity Coefficient of Energy Consumption	电力消费弹性系数 Elasticity Coefficient of Electricity Consumption
1978	6.6	10.8	15.8	0.42	0.68
1979	1.5	3.0	7.4	0.20	0.41
1980	-0.6	3.4	8.4		0.40
1981	1.0	6.4	5.6	0.18	1.14
1982	2.6	4.4	7.2	0.36	0.61
1983	2.5	4.2	7.8	0.32	0.54
1984	2.5	4.1	11.6	0.22	0.35
1985	4.9	3.9	13.4	0.37	0.29
1986	13.8	6.8	4.4	3.14	1.55
1987	4.3	4.1	7.5	0.57	0.55
1988	2.8	2.5	10.1	0.28	0.25
1989	-0.3	1.3	3.0		0.42
1990	3.7	5.8	3.5	1.06	1.66
1991	5.6	9.0	7.1	0.79	1.27
1992	5.5	10.0	14.8	0.37	0.68
1993	7.9	9.0	14.9	0.53	0.61
1994	5.8	9.1	14.3	0.41	0.64
1995	6.7	6.9	14.1	0.48	0.49
1996	7.1	6.7	13.0	0.55	0.52
1997	3.0	5.5	12.7	0.24	0.43
1998	2.4	6.3	10.1	0.24	0.62

第15篇
科学技术

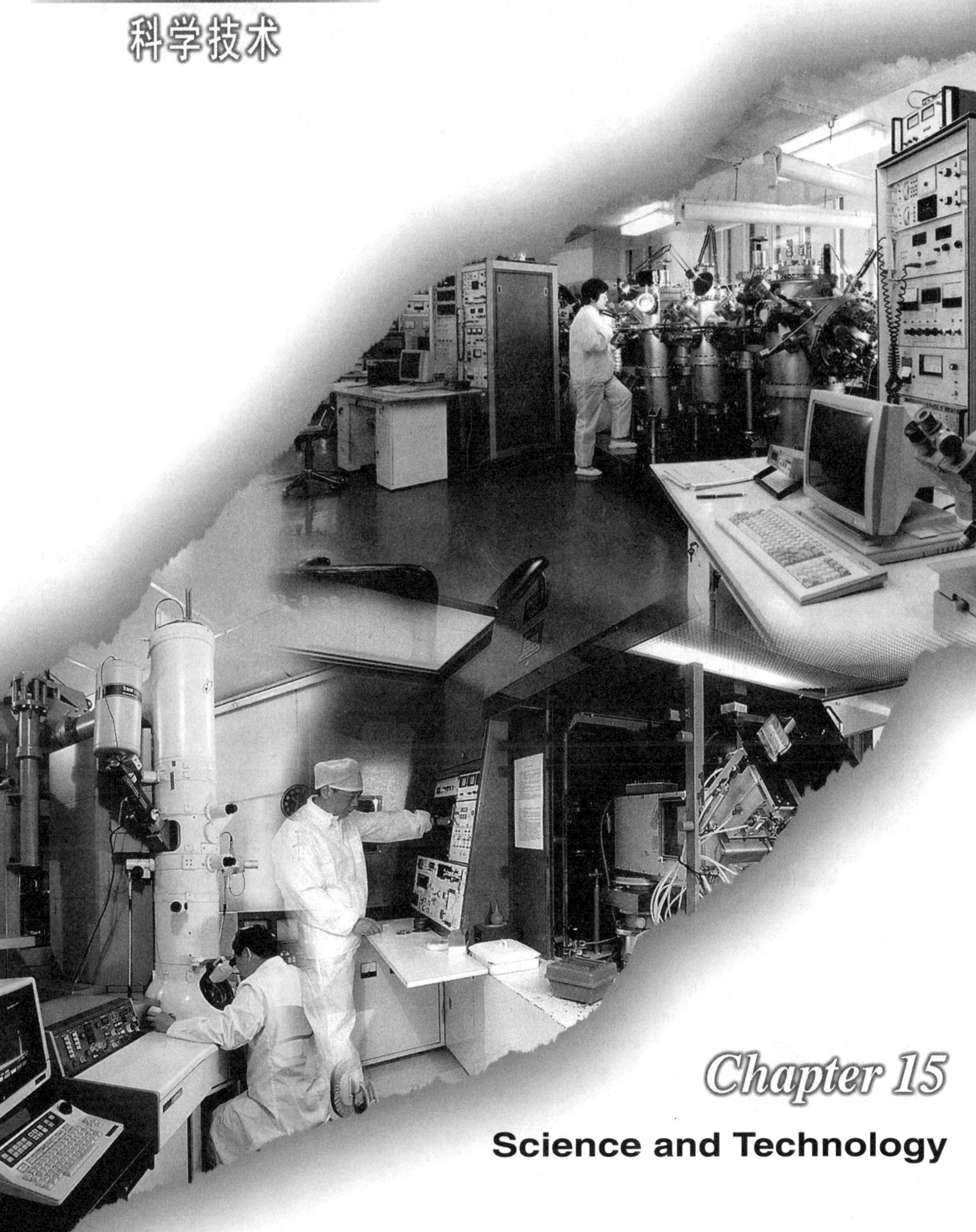

Chapter 15
Science and Technology

第十五篇　科学技术

1998年，上海全面实施科教兴市战略，以科技创新为主体、科技成果产业化为纽带，积极推进科技事业发展。全年用于研究与发展（R&D）经费支出相当于国内生产总值的1.51%。

至1998年末，全市拥有各类科技机构1022家。全市国有企事业单位拥有各类专业技术人员75.26万人。其中，工程技术人员占25.7%，农业技术人员占0.5 %，卫生技术人员占12%，科学研究人员占2.5%，教学人员占22.8%，经济人员占14.3%，财会人员占10.6%，统计人员占1.2%，其他各类技术人员占10.4%。全市平均每万人拥有各类专业技术人员686人。

1998年，全市共取得重大科技成果1305项，比上年增加112项。在重大科技成果中：属于国际领先的有30项，达到国际先进水平的有494项；属于国内领先的有539项，达到国内先进水平的有210项。全年共实施“星火”、“火炬”、“成果推广”三大产业化项目129项，总投资16.87亿元，新增产值128.48亿元。科技成果推广率达到77.6%。《上海市促进高新技术成果转化的若干规定》出台后，进一步推动了科研成果产业化。至1998年末，已有158项高新技术成果转化项目获得认定。

全年三种专利授权量达到2334项，比上年增加448 项。其中，发明专利97项，实用新型专利1219项，外观设计专利1018项。实用新型专利占据了专利授权量的大部分，这些实用专利的推广有助于推动上海经济增长方式的转变。

Chapter 15　　Science and Technology

In 1998, Shanghai comprehensively implemented the strategy of building the city through science and education and actively promoted the development of science and technology. Financial input into scientific research continued to increase. In the year, the city's research and development spending was equivalent to 1.51% of its total gross domestic product.

At the end of 1998, the city had 1,022 research institutions and a total of 752,600 professional and technical personnel working in its state－owned and collectively owned economic units. Of the total, engineering and technical personnel accounted for 25.7%, agricultural technical personnel, 0.5%; health technical personnel, 12%; scientific research personnel, 2.5%; educational personnel, 22.8%; economic personnel, 14.3%; financial and accounting personnel, 10.6%; statistical personnel, 1.2%; and the rest, 10.4%. For every 10,000 residents in Shanghai, there were 686 professional and technical personnel.

Shanghai reported 1,305 major scientific and technical achievements in 1998, 112 more than the previous year. Of the total, 30 were forerunners in the world, 494 were internationally advanced, 539 were forerunners in China, and 210 were nationally advanced. Scientific advances were closely integrated with economic development, and new and high technologies were encouraged to find industrial application. In 1998, the city also launched 129 special projects, involving a total investment of 1.687 billion yuan, to popularize and industrialize scientific achievements. These projects generated an added value of 12.848 billion yuan and their popularization ratio of scientific achievements reached 77.6%. The issuing of "Shanghai's Regulations on Promoting the Industrialization of Scientific Achievements" has futher boosted the city's efforts to industrialize its scientific achievements. By the end of 1998, 158 new and high－tech research results were put into production.

Increasingly more patent rights were granted in the year in the three areas of invention, being new and practical and exterior designing. In all, 2,334 such patent rights were granted, 448 items more than in the previous year. Of the total, 97 patent rights were granted for invention, 1,219 for being new and practical, and 1, 018 for exterior design. The fact that more patent rights were granted for being new and practical gave a direct impetus to the change in the mode of Shanghai's economic growth.

国有经济单位各类专业人员构成 (%)
Composition of Professional Personnel in State-owned Units (%)

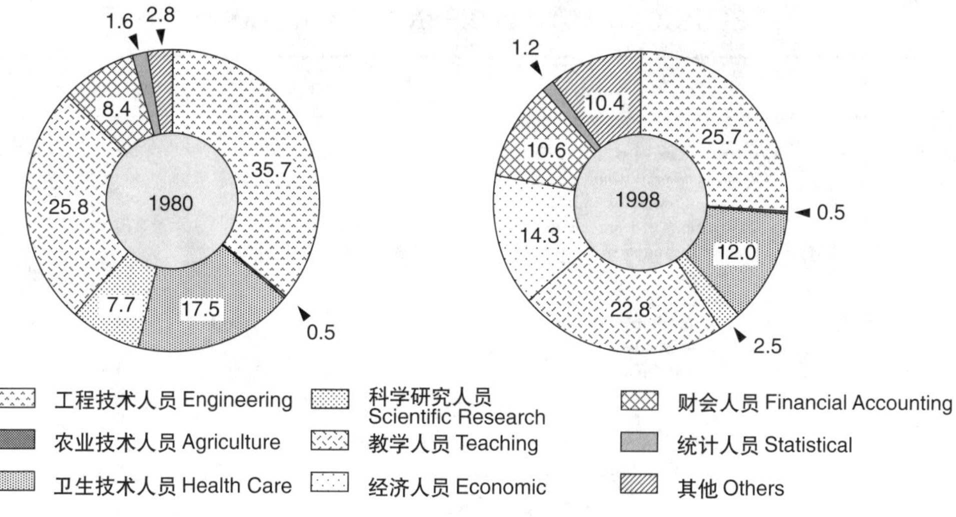

全市科技成果 (项)
Achievements in Scientific and Technical Research

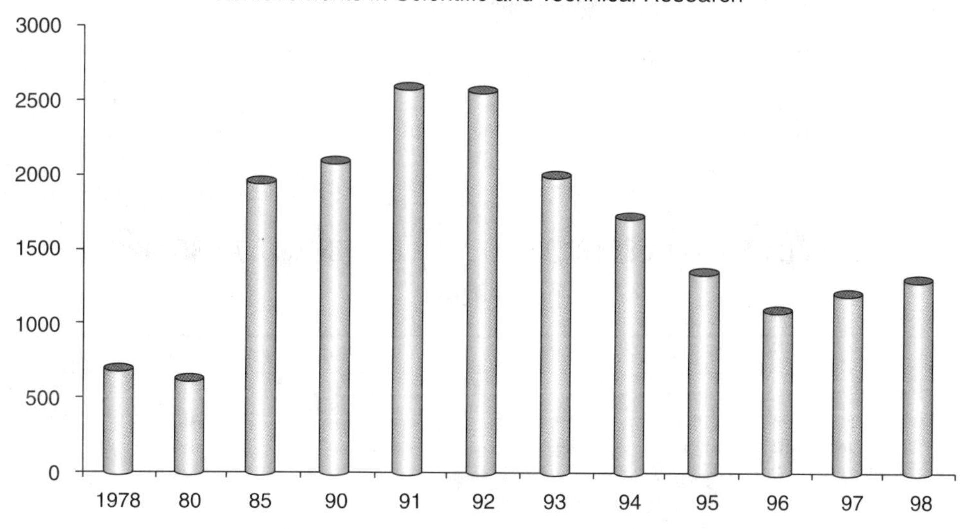

全市三种专利授权量构成 (%)
Composition of Three Types of Patent Applications Certified (%)

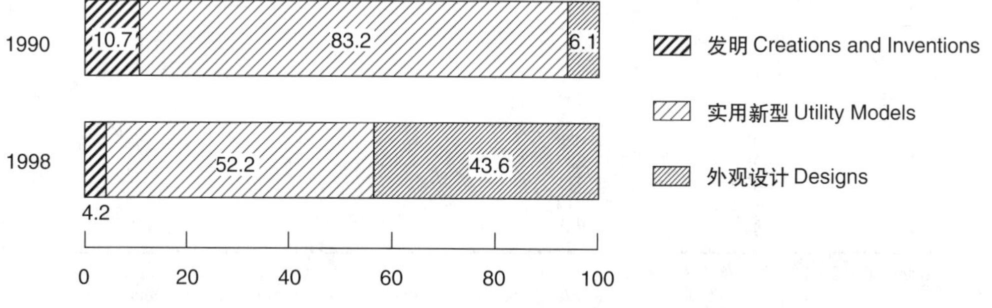

15－1 主要年份科技活动基本情况
BASIC STATISTICS FOR SCIENTIFIC AND TECHNICAL ACTIVITIES IN MAIN YEARS

指 标	Indicators	1990	1997	1998
科技机构数(个)	**Number of Scientific and Technical Research Institutions**	**1 053**	**1 133**	**1 022**
科研单位	Research Institutions	300	288	285
大中型工业企业	Large and Medium Industrial Enterprises	383	493	409
高等院校	Institutions of Higher Education	370	352	328
科技活动人员数(万人)	**Persons Engaged in Scientific and Technical Activities (10 000 persons)**	**21**	**18**	**19**
#科学家、工程师	Scientists and Engineers	12	13	12
科技活动经费收入总额(亿元)	**Funding for Scientific and Technical Research (100 million yuan)**	**32**	**154**	**140**
上级拨款	Government Allocation	8	24	26
自筹资金	Selp-raised Punds	14	91	78
银行贷款	Bank Loans	4	17	20
其他收入	Others	6	22	16
科技活动经费支出总额(亿元)	**Expenditures of Scientific and Technical Research Funds(100 million yuan)**	**29**	**141**	**124**
#劳务费	Service Fees	5	27	29
业务费	Professional Fees	9	39	40
管理费	Administration Fees	2	30	20
固定资产购建支出	Purchasing Fixed Assets	6	20	22
***研究与发展经费支出(亿元)**	**Research and Development Expenses (100 million yuan)**	**10.13**	**49.76**	**55.69**
***研究与发展经费支出相当于国内生产总值比例(%)**	**Proportion of Research and Development Expenses to GDP (%)**	**1.36**	**1.48**	**1.51**

注：*指标为全社会口径，其余指标均根据科技部、教育部和国家统计局科技统计年报综合汇总。

Note: The indicators with * mark cover the whole society. The rest is the collection based on the science and technology statistics yearbooks of the Science and Technology Commission, the Ministry of Education and State Statistics Bureau.

15－2 全市科技成果
ACHIEVEMENTS IN SCIENTIFIC AND TECHNICAL RESEARCH (1984－1998)

单位：项 (item)

年 份 Year	科技成果 Achievements in Science and Technology	按成果水平分 By Level of Achievements: #达到国际先进水平或属国际领先 Attaining Advanced World Levels or Being First Created in the World	按成果水平分 By Level of Achievements: 达到国内先进水平或属国内领先 Attaining Advanced Domestic Levels or Being First Created in China	按成果类别分 By Type of Achievements: #基础理论成果 Basic Theory Research Results	按成果类别分 By Type of Achievements: 应用技术成果 Application of Technology Achievements	按成果类别分 By Type of Achievements: 软科学成果 Soft Scientific Achievements
1984	1 585	167	479	102		
1985	1 957	253	1 439	125		
1986	2 123	400	1 388	87		
1987	1 955	427	1 521	20		
1988	2 062	446	1 616	29		
1989	1 855	423	1 405	24		
1990	2 092	465	1 597	44		
1991	2 588	640	1 483	36		324
1992	2 557	463	1 634	43		239
1993	1 995	401	1 212	62		206
1994	1 715	390	1 039	46		198
1995	1 350	332	802	31		155
1996	1 094	358	711	67		280
1997	1 193	442	719	118	978	97
1998	1 305	524	749	156	1 036	113

注：1991－1996年软科学成果为新技术及计算机软件的成果数。

Note: The data of soft scientific achievements from 1991 to 1996, refers achievements of new technology and computer software.

15－3 主要年份国有经济单位各类专业人员
SCIENTIFIC AND TECHNICAL PERSONNEL IN STATE-OWNED UNITS IN MAIN YEARS

单位：人 (person)

指 标	Indicators	1980	1990	1997	1998
总 计	**Total**	**330 770**	**861 568**	**778 341**	**752 611**
# 工程技术人员	Engineering	118 206	263 029	205 744	193 783
农业技术人员	Agriculture	1 815	3 740	3 672	3 437
卫生技术人员	Health Care	57 977	90 694	89 053	90 394
科学研究人员	Scientific Research	25 499	25 501	19 722	18 925
教学人员	Teaching	85 203	201 159	174 745	171 800
经济人员	Economic		140 679	113 963	107 459
财会人员	Financial Accounting	27 753	74 615	80 996	80 153
统计人员	Statistical	5 235	17 649	10 939	9 334
新闻出版、播音人员	Media and Publishing	1 866	5 450	5 914	5 950
翻译人员	Translator	1 373	4 140	2 508	2 420
艺术人员	Art Personnel	5 793	5 486	3 969	3 927
平均每万职工拥有专业技术人员数	**Scientific and Technical Personnel Per 10 000 Employees**	**940**	**2 169**	**2 658**	**2 905**

15－4 主要年份国有经济单位工程、卫生技术人员
ENGINEERING AND HEALTH TECHNICAL PERSONNEL IN STATE-OWNED UNITS IN MAIN YEARS

单位：人 (person)

类 别	Items	工程技术人员 Engineering			卫生技术人员 Health Care		
		1990	1997	1998	1990	1997	1998
总 计	**Total**	**263 029**	**205 744**	**193 783**	**90 694**	**89 053**	**90 394**
# 女 性	Female	65 638	47 856	44 387	66 031	64 542	64 940
一、按专业技术职务分	**By Professional Titles**						
高 级	Senior	20 471	25 728	23 904	3 838	5 642	5 801
中 级	Medium	79 592	76 337	72 628	14 728	19 370	19 389
初 级	Junior	131 460	93 969	88 182	67 192	61 084	62 298
未 聘	Not Appointed	31 506	9 710	9 069	4 936	2 957	2 906
二、按学历分	**By Education Background**						
高等院校	Higher Education	169 494	141 631	136 039	28 017	30 380	31 537
中等专业	Specialized Secondary School	60 705	45 864	41 945	54 419	53 383	54 072
高中及以下	Senior Middle School and Below	32 830	18 249	15 799	8 258	5 290	4 785
三、按年龄分	**By Age**						
30岁及以下	30 Years Old and below	83 012	54 810	53 157	27 323	32 118	33 238
31－40岁	31－40	44 388	56 228	54 210	30 090	17 368	18 070
41－50岁	41－50	79 856	47 736	44 273	20 958	28 247	28 804
51－60岁	51－60	54 846	45 202	40 900	11 895	10 575	9 721
61岁及以上	61 Years Old and above	927	1 768	1 243	428	745	561

15－5 主要年份国有经济单位科学研究、教学人员
SCIENTIFIC RESEARCH AND TEACHING PERSONNEL IN STATE-OWNED UNITS IN MAIN YEARS

单位：人 (person)

类 别	Items	科学研究人员 Scientifical Research			教学人员 Teaching		
		1990	1997	1998	1990	1997	1998
总 计	**Total**	**25 501**	**19 722**	**18 925**	**201 159**	**174 745**	**171 800**
#女 性	Female	7 695	6 301	6 206	107 673	99 587	98 809
一、按专业技术职务分	**By Professional Titles**						
高 级	Senior	5 100	6 438	6 083	13 410	19 856	19 577
中 级	Medium	10 940	8 588	8 268	56 603	77 487	78 358
初 级	Junior	7 542	4 184	4 139	106 982	69 793	69 863
未 聘	Not Appointed	1 919	512	435	24 164	7 609	4 002
二、按学历分	**By Education Background**						
高等院校	Higher Education	19 567	15 647	15 196	102 017	98 366	101 658
中等专业	Specialized Secondary School	3 265	2 403	2 190	66 516	61 483	57 852
高中及以下	Senior Middle School and Below	2 669	1 672	1 539	32 626	14 896	12 290
三、按年龄分	**By Age**						
30岁及以下	30 Years Old and Below	6 478	3 837	3 764	56 478	54 032	54 762
31－40岁	31－40	4 862	4 261	4 268	32 471	31 005	32 669
41－50岁	41－50	7 369	4 732	4 870	72 108	41 392	37 717
51－60岁	51－60	6 485	6 330	5 563	39 037	46 182	44 949
61岁及以上	61 Years Old and Above	307	562	460	1 065	2 134	1 703

15－6 主要年份国有经济单位经济、财会人员
ECONOMIC AND FINANCIAL ACCOUNTING PERSONNEL IN STATE-OWNED UNITS IN MAIN YEARS

单位：人 (person)

类 别	Items	经济人员 Economic Personnel			财会人员 Financial Accounting		
		1990	1997	1998	1990	1997	1998
总 计	**Total**	**140 679**	**113 963**	**107 459**	**74 615**	**80 996**	**80 153**
#女 性	Female	35 130	32 550	30 166	47 186	53 795	52 587
一、按专业技术职务分	**By Professional Titles**						
高 级	Senior	1 009	2 665	2 806	410	774	807
中 级	Medium	21 411	30 961	30 038	8 345	14 123	14 622
初 级	Junior	96 129	71 254	66 718	52 229	61 250	60 344
未 聘	Not Appointed	22 130	9 083	7 897	13 631	4 849	4 380
二、按学历分	**By Education Background**						
高等院校	Higher Education	41 809	47 292	49 119	17 909	25 341	27 274
中等专业	Specialized Secondary School	35 790	32 408	30 095	32 296	36 579	35 819
高中及以下	Senior Middle School and Below	63 080	34 263	28 245	24 410	19 076	17 060
三、按年龄分	**By Age**						
30岁及以下	30 Years Old and Below	22 497	17 664	17 269	25 491	25 214	24 135
31－40岁	31－40	40 215	24 190	22 077	22 070	24 557	24 280
41－50岁	41－50	46 868	50 381	46 609	20 596	23 658	24 321
51－60岁	51－60	30 617	21 246	21 239	6 249	7 478	7 368
61岁及以上	61 Years Old and Above	482	482	265	209	89	49

15－7 主要年份国有经济单位统计、新闻出版及播音人员

STATISTICAL, JOURNALISM, PUBLISHING AND ANNOUNCER PERSONNEL IN STATE-OWNED UNITS IN MAIN YEARS

单位：人 (person)

类别	Items	统计人员 Statistical Personnel			新闻出版、播音人员 Journalism, Publishing and Announcer Personnel		
		1990	1997	1998	1990	1997	1998
总计	**Total**	**17 649**	**10 939**	**9 334**	**5 450**	**5 914**	**5 950**
#女性	Female	12 525	7 816	6 518	1 526	2 034	2 072
一、按专业技术职务分	**By Professional Titles**						
高级	Senior	43	75	73	674	1 024	1 047
中级	Medium	1 384	2 080	1 961	2 041	2 844	2 923
初级	Junior	14 389	8 387	6 981	1 872	1 827	1 808
未聘	Not Appointed	1 833	397	319	863	219	172
二、按学历分	**By Education Background**						
高等院校	Higher Education	3 605	2 643	2 479	4 154	4 829	4 927
中等专业	Specialized Secondary School	7 632	4 955	4 218	406	432	402
高中及以下	Senior Middle School and below	6 412	3 341	2 637	890	653	621
三、按年龄分	**By Age**						
30岁及以下	30 Years Old and below	2 888	1 204	947	1 104	976	1 024
31－40岁	31－40	6 570	3 429	2 855	1 671	1 522	1 475
41－50岁	41－50	6 410	5 121	4 396	1 625	2 167	2 135
51－60岁	51－60	1 758	1 176	1 129	972	1 180	1 268
61岁及以上	61 Years Old and above	23	9	7	78	69	48

15－8 主要年份国有经济单位翻译、艺术人员

TRANSLATORS AND ART PERSONNEL IN STATE-OWNED UNITS IN MAIN YEARS

单位：人 (person)

分类	Items	翻译人员 Translators			艺术人员 Art Personnel		
		1990	1997	1998	1990	1997	1998
总计	**Total**	**4 140**	**2 508**	**2 420**	**5 486**	**3 969**	**3 927**
#女性	Female	1 488	1 010	963	1 602	1 098	1 095
一、按专业技术职务分	**By Professional Titles**						
高级	Senior	171	217	220	1 191	1 132	1 044
中级	Medium	1 575	1 323	1 290	2 224	1 743	1 772
初级	Junior	1 373	689	714	1 148	859	903
未聘	Not Appointed	1 021	279	196	923	235	208
二、按学历分	**By Education Background**						
高等院校	Higher Education	3 708	2 331	2 218	1 679	1 469	1 470
中等专业	Specialized Secondary School	80	63	74	1 993	1 348	1 384
高中及以下	Senior Middle School and below	352	114	128	1 814	1 152	1 073
三、按年龄分	**By Age**						
30岁及以下	30 Years Old and below	927	532	522	910	587	633
31－40岁	31－40	1 904	609	489	1 353	935	835
41－50岁	41－50	946	907	971	2 103	1 361	1 381
51－60岁	51－60	350	454	434	1 056	1 027	1 041
61岁及以上	61 Years Old and above	13	6	4	64	59	37

15－9 国有经济单位各类专业人员
PROFESSIONAL PERSONNEL IN STATE-OWNED UNITS BY LEVEL AND TYPE
(1998年底)(YEAR-END OF 1998)

单位：人 (person)

类别	Items	合计 Total	#女 Female	按专业技术职务分 By Professional Titles 高级 Senior	中级 Medium	初级 Junior	未聘 Not Appointed
总计	**Total**	**752 611**	**326 582**	**65 429**	**259 399**	**395 961**	**31 822**
#工程技术人员	Engineering	193 783	44 387	23 904	72 628	88 182	9 069
农业技术人员	Agriculture	3 437	643	194	1 168	1 981	94
卫生技术人员	Health Care	90 394	64 940	5 801	19 389	62 298	2 906
科学研究人员	Scientific Research	18 925	6 206	6 083	8 268	4 139	435
教学人员	Teaching	171 800	98 809	19 577	78 358	69 863	4 002
经济人员	Economic	107 459	30 166	2 806	30 038	66 718	7 897
财会人员	Financial Accounting	80 153	52 587	807	14 622	60 344	4 380
统计人员	Statistical	9 334	6 518	73	1 961	6 981	319
新闻出版、播音人员	Media, Publishing and Announcer	5 950	2 072	1 047	2 923	1 808	172
翻译人员	Translator	2 420	963	220	1 290	714	196
艺术人员	Culture and Art	3 927	1 095	1 044	1 772	903	208

单位：人 15－9 续表 continued (person)

类别	Items	按学历分 By Education Background 高等院校 Higher Education	中等专业 Specialize Secondary	高中及以下 Senior Middle School	按年龄分 By Age 45岁及以下 45 and below	46－60岁 46－60	61岁及以上 61 and above
总计	**Total**	**405 780**	**244 014**	**102 817**	**489 118**	**258 881**	**4 612**
#工程技术人员	Engineering	136 039	41 945	15 799	128 462	64 078	1 243
农业技术人员	Agriculture	1 580	1 407	450	2 338	1 085	14
卫生技术人员	Health Care	31 537	54 072	4 785	70 748	19 085	561
科学研究人员	Scientific Research	15 196	2 190	1 539	10 603	7 862	460
教学人员	Teaching	101 658	57 852	12 290	102 952	67 145	1 703
经济人员	Economic	49 119	30 095	28 245	61 160	46 034	265
财会人员	Financial Accounting	27 274	35 819	17 060	63 057	17 047	49
统计人员	Statistical	2 479	4 218	2 637	6 265	3 062	7
新闻出版、播音人员	Media, Publishing and Announcer	4 927	402	621	3 599	2 303	48
翻译人员	Translator	2 218	74	128	1 634	782	4
艺术人员	Culture and Art	1 470	1 384	1 073	2 316	1 574	37

15－10 其他经济单位各类专业人员

PROFESSIONAL PERSONNEL IN OTHER ECONOMIC UNITS BY LEVEL AND TYPE

(1998年底)(YEAR-END OF 1998)

单位：人 (person)

类 别	Items	合 计 Total	#女 Female	按专业技术职务分 By Professional Titles			
				高 级 Senior	中 级 Medium	初 级 Junior	未 聘 Not Appointed
总 计	**Total**	**143 685**	**53 407**	**3 013**	**32 319**	**97 969**	**10 384**
工程技术人员	Engineering	43 980	7 883	2 007	14 251	24 417	3 305
农业技术人员	Agriculture	3 318	428	3	799	2 290	226
卫生技术人员	Health Care	20 797	13 826	289	2 790	16 888	830
科学研究人员	Scientific Research	61	16	12	25	14	10
教学人员	Teaching	1 111	615	38	385	491	197
经济人员	Economic	27 830	6 500	312	6 469	18 268	2 781
财会人员	Financial Accounting	30 411	17 527	118	3 984	25 132	1 177
统计人员	Statistical	3 254	1 957	5	450	2 487	312
其他专业人员	Others	12 923	4 655	229	3 166	7 982	1 546

单位：人 15－10 续表 continued (person)

类 别	Items	按学历分 By Education Background			按年龄分 By Age		
		高等院校 Higher Education	中等专业 Specialize Secondary	高中及以下 Senior Middle School	45岁及以下 45 and below	46－60岁 46－60	61岁及以上 61 and above
总 计	**Total**	**50 951**	**44 318**	**48 416**	**96 899**	**46 173**	**613**
工程技术人员	Engineering	25 981	8 185	9 814	31 239	12 465	276
农业技术人员	Agriculture	341	1 050	1 927	1 902	1 389	27
卫生技术人员	Health Care	4 263	12 673	3 861	15 176	5 600	21
科学研究人员	Scientific Research	58	3		51	6	4
教学人员	Teaching	613	225	273	748	363	
经济人员	Economic	9 032	6 971	11 827	15 842	11 898	90
财会人员	Financial Accounting	5 491	11 198	13 722	21 507	8 779	125
统计人员	Statistical	571	1 296	1 387	2 233	1 013	8
其他专业人员	Others	4 601	2 717	5 605	8 201	4 660	62

注：本表包括集体事业单位、乡镇企业单位和外商投资企业单位人数。
Note: This table include collective-owned units, township units and foreign-funded enterprises.

15－11 主要年份全市三种专利申请量
THREE TYPES OF PATENT APPLICATIONS IN MAIN YEARS

单位：件 (item)

指 标	Indicators	1990	1996	1997	1998
总 计	**Total**	**1 526**	**3 154**	**3 119**	**3 419**
一、按种类分	**By Sort**				
发 明	Creations and Inventions	297	396	483	573
实用新型	Utility Models	1 049	1 773	1 670	1 724
外观设计	Designs	180	985	966	1 122
二、按对象分	**By Applicant**				
非职务发明创造	Non-position Creatinons and Inventions	846	1 605	1 532	1 616
职务发明创造	Position Creations and Inventions	680	1 549	1 587	1 803
大专院校	Universities and Colleges	87	64	98	120
科研单位	Research Institutions	153	153	193	230
工矿企业	Industrial Enterprises	354	1 303	1 281	1 441
机关团体	Government Agencies and Organizations	86	29	15	12

15－12 主要年份全市三种专利授权量
THREE TYPES OF PATENT APPLICATIONS CERTIFIED IN MAIN YEARS

单位：件 (item)

指 标	Indicators	1990	1996	1997	1998
总 计	**Total**	**924**	**1 610**	**1 886**	**2 334**
一、按种类分	**By Sort**				
发 明	Creations and Inventions	99	74	88	97
实用新型	Utility Models	769	1 024	1 025	1 219
外观设计	Designs	56	512	773	1 018
二、按对象分	**By Applicant**				
非职务发明创造	Non-position Creations and Inventions	502	794	828	998
职务发明创造	Position Creations and Inventions	422	816	1 058	1 336
大专院校	Universities and Colleges	81	34	42	54
科研单位	Research Institutions	145	75	65	109
工矿企业	Industrial Enterprises	156	526	915	1 154
机关团体	Government Agencies and Organizations	40	181	36	19

15－13 自然科学研究与技术开发机构课题情况

PROJECTS OF NATURAL SCIENCE RESEARCH AND TECHNOLOGY DEVELOPMENT ORGANIZATIONS

(1998)

类别	Items	机构数(个) Number of Organizations	课题数(项) Projects (item)	投入经费(万元) Funds Invested (10 000 yuan)	投入人力(人年) Labor Force (person-year)	#科学家和工程师 Scientists Engineers	#技术员 Technicians
总 计	**Total**	**230**	**5 554**	**122 513**	**16 713**	**13 466**	**2 508**
一、按学科领域分	**By the Domain of Subject**						
自然科学	Natural Science	20	1 134	20 652	2 792	2 562	125
农业科学	Agriculture Science	21	324	2 274	693	536	151
医学科学	Medical Science	19	559	5 533	1 127	917	198
工程科学与技术	Engineering Science and Technology	165	3 514	93 971	12 017	9 402	2 022
社会与人文科学	Social Science and Humanities	5	23	83	84	49	12
二、按事业费管理类型分	**By Type of Management of Operating Expenses**						
技术开发	Technical Development	145	2 949	69 342	8 742	6 642	1 613
基础研究	Basic Research	9	301	4 320	677	639	37
社会公益	Social Public Welfare	50	1 072	7 966	2 208	1 738	441
多种类型	Varied Sorts	19	1 202	39 237	4 552	3 956	379
其 他	Others	7	30	1 648	534	491	38
三、按国民经济行业分	**By Sector of National Economic**						
农、林、牧、渔业	Farming, Forestry, Animal Husbandry and Fishery	14	247	1 521	510	395	111
采掘业	Excavation	1	18	201	79	79	
制造业	Manufacturing	110	1 923	43 175	5 119	3 799	1 057
电力、煤气及水的生产和供应业	Electric Power, Gas and Water Production and Supply	2	31	572	124	113	10
建筑业	Construction	6	199	1 020	368	272	96
地质、勘查业、水利管理业	Geological Prospecting and Water Conservancy	4	12	124	102	89	13
交通运输、仓储及邮电通信业	Transportation, Storage, Post and Telecommunications	11	404	10 010	1 308	970	152
社会服务业	Social Services	6	178	3 518	434	355	77
卫生、体育和社会福利业	Health Care, Sports and Social Welfare	16	426	3 280	737	576	136
教育、文化艺术及广播电影电视业	Education, Culture, Art, Radio, Film and Television	3	10	108	26	17	9
科学研究和综合技术服务业	Scientific Research and Polytechnical Services	52	2 033	58 231	7 687	6 619	810
其 他	Others	5	73	754	219	182	37

15－14　自然科学研究与技术开发机构论文与著作情况
PAPERS AND WORKS OF NATURAL SCIENCE RESEARCH AND TECHNOLOGY DEVELOPMENT ORGANIZATIONS
(1998)

类　别	Items	论　文 (篇) Papers	#国外发表 Published Abroad	科技著作 (种) Scientific and Technological Works(sort)
总　计	**Total**	**5 280**	**1 128**	**83**
一、按学科领域分	**By the Domain of Subject**			
自然科学	Natural Science	1 883	620	22
农业科学	Agriculture Science	280	13	3
医学科学	Medical Science	800	92	19
工程科学与技术	Engineering Science and Technology	2 300	396	39
社会与人文科学	Social Science and Humanities	17	7	
二、按事业费管理类型分	**By Type of Management of Operating Expenses**			
技术开发	Technical Development	1 375	51	28
基础研究	Basic Research	561	142	7
社会公益	Social Public Welfare	1 027	71	28
多种类型	Varied Sorts	2 300	860	19
其　他	Others	17	4	1
三、按国民经济行业分	**By Sector of National Economic**			
农、林、牧、渔业	Farming, Forestry, Animal Husbandry and Fishery	246	14	2
采掘业	Excavation	106	1	
制造业	Manufacturing	903	48	18
电力、煤气及水的生产和供应业	Electric Power, Gas and Water Production and Supply	30	2	
建筑业	Construction	104	3	6
地质、勘查业、水利管理业	Geological Prospecting and Water Conservancy	50	6	3
交通运输、仓储及邮电通信业	Transportation, Storage, Post and Telecommunications	182	4	3
社会服务业	Social Services	18		
卫生、体育和社会福利业	Health Care, Sports and Social Welfare	554	44	18
教育、文化艺术及广播电影电视业	Education, Culture, Art, Radio, Film and Television	10		
科学研究和综合技术服务业	Scientific Research and Polytechnical Services	3 043	1 006	31
其　他	Others	34		2

15－15 自然科学研究与技术开发机构获奖成果情况
PRIZED ACHIEVEMENTS OF NATURAL SCIENCE RESEARCH AND TECHNOLOGY DEVELOPMENT ORGANIZATIONS
(1998)

单位：项 (item)

类别	Items	获奖成果数 Prized Achievements	#国家级 National Prizes	#部级 Ministry Prizes
总计	**Total**	**414**	**21**	**294**
一、按学科领域分	**By the Domain of Subject**			
自然科学	Natural Science	45	3	34
农业科学	Agriculture Science	30		20
医学科学	Medical Science	40	5	28
工程科学与技术	Engineering Science and Technology	298	13	211
社会与人文科学	Social Sciocnce and Humanities	1		1
二、按事业费管理类型分	**By Type of Management of Operating Expenses**			
技术开发	Technical Development	234	11	159
基础研究	Basic Research	22	1	17
社会公益	Social Public Welfare	92	4	58
多种类型	Varied Sorts	62	5	56
其他	Others	4		4
三、按国民经济行业分	**By Sector of National Economic**			
农、林、牧、渔业	Farming, Forestry, Animal Husbandry and Fishery	21		16
采掘业	Excavation	5		5
制造业	Manufacturing	133	10	86
电力、煤气及水的生产和供应业	Electric Power, Gas and Water Production and Supply	1		1
建筑业	Construction	13		10
地质、勘查业、水利管理业	Geological Prospecting and Water Conservancy	5		5
交通运输、仓储及邮电通信业	Transportation, Storage, Post and Telecommunications	27		8
社会服务业	Social Services	8		3
卫生、体育和社会福利业	Health Care, Sports and Social Welfare	25	3	16
教育、文化艺术及广播电影电视业	Education, Culture, Art, Radio, Film and Television	1		1
科学研究和综合技术服务业	Scientific Research and Polytechnical Services	166	8	134
其他	Others	9		9

15－16 主要年份大中型工业企业技术开发情况

NUMBER OF TECHNICAL DEVELOPMENT PROJECTS OF LARGE AND MEDIUM INDUSTRIAL ENTERPRISES IN MAIN YEARS

单位：万元 (10 000 yuan)

指 标	Indicators	1990	1997	1998
技术开发机构数(个)	Technical Development Institutions	383	493	409
#有经济性开发任务	Having Regular Development Task	362	271	336
有较稳定经费来源	Having Comparatively Stable Source of Funds	295	200	262
有一定的测试试验条件	Having Fairly High Conditions of Test	345	229	295
从事技术开发的人员数(人)	Technical Development Personnel(person)	64 509	84 403	95 009
#科学家和工程师	Scientists and Engineers	24 991	50 555	44 935
经费筹集额	Funds	125 045	747 019	786 252
#国有经济	State-owned	109 400	357 696	295 538
集体经济	Collective-owned	2 285	6 916	5 619
其他经济	Others	13 360	382 407	485 095
#中外合资	Sino-foreign Joint-owned	12 763	254 482	419 341
#上级拨款	Appropriations from Upper Authorities	7 019	17 821	38 951
银行贷款	Bank Loans	29 496	89 438	127 726
企业自筹	Raised by Enterprises	80 183	535 884	563 571
开发经费支出	Expenditures of Technical Development	107 164	708 232	704 114
#国有经济	State-owned	99 492	378 041	280 657
集体经济	Collective-owned	2 302	3 980	5 046
其他经济	Others	5 370	326 211	418 411
#中外合资	Sino-foreign Joint-owned	4 578	208 412	359 079
各项技术专款	Special Technology Funds	308 897	1 094 630	1 118 045
技术改造经费支出	Expenditures of Technical Transformation	186 070	804 748	815 421
技术引进经费支出	Expenditures of Technical Introduction	112 751	278 874	255 020
用于消化吸收的经费	Expenditures of Technical Digesting and Absorbing	3 056	7 075	32 369
购买国内技术用款	Expenditures of Buying Domestic Technology	7 020	3 933	15 235
技术开发项目数(项)	Number of Projects(item)	3 107	7 249	7 483
项目组人员(人年)	Personnel of Project Groups (person-year)		32 540	33 941
#科学家和工程师	Scientists and Engineers		17 636	18 057
项目经费支出(内部)	Expenditure of Projects (Interal)	54 344	423 826	482 899
新产品产值	Output Value of New Products	1 303 434	6 566 967	7 734 680
新产品销售收入	Revenue of New Products Sales	1 276 324	6 538 677	7 581 760
#出口新产品	New Products Exported		871 597	794 058
新产品实现利税	Pre-tax Profits of New Products	95 274	1 284 491	1 068 819

15－17 大中型工业企业技术开发机构情况
TECHNICAL DEVELOPMENT INSTITUTIONS OF LARGE AND MEDIUM INDUSTRIAL ENTERPRISES
(1998)

单位：万元 (10 000 yuan)

类别	Items	企业办技术开发机构数(个) Technical Development Institutions in Enterprises	技术开发机构人数(人) Technical Development Personnel (person)	#科学家和工程师 Scientists and Engineers	技术开发机构经费支出 Expenditures of Technical Development
总 计	**Total**	**409**	**18 814**	**10 694**	**171 504**
一、按隶属关系分	**Grouped by Subordination**				
中央单位	Central Units	45	6 134	3 182	72 664
地方单位	Local Units	364	12 680	7 512	98 840
二、按登记注册类型分	**By Registration Categories**				
国有单位	State-owned	214	9 126	4 892	41 940
集体单位	Collective-owned	15	287	205	663
其他单位	Others	180	9 401	5 597	128 900
#中外合资	Sino-foreign Joint-owned	103	6 994	4 187	111 395
三、按工业行业分	**By Sectors**				
#食品加工业	Food Processing	1	3	2	1
食品制造业	Food Manufacturing	8	143	55	985
饮料制造业	Beverage Manufactaring	2	54	49	28
烟草加工业	Tobacco Manufacturing	1	53	36	116
纺织业	Textile Industry	12	153	64	2 118
皮革、毛皮、羽绒及其制品业	Leather, Furs, Down and Related Products	8	125	18	585
木材加工及竹、藤、棕草制造业	Timber Processing, Bamboo, Cane, Palm Fiber and Stran Products	2	6	4	3
家具制造业	Furniture Manufacturing	2	17	10	7
造纸及纸制品业	Papermaking and Paper Products	1	4	4	30
印刷业，记录媒介的复制	Printing and Record Media Duplicating	2	15	7	13
文教体育用品制造业	Stationery, Educational and Sports Goods	19	286	101	1 440
石油加工及炼焦业	Petroleum Processing and Coking Products	4	374	160	4 049
化学原料及化学制品制造业	Raw Chemical Materials and Chemical Products	62	1 527	791	8 954
医药制造业	Medical and Pharmaceutical Products	32	822	484	4 369
化学纤维制造业	Chemical Fibers	9	1 676	406	5 517
橡胶制品业	Rubber Products	3	241	106	2 562
塑料制品业	Plastic Products	17	155	107	498
非金属矿物制品业	Nonmetal Mineral Products	8	200	80	178
黑色金属冶炼及压延加工业	Smelting and Pressing of Ferrous Metals	9	1 692	827	10 695
有色金属冶炼及压延加工业	Smelting and Pressing of Nonferrous Metals	10	440	286	926
金属制品业	Metal Products	9	404	244	1 033
普通机械制造业	Ordinary Machinery Manufacturing	28	1 990	1 449	11 969
专用设备制造业	Special Purpose Equipment Manufacturing	51	1 492	849	5 598
交通运输设备制造业	Transportation Equipment Manufacturing	46	3 699	2 074	48 198
电气机械及器材制造业	Electric Equipment Manufacturing	18	1 231	761	3 522
电子及通信设备制造业	Electronic and Telecommunications Equipment	22	1 638	1 431	56 163
仪器仪表及文化、办公用机械制造业	Instruments, Meter, Cultural and Office Equipment	18	287	224	1 120
其他制造业	Other Manufacturing	1	28	18	600
电力、蒸汽、热水的生产供应业	Electric Power, Steam and Hot Water Production and Supply	3	44	34	122
自来水的生产和供应业	Tap Water Production and Supply	1	15	13	106

15－18　大中型工业企业技术开发人员和经费来源
TECHNICAL DEVELOPMENT PERSONNEL AND FUNDS OF LARGE AND MEDIUM INDUSTRIAL ENTERPRISES (1998)

类　别	Items	从事技术开发人员数(人) Tech. Development Personnel (person)	# 科学家和工程师 Scientists & Engineers
总　计	**Total**	**95 009**	**44 935**
一、按隶属关系分	**Grouped by Subordination**		
中央单位	Central Units	27 698	9 491
地方单位	Local Units	67 311	35 444
二、按登记注册类型分	**By Registration Categories**		
国有单位	State-owned	53 920	24 193
集体单位	Collective-owned	746	554
其他单位	Others	40 343	20 188
# 中外合资	Sino-foreign Joint-owned	25 910	13 349
三、按工业行业分	**By Sectors**		
# 食品加工业	Food Processing	99	57
食品制造业	Food Manufacturing	668	519
饮料制造业	Beverage Manufacturing	173	84
烟草加工业	Tobacco Manufacturing	75	54
纺织业	Textile Industry	3 301	2 626
皮革、毛皮、羽绒及其制品业	Leather, Furs, Down and Related Products	266	222
木材加工及竹、藤、棕、草制品业	Timber Processing, Bamboo, Cane, Palm Fiber and Straw Products	365	133
家具制造业	Furniture Manufacturing	115	95
造纸及纸制品业	Papermaking and Paper Products	182	96
印刷业、记录媒介的复制	Printing and Record Media Duplicating	246	219
文教体育用品制造业	Stationery, Educational and Sports Goods	692	311
石油加工及炼焦业	Petroleum Processing and Coking Products	4 528	1 573
化学原料及化学制品制造业	Raw Chemical Materials and Chemical Products	5 134	1 996
医药制造业	Medical and Pharmaceutical Products	2 935	1 346
化学纤维制造业	Chemical Fibers	5 027	1 542
橡胶制品业	Rubber Products	649	285
塑料制品业	Plastic Products	1 197	685
非金属矿物制品业	Nonmetal Mineral Products	1 286	962
黑色金属冶炼及压延加工业	Smelting and Pressing of Ferrous Metals	10 069	3 421
有色金属冶炼及压延加工业	Smelting and Pressing of Nonferrous Metals	1 913	911
金属制品业	Metal Products	1 661	849
普通机械制造业	Ordinary Machinery Manufacturing	12 197	5 717
专用设备制造业	Special Purpose Equipment Manufacturing	10 136	4 839
交通运输设备制造业	Transportation Equipment Manufacturing	13 137	5 273
电气机械及器材制造业	Electric Equipment Manufacturing	6 616	3 612
电子及通信设备制造业	Electronic and Telecommunications	4 898	3 402
仪器仪表及文化、办公用机械制造业	Instruments, Meter, Cultural and Office Equipment	3 577	2 564
其他制造业	Other Manufacturing	442	355
电力、蒸汽、热水的生产和供应业	Electric Power, Steam and Hot Water Production and Supply	2 142	706
煤气生产和供应业	Gas Production and Supply	475	227
自来水的生产和供应业	Tap Water Production and Supply	808	254

单位：万元　　15－18 续表 continued　　(10 000 yuan)

类别	Items	当年筹集额 Funds of 1998	# 上级拨款 Appropriations from Upper Authorities	# 银行贷款 Bank Loans	# 企业自筹 Self-raised Funds
总　计	**Total**	**786 252**	**38 951**	**127 726**	**563 571**
一、按隶属关系分	**Grouped by Subordination**				
中央单位	Central Units	220 922	19 459	31 991	117 092
地方单位	Local Units	565 330	19 492	95 735	446 479
二、按登记注册类型分	**By Registration Categories**				
国有单位	State-owned	295 538	20 637	39 918	181 289
集体单位	Collective-owned	5 619	15	2 995	2 377
其　他	Others	485 095	18 299	84 813	379 905
# 中外合资	Sino-foreign Joint-owned	419 341	15 784	67 461	334 362
三、按工业行业分	**By Sectors**				
# 食品加工业	Food Processing	160	40	54	66
食品制造业	Food Manufacturing	5 361	6	280	5 075
饮料制造业	Beverage Manufacturing	741	35	30	676
烟草加工业	Tobacco Manufacturing	3 157			3 157
纺织业	Textile Industry	7 398	86	3 120	3 111
服装及其他化纤制品制造业	Garment and Other Fiber Products Industry	300			300
皮革、毛皮、羽绒及其制品业	Leather, Furs, Down and Related Products	595			595
木材加工及竹、藤、棕、草制品业	Timber Processing, Bamboo, Cane, Palm Fiber and Straw Products	1 381			1 381
家具制造业	Furniture Manufacturing	176	40		136
造纸及纸制品业	Papermaking and Paper Products	1 038	50	105	883
印刷业、记录媒介的复制	Printing and Record Media Duplicating	6 328		5 240	1 089
文教体育用品制造业	Stationery, Educational and Sports Goods	3 870	10	300	3 560
石油加工及炼焦业	Petroleum Processing and Coking Products	10 284	510		9 774
化学原料及化学制品制造业	Raw Chemical Materials and Chemical Products	30 015	497	3 542	25 621
医药制造业	Medical and Pharmaceutical Products	32 623	384	1 215	31 024
化学纤维制造业	Chemical Fibers	15 769	838	200	14 731
橡胶制品业	Rubber Products	7 852	83	1 413	6 321
塑料制品业	Plastic Products	3 859	131	25	3 704
非金属矿物制品业	Nonmetal Mineral Products	20 693	65	125	20 503
黑色金属冶炼及压延加工业	Smelting and Pressing of Ferrous Metals	107 816	1 569	9 989	46 034
有色金属冶炼及压延加工业	Smelting and Pressing of Nonferrous Metals	3 961	230	3	3 728
金属制品业	Metal Products	1 897	83	10	1 804
普通机械制造业	Ordinary Machinery Manufacturing	66 018	963	3 141	61 206
专用设备制造业	Special Purpose Equipment Manufacturing	57 719	1 020	3 332	53 365
交通运输设备制造业	Transportation Equipment Manufacturing	137 862	20 770	21 006	94 452
电气机械及器材制造业	Electric Equipment Manufacturing	71 196	230	27 473	42 888
电子及通信设备制造业	Electronic and Telecommunications Equipment	128 423	511	44 332	82 434
仪器仪表及文化、办公用机械制造业	Instruments, Meter, Cultural and Office Equipment	40 369	208	831	39 330
其他制造业	Other Manufacturing	4 484	35	1 960	2 489
电力、蒸汽、热水的生产和供应业	Electric Power, Steam and Hot Water Production and Supply	12 138	8 685		3 237
煤气生产和供应业	Gas Production and Supply	95	13		82
自来水的生产和供业	Tap Water Production and Supply	2 675	1 861		814

15－19 大中型工业企业技术开发项目与技术开发经费支出情况

TECHNICAL DEVELOPMENT PROJECTS AND EXPENDITURES OF LARGE AND MEDIUM INDUSTRIAL ENTERPRISES

(1998)

单位：万元 (10 000 yuan)

类别	Items	项目数(项) Number of Projects	技术开发经费支出 Expenditures of Technical Development	#用于开发新产品 New Products	研究与发展经费内部支出 Interal Expenditures
总计	**Total**	**6 221**	**704 114**	**367 700**	**197 422**
一、按隶属关系分	**Grouped by Subondination**				
中央单位	Central Units	1 481	217 582	95 150	77 535
地方单位	Local Units	4 740	486 532	272 551	119 887
二、按登记注册类型分	**By Registration Categories**				
国有单位	State-owned	2 849	280 657	120 612	52 175
集体单位	Collective-owned	52	5 046	4 629	352
其他单位	Others	3 320	418 411	242 460	144 894
#中外合资	Sino-foreign Joint-owned	2 447	359 079	205 128	133 084
三、按工业行业分	**By Sectors**				
#食品加工业	Food Processing	8	253	215	10
食品制造业	Food Manufacturing	40	3 632	2 347	293
饮料制造业	Beverage Manufacturing	22	300	128	87
烟草加工业	Tobacco Manufacturing	51	3 157	223	
纺织业	Textile Industry	53	6 868	2 983	53
皮革、毛皮、羽绒及其制品业	Leather, Furs, Down and Related Products	2	595	595	
木材加工及竹、藤、棕、草制品业	Timber Processing, Bamboo, Cane, Palm Fiber and Straw Products	11	1 353	1 274	13
家具制造业	Furniture Manufacturing	18	272	116	20
造纸及纸制品业	Papermaking and Paper Products	15	1 008	641	
印刷业、记录媒介的复制	Printing and Record Media Duplicating	13	7 221	2 300	22
文教体育用品制造业	Stationery, Educational and Sports Goods	157	3 867	1 550	275
石油加工及炼焦业	Petroleum Processing and Coking Products	216	10 184	3 842	4 132
化学原料及化学制品制造业	Raw Chemical Materials and Chemical Products	883	28 440	15 514	10 861
医药制造业	Medical and Pharmaceutical Products	362	26 910	13 387	15 865
化学纤维制造业	Chemical Fibers	379	14 554	1 974	689
橡胶制品业	Rubber Products	66	7 781	4 301	125
塑料制品业	Plastic Products	188	4 369	4 124	2 258
非金属矿物制品业	Nonmetal Mineral Products	97	9 772	1 904	1 129
黑色金属冶炼及压延加工业	Smelting and Pressing of Ferrous Metals	416	103 783	13 111	15 913
有色金属冶炼及压延加工业	Smelting and Pressing of Nonferrous Metals	55	3 948	3 095	269
金属制品业	Metal Products	84	2 418	816	822
普通机械制造业	Ordinary Machinery Manufacturing	603	61 251	35 340	14 924
专用设备制造业	Special Purpose Equipment Manufacturing	543	55 648	38 751	12 793
交通运输设备制造业	Transportation Equipment Manufacturing	698	102 210	72 129	39 289
电气机械及器材制造业	Electric Equipment Manufacturing	397	70 825	32 872	19 097
电子及通信设备制造业	Electronic and Telecommunications Equipment	350	116 240	99 098	51 358
仪器仪表及文化、办公用机械制造业	Instruments, Meter, Cultural and Office Equipment	298	39 187	10 306	3 200
其他制造业	Other Manufacturing	12	5 775	2 515	
电力、蒸汽、热水的生产和供应业	Electric Power, Steam and Hot Water Production and Supply	150	8 976	347	2 309
煤气生产和供应业	Gas Production and Supply	10	95		95
自来水的生产和供应业	Tap Water Production and Supply	24	3 224	1 906	1 521

15－20 大中型工业企业其他技术活动费用支出情况

SPECIAL TECHNICAL PROJECT FUNDS OF LARGE AND MEDIUM INDUSTRIAL ENTERPRISES

(1998)

单位：万元 (10 000 yuan)

类别	Items	技术改造经费支出 Expenditures of Technical Transformation	技术引进经费支出 Expenditures of Technical Introduction	购买国内技术用款 Expenditures of Buying Domestic Techiology
总计	**Total**	**815 421**	**255 020**	**15 235**
一、按隶属关系分	**Grouped by Subordination**			
中央单位	Central Units	408 409	95 124	10 479
地方单位	Local Units	407 012	159 896	4 756
二、按登记注册类型分	**By Registration Cotegories**			
国有单位	State-owned	568 565	112 691	3 498
集体单位	Collective-owned	446	2	
其他单位	Others	246 410	142 327	11 737
# 中外合资	Sino-foreign Joint-owned	207 124	135 968	11 300
三、按工业行业分	**By Sectors**			
食品制造业	Food Manufacturing	1 908		95
饮料制造业	Beverage Manufacturing		10	
烟草加工业	Tobacco Manufacturing	32 840		
纺织业	Textile Industry	2 120	1 799	
木材加工及竹、藤、棕、草制品业	Timber Processing, Bamboo, Cane, Palm Fiber and Straw Products	38		9
造纸及纸制品业	Papermaking and Paper Products	3 532		
印刷业、记录媒介的复制	Printing and Record Media Duplicating	164	157	
文教体育用品制造业	Stationery, Educational and Sports Goods	130		
石油加工及炼焦业	Petroleum Processing and Coking Products	26 586	851	
化学原料及化学制品制造业	Raw Chemical Materials and Chemical Products	43 505	18 885	40
医药制造业	Medical and Pharmaceutical Products	4 895	1 227	826
化学纤维制造业	Chemical Fibers	92 145	13 909	9 894
橡胶制品业	Rubber Products	146	15	
塑料制品业	Plastic Products	1 194	209	2
非金属矿物制品业	Nonmetal Mineral Products	1 606	1 986	20
黑色金属冶炼及压延加工业	Smelting and Pressing of Ferrous Metals	356 276	80 885	
有色金属冶炼及压延加工业	Smelting and Pressing of Nonferrous Metals	6 225		70
金属制品业	Metal Products	1 382	598	
普通机械制造业	Ordinary Machinery Manufacturing	26 899	16 421	3 135
专用设备制造业	Special Purpose Equipment Manufacturing	25 318	1 675	149
交通运输设备制造业	Transportation Equipment Manufacturing	89 964	55 725	658
电气机械及器材制造业	Electric Equipment Manufacturing	8 368	8 217	261
电子及通信设备制造业	Electronic and Telecommunications Equipment	11 222	41 472	10
仪器仪表及文化、办公用机械制造业	Instruments, Meter, Cultural and Office Equipment	1 925	582	34
其他制造业	Other Manufacturing	50		30
电力、蒸汽、热水的生产和供应业	Electric Power, Steam and Hot Water Production and Supply	69 769	9 360	2
煤气生产和供应业	Gas Production and Supply	1 750		
自来水的生产和供应业	Tap Water Production and Supply	5 465	1 039	

15－21 大中型工业企业新产品开发情况
NEW PRODUCTS DEVELOPMENT OF LARGE AND MEDIUM INDUSTRIAL ENTERPRISES
(1998)

单位：万元 (10 000 yuan)

类 别	Items	新产品项目数(项) New Products (Item)	新产品实现利税 Pre-tax Profits of New Products	新产品销售收入 Sales Revenue	#新产品出口 Export
总 计	**Total**	**4 367**	**1 068 819**	**7 581 760**	**794 058**
一、按隶属关系分	**Grouped by Subordination**				
中 央	Central	513	345 374	1 593 482	463 421
地 方	Local Units	3 854	723 445	5 988 278	330 637
二、按登记注册类型分	**By Registration Categories**				
国有单位	State-owned	1 632	203 303	1 720 539	465 187
集体单位	Collective-owned	51	1 875	16 991	3 110
其他单位	Others	2 684	863 641	5 844 230	325 761
#中外合资	Sino-foreign Joint-owned	1 985	797 910	5 109 871	240 609
三、按工业行业分	**By Sectors**				
#食品加工业	Food Processing	6	11	43	
食品制造业	Food Manufacturing	40	1 923	54 583	211
饮料制造业	Beverage Manufacturing	17	64	12 630	
烟草加工业	Tobacco Manufacturing	9	6 712	13 845	
纺织业	Textile Industry	46	13 142	86 012	4 069
服装及其他纤维制造	Garment and Other Fiber Product Industry		300	1 602	
皮革、毛皮、羽绒及其制品业	Leather, Furs, Down and Related Products	2	917	17 658	
木材加工及竹、藤、棕、草制品业	Timber Processing, Bamboo, Cane, Palm Fiber and Straw Products	11	383	8 982	
家具制造业	Furniture Manufacturing	18	614	11 195	621
造纸及纸制品业	Papermaking and Paper Products	15	-55 286	60 792	415
印刷业、记录媒介的复制	Printing and Record Media Duplicating	9	3 352	23 085	
文教体育用品制造业	Stationery, Educational and Sports Goods	123	10 214	69 925	11 211
石油加工及炼焦业	Petroleum Processing and Coking Products	55	22 592	73 903	150
化学原料及化学制品制造业	Raw Chemical Materials and Chemical Products	733	78 081	446 863	14 391
医药制造业	Medical and Pharmaceutical Products	259	19 825	211 120	
化学纤维制造业	Chemical Fibers	129	12 241	107 861	3 575
橡胶制品业	Rubber Products	59	7 408	69 652	2 858
塑料制品业	Plastic Products	179	16 693	50 160	106
非金属矿物制品业	Nonmetal Mineral Products	75	3 172	64 595	5 583
黑色金属冶炼及压延加工业	Smelting and Pressing of Ferrous Metals	97	65 632	404 246	75 660
有色金属冶炼及压延加工业	Smelting and Pressing of Nonferrous Metals	33	2 445	36 192	7 768
金属制品业	Metal Products	57	6 375	45 221	9 180
普通机械制造业	Ordinary Machinery Manufacturing	468	102 564	692 002	39 943
专用设备制造业	Special Purpose Equipment Manufacturing	403	23 461	221 412	17 785
交通运输设备制造业	Transportation Equipment Manufacturing	609	352 972	2 589 876	405 544
电气机械及器材制造业	Electric Equipment Manufacturing	311	57 940	588 598	60 816
电子及通信设备制造业	Electronic and Telecommunications Equipment	325	290 913	1 411 344	71 750
仪器仪表及文化、办公用机械制造业	Instruments, Meter, Cultural and Office Equipment	251	23 041	183 055	46 751
其他制造业	Other Manufacturing	12	632	22 060	
电力、蒸气、热水的生产和供应	Electric Power, Steam and Hot Water Production and Supple	16	489	3 248	

15－22 主要年份县以上国有单位独立研究与开发机构职工人数

STAFF AND WORKERS OF STATE-OWNED RESEARCH AND DEVELOPMENT INSTITUTIONS ABOVE COUNTY LEVEL IN MAIN YEARS

单位：人 (person)

类 别	Items	1990	1995	1997	1998
总 计	**Total**	**93 757**	**37 433**	**75 613**	**73 442**
一、按隶属关系分	**Grouped by Subordination**				
中国科学院	The Chinese Academy of Sciences	10 906	5 713	7 971	8 093
国务院部门	Departments of the State Council	41 551	18 319	37 342	36 423
地 方	Local	41 300	13 401	30 300	28 926
二、按领域分	**By Domain**				
自然科学	Natural	90 568	35 856	72 620	70 227
科技情报文献	Scientifical and Technological Information and Document	1 581	748	1 743	2 008
社会与人文科学	Social Science and Humanities	1 608	829	1 250	1 207

15－23 主要年份县以上国有单位独立研究与开发机构从事科技活动的科学家和工程师

SCIENTISTS AND ENGINEERS ENGAGED IN SCIENTIFIC AND TECHNICAL ACTIVITIES OF STATE-OWNED RESEARCH AND DEVELOPMENT INSTITUTIONS ABOVE COUNTY LEVEL IN MAIN YEARS

单位：人 (person)

类 别	Items	1990	1995	1997	1998
总 计	**Total**	**40 962**	**81 337**	**29 622**	**27 828**
一、按隶属关系分	**Grouped by Subordination**				
中国科学院	The Chinese Academy of Sciences	6 091	9 253	3 805	3 743
国务院部门	Departments of the State Council	19 261	38 162	15 558	14 110
地 方	Local	15 610	33 922	10 259	9 975
二、按领域分	**By Domain**				
自然科学	Natural	39 130	78 766	28 066	26 200
科技情报文献	Scientifical and Technological Information and Document	754	1 321	813	854
社会与人文科学	Social Science and Humanities	1 078	1 250	743	774

15－24 县以上国有单位独立研究与开发机构人员状况

PERSONNEL OF STATE-OWNED RESEARCH AND DEVELOPMENT INSTITUTIONS ABOVE COUNTY LEVEL (1998)

单位：人 (person)

类 别	Items	从事科技活动人员 Personnel Engaged in Scientific and Technical Activities	#科学家和工程师 Scientists and Engineers	#研究生 Post-graduates	#大 学 University and College	#大 专 Specialized Institutions of Higher Education
总 计	**Total**	**41 724**	**27 828**	**3 333**	**16 425**	**9 469**
一、按隶属关系分	**Grouped by Subordination**					
中国科学院	The Chinese Academy of Sciences	4 929	3 743	1 059	1 498	877
国务院部门	Departments of the State Council	21 362	14 110	1 346	9 554	4 003
地 方	Local	15 433	9 975	928	5 373	4 589
二、按领域分	**By Domain**					
自然科学	Natural	39 426	26 200	3 030	15 661	8 773
科技情报文献	Scientifical and Technological Information and Document	1 296	854	46	352	454
社会与人文科学	Social Science and Humanities	1 002	774	257	412	242

15－25 主要年份县属研究与开发机构状况

RESEARCH AND DEVELOPMENT INSTITUTIONS AT COUNTY LEVEL IN MAIN YEARS

指 标	Indicators	1990	1995	1997	1998
机构数(个)	**Number of Institutions**	**28**	**23**	**23**	**22**
从业人员(人)	**Employment (person)**	**1 175**	**1 057**	**1 057**	**879**
# 科学家和工程师	Scientists and Engineers	339	385	385	307
技术员	Technicians		238	238	164
经费支出(万元)	**Expenditures (10 000 yuan)**	**770**	**2 729**	**2 729**	**3 651**

15－26 民营科技企业状况

SCIENTIFIC TECHNOLOGICAL RESEARCH INSTITUTIONS RUNNING BY LOCAL PEOPLE (1994－1998)

指 标	Indicators	1994	1995	1996	1997	1998
机构数(个)	**Number of Institutions**	**6 494**	**6 787**	**6 902**	**7 381**	**8 638**
# 集体经济单位	Collective-owned Units	3 758	3 551	2 480	2 657	2 036
人员总数(人)	**Total Personnel (person)**	**129 717**	**131 553**	**136 196**	**160 791**	**202 656**
# 从事科技活动的	Scientific and Technical Personnel					
科学家和工程师	Scientists and Engineers	58 438	59 790	61 054	66 955	77 290
技术员	Technicians	21 889	22 423	23 453	26 645	32 142
经费收入(万元)	**Funds (10 000 yuan)**	**1 267 655**	**1 769 896**	**2 097 294**	**2 779 654**	**3 751 107**
经费支出(万元)	**Expenditures (10 000 yuan)**	**1 144 103**	**1 464 135**	**1 461 722**	**2 438 412**	**3 384 832**

注：本表统计范围是指经上海市科委确认的独立核算集体、个体、私营、国有与集体联营的科技经营机构。

Note: Figures of scientific and technical in this table are the enterprises with independent accounting systems, individual, private and joint units certified by Shanghai Science and Technology Commission.

15－27 主要年份普通高等学校研究与开发主要指标

PRINCIPAL INDICATORS OF R&D INSTITUTIONS OF HIGHER EDUCATION IN MAIN YEARS

指 标	Indicators	1990	1995	1997	1998
科技活动人员数(人)	**Technical Personnel (person)**	**50 800**	**49 795**	**49 021**	**50 438**
自然科学	Natural	7 901	6 382	5 584	5 706
工程与技术	Engineering and Technology	17 976	18 200	17 447	16 330
医学科学	Medical Science	12 116	15 036	16 063	15 794
农业科学	Agriculture Science	415	324	300	314
社会与人文科学	Social Science and Humanities	10 493	8 477	8 434	9 636
其 他	Others	1 899	1 376	1 193	2 658
R&D人员数(人)	**R&D Personnel (person)**	**16 629**	**14 640**	**13 764**	**13 693**
# 科学家和工程师	Scientists and Engineers	15 278	13 769	13 220	13 171
# 高级职务	Senior Duty	5 363	5 742	5 770	6 092
R&D机构数(个)	**R&D Institutions**	**370**	**387**	**352**	**328**
人 员(人)	Personnel (person)	9 849	9 187	8 498	7 279
# R&D人员	R&D Personnel	6 281	5 689	5 145	4 544
课题数(个)	**Number of Projects**	**8 801**	**9 755**	**10 888**	**11 092**
课题投入人数(人)	**Personnel of Projects (person)**	**12 129**	**14 994**	**14 900**	**14 770**
课题投入经费(万元)	**Funds (10 000 yuan)**	**13 576**	**51 877**	**84 961**	**92 567**
课题经费支出(万元)	**Expenditures (10 000 yuan)**	**11 073**	**43 152**	**67 989**	**80 097**

15－28 全市普通高等学校科技活动人员
SCIENTIFIC TECHNICAL PERSONNEL OF INSTITUTIONS OF HIGHER EDUCATION
(1998)

单位：人 (person)

指 标	Indicators	合 计 Total	自然科学 Natural Sciences	工程与技术 Engineering and Technology	医学科学 Medical Science	农业科学 Agriculture Science	社会和人文科学 Social Sciences and Humanities
总 计	**Total**	**47 780**	**5 706**	**16 330**	**15 794**	**314**	**9 636**
一、按职称分	**By Professional Title**						
高 级	Senior	13 245	2 492	4 905	3 073	115	2 660
中 级	Medium	19 102	2 411	7 752	4 524	134	4 281
初 级	Junior	15 433	803	3 673	8 197	65	2 695
二、按技术等级分	**By Technical Scale**						
科学家和工程师	Scientists and Engineers	43 904	5 635	15 980	12 876	308	9 105
技术员	Technicians	3 876	71	350	2 918	6	531

15－29 全市普通高等学校R&D人员、机构及课题情况
PERSONNEL, INSTITUTIONS AND PROJECTS OF R&D IN INSTITUTIONS OF HIGHER EDUCATION
(1998)

指 标	Indicators	合 计 Total	自然科学 Natural Sciences	工程与技术 Engineering and Technology	医学科学 Medical Science	农业科学 Agriculture Science
R&D人员数(人)	**R&D Personnel (person)**	**13 693**	**2 049**	**6 816**	**4 480**	**348**
# 科学家和工程师	Scientists and Engineers	13 171	2 007	6 584	4 249	331
# 高级职务	Senior Duty	6 092	1 062	3 182	1 684	164
R&D机构数(个)	**R&D Institutions**	**328**	**33**	**187**	**99**	**9**
人 员(人)	Personnel (person)	7 279	881	4 050	2 303	45
# R&D人员	R&D Personnel	4 544	617	2 570	1 324	33
课题数(个)	**Number of Projects**	**11 092**	**1 667**	**6 910**	**2 301**	**214**
课题投入人数(人)	**Personnel of Projects (person)**	**14 770**	**2 354**	**8 785**	**3 374**	**257**
课题投入经费(万元)	**Funds (10 000 yuan)**	**92 567**	**13 278**	**70 026**	**8 037**	**1 226**
课题经费支出(万元)	**Expenditures (10 000 yuan)**	**80 097**	**11 730**	**61 463**	**5 573**	**1 331**

15－30 主要年份全市普通高等学校R&D经费情况

R&D FUNDS OF INSTITUTIONS OF HIGHER EDUCATION IN MAIN YEARS

单位：万元 (10 000 yuan)

指 标	Indicators	1990	1995	1997	1998
拨入经费	**Appropriations**	**17 626**	**46 166**	**67 942**	**71 707**
科研事业费	Scientific Research Enterprises	2 136	5 308	4 347	5 179
主管部门专项费	Special Funds of Department Resonsible for the Work	2 902	1 929	6 435	5 207
国家计委、经委、科委专项费	Special Funds of National Science and Technology Commission, Economic Commission and Plaining Commission	2 193	1 928	9 767	3 680
国家自然科学基金	State Natural Sciences Funds	923	2 286	3 423	4 729
国务院各部门专项费	Special Funds of Departments of the State Council	1 175	3 168	4 865	2 508
市专项费	Special Funds of Shanghai	1 657	4 236	6 469	8 526
企、事业单位委托经费	Entrusting Funds of Enterprises	5 302	22 963	26 815	33 041
其 他	Others	1 338	4 348	5 821	8 837
经费支出	**Expenditures**	**15 132**	**42 004**	**58 344**	**60 577**
科研人员费	Personnel Fees	1 299	5 440	9 308	7 728
业务费	Professional Fees	9 548	25 771	26 744	31 531
仪器设备费	Instruments & Equipment Fees	2 732	6 499	16 498	13 683
上缴税金	Pre-tax Paid	63	327	405	950
管理费	Management Fees	665	2 463	3 831	3 846
其 他	Others	825	1 504	1 558	2 839

15－31 全市普通高等学校非R&D课题情况

PROJECTS OF NON R&D OF INSTITUTIONS OF HIGHER EDUCATION (1998)

指 标	Indicators	合 计 Total	自然科学 Natural Sciences	工程与技术 Engineering and Technology	医学科学 Medical Science	农业科学 Agriculture Science
课题数(个)	Number of Projects	3 136	366	2 688	63	19
投入人力(人年)	Person-power Input (person-year)	2 584	276	2 215	64	29
拨入经费(万元)	Appropriations (10 000 yuan)	30 176	4 279	25 511	210	176
经费支出(万元)	Expenditures (10 000 yuan)	25 925	3 741	21 852	168	164

15－32 各级科协机构和人员
INSTITUTIONS AND PERSONNEL OF SCIENCE AND TECHNOLOGY ASSOCIATIONS AT VARIOUS LEVELS
(1998)

指　标	Indicators	市级科协 Prefectural Associations	区级科协 District Associations	县级科协 County Associations
机构数(个)	Number of Institutions	1	14	5
机构人数(人)	Personnel (person)	80	380	65
#科学家和工程师	Scientists and Engineers	61	145	35
各级学会个数(个)	Number of Societies	161	382	160

15－32 续表 continued

指　标 Indicators	个数 Number	个人会员(万人) Individual Member (10 000 persons)	#科学家和工程师 Scientists and Engineers	团体会员数(个) Organization Member	所属分科学会(个) Attsched Associations
市级学会 Prefectural Societies	156	20.94	17.99	7 598	1 550

15－33 科协系统学术交流情况
ACADEMIC EXCHANGES OF SCIENCE AND TECHNOLOGY ASSOCIATIONS
(1998)

指　标	Indicators	合　计 Total	科　协 Associations	学　会 Societies
国内学术会议	**Domestic Academic Meetings**			
举办次数(次)	Times	1 121	461	660
参加人次(万人次)	Participants (10 000 person-times)	10	3.53	6.47
交流论文(篇)	Papers Exchanged (piece)	22 287	3 294	18 993
国际学术会议	**International Academic Meetings**			
举办次数(次)	Times	79	6	73
中方参加人次(人次)	Chinese Participants (person-time)	8 304	734	7 570
中方交流论文(篇)	Chinese Papers Exchanged (piece)	1 110	48	1 062
外方参加人次(人次)	Oversea Participants (person-time)	1 416	96	1 320
外方交流论文(篇)	Oversea Papers Exchanged (piece)	538	56	482
接待科技来访团组	**Receiving Visiting Science and Technology Delegations**			
接待海外科技团组数(个)	Foreign Science and Technology Received Groups	215	32	183
接待海外来访人次(人次)	Foreign Visitors (person-time)	1 465	206	1 259
外派科技团组	**Dispatching Abroad Science and Technology Delegations**			
外派团组数(个)	Number of Delegations Sent Abroad	62	39	23
外派总人次(人次)	Number of People Sent Abroad (Person-time)	421	232	189
外派研修生(人)	Trainess Sent Abroad (person)	269	158	111
#访问考察	Investigation Tours	139	70	69
参加国际会议	Attending International Conferences	4	4	

15－34 科协系统科普活动和科技培训情况

PROMOTING SCIENCE ACTIVITIES AND TRAINING PROGRAM PARTICIPANTS ORGANIZED BY SCIENCE AND TECHNOLOGY ASSOCIATIONS

(1998)

指 标	Indicators	合 计 Total	科 协 Associations	学 会 Societies
科普活动	**Promoting Science Activities**			
科普讲座次数(次)	Lectures (time)	5 447	3 617	1 830
科普讲座参加人次(万人次)	Participants (10 000 person-times)	48.76	30.71	18.05
科普展览次数(次)	Exhibitions (time)	834	646	188
科普展览参加人次(万人次)	Participants (10 000 person-times)	102.93	40.18	62.75
科普宣传活动(次)	Popular Science Promotion Activities (time)	1 133	1 046	87
科技夏(冬)令营次数(次)	Technical Summer(Winter)Camp (time)	116	66	50
青少年科技竞赛次数(次)	Youth Technical Competitions(time)	393	326	67
科技培训	**Training Program**			
1、学历证书班	Classes with Certification			
本年结业学员数(人)	Number of Completing-course Students in the year (person)	8 739	1 828	6 911
2、培训班	Training Class			
36学时以上班数(个)	Classes of more than 36 Learning hours	3 195	1 323	1 872
培训人次(万人次)	Trainees (10 000 person-times)	8.71	5.73	2.98

15－35 科协系统出版物和科技服务情况

PUBLICATIONS AND CONSULATIVE ACTIVITIES OF TECHNOLOGY ASSOCIATIONS

(1998)

指 标	Indicators	合 计 Total	科 协 Associations	学 会 Societies
出版物	**Publications**			
主办科技期刊种数(种)	Academic Journals (sort)	79	79	
年发行总数(万册)	Total Circulation Distributed (10 000 copies)	26.29	26.29	
年发表论文(篇)	Thesis Published on Academic Journals (piece)	295	295	
编辑论文集种数(种)	Thesis Collection (sort)	92	3	89
年发行总数(册)	Annual Circulation (piece)	92 847	1 320	91 527
主办科技报纸种数(种)	Science and Technology Newspaper (sort)	6	2	4
年发行份数(万份)	Annual Circulation (10 000)	1 914.6	588.8	1 325.8
编著科技图书种数(种)	Science and Technology Books(sort)	67	49	18
年发行册数(万册)	Annual Circulation (10 000 copies)	37.85	22.15	15.7
咨询	**Consultation**			
完成技术咨询合同数(项)	Technical Contracts Completed (item)	3 517	2 596	921
决策咨询(项)	Decision-making Consultation (item)	85	22	63
无偿咨询项目数(项)	Free Consultation (item)	2 291	172	2 119
咨询合同实现金额(万元)	Technical Constracts Revenue (10 000 yuan)	6 183.8	4 528.9	1 654.9
科技建议	**Scientifical and Technological Suggestion**			
被采纳建议项数(项)	Number of Suggestions Being Adopted(item)	687	622	65

第16篇

教育、文化

Chapter 16

Education and Culture

第十六篇　教育、文化

1998年，上海积极推进教育改革和发展，教育质量进一步提高。全年完成对76所薄弱中小学校的更新改造。至此，历时三年改造230所薄弱中小学校的计划全部完成。年内建成寄宿制高级中学5所、现代化中等职业学校1所。高标准、高质量实施九年义务教育制。全市学龄儿童入学率达到99.98%，小学升初中基本实现就近免试入学。高中阶段升学率达到91.7%，高考录取率达到60.3%。普通高等院校共招收本、专科学生4.88万人，比上年增长8.2%；全年招收研究生7874人，增长17.1%。全市共有小学1382所，在校学生96.14万人，比上年下降6.1%。普通中学846所，在校学生73.85万人。其中，普通高中在校学生20.72万人，比上年增长18.4%；中等专业学校87所，在校学生12.38万人，增长11.5%。40所普通高校在校学生16.51万人，比上年增长7.3%。成人高校在校学生8.69万人，增长6.5%。全年高等院校本，专科毕业生3.62万人；毕业研究生4642人，其中，有3552人获得硕士学位，1090人获得博士学位。多形式、多层次的职业技术教育和成人教育继续发展。

文化、新闻、出版和广播电影电视事业蓬勃发展。年内建成上海大剧院、上海书城等重大文化设施项目。成功地举办了'98上海艺术节、第7届上海电视节、第35届亚洲－太平洋地区广播联盟大会等一系列国内外大型文化交流活动。至年末，全市有文化馆和群众艺术馆46个、公共图书馆32个、文化部门艺术表演团体29个。全年共摄制电影故事片4部。上海人民广播电台对内广播节目8套，平均每日播音117小时；上海东方广播电台对内节目4套，平均每天播音74小时；上海电视台节目2套,平均每周播出251小时；东方电视台自办节目1套，平均每周播放129小时，另有试播节目1套；上海有线电视台自办有线电视节目6套,用户已达250万户；上海教育电视台平均每周播放119小时;上海卫星电视年内开播后,已落地的各级有线台突破600家,其覆盖范围遍布全国各地，平均每周播放时间达到166小时。新闻出版业深化改革，组建了文汇新民联合报业集团，解放日报、文汇报、新民晚报等上海主要报纸发行量增加。各类杂志、图书的出版质量提高。全年报纸出版19.73亿份，各类杂志出版1.65亿册，图书出版2.83亿册（张）。

Chapter 16　Education and Culture

Educational reform and development quickened in 1998, with educational quality improved. The transformation and renovation of the last 76 poor－performing middle and primary schools in the city completed the three－year project to renovate a total of 230 such schools. In the year, the city built five boarding high schools and one modern secondary vocational school. The enrollment rate for school－age children was 99.98% in 1998 and almost all the primary school graduates can go to middle schools without entrance examations. The high school enrollment rate was 91.7%, while the college and university enrollment was 60.3%. The general institutions of higher learning enrolled a total of 48,800 students in the year, up 8.2% over the previous year. A total of 7,874 graduate students were admitted in 1998, an increase of 17.1% over the previous year. In 1998, the city's 1,382 primary schools enrolled 961,400 students, down 6.1% from 1997. The city's 846 ordinary middle schools enrolled 738,500 students in 1998, of which, 207,200 were studing in ordinary high schools, up 18.4% over the previous year. Its 87 secondary specialized schools enrolled 123,800 students, up 11.5%. In all, a total of 165,100 students, or 7.3% more than the previous year, were studying at the city's 40 ordinary universities and colleges; and 86,900 students, or 6.5% more, were studying in the institutions of adult education. Also in 1998, the city had 4,642 postgraduates, of whom 1,090 obtained doctoral degrees and 3,552 obtained master's degrees. In addition, a total of 36,200 students graduated from undergraduate courses and non－degree undergraduate courses.

Vigorous development was also reported in the fields of culture, press, publishing, broadcasting, film and television. A group of key cultural facilities, including Shanghai Grant Theatre and Shangha Book City, were completed and open to the public in 1998. The city successfully held the 1998 Shanghai Art Festival, the 7th Shanghai Television Festival and many other large－scale national and international cultural events. At the end of 1998, the city had 46 cultural centres and mass arts centres, 32 public libraries and 29 cultural performance groups. A total of four feature films were produced in the year. The Shanghai Radio Station was running eight programmes of its own, with a daily air time of 117 hours; the Shanghai East Radio Station was running four programmes of its own, with a daily air time of 74 hours; the Shanghai Television was running two programmes of its own, with a weekly air time of 251 hours; the Shanghai Oriental Television was running one programme of its own, with a weekly air time of 129 hours; the Shanghai Cable Television was running six programmes of its own for the 2.5 million household users; the Shanghai Education Television broadcast 119 hours a week; and the Shanghai Satellite Television opned in the year, covering more than 600 cable TV stations nationwide, broadcasting 166 hours a week.

In 1998, reforms of the city's press industry deepened. As a result, the city saw the establishment of the Weihui－Xinmin United Press Group and the city's major newspapers all reported a circulation growth. A total of 1.973 billion copies of newspapers, 165 million copies of magazines and 283 million books were published in the year.

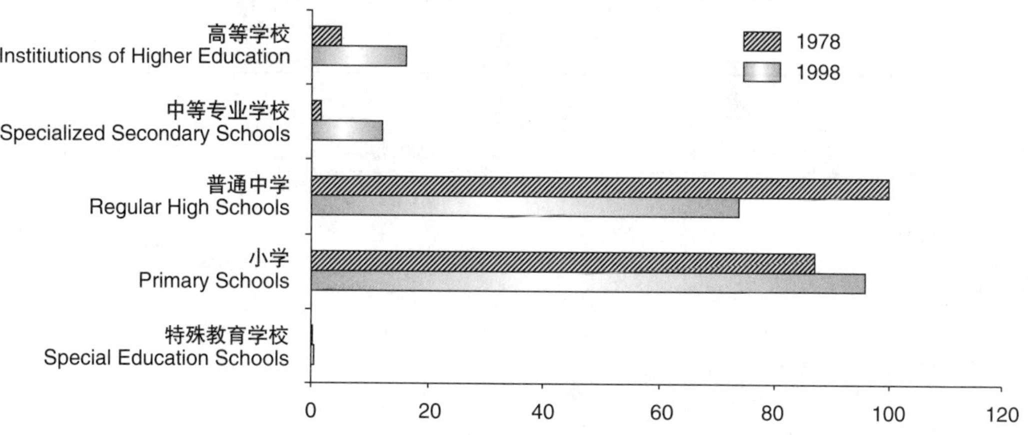
各级各类学校在校学生数（万人）
Students Enrollment by Various Schools (10 000 persons)
高等学校
Instititions of Higher Education
中等专业学校
Specialized Secondary Schools
普通中学
Regular High Schools
小学
Primary Schools
特殊教育学校
Special Education Schools
1978
1998
0
20
40
60
80
100
120

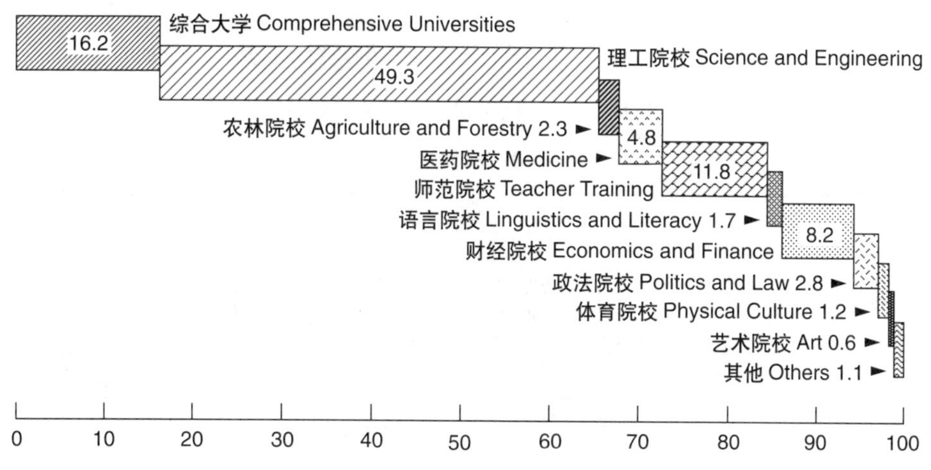
高等学校毕业生构成 (%)(1998)
Compositions of Graduates From Institutions of Higher Education (%)(1998)
综合大学 Comprehensive Universities
16.2
49.3
理工院校 Science and Engineering
农林院校 Agriculture and Forestry 2.3
4.8
医药院校 Medicine
11.8
师范院校 Teacher Training
语言院校 Linguistics and Literacy 1.7
8.2
财经院校 Economics and Finance
政法院校 Politics and Law 2.8
体育院校 Physical Culture 1.2
艺术院校 Art 0.6
其他 Others 1.1
0
10
20
30
40
50
60
70
80
90
100

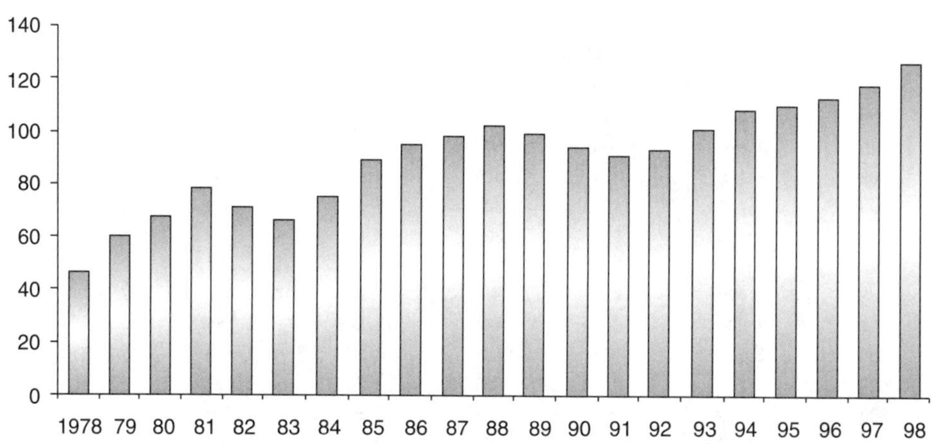
平均每万人拥有大学生数（人）
University Students Per 10 000 Populations (Person)
140
120
100
80
60
40
20
0
1978 79 80 81 82 83 84 85 86 87 88 89 90 91 92 93 94 95 96 97 98

16－1 各级各类学校基本情况
BASIC STATISTICS BY VARIOUS SCHOOLS
(1998)

类别	Items	学校（所） Schools	专任教师人数（人） Teachers (person)	在校学生数（万人） Students Enrollment (10 000 persons)	毕业生人数（万人） Graduates (10 000 persons)
总 计	**Total**	**2 590**	**132 424**	**215.70**	**53.67**
高等学校	Institutions of Higher Education	40	20 071	16.51	3.62
中等专业学校	Specialized Secondary Schools	87	5 468	12.38	2.73
职业中学	Secondary Vocational Schools	77	4 074	10.72	2.89
技工学校	Technical Worker Schools	122	3 040	5.58	1.65
普通中学	Regular Secondary Schools	846	49 285	73.85	25.05
小 学	Primary Schools	1 382	49 533	96.14	17.66
特殊教育学校	Special Education Schools	36	953	0.52	0.07

注：本市学龄儿童入学率99.98%；初中毕业生升学率91.7%；普通高校录取率60.3%。

Note: The attendance rate of schoolage children in Shanghai is 98.8 percent; the rate of admission to higher schools for junior middle school graduates reaches 91.7 percent, and the rate admission to ordinary institution of higher education is 60.3 percent.

16－2 博士生、硕士生和研究生人数
NUMBER OF DOCTOR, MASTER AND GRADUATE STUDENTS
(1978－1998)

单位：人 (person)

年份 Year	获博士学位人数 Number of Doctor's Degree Obtained	获硕士学位人数 Number of Master's Degree Obtained	研究生 Postgraduates 招生数 New Students Enrollment 高等学校 Institutions of Higher Education	招生数 研究所(院) Research Institutions (Academies)	在读人数 Students Enrollment 高等学校 Institutions of Higher Education	在读人数 研究所(院) Research Institutions (Academies)	毕业生数 Graduates 高等学校 Institutions of Higher Education	毕业生数 研究所(院) Research Institutions (Academies)
1978			1 072		1 253		9	
1979			1 311		2 363		140	
1980			410		2 696		6	
1981		1 051	881		2 003		1 553	
1982		893	1 003	18	2 915	50	105	55
1983	7	448	1 559	25	3 605	63	841	12
1984	26	860	2 354	65	5 473	128	474	
1985	57	1 371	4 264	83	8 163	170	1 543	37
1986	37	1 243	3 933	88	10 195	238	1 642	27
1987	70	1 902	3 444	70	10 766	243	2 692	58
1988	249	3 196	3 406	374	10 332	1 354	3 524	474
1989	302	3 198	2 679	325	9 120	1 167	3 367	417
1990	300	2 746	2 803	324	8 533	1 035	2 953	369
1991	342	2 739	2 717	302	8 020	949	2 936	320
1992	343	2 124	3 323	345	8 858	997	2 262	264
1993	368	2 489	3 919	363	10 037	1 008	2 569	315
1994	442	2 363	4 665	465	11 905	1 185	2 608	251
1995	606	2 742	4 776	525	13 378	1 335	3 038	317
1996	627	3 233	5 915	592	15 307	1 528	3 537	323
1997	890	3 585	6 163	562	16 841	1 619	4 117	358
1998	1 090	3 552	7 281	593	19 499	1 663	4 253	389

16－3 高等学校基本情况
BASIC STATISTICS OF INSTITUTIONS OF HIGHER EDUCATION
(1998)

单位：人 (person)

类别 Items		学校(所) Institu-tions	毕业生数 Graduates	招生数 New Students Enrollment	在校学生人数 Students Enrollment	教职员工 Staff and Workers	#专任教师 Full-time Teachers	#正、副教授 Prof. and Associate prof.
总 计	**Total**	**40**	**36 203**	**48 845**	**165 123**	**62 145**	**20 071**	**8 351**
综合大学	Comprehensive Universities	2	5 884	7 835	27 935	10 812	3 572	1 703
理工院校	Science and Engineering	16	17 861	23 058	79 458	30 143	9 222	3 779
农林院校	Agriculture and Forestry	2	817	1 615	5 022	1 377	462	183
医药院校	Medicine	4	1 724	2 080	8 847	4 730	1 511	593
师范院校	Teacher Training	2	4 260	6 190	18 979	7 156	2 502	1 157
语言院校	Linguistics and Litercacy	1	621	831	2 802	1 540	425	131
财经院校	Economics and Finance	6	2 980	3 828	12 273	3 239	1 129	358
政法院校	Politics and Law	2	1 008	1 476	4 831	1 295	489	124
体育院校	Physical Culture	1	454	585	1 963	780	347	120
艺术院校	Art Schools	2	201	267	898	779	274	128
职业技术大学	Vocational Technical Universities	2	393	1 080	2 115	294	138	75

注：学生数未包括研究生数。
Note: Postgraduates are not included in the students enrollment.

16－4 高等学校分科专任教师数和学生数
FULL-TIME TEACHERS AND STUDENTS IN INSTITUTIONS OF HIGHER EDUCATION BY FIELD OF STUDY
(1998)

单位：人 (person)

类别 Items	专任教师数 Full-time Teachers	教授 Prof.	副教授 Associ-ate Prof.	讲师 Lec-turers	教员 Instruc-tors	助教 Assis-tants	毕业生人数 Graduates	招生人数 New Students Enrollment	在校学生人数 Students Enrollment
总 计 Total	**20 071**	**2 279**	**6 072**	**8 246**	**583**	**2 891**	**36 203**	**48 845**	**165 123**
哲 学 Philosophy	647	64	187	316	20	60	29	75	283
经济学 Economics	1 711	143	495	731	42	300	7 391	10 011	32 501
法 学 Law	776	71	198	362	31	114	2 188	3 131	9 927
教育学 Education	1 953	84	464	922	121	362	1 883	2 268	5 900
文 学 Literature	3 060	213	845	1 252	155	595	3 626	5 514	17 017
历史学 History	277	50	125	83	1	18	305	521	1 661
理 学 Science	3 008	479	1 154	1 086	57	232	2 331	3 523	12 223
工 学 Engineering	7 109	911	2 238	2 934	99	927	16 225	20 965	73 951
农 学 Agiculture	161	24	58	58	3	18	200	412	1 252
医 学 Medicine	1 369	240	308	502	54	265	2 025	2 425	10 408

16－5 中等专业学校基本情况

BASIC STATISTICS OF SPECIALIZED SECONDARY SCHOOLS

(1998)

单位：人 (person)

类别 Items		学校(所) Schools	毕业生数 Graduates	招生数 New Students Enrollment	在校学生 Students Enrollment	教职员工 Staff and Workers	# 专任教师 Full-time Teachers
总　计	**Total**	**87**	**27 272**	**42 914**	**123 838**	**13 598**	**5 468**
中等技术学校	Technical	85	25 084	42 047	121 523	13 144	5 238
工业学校	Industry	38	14 138	26 045	76 309	8 107	3 027
农业学校	Agriculture	3	1 637	2 902	7 130	469	199
林业学校	Forestry	1	159	170	618	103	36
医药学校	Medicine	20	2 675	2 331	7 632	1 669	785
财经学校	Economics and Finance	10	4 360	8 390	23 244	1 241	535
政法学校	Politics and Law	3	757	206	695	193	53
体育学校	Physical Culture	3	44	229	674	506	181
艺术学校	Art	6	459	777	2 293	700	353
其他学校	Others	1	855	997	2 928	156	69
中等师范学校	Teacher Training	2	2 188	867	2 315	454	230
# 幼儿师范	Preschool Teacher Training		460	499	744	95	36

16－6 职业中学和技工学校基本情况

BASIC STATISTICS OF SECONDARY VOCATIONAL SCHOOLS AND TECHNICAL WORKER SCHOOLS

(1998)

单位：人 (person)

类别 Items		学校(所) Schools	毕业生数 Graduates	招生数 New Students Enrollment	在校学生 Students Enrollment	教职员工 Staff and Workers	# 专任教师 Full-time Teachers
职业中学	Secondary Vocational Schools	77	28 913	38 329	107 154	7 030	4 074
技工学校	Technical Worker Schools	122	16 513	20 401	55 754	9 372	3 040

16－7 普通中学基本情况

BASIC STATISTICS OF REGULAR SECONDARY SCHOOLS

(1998)

单位：人 (person)

类别 Items		学校(所) Schools	毕业生数 Graduates	招生数 New Students Enrollment	在校学生 Students Enrollment	教职员工 Staff and Workers	# 专任教师 Full-time Teachers
总　计	**Total**	**846**	**250 541**	**256 734**	**738 499**	**75 799**	**49 285**
高　中	Senior		46 072	79 786	207 186		12 378
初　中	Junior		204 469	176 948	531 313		36 907

注：普通中学学校数中，完全中学254所(市区223所)，高级中学74所(市区64所)，初级中学518所(市区410所)。

Note: In regular secondary schools, there are 254 whole secondary schools (223 in urban districts), 74 senior high schools (64 in urban districts) and 518 junior high schools (410 in urban districts).

16－8 各区、县普通中学基本情况

BASIC STATISTICS OF REGULAR SECONDARY SCHOOLS BY DISTRICT

(1998)

单位：人 (person)

地 区 District		学校(所) Schools	毕业生数 Graduates	招生数 New Students Enrollment	在校学生 Students Enrollment	教职员工 Staff and Workers	# 专任教师 Full-time Teachers
总 计	**Total**	**846**	**250 541**	**256 734**	**738 499**	**75 799**	**49 285**
市 区	**Urban District**	**697**	**208 154**	**217 218**	**625 177**	**64 329**	**41 595**
黄浦区	Huangpu	13	5 732	5 565	17 207	1 848	1 143
南市区	Nanshi	29	9 182	8 997	27 957	2 831	1 875
卢湾区	Luwan	25	7 679	7 357	22 023	2 467	1 590
徐汇区	Xuhui	58	15 241	17 876	50 497	5 268	3 464
长宁区	Changning	35	11 025	12 317	35 976	3 443	2 287
静安区	Jing'an	21	8 036	8 121	24 327	2 438	1 618
普陀区	Putuo	60	16 942	17 847	51 567	5 336	3 511
闸北区	Zhabei	47	13 535	15 802	43 539	4 516	2 900
虹口区	Hongkou	51	16 687	16 410	48 818	4 838	3 141
杨浦区	Yangpu	72	20 659	21 729	63 242	5 790	3 817
浦东新区	Pudong New Area	95	30 244	34 452	94 949	9 104	5 945
闵行区	Minhang	49	10 557	11 849	32 877	3 942	2 474
宝山区	Baoshan	55	12 754	12 536	36 599	4 026	2 480
嘉定区	Jiading	30	10 765	9 234	27 526	2 941	1 801
金山区	Jinshan	28	10 372	8 971	24 687	2 984	2 004
松江区	Songjiang	29	8 744	8 155	23 386	2 557	1 545
县	**County**	**149**	**42 387**	**39 516**	**113 322**	**11 470**	**7 690**
南汇县	Nanhui	37	13 265	11 778	34 043	3 141	2 193
奉贤县	Fengxian	31	8 625	7 941	22 795	2 822	1 916
青浦县	Qingpu	29	8 002	7 751	21 138	2 068	1 382
崇明县	Chongming	36	11 364	10 766	31 889	2 894	1 855
农 场	Farm	16	1 131	1 280	3 457	545	344

16-9 各区、县普通中学初、高中学生基本情况

BASIC STATISTICS OF JUNIOR AND SENIOR HIGH SCHOOL STUDENTS BY DISTRICT (1998)

单位：人 (person)

地 区 District		毕业生数 Graduates		招生数 New Students Enrollment		在校学生 Students Enrollment	
		初中 Junior	高中 Senior	初中 Junior	高中 Senior	初中 Junior	高中 Senior
总 计	**Total**	**204 469**	**46 072**	**176 948**	**79 786**	**531 313**	**207 186**
市 区	**Urban District**	**169 363**	**38 791**	**147 502**	**69 716**	**447 128**	**178 049**
黄浦区	Huangpu	4 561	1 171	3 591	1 974	12 076	5 131
南市区	Nanshi	7 421	1 761	6 582	2 415	21 000	6 957
卢湾区	Luwan	6 332	1 347	5 227	2 130	16 560	5 463
徐汇区	Xuhui	12 148	3 093	11 578	6 298	35 876	14 621
长宁区	Changning	8 998	2 027	8 605	3 712	26 920	9 056
静安区	Jing'an	6 572	1 464	5 467	2 654	17 795	6 532
普陀区	Putuo	14 026	2 916	12 278	5 569	38 110	13 457
闸北区	Zhabei	11 565	1 970	11 182	4 620	32 412	11 127
虹口区	Hongkou	13 989	2 698	11 506	4 904	36 919	11 899
杨浦区	Yangpu	16 366	4 293	14 837	6 892	45 757	17 485
浦东新区	Pudong New Area	24 626	5 618	21 279	13 173	63 106	31 843
闵行区	Minhang	8 593	1 964	7 743	4 106	22 149	10 728
宝山区	Baoshan	10 783	1 971	8 939	3 597	26 949	9 650
嘉定区	Jiading	7 922	2 843	6 159	3 075	17 649	9 877
金山区	Jinshan	8 525	1 847	6 677	2 294	17 778	6 909
松江区	Songjiang	6 936	1 808	5 852	2 303	16 072	7 314
县	**County**	**35 106**	**7 281**	**29 446**	**10 070**	**84 185**	**29 137**
南汇县	Nanhui	11 159	2 106	8 516	3 262	24 407	9 636
奉贤县	Fengxian	7 153	1 472	6 079	1 862	17 000	5 795
青浦县	Qingpu	6 683	1 319	6 022	1 729	16 044	5 094
崇明县	Chongming	9 064	2 300	7 856	2 910	24 046	7 843
农 场	Farm	1 047	84	973	307	2 688	769

16－10 各区、县职业中学基本情况

BASIC STATISTICS OF SECONDARY VOCATIONAL SCHOOLS BY DISTRICT

(1998)

单位：人 (person)

地 区 District		学校(所) Schools	毕业生数 Graduates	招生数 New Students Enrollment	在校学生 Students Enrollment	教职员工 Staff and Workers	# 专任教师 Full-time Teachers
总 计	**Total**	**77**	**28 913**	**38 329**	**107 154**	**7 030**	**4 074**
市 区	**Urban District**	**66**	**24 831**	**34 353**	**95 106**	**6 161**	**3 558**
黄浦区	Huangpu	3	1 771	1 771	5 654	534	298
南市区	Nanshi	3	867	1 044	2 990	185	114
卢湾区	Luwan	5	1 410	1 893	5 325	398	247
徐汇区	Xuhui	5	1 992	2 330	6 540	344	208
长宁区	Changning	3	1 244	1 637	4 878	371	215
静安区	Jing'an	1	836	848	2 690	337	187
普陀区	Putuo	4	1 691	2 626	6 986	397	237
闸北区	Zhabei	6	1 297	1 697	4 921	424	236
虹口区	Hongkou	6	2 087	2 679	6 852	483	242
杨浦区	Yangpu	4	1 213	2 408	5 735	330	220
浦东新区	Pudong New Area	9	4 538	8 105	22 312	1 025	650
闵行区	Minhang	5	946	1 530	4 555	323	168
宝山区	Baoshan	6	1 793	2 939	6 961	552	259
嘉定区	Jiading	1	771	397	1 532	102	67
金山区	Jinshan	2	1 137	854	3 083	116	66
松江区	Songjiang	3	1 238	1 595	4 092	240	144
县	**County**	**11**	**4 082**	**3 976**	**12 048**	**869**	**516**
南汇县	Nanhui	3	354	580	1 721	83	46
奉贤县	Fengxian	2	565	468	1 558	120	76
青浦县	Qingpu	2	987	879	2 992	247	142
崇明县	Chongming	4	1 688	1 699	4 856	279	182
农 场	Farm		488	350	921	140	70

16－11 各区、县普通小学基本情况

BASIC STATISTICS OF REGULAR PRIMARY SCHOOLS BY DISTRICT (1998)

单位：人 (person)

地 区	District	学校(所) Schools	毕业生数 Graduates	招生数 New Students Enrollment	在校学生 Students Enrollment	教职员工 Staff and Workers	# 专任教师 Full-time Teachers
总 计	**Total**	**1 382**	**176 557**	**113 886**	**961 367**	**66 733**	**49 533**
市 区	**Urban District**	**1 029**	**146 593**	**89 749**	**780 964**	**53 286**	**39 313**
黄浦区	Huangpu	12	3 525	1 331	15 372	1 140	777
南市区	Nanshi	25	6 620	2 760	29 081	1 756	1 294
卢湾区	Luwan	31	5 277	2 273	23 487	1 794	1 328
徐汇区	Xuhui	65	11 044	6 467	58 137	3 216	2 333
长宁区	Changning	45	8 653	4 692	43 064	2 665	2 026
静安区	Jing'an	25	4 911	2 156	22 749	1 840	1 379
普陀区	Putuo	57	12 150	6 113	60 403	3 550	2 684
闸北区	Zhabei	55	10 414	5 480	53 852	3 516	2 531
虹口区	Hongkou	68	11 569	5 438	55 109	3 556	2 646
杨浦区	Yangpu	82	15 052	7 785	76 637	4 363	3 279
浦东新区	Pudong New Area	182	21 853	16 109	127 127	9 035	6 689
闵行区	Minhang	78	7 546	5 906	43 621	3 656	2 508
宝山区	Baoshan	103	9 029	7 926	60 016	4 285	3 313
嘉定区	Jiading	47	6 216	4 453	32 531	2 611	1 842
金山区	Jinshan	99	6 816	5 932	41 940	3 444	2 570
松江区	Songjiang	55	5 918	4 928	37 838	2 859	2 114
县	**County**	**353**	**29 964**	**24 137**	**180 403**	**13 447**	**10 240**
南汇县	Nanhui	103	8 556	6 668	54 132	3 701	2 924
奉贤县	Fengxian	47	6 189	4 830	34 382	3 172	2 496
青浦县	Qingpu	72	6 120	5 287	35 254	2 595	1 924
崇明县	Chongming	122	7 930	5 935	47 617	3 413	2 468
农 场	Farm	9	1 169	1 417	9 018	566	428

16－12 各级各类成人教育基本情况

BASIC STATISTICS OF ADULT EDUCATION AT VARIOUS LEVELS

(1998)

单位：人 (person)

类别	Items	学校(所) Schools	毕业生数 Graduates	招生数 New Students Enrollment	在校学生 Students Enroll-ment	教职员工 Staff and Workers	# 专任教师 Full-time Teachers
总计	**Total**	**1 260**	**601 765**	**1 337 685**	**492 349**	**22 690**	**11 711**
成人高等教育	**Adult Higher Education**	**40**	**22 682**	**29 133**	**86 949**	**7 326**	**2 736**
广播电视大学	Broadcasting and TV Universities	1	1 331	1 367	3 944	345	86
职工高等学校	Staff Higher Education Schools	35	4 331	4 714	15 857	6 057	2 279
管理干部学校	Cadre Management Schools	4	766	802	2 082	924	371
成人中等教育	**Adult Secondary Education**	**1 220**	**579 083**	**1 308 552**	**405 400**	**15 364**	**8 975**
电视中专	TV Specialized Secondary Schools	2	10 206	14 648	40 553	73	34
中等专业学校	Specialized Secondary Schools	98	8 886	14 382	41 187	3 864	1 715
成人业余中学	Adult Spare -time Secondary Schools	274	112 398	203 034	148 441	3 789	2 306
高中	Senior	270	111 891	200 310	142 982	3 511	2 134
初中	Junior	4	507	2 724	5 459	278	172
教师进修学校	Teacher's Advanced Study Schools	10	65	97	343	492	273
成人技术学校	Adult Technical Secondary Schools	836	447 528	1 076 391	174 876	7 146	4 647

16－13 主要年份文化事业机构和人员数

CULTURAL INSTITUTIONS AND PERSONNEL IN MAIN YEARS

指标	Indicators	1990	1993	1994	1995	1996	1997	1998
一、机构数总计(个)	**Total Institutions**	**602**	**567**	**564**	**517**	**529**	**519**	**552**
艺术事业	Art	92	83	82	74	76	76	79
文物事业	Historical Relic	18	23	23	23	24	23	23
图书馆事业	Libraries	51	31	31	31	32	32	32
群众文化事业	Mass Culture	407	376	371	332	348	352	355
艺术教育事业	Art Education	3	3	3	3	3	4	4
其他文化事业	Others	31	51	54	54	46	32	59
二、人员数总计(人)	**Total Personnel**	**12 820**	**12 253**	**11 573**	**11 468**	**13 928**	**13 777**	**14 217**
艺术事业	Art	6 011	5 056	4 496	4 532	4 815	4 574	4 557
文物事业	History Relic	667	750	756	768	1 289	1 218	1 214
图书馆事业	Libraries	1 609	1 664	1 700	1 686	1 768	2 288	2 364
群众文化事业	Mass Culture	2 574	2 999	2 807	2 612	4 389	4 144	4 316
艺术教育事业	Art Education	353	339	342	370	376	393	400
其他文化事业	Others	1 606	1 445	1 472	1 500	1 291	1 160	1 366

16－14 群众艺术馆和文化馆(站)情况

MASS ART AND CULTURAL CENTERS

(1998)

指 标	Indicators	合 计 Total	群众艺术馆 Mass Art Centers	文化馆 Cultural Palaces	文化站 Cultural Center
馆(站)个数(个)	Number	355	3	43	309
录像放映场次(万场)	Video Projection (10 000 times)	105.3		30.4	74.9
观众人次(万人次)	Spectators(10 000 person-times)	401		91.7	309.3
组织文艺活动次数(次)	Organizing Art Performance (time)	7 607	213	1 899	5 495
举办业余文艺训练班(班)	Conducting Amateur Art Training Courses	3 048	62	999	1 987
结业人数(万人次)	Persons Completed (10 000 persons-times)	7.2	0.1	2.7	4.4
举办展览个数(个)	Conducting Exhibitions	1 273	58	177	1 038

16－15 文化部门艺术剧团情况

ART TROUPES OF CULTURE DEPARTMENT

(1998)

类 别	Items	剧团数(个) Troupe	从业人员(人) Staff and Workers (person)	国内演出场次(场) Times of Domestic Performance	# 在农村演出 Shows in Rural Area	观众人数(万人次) Spectators(10 000 person-times)	出访演出(场) Performance Abroad
总 计	**Total**	**29**	**3 015**	**12 633**	**4 538**	**513.1**	**120**
一、按隶属关系分	**By Administrative Relationship**						
文化部门剧团	Culture Department Sponsored Troupes	25	2 938	11 971	4 016	473.4	120
文化部门集体经营剧团	Collective-Owned Troupes	4	77	662	522	39.7	
二、按剧种分	**By Type of Drama**						
话剧、儿童剧、滑稽剧团	Drama, Children's Play and Comedy	4	360	589	128	83.7	
歌舞剧团	Song and Dance	2	547	379	23	46.9	6
乐团、合唱团	Philharmonic and Chorus	4	383	432	40	77.9	12
戏曲剧团	Local Opera	11	1 296	1 827	698	135.8	25
曲艺、木偶、杂技团	Recitation and Ballad, Acrobatics and Cirus, Puppet Show, Shadow Puttet	8	429	9 406	3 649	168.8	77

16－16 主要年份电视台和广播电台情况

BASIC STATISTICS OF TELEVISION STATIONS AND BROADCASTING STATIONS IN MAIN YEARS

类 别	Items	1990	1995	1996	1997	1998
一、电视台	**Television Stations**					
电视台(座)	Television Stations	4	10	10	10	3
自办节目(套)	Self-produced Programs (set)	5	11	11	11	12
平均每周播出时间(小时)	Program Hours Per Week (hour)	251	597	662	669	890
电视人口覆盖率(%)	Population Coverage Rate	96	96	100	100	100
二、广播电台	**Broadcasting Stations**					
电台(座)	Broadcasting Stations	3	10	10	11	2
自办节目(套)	Self-produced Programs (set)	11	20	20	21	21
平均每日播音时间(小时)	Broadcasting Hours Per day(hour)	123	285	298	307	305
广播人口覆盖率(%)	Population Coverage Rate	100	100	100	100	100

注：另有东方电视台试播节目1套，从1998年开始，区县办电视台、广播电台不作"台"统计。

Note: There is another test-program of Oriental Television Station Since 1998, districts and counties have set up local TV stations and radio stations, which are not induded into the aforesaid figures.

16－17 电视台和广播电台情况
TELEVISION STATIONS AND BROADCASTING STATIONS
(1998)

类 别	Items	自办节目(套) Self-produced Programs(set)	平均每周(日)播出时间(小时) Program Hours Per Week/day (hour)	# 自办节目 Self-produced Programs	全年制作节目时间(小时) Annual Production of Programs (hour)	电视剧广播剧 TV Plays and Radio Plays 部(play)	集(part)
电视台	**Television Stations**	**12**	**890**	**853**	**9 734**	**135**	**1 736**
# 上海电视台	Shanghai Television Station	2	251	251	3 859	75	222
东方电视台	Oriental Television Station	1	129	129	2 760	11	222
上海卫星电视台	Shanghai Broadcasting Network	1	166	160	571		
# 区县级	County Level	8	344	313	2 544		
广播电台	**Broadcasting Stations**	**21**	**305**	**268**	**56 744**	**12**	**18**
# 上海人民广播电台	Shanghai People's Radio Station	8	117	115	22 249	10	13
上海东方广播电台	Shanghai East Radio Station	4	74	73	24 132	2	5
# 区县级	County Level	9	114	80	10 363		

注：1. 上海有线电视台自办节目6套，平均每周播出631.5小时，用户终端250万户。
Note: Shanghai Cable Television Station produces 6 sets of programs and broadcast programs 631.5 hours per week, having 250 million terminals.
2. 上海教育电视台自办节目1套，平均每周播出119小时。
Shanghai Educational Television Station produces 1 set of program of 119 hours per week.

16－18 电影摄制、译制和放映情况
PRODUCTION, DUBBING AND SHOWING OF FILMS
(1978－1998)

年份 Year	摄制和译制电影片 Production and Dubbing				电影放映 Film Showing			
	故事片(部) Feature Films (film)	美术片(本) Cartoons (reel)	科学教育片(本) Popular Science Films(reel)	译制片(本) Dubbed Films (film)	放映场次(万场) Showing (10 000 times)	# 影、剧院 At Cinemas and Theatres	观众人次(万人次) Spectators (10 000 person-times)	# 影、剧院 At Cinemas and Theatres
1978	10	24	84	275	34.8	16.7	27 405	15 291
1979	14	25	95	315	40.2	20.2	32 763	19 743
1980	17	30	105	382	39.1	19.7	29 304	18 039
1981	17	32	109	289	37.5	19.3	26 823	16 203
1982	19	35	112	604	37.8	19.8	25 828	15 586
1983	19	34	116	666	36.9	19.6	25 204	15 124
1984	19	40	117	633	35.9	20.7	24 149	15 539
1985	15	43	140	426	33.9	21.2	21 885	14 748
1986	19	38	150	450	35.8	24.0	23 220	16 720
1987	17	38	151	378	37.2	27.6	21 985	17 067
1988	13	29	156	501	37.6	29.8	20 461	16 742
1989	17	29	140	398	37.4	31.8	20 776	18 216
1990	16	47	142	340	37.9	32.5	19 351	17 021
1991	17	37	146	272	35.9	30.9	15 766	13 615
1992	17	42	146	325	28.7	25.4	9 145	8 089
1993	16	35	91	251	15.9	14.1	3 862	3 332
1994	14	13	69	162	21.5	19.5	4 001	3 617
1995	17	37	22	266	22.8	20.2	4 419	3 913
1996	10	58	6	283	27.3	24.8	4 620	3 783
1997	11	17	8	312	25.4	22.6	3 670	3 023
1998	4	16	6	271	23.4	21.4	2 924	2 451

16-19 各区、县艺术表演场所、图书馆、群艺馆、文化馆基本情况

ART PERFORMANCE PLACES, LIBRARIES, MASS ART CENTERS AND CULTURE CENTERS BY DISTRICT

(1998)

地区 District		艺术表演场所Art Performance Place		公共图书馆 Libraries		群艺馆、文化馆(个)
		个数(个) Number	座席数(个) Seats	个数(个) Number	读者人数(万人次) Readers (10 000 person-times)	Mass Art Centers and Culture Centers
总计	**Total**	**44**	**23 555**	**32**	**1 170.2**	**46**
市区	**Urban District**	**41**	**22 085**	**28**	**1 069.5**	**42**
黄浦区	Huangpu	11	5 149	2	292	2
南市区	Nanshi	2	1 537	1	58	1
卢湾区	Luwan	6	1 077	1	31.5	1
徐汇区	Xuhui	1	1 065	1	31.7	1
长宁区	Changning			2	50	2
静安区	Jing'an	5	2 371	2	127.6	1
普陀区	Putuo	2	1 348	2	61.6	4
闸北区	Zhabei	2	1 175	1	43.9	2
虹口区	Hongkou	5	1 129	2	104.2	3
杨浦区	Yangpu			3	65.8	6
浦东新区	Pudong New Area	1	1 119	5	73.6	4
闵行区	Minhang	3	3 308	2	45	3
宝山区	Baoshan			1	22.6	4
嘉定区	Jiading	1	1 171	1	21.3	5
金山区	Jinshan			1	23.6	1
松江区	Songjiang	2	1 636	1	17.1	2
县	**County**	**3**	**1 470**	**4**	**100.7**	**4**
南汇县	Nanhui			1	28.8	1
奉贤县	Fengxian	1		1	19.6	1
青浦县	Qingpu	1	170	1	15.8	1
崇明县	Chongming	1	1 300	1	36.5	1

16－20 各区、县文化娱乐业机构情况

NUMBER OF CULTURE AND ENTERTAINMENT UNDERTAKINGS BY DISTRICT (1998)

单位：个

地 区 District		合 计 Total	#歌舞厅 Singing and Dancing Room	#舞 厅 Dancing Room	#卡拉OK厅 Karoke Room	#电子游艺厅 Video Games Room	#台球厅 Billiards Room	#综合娱乐场所 Comprehensive Entertainment Centre
总 计	**Total**	**4 355**	**232**	**92**	**869**	**269**	**247**	**1 812**
市 级	**City Level**	**74**	**2**		**10**		**2**	**47**
区县级	**District and County Level**	**4 281**	**230**	**92**	**859**	**269**	**245**	**1 765**
黄浦区	Huangpu	190	11		10	3	5	75
南市区	Nanshi	92	3		15	17	4	23
卢湾区	Luwan	156	4	6	43	9	8	37
徐汇区	Xuhui	238	3	2	46	7	13	98
长宁区	Changning	275	12	2	60	9	11	97
静安区	Jing'an	159	4	7	33	4	9	46
普陀区	Putuo	215	18	5	26	14	6	99
闸北区	Zhabei	185	8	1	19	21	6	81
虹口区	Hongkou	140	10	10	20	6	14	57
杨浦区	Yangpu	231	11	10	23	25	14	100
浦东新区	Pudong New Area	639	47	28	95	44	31	351
闵行区	Minhang	299	11	4	73	12	21	118
宝山区	Baoshan	249	22	1	52	16	8	126
嘉定区	Jiading	148	3	1	28	13	1	99
金山区	Jinshan	114	9	6	10	16	11	37
松江区	Songjiang	163	7	6	62	8	18	53
南汇县	Nanhui	203	24		73	29	24	27
奉贤县	Fengxian	93	2		9	5	15	33
青浦县	Qingpu	385	18	1	150	9	17	161
崇明县	Chongming	107	3	2	12	2	9	47

16－21 文化娱乐业基本情况
CULTURE AND ENTERTAINMENT UNDERTAKINGS
(1998)

类 别 Items		机构数 (个) Institution	从业人员 (人) Employment (person)	主营营业收入 (万元) Primary Business Income (10 000 yuan)	主营业务利润 (万元) Primary Business Profit (10 000 yuan)	房屋建筑面积 (万平方米) Building Area (10 000 sq.m)
总 计	**Total**	**4 355**	**83 815**	**278 834.2**	**17 535.6**	**192.6**
歌舞厅	Singing and Dancing Room	232	2 779	7 308.9	546.8	8.6
舞 厅	Dancing Room	92	963	1 486.3	59.3	1.9
卡拉OK厅	Karoke Room	869	9 056	35 554.0	7 602.6	16.9
电子游艺厅	Video Games Room	269	1 579	5 831.8	1 024.9	4.1
台球厅	Billiards Room	247	1 472	6 979.6	214.1	3.9
综合娱乐场所	Comprehensive Entertainment Centre	1 812	39 556	150 551.2	12 690.3	136.7
其 他	Others	834	28 410	71 122.4	-4 602.4	20.5

16－22 公共图书馆情况
PUBLIC LIBRARIES
(1998)

指 标 Indicators		合 计 Total	市 级 City Level	区 级 District Level	县 级 County Level
机构数(个)	Institutions	32	2	26	4
从业人员(人)	Staff and Workers (person)	2 364	1 227	1 000	137
总藏量(万册、件)	Collection (10 000 copies)	4 809	4 063	635	111
#图 书	Books	1 065	356.4	602.2	106.4
建筑面积(万平方米)	Floor Space of Building (10 000 sq.m)	20.5	12.2	7.2	1.1
#书 库	Stack Room	8.0	5.8	1.8	0.4
阅览室	Reading Room	3.9	2	1.7	0.2
阅览座位(万个)	Seats in Reading Room (10 000 seats)	1.4	0.4	0.9	0.1
图书借阅情况	Book Borrowed				
人次(万人次)	Readers (10 000 person-times)	1 170	335	734	101
册数(万册次)	Books(10 000 copy-times)	939	182.7	622.4	133.9

16－23 主要年份图书出版数量
BOOKS PUBLISHED IN MAIN YEARS

指 标	Indicators	1978	1980	1990	1997	1998
种数(种)	Number of Publications	1 666	2 338	7 767	9 928	10 718
# 新出版	Newly Published	1 332	1 804	4 887	4 844	5 083
总印数(万册)	Total Printed (10 000 copies)	39 206	56 207	29 849	27 023	28 345
总印张数(万印张)	Total Printed Signatures (10 000 signatures)	121 901	177 289	146 569	180 008	186 874

16－24 主要年份杂志出版数量
MAGAZINES PUBLISHED IN MAIN YEARS

指 标	Indicators	1978	1980	1990	1997	1998
种数(种)	Number of Publications	42	126	522	587	591
每期平均印数(万册、份)	Average Publication/Issue(10 000 copies)	458.5	1 060.6	1 734.8	1 513.2	1 502.9
总印数(万册、份)	Total Printed (10 000 copies)	4 710	12 209	17 314	16 623	16 503
总印张数(万印张)	Total Printed Signatures (10 000 signatures)	11 208	33 695	42 393	53 539	58 114

16－25 主要年份报纸出版数量
NEWSPAPER PUBLISHED IN MAIN YEARS

指 标	Indicators	1978	1980	1990	1997	1998
种数(种)	Number of Publications	5	12	81	87	80
每期平均印数(万册、份)	Average Publication/Issue(10 000 copies)	257.1	464.3	1 509.6	1 397	1 440.9
总印数(万册、份)	Total Printed (10 000 copies)	64 063	85 520	161 575	193 431	197 344
总印张数(万印张)	Total Printed Signatures (10 000 signatures)	62 031	81 977	167 575	431 864	498 433

16－26 图书分类出版数量

BOOKS PUBLISHED BY CATEGORY

(1998)

类 别	Items	种 数 (种) Number of Publications	# 新出版 Newly Published	总印数 (万册) Total Printed (10 000 copies, signatures)	总印张数 (万印张) Total Printed Signatures (10 000 signatures)
总 计	**Total**	**10 718**	**5 083**	**28 345**	**186 874**
一、书 籍	**Books**	**8 713**	**4 521**	**20 510**	**127 238**
哲学、社会科学	Philosophy and Social Sciences	1 096	768	753	10 806
文化教育	Culture and Education	3 871	1 805	12 112	72 432
文学艺术	Literature and Art	1 609	919	1 593	17 544
自然科学技术	Natural Sciences and Technology	1 494	759	4 666	19 987
少年儿童读物	Children's Reading Materials	643	270	1 386	6 469
二、课 本	**Textbooks**	**1 689**	**398**	**7 217**	**56 786**
# 大专课本	University and College	850	245	2 543	33 334
中学课本	Secondary School	253	32	1 885	12 503
小学课本	Primary School	150	17	2 099	5 763
业余教育课本	Spare-time Education	44	10	90	972
教学用书	Teaching References	317	73	432	2 460
三、图 片	**Pictures**	**316**	**164**	**618**	**2 805**

注：总印数还包括影印书、活页文选45万印张。Note: The total printed number includes 450,000 copies of photo-offset books and loose-leaf selections.

16－27 杂志分类出版数量

MAGAZINES PUBLISHED BY CATEGORY

(1998)

类 别	Items	种 数 (种) Number of Publications	每期平均印数 (万册) Average Publication Per Issue (10 000 copies)	总印数 (万册、份) Total Printed (10 000 copies)	总印张数 (万印张) Total Printed Signatures (10 000 signatures)
总 计	**Total**	**591**	**1 502.9**	**16 503**	**58 114**
综 合	Comprehensive	26	58	694	3 035
哲学、社会科学	Philosophy and Social Sciences	97	220.1	2 702	9 595
自然科学技术	Natural Sciences and Technology	341	276.7	2 135	8 040
文化教育	Culture and Education	72	242.4	2 650	12 208
文学艺术	Literature and Art	39	544.5	6 484	21 229
少年儿童读物	Children's Reading Materials	15	160.1	1 831	3 980
画 刊	Pictorial	1	1.1	7	27

16－28 报纸分类出版数量

NEWSPAPER PUBLISHED BY CATEGORY

(1998)

类 别	Items	期 数 (期) Issue	每期平均印数 (万份) Average Publication Per Issue (10 000 copies)	总印数 (册、万份) Total Printed (10 000 copies)	总印张数 (万印张) Total Printed Signatures (10 000 signatures)
总 计	**Total**	**8 529**	**1 440.9**	**197 344**	**498 433**
综合报	Comprehensive	3 301	653.2	145 210	412 498
专业报	Specialized	5 228	787.7	52 134	85 935
在总计中:	In Total				
解放日报	Jiefang Daily	365	49.7	18 146	79 624
文汇报	Wenhui Daily	365	47.1	17 177	51 706
新民晚报	Xinmin Evening News	365	168.9	61 665	236 551
青年报	Youth Daily	312	19.9	6 215	10 395
少年报	Juvenile	364	24.4	8 864	4 432
报刊文摘	Press Digest	102	159.8	16 303	8 151
劳动报	Labour News	365	21.4	7 816	13 053
每周广播电视报	Broadcasting and TV (Weekly)	52	198.8	10 335	22 809

第17篇

体育、卫生

Chapter 17

Sports and Health

第十七篇　体育、卫生

1998年，全市成功地承办了第11届世界中学生运动会、上海市第2届青少年运动会等国际国内体育赛事。在第13届亚洲运动会上，上海运动员共为祖国赢得25枚金牌，并有3人3次打破3项亚洲纪录。在重大的世界性比赛中，上海运动员获14个第一名、14个第二名和9个第三名。全年有4人次超6项亚洲纪录、11人次超4项全国纪录。在竞技体育取得好成绩的同时，群众性体育蓬勃发展，全民健身活动广泛开展。

医疗卫生事业进一步发展。医疗保险制度和医疗费用改革继续推进，优化医疗资源配置，拓展多层次医疗服务，农村和社区卫生服务网络更加完善。至1998年末，全市共有各类医疗卫生机构4637所。其中，医院473所、门诊部（所）3988所、疾病预防控制中心30所、妇幼保健站（所）11所。至年末，全市共有专业卫生技术人员10.84万人。其中，医生5.03万人，平均每一医生服务人口为260人；护师、护士3.57万人。年末全市共有医院病床6.83万张，医院病床使用率达83.9%。随着卫生事业的发展，市民健康水平不断提高。全市居民平均期望寿命达到77.35岁。男性、女性分别为75.06和79.02岁，达到世界发达国家的水平。

社会福利事业继续发展。1998年末，全市各类社会福利院床位达1.42万张，收养1.22万人。优抚安置工作有所加强，国家定期抚恤补助、救济各类优抚对象3.23万人，其中享受国家定期救济人数1.63万人。年末社会敬老院达339个，比上年末增加16个；床位数为13958张，增长24%；收养老人11122人，增长19.7%。

Chapter 17　Sports and Health

In 1998, Shanghai successfully hosted the 11th World ISF Gymnasiade, the city's Second Youth Games and other national and international sports events. In the 13th Asian Games, Shanghai athletes won 25 golds for China, and three of them broke three Asian records. In major international sports events held in 1998, Shanghai athletes won 14 first prizes, 14 second prizes and nine third prizes. In addition, four local athletes broke six Asian records and another 11 athletes broke four national records. Sports competitions attracted greater social participation. Mass sports was also dynamic, and fitness activities became popular among Shanghai residents.

New progress was made in health service in 1998, thanks to the deepening health care reform featuring the reform of the medical systems and medical expenses, the optimization of medical resources and the expansion of diversified medical services. At the end of 1998, the city had 4,637 medical and health institutions, of which 473 were hospitals, 3,988 were clinics, 30 sanitation and anti-epidemic stations and 11 maternity and child-care centres. In addition, the city had a total of 108,400 specialized medical workers, including 50,300 doctors, or an average doctor serving 260 local residents, and 35,700 nurses. By the end of 1998, the city had 68,300 hospital beds. The hospital bed occupancy rate reached 83.9%. The life expectancy of Shanghai people has already reached the level of economically developed countries in the world, thanks to the city's development of public health services. In 1998, the average life expectancy of Shanghai's population stood at 77.35 years. The figure for men reached 75.06 years and for women 79.02 years.

Social welfare undertakings continued to move forward. At the end of 1998, the city had 14,200 beds in urban social welfare centres of various nature, housing 12,200 people. A total of 32,300 people received regular subsidies of various kinds from the local government, including 16,300 people who received regular social relief fund. At the end of the year, the city had 399 homes for old people, 16 more than the previous year. These homes had a total of 13,958 beds and housed 11,122 old people, up 24% and 19.7% over 1997.

卫生技术人员构成 (%)
Composition of Medical Professionals (%)

县及县以上医院病床使用率 (%)
Utilization Rate of Hospital Beds At County Level and Above (%)

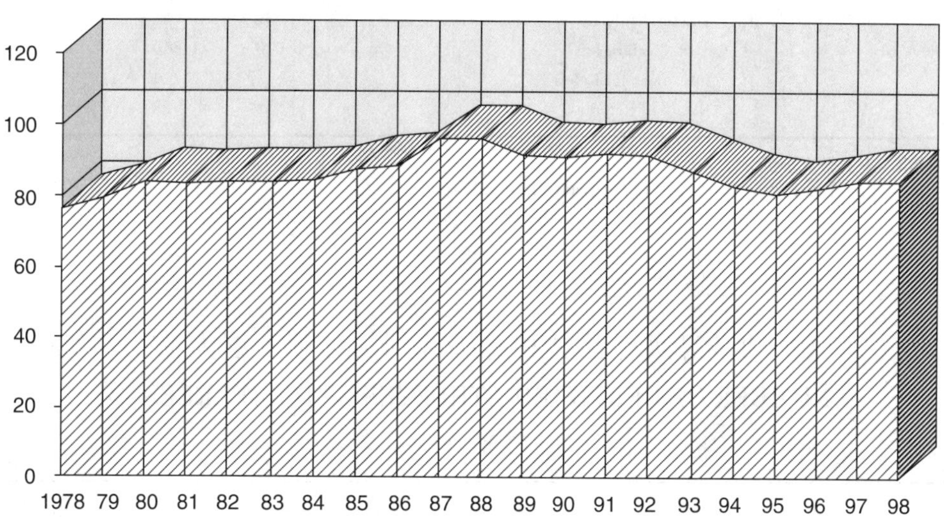

前十位疾病死亡原因构成 (%) (1998)
Composition of Death Rate of 10 Major Diseases (%) (1998)

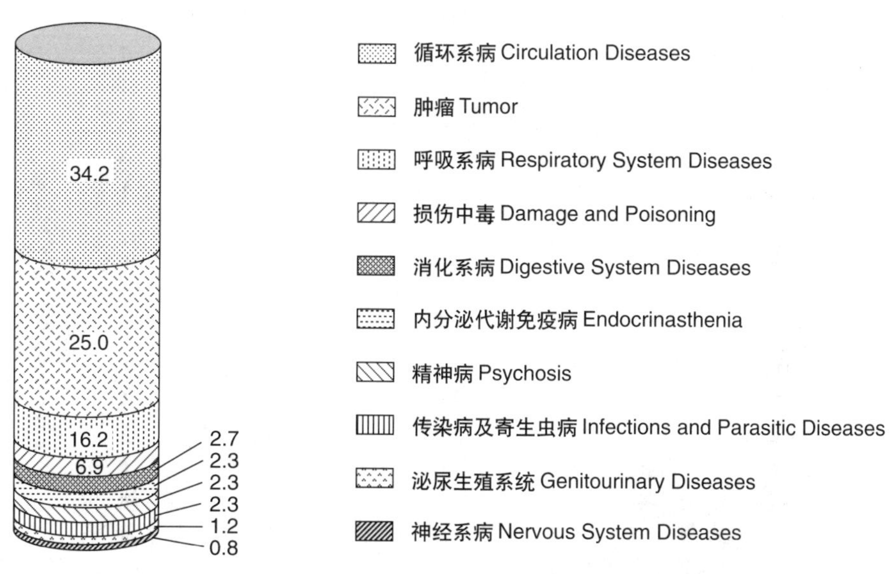

17－1 主要年份体育活动情况
SPORTS ACTIVITIES IN MAIN YEARS

单位:人 (person)

指标	Indicators	1980	1990	1997	1998
《国家体育锻炼标准》达标人数(万人)	Persons Passed "NPTPS"(10 000 persons)	25.47	76.93	173.10	159.1
优秀运动员	Excellent Athletes	711	986	890	864
# 女运动员	Female	279	417	393	387
优秀运动队专职教练员	Full-time Coaches of Accomplished Teams	175	270	184	208
# 女专职教练员	Female	30	46	29	33
等级运动员发展人数	Certified Athletes	1 899	1 319	1 159	1 235
# 国际运动健将	International Master Athletes			12	8
运动健将	Master Athletes	37	41	51	23
等级裁判员发展人数	Certified referees	1 610	1 110	699	1 175
# 国际级	International Referees		4	1	2
国家级	National Referees	32	23	27	19

注: "NPTPS"是指国家体育锻炼标准。
Note: "NPTPS"means National Physical Training Program Standards.

17－2 等级运动员和等级裁判员分项发展人数
NUMBER OF CERTIFIED ATHLETES AND REFEREES (1998)

单位: 人 (person)

运动项目	Sports Items	等级运动员 Certified Athletes	# 运动健将 Master Athletes	# 一级 First Grades	等级裁判员 Certified Referees
总计	**Total**	**1 235**	**23**	**246**	**1 175**
# 田径	Track and Fields	397	1	7	375
游泳	Swimming	292	7	74	86
武术	Wu Shu	17		8	14
举重	Weight Lifting	6		3	23
体操	Gymnastics	34		1	18
拳击	Boxing	8			6
射击	Shooting	52		16	2
篮球	Basketball	24		11	95
排球	Volleyball	24			80
足球	Football	40		14	230
乒乓球	Table Tennis	49		11	93
羽毛球	Badminton	16	2		2
手球	Handball	36		9	4
航海模型	Ship Sailing Model	18		6	15
航空模型	Aviation Model	111		43	2
击剑	Fencing	4	1		

17－3 主要年份医疗卫生事业基本情况

BASIC STATISTICS OF HEALTH CARE IN MAIN YEARS

指 标	Indicators	1980	1990	1997	1998
一、全市总计	**Total**				
机构数(个)	Institutions	6 067	7 690	5 028	4 637
床位数(张)	Hospital Beds (bed)	57 994	69 636	70 040	70 175
工作人员数(人)	Personnel (person)	131 936	158 535	150 167	149 367
# 卫生技术人员数	Medical Profressionals	94 126	118 441	108 971	108 358
# 中 医	Traditional Chinese Medicine	6 352	6 708	5 724	5 328
西医师	Western Medicine Senior	17 636	36 823	38 084	37 724
西医士	Western Medicine Junior	15 255	14 650	7 423	7 163
中西医高级医师	Senior Doctors Who Intergrate Traditional Chinese Medicine with Western Therapeutics in Practice		48	99	111
护师、护士	Senior and Junior Nurses	22 353	32 695	34 823	35 658
助产士	Midwives	2 656	2 477	1 202	1 124
药剂人员	Pharmacists	5 255	7 303	7 153	7 036
检验人员	Laboratory Technicians	4 630	5 385	5 118	5 222
护理员	Assistant Nurses	3 216	1 439	722	680
二、全市总计中县及县以上医院	**Hospitals at County Level and Above**				
机构数(个)	Hospitals	167	206	201	205
床位数(张)	Hospital Beds (bed)	40 538	50 111	54 595	55 334
工作人员数(人)	Personnel (person)	64 528	82 472	92 703	94 670
# 卫生技术人员	Medical Professionals	43 320	60 383	67 988	69 518
# 医 生	Doctors	15 513	22 077	26 437	26 806
三、平均每万人口拥有	**Owned by Every Per 10 000 Population**				
床位数(张)	Hospital Beds (bed)	51	54	54	54
卫生技术人员(人)	Medical Professionals (person)	82	92	83	83
# 医 生	Doctors	38	45	39	39

17－4　各类卫生机构、床位及人员数 (1998)

机构类别	Type of Institutions	机构数(个) Health Care Institutions	床位数(张) Beds
总　计	**Total**	**4 637**	**70 175**
一、医院合计	Total Number of Hospitals	473	68 306
1.县及县以上医院	Hospitals at County Level and Above	205	55 334
综合医院	Comprehensive Hospitals	108	28 781
中医医院	Hospitals of Traditional Chinese Medicine	15	1 955
医学院校附属医院	Hospitals Attached to Medical Colleges	16	10 325
传染病院	Infectious Diseases Hospitals	8	1 563
精神病院	Mental Hospitals	20	5 713
结核病院	Tubercuiosis Hospitals	6	1 200
妇幼保健院	Hospitals for Maternity and Child Care	12	1 595
儿童医院	Childern's Hospitals	1	300
麻风医院	Hospitals for Lepers	1	100
肿瘤医院	Tumor Hospitals	2	230
康复医院	Rehabilitation Hospitals	3	1 460
其他专科医院	Other Specialized Hospitals	13	2 112
2.农村乡(镇)卫生院	Rural Township Hospitals	174	7 762
3.其他医院	Other Hospitals	94	5 210
二、疗养院、所	Sanatoriums	4	226
三、门诊部、所	Clinics	3 988	120
四、专科防治所、站	Specialized Stations	24	170
# 结核病	Tuberculosis Prevention Stations	5	50
职业病	Occupational Diseases Control Stations	1	
五、卫生防疫站	Sanitation and Diseases Control Stations	33	
六、妇幼保健所、站	Meternity and Child Care Centers	11	12
七、护理院	Care House	1	45
八、药品检验所、室	Medicines and Chemical Reagent Test Labs	21	
九、医学科学研究机构	Institutions of Medical Sciences	15	92
十、其他卫生机构	Other Health Care Institutions	67	1 204

VARIOUS HEALTH CARE INSTITUTIONS, BEDS AND PERSONNEL

人员数 (人) Personnel (person)	#卫生技术人员 Medical Professionals	#医 生 Doctors	#护 师 Senior Nurses	#护 士 Junior Nurses
149 367	**108 358**	**50 326**	**20 401**	**15 257**
118 200	87 894	36 521	19 091	14 782
94 670	69 518	26 806	16 619	12 579
53 442	39 456	15 744	9 626	6 889
3 963	3 053	1 413	541	456
21 436	16 089	5 916	3 661	3 195
1 622	1 097	332	307	233
3 397	2 203	657	670	606
1 382	978	352	221	223
3 553	2 597	883	762	259
725	496	167	113	118
3	1	1		
383	258	98	61	50
567	382	58	37	49
4 197	2 908	1 185	620	501
11 459	9 279	4 840	1 194	1 087
12 071	9 097	4 875	1 278	1 116
232	95	48	27	2
13 173	12 223	9 458	814	295
1 201	880	472	122	76
186	129	48	33	13
50	36	27	1	1
4 065	2 863	2 118	18	5
461	355	232	60	7
80	59	27	3	15
482	311	1	1	1
1 321	722	349	9	1
10 152	2 956	1 100	256	73

17－5　各区、县卫生基本情况

STATISTICS OF PUBLIC HEALTH BY DISTRICT

(1998)

地　区 District		医院数 (个) Number of Hospitals	医院床位数 (张) Hospital Beds	卫生技术人员(人) Medical Professionals (person)	#医　生 Doctors	#护师、护士 Senior and Junior Nurses
总　计	**Total**	**473**	**68 306**	**108 358**	**50 326**	**35 658**
市　区	**Urban District**	**349**	**58 727**	**95 589**	**44 217**	**31 794**
黄浦区	Huangpu	13	1 582	4 040	1 751	1 298
南市区	Nanshi	16	2 990	4 991	2 255	1 787
卢湾区	Luwan	13	3 027	6 061	2 651	2 052
徐汇区	Xuhui	29	8 950	13 101	5 432	4 532
长宁区	Changning	20	3 049	5 881	2 533	1 668
静安区	Jing'an	16	3 693	6 508	2 737	2 369
普陀区	Putuo	17	3 409	5 272	2 587	1 779
闸北区	Zhabei	15	3 665	5 318	2 634	1 665
虹口区	Hongkou	20	5 455	8 359	3 824	2 928
杨浦区	Yangpu	21	4 939	8 013	3 899	2 743
浦东新区	Pudong New Area	46	5 156	8 900	4 591	2 687
闵行区	Minhang	24	2 909	4 079	1 999	1 299
宝山区	Baoshan	30	3 244	5 489	2 639	1 937
嘉定区	Jiading	22	2 045	3 020	1 607	912
金山区	Jinshan	21	2 027	3 580	1 665	1 156
松江区	Songjiang	26	2 587	2 977	1 413	982
县	**County**	**124**	**9 579**	**12 769**	**6 109**	**3 864**
南汇县	Nanhui	33	2 551	3 571	1 778	1 011
奉贤县	Fengxian	27	2 156	3 191	1 402	1 002
青浦县	Qingpu	25	1 539	2 494	1 148	838
崇明县	Chongming	39	3 333	3 513	1 781	1 013

17－6 医院诊疗人次和入院人数

HOSPITAL PATIENTS

(1998)

机构类别 Type of Hospitals		诊疗人次 (万人次) Total Patients Treated (10 000 person-times)	#门、急诊 Out-Patients and Emergency Patients	入院人数 (万人) In-patitents (10 000 persons)	每百诊次的入院人数(人) In-patients /Per 100 Patient-Times (person)
医院总计	**Total Number of Hospitals**	**6 375.32**	**6 188.11**	**103.41**	**1.6**
一、县及县以上医院	**Hospitals at County Level and Above**	**4 602.87**	**4 523.70**	**72.48**	**1.6**
1.卫生部门	Public Health Sector	4 028.98	3 965.01	64.38	1.6
综合医院	Comprehensive Hospitals	2 195.44	2 164.60	36.22	1.7
中医医院	Hospitals of Chinese Medicine	322.95	317.90	2.20	0.7
医学院校附属医院	Hospitals Attached to Medical Colleges	1 090.16	1 082.62	17.78	1.6
传染病院	Infectious Diseases Hospitals	12.94	12.34	0.91	7.1
精神病院	Mental Hospitals	35.13	34.68	0.74	2.1
结核病院	Tuberculosis Hospitals	22.21	13.33	0.95	4.3
妇幼保健院	Hospitals for Maternity and Child Care	114.11	109.71	3.00	2.6
儿童医院	Children's Hospitals	44.15	40.26	0.64	1.5
肿瘤医院	Tumor Hospitals	8.33	8.00	0.13	1.6
其他专科医院	Other Specialized Hospitals	183.56	181.57	1.81	1.0
2.非卫生部门	Other Sectors	573.89	558.69	8.10	1.4
二、农村乡(镇)卫生院	**Rural Township Hospitals**	**598.41**	**593.10**	**26.39**	**4.4**
三、其他医院	**Other Hospitals**	**1 174.04**	**1 071.31**	**4.54**	**0.4**

17－7 家庭病床情况

FAMILY SICKBEDS

(1998)

医院类别 Type of Hospitals		开展工作机构数 (个) Running Institutions	上门诊疗总次数 (次) Total Times of Family Call (time)	年底实有病床数 (张) Year-end Sickbeds (bed)	年内开设总病床数 (张) Sickbeds Set Up in 1998 (bed)
总　计	**Total**	**139**	**789 065**	**17 548**	**5 542 154**
县及县以上医院	Hospitals at County Level and Above	44	162 018	3 023	1 086 570
乡卫生院	Rural Township Hospitals	6	3 241	19	6 153
街道医院	Neighbourhood Committee Hospitals	87	620 117	14 430	4 425 046
其　他	Others	2	3 689	76	24 385

17－8 前十位疾病死亡原因和构成
DEATH RATE OF 10 MAJOR DISEASES
(1998)

顺位 No.	全 市 Total City		市 区 District		县 County	
	死亡原因 Cause of Death	占死亡总数(%) As% of Total Death	死亡原因 Cause of Death	占死亡总数(%) As% of Total Death	死亡原因 Cause of Death	占死亡总数(%) As% of Total Death
1	循环系病 Circulation Diseases	34.22	循环系病 Circulation Diseases	35.54	循环系病 Circulation Diseases	27.85
2	肿瘤 Tumor	24.96	肿瘤 Tumor	25.49	呼吸系病 Respiratory System Diseases	23.83
3	呼吸系病 Respiratory System Diseases	16.24	呼吸系病 Respiratory System Diseases	14.67	肿瘤 Tumor	22.36
4	损伤和中毒 Damage and Poisoning	6.86	损伤和中毒 Damage and Poisoning	6.50	损伤和中毒 Damage and Poisoning	8.61
5	消化系病 Digestive System Diseases	2.72	消化系病 Digestive System Diseases	2.60	消化系病 Digestion Diseases	3.32
6	精神病 Psychosis	2.32	内分泌代谢免疫病 Endocrinasthenia	2.50	传染病及寄生虫病 Infiction and Parasite	3.21
7	内分泌代谢免疫病 Endocrinasthenia	2.32	精神病 Psychosis	2.45	精神病 Psychosis	1.69
8	传染病及寄生虫病 Infictious and Parasitic Diseases	2.30	传染病及寄生虫病 Infictious and Parasitic Dissuses	2.11	泌尿生殖系病 Genitourinary Diseases	1.53
9	泌尿生殖系病 Genitourinary Diseases	1.17	泌尿生殖系病 Genitourinary Diseases	1.09	内分泌代谢免疫病 Endocrinasthenia	1.43
10	神经系病 Nervous System Disease	0.77	神经系病 Nervous System Disease	0.83	神经系病 Nervous System Disease	0.49

17－9 社会福利院、儿童福利院和精神病人福利院情况
INSTITUTIONS OF SOCIAL WELFARE, CHILDREN WELFARE AND MENTAL PATIENTS WELFARE
(1980－1998)

年 份 Year	社会福利院 Social Welfare Institutions			儿童福利院 Children Welfare Homes			精神病人福利院 Mental Patient Welfare Homes		
	单 位(个) Homes	床位数(张) Beds	年末收养人数(人) Person Housed (year-end) (person)	单 位(个) Homes	床位数(张) Beds	年末收养人数(人) Children Housed (year-end) (person)	单 位(个) Homes	床位数(张) Beds	年末收养人数(人) Patients Housed (year-end) (person)
1980	9	1 555	1 337	2	600	559	3	1 475	1 424
1981	9	1 621	1 312	2	650	632	3	1 460	1 429
1982	9	1 525	1 495	2	650	671	3	1 490	1 422
1983	10	1 644	1 491	2	600	676	3	1 490	1 432
1984	10	1 948	1 635	2	600	633	3	1 460	1 380
1985	10	1 727	1 630	2	580	625	3	1 480	1 360
1986	10	1 697	1 648	2	550	612	3	1 510	1 354
1987	10	1 991	1 770	2	378	449	3	1 497	1 342
1988	13	2 189	1 790	2	387	458	3	1 497	1 313
1989	14	2 418	2 012	2	538	481	3	1 433	1 324
1990	15	2 679	2 019	2	589	586	3	1 497	1 298
1991	14	2 687	2 138	2	611	592	3	1 391	1 285
1992	14	2 776	2 431	2	665	651	3	1 510	1 404
1993	14	2 874	2 554	2	708	690	3	1 510	1 394
1994	15	2 931	2 648	2	878	862	3	1 510	1 392
1995	15	3 006	2 722	2	988	919	3	1 510	1 409
1996	17	3 294	2 866	2	988	943	3	1 510	1 429
1997	21	4 012	3 441	2	988	946	3	1 500	1 452
1998	24	4 596	3 678	2	1 004	984	3	1 500	1 455

17－10 全市福利院情况

BASIC STATISTICS OF WELFARE HOMES

(1998)

福利院名称	Name of Welfare Homes	机构数(个) Homes	工作人员(人) Staff and Workers (person)	#医务护理人员 Medical Personnel and Nurses	床位数(张) Beds	年末收养人数(人) Person Housed (person)
民政部门办福利院	**Welfare Home Run by Civil Administration Departments**	**30**	**2 462**	**527**	**7 132**	**6 130**
社会福利院	**Social Welfare Homes**	**24**	**1 517**	**326**	**4 596**	**3 678**
市　级	City Level	4	631	98	1 498	1 284
徐汇区	Xuhui	1	102	11	163	160
黄浦区	Huangpu	1	25	2	120	114
南市区	Nanshi	2	159	111	498	451
长宁区	Changning	3	76	10	288	139
虹口区	Hongkou	1	69	8	200	191
普陀区	Putuo	1	93	12	225	217
闸北区	Zhabei	1	34	2	280	163
杨浦区	Yangpu	1	76	12	310	279
宝山区	Baoshan	1	50	5	150	141
闵行区	Minhang	2	81	32	299	299
金山区	Jinshan	3	28	3	93	83
松江区	Sonjiang	1	17	11	250	30
奉贤县	Fengxian	1	56	8	202	126
南汇县	Nanhui	1	20	1	20	1
儿童福利院	**Children's Welfare Homes**	**2**	**353**	**39**	**1 004**	**984**
市儿童福利院	Shanghai Children's Welfare Home	1	330	36	904	904
虹口区育能院	Capibility Rehabilitation Institution of Hongkou District	1	23	3	100	80
精神病康复院	**Mental Disease Rehabilitation Institution**	**3**	**557**	**151**	**1 500**	**1 455**
革命伤残军人休养院	**Convalescent Homes for Disabled Ex-servicemen**	**1**	**35**	**11**	**32**	**13**
社会办敬老院	**Old People's Homes Run by Society**	**339**	**3 374**		**13 958**	**11 122**

17－11 社会办敬老院情况

HOMES FOR THE ELDERLY RUN BY SOCIETY

(1980－1998)

年 份 Year	城 镇 Urban			农 村 Rural		
	敬老院(个) Homes	收养人数(人) Person Housed (person)	集体供给金额(万元) Collective Fund(10 000 yuan)	敬老院(个) Homes	收养人数(人) Person Housed (person)	集体供给金额(万元) Collective Fund(10 000 yuan)
1980				42	630	16.0
1981				53	762	23.1
1982				58	1 022	29.1
1983	4	42	0.7	90	1 402	55.2
1984	14	139	3.0	135	2 328	93.5
1985	38	301	9.5	161	2 737	337.0
1986	70	552	39.2	179	2 894	228.8
1987	94	884	60.4	183	3 378	260.8
1988	108	1 058	61.9	185	3 696	408.3
1989	168	1 444	83.6	181	3 685	438.5
1990	150	1 495	106.5	182	3 536	431.6
1991	162	1 842	132.8	179	3 921	515.7
1992	142	2 119	158.8	178	3 916	522.5
1993	214	3 602	535.9	117	2 763	585.3
1994	266	5 228	781.1	67	1 610	380.3
1995	295	6 613	819.2	35	792	342.2
1996	325	8 112	906.9	8	249	71.0
1997	315	9 036	1 189.1	8	259	89.2
1998	331	10 868	1 881.3	8	254	79.0

17－12 优抚、救济对象享受国家定期抚恤补助、救济情况

PERSONS ENJOYING REGULAR SUBSIDIES AND COMMISERATION OF THE STATE

(1985－1998)

单位：人 (person)

年 份 Year	合 计 Total	伤残抚恤 Pension for the Disabled	烈属抚恤 Pension for Families of Martyr	复退军人定期补助 Subsidies for Exsevicemen	享受国家定期救济人数 Number of People Receiving Regular Relief from the state	#城市最低生活保障对象 People Under City's Basic Provision Protection
1985	21 023	7 836	2 272	3 651	7 264	4 547
1986	25 905	8 031	2 559	4 887	10 428	7 089
1987	25 040	8 199	2 511	5 879	8 451	5 538
1988	25 045	8 203	2 437	6 207	8 198	5 001
1989	27 595	8 365	2 326	6 505	10 399	6 777
1990	28 029	8 642	2 183	6 755	10 449	6 888
1991	27 112	8 256	2 066	7 102	9 688	6 745
1992	31 036	8 292	1 965	7 144	13 635	10 875
1993	31 137	8 289	1 946	7 015	13 887	10 365
1994	31 223	8 250	1 810	7 025	14 138	10 186
1995	31 158	8 218	1 724	6 902	14 314	10 077
1996	31 980	8 096	1 675	6 843	15 366	10 732
1997	26 849	8 002	1 523	6 902	10 422	7 341
1998	32 325	7 943	1 531	6 568	16 283	12 449

注：1. 1985年至1996年城市最低生活保障对象是指城镇社会散居孤老残幼、城镇社会困难户和精减退职老职工。
2. 1998年城市最低生活保障对象中包括亏损企业困难职工1143人。

Note: 1. During the 1985-1996 period, the people under city's basic provision protection referred to the group of urban residents who are old without children and disabled orphans living outside the city's welfare institutions; the urban households in need; and retirees and laid-off workers.
2. In 1998. people under city's basic provision protection included 1143 staff and workers of enterprises at loss who living difficultly.

第18篇

法律、公证和其他

Chapter 18

Laws, Notary and Others

第十八篇　法律、公证和其他

社会主义民主与法制建设稳步推进，司法制度建设进一步加强，法律工作者队伍进一步壮大。1998年末全市律师事务所351个，比上年末增长22.7%；专职律师达2713人，增长9.7%。社会法律意识增强，全市有18649个单位聘请了法律顾问，比上年末增长6.5%。全年办理民事诉讼代理2.68万件，增长12.6%；办理刑事案件1.05万件，下降23.6%；办理经济案件诉讼代理2.79万件，下降3.4%。全市有公证处22个；公证人员370人，比上年末增长6%。全年办理公证文件35.47万件，比上年增长18.2%，其中经济合同公证14.15万件，增长62.9%。人民调解工作稳步发展。全市有专职司法助理员410人；调解民间纠纷6.92万件，比上年增长3.8%。

消费者权益得到保护。消费者协会全年受理消费者投诉1.57万件，比上年增长55.4%，其中因产品质量投拆的占77.3%。按产品质量分，日用百货类质量投诉占32.9%，其中鞋类投诉占11.3%；家用电器类占19.8%，其中电视机质量投拆占4.3%；服务类占13%；食品类占7.3%。

交通事故发生仍较频繁。全年共发生23996起，比上年增长11.3%；死亡781人，比上年增加1人；受伤6509人，增加678人。全年发生火灾6993次，比上年减少357次。因火灾致死的人数比上年减少9人；致伤人数减少24人；经济损失折款2205万元，比上年减少434万元。造成火灾首要因素仍是违反电器安装规定，占29.9%；其次为生活用火不慎，占21.2%。值得注意的是，吸烟已成为造成火灾的第三大因素，占16.1%，比上年增加2.4个百分点。

Chapter 18　Laws, Notary and Others

In the city, socialist democracy and development of the legal system are progressing steadily. The justice system has been further improved, and the contingent of legal workers has further expanded. At the end of 1998, there were 351 lawyers' offices around the city, an increase of 22.7% over the previous year. Meanwhile, there were 2,713 professional lawyers, up 9.7%. As the whole society had become more legally conscious, 18, 649 work units in the city had hired legal advisors in 1998, 6.5% more than in the previous year. In 1998, local courts at various levels handled 26,800 civil actions, up 12.6%; 10,500 criminal cases, down 23.6%; and 27, 900 economic cases, down 3.4%. There were also 22 notary public offices and 370 notarial workers, up 6% over the previous year. In 1998, 354,700 notarial documents were handled in the city, 18.2% more than that in 1997. Of the total, 141,500 were notarial certificates for economic contracts, catapulting by 62.9%. At the same time, the people's mediation work had also been proceeding smoothly. There were 410 professional justice assistants around the city. A total of 69,200 civil disputes were resolved through mediation, up 3.8% over 1997.

Consumers' interests have been better protected in Shanghai. The city's consumers association handled more than 15,700 complaints in 1998, 55.4% more than the figure of the previous year. Of the total complaints, 77.3% were about product quality. Complaints about daily－use articles accounted for 32.9%, shoes 11.3%, household electric appliances 19.8%, TV sets 4.3%, services 13% and food 7.3%.

Traffic accidents still happen frequently around the city. In 1998, the city witnessed 23,996 traffic accidents, up 11.3% over the previous years. In these accidents, 781 people died and 6,509 injured, one and 678 more than the 1997 figures, respectively. Also in 1998, the number of fires broke out around the city totalled 6,993, 357 less than the previous year. The number of people died or wounded in fires was down by 9 and 24 from the 1997 figures. The fire losses amounted to 22.05 million yuan, a decrease of 4.34 million yuan from the previous year. The number one cause of fires was inadequate installation of electric appliances, accounting for 29.9% of the total; and the number two reason was violation of fire safety regulations, accounting for 21.2% of the total. However, smoking came the third major cause of fires, accounting for 16.1% of the total, a rise of 2.4 percentage points over the previous year.

国内公证文书分类构成 (%)
Composition of Domestic Notarial Documents (%)

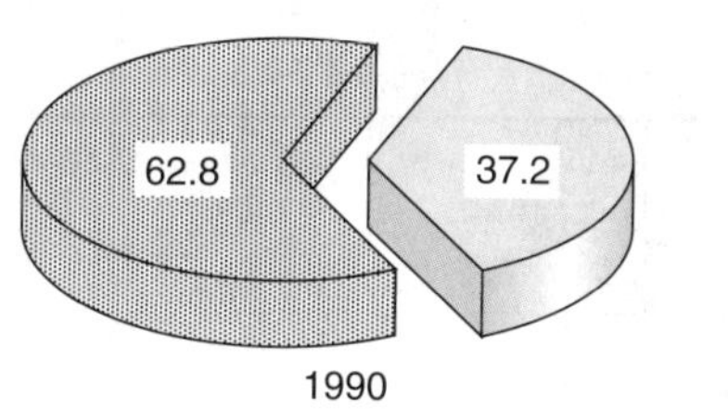

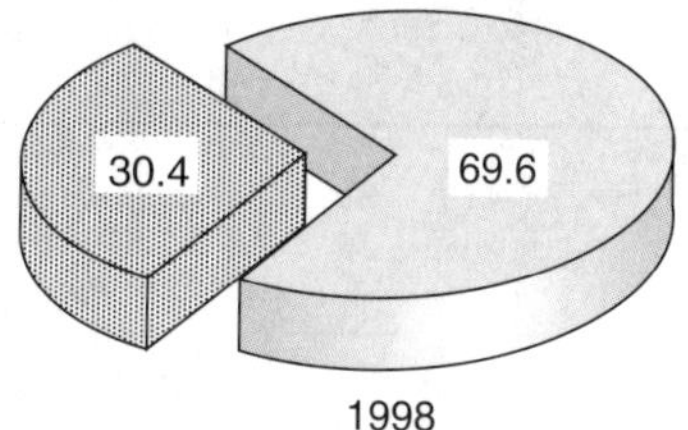

民事法律关系公证 Notarized Documents on Civil Legal Relations
经济合同公证 Notarized Business Contracts

消费者协会受理投诉情况构成 (%)
Composition of Cases Accepted and Heard by Consumers Associations (%)

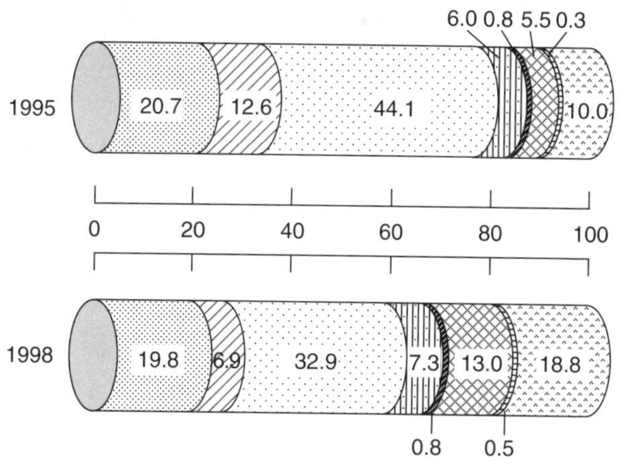

家用电器类 Household Appliances
家用机械类 Household Machinery
日用百货类 Daily Use Goods
食品类 Foods
药和医疗用品 Medicine and Medical Appliance
服务类 Services
农用生产资料类 Agricultureal Production Materials
其它 Others

火灾原因构成 (%)
Causes of Fire (%)

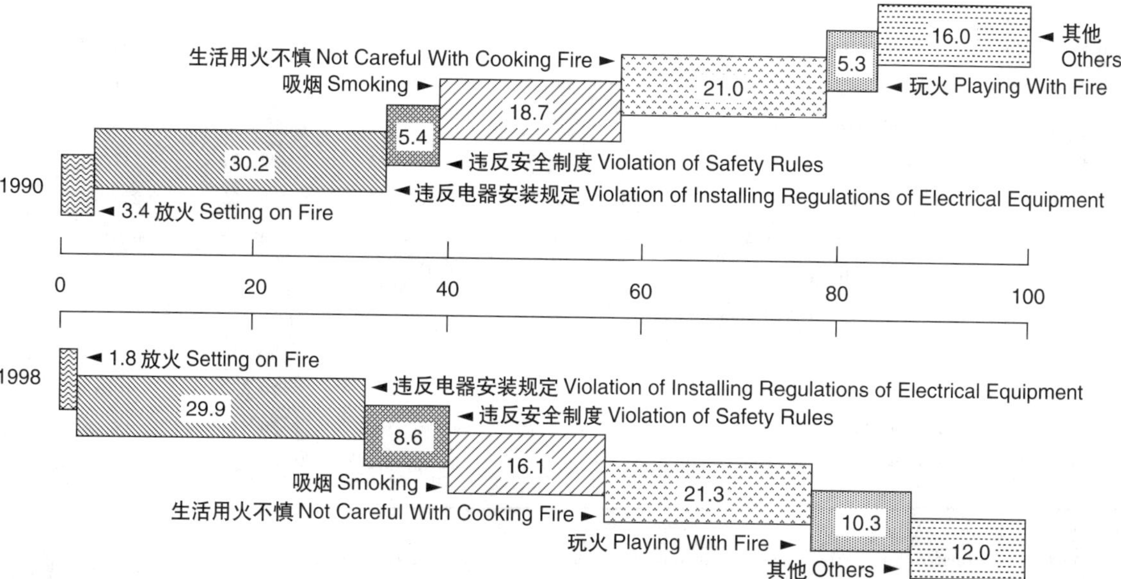

18－1　主要年份律师、公证及调解工作基本情况
BASIC STATISTICS OF LAWYERS, NOTARIZATIONS AND MEDIATIONS IN MAIN YEARS

指　标	Indicators	1990	1996	1997	1998
律师工作	**Law**				
法律律师事务所(个)	Law Offices	60	259	286	351
专职工作人员(人)	Full-time Staff (person)	815	3 164	3 299	3 766
# 专职律师	Full-time Lawyers	644	2 394	2 472	2 713
取得律师资格(人)	Qualified Lawyers (person)	2 338	4 887	4 754	4 586
# 专职律师	Full-time Lawyers	628	2 394	2 472	2 713
兼职律师	Part-time Lawyers	913	1 271	1 109	865
聘请常年法律顾问的单位(个)	Units with Permanent Legal Advisors	10 446	21 895	17 513	18 649
全年办理(件)	Annual Transacted (case)				
民事诉讼代理	Civil Lawsuit	16 357	20 357	23 817	26 828
刑事案件	Criminal	7 506	9 299	11 494	10 512
经济案件诉讼代理	Economic Lawsuit		26 798	28 862	27 892
非诉讼法律事务	Non-Litigation Action	3 928	13 870	14 264	16 467
解答法律询问	Legal Advisory Services	55 292	51 591	74 881	80 527
代写法律事务文书	Legal Documents Written on Behalf of Clients	12 015	13 330	14 315	18 238
行政诉讼代理	Administrative Lawsuit		636	596	648
公证工作	**Notarizations**				
公证处(个)	Notarial Offices	23	22	22	22
公证人员(人)	Notarial Personnel (person)	294	351	349	370
# 公证员	Notaries	115	215	220	250
办理公证文件(件)	Notarized Documents (case)	136 753	261 368	300 005	354 702
# 经济合同公证	Notarized Business Contracts	12 144	46 977	86 850	141 507
在办理公证文书中:	Of the Notarized Documents:				
涉外公证(件)	Foreign	104 076	157 014	142 957	147 448
国内公证(件)	Domestic	32 677	104 354	153 505	203 387
公证费收入(万元)	Revenue of Notorial Fees (10 000 yuan)	472.32	6 741.77	8 593.69	9 278.46
人民调解工作	**People's Mediation**				
专职司法助理员(人)	Full-time Judicial Assistants (person)	386	405	414	410
人民调解委员会(个)	People's Mediation Committees	11 776	11 201	10 582	10 070
调解人员(人)	Mediators (person)	55 020	54 691	50 579	43 407
调解民间纠纷(件)	Civil Disputes Mediated (case)	81 076	68 267	66 620	69 172

注：1998年办理公证文件中还包括涉及港、澳、台公证3867件。
Note: The number of notarized documents handled in 1998 included 3,867 Hong Kong, Macao, and Taiwan-related ones.

18－2 主要年份国内公证文书分类情况

DOMESTIC NOTARIAL DOCUMENTS BY TYPE IN MAIN YEARS

单位：件 (piece)

指 标	Indicators	1990	1995	1997	1998
总 计	**Total**	**23 677**	**89 687**	**153 505**	**203 387**
一、经济合同公证合计	**Notarized Business Contracts**	**12 144**	**40 142**	**86 856**	**141 507**
#购 销	Purchases and Sales of Industrial Products	21	277	76	46
联 营	Joint Business	57	41	7	1
贷 款	Loans	427	13 042	56 667	93 908
招标、投标	Bidding	139	13	167	199
劳务合同	Labour Contracts	1 836	521	1 553	3 038
建筑工程承包	Construction Project Contracts	230	71	129	12
农、林、牧、渔业承包	Farming,Forestry, Animal Husbandry. Sideline Production and Fishery Contracts	1 817	112	79	72
财产租赁	Property Leases	3 213	144	138	118
法人(代表)资格	Legal Person Representatives Identification	453	79	42	52
委托书	Certificate of Entrustment	289	362	446	493
二、民事法律关系公证合计	**Notarized Documents on Civil Legal Relations**	**20 533**	**49 545**	**66 649**	**61 880**
#收 养	Child Adoption	178	323	293	236
解除收养	Adoption Renouncements	54	2	20	19
继承权	Rights of Inheritance	1 599	2 068	2 654	3 443
遗 嘱	Testaments	898	1 841	1 886	1 606
产 权	Porperty Rights	708	1 624	1 377	953
亲属关系	Kinship Confirmation	259	216	323	500
房屋买卖	Purchases and Sales of House	1 429	1 296	2 209	1 584
房屋租赁	House Leases	436	1 168	1 007	208
留学协议	Study Abroad Contracts	1 239	1 209	1 391	1 732
遗赠抚养协议	Donations and Family Fostering	91	116	75	52
其他民事协议	Other Civil Agreements	5 473	10 209	7 396	10 304
委托书	Certificate of Entrustment	521	1 352	1 764	1 780
赠与书	Presentation Documents	1 583	7 741	7 680	8 644
声明书	Declarations	451	2 904	3 933	4 537
建房宅基使用协议	Rights to Housing Site	1 856	791	456	361

18－3 消费者协会受理投诉情况
CASES ACCEPTED AND HEARD BY CONSUMERS ASSOCIATIONS
(1998)

单位：件 (piece)

类别	Items	合计 Total	#质量 Quality	#价格 Price	#虚假广告 False Advertisement	#假冒商品 Fake Products	#计量 Measurement
总计	**Total**	**15 702**	**11 093**	**821**	**76**	**137**	**299**
#家用电器类	**Household Appliances**	**3 106**	**2 757**	**33**	**2**	**16**	**1**
#电视机	TV Sets	680	628	6		1	
电冰箱	Refrigerators	261	242	2		1	
洗衣机	Washing Machines	128	112	2			1
收录机(音响)	Recorders	269	234	3		3	
家用机械类	**Household Machinery**	**1 090**	**868**	**24**	**3**	**11**	
#照相机	Cameras	32	24	2			
自行车	Bicycles	245	147	5		3	
摩托车	Motorcycles	182	142	8		2	
钟　表	Clocks and Watches	244	217	4		1	
日用百货类	**Daily Use Goods**	**5 168**	**4 502**	**103**	**10**	**39**	
#家　具	Furniture	982	859	11	4	2	1
针纺织品(服装)	Textile Products	1 365	1 187	41	1	19	12
鞋	Shoes	1 777	1 683	6	1	6	7
化妆品	Cosmetics	131	89	3	2	2	
食品类	**Foods**	**1 147**	**588**	**144**	**8**	**62**	**187**
药和医疗用品类	**Medicine and Medical Appliances**	**123**	**68**	**18**		**1**	
服务类	**Services**	**2 045**	**1 087**	**350**	**24**	**3**	**12**
农用生产资料类	**Agricultural Production Materials**	**82**	**45**	**1**			**3**

18－4 主要年份交通事故情况

BASIC STATISTICS OF TRAFFIC ACCIDENTS IN MAIN YEARS

指 标	Indicators	1990	1995	1996	1997	1998
次数(起)	Traffic Accidents (time)	7 624	16 728	20 054	21 564	23 996
死亡人数(人)	Deaths (person)	608	788	783	780	781
伤残人数(人)	Injuries (person)	4 712	3 774	4 379	5 831	6 509
损失折款(万元)	Losses Converted into Cash(10 000 yuan)	1 345.27	12 076.56	13 461.51	13 682.30	15 186.00

18－5 主要年份火灾情况

BASIC STATISTICS OF FIRES IN MAIN YEARS

指 标	Indicators	1990	1995	1996	1997	1998
次数(起)	Fires (time)	2 146	1 114	879	7 350	6 993
死亡人数(人)	Deaths (person)	45	47	87	51	42
伤残人数(人)	Injuries (person)	137	86	96	138	114
损失折款(万元)	Losses Converted into Cash(10 000 yuan)	1 868	2 100	2 206	2 639	2 205
按火灾原因分	**Causes**					
# 放火(起)	Setting on Fire (time)	63	37	48	145	129
违反电器安装规定(起)	Violation of Installing Regulations of Electrical Equipment (time)	564	372	313	1 806	2 091
违反安全制度(起)	Violation of Safety Rules (time)	101	263	196	592	598
吸烟(起)	Smoking (time)	350	150	91	1 004	1 128
生活用火不慎(起)	Not Careful with Cooking Fire (time)	392	113	97	1 393	1 488
玩火(起)	Playing with Fire (time)	99	117	97	997	723
自燃(起)	Nature Fire (time)	38	18	14	30	54
其他(起)	Others (time)	407	10	9	410	512
不明(起)	Unknown (time)	132	34	14	378	270

注：从1997年开始，火灾统计口径为受理数。

Note: From 1997, statistics of fires refer to the number of fires handled.

第19篇

浦东新区

Chapter 19

Pudong New Area

第十九篇　浦东新区

浦东新区位于黄浦江以东、长江口以南、川杨河以北，是紧靠上海市区的一块三角形地区。新区市政中心的地理座标位于北纬31°13′、东经121°32′。新区面积为522.75平方公里，1998年末总人口为156.18万人，共辖10个街道、26个镇。

1998年，浦东新区外抓形象、内增实力，加快体制创新、产业升级、积极扩大开放，发挥新区的示范、辐射、带动作用。全年新区实现增加值704.27亿元，按可比价格计算，比上年增长16.8 %，其中第三产业增加值286.15亿元，增长24.2%；完成工业总产值1407.53亿元，增长17.3%；完成全社会固定资产投资总额560.42亿元，增长17.2%；外贸出口总值43亿美元，增长14.5%；批准外商直接投资合同项目554项，吸引外资合同金额27.9亿美元；社会消费品零售总额178.97亿元，比上年增长10.3%。

1998年是浦东开发开放以来重大工程项目投资规模最大、开工项目最为集中的一年。作为浦东迈向新世纪重要标志工程建设十分迅速。城市基础设施投资完成154.7亿元，比上年增长29.7%，占全社会固定资产投资比重达到27.6%。住宅竣工面积为267.41万平方米。

重点小区功能开发取得新成效。陆家嘴金融贸易区功能机构加快集聚。1998年末，区内已云集72家中外金融机构，其中外资金融机构42家，获准经营人民币业务的外资银行已增加到19家。金桥现代工业园区高新技术支柱产业形成规模，全年高新技术产值186.12亿元。外高桥保税区贸易和口岸功能开发势头强劲。至1998年底，区内共引进中外资项目3580个，总投资33.06亿美元，合同外资16.9亿美元。区内开设了铁路器材、机械产品、纺织配件、邮电通信等9个保税交易市场，全年保税区进出口货物总值达29.61亿美元。随着港区一期改造工程的顺利完成，港区已开通6条国际班轮航线，集装箱运输达到67.5万标箱，比1997年增长37.5%。张江高科技园区创新经济崭露头角，信息产业基地正从蓝图规划进入实质性启动，全年信息产业产值达11亿元，占园区总产值的四分之一。

Chapter 19　Pudong New Area

Pudong New Area, with a size of 522.75 square kilometres, is a triangular area to the east of the Huangpu River, to the west of the Yangtze River estuary and to the north of Chuanyang River. The new area is situated at 31°13′ north latitude and 121°32′ east longitude. By the end of 1998, the new area had a total population of 1.5618 million. It consists of 10 neighbourhoods and 26 towns.

In 1998, the new area further deeped reforms, opned wider to the outside world, continued the endeavour in building up its infrastructure and economic strength and upgraded its industries. In 1998, the new area achieved a total added value of 70.427 billion yuan, an increase of 16.8%, in real term, over the previous year. The tertiary industry reported an added value of more than 28.615billion yuan, up 24.2%. Its total industrial output reached 140.753 billion yuan, a growth of 17.3%. Fixed asset investment in the new area totalled 56.042 billion yuan, a rise of 17.2%. Also in 1998, Pudong's export totalled US$4.3 billion, up 14.5. The new area approved 554 overseas-funded projects with a total contracted overseas investment of US$2.79 billion. Its social retail sales came up to 17.897 billion yuan, up 10.3% over the previous year.

The new area's investment scale in key projects was the largest in 1998 after Pudong lauched its opening programme in 1990. As a result, a large number of projects were under construction in the year and many key projects were processing at a very fast speed. The new area invested a total of 15.47 billion yuan in its urban construction in 1998, an increase of 29.7% over 1997 and accounting for 27.6% of its total fixed assets investment. Construction on 2.6741 million square metres of housing was also completed in the new area.

In 1998, new progress was made in the functional development of the key development zones in the new area. At the end of 1998, Lujiazui Finance and Trade Zone housed 72 Chinese and overseas financial institutions. Of the 42 foreign financial institutions operating in Lujiazui, 19 were approved to deal in RMB businesses. With more enterprises involving new and high technology launched in Qinqiao Modern Industry Park, a high-tech industry has taken shape. In 1998, the zone's new and high-tech industry generated an output value of 18.612 billion. Waigaoqiao Free Trade Zone plays a key role in Pudong's foreign trade and introduction of overseas investment. By the end of 1998, the free trade zone registered 3,580 Chinese and overseas investment projects, with a total investment of US$3.306 billion, including US$1.69 contracted foreign investment. Waigaoqiao has opened nine free trading markets for railway equipments, machinery, textiles, post and telecommunications facilities and other products. Imports and exports business of the free trade zone in 1998 reached US$2.961 billion. After the completion of the first phase of the Waigaoqiao Harbour, it opened six international shipping lines and its container transportation in 1998 amounted to 675,00 TEUs, a rise of 37.5% over 1997. Information industry has become a new economic growth point of Zhangjiang High-Tech Park and efforts have been taken to build an information industry base in the park. In 1998, the information industry generated an output value of 1.1 billion yuan, accounting for 25% of the park's total industrial output value.

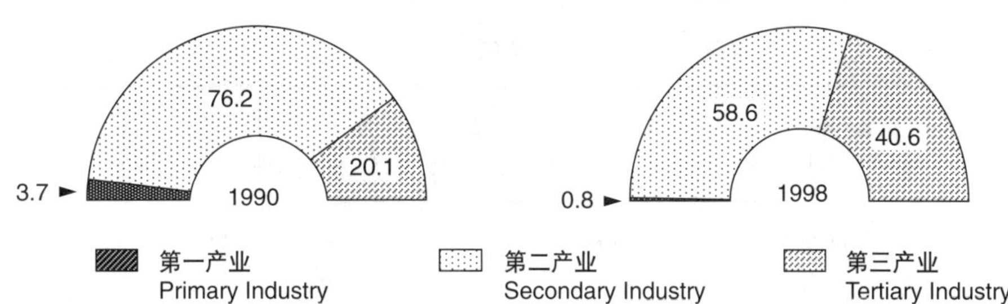
增加值构成 (%)
Composition of Value Added (%)
76.2
20.1
3.7
1990
58.6
40.6
0.8
1998
第一产业
Primary Industry
第二产业
Secondary Industry
第三产业
Tertiary Industry

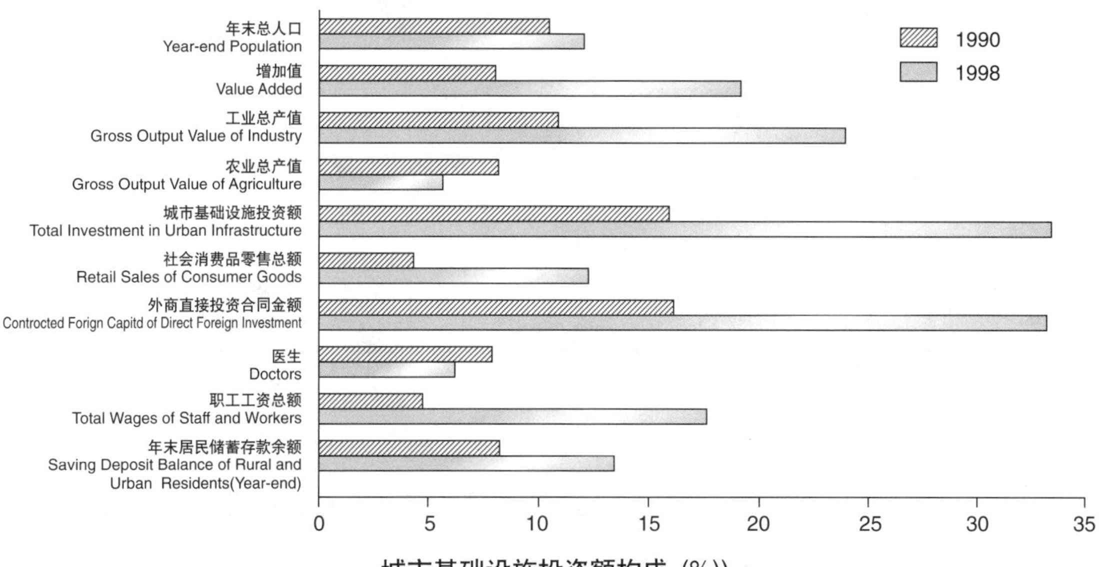
浦东新区主要指标占全市比重 (%)
Proportion of Pudong's Main Indicators in Shanghai (%)
年末总人口
Year-end Population
增加值
Value Added
工业总产值
Gross Output Value of Industry
农业总产值
Gross Output Value of Agriculture
城市基础设施投资额
Total Investment in Urban Infrastructure
社会消费品零售总额
Retail Sales of Consumer Goods
外商直接投资合同金额
Controcted Forign Capitd of Direct Foreign Investment
医生
Doctors
职工工资总额
Total Wages of Staff and Workers
年末居民储蓄存款余额
Saving Deposit Balance of Rural and
Urban Residents(Year-end)
1990
1998
0
5
10
15
20
25
30
35

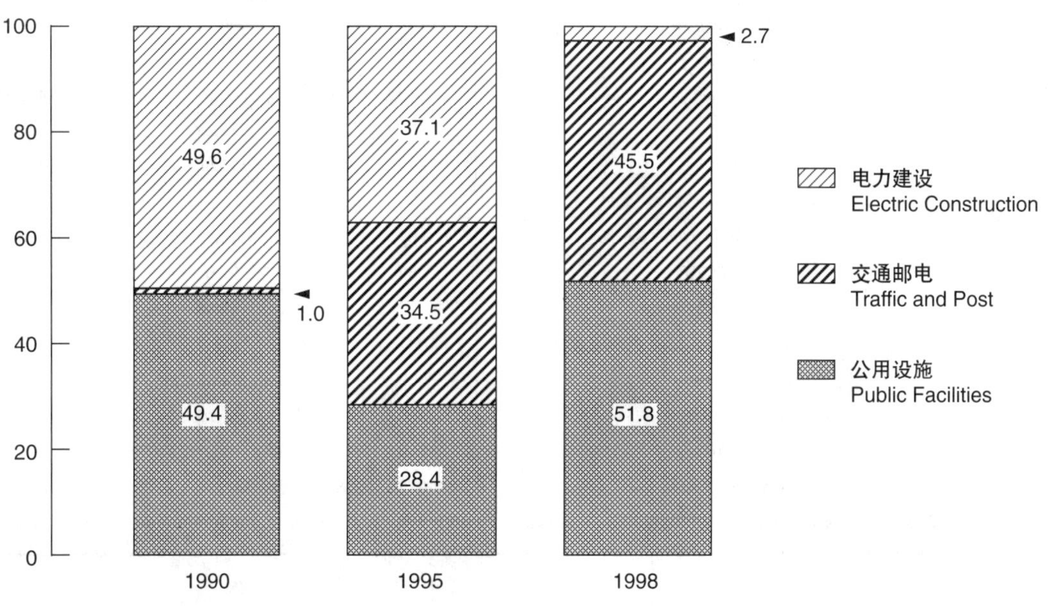
城市基础设施投资额构成 (%))
Composition of Investment in Urban Infrastructure (%)
100
80
60
40
20
0
49.6
1.0
49.4
37.1
34.5
28.4
2.7
45.5
51.8
1990
1995
1998
电力建设
Electric Construction
交通邮电
Traffic and Post
公用设施
Public Facilities

19－1 增 加 值

VALUE ADDED

(1990－1998)

指 标	Indicators	1990	1991	1992	1993
增加值(亿元)	**Value Added (100 million yuan)**	**60.24**	**71.54**	**101.49**	**164.00**
第一产业	Primary Industry	2.22	2.41	1.89	2.12
第二产业	Secondary Industry	45.89	53.45	73.72	114.45
#工 业	Industry	43.13	50.46	70.25	108.16
第三产业	Tertiary Industry	12.13	15.68	25.88	47.43
#运输、邮电业	Transportation, Postal and Telecommunications Services	4.41	5.33	7.75	8.27
商业、餐饮业	Commerce and Food Services	1.86	2.24	3.87	9.90
金融、保险业	Banking and Insurance	3.07	4.46	6.96	16.40
增加值指数(以1990年为100)	**Indices of Value Added (1990=100)**	**100**	**113.9**	**138.0**	**179.7**
第一产业	Primary Industry	100	120.0	132.0	120.8
第二产业	Secondary Industry	100	131.0	159.4	194.5
第三产业	Tertiary Industry	100	119.5	143.8	210.7
人均增加值(元)	**Average Value Added Per Capita (yuan)**	**4 498**	**5 274**	**7 301**	**11 533**

19－1 续表 continued

指 标	Indicators	1994	1995	1996	1997	1998
增加值(亿元)	**Value Added (100 million yuan)**	**291.20**	**414.65**	**496.47**	**608.22**	**704.27**
第一产业	Primary Industry	3.19	4.22	4.57	4.95	5.30
第二产业	Secondary Industry	197.13	283.92	320.31	376.87	412.82
#工 业	Industry	177.45	260.07	286.32	330.44	349.97
第三产业	Tertiary Industry	90.88	126.51	171.59	226.40	286.15
#运输、邮电业	Transportation, Postal and Telecommunications Services	9.02	11.88	15.44	17.83	20.21
商业、餐饮业	Commerce and Food Services	17.92	34.71	57.68	68.78	80.05
金融、保险业	Banking and Insurance	23.73	28.59	39.08	69.10	101.31
增加值指数(以1990年为100)	**Indices of Value Added (1990=100)**	**231.1**	**282.0**	**339.0**	**401.0**	**468.4**
第一产业	Primary Industry	126.9	145.0	147.7	155.5	164.7
第二产业	Secondary Industry	236.5	288.3	338.5	393.6	448.7
第三产业	Tertiary Industry	301.0	369.0	479.7	596.2	740.5
人均增加值(元)	**Average Value Added Per Capita (yuan)**	**20 088**	**28 128**	**33 127**	**39 949**	**45 498**
劳动者人均提供的增加值(元)	**Value Added Per Labour Force (yuan)**	**27 813**	**38 940**	**46 850**	**60 172**	**72 419**

19－2 社会经济主要指标占全市比重

PROPORTION OF PUDONG'S ECONOMIC AND SOCIAL INDICATORS IN SHANGHAI

(1998)

指 标	Indicators	浦东新区 Pudong New Area	全 市 Shanghai	浦东新区占全市比重(%) Proportion of Pudong New Area In Shanghai
年末总人口(万人)	Year-end Population (10 000 persons)	156.18	1 306.58	12.0
从业人员(万人)	Employment (10 000 persons)	96.32	836.21	11.5
#职工人数	Staff and Workers	66.14	412.61	16.0
增加值(亿元)	Value Added (100 million yuan)	704.27	3 688.20	19.1
第一产业	Primary Industry	5.30	78.50	6.8
第二产业	Secondary Industry	412.82	1 847.20	22.3
第三产业	Tertiary Industry	286.15	1 762.50	16.2
工农业总产值(亿元)	Gross Output Value of Industry and Agriculture (100 million yuan)	1 419.12	6 126.10	23.2
工业总产值	Gross Output Value of Industry	1 407.53	5 919.35	23.8
轻工业	Light Industry	570.20	2 611.47	21.8
重工业	Heavy Industry	837.33	3 307.87	25.3
农业总产值	Gross Output Value of Agriculture	11.59	206.75	5.6
固定资产投资额(亿元)	Total Investment in Fixed Assets (100 million yuan)	560.42	1 964.83	28.5
城市基础设施投资额(亿元)	Total Investment in Urban Infrastructure (100 million yuan)	154.70	531.38	29.1
建筑业施工产值(亿元)	Gross Output Value of Constuction (100 million yuan)	143.55	593.11	24.2
地方财政收入(亿元)	Local Government Revenue (100 million yuan)	46.37	392.22	11.8
地方财政支出(亿元)	Local Government Expenditures(100 million yuan)	55.75	480.70	11.6
社会消费品零售总额(亿元)	Retail Sales of Consumer Goods (100 million yuan)	178.97	1 471.03	12.2
海关进出口总额(亿美元)	Total Value of Import and Export Commodities through Custom (USD 100 million)	119.82	636.38	18.8
#出口商品总额	Value of Export	52.80	374.58	14.1
港口货物吞吐量(万吨)	Turnover Volume of Freight Transport (10 000 tons)	4 595	16 388	28.0
新批外商直接投资签约项目(个)	Newly-permitted Contracts of Foreign Direct Investment	554	1 490	37.2
新批项目外商合同投资额(亿美元)	Contractual Foreign Investment in Newly-approved Projects (USD 100 million)	27.90	84.16	33.2
各级各类全日制学校在校学生数(万人)	Student Enrollment by Level and Type of Full-time Schools (10 000 persons)	26.47	215.70	12.3
医院病床(张)	Number of Hospital Beds	4 592	68 306	6.7
专业卫生技术人员(人)	Medical Technical Personnel (person)	6 724	108 358	6.2
#医 生	Doctors	3 141	50 326	6.2
职工工资总额(亿元)	Total Wages of Staff and Workers (100 million yuan)	89.69	510.35	17.6
居民储蓄存款年末余额(亿元)	Savings Deposit Balance of Rural and Urban Residents (year-end) (100 million yuan)	317.61	2 372.94	13.4
城镇储蓄	Savings Deposit Balance of Urban Residents	283.67	2 180.69	13.0
农村储蓄	Savings Deposit Balanec of Rural Residents	33.94	192.25	17.7

19－3 人口、从业人员和职工工资
(1990－1998)

指 标	Indicators	1990	1991
年末总人口(万人)	Year-end Population (10 000 persons)	133.94	137.34
按性别分	Grouped by Sex		
男	Male	66.41	68.22
女	Female	67.53	69.12
按农业、非农业分	Grouped by Agriculture and Non-agriculture		
农业人口	Agriculture	52.27	51.89
非农业人口	Non-agriculture	81.67	85.45
按城乡分	Grouped by Residence		
城镇人口	Urban	76.73	80.04
农村人口	Rural	57.21	57.30
人口密度(人/平方公里)	Density of Population (person/sq.km)		
总户数(万户)	Total Households (10 000)		
每户平均人口(人)	Average Persons Per Household (person)		
人口自然变动	Natural Change		
出生人口(人)	Number of Birth (person)	13 459	10 571
出生率(‰)	Birth Rate	10.20	7.80
死亡人口(人)	Number of Death (person)	8 711	8 746
死亡率(‰)	Death Rate	6.60	6.40
自然增长率(‰)	Natural Growth Rate	3.60	1.40
人口迁移变动	Migration Change		
迁入人口(人)	Inflows (person)	18 079	19 261
# 市外迁入	Moving in	8 102	7 052
迁入率(‰)	Rate of Inflows	13.50	14.20
迁出人口(人)	Outflows (person)	15 820	14 746
# 迁出市外	Moving Out	5 843	3 501
迁出率(‰)	Rate of Outflows	11.80	10.80
净迁移率(‰)	Net Migration Rate	1.69	3.32
从业人员数(万人)	Employment (10 000 persons)		
职工人数(万人)	Staff and Workers (10 000 persons)	39.61	41.19
职工工资总额(亿元)	Wages of Staff and Workers (100 million yuan)	11.51	13.69
职工年平均工资(元)	Average Annual Wages of Staff and Workers (yuan)	2 939	3 363

POPULATION, LABOUR FORCE AND WAGES FOR STAFF AND WORKERS

1992	1993	1994	1995	1996	1997	1998
140.67	143.73	146.20	148.63	151.11	153.40	156.18
69.96	71.59	72.92	74.23	75.53	76.70	78.21
70.71	72.14	73.28	74.40	75.58	76.70	77.97
51.02	45.95	41.57	38.90	37.27	34.20	32.48
89.65	97.87	104.63	109.73	113.84	119.20	123.70
83.34	85.92	88.05	90.14	151.11	153.40	156.18
57.33	57.81	58.15	58.49			
	2 749	2 797	2 843	2 891	2 934	2 988
	48.63	49.91	51.46	53.04	54.52	56.39
	3.0	2.9	2.9	2.8	2.8	2.8
10 416	9 785	8 743	7 877	7 727	7 305	7 035
7.50	6.88	6.03	5.34	5.15	4.80	4.54
9 391	9 899	9 974	10 538	10 690	10 941	11 683
6.80	6.96	6.88	7.15	7.13	7.19	7.55
0.70	-0.08	-0.85	-1.81	-1.98	-2.39	-3.01
24 730	59 214	52 953	54 560	61 335	57 801	68 433
8 591	10 469	11 088	10 419	12 557	10 746	12 018
17.79	41.64	36.22	36.71	40.59	37.96	44.21
17 047	32 457	29 730	24 600	33 404	30 432	35 852
3 816	3 356	3 030	3 836	3 967	3 476	3 676
12.26	22.82	20.43	16.55	22.11	19.99	23.16
5.53	18.82	15.88	20.16	18.48	17.97	21.05
	104.40	105.00	107.97	103.97	98.18	96.32
53.84	78.88	76.71	79.89	71.96	66.31	66.14
23.16	47.25	60.74	80.30	83.37	84.17	89.69
4 350	5 999	7 906	9 995	11 351	12 425	13 417

19－4 城市基础设施投资额和城市公用事业

(1990－1998)

指 标	Indicators	1990	1991
城市基础设施投资额(万元)	**Investment in Urban Infrastructure (10 000 yuan)**	**74 999**	**54 192**
电力建设	Electric Construction	37 233	4 794
交通邮电	Traffic and Post	736	3 902
公用设施	Public Facilities	37 030	45 496
公用事业	Public Utilities	12 573	8 311
市内公共交通	Urban Public Transportation	496	404
自来水	Tap Water	1 178	890
煤 气	Gas	10 899	7 017
市政建设	Municipal Construction	24 457	37 185
# 园林绿化	Park Gardens and Green Areas		
环境卫生	Sanitation	1 841	155
市政工程	Urban Municipal Engineering	22 616	37 030
自来水	**Tap Water**		
自来水管道长度(公里)	Length of Tap Water Pipelines (km)	391	413
自来水供应能力(万吨/日)	Tap Water Supply (10 000 tons/day)	43	43
全年售水量(万吨)	Annual Sales of Tap Water (10 000 tons)	9 538	10 027
# 工业用水	Industry Use		
生活用水	Residential Use	3 125	3 129
煤气、液化气	**Gas and Liquefied Gas**		
管道煤气	Pipeline Gas		
管线长度(公里)	Length of Gas Pipelines (km)	190	239
煤气销售量(万立方米)	Annual Sales of Coal Gas (10 000 cu.m)	1 791	2 964
# 家庭用	Family Use	1 462	2 479
家庭用气户数(万户)	Household of Family Use Gas (10 000)	3	7
液化石油气	Liquefied Petroleum Gas		
全年销售量(万吨)	Annual Sales of Petroleum Gas (10 000 tons)	2	2
# 家庭用	Family Use	2	2
家庭用液化气户数(万户)	Household of Family Use Petroleum Gas (10 000)	10	9
道 路	**Road**		
铺装道路长度(公里)	Length of Paved Road (km)	411	437
铺装道路面积(万平方米)	Area of Paved Road (10 000 sq.m)	379	393
交 通	**Traffic**		
年末实有公交线路条数(条)	Lines of Public Traffic (year-end) (route)	48	50
年末实有公交线路长度(公里)	Lines of Public Traffic Routes (year-end) (km)	739	756
年末运营公共车辆(辆)	Public Transportation Vehicles (year-end) (vehicle)	576	646
全年运客总量(亿人次)	Passengers Carried (100 million person-times)	4	5
出租汽车运营车辆数(辆)	Passenger Volume Using Ferry Route (vehicle)	35	104
隧 道	**Tunnels**		
越江隧道条数(条)	Routes of Tunnels Accross the Huangpu River (route)	2	2
越江大桥座数(座)	Number of Bridges Accross the Huangpu River		
隧道、大桥过江车辆数(万辆次)	Vehicles Accross the Tunnel and River (10 000 vehicle-times)	663	872
城市绿化	**Urban Greenbelt**		
园林绿地面积(公顷)	Area of Parks Garden and Green Areas (hectare)	167	338
人均公共绿地面积(平方米/人)	Per Capita Public Green Area (sq.m/person)	3	5
绿化覆盖率(%)	Green Area Coverage (%)	6	8
公园数(个)	Number of Parks	7	7

注：1.自1997年起，自来水、煤气的管道长度包括系统外单位。

Note: From 1997, lengths of tap water pipelines include which outside the system.

2.1998年出租汽车运营车辆数不包括浦东大众汽车出租公司的车辆。

In 1998, the Number of taxies running in the city did not include that of Pudong Dazhong Taxi.

INVESTMENT IN URBAN INFRASTRUCTURE AND PUBLIC UTILITIES

1992	1993	1994	1995	1996	1997	1998
218 963	**547 261**	**722 984**	**664 461**	**998 303**	**1 193 193**	**1 547 028**
41 487	72 436	214 879	246 497	214 962	81 667	42 394
25 048	72 990	266 799	229 455	509 378	620 328	703 630
152 088	401 835	241 306	188 509	273 963	491 198	801 004
10 791	66 889	51 157	18 316	142 995	111 006	83 931
431	8 514	5 774	2 196	15 993	18 357	1 506
4 390	41 870	41 041	6 222	71 569	49 007	10 574
5 970	16 505	4 342	9 898	55 433	43 642	71 851
141 297	334 945	190 149	170 193	130 968	380 192	717 073
200	610	16 241	9 891	3 656	8 404	27 963
436	7 309	746	968	613	2 160	5 005
140 661	327 026	171 746	159 334	126 349	369 478	683 705
432	525	642	764	1 432	1 916	2 187
43	42	234	248	261	261	295
11 283	12 753	13 972	15 323	23 766	25 158	36 283
		4 129	4 108	7 521	7 368	7 006
3 929	7 602	7 460	9 419	13 425	14 712	14 491
298	372	568	748	910	1 148	1 305
5 783	7 952	10 052	11 651	14 858	16 529	18 583
5 096	6 895	9 543	11 263	12 746	13 131	13 157
11	14	16	20	22	27	30
2	3	3	4	5	3	5
2	2	3	4	5	3	4
11	12	24	27	31	36	41
465	491	519	579	606	622	742
466	496	559	693	623	886	960
42	57	103	162	171	183	181
561	2 874	2 985	3 541	3 903	4 852	4 689
720	811	1 569	1 846	2 175	2 445	2 622
6	5	6	5	3	3	4
1 916	2 868	3 704	3 768	3 199	2 911	1 965
2	2	2	2	2	2	2
1	1	2	2	2	3	5
1 494	1 379	1 884	4 017	4 646	5 285	5 567
304	469	789	731	948	1 332	1 530
3	1	2	3	3	5	6
8	8	12	14	17	18	19
7	8	9	9	11	11	11

19－5 农业主要指标
(1990－1998)

指 标	Indicators	1990	1991
户数(万户)	Households (10 000 households)	15.74	15.73
人口(万人)	Population (10 000 persons)	47.00	46.60
劳动力(万人)	Labour Force(10 000 persons)	27.70	28.13
外省市流入劳动力(人)	Labour Move in From Outside Shanghai (person)	15 262	25 415
第一产业	Primary Industry	2 828	3 929
第二产业	Secondary Industry	11 846	20 476
第三产业	Tertiary Industry	587	1 010
农业总产值(亿元)	Gross Output Value of Agriculture (100 million yuan)	5.53	5.96
种植业	Planting	2.37	2.63
林 业	Forestry	0.02	0.03
牧 业	Animal Husbandry	2.95	3.05
渔 业	Fishery	0.15	0.22
上年末耕地面积(公顷)	Area of Cultivated Land (last year-end)(hectare)	21 406.70	21 273.40
当年减少耕地面积(公顷)	Decrease in Cultivated Area and Causes (hectare)	133.30	885.90
#国家征用	Capital Construction		797.90
乡村基建	Village Construction		74.50
年末耕地面积(公顷)	Cultivated Areas (year-end)(hectare)	21 273.30	20 490.80
#水 田	Paddy Fields	19 693.30	18 808.40
旱 田	Dry Fields	1 580.00	1 682.40
主要农副产品产量	Output of Major Farm and Sideline Products		
粮食(万吨)	Grain(10 000 tons)	17.16	17.54
豆类(万吨)	Soybeans(10 000 tons)	0.10	0.10
油菜籽(万吨)	Rapeseed (10 000 tons)	0.94	0.95
蔬菜(万吨)	Vegetables(10 000 tons)	29.87	27.29
水果(万吨)	Fruit(10 000 tons)	0.19	0.21
生猪饲养量(万头)	Hogs Raised (10 000)	73.19	69.81
年末圈存量(万头)	Hogs (year-end)(10 000)	27.65	25.68
猪肉产量(万吨)	Pork(10 000 tons)	4.25	4.12
牛奶产量(万吨)	Cow Milk(10 000 tons)	3.49	3.94
鲜蛋上市量(万吨)	Poulty Eggs(10 000 tons)	1.45	1.56
水产品(万吨)	Aquatic Products (10 000 tons)	0.41	0.43
淡水产品	Freshwater Aquatic Products	0.29	0.31
海水产品	Seawater Aquatic Products	0.12	0.12
农业机械总动力(万千瓦)	Total Power of Agricultural Machinery (10 000 kw)	27.33	22.94
机耕面积(万公顷)	Machinery Cultivated Area (10 000 hectares)	2.11	1.96
机电排灌面积(万公顷)	Drainage and Irrigation Area Used by Machinery and Electricity (10 000 hectares)	2.08	2.00

MAJOR INDICATORS OF AGRICULTURE

1992	1993	1994	1995	1996	1997	1998
16.91	14.67	14.04	13.74	13.36	12.85	14.07
49.47	42.37	39.92	38.58	37.84	34.86	37.79
29.61	25.15	23.43	22.84	22.31	20.57	21.99
30 733	44 418	52 128	48 059	42 775	47 256	78 735
4 143	4 190	5 366	4 482	4 130	6 171	11 020
24 807	36 097	43 094	41 711	35 605	35 190	51 790
1 783	4 131	3 668	1 866	3 040	5 395	15 925
6.53	6.93	8.37	10.35	11.28	11.30	11.59
2.79	3.15	3.57	4.44	4.97	4.95	5.21
0.01	0.01	0.01	0.02	0.02	0.03	0.03
3.46	3.46	4.44	5.53	5.89	5.99	5.93
0.24	0.30	0.34	0.36	0.40	0.33	0.42
20 490.80	18 062.40	16 351.20	15 425.90	15 045.50	13 045.00	12 642.00
4 283.40	1 711.20	925.30	389.50	1 283.80	403.00	182.00
1 853.10	779.60	737.10		1 187.60	174.00	104.00
2 400.00	903.60	184.10	376.20	87.50	217.00	67.00
16 215.40	16 351.20	15 425.90	15 045.50	13 761.70	13 359.00	12 510.00
14 533.00	14 519.50	13 847.10	13 480.00	12 204.90	11 833.00	10 953.00
1 682.40	1 831.70	1 578.80	1 565.50	1 556.80	1 526.00	1 557.00
17.07	14.92	11.36	12.44	12.89	11.18	10.39
0.09	0.25	0.09	0.01	0.07	0.03	0.02
0.74	0.17	0.04	0.08	0.07	0.02	0.05
30.42	24.42	16.88	21.40	21.46	20.74	21.56
0.20	0.35	0.18	0.31	0.42	0.26	0.20
70.15	53.66	48.13	52.74	58.86	56.69	55.13
25.50	18.42	14.30	16.52	16.92	20.09	18.73
4.17	3.29	3.18	3.38	3.85	3.12	3.11
4.36	3.71	2.87	2.55	2.60	3.40	3.77
1.76	1.39	1.66	1.16	1.17	1.15	1.04
0.45	0.36	0.37	0.34	0.35	0.32	0.31
0.31	0.31	0.28	0.26	0.28	0.26	0.23
0.14	0.05	0.08	0.08	0.07	0.06	0.08
15.18	12.23	12.74	10.75	9.85	9.08	8.04
1.62	1.60	1.50	1.44	1.32	1.26	1.18
1.59	1.63	1.45	1.40	1.28	1.26	1.25

19－6 工业总产值、销售产值和出口交货值(村及村以上)

GROSS OUTPUT VALUE, SALES VALUE AND EXPORT DELIVERY VALUE OF INDUSTRY (VILLAGE LEVEL AND ABOVE)

(1996－1998)

单位：亿元 (100 000 000 yuan)

指 标	Indicators	1996	1997	1998
工业总产值	**Gross Output Value of Industry**	**1 063.97**	**1 343.59**	**1 407.53**
1. 按轻、重工业分	**Grouped by Light and Heavy Industry**			
轻工业	Light Industry	474.10	594.48	570.20
重工业	Heavy Industry	589.87	749.11	837.33
2. 按经济类型分	**Grouped by Ownership**			
国有经济	State-owned	466.16	483.40	438.21
集体经济	Collective-owned	129.79	156.89	133.37
其他经济	Others	468.02	703.30	835.95
# 外商投资企业	Foreign Funded Units	312.47	520.85	695.21
3. 按企业规模分	**Grouped by Size of Enterprises**			
大型企业	Large Enterprise	718.91	861.54	937.02
中型企业	Medium Enterprise	93.21	164.43	180.47
小型企业	Small Enterprise	251.85	317.61	290.04
工业销售产值	**Sales Value of Industry**	**1 033.75**	**1 300.78**	**1 349.59**
1. 按轻、重工业分	**Grouped by Light and Heavy Industry**			
轻工业	Light Industry	459.71	579.16	566.23
重工业	Heavy Industry	574.04	721.62	783.36
2. 按经济类型分	**Grouped by Ownership**			
国有经济	State-owned	462.48	466.57	401.31
集体经济	Collective-owned	123.83	151.75	128.27
其他经济	Others	447.44	682.45	820.01
# 外商投资企业	Foreign Funded Units	298.76	501.73	682.53
3. 按企业规模分	**Grouped by Size of Enterprises**			
大型企业	Large Enterprise	699.50	834.62	890.73
中型企业	Medium Enterprise	91.41	157.23	179.21
小型企业	Small Enterprise	242.84	308.92	279.65
出口交货值	**Exports**	**160.88**	**210.53**	**238.45**
1. 按轻、重工业分	**Grouped by Light and Heavy Industry**			
轻工业	Light Industry	84.92	115.40	125.39
重工业	Heavy Industry	75.96	95.12	113.06
2. 按经济类型分	**Grouped by Ownership**			
国有经济	State-owned	60.84	58.77	45.11
集体经济	Collective-owned	7.74	7.96	6.69
其他经济	Others	92.20	143.80	186.65
# 外商投资企业	Foreign Funded Units	72.63	126.54	176.32
3. 按企业规模分	**Grouped by Size of Enterprises**			
大型企业	Large Enterprise	92.40	107.51	152.28
中型企业	Medium Enterprise	24.54	43.70	47.59
小型企业	Small Enterprise	43.94	59.32	38.58

19－7 独立核算工业企业主要财务指标(村及村以上)

MAJOR FINANCIAL INDICATORS OF INDUSTRIAL ENTERPRISES WITH INDEPENDENT ACCOUNTING SYSTEM (VILLAGE LEVEL AND ABOVE)

(1996－1998)

单位：亿元 (100 million yuan)

指 标	Indicators	1996	1997	1998
单位数(个)	Number of Enterprise	2 248	4 023	3 967
从业人员(万人)	Employment (10 000 persons)	53.21	65.42	60.61
工业总产值	Gross Output Value of Industry	943.98	1 324.01	1 395.54
年末资产总计	Year-end Total Proporty Assets	1 582.27	2 207.16	2 376.85
# 流动资产合计	Total Circulating Funds	805.18	1 095.89	1 160.32
流动资产年平均余额	Average Balance Circulating Funds	821.32	1 015.08	1 138.63
固定资产原价	Original Value of Fixed Assets	606.05	830.71	965.68
固定资产净值	Net Value of Fixed Assets	442.52	605.30	690.34
年末负债合计	Year-end Liability	979.29	1 284.95	1 355.33
# 流动负债合计	Total Circulating Liabilities	715.90	991.28	1 048.40
产品销售收入	Revenue of Product Sales	960.92	1 317.13	1 375.68
利润总额	After-tax Profits	34.72	43.50	46.40
利税总额	Pre-tax Profits	102.80	129.24	144.47
工业产品销售率(%)	Product Sales/Output of Industry	97.41	96.88	95.86
工业资金利税率(%)	Pre-tax Profits/Total Assets	7.20	8.10	6.08
工业增加值率(%)	Added-value of Industry/Gross Output Value of Industry	22.34	26.05	24.95
工业成本费用利润率(%)	After-tax Profits/Cost	3.70	3.43	3.44
工业全员劳动生产率(元/人)	Overall Labour Productivity (yuan/person)	33 140	46 256.88	57 130
流动资产周转次数(次)	Circulating Funds	0.85	0.77	0.83

19－8 外商投资工业企业主要指标

MAJOR INDICATORS OF FOREIGN FUNDED INDUSTRIAL ENTERPRISES

(1996－1998)

单位：亿元 (100 million yuan)

指 标	Indicators	1996	1997	1998
单位数(个)	Number of Enterprises	468	691	759
从业人员(万人)	Employment (10 000 persons)	7.07	13.02	17.12
工业总产值	Gross Output Value of Industry	283.67	520.34	693.60
工业销售产值	Sales Value of Industry	271.27	501.22	680.59
年末资产合计	Year-end Total Property Assets	418.74	711.23	1 056.46
年末负债合计	Year-end Liability	257.63	416.12	615.36
产品销售收入	Sales Revenue of Industrial Products	271.05	481.66	691.45
利税总额	Pre-tax Profits	19.44	34.58	63.60

19－9　固定资产投资主要指标
MAJOR INDICATORS OF INVESTMENT IN FIXED ASSETS
(1995－1998)

指　标	Indicators	1995	1996	1997	1998
一、建设项目个数(个)	**Construction Projects**				
施工项目个数	Projects Under Construction	873	957	686	637
#大中型及限额以上项目	Large, Medium and Above Quote Projects	71	86	73	78
竣工项目个数	Projects Completed	450	471	319	329
#大中型及限额以上项目	Large, Medium and Above Quote Projects	31	31	31	31
建设项目投产率(%)	Rate of Projects Completed and Put Into	51.5	49.2	57.0	51.6
二、投资总额(亿元)	**Total Investment (100 million yuan)**	**302.36**	**372.95**	**478.29**	**560.42**
#基本建设	Consturction Capital	155.63	199.57	258.54	363.75
更新改造	Technical Updates and Transformation	68.74	65.36	87.25	55.67
城镇集体经济	Collective Owned Units	5.28	7.12	7.51	5.24
房地产	Real Estate	72.71	100.90	125.00	134.87
在投资总额中	In Total Investment				
1.按构成分	Grouped by Uses of Funds				
#建筑安装工程	Construction and Installation	162.55	194.76	240.95	267.19
设备、工具、器具购置	Purchase of Equipment and Instruments	71.37	71.90	86.19	151.66
2.按建设性质分	Grouped by Type of Construction				
#新　建	New Construction	149.56	194.83	269.90	369.52
改　建	Replacement	24.75	19.28	37.81	21.56
扩　建	Expansion	47.36	147.25	38.06	20.26
3.按三次产业分	Grouped by Type of Industry				
第一产业	Primary Industry	0.10	0.39	0.67	0.52
第二产业	Secondary Industry	92.35	100.69	131.04	204.94
第三产业	Tertiary Industry	209.92	271.87	346.57	354.96
4.按经济类型分	Grouped by Ownership				
#国有经济	Stote-owned	133.04	217.47	300.49	294.89
集体经济	Collectiye-owned		11.97	16.07	9.28
联营经济	Sint-owned		10.80	10.24	6.49
股份制经济	Share Holding		31.22	17.37	38.61
外商投资经济	Foreign Investment		76.42	107.67	202.17
港澳台商投资经济	Hong Kong and Macao Investment		22.72	23.72	27.31
三、年末新增固定资产(亿元)	**Newly Increased Fixed Assets(year-end) (100 million yuan)**	**160.97**	**260.47**	**306.33**	**313.47**
固定资产交付使用率(%)	Rate of Fixed Transferred and in Use	53.2	69.8	64.0	55.9
四、房屋建筑面积(万平方米)	**Floor Space of Building(10 000 sq.m)**				
施工面积	Floor Space under Construction	1 530.22	1 832.27	1 810.87	1 991.03
#住　宅	Residential Housing	624.57	644.38	748.66	867.55
竣工面积	Floor Space Completed	437.28	492.62	491.96	529.11
#住　宅	Residential Housing	164.67	223.06	262.86	267.41
房屋面积竣工率(%)	Rate of Floor Space Completed of Buildings	28.6	26.9	27.2	26.6

注：本表不包括农村集体经济单位、私人建房投资额。
Note: Data in this table exclude investment in rural collective-owned units and private buildings.

19－10 国内外贸易主要指标

MAJOR INDICATORS OF DOMESTIC AND FOREIGN TRADE

(1995－1998)

指 标	Indicators	1995	1996	1997	1998
商业、餐饮业、服务业网点(个)	Outlets of Commerce, Catering and Services	30 999	38 365	38 131	36 341
商 业	Commerce	23 663	29 478	30 851	29 331
餐饮业	Catering	3 169	3 834	3 339	2 596
服务业	Services	4 167	5 053	3 941	4 414
商业、餐饮业、服务业网点从业人员(人)	Employment of Commerce, Catering and Services (person)	147 696	184 989	194 556	174 558
商 业	Commerce	118 967	150 186	160 490	137 482
餐饮业	Catering	12 481	15 100	20 752	13 395
服务业	Services	16 248	19 703	13 314	23 681
社会消费品零售总额(亿元)	Total Retail Sales Value of Consumer Goods (100 million yuan)	110.00	140.21	162.23	178.97
(1)按经济类型分	Grouped by Type of Ownership				
国有经济	State-owned	34.43	39.99	44.25	45.35
集体经济	Collective-owned	37.27	49.55	55.54	52.95
联 营	Joint owned	3.74	3.63	9.13	4.49
其 他	Others	38.29	47.02	53.28	76.18
(2)按用途分	Grouped by Type of Goods				
吃的商品	Food	49.50	53.13	62.89	65.06
穿的商品	Clothing	8.36	12.16	12.54	16.60
用的商品	Articles	51.59	74.01	84.72	96.27
烧的商品	Fuels	0.55	0.90	2.07	1.03
(3)按行业分	Grouped By Sector				
商业零售额	Commerce	98.77	131.43	154.60	173.25
餐饮业零售额	Catering Trade	4.06	4.02	5.41	4.78
其他行业零售额	Others	7.16	4.74	2.21	0.94
农副产品成交额(亿元)	Transaction Value of Farm Products (100 million yuan)	9.70	13.39	16.88	14.21
外贸出口商品总额(亿美元)	Total Value of Exports (USD 100 million)	24.75	32.13	37.55	43.00
专业外贸企业出口	Specialized Foreign Trade Enterprises	12.84	14.79	16.44	17.41
自营出口企业	Exports by Producers	8.81	8.33	8.41	10.27
外商投资企业出口	Foreign Investment Enterprises	3.10	4.80	5.50	15.32
保税区企业	Free Trade Zone's		4.21	7.20	
外贸进口商品总额(亿美元)	Total Value of Imports (UDS 100 million)	32.33	42.02	53.15	67.02
外商直接投资签约项目数(个)	Contracted Projects of Direct Foreign Investment	838	802	615	554
中外合资	Joint Venture	340	285	132	88
中外合作	Cooperative Operation	41	38	36	30
外商独资	Foreign Enterprise	455	479	447	435
B股企业	B-Share Enterprises	2			
外商直接投资合同总金额(亿美元)	Total Contracted Foreign Capital of Direct Foreign Investment (USD 100 million)	38.86	47.22	45.84	34.73
中外合资	Joint Venture	16.99	18.60	37.34	17.74
中外合作	Cooperative Operation	3.61	12.75	2.06	1.24
外商独资	Foreign Enterprise	17.42	15.85	6.44	4.38
B股企业	B-Share Enterprises	0.82			11.38
外商直接投资合同金额(亿美元)	Contracted Foreign Capital of Direct Foreign Investment (USD 100 million)	32.56	18.08	18.00	27.90
中外合资	Joint Venture	10.47	5.03	13.39	13.77
中外合作	Cooperative Operation	2.55	5.84	0.82	0.63
外商独资	Foreign Enterprise	17.42	7.20	3.79	2.90
B股企业	B-Share Enterprises	0.21			10.60

注：1995年外商直接投资合同金额为协议投资额。

Note: The data of contracted foreign capital of Direct Foreign Investment in 1995 refers negotiated value.

19－11 财政、金融、保险主要指标

MAJOR INDICATORS OF FISCAL, FINANCIAL AND INSURANCE

(1995－1998)

单位：亿元 (100 million yuan)

指 标	Indicators	1995	1996	1997	1998
地方财政收入	**Local Government Revenue**	**19.87**	**26.06**	**30.27**	**32.98**
# 增值税	Value-added Tax	3.69	4.78	3.98	3.83
营业税	General Tax on Retail Turnover	9.36	11.76	13.08	13.22
企业所得税	Surplus and Revenue of Public Enterprises	3.34	4.94	7.07	7.38
地方财政支出	**Local Government Expenditures**	**38.64**	**42.56**	**50.32**	**55.75**
城市维护费	Urban Maintenance	1.03	1.64	2.08	2.59
教育事业费	Education Expenditure	4.32	5.66	6.86	7.96
基本建设支出	Expenditures on Capital Construction	12.67	9.83	10.43	10.52
企业挖潜改造	Potential-tapping and Transformation of Enterprises	10.59	11.15	15.94	17.18
金融机构网点数(个)	**Financial Institutions Sub-Branches**	**387**	**435**	**455**	**451**
# 银行系统	Banking System	236	276	278	276
信用社	Credit Societies	46	32	32	36
证券公司	Securities Companies	30	35	41	43
保险公司	Insurance Companies	16	31	31	33
邮政储汇局	Postal Savings Offices	48	47	48	48
银行存款余额	**Total Saving Deposit Balance**	**670.96**	**944.03**	**745.45**	**823.67**
# 企业存款	Enterprises Deposits	437.75	587.75	448.06	490.66
居民储蓄存款	Saving Deposit of Residents	182.04	249.35	279.73	317.61
银行贷款余额	**Total Loan Balance**	**533.69**	**746.80**	**655.70**	**695.72**
流动资金贷款	Circulating Funds Loan	355.04	497.92	515.36	531.06
固定资产贷款	Fixed Assets Loan	58.27	84.71	88.70	96.07
现金收入	**Cash Income**	**424.35**	**558.99**	**645.80**	**593.28**
# 商品销售收入	Commodity Sales	124.95	172.85	190.83	140.10
服务事业收入	Service Industry	23.61	26.46	32.52	42.34
储蓄存款收入	Savings Deposit	180.80	228.99	280.67	321.65
农村信用收入	Rural Credit Societies	28.29	29.67		**48.03**
现金支出	**Cash Expenditure**	**462.09**	**607.52**	**689.87**	628.14
# 国家工资及对个人其他支出	Pay and Other Payment to Individuals	101.86	100.13	118.07	85.69
信用社支出	Credit Socieries	48.93	50.00		67.61
行政管理费支出	Government Administration	61.42	81.15	87.30	88.66
储蓄存款支出	Savings Deposit	139.94	203.80	292.61	321.97
保险费收入	**Premium Income**	**13.63**	**22.02**	**38.34**	**44.09**
赔款支出	**Indemnite Expenditure**	**3.12**	**3.83**	**4.91**	**6.28**
赔付率(%)	**Premium Indemnitey**	**22.9**	**17.4**	**12.8**	**14.2**

19－12 教育事业主要指标

MAJOR INDICATORS OF EDUCATION UTILITY

(1995－1998)

单位：人 (person)

指标	Indicators	1995	1996	1997	1998
学校(所)	**School**				
高等学校	Institutions of Higher Education	2	2	2	3
中等专业学校	Special Secondary Schools	12	12	12	10
中等技术学校	Secondary Technical Schools	8	8	8	7
中等师范学校	Secondary Teacher Schools	4	4	4	3
职业中学	Vocations Middle Schools	8	8	9	9
普通中学	Regular Secondary Schools	80	84	92	95
小　学	Primary Schools	216	209	200	182
特殊教育学校	Special Schools	3	3	3	3
在校学生数	**Student Enrollment**				
高等学校	Institutions of Higher Education	4 748	5 060	5 661	7 300
中等专业学校	Special Secondary Schools	11 553	11 137	11 448	12 488
中等技术学校	Secondary Technical Schools	8 649	9 347	10 296	12 037
中等师范学校	Secondary Teacher Schools	2 904	1 790	1 152	451
职业中学	Vocations Middle Schools	13 565	15 801	19 290	22 312
普通中学	Regular Secondary Schools	82 755	89 803	91 820	94 949
小　学	Primary Schools	129 137	129 069	130 720	127 127
特殊教育学校	Special Schools	449	507	517	525
教职员工	**Staff and Workers**				
高等学校	Institutions of Higher Education	1 954	1 863	1 736	1 846
中等专业学校	Special Secondary Schools	2 265	2 218	2 050	1 651
中等技术学校	Secondary Technical Schools	1 650	1 644	1 519	1 462
中等师范学校	Secondary Teacher Schools	615	574	531	189
职业中学	Vocations Middle Schools	688	868	920	1 025
普通中学	Regular Secondary Schools	7 974	8 231	8 763	9 104
小　学	Primary Schools	8 466	8 912	9 102	9 035
特殊教育学校	Special Schools	89	102	113	115
成人教育基本情况	**Adult Education**				
系统学习	System Study				
毕业结业人数	Graduates	17 674	39 827	6 851	28 819
在校学生	Student Enrollment	21 462	29 108	15 883	31 948
技术培训班	Technical Training Schools				
结业人次	Graduates	172 927	90 664	108 175	66 581
在校学生	Student Enrollment	58 387	22 171	149 908	61 988
教职员工	Staff and Workers	524	844	1 279	467
# 专任教师	Full-time Teachers	279	664	803	232

19－13 卫生事业和社会福利企业情况

STATISTICS FOR HEALTH CARE AND SOCIAL WELFARE ENTERPRISES (1995－1998)

指标	Indicators	1995	1996	1997	1998
机构数(个)	**Health Care Institutions**				
#医院	Hospital	53	53	52	52
门诊部、所	Clinics	44	44	43	43
床位数(张)	**Beds**				2
#医院	Hospital	4 368	4 492	4 440	4 592
卫生技术人员(人)	**Medical Technical Personnel (person)**	**5 935**	**6 198**	**6 523**	**6 724**
#医生	Doctors	2 753	2 928	3 060	3 141
护师、护士	Senior and Junior Nurses	1 931	2 003	2 156	2 265
医院治疗人次(万人次)	**Total Patients Treated (10 000 person-times)**	**586.38**	**603.94**	**630.70**	**669.33**
#门、急诊	Out-patients And Emergency Patients	562.90	581.44	606.44	630.69
医院入院人数(万人)	In Patients(10 000 person)	16.76	14.45	14.51	13.70
医院每百诊次的入院人数(人)	In-patients/per 100 Patient-times (person)	2.9	2.4	2.3	2.1
医院病床使用率(%)	Utilization Rate	88.0	86.4	89.2	89.0
敬老院	**Rural Homes for the Elderly**				
有敬老院的街、镇、乡(个)	Subdistricts, Towns, Townships Own Rural Homes for The Elderly	37	36	40	35
敬老院数(个)	Number of Rural Homes for The Elderly	40	40	40	43
职工人数(人)	Staff and Workers (person)	238	266	306	391
床位数(张)	Beds	1 030	1 130	1 343	1 626
收养人数(人)	Persons Housed (person)	833	971	1 127	1 390
#老人	The Old	805	971	1 127	1 390
福利工厂	**Social Welfare Enterprises**				
单位数(个)	Number Of Units	323	328	305	290
职工人数(人)	Staff And Workers (person)	20 415	20 220	20 021	18 764
#残疾职工	Disabled Staff and Workers	8 918	8 804	8 791	8 304
全年增加值(万元)	Total Added Value (10 000 yuan)	32 989	36 301	25 991	25 692
全年免征税金(万元)	Tax Free (The Whole Year)(10 000 yuan)	13 771	10 558	14 154	12 398
全年缴纳税金(万元)	Taxes Paid (The Whole Year)(10 000 yuan)	232	11 522	16 650	12 134
全年净利润(万元)	Net-profits (The Whole Year)(10 000 yuan)	15 897	10 636	19 487	14 760
社区服务设施(个)	Welfare Facilitles	712	1 557	1 550	1 334
#社区服务中心	Service Center of Community	15	14	8	9
便民、利民服务网点(个)	Service Outlets	905	555	570	600

第20篇

基本单位

Chapter 20

Basic Units

第二十篇　基本单位

1998年末,全市单位(含个体工商户)数为52万个。其中法人单位26.87万个,多产业法人单位开设的产业活动单位8.74万个,个体工商户16.39万个。全市每平方公里约有82个单位(含26个个体工商户),是我国单位密集度最高的地区。

在全部法人单位和产业活动单位中,第一、第二、第三产业单位数的比例:法人单位分别为0.8%、29.1%和70.1%;产业活动单位分别为0.7%、24.9%和74.4%。

按单位性质分,在全部法人单位中,企业24.22万个,事业单位1.35万个,机关0.3万个,社会团体0.28万个,社区管理型机构(居委会和村委会)0.72万个。

从行业分布看,在全部法人单位中,农、林、牧、渔业单位数有0.37万个,工业6.92万个,建筑业0.9万个,地质勘查业、水利管理业0.03万个,交通运输、仓储及邮电通信业有0.54万个,批发和零售贸易、餐饮业12.16万个,金融、保险业0.15万个,房地产业0.81万个,社会服务业2.15万个,卫生、体育和社会福利业0.21万个,教育、文化艺术及广播电影电视业0.62万个,科学研究和综合技术服务业0.47万个,国家机关、政党组织和社会团体1.29万个,其他行业0.25万个。

按登记注册类型分,在全部法人单位中,内资单位25.4万个,港澳台商投资单位0.59万个,外商投资单位0.88万个。在内资单位数中,国有单位3.99万个,集体单位8.74万个,私营单位9.46万个。

Chapter 20　Basic Units

By the end of 1998, Shanghai had a total of 520,000 work units (including privately owned businesses). Of the total, 268,700 were work units with the legal person status; 87,400 were industrial undertakings operated by legalperson entities of multi－industries; and 163,900 individual industrial and commerce businesses. An average square kilometre of the city housed 82 work units (including 26 private－owned businesses), boasting the highest work unit density in the country.

The number of work units with the legal person status in the primary industry, the secondary industry and tertiary industry accounted for 0.8%, 29.1% and 70.1% of the total, respectively. The number of undertakings operated by the work units with the legal person status in agriculture, industry and service sector accounted for 0.7%, 24.9% and 74.4% of the total, respectively.

Of the total work units with the legal person status, there were 242,200 enterprises, 13,500 institutions, 3, 000 government agencies, 2,800 social organizations, and 7,200 neighbourhood committees and village committees.

Of the total entities with the leagl person status in different sectors, 3,700 work units were in farming, forestry, animal husbandry and fishery; 69,200 in manufacturing industry; 9,000 in construction industry; 300 in geological prospecting and water conservacy; 5,400 in transportation, warehousing, postal and telecommunications; 121,600 in wholesale, retail and catering trade; 1,500 in banking and insurance businesses; 8,100 in real estate; 21,500 in social service sector; 2,100 in public health, sports and social welfare; 6,200 in education, culture, art, broadcasting, film and television sector; 4,700 in scientific research and poletechnical service; 12,900 were government agencies, political parties and social organizations; and 2,500 in other trades and sectors.

Of the total work units with the legal person status, 254,000 were registered with domestic capital; 5,900 with investment from Hongkong, Macao and Taiwan; and 8,800 with foreign investment. Of the total number of domestic－funded work units with a legal person status, 39,900 were state－owned work units; 87,400 were collectively owned; and 94,600 were privately owned.

全市基本单位构成 (%)
Composing of Basic Units in Whole City (%)

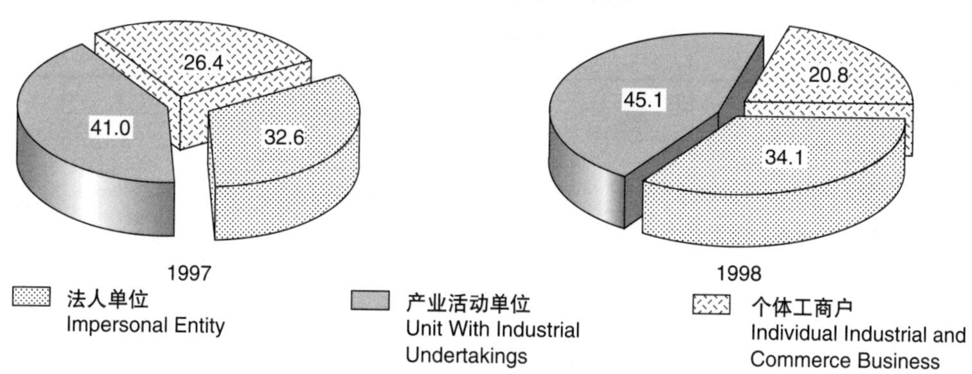

产业活动单位构成 (%)
Industrial Composing of Unit with Industrial Undertakings (%)

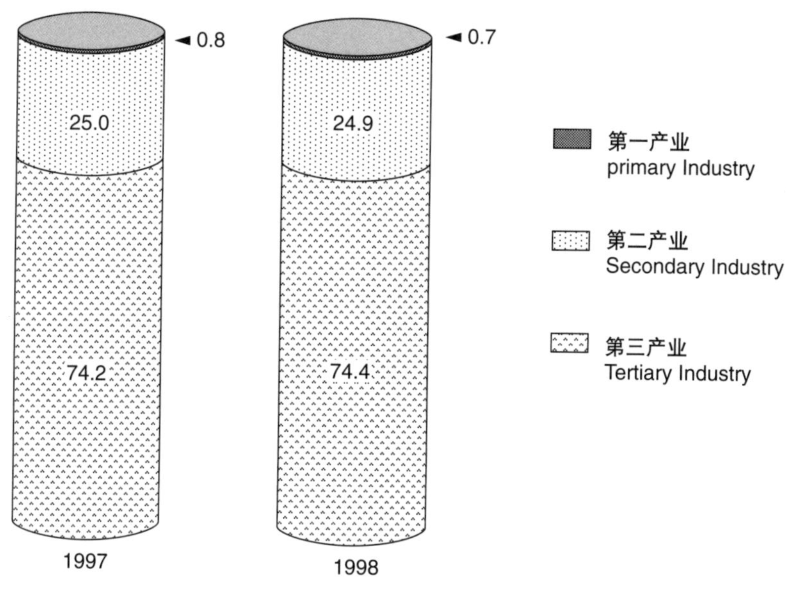

产业活动单位按登记注册类型构成 (%)(1998)
Unit with Industrid Undertakings Classified According to Categories of Registration (%)(1998)

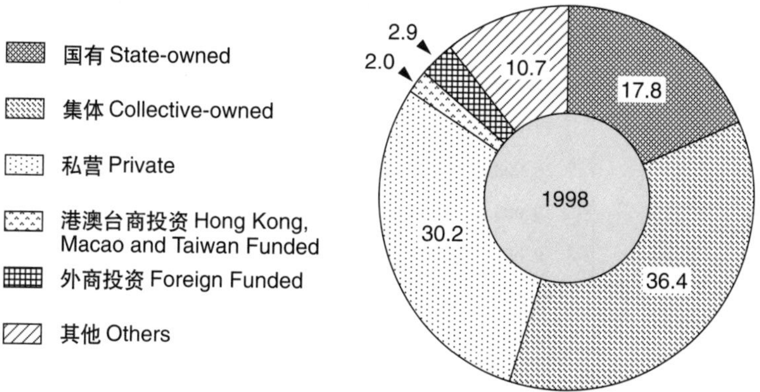

20－1 基本单位数
THE NUMBER OF BASIC UNITS
(1998)

单位：个 (unit)

类 别 Items		法人单位 Impersonal Entity	单产业法人单位 Impersonal Entity of Single Industry	多产业法人单位 Impersonal Entity of Multi-industries	产业活动单位 Unit with Industrial Undertakings	#多产业法人单位分支机构 Subsidiaries of Impersonal Entity of Multi-industries	个体工商户 Individual Industrial and Commerce Business
总 计	**Total**	**268 738**	**250 341**	**18 397**	**356 151**	**87 413**	**163 884**
市内地区	**In the City**	**268 591**	**250 220**	**18 371**	**355 741**	**87 150**	**163 884**
一、按隶属关系分	**Grouped by Subordination**						
中央属	Run by the Central Government	7 032	6 084	948	12 135	5 103	
地方属	Run by the Local Government	255 857	238 802	17 055	333 956	78 099	163 884
外省市属	From other Provinces and Cities	5 702	5 334	368	9 650	3 948	
二、按地区分	**Grouped by District**						
黄浦区	Huangpu	9 987	8 761	1 226	16 326	6 339	1 816
南市区	Nanshi	8 932	8 063	869	12 504	3 572	7 175
卢湾区	Luwan	6 649	5 958	691	10 241	3 592	3 372
徐汇区	Xuhui	14 151	12 448	1 703	21 127	6 976	11 000
长宁区	Changning	10 695	9 852	843	14 950	4 255	6 545
静安区	Jing'an	7 508	6 644	864	11 796	4 288	4 361
普陀区	Putuo	12 041	11 333	708	15 983	3 942	8 609
闸北区	Zhabei	10 921	10 269	652	14 887	3 966	4 763
虹口区	Hongkou	11 591	10 513	1 078	16 143	4 552	7 434
杨浦区	Yangpu	12 438	10 834	1 604	19 088	6 650	7 145
浦东新区	Pudong New Area	27 747	25 911	1 836	35 322	7 575	14 179
闵行区	Minhang	12 146	11 428	718	15 753	3 607	9 571
宝山区	Baoshan	14 567	13 748	819	19 045	4 478	16 963
嘉定区	Jiading	17 118	16 406	712	20 008	2 890	5 174
金山区	Jinshan	12 696	12 188	508	16 478	3 782	7 299
松江区	Songjiang	28 093	27 097	996	31 826	3 733	8 174
南汇县	Nanhui	9 903	9 220	683	13 676	3 773	10 585
奉贤县	Fengxian	9 093	8 459	634	12 533	3 440	8 677
青浦县	Qingpu	25 853	25 010	843	28 937	3 084	9 209
崇明县	Chongming	6 462	6 078	384	9 118	2 656	11 833
市外地区	**Outside the City**	**147**	**121**	**26**	**410**	**263**	

20－2 按登记注册类型分的基本单位数

BASIC UNITS CLASSIFIED ACCORDING TO CATEGORIES OF REGISTRATION (1998)

单位：个 (unit)

类别 Items	法人单位 Impersonal Entity	单产业法人单位 Impersonal Entity of Single Industry	多产业法人单位 Impersonal Entity of Multi-industries	产业活动单位 Unit with Industrial Undertakings	#多产业法人单位分支机构 Subsidiaries of Impersonal Entity of Multi-industries	个体工商户 Individual Industrial and Commerce Business
总计 Total	**268 738**	**250 341**	**18 397**	**356 151**	**87 413**	**163 884**
内资 Domestic Investment	253 982	236 287	17 695	338 708	84 726	163 884
国有 State-owned	39 867	34 258	5 609	63 396	23 529	
集体 Collective-owned	87 368	80 615	6 753	129 688	42 320	
股份合作 Stock-holding Cooperation	4 095	3 721	374	4 772	677	
国有联营 State-owned Joint Operation	681	617	64	790	109	
集体联营 Collective Joint Operation	1 065	1 017	48	1 147	82	
国有与集体联营 State and Collective Joint Operation	7 181	6 734	447	8 321	1 140	
其他联营 Other Types of Joint Operation	597	569	28	691	94	
国有独资公司 Solely State-owned Companies	765	656	109	926	161	
其他有限责任公司 Other Companies with Limited Liabilities	8 754	7 947	807	10 768	2 014	
股份有限公司 Stock-holding Companies with Limited Liabilities	1 169	959	210	2 105	936	
私营独资 Solely Private-invested	29 025	28 429	596	40 072	11 047	
私营合伙 Private Partnership	886	864	22	1 046	160	
私营有限责任公司 Private Companies with Limited Liabilities	64 461	62 506	1 955	66 022	1 561	
私营股份有限公司 Private Stock-holding Companies with Limited Liabilities	244	236	8	250	6	
个体工商户 Individual Industrial and Commercial Businesses						158 107
个人合伙 Individual Partnership						5 777
其他内资 Other Types of Domestic-invested Ventures	7 824	7 159	665	8 714	890	
港澳台商投资 Enterprises with Investment from Hong Kong, Macao and Taiwan	5 944	5 620	324	6 988	1 044	
与港澳台商合资经营 Joint Ventures with Investment from Hong Kong, Macao and Taiwan	2 893	2 703	190	3 499	606	
与港澳台商合作经营 Cooperation Ventures with Business from Hong Kong, Macao and Taiwan	1 191	1 119	72	1 360	169	
港澳台商独资 Ventures Solely Invested from Hong Kong, Macao and Taiwan	1 830	1 781	49	2 078	248	
港澳台商投资股份有限公司 Stock-holding Companies With Limited Liabilities with Investment from Hong Kong, Macao and Taiwan	30	17	13	51	21	
外商投资 Foreign-invested Enterprises	8 812	8 434	378	10 455	1 643	
中外合资经营 Sino-foreign Joint Enterprises	3 822	3 601	221	4 736	914	
中外合作经营 Sino-foreign Cooperation Enterprises	1 587	1 495	92	1 832	245	
外商独资 Solely Foreign-invested Ventures	3 351	3 298	53	3 773	422	
外商投资股份有限公司 Stock-holding Companies with Limited Liabilities with Foreign Investment	52	40	12	114	62	

20－3 各行业基本单位数

(1998)

单位：个

行 业	Sectors	法人单位 Impersonal Entity
总 计	**Total**	**268 738**
农、林、牧、渔业	Farming, Forestry, Animal Husbandry and Fishery	3 749
采掘业	Excavation	23
制造业	Manufacturing	68 836
食品加工业	Beverage Processing	962
食品制造业	Beverage Manufacturing	1 372
饮料制造业	Alcohol and Wine Manufacturing	395
烟草加工业	Tobacco Processing	9
纺织业	Knitting Textile	3 613
服装及其他纤维制品制造业	Garment and Other Fiber Products Industry	5 909
皮革、毛皮、羽绒及其制品业	Leathers, Furs, Down and Related Products	1 542
木材加工及竹、藤、棕、草制品业	Timber Processing, Bamboo, Cane, Palm Fiber and Straw Products	1 238
家具制造业	Furniture Manufacturing	1 685
造纸及纸制品业	Papermaking and Paper Products	1 405
印刷业、记录媒介的复制	Printing and Record Pressing	2 308
文教体育用品制造业	Stationary, Educational and Sports Good	1 471
石油加工及炼焦业	Petroleum Processing and Coking Products	207
化学原料及化学制品制造业	Raw Chemical Materials and Chemical Products	3 333
医药制造业	Medicine Manufacturing	538
化学纤维制造业	Chemical Fiber Manufacturing	247
橡胶制品业	Rubber Products	941
塑料制品业	Plastic Products	3 638
非金属矿物制品业	Nonmetal Mineral Products	2 788
黑色金属冶炼及压延加工业	Smelting and Pressing of Ferrous Metals	446
有色金属冶炼及压延加工业	Smelting and Pressing of Non-Ferrous Metals	619
金属制品业	Metal Products	8 589
普通机械制造业	Ordinary Machine Manufacturing	6 264
专用设备制造业	Special Purpose Equipment Manufacturing	3 821
交通运输设备制造业	Transportation Equipment Manufacturing	3 513
电气机械及器材制造业	Electric Equipment and Machinery	5 531
电子及通信设备制造业	Electronic and Telecommunications Equipment	2 347
仪器仪表及文化、办公用机械制造业	Instruments, Meters, Cultural and Office Equipment	1 921
其他制造业	Other Manufacturing	2 184
电力、煤气及水的生产和供应业	Power, Gas and Water Production and Supply	352
电力、蒸汽、热水的生产和供应业	Electric Power, Steam and Hot Water Production and Supply	68
煤气生产和供应业	Gas Production and Supply	57
自来水的生产和供应业	Tap Water Production and Supply	227
建筑业	Construction	8 975
地质勘查业、水利管理业	Geological Prospecting and Water Conservaney Administration	325
交通运输、仓储及邮电通信业	Transportation, Storage, Postal and Telecommunications	5 359
批发和零售贸易、餐饮业	Wholesale, Retail and Catering	121 598
金融、保险业	Banking and Insurance	1 458
房地产业	Real Estate	8 134
社会服务业	Social Services	21 459
卫生、体育和社会福利业	Health Care, Sports and Social Welfare	2 090
教育、文化艺术及广播电影电视业	Education, Culture, Art, Broadcasting, Film and Television	6 200
科学研究和综合技术服务业	Scientific Research and Polytechnical Services	4 742
国家机关、政党机关和社会团体	Government Institutions, Party and Social Organizations	12 904
其他行业	Others	2 534

THE NUMBER OF BASIC UNITS OF DIFFERENT SECTORS

(unit)

单产业法人单位 Impersonal Entity of Single Industry	多产业法人单位 Impersonal Entity of Multi-industries	产业活动单位 Unit with Industrial Undertakings Multi-industries Impersonal	# 多产业法人单位分支机构 Subsidiaries of Impersonal Entity of Multi-industries	个体工商户 Individual Industrial and Commerce Business
250 341	**18 397**	**356 151**	**87 413**	**163 884**
3 600	149	4 480	731	229
20	3	30	7	2
65 208	3 628	77 174	8 338	8 488
894	68	1 302	340	1 207
1 230	142	1 622	250	838
358	37	445	50	5
8	1	10	1	19
3 437	176	3 999	386	466
5 567	342	6 457	548	66
1 464	78	1 679	137	78
1 183	55	1 430	192	336
1 544	141	1 949	264	585
1 350	55	1 614	209	32
2 183	125	2 605	297	59
1 394	77	1 616	145	27
198	9	227	20	
3 160	173	3 678	345	44
499	39	597	59	
233	14	290	43	9
902	39	1 037	96	45
3 530	108	4 150	512	226
2 682	106	3 096	308	198
415	31	465	19	1
600	19	685	66	30
8 303	286	9 667	1 078	1 277
5 956	308	6 948	684	147
3 570	251	4 273	452	173
3 274	239	4 079	566	1 772
5 217	314	6 091	560	230
2 203	144	2 547	200	87
1 780	141	2 113	192	22
2 074	110	2 503	319	509
309	43	474	122	
54	14	100	32	
49	8	75	18	
206	21	299	72	
8 285	690	11 035	2 060	538
310	15	441	116	
4 931	428	7 921	2 562	1 112
113 200	8 398	174 649	53 051	124 826
1 266	192	3 753	2 295	
7 458	676	9 194	1 060	3
20 101	1 358	30 487	9 028	28 103
1 901	189	4 077	1 987	531
5 640	560	7 786	1 586	20
4 417	325	6 683	1 941	32
11 406	1 498	15 115	2 211	
2 289	245	2 852	318	

20－4　按产业结构分的法人单位数

THE NUMBER OF IMPERSONAL ENTITIES GROUPED BY INDUSTRIAL STRUCTURE (1998)

单位：个　(unit)

地　区 District		合　计 Total	第一产业 Primary Industry	第二产业 Secondary Industry	第三产业 Tertiary Industry
总　计	**Total**	**268 738**	**2 009**	**78 186**	**188 543**
黄浦区	Huangpu	9 987		650	9 337
南市区	Nanshi	8 932		1 304	7 628
卢湾区	Luwan	6 649		969	5 680
徐汇区	Xuhui	14 151	13	2 977	11 161
长宁区	Changning	10 695	16	1 869	8 810
静安区	Jing'an	7 508		893	6 615
普陀区	Putuo	12 041	22	2 970	9 049
闸北区	Zhabei	10 921	8	2 431	8 482
虹口区	Hongkou	11 591		1 904	9 687
杨浦区	Yangpu	12 438	10	2 875	9 553
浦东新区	Pudong New Area	27 747	126	10 306	17 315
闵行区	Minhang	12 146	173	5 707	6 266
宝山区	Baoshan	14 567	188	5 553	8 826
嘉定区	Jiading	17 118	165	6 479	10 474
金山区	Jinshan	12 696	216	4 387	8 093
松江区	Songjiang	28 093	346	4 885	22 862
南汇县	Nanhui	9 903	224	5 260	4 419
奉贤县	Fengxian	9 093	139	5 184	3 770
青浦县	Qingpu	25 853	179	8 321	17 353
崇明县	Chongming	6 462	171	3 202	3 089
市外地区	Outside the City	147	13	60	74

20－5 按登记注册类型分的法人单位数

NUMBER OF CORPORATE UNITS CLASSIFIED ACCORDING TO CATEGORIES OF REGISTRATION

(1998)

单位：个 (unit)

地区	District	合计 Total	内资 Domestic Funded	#国有 State-owned	#集体 Collective-owned	#私营 Private	港澳台商投资 Hong Kong, Macao and Taiwan Funded	外商投资 Foreign Funded
总 计	**Total**	**268 738**	**253 982**	**39 867**	**87 368**	**94 616**	**5 944**	**8 812**
黄浦区	Huangpu	9 987	9 343	2 843	4 140	832	228	416
南市区	Nanshi	8 932	8 690	1 545	4 924	737	118	124
卢湾区	Luwan	6 649	5 986	1 745	1 959	1 000	252	411
徐汇区	Xuhui	14 151	12 478	3 424	3 613	2 367	700	973
长宁区	Changning	10 695	9 506	2 292	2 998	1 721	455	734
静安区	Jing'an	7 508	6 632	2 125	1 811	1 021	328	548
普陀区	Putuo	12 041	11 549	2 227	4 069	3 618	195	297
闸北区	Zhabei	10 921	10 505	2 596	4 217	1 843	122	294
虹口区	Hongkou	11 591	11 004	3 261	4 052	1 601	208	379
杨浦区	Yangpu	12 438	11 989	3 002	5 077	1 984	151	298
浦东新区	Pudong New Area	27 747	25 363	4 096	11 456	4 894	916	1 468
闵行区	Minhang	12 146	10 827	1 453	5 632	2 621	591	728
宝山区	Baoshan	14 567	14 132	2 146	6 255	4 821	177	258
嘉定区	Jiading	17 118	16 224	934	3 565	10 732	398	496
金山区	Jinshan	12 696	12 396	1 188	3 743	7 010	124	176
松江区	Songjiang	28 093	27 412	950	3 195	21 917	297	384
南汇县	Nanhui	9 903	9 502	975	5 759	2 159	166	235
奉贤县	Fengxian	9 093	8 732	1 003	3 803	3 017	152	209
青浦县	Qingpu	25 853	25 243	838	4 101	19 468	293	317
崇明县	Chongming	6 462	6 325	1 103	2 989	1 253	72	65
市外地区	Outside the City	147	144	121	10		1	2

20－6 按隶属关系分的法人单位数

THE NUMBER OF IMPERSONAL ENTITIES GROUPED BY SUBORDINATE RELATIONS (1998)

单位：个 (unit)

地区 District		合计 Total	中央属 Central	市(局)属 City	区县属 District and County	#街道属(乡镇) Urban Subdistrict (Town)	#居委属(村委) Neighbourhood (Village)	外省市属 From Other Provinces and Cities	其他 Others
总计	**Total**	**268 738**	**7 035**	**31 677**	**116 507**	**38 064**	**24 457**	**5 702**	**107 817**
黄浦区	Huangpu	9 987	427	2 880	2 790	342	11	455	3 435
南市区	Nanshi	8 932	197	1 313	3 527	571	131	374	3 521
卢湾区	Luwan	6 649	142	1 685	3 117	569	52	155	1 550
徐汇区	Xuhui	14 151	1 085	3 686	4 860	1 624	354	598	3 922
长宁区	Changning	10 695	460	2 183	4 630	1 571	326	395	3 027
静安区	Jing'an	7 508	206	2 281	2 718	554	20	248	2 055
普陀区	Putuo	12 041	378	1 733	5 200	1 850	494	504	4 226
闸北区	Zhabei	10 921	552	2 191	4 897	1 221	320	411	2 870
虹口区	Hongkou	11 591	591	2 643	5 318	828	288	1 017	2 022
杨浦区	Yangpu	12 438	718	2 960	6 011	2 396	60	530	2 219
浦东新区	Pudong New Area	27 747	1 044	2 723	17 026	5 521	4 689	633	6 321
闵行区	Minhang	12 146	119	1 192	8 019	2 426	3 084	133	2 683
宝山区	Baoshan	14 567	477	1 212	7 892	2 864	2 509	117	4 869
嘉定区	Jiading	17 118	91	368	6 134	2 084	2 062	16	10 509
金山区	Jinshan	12 696	347	455	4 799	1 757	1 118	58	7 037
松江区	Songjiang	28 093	72	307	5 901	2 312	1 857	13	21 800
南汇县	Nanhui	9 903	43	438	7 192	2 973	2 021	23	2 207
奉贤县	Fengxian	9 093	29	391	5 710	2 451	1 747	7	2 956
青浦县	Qingpu	25 853	31	281	6 198	2 150	2 005	15	19 328
崇明县	Chongming	6 462	23	622	4 557	1 995	1 309		1 260
市外地区	Outside the City	147	3	133	11	5			

20－7 按单位性质分的法人单位数

THE NUMBER OF IMPERSONAL ENTITIES GROUPED BY THE NATURE OF UNITS (1998)

单位：个 (unit)

地区 District		合计 Total	企业 Enterprise	事业单位 Institutions	机关 Government Agencies	社会团体 Social Organizations	社区管理型机构 Organizations Run by Neighbourhood Committees		
								居委会 Neighbourhood Committees	村委会 Village Committees
总计	**Total**	**268 738**	**242 264**	**13 534**	**2 966**	**2 799**	**7 175**	**4 145**	**3 030**
黄浦区	Huangpu	9 987	8 887	502	173	354	71	71	
南市区	Nanshi	8 932	8 127	451	92	126	136	136	
卢湾区	Luwan	6 649	5 591	530	96	206	226	226	
徐汇区	Xuhui	14 151	12 327	868	143	220	593	553	40
长宁区	Changning	10 695	9 612	621	129	133	200	191	9
静安区	Jing'an	7 508	6 524	552	121	180	131	131	
普陀区	Putuo	12 041	10 993	494	125	71	358	340	18
闸北区	Zhabei	10 921	10 048	451	142	45	235	227	8
虹口区	Hongkou	11 591	10 195	724	174	160	338	338	
杨浦区	Yangpu	12 438	11 226	631	96	113	372	367	5
浦东新区	Pudong New Area	27 747	25 192	1 295	271	148	841	515	326
闵行区	Minhang	12 146	10 792	704	170	158	322	134	188
宝山区	Baoshan	14 567	12 807	832	169	174	585	366	219
嘉定区	Jiading	17 118	16 177	458	102	56	325	81	244
金山区	Jinshan	12 696	11 442	580	197	161	316	78	238
松江区	Songjiang	28 093	26 892	578	137	102	384	90	294
南汇县	Nanhui	9 903	8 245	884	227	114	433	77	356
奉贤县	Fengxian	9 093	7 799	663	123	97	411	99	312
青浦县	Qingpu	25 853	24 366	821	160	103	403	80	323
崇明县	Chongming	6 462	4 905	881	104	77	495	45	450
市外地区	Outside the City	147	117	14	15	1			

20－8　按产业结构分的产业活动单位数

THE NUMBER OF UNITS WITH INDUSTRIAL UNDERTAKING GROUPED BY INDUSTRIAL STRUCTURE

(1998)

单位：个　(unit)

地区	District	合计 Total	第一产业 Primary Industry	第二产业 Secondary Industry	第三产业 Tertiary Industry
总　计	**Total**	**356 151**	**2 383**	**88 713**	**265 055**
黄浦区	Huangpu	16 326		816	15 510
南市区	Nanshi	12 504		1 537	10 967
卢湾区	Luwan	10 241		1 172	9 069
徐汇区	Xuhui	21 127	13	3 652	17 462
长宁区	Changning	14 950	17	2 200	12 733
静安区	Jing'an	11 796		1 238	10 558
普陀区	Putuo	15 983	43	3 431	12 509
闸北区	Zhabei	14 887	9	2 809	12 069
虹口区	Hongkou	16 143		2 233	13 910
杨浦区	Yangpu	19 088	10	3 441	15 637
浦东新区	Pudong New Area	35 322	146	11 310	23 866
闵行区	Minhang	15 753	201	6 345	9 207
宝山区	Baoshan	19 045	190	6 210	12 645
嘉定区	Jiading	20 008	180	7 254	12 574
金山区	Jinshan	16 478	240	5 055	11 183
松江区	Songjiang	31 826	467	5 384	25 975
南汇县	Nanhui	13 676	244	5 977	7 455
奉贤县	Fengxian	12 533	170	6 073	6 290
青浦县	Qingpu	28 937	194	8 992	19 751
崇明县	Chongming	9 118	215	3 482	5 421
市外地区	Outside the City	410	44	102	264

20－9 按登记注册类型分的产业活动单位数

THE NUMBER OF UNITS WITH INDUSTRIAL UNDERTAKING CLASSIFIED ACCORDING TO CATEGORIES OF REGISTRATION

(1998)

单位：个 (unit)

地区 District		合计 Total	内资 Domestic Funded	#国有 State-owned	#集体 Collective-owned	#私营 Private	港澳台商投资 Hong Kong, Macao and Taiwan Funded	外商投资 Foreign Funded
总计	**Total**	**356 151**	**338 708**	**63 396**	**129 688**	**107 390**	**6 988**	**10 455**
黄浦区	Huangpu	16 326	15 381	4 780	6 980	1 480	310	635
南市区	Nanshi	12 504	12 199	2 534	6 869	990	146	159
卢湾区	Luwan	10 241	9 345	2 787	3 559	1 358	341	555
徐汇区	Xuhui	21 127	18 950	5 709	6 246	3 179	920	1 257
长宁区	Changning	14 950	13 432	3 623	4 500	2 114	559	959
静安区	Jing'an	11 796	10 617	3 642	3 364	1 480	445	734
普陀区	Putuo	15 983	15 360	3 397	5 854	4 129	239	384
闸北区	Zhabei	14 887	14 365	3 961	5 914	2 300	164	358
虹口区	Hongkou	16 143	15 369	4 792	6 050	2 083	284	490
杨浦区	Yangpu	19 088	18 528	5 133	8 495	2 605	189	371
浦东新区	Pudong New Area	35 322	32 792	6 119	15 516	5 652	1 001	1 529
闵行区	Minhang	15 753	14 322	2 291	7 457	3 310	640	791
宝山区	Baoshan	19 045	18 540	3 281	8 602	5 554	210	295
嘉定区	Jiading	20 008	19 095	1 299	4 599	12 129	409	504
金山区	Jinshan	16 478	16 170	1 893	5 957	7 744	126	182
松江区	Songjiang	31 826	31 120	1 615	5 270	22 772	300	406
南汇县	Nanhui	13 676	13 254	1 480	8 456	2 670	178	244
奉贤县	Fengxian	12 533	12 162	1 667	5 697	3 836	156	215
青浦县	Qingpu	28 937	28 320	1 249	5 737	20 440	297	320
崇明县	Chongming	9 118	8 980	1 799	4 518	1 565	73	65
市外地区	Outside the City	410	407	345	48		1	2

20－10　按隶属关系分的产业活动单位数

THE NUMBER OF UNITS WITH INDUSTRIAL UNDERTAKING GROUPED BY SUBORDINATE RELATIONS

(1998)

单位：个　　(unit)

地　区	District	合　计 Total	中央属 Central	市(局)属 City	区县属 District and County	#街道属(乡镇) Urban Subdistrict (Town)	#居委属(村委) Neighbourhood (Village)	外省市属 From Other Provinces and Cities	其　他 Others
总　计	**Total**	**356 151**	**12 141**	**47 499**	**164 032**	**49 000**	**28 873**	**9 650**	**122 829**
黄浦区	Huangpu	16 326	675	4 315	5 113	700	144	876	5 347
南市区	Nanshi	12 504	336	2 032	5 637	1 265	145	673	3 826
卢湾区	Luwan	10 241	277	2 464	5 138	1 163	172	393	1 969
徐汇区	Xuhui	21 127	1 692	5 461	7 847	2 475	723	1 109	5 018
长宁区	Changning	14 950	795	3 223	6 412	2 088	458	743	3 777
静安区	Jing'an	11 796	419	3 441	4 684	993	132	562	2 690
普陀区	Putuo	15 983	621	2 530	7 105	2 465	637	806	4 921
闸北区	Zhabei	14 887	861	3 331	6 545	1 599	526	625	3 525
虹口区	Hongkou	16 143	954	3 817	7 370	1 149	308	1 472	2 530
杨浦区	Yangpu	19 088	1 227	4 660	9 489	3 152	456	926	2 786
浦东新区	Pudong New Area	35 322	1 537	3 750	22 241	6 620	5 273	760	7 034
闵行区	Minhang	15 753	314	1 658	10 159	2 942	3 332	287	3 335
宝山区	Baoshan	19 045	774	1 894	10 542	3 565	2 781	197	5 638
嘉定区	Jiading	20 008	251	519	7 520	2 300	2 242	23	11 695
金山区	Jinshan	16 478	711	886	7 020	2 128	1 375	81	7 780
松江区	Songjiang	31 826	230	468	8 439	2 790	2 034	37	22 652
南汇县	Nanhui	13 676	141	625	10 162	3 752	2 461	32	2 716
奉贤县	Fengxian	12 533	105	645	8 056	3 158	2 041	14	3 713
青浦县	Qingpu	28 937	106	441	8 061	2 509	2 290	31	20 298
崇明县	Chongming	9 118	109	962	6 465	2 166	1 343	3	1 579
市外地区	Outside the City	410	6	377	27	21			

20－11 按单位性质分的产业活动单位数
THE NUMBER OF UNITS WITH INDUSTRIAL UNDERTAKING GROUPED BY THE NATURE OF UNITS
(1998)

单位：个 (unit)

地区 District		合计 Total	经营性单位 Operating Units	行政事业 Administrative	社会团体 Social Organizations	社区管理型机构 Organizations Run by Neighbourhood Committees		
							居委会 Neighbourhood Committees	村委会 Village Committees
总 计	**Total**	**356 151**	**322 892**	**21 918**	**4 166**	**7 175**	**4 145**	**3 030**
黄浦区	Huangpu	16 326	14 921	846	488	71	71	
南市区	Nanshi	12 504	11 047	1 115	206	136	136	
卢湾区	Luwan	10 241	8 928	818	269	226	226	
徐汇区	Xuhui	21 127	18 783	1 436	315	593	553	40
长宁区	Changning	14 950	13 601	941	208	200	191	9
静安区	Jing'an	11 796	10 348	980	337	131	131	
普陀区	Putuo	15 983	14 762	761	102	358	340	18
闸北区	Zhabei	14 887	13 865	687	100	235	227	8
虹口区	Hongkou	16 143	14 604	991	210	338	338	
杨浦区	Yangpu	19 088	17 595	925	196	372	367	5
浦东新区	Pudong New Area	35 322	32 295	1 995	191	841	515	326
闵行区	Minhang	15 753	14 097	1 096	238	322	134	188
宝山区	Baoshan	19 045	16 951	1 257	252	585	366	219
嘉定区	Jiading	20 008	18 955	625	103	325	81	244
金山区	Jinshan	16 478	14 978	975	209	316	78	238
松江区	Songjiang	31 826	30 337	952	153	384	90	294
南汇县	Nanhui	13 676	11 384	1 669	190	433	77	356
奉贤县	Fengxian	12 533	10 723	1 237	162	411	99	312
青浦县	Qingpu	28 937	27 054	1 362	118	403	80	323
崇明县	Chongming	9 118	7 335	1 170	118	495	45	450
市外地区	Outside the City	410	329	80	1			

第21篇

新上海50年历史资料

Chapter 21

Five-Decade Historical Data of New Shanghai

第二十一篇　新上海五十年的发展

1949年5月27日上海解放，揭开了上海发展新的历史篇章。解放50年来，上海社会和经济建设取得了巨大成就。特别是改革开放以来，上海人民高举邓小平理论的伟大旗帜，坚定不移地贯彻党的路线、方针和政策，团结奋斗，开拓前进，走出了一条具有中国特色，体现时代特征，符合上海特点的发展新路。

50年来，上海经济建设取得了巨大的成就，经济实力明显增强。1998年上海国内生产总值达到3688亿元，按可比价格计算，比1952年增长53倍，平均每年增长9.1%；人均国内生产总值为2.82万元，平均每年实际增长8%，按当年汇率计算，已突破3400美元，相当于中等发达国家的水平；财政收入迅速扩大，1998年达到1146亿元，比1952年增长58倍，平均每年增长9.3%。50年来，上海为全国经济发展和社会主义现代化建设作出了重要贡献，具有举足轻重的地位和作用。在这人口仅占全国1%、土地面积只占全国0.1%的城市里，生产的工业产品占全国的十二分之一，港口货物吞吐量占全国的五分之一，外贸出口总额占全国的五分之一，财政收入占全国的九分之一，培养的高等院校毕业生占全国二十三分之一。

上海的今天令人振奋，上海的明天更富有魅力。面对机遇和挑战，上海人民正坚定不移地把上海建设成为国际经济、金融、贸易中心之一，向更加美好的21世纪迈进！

Chapter 21　Shanghai's Development in the Past 50 Years

Shanghai was liberated on May 27, 1949, unveiling a new phase of the city's economic and social development. The past 50 years has witnessed the city's great economic achievements. Since Shanghai started reform and opening up to the outside world in the late 1970s, the people of Shanghai, holding high the great banner of Deng Xiaoping Theory, have resolutely implemented the Party's policies and guidelines and broken the path of economic development with Shanghai characteristics.

Shanghai has achieved epoch-making economic growth since the liberation in 1949 and its overall economic strength has been markedly increased. In 1998, its GDP reached 368.8 billion yuan, an increase of 53 times over 1952 according to comparable prices, or an annual growth of 9.1%. Its per capital GDP reported an annual growth of 8% to hit 28,200 yuan in 1998, or more than US$3,400 according to the then exchange rate. The figure indicated that Shanghai's per capital GDP reached the level of middle developed countries in the world. Its financial revenue reached 114.6 billion yuan in 1998, up 58 times over the 1952 figure, registering an annual growth of 9.3%.In the last 50 years, Shanghai has made great contributions to and played an important role in the national economic development and the country's endeavour of socialist modernization. With a population of only 1% and a land area of only 0.06% of the country's total, respectively, Shanghai produces one twelfth of the country's total industrial goods; its port handles one fifth of the nation's shipping cargoes; its foreign trade exports account for one fifth of the nation's total; its financial revenue accounts for one ninth of the nation's total; and the number of graduates from Shanghai's colleges and universities accounts for 23 of the nation's total.Shanghai's today is exciting and Shanghai's future will be more glorious. Facing the opportunities and challenges of the 21st century, the people of Shanghai are working hard to build Shanghai into a world economic, financial and trade centre and advancing into the new century the cause of building a better future for the city.

国内生产总值指数

Indices of Gross Domestic Product

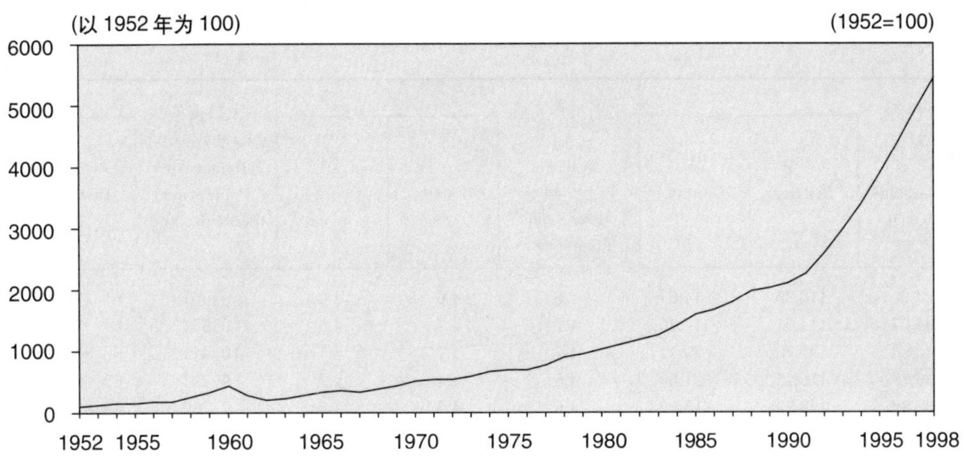

工农业总产值指数

Indices of Gross Output Value of Industry and Agriculture

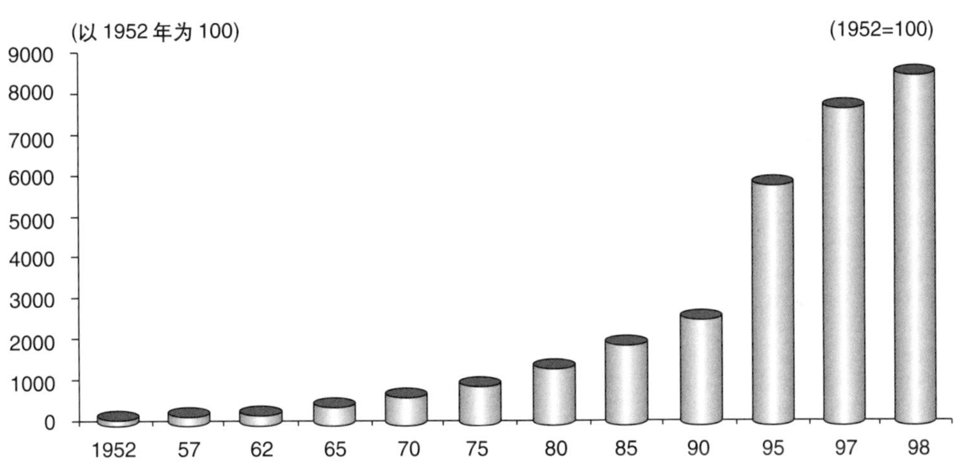

人均国内生产总值（元/人）

Gross Domestic Product Per Capita (yuan/person)

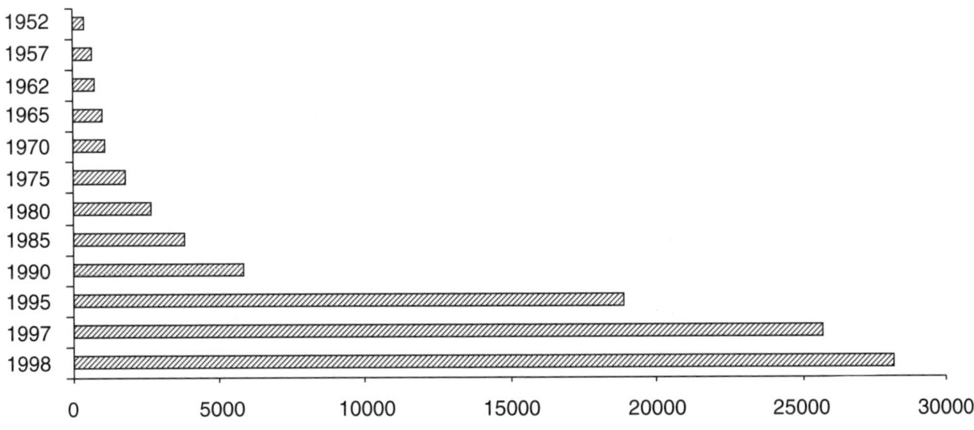

21－1　全市户数及人口密度

TOTAL HOUSEHOLDS AND DENSITY OF POPULATION

年　份 Year	总户数 (万户) Total Households (10 000)	市　区 District	县 County	平均每户人口 (人) Average Persons Per Household (person)	市　区 District	县 County	人口密度 (人/平方公里) Density of Population (person/sq.km)	市　区 District	县 County
1952	124.92	110.25	14.67	4.6	4.6	4.6	9 001	61 379	1 263
1953	132.07	114.61	17.46	4.7	4.7	4.6	9 671	64 959	1 511
1954	140.90	120.73	20.17	4.7	4.7	4.7	10 417	68 802	1 809
1955	139.75	118.45	21.30	4.5	4.4	4.7	9 794	63 561	1 877
1956	138.82	123.73	15.09	4.6	4.6	4.7	9 702	48 347	1 391
1957	146.58	130.12	16.46	4.7	4.7	4.9	10 538	52 323	1 555
1958	163.70	127.36	36.34	4.6	4.5	4.8	11 472	39 929	3 362
1959	231.17	129.43	101.74	4.4	4.5	4.3	1 740	40 561	771
1960	234.14	138.02	96.12	4.5	4.6	4.3	1 787	45 527	725
1961	237.91	139.18	98.73	4.5	4.6	4.2	1 769	45 521	721
1962	240.79	138.87	101.92	4.4	4.6	4.1	1 790	45 140	738
1963	241.60	138.56	103.04	4.4	4.6	4.2	1 817	45 364	760
1964	241.08	138.74	102.34	4.5	4.6	4.3	1 838	45 633	775
1965	242.02	139.01	103.01	4.5	4.6	4.4	1 851	45 653	788
1966	242.42	138.54	103.88	4.5	4.6	4.4	1 854	45 166	803
1967	244.46	139.48	104.98	4.5	4.6	4.4	1 871	45 347	816
1968	248.03	140.66	107.37	4.5	4.5	4.4	1 876	44 989	831
1969	251.94	140.93	111.01	4.3	4.3	4.4	1 851	43 209	848
1970	253.40	140.77	112.63	4.2	4.1	4.4	1 734	41 180	821
1971	255.85	141.26	114.59	4.2	4.0	4.3	1 725	40 507	827
1972	261.32	142.20	119.12	4.1	4.0	4.2	1 720	40 080	833
1973	265.90	143.35	122.55	4.0	3.9	4.1	1 730	39 921	846
1974	269.42	144.37	125.05	4.0	3.9	4.1	1 736	39 884	853
1975	271.85	145.83	126.02	4.0	3.8	4.1	1 741	39 535	866
1976	278.75	147.62	131.13	3.9	3.7	4.6	1 748	39 170	883
1977	286.95	149.44	137.51	3.8	3.7	3.9	1 756	38 826	899
1978	291.69	151.84	139.85	3.8	3.7	3.9	1 776	35 153	905
1979	296.71	154.58	142.13	3.8	3.8	3.8	1 830	37 301	904
1980	303.87	157.96	145.91	3.8	3.8	3.7	1 854	37 922	912
1981	314.56	162.68	151.88	3.7	3.8	3.6	1 880	27 520	929
1982	321.71	167.54	154.17	3.7	3.7	3.6	1 908	27 230	937
1983	330.60	173.03	157.57	3.6	3.7	3.5	1 930	27 762	939
1984	340.78	189.72	151.06	3.5	3.6	3.4	1 948	19 716	892
1985	351.72	197.39	154.33	3.5	3.5	3.4	1 967	19 889	896
1986	364.92	206.47	158.45	3.4	3.4	3.3	1 944	18 915	875
1987	380.19	216.25	163.94	3.3	3.3	3.2	1 971	19 225	885
1988	394.95	226.11	168.84	3.2	3.2	3.1	1 991	19 514	888
1989	406.82	244.41	162.41	3.1	3.2	3.1	2 013	10 388	892
1990	415.28	250.71	164.57	3.1	3.1	3.0	2 024	10 464	894
1991	425.84	259.19	166.65	3.0	3.0	3.0	2 030	10 483	896
1992	431.67	265.70	165.97	3.0	3.0	3.0	2 034	10 003	895
1993	438.69	318.56	120.13	3.0	3.0	2.9	2 042	4 609	809
1994	444.38	323.79	120.59	2.9	2.9	2.9	2 048	4 633	807
1995	450.76	329.88	120.88	2.9	2.9	2.9	2 052	4 651	805
1996	457.49	336.30	121.19	2.9	2.9	2.8	2 057	4 672	802
1997	461.40	357.67	103.73	2.8	2.8	2.8	2 059	3 854	776
1998	465.72	378.79	86.93	2.8	2.8	2.7	2 061	3 296	763

21－2 人口数

POPULATION

单位：万人 (10 000 persons)

年份 Year	总人口 Total Population	按地区分 Grouped by Region		按性别分 Grouped by Sex		按农业非农业分 Grouped by Agriculture and Non-agriculture	
		市区 District	县 County	男 Male	女 Female	农业 Agriculture	非农业 Non-agriculture
1952	572.63	505.76	66.87	310.72	261.91	36.55	536.08
1953	615.24	535.26	79.98	332.23	283.01	38.09	577.15
1954	662.71	566.93	95.78	353.56	309.15	40.14	622.57
1955	623.10	523.74	99.36	328.43	294.67	40.34	582.76
1956	634.94	563.48	71.46	329.99	304.95	38.19	596.75
1957	689.69	609.83	79.86	358.22	331.47	38.04	651.65
1958	750.80	578.13	172.67	385.45	365.35	64.35	686.45
1959	1 028.39	587.28	441.11	519.48	508.91	325.41	702.98
1960	1 056.30	641.30	415.00	533.66	522.64	332.19	724.11
1961	1 058.99	641.21	417.78	528.94	530.05	336.02	722.97
1962	1 057.86	635.84	422.02	523.99	533.87	350.65	707.21
1963	1 073.64	639.00	434.64	532.82	540.82	363.49	710.15
1964	1 086.22	642.79	443.43	539.12	547.10	373.39	712.83
1965	1 093.79	643.07	450.72	543.15	550.64	377.75	716.04
1966	1 095.83	636.21	459.62	544.40	551.43	387.30	708.53
1967	1 105.72	638.76	466.96	550.83	554.89	383.65	722.07
1968	1 108.97	633.71	475.26	552.60	556.37	391.72	717.25
1969	1 093.99	608.64	485.35	542.65	551.34	399.79	694.20
1970	1 072.55	580.23	492.32	531.92	540.63	410.55	662.00
1971	1 066.82	570.74	496.08	528.08	538.74	421.72	645.10
1972	1 064.11	564.73	499.38	525.94	538.17	423.82	640.29
1973	1 070.01	562.49	507.52	529.76	540.25	433.31	636.70
1974	1 073.78	561.96	511.82	531.74	542.04	433.59	640.19
1975	1 076.72	557.05	519.67	533.10	543.62	438.35	638.37
1976	1 081.30	551.91	529.39	535.33	545.97	443.97	637.33
1977	1 086.47	547.06	539.41	537.68	548.79	454.06	632.41
1978	1 098.28	557.38	540.90	542.70	555.58	453.05	645.23
1979	1 132.14	591.45	540.69	560.40	571.74	444.76	687.38
1980	1 146.52	601.29	545.23	569.30	577.22	444.09	702.43
1981	1 162.84	613.39	549.45	578.76	584.08	447.76	715.08
1982	1 180.51	626.84	553.67	588.82	591.69	449.20	731.31
1983	1 194.01	639.07	554.94	596.67	597.34	448.15	745.86
1984	1 204.78	688.13	516.65	602.59	602.19	444.03	760.75
1985	1 216.69	698.30	518.39	609.70	606.99	440.32	776.37
1986	1 232.33	710.16	522.17	618.88	613.45	429.77	802.56
1987	1 249.51	721.77	527.74	628.78	620.73	427.20	822.31
1988	1 262.42	732.65	529.77	635.82	626.60	423.49	838.93
1989	1 276.45	777.79	498.66	643.51	632.94	420.61	855.84
1990	1 283.35	783.48	499.87	647.13	636.22	418.89	864.46
1991	1 287.20	786.18	501.02	649.03	638.17	417.32	869.88
1992	1 289.37	792.75	496.62	649.97	639.40	413.82	875.55
1993	1 294.74	948.01	346.73	652.92	641.82	401.28	893.46
1994	1 298.81	953.04	345.77	655.14	643.67	388.32	910.49
1995	1 301.37	956.66	344.71	656.48	644.89	379.67	921.70
1996	1 304.43	961.02	343.41	657.86	646.57	372.29	932.14
1997	1 305.46	1 018.59	286.87	657.93	647.53	362.43	943.03
1998	1 306.58	1 070.62	235.96	658.22	648.36	352.93	953.65

21－3 人口出生率、死亡率、自然增长率和平均期望寿命

BIRTH RATE, DEATH RATE, NATURAL GROWTH RATE AND LIFE EXPECTANCY OF POPULATION

年份 Year	出 生 Birth		死 亡 Death		自然增长 Natural Growth		平均期望寿命（岁）Life Expectancy (year)		
	人 数（万人）Population (10 000 persons)	出生率（‰）Birth Rate	人 数（万人）Population (10 000 persons)	死亡率（‰）Death Rate	人 数（万人）Population (10 000 persons)	自然增长率（‰）Natural Growth Rate		男 Male	女 Female
1952	21.98	39.1	4.93	8.8	17.05	30.3	54.05	52.41	55.52
1953	25.61	43.1	5.26	8.9	20.35	34.2	58.14	58.43	60.31
1954	33.70	52.7	4.55	7.1	29.15	45.6	62.68	61.22	63.86
1955	27.20	42.3	5.28	8.2	21.92	34.1	62.73	61.58	63.80
1956	24.87	39.5	4.15	6.6	20.72	32.9	65.00	63.12	66.60
1957	30.47	46.0	4.02	6.1	26.45	39.9	66.92	65.23	68.21
1958	27.30	37.9	4.46	6.2	22.84	31.7	66.84	64.78	68.45
1959	28.13	31.6	6.97	7.8	21.16	23.8	65.98	64.47	66.97
1960	28.91	27.7	7.16	6.9	21.75	20.8	66.54	65.09	67.53
1961	23.72	22.4	8.12	7.7	15.60	14.7	67.02	64.89	68.70
1962	27.67	26.1	7.66	7.2	20.01	18.9	68.95	66.92	70.65
1963	32.26	30.3	7.44	7.0	24.82	23.3	70.14	68.24	71.61
1964	22.31	20.6	6.64	6.1	15.67	14.5	70.99	69.33	72.28
1965	18.58	17.0	6.20	5.7	12.38	11.3	71.59	69.62	73.24
1966	15.95	14.5	5.82	5.3	10.13	9.2	70.73	68.14	71.73
1967	13.77	12.5	5.60	5.1	8.17	7.4	72.43	69.98	73.32
1968	16.47	14.9	5.87	5.3	10.60	9.6	72.14	69.26	73.86
1969	16.30	14.8	5.19	4.7	11.11	10.1	72.54	70.92	73.60
1970	15.10	13.9	5.41	5.0	9.69	8.9	72.53	70.21	73.86
1971	13.03	12.2	5.60	5.2	7.43	7.0	72.87	70.89	74.03
1972	11.54	10.8	5.93	5.6	5.61	5.2	73.57	71.65	73.77
1973	10.94	10.2	5.84	5.5	5.10	4.7	72.71	70.04	74.27
1974	9.85	9.2	6.25	5.8	3.60	3.4	72.20	69.74	74.42
1975	10.14	9.4	6.47	6.0	3.67	3.4	72.00	69.36	73.80
1976	11.04	10.2	6.63	6.1	4.41	4.1	71.71	69.24	73.66
1977	11.72	10.8	7.05	6.5	4.67	4.3	73.24	70.48	74.69
1978	12.36	11.3	6.82	6.2	5.54	5.1	73.35	70.69	74.78
1979	13.76	12.3	6.81	6.1	6.95	6.2	73.14	70.64	75.48
1980	14.31	12.6	7.39	6.5	6.92	6.1	73.33	71.25	75.36
1981	19.38	16.8	7.44	6.4	11.94	10.4	73.38	71.28	75.47
1982	21.68	18.5	7.35	6.3	14.33	12.2	74.04	71.77	76.25
1983	17.80	15.0	8.19	6.9	9.61	8.1	73.23	71.15	75.26
1984	16.38	13.7	7.82	6.5	8.56	7.2	73.90	71.73	76.17
1985	15.43	12.7	8.10	6.7	7.33	6.0	74.27	72.14	76.37
1986	17.75	14.5	7.93	6.5	9.81	8.0	74.71	72.54	76.85
1987	19.02	15.3	8.27	6.7	10.75	8.6	74.46	72.32	76.60
1988	16.53	13.2	8.47	6.8	8.06	6.4	74.63	72.50	76.77
1989	15.91	12.5	8.43	6.6	7.48	5.9	74.98	72.85	77.12
1990	13.12	10.2	8.63	6.7	4.49	3.5	75.46	73.16	77.74
1991	10.08	7.8	8.56	6.7	1.52	1.1	75.79	73.38	77.95
1992	9.37	7.3	9.10	7.1	0.27	0.2	75.97	74.04	77.91
1993	8.40	6.5	9.40	7.3	-1.00	−0.8	75.97	74.04	77.91
1994	7.63	5.9	9.42	7.3	-1.79	−1.4	76.26	74.29	78.23
1995	7.11	5.5	9.79	7.5	-2.68	−2.0	76.03	74.11	77.97
1996	6.79	5.2	9.77	7.5	-2.98	−2.3	76.11	74.07	78.21
1997	6.42	4.9	9.57	7.3	-3.15	−2.4	77.20	75.18	79.21
1998	6.17	4.7	10.13	7.8	-3.96	−3.1	77.03	75.06	79.02

21－4 人口迁移状况

MIGRATION

单位：万人 (10 000 persons)

年 份 Year	迁 入 Inflows		迁 出 Outflows		机械增长 Machanical Increase	
	人 口 Population	迁入率（‰） Rate of Inflows	人 口 Population	迁出率（‰） Rate of Outflows	人 口 Population	增长率（‰） Growth Rate
1952	43.00	76.5	35.21	62.6	7.79	13.9
1953	48.78	82.1	25.55	43.0	23.23	39.1
1954	45.76	71.6	29.67	46.4	16.09	25.2
1955	26.04	40.5	84.73	131.8	-58.69	-91.3
1956	38.25	60.8	44.33	70.5	-6.08	-9.7
1957	41.85	63.2	13.48	20.4	28.37	42.8
1958	19.37	26.9	51.34	71.3	-31.97	-44.4
1959	32.32	36.3	32.21	36.2	0.11	0.1
1960	23.77	22.8	26.59	25.5	-2.82	-2.7
1961	19.27	18.2	33.55	31.7	-14.28	-13.5
1962	21.38	20.2	37.59	35.5	-16.21	-15.3
1963	15.26	14.3	23.83	22.3	-8.57	-8.0
1964	15.41	14.3	20.10	18.6	-4.69	-4.3
1965	16.17	14.8	20.65	18.9	-4.48	-4.1
1966	10.10	9.2	17.87	16.3	-7.77	-7.1
1967	9.00	8.2	7.34	6.7	1.66	1.5
1968	9.43	8.5	17.24	15.6	-7.81	-7.1
1969	7.75	7.0	35.25	32.0	-27.50	-25.0
1970	5.85	5.4	37.09	34.2	-31.24	-28.8
1971	12.64	11.8	25.38	23.7	-12.74	-11.9
1972	12.87	12.1	18.85	17.7	-5.98	-5.6
1973	17.13	16.1	15.89	14.9	1.24	1.2
1974	16.65	15.5	16.17	15.1	0.48	0.4
1975	21.21	19.7	21.72	20.2	-0.51	-0.5
1976	20.02	18.5	20.21	18.7	-0.19	-0.2
1977	19.63	18.1	18.84	17.4	0.79	0.7
1978	24.83	22.7	18.13	16.6	6.70	6.1
1979	59.83	53.6	33.34	29.9	26.49	23.7
1980	28.75	25.2	21.08	18.5	7.67	6.7
1981	23.62	20.4	19.21	16.6	4.41	3.8
1982	23.46	20.0	19.66	16.8	3.80	3.2
1983	22.68	19.1	19.08	16.1	3.60	3.0
1984	19.65	16.4	17.48	14.6	2.17	1.8
1985	18.29	15.1	12.99	10.7	5.30	4.4
1986	19.77	16.1	13.50	11.0	6.27	5.1
1987	22.17	17.9	15.40	12.4	6.77	5.5
1988	22.11	17.6	17.02	13.6	5.09	4.0
1989	21.09	16.6	16.95	13.4	4.14	3.2
1990	18.87	14.7	17.41	13.6	1.46	1.1
1991	16.70	13.0	14.54	11.3	2.16	1.7
1992	17.53	13.6	14.92	11.6	2.61	2.0
1993	18.55	14.4	11.86	9.2	6.69	5.2
1994	19.96	15.4	12.54	9.7	7.42	5.7
1995	19.47	15.0	13.20	10.2	6.27	4.8
1996	19.87	15.2	13.47	10.3	6.40	4.9
1997	17.81	13.6	13.06	10.0	4.75	3.6
1998	18.52	14.2	12.35	9.5	6.17	4.7

21－5 主要年份从业人员

EMPLOYMENT IN MAIN YEARS

单位：万人 (10 000 persons)

年 份 Year	从业人员合计 Total	按经济类型分 Grouped by Ownership				按三次产业分 Grouped by Industry		
		国有、集体、其他单位从业人员 Staff and Workers in State-owned Units Collective-owned Units, and Others	城镇个体劳动者 Urban Self-employed Labourers	农村集体和个体劳动者 Rural Collective and Self-employed Labourers	其他劳动者 Others	第一产业 Primary Industry	第二产业 Secondary Industry	第三产业 Tertiary Industry
1952	307.29	141.38	35.30	130.61		130.87	91.06	85.36
1957	365.53	211.78	19.72	134.03		132.08	133.14	100.31
1962	403.06	233.33	8.78	160.95		163.01	142.02	98.03
1965	460.76	272.13	5.05	183.58		188.70	160.68	111.38
1970	540.87	307.50	0.72	232.65		199.65	229.59	111.63
1971	560.29	321.31	0.72	238.26		202.98	239.25	118.06
1972	576.74	332.79	0.72	243.23		208.62	249.25	118.87
1973	589.52	340.53	0.72	248.27		214.69	254.37	120.46
1974	610.16	350.68	0.72	258.76		220.78	263.62	125.76
1975	646.88	376.53	1.28	269.07		237.00	277.19	132.69
1976	669.56	399.27	1.28	269.01		241.25	287.53	140.78
1977	679.65	408.22	1.28	270.15		243.95	295.41	140.29
1978	698.32	425.04	0.83	272.45		240.06	307.48	150.78
1979	712.59	437.51	0.78	274.30		224.85	330.88	156.86
1980	730.77	451.55	1.11	277.75	0.36	212.05	354.83	163.89
1981	750.22	468.49	1.38	279.59	0.76	204.86	374.86	170.50
1982	764.03	480.93	2.36	278.89	1.85	194.36	388.52	181.15
1983	768.90	489.93	2.97	274.06	1.94	176.62	405.48	186.80
1984	769.79	495.90	4.01	268.05	1.83	150.59	423.80	195.40
1985	775.53	503.16	5.48	263.94	2.95	126.78	445.38	203.37
1986	782.99	515.08	5.55	258.97	3.39	111.48	457.42	214.09
1987	788.12	521.01	6.52	255.85	4.74	102.51	463.59	222.02
1988	792.13	528.73	7.05	250.75	5.60	93.17	467.56	231.40
1989	784.96	525.19	7.47	246.05	6.25	88.71	463.81	232.44
1990	787.72	527.23	7.36	246.40	6.73	87.25	467.08	233.39
1991	798.13	539.84	7.23	242.01	9.05	82.59	471.23	244.31
1992	806.91	540.07	7.91	239.84	19.09	77.40	470.77	258.74
1993	853.11	519.49	8.03	300.93	24.66	98.58	494.68	259.85
1994	850.04	508.76	12.94	296.92	31.42	98.21	478.57	273.26
1995	855.72	501.84	7.54	291.96	54.38	102.13	466.99	286.60
1996	851.21	488.69	7.74	286.10	68.68	102.52	444.80	303.89
1997	847.25	466.92	7.51	283.20	89.62	107.67	416.04	323.54
1998	836.21	449.63	8.82	270.63	107.13	104.05	384.88	347.28

21－6 职工人数和女职工人数

STAFF AND WORKERS, FEMALE STAFF AND WORKERS

单位：万人 (10 000 persons)

年份 Year	职工人数 Staff and Workers	国有经济单位 State-owned Units	集体经济单位 Urban Collective owned Units	其他经济单位 Other Ownership Units	国有经济单位职工人数占职工人数比重(%) Percentage of Workers of State-owned Units in the City's Total	集体单位职工占职工人数比重(%) Percentage of Workers of Urban Collective-owned Units in the City's Total	女职工人数 Female Staff and Workers	# 国有经济单位 State-owned Units	# 集体经济单位 Urban Collective-owned Units
1952	141.38	132.64	8.74		93.8	6.2		21.41	
1953	151.84	140.85	10.99		92.8	7.2		24.53	
1954	156.55	142.25	14.30		90.9	9.1		28.09	
1955	153.79	138.85	14.94		90.3	9.7		32.16	
1956	195.83	172.80	23.03		88.2	11.8		36.82	
1957	211.78	174.66	37.12		82.5	17.5		42.17	
1958	253.87	223.29	30.58		88.0	12.0		67.98	
1959	267.54	224.98	42.56		84.1	15.9		66.57	
1960	285.95	223.43	62.52		78.1	21.9		64.58	
1961	264.40	206.98	57.42		78.3	21.7		61.26	
1962	233.33	188.20	45.13		80.7	19.3		53.95	
1963	239.07	192.03	47.04		80.3	19.7		52.86	
1964	256.54	201.65	54.89		78.6	21.4		58.93	
1965	272.13	212.37	59.76		78.0	22.0		62.89	
1966	273.75	213.36	60.39		77.9	22.1		65.00	
1967	280.15	219.13	61.02		78.2	21.8		67.19	
1968	304.56	242.90	61.66		79.8	20.2		69.46	
1969	309.42	247.11	62.31		79.9	20.1		71.80	
1970	307.50	244.53	62.97		79.5	20.5	116.50	74.21	42.29
1971	321.31	252.80	68.51		78.7	21.3	132.96	85.16	47.80
1972	332.79	261.26	71.53		78.5	21.5	139.07	89.14	49.93
1973	340.53	266.86	73.67		78.4	21.6	142.04	91.05	50.99
1974	350.68	273.36	77.32		78.0	22.0	147.60	95.59	52.01
1975	376.53	293.84	82.69		78.0	22.0	158.31	103.27	55.04
1976	399.27	312.26	87.01		78.2	21.8	168.59	111.27	57.32
1977	408.22	320.76	87.46		78.6	21.4	175.09	117.27	57.82
1978	422.81	336.30	86.51		79.5	20.5	182.31	126.80	55.51
1979	432.05	340.99	91.06		78.9	21.1	181.77	128.03	53.74
1980	446.92	351.90	95.02		78.7	21.3	187.13	131.09	56.04
1981	464.45	363.77	100.68		78.3	21.7	195.40	136.00	59.40
1982	475.16	371.20	103.96		78.1	21.9	199.60	138.65	60.95
1983	483.01	377.52	105.49		78.2	21.8	201.86	140.90	60.96
1984	487.44	376.08	107.45	3.91	77.2	22.0	203.32	140.43	61.05
1985	492.55	383.34	106.03	3.18	77.8	21.5	205.78	145.06	59.27
1986	500.22	392.10	104.44	3.68	78.4	20.9	207.30	148.08	57.58
1987	505.36	399.21	103.07	3.08	79.0	20.4	210.39	152.52	56.61
1988	509.76	405.16	99.59	5.01	79.5	19.5	211.25	154.66	54.44
1989	505.79	393.76	104.81	7.22	77.9	20.7	212.22	152.41	56.70
1990	508.10	397.21	101.60	9.29	78.2	20.0	213.09	154.49	54.29
1991	517.73	403.50	101.38	12.85	77.9	19.6	217.41	157.89	53.62
1992	511.16	396.58	97.88	16.70	77.6	19.1	214.54	155.89	51.53
1993	490.35	352.47	84.69	53.19	71.9	17.3	205.70	140.03	44.25
1994	478.65	339.86	82.17	56.62	71.0	17.2	203.75	142.01	46.55
1995	470.56	324.19	80.93	65.44	68.9	17.2	200.80	135.00	45.56
1996	456.75	312.53	76.90	67.32	68.4	16.8	192.52	126.10	40.21
1997	435.27	292.80	71.22	71.25	67.3	16.4	182.12	116.46	36.03
1998	412.61	268.59	63.77	80.25	65.1	15.5	166.27	105.65	32.01

21－7 国内生产总值

单位：亿元

年 份 Year	国内生产总值 Gross Domestic Product	第一产业 Primary Industry	第二产业 Secondary Industry	工 业 Industry	建筑业 Construction
1952	36.66	2.17	19.22	18.22	1.00
1953	51.71	2.51	28.75	26.91	1.84
1954	54.70	2.26	29.67	28.38	1.29
1955	53.64	2.71	29.39	28.02	1.37
1956	63.61	2.38	35.25	34.41	0.84
1957	69.60	2.70	40.83	39.57	1.26
1958	95.61	3.57	64.66	62.93	1.73
1959	128.49	4.29	94.82	92.98	1.84
1960	158.39	4.23	123.36	121.47	1.89
1961	101.78	4.43	71.06	70.10	0.96
1962	84.72	4.51	58.80	58.05	0.75
1963	90.69	4.54	65.72	64.77	0.95
1964	100.70	6.24	72.17	70.97	1.20
1965	113.55	6.50	82.92	81.83	1.09
1966	124.81	6.80	92.27	91.27	1.00
1967	110.04	7.20	79.51	78.97	0.54
1968	123.24	8.31	89.20	88.73	0.47
1969	142.30	7.91	106.08	105.37	0.71
1970	156.67	7.42	120.82	119.86	0.96
1971	164.86	7.57	128.23	127.10	1.13
1972	170.98	8.54	132.82	131.70	1.12
1973	185.35	8.97	142.39	141.02	1.37
1974	193.45	9.45	147.86	145.95	1.91
1975	204.12	8.22	157.54	155.35	2.19
1976	208.12	8.79	158.89	156.96	1.93
1977	230.36	7.98	176.98	175.09	1.89
1978	272.81	11.00	211.05	207.47	3.58
1979	286.43	11.39	221.21	216.62	4.59
1980	311.89	10.10	236.10	230.87	5.23
1981	324.76	10.58	244.34	237.12	7.22
1982	337.07	13.31	249.32	240.75	8.57
1983	351.81	13.52	255.32	246.26	9.06
1984	390.85	17.26	275.37	263.19	12.18
1985	466.75	19.53	325.63	311.12	14.51
1986	490.83	19.69	336.02	318.89	17.13
1987	545.46	21.60	364.38	336.54	27.84
1988	648.30	27.36	433.05	399.53	33.52
1989	696.54	29.63	466.18	432.92	33.26
1990	756.45	32.60	482.68	446.88	35.80
1991	893.77	33.36	551.34	515.49	35.85
1992	1 114.32	34.16	677.39	636.68	40.71
1993	1 511.61	38.21	900.33	844.71	55.62
1994	1 971.92	48.59	1 143.24	1 069.31	73.93
1995	2 462.57	61.68	1 409.85	1 298.97	110.88
1996	2 902.20	71.58	1 582.50	1 439.14	143.36
1997	3 360.21	75.80	1 754.39	1 580.15	174.24
1998	3 688.20	78.50	1 847.20	1 646.70	200.50

GROSS DOMESTIC PRODUCT

(100 million yuan)

第三产业 Tertiary Industry	# 交通运输、仓储、邮电通信业 Transportation, Storage, Post and Telecommunications	# 批发和零售贸易、餐饮业 Wholesale, Retail and Catering Businesses	# 金融保险业 Banking and Insurance	# 房地产业 Real Estate	人均国内生产总值(元) Gross Domestic Product Per Capita (yuan)
15.27	1.79	10.49	0.91	0.05	430
20.45	2.56	14.66	0.90	0.05	590
22.77	3.11	16.30	0.85	0.05	589
21.54	2.88	15.06	1.00	0.04	569
25.98	2.93	18.67	1.24	0.04	681
26.07	2.97	18.34	1.33	0.05	713
27.38	3.69	18.24	1.89	0.05	952
29.38	4.52	18.15	2.59	0.06	1 268
30.80	4.71	17.22	4.37	0.06	1 521
26.29	3.68	13.88	4.13	0.06	966
21.41	3.02	10.22	3.68	0.06	803
20.43	3.08	10.28	2.81	0.06	851
22.29	3.63	11.73	2.58	0.07	933
24.13	4.08	12.59	3.02	0.07	1 042
25.74	4.47	13.60	3.38	0.07	1 140
23.33	3.50	12.46	3.05	0.07	999
25.73	3.85	12.91	4.79	0.08	1 113
28.31	4.13	15.21	4.85	0.08	1 292
28.43	4.50	14.74	5.04	0.08	1 446
29.06	4.83	14.25	5.20	0.09	1 541
29.62	5.34	15.18	4.06	0.11	1 605
33.99	5.95	16.82	5.43	0.12	1 737
36.14	6.30	18.13	5.69	0.13	1 805
38.36	7.34	18.58	5.85	0.16	1 898
40.44	7.82	18.47	6.36	0.22	1 929
45.40	10.84	19.97	6.50	0.16	2 125
50.76	12.04	23.15	7.02	0.27	2 498
53.83	13.43	23.70	7.42	0.33	2 568
65.69	15.45	31.62	7.82	0.36	2 738
69.84	16.34	32.73	8.29	0.43	2 813
74.44	17.28	29.18	13.36	0.48	2 877
82.97	20.04	31.66	14.98	0.48	2 963
98.22	22.93	38.22	17.21	0.52	3 259
121.59	25.75	51.82	20.53	0.58	3 855
135.12	31.51	51.56	25.59	0.53	4 008
159.48	34.89	53.74	34.03	3.13	4 396
187.89	42.08	64.19	41.88	3.37	5 161
200.73	49.31	41.14	63.48	4.84	5 489
241.17	62.44	51.84	71.07	3.75	5 910
309.07	79.77	63.68	83.18	12.19	6 955
402.77	95.92	96.31	98.93	20.48	8 652
573.07	119.21	158.82	140.51	26.38	11 700
780.09	148.44	206.44	214.75	39.09	15 204
991.04	169.76	269.49	245.45	91.29	18 943
1 248.12	204.32	316.15	347.84	124.26	22 275
1 530.02	227.88	380.78	459.63	147.51	25 750
1 762.50	244.42	412.04	512.21	185.40	28 240

21－8 国内生产总值指数

(以1952年为100)

年 份 Year	国内生产总值 Gross Domestic Product	第一产业 Primary Industry	第二产业 Secondary Industry	工 业 Industry	建筑业 Construction
1953	138.5	117.5	146.1	143.2	197.6
1954	142.9	110.6	153.4	153.5	149.5
1955	142.9	142.2	156.2	156.3	151.9
1956	176.8	115.8	200.2	205.4	104.3
1957	190.8	117.7	232.6	236.0	169.0
1958	251.9	122.2	371.2	378.8	218.2
1959	343.6	125.5	556.8	572.7	228.7
1960	443.6	121.5	758.4	784.0	231.6
1961	279.9	123.6	408.8	422.6	129.7
1962	206.0	125.6	284.9	294.6	85.6
1963	231.5	122.9	346.7	358.8	99.3
1964	269.5	167.9	401.8	415.5	124.2
1965	330.4	174.6	514.3	533.1	124.0
1966	371.7	194.2	584.2	606.1	117.8
1967	340.8	193.4	518.8	540.0	68.3
1968	388.5	236.1	592.5	617.8	55.8
1969	446.8	221.8	708.6	738.3	78.6
1970	500.9	205.5	817.0	850.5	116.0
1971	531.5	210.2	869.3	904.1	139.0
1972	544.8	220.2	898.9	934.8	137.3
1973	598.2	212.4	988.8	1 027.3	172.4
1974	663.4	217.5	1 109.4	1 149.5	245.3
1975	690.6	189.2	1 153.8	1 193.2	300.4
1976	700.3	202.2	1 157.3	1 198.0	262.9
1977	766.8	157.9	1 300.8	1 348.9	269.5
1978	888.0	200.5	1 516.7	1 562.0	511.5
1979	953.7	199.1	1 647.1	1 699.5	500.2
1980	1 033.8	198.1	1 745.9	1 803.2	508.1
1981	1 091.7	198.7	1 831.4	1 877.1	707.5
1982	1 170.3	250.6	1 915.6	1 955.9	839.5
1983	1 261.6	250.6	2 061.2	2 102.6	914.4
1984	1 407.9	313.8	2 267.3	2 306.6	1 091.1
1985	1 596.6	244.2	2 602.9	2 652.6	1 212.2
1986	1 666.9	243.8	2 707.0	2 750.7	1 354.0
1987	1 791.9	237.2	2 907.3	2 937.7	1 655.9
1988	1 972.9	248.2	3 180.6	3 210.9	1 856.3
1989	2 032.1	248.9	3 231.5	3 271.9	1 774.6
1990	2 103.2	259.6	3 322.0	3 360.2	1 865.1
1991	2 252.5	260.6	3 547.9	3 655.9	1 516.3
1992	2 585.9	261.6	4 158.1	4 306.7	1 633.1
1993	2 971.2	254.5	4 852.5	5 034.5	1 858.5
1994	3 396.1	261.9	5 541.6	5 749.4	2 120.5
1995	3 875.0	278.7	6 361.8	6 571.6	2 650.6
1996	4 378.8	292.6	7 067.9	7 255.0	3 310.6
1997	4 934.9	304.9	7 817.1	7 995.0	3 870.1
1998	5 433.3	311.6	8 458.1	8 618.6	4 442.9

INDICES OF GROSS DOMESTIC PRODUCT

(1952=100)

第三产业 Tertiary Industry	#交通运输、仓储、邮电通信业 Transportation, Storage, Post and Telecommunications	#批发和零售贸易、餐饮业 Wholesale, Retail and Catering Businesses	#金融保险业 Banking and Insurance	#房地产业 Real Estate	人均国内生产总值 Gross Domestic Product Per Capita
131.9	145.3	137.3	94.5	100.0	133.2
134.5	175.5	135.1	89.0	100.0	129.5
126.6	159.9	124.3	105.5	80.0	127.8
156.4	168.2	158.4	139.6	80.0	159.5
148.7	167.7	144.3	150.6	100.0	164.6
136.5	182.5	120.5	207.2	100.0	211.1
141.0	224.8	110.1	293.2	120.0	285.5
147.5	302.8	90.3	518.4	120.0	358.7
156.6	205.6	118.1	499.2	120.0	223.6
127.0	133.2	94.5	436.8	120.0	164.4
118.7	138.3	91.3	342.9	120.0	183.1
136.6	180.1	110.7	314.4	140.0	210.4
149.6	230.9	115.9	383.3	140.0	255.4
163.2	277.1	123.3	446.5	140.0	285.9
164.2	275.4	126.1	421.5	140.0	260.8
184.2	330.2	128.5	687.0	160.0	295.5
190.8	344.4	134.2	711.7	160.0	341.6
196.9	394.7	131.1	775.8	160.0	389.5
207.5	453.5	130.3	816.1	180.0	418.3
203.8	492.0	129.9	634.1	220.0	430.6
229.3	592.9	132.6	857.3	240.0	472.0
245.8	629.7	144.4	921.6	259.9	521.4
265.5	702.7	156.1	947.4	319.9	541.0
279.8	742.1	154.1	1 041.2	399.9	546.3
287.9	774.0	160.6	1 066.2	439.9	595.6
318.4	851.4	183.6	1 139.8	539.8	684.6
328.0	943.4	189.3	1 003.0	699.6	720.2
400.8	1 134.0	240.0	1 222.7	799.6	764.7
436.5	1 186.2	264.5	1 312.0	954.7	796.9
495.0	1 348.7	260.0	2 164.8	1 132.3	841.4
543.5	1 544.3	276.9	2 359.6	1 109.7	894.8
623.4	1 687.9	322.3	2 732.4	1 176.3	988.6
715.0	1 833.1	391.3	3 076.7	1 154.0	1 111.8
757.9	1 906.4	394.0	3 544.4	1 065.1	1 146.7
825.4	1 973.1	397.9	4 274.5	1 175.9	1 216.5
929.4	2 085.6	461.2	5 185.0	1 198.2	1 323.3
995.4	2 164.9	465.8	6 548.7	1 286.9	1 349.3
1 048.2	2 437.7	467.2	6 961.3	1 020.5	1 384.5
1 137.3	2 627.8	547.0	7 135.3	1 575.7	1 477.1
1 273.8	2 869.6	643.9	7 784.6	1 905.0	1 691.8
1 441.9	3 079.1	727.0	9 193.6	2 133.6	1 937.8
1 669.7	3 300.8	803.3	11 924.1	2 656.3	2 207.0
1 888.4	3 565.4	921.4	12 568.0	7 190.6	2 511.6
2 224.5	4 007.5	1 029.2	16 313.3	8 923.5	2 830.5
2 618.2	4 344.1	1 227.8	20 587.4	10 288.8	3 181.5
2 992.6	4 717.7	1 355.5	23 016.7	12 696.4	3 499.8

21－9 国内生产总值使用额

UTILIZATION OF GROSS DOMESTIC PRODUCT

单位：亿元　　(100 million yuan)

年 份 Year	国内生产总值 Gross Domestic Product	国内生产总值净流出 Net Outflow of GDP	本市使用的国内生产总值 Gross Domestic Product Used	总消费 Total Consumption	总投资 Total Investment	本市使用的国内生产总值构成(%) Composition of GDP Used		可供投资率(%) Available Investment Rate
						总消费 Total Consumption	总投资 Total Invtestment	
1952	36.66	6.60	30.06	22.43	7.63	74.6	25.4	38.8
1953	51.71	19.19	32.52	26.94	5.58	82.8	17.2	47.9
1954	54.70	22.52	32.18	26.04	6.14	80.9	19.1	52.4
1955	53.64	22.13	31.47	24.83	6.64	78.9	21.1	53.7
1956	63.61	35.07	28.54	26.64	1.90	93.3	6.7	58.1
1957	69.60	24.87	44.73	28.86	15.87	64.5	35.5	58.5
1958	95.61	40.55	55.06	30.55	24.51	55.5	44.5	68.0
1959	128.49	55.17	73.32	33.24	40.08	45.3	54.7	74.1
1960	158.39	88.59	69.80	34.16	35.64	48.9	51.1	79.1
1961	101.78	55.54	46.24	33.89	12.35	73.3	26.7	66.7
1962	84.72	54.48	30.24	32.31	-2.07			61.9
1963	90.69	46.58	44.11	32.06	12.05	72.7	27.3	64.6
1964	100.70	49.58	51.12	34.43	16.69	67.4	32.6	65.8
1965	113.55	69.85	43.70	35.63	8.07	81.5	18.5	68.8
1966	124.81	62.10	62.71	37.93	24.78	60.5	39.5	69.6
1967	110.04	64.45	45.59	37.95	7.64	83.2	16.8	65.5
1968	123.24	62.79	60.45	37.04	23.41	61.3	38.7	69.9
1969	142.30	95.11	47.19	38.95	8.24	82.5	17.5	72.6
1970	156.67	100.74	55.93	37.69	18.24	67.4	32.6	75.9
1971	164.86	98.58	66.28	39.66	26.62	59.8	40.2	75.9
1972	170.98	93.26	77.72	41.05	36.67	52.8	47.2	76.0
1973	185.35	102.10	83.25	44.65	68.60	53.6	46.4	75.9
1974	193.45	103.39	90.06	47.40	42.66	52.6	47.4	75.5
1975	204.12	113.66	90.46	50.74	39.72	56.1	43.9	75.1
1976	208.12	125.03	83.09	53.33	29.76	64.2	35.8	74.4
1977	230.36	145.85	84.51	53.90	30.61	63.8	36.2	76.6
1978	272.81	165.79	107.02	59.06	47.96	55.2	44.8	78.4
1979	286.43	171.48	114.95	71.34	43.61	62.1	37.9	75.1
1980	311.89	164.13	147.76	81.24	66.52	55.0	45.0	74.0
1981	324.76	158.35	166.41	89.73	76.68	53.9	46.1	72.4
1982	337.07	153.90	183.57	92.90	90.27	50.7	49.3	72.4
1983	351.81	178.76	173.05	101.19	71.86	58.5	41.5	71.2
1984	390.85	171.97	218.88	117.25	101.63	53.6	46.4	70.0
1985	466.75	122.47	344.28	155.15	189.13	45.1	54.9	66.8
1986	490.83	80.97	409.86	181.74	228.12	44.3	55.7	63.0
1987	545.46	103.70	441.76	200.74	241.02	45.4	54.6	63.2
1988	648.30	57.32	590.98	255.42	335.56	43.2	56.8	60.6
1989	696.54	46.24	650.30	298.62	351.68	45.9	54.1	57.1
1990	756.45	117.76	638.69	316.80	321.89	49.6	50.4	58.1
1991	893.77	167.68	726.09	386.06	340.03	53.2	46.8	56.8
1992	1 114.32	150.12	964.20	476.57	487.63	49.4	50.6	57.2
1993	1 511.61	91.79	1 419.82	679.35	740.47	47.8	52.2	55.1
1994	1 971.92	-53.58	2 025.50	873.89	1 151.61	43.1	56.9	55.7
1995	2 462.57	-173.96	2 636.53	1 085.33	1 551.20	41.2	58.8	55.9
1996	2 902.20	-278.48	3 180.68	1 252.33	1 928.35	39.4	60.6	56.8
1997	3 360.21	-76.18	3 436.39	1 423.63	2 012.76	41.4	58.6	57.6
1998	3 688.20	185.89	3 502.22	1 526.28	1 975.94	43.6	56.4	58.6

21－10 国内生产总值总消费
TOTAL CONSUMPTION OF GROSS DOMESTIC PRODUCT

单位：亿元 (100 million yuan)

年份 Year	总消费 Total Consumption	居民消费 Resident Consumption	农业居民 Agricultural Residents	非农业居民 Non-agricultural Residents	社会消费 Public Consumption	总消费构成(%) Composition of Total Consumption: 居民消费 Resident Consumption	社会消费 Public Consumption	居民消费构成(%) Composition of Resident Consumption: 农业居民 Agricultural Residents	非农业居民 Non-agricultural Residents
1952	22.43	19.57	2.28	17.29	2.86	87.2	12.8	11.7	88.3
1953	26.94	23.12	2.42	20.70	3.82	85.8	14.2	10.5	89.5
1954	26.04	22.34	2.28	20.06	3.70	85.8	14.2	10.2	89.8
1955	24.83	21.50	2.20	19.30	3.33	86.6	13.4	10.2	89.8
1956	26.64	22.94	2.39	20.55	3.70	86.1	13.9	10.4	89.6
1957	28.86	25.05	2.75	22.30	3.81	86.8	13.2	11.0	89.0
1958	30.55	26.15	2.66	23.49	4.40	85.6	14.4	10.2	89.8
1959	33.24	28.16	3.23	24.93	5.08	84.7	15.3	11.5	88.5
1960	34.16	28.55	3.78	24.77	5.61	83.6	16.4	13.2	86.8
1961	33.89	29.62	4.15	25.47	4.27	87.4	12.6	14.0	86.0
1962	32.31	28.42	4.19	24.23	3.89	88.0	12.0	14.7	85.3
1963	32.06	27.84	4.40	23.44	4.22	86.8	13.2	15.8	84.2
1964	34.43	29.15	5.13	24.02	5.28	84.7	15.3	17.6	82.4
1965	35.63	30.31	5.42	24.89	5.32	85.1	14.9	17.9	82.1
1966	37.93	32.59	5.94	26.65	5.34	85.9	14.1	18.2	81.8
1967	37.95	33.06	6.28	26.78	4.89	87.1	12.9	19.0	81.0
1968	37.04	32.39	7.24	25.15	4.65	87.4	12.6	22.4	77.6
1969	38.95	34.00	7.02	26.98	4.95	87.3	12.7	20.6	79.4
1970	37.69	32.95	6.97	25.98	4.74	87.4	12.6	21.2	78.8
1971	39.66	33.99	7.46	26.53	5.67	85.7	14.3	21.9	78.1
1972	41.05	35.61	8.44	27.17	5.44	86.7	13.3	23.7	76.3
1973	44.65	38.12	9.27	28.85	6.53	85.4	14.6	24.3	75.7
1974	47.40	40.69	10.23	30.46	6.71	85.8	14.2	25.1	74.9
1975	50.74	42.70	10.79	31.91	8.04	84.2	15.8	25.3	74.7
1976	53.33	44.05	11.25	32.80	9.28	82.6	17.4	25.5	74.5
1977	53.90	44.55	11.49	33.06	9.35	82.7	17.3	25.8	74.2
1978	59.06	48.25	12.82	35.43	10.81	81.7	18.3	26.6	73.4
1979	71.34	58.80	17.02	41.78	12.54	82.4	17.6	28.9	71.1
1980	81.24	66.31	19.43	46.88	14.93	81.6	18.4	29.3	70.7
1981	89.73	73.69	23.25	50.44	16.04	82.1	17.9	31.6	68.4
1982	92.90	75.02	26.41	48.61	17.88	80.8	19.2	35.2	64.8
1983	101.19	81.64	26.91	54.73	19.55	80.7	19.3	33.0	67.0
1984	117.25	94.56	31.10	63.46	22.69	80.6	19.4	32.9	67.1
1985	155.15	124.78	38.35	86.43	30.37	80.4	19.6	30.7	69.3
1986	181.74	145.73	42.49	103.24	36.01	80.2	19.8	29.2	70.8
1987	200.74	161.09	47.23	113.86	39.65	80.2	19.8	29.3	70.7
1988	255.42	211.04	55.97	155.07	44.38	82.6	17.4	26.5	73.5
1989	298.62	244.60	61.15	183.45	54.02	81.9	18.1	25.0	75.0
1990	316.80	257.16	58.83	198.33	59.64	81.2	18.8	22.9	77.1
1991	386.06	311.09	72.17	238.92	74.97	80.6	19.4	23.2	76.8
1992	476.57	366.09	84.86	281.23	110.48	76.8	23.2	23.2	76.8
1993	679.35	537.71	114.18	423.53	141.64	79.2	20.8	21.2	78.8
1994	873.89	693.04	139.12	553.92	180.85	79.3	20.7	20.1	79.9
1995	1 085.33	872.67	167.39	705.28	212.66	80.4	19.6	19.2	80.8
1996	1 252.33	1 008.72	187.86	820.86	243.61	80.5	19.5	18.6	81.4
1997	1 423.63	1 135.24	199.15	936.09	288.39	79.7	20.3	17.5	82.5
1998	1 526.28	1 201.84	202.23	999.61	324.44	78.7	21.3	16.8	83.2

21－11 国内生产总值总投资

TOTAL INVESTMENT OF GROSS DOMESTIC PRODUCT

单位：亿元 (100 million yuan)

年 份 Year	总投资 Total Investment	固定资产形成 Fixed Assets Formation	库存增加 Inventory Increment	构 成(%) Composition	
				固定资产形成 Fixed Assets Formation	库存增加 Inventory Increment
1952	7.63	2.28	5.35	29.9	70.1
1953	5.58	3.91	1.67	70.1	29.9
1954	6.14	3.50	2.64	57.0	43.0
1955	6.64	3.75	2.89	56.5	43.5
1956	1.90	4.84	-2.94		
1957	15.87	5.58	10.29	35.2	64.8
1958	24.51	12.33	12.18	50.3	49.7
1959	40.08	16.66	23.42	41.6	58.4
1960	35.64	18.36	17.28	51.5	48.5
1961	12.35	7.86	4.49	63.6	36.4
1962	-2.07	4.35	-6.42		
1963	12.05	5.80	6.25	48.1	51.9
1964	16.69	7.94	8.75	47.6	52.4
1965	8.07	8.30	-0.23		
1966	24.78	7.90	16.88	31.9	68.1
1967	7.64	5.28	2.36	69.1	30.9
1968	23.41	5.18	18.23	22.1	77.9
1969	8.24	8.10	0.14	98.3	1.7
1970	18.24	11.53	6.71	63.2	36.8
1971	26.62	12.66	13.96	47.6	52.4
1972	36.67	14.62	22.05	39.9	60.1
1973	38.60	17.72	20.88	45.9	54.1
1974	42.66	23.89	18.77	56.0	44.0
1975	39.72	34.24	5.48	86.2	13.8
1976	29.76	25.71	4.05	86.8	13.2
1977	30.61	19.72	10.89	64.4	35.6
1978	47.96	31.69	16.27	66.1	33.9
1979	43.61	39.05	4.56	89.5	10.5
1980	66.52	45.57	20.95	68.5	31.5
1981	76.68	55.10	21.58	71.9	28.1
1982	90.27	70.49	19.78	78.1	21.9
1983	71.86	74.51	-2.65		
1984	101.63	90.70	10.93	89.2	10.8
1985	189.13	116.70	72.43	61.7	38.3
1986	228.12	144.41	83.71	63.3	36.7
1987	241.02	183.79	57.23	76.3	23.7
1988	335.56	236.92	98.64	70.6	29.4
1989	351.68	232.22	119.46	66.0	34.0
1990	321.89	248.34	73.55	77.2	22.8
1991	340.03	276.08	63.95	81.2	18.8
1992	487.63	382.01	105.62	78.3	21.7
1993	740.47	624.31	116.16	84.3	15.7
1994	1 151.61	996.48	155.13	86.5	13.5
1995	1 551.20	1 380.85	170.35	89.0	11.0
1996	1 928.35	1 711.46	216.89	88.8	11.2
1997	2 012.76	1 795.83	216.93	89.2	10.8
1998	1 975.94	1 804.81	171.13	91.3	8.7

21－12 工农业总产值

GROSS OUTPUT VALUE OF INDUSTRY AND AGRICULTURE

单位：亿元 (100 million yuan)

年份 Year	工农业总产值 Gross Output Value of Industry and Agriculture	工业总产值 Gross Output Value of Industry	轻工业 Light Industry	重工业 Heavy Industry	农业总产值 Gross Output Value of Agriculture
1952	70.03	66.60	52.81	13.79	3.43
1953	95.20	91.50	70.73	20.77	3.70
1954	99.73	96.37	73.43	22.94	3.36
1955	95.21	91.42	69.02	22.40	3.79
1956	117.79	113.92	81.79	32.13	3.87
1957	122.95	118.82	84.36	34.46	4.13
1958	182.15	176.44	110.34	66.10	5.71
1959	261.29	254.68	141.70	112.98	6.61
1960	305.66	298.97	134.49	164.48	6.69
1961	194.16	187.43	96.97	90.46	6.73
1962	159.59	151.98	90.68	61.30	7.61
1963	176.57	168.91	96.95	71.96	7.66
1964	206.56	196.95	112.86	84.09	9.61
1965	241.38	230.77	129.56	101.21	10.61
1966	270.36	259.59	142.87	116.72	10.77
1967	237.97	226.88	131.69	95.19	11.09
1968	264.21	251.87	144.45	107.42	12.34
1969	296.76	284.42	158.56	125.86	12.34
1970	324.47	312.18	162.11	150.07	12.29
1971	349.23	336.52	157.89	178.63	12.71
1972	369.63	355.39	166.05	189.34	14.24
1973	397.22	383.33	181.68	201.65	13.89
1974	413.36	398.40	193.28	205.12	14.96
1975	434.54	420.37	203.97	216.40	14.17
1976	439.40	423.45	207.82	215.63	15.95
1977	473.12	458.40	233.94	224.46	14.72
1978	532.27	514.01	266.02	247.99	18.26
1979	576.71	556.30	290.78	265.52	20.41
1980	617.65	598.75	331.13	267.62	18.90
1981	640.45	620.12	360.12	260.00	20.33
1982	658.62	634.65	359.62	275.03	23.97
1983	686.21	663.53	363.92	299.61	22.68
1984	754.71	728.12	395.60	332.52	26.59
1985	894.11	862.73	456.59	406.14	31.38
1986	985.97	952.21	493.09	459.12	33.76
1987	1 112.68	1 073.84	556.96	516.88	38.84
1988	1 357.73	1 304.66	679.17	625.49	53.07
1989	1 585.30	1 524.67	789.57	735.10	60.63
1990	1 710.91	1 642.75	846.63	796.12	68.16
1991	2 020.83	1 947.18	976.34	970.84	73.65
1992	2 509.97	2 429.96	1 132.75	1 297.21	80.01
1993	3 423.24	3 327.04	1 401.33	1 925.71	96.20
1994	4 395.43	4 255.19	1 890.12	2 365.06	140.24
1995	5 532.00	5 349.53	2 432.67	2 916.86	182.47
(1995)	(4 729.94)	(4 547.47)	(2 092.89)	(2 454.57)	
1996	5 327.17	5 126.22	2 334.29	2 791.73	200.95
1997	5 854.34	5 649.93	2 528.19	3 121.74	204.41
1998	6 126.10	5 919.35	2 611.48	3 307.87	206.75

注：从1996年开始，工业总产值用新规定计算，括号内数为1995年新规定数。

Note: Since 1996, new regulations have been adopted in calculating total industrial output value. The figure in brackets is calculated in line with the new regulations.

21－13 工农业总产值指数

INDICES OF GROSS OUTPUT VALUE OF INDUSTRY AND AGRICULTURE

(以1952年为100) (1952＝100)

年 份 Year	工农业总产值 Gross Output Value of Industry and Agriculture	工业总产值 Gross Output Value of Industry	轻工业 Light Industry	重工业 Heavy Industry	农业总产值 Gross Output Value of Agriculture
1953	135.6	136.9	133.1	151.2	109.7
1954	142.0	144.0	137.9	167.1	103.9
1955	139.3	139.9	131.6	171.6	125.6
1956	184.4	187.9	166.7	267.9	116.5
1957	193.1	197.1	171.1	295.6	114.0
1958	287.6	295.7	225.9	573.2	134.3
1959	414.1	428.9	291.0	986.2	141.1
1960	496.5	515.9	275.9	1 498.3	142.1
1961	306.9	315.9	199.5	788.9	136.8
1962	244.9	249.9	182.2	521.2	146.7
1963	275.8	282.2	197.7	622.4	152.5
1964	331.0	338.5	236.7	748.4	184.3
1965	408.9	419.2	290.5	938.2	210.8
1966	473.3	487.1	327.5	1 132.2	214.4
1967	428.7	440.0	308.8	968.3	212.0
1968	492.7	505.9	346.8	1 148.4	239.6
1969	575.9	593.4	389.8	1 418.1	247.9
1970	659.4	682.0	412.1	1 781.5	239.6
1971	721.4	747.3	414.3	2 108.8	244.7
1972	771.7	799.1	436.2	2 285.3	264.3
1973	837.8	871.1	477.8	2 481.2	254.9
1974	890.1	926.7	512.0	2 623.1	261.0
1975	935.5	977.8	540.1	2 767.9	241.0
1976	955.9	998.4	555.0	2 810.4	252.7
1977	1 033.0	1 085.5	623.1	2 967.9	215.7
1978	1 162.4	1 216.6	711.5	3 267.4	286.1
1979	1 260.6	1 321.6	780.2	3 517.3	290.0
1980	1 380.0	1 407.9	878.0	3 537.1	263.6
1981	1 389.0	1 460.1	966.9	3 416.3	286.2
1982	1 459.5	1 528.4	995.4	3 655.4	335.9
1983	1 554.6	1 635.2	1 050.4	3 979.8	314.4
1984	1 709.8	1 796.8	1 162.0	4 336.1	356.0
1985	1 929.1	2 040.2	1 311.5	4 961.7	323.2
1986	2 035.8	2 152.8	1 367.6	5 312.3	342.6
1987	2 170.8	2 298.0	1 467.9	5 632.4	350.5
1988	2 396.8	2 539.7	1 616.3	6 252.8	372.7
1989	2 467.0	2 615.1	1 662.2	6 448.0	377.6
1990	2 567.8	2 720.9	1 720.2	6 752.9	399.1
1991	2 920.3	3 104.6	1 915.6	7 903.0	418.4
1992	3 494.9	3 731.6	2 179.8	10 018.1	442.6
1993	4 195.4	4 479.3	2 509.5	12 418.6	423.1
1994	4 986.1	5 295.8	3 058.4	14 298.4	456.1
1995	5 845.2	6 215.6	3 587.3	16 791.7	506.3
1996	6 745.4	7 179.0	4 046.5	19 814.2	548.3
1997	7 710.0	8 220.0	4 556.4	23 004.3	579.3
1998	8 535.0	9 107.8	4 848.0	26 339.9	593.2

21－14 国有经济单位职工劳保福利费用

LABOUR INSURANCE AND WELFARE FUNDS OF STAFF AND WORKERS IN STATE－OWNED UNITS

单位：万元 (10 000 yuan)

年 份 Year	合 计 Total	劳动保险费 用 Labour Insurance	# 在职职工医疗卫生费 Medical Care for Working Staff and Workers	福利费用 Welfare Funds	劳保福利费用相当于工资总额(%) Percentage of Total Wages
1952	12 181	7 022	4 390	5 159	12.3
1953	18 935	11 409	6 649	7 526	16.0
1954	21 182	12 260	6 845	8 922	17.8
1955	20 072	11 776	6 215	8 296	18.0
1956	22 857	13 038	5 227	9 819	17.2
1957	25 519	15 503	7 482	10 016	17.3
1958	26 745	16 082	8 077	10 663	16.0
1959	29 920	17 198	9 365	12 722	16.7
1960	31 559	18 552	10 050	13 007	18.0
1961	34 620	19 156	9 344	15 464	20.1
1962	30 966	20 582	9 610	10 384	19.5
1963	34 199	22 903	10 430	11 296	21.4
1964	33 117	22 189	10 101	10 928	19.8
1965	33 819	22 833	10 565	10 986	19.7
1966	34 536	23 500	11 050	11 036	20.4
1967	35 268	24 193	11 557	11 075	20.3
1968	36 016	24 912	12 088	11 104	21.1
1969	36 780	25 657	12 643	11 123	20.0
1970	37 560	26 431	13 223	11 129	20.9
1971	38 356	27 234	13 830	11 122	21.0
1972	39 169	28 069	14 465	11 100	20.8
1973	39 999	28 935	15 129	11 064	20.9
1974	40 847	29 836	15 824	11 011	21.0
1975	41 737	30 770	16 550	10 967	21.0
1976	46 531	35 152	17 464	11 379	22.3
1977	49 797	39 160	17 273	10 637	23.7
1978	57 424	39 491	17 583	17 933	24.2
1979	81 664	60 968	18 262	20 696	29.7
1980	94 004	72 084	19 706	21 920	29.8
1981	102 061	77 975	20 485	24 086	31.5
1982	113 909	86 523	22 339	27 386	33.8
1983	127 679	97 587	25 879	30 092	36.6
1984	151 190	104 599	27 446	46 591	35.0
1985	196 875	143 039	33 389	53 836	35.5
1986	242 700	176 187	37 852	66 513	36.0
1987	296 078	216 177	51 122	79 901	38.4
1988	392 108	287 478	80 151	104 630	41.9
1989	441 309	328 614	90 013	112 695	42.0
1990	553 797	385 152	105 467	148 645	44.8
1991	670 676	488 657	138 414	182 019	48.2
1992	804 903	616 805	166 038	188 098	45.7
1993	1 038 701	789 143	215 452	249 558	50.4
1994	1 241 344	1 051 055	272 792	190 289	47.8
1995	1 496 034	1 281 754	299 420	214 280	47.5
1996	1 873 885	1 592 111	304 670	281 774	53.7
1997	1 931 500	1 657 423	361 213	274 077	54.6
1998	1 938 944	1 691 627	368 449	247 317	56.7

21－15 全市职工工资总额和年平均工资(1970－1998)

年 份 Year	职工工资总额(亿元) Total Wages of Staff and Workers (100 million yuan)				
	全 市 Total	国有经济单 位 State-owned Units	集体经济单 位 Collective-owned Units	其他经济单 位 Other Ownership Units	#港澳台商和外商投资单位 Hong Kong, Macao Taiwan and Foreign-funded Enterprise
1970	20.63	18.03	2.60		
1971	21.14	18.35	2.79		
1972	22.08	18.94	3.14		
1973	22.37	19.24	3.13		
1974	22.80	19.53	3.27		
1975	23.49	20.01	3.48		
1976	24.79	21.01	3.78		
1977	24.97	21.16	3.81		
1978	28.12	23.82	4.30		
1979	32.73	27.63	5.10		
1980	38.10	31.59	6.51		
1981	39.59	32.42	7.17		
1982	41.34	33.71	7.63		
1983	42.91	34.93	7.98		
1984	53.72	43.19	10.08	0.45	0.08
1985	68.99	55.50	13.00	0.49	0.16
1986	83.35	67.49	15.15	0.71	0.31
1987	94.78	77.19	16.87	0.72	0.42
1988	114.47	93.62	19.55	1.30	0.66
1989	131.10	105.08	23.77	2.25	1.29
1990	146.78	119.26	24.30	3.22	1.95
1991	172.84	139.12	28.51	5.21	3.55
1992	217.21	175.95	32.89	8.37	6.43
1993	279.33	206.12	36.60	36.61	15.38
1994	357.89	259.78	44.73	53.38	24.80
1995	440.75	316.47	51.09	73.19	37.90
1996	492.70	348.96	54.92	88.82	50.61
1997	510.10	353.69	53.69	102.72	59.96
1998	510.35	342.11	47.85	120.39	74.96

TOTAL WAGES OF STAFF AND WORKERS AND AVERAGE ANNUAL WAGE

职工年平均工资(元) Average Annual Wage of Staff and Workers (yuan)				
全市 Total	国有经济单位 State-owned Units	集体经济单位 Collective-owned Units	其他经济单位 Other Ownership Units	#港澳台商和外商投资单位 Hong Kong, Macao Taiwan and Foreign-funded Enterprise
676	736	431		
672	738	425		
672	737	440		
665	782	433		
660	723	433		
641	699	432		
633	686	443		
623	673	441		
672	716	500		
784	834	590		
873	918	702		
870	910	727		
883	920	750		
897	935	763		
1 110	1 160	938	1 149	2 090
1 416	1 467	1 227	1 628	2 415
1 689	1 752	1 443	2 029	2 682
1 893	1 960	1 623	2 510	2 808
2 277	2 354	1 951	2 715	3 233
2 608	2 691	2 259	3 235	3 659
2 917	3 037	2 394	3 611	4 268
3 375	3 487	2 817	4 363	5 097
4 273	4 451	3 363	5 486	6 154
5 650	5 784	4 253	7 043	8 019
7 401	7 529	5 389	9 617	10 818
9 279	9 632	6 245	11 324	12 251
10 663	11 015	7 051	13 186	14 756
11 425	11 733	7 329	14 313	16 003
12 059	12 356	7 262	14 963	16 890

21－16　城乡居民储蓄存款和人均储蓄存款额

SAVINGS DEPOSIT OF RURAL AND URBAN RESIDENTS

单位：亿元　　(100 million yuan)

年　份 Year	全市储蓄 Total	城镇储蓄 Urban	农村储蓄 Rural	人均储蓄存款(元) Average Per Capita Savings Deposit (yuan)
1952	2.27	2.27		40
1953	3.44	3.41	0.03	56
1954	3.63	3.56	0.07	55
1955	3.93	3.90	0.03	63
1956	4.74	4.74	…	75
1957	5.49	5.37	0.12	80
1958	5.76	5.60	0.16	77
1959	6.51	6.40	0.11	63
1960	7.19	6.96	0.23	68
1961	7.14	6.84	0.30	67
1962	6.64	6.38	0.26	63
1963	7.31	7.07	0.24	68
1964	8.64	8.34	0.30	80
1965	9.98	9.48	0.50	91
1966	10.68	10.19	0.49	97
1967	10.60	10.12	0.48	96
1968	10.56	10.03	0.53	95
1969	10.18	9.66	0.52	93
1970	10.47	9.94	0.53	98
1971	11.29	10.72	0.57	106
1972	12.51	11.78	0.73	118
1973	13.13	12.28	0.85	123
1974	13.85	12.96	0.89	129
1975	14.66	13.66	1.00	136
1976	15.37	14.37	1.00	142
1977	16.00	15.05	0.95	147
1978	18.18	16.92	1.26	166
1979	24.88	22.96	1.92	220
1980	30.20	27.64	2.56	263
1981	32.92	29.52	3.40	283
1982	37.94	32.68	5.26	321
1983	45.97	40.17	5.80	385
1984	56.10	50.13	5.97	466
1985	70.09	62.79	7.30	576
1986	90.95	80.69	10.26	738
1987	120.33	106.79	13.54	963
1988	141.21	125.74	15.47	1 119
1989	193.47	172.93	20.54	1 516
1990	252.16	223.05	29.11	1 965
1991	328.22	290.41	37.81	2 550
1992	413.09	368.00	45.09	3 204
1993	578.39	519.53	58.86	4 467
1994	975.95	888.70	87.25	7 514
1995	1 396.13	1 278.44	117.69	10 728
1996	1 868.34	1 718.56	149.78	14 340
1997	2 729.57	2 556.83	172.74	20 917
1998	2 372.94	2 180.69	192.25	18 161

注：1998年储蓄存款额由于口径调整因素，与历史资料不可比。

Note: Because the definition was changed in 1998, the data of savings deposit was not comparatively with before.

21－17 全社会固定资产投资总额
TOTAL INVESTMENT IN FIXED ASSETS

单位：亿元 (100 million yuan)

年份 Year	全社会固定资产投资总额 Total Investment in Fixed Assets	基本建设 Capital Construction	更新改造 Technical Updates and Transformation	国有其他投资 Investment by Units of Other Ownership	城镇、农村集体投资 Collective-Owned Units	房地产投资 Investment in Real Estate	城乡私人建房 Building Construction by Individuals
1952	1.98	1.41	0.23		0.02		0.32
1953	3.65	2.59	0.43		0.03		0.60
1954	3.25	2.30	0.39		0.03		0.53
1955	3.43	2.43	0.41		0.03		0.56
1956	3.76	2.67	0.44		0.03		0.62
1957	5.20	3.71	0.62		0.04		0.83
1958	11.32	9.74	1.27		0.08		0.23
1959	15.61	12.32	2.55		0.46		0.28
1960	17.65	12.23	4.43		0.69		0.30
1961	7.21	4.91	1.77		0.27		0.26
1962	3.82	2.19	1.21		0.17		0.25
1963	5.32	3.31	1.38		0.37		0.26
1964	7.22	5.02	1.30		0.56		0.34
1965	7.75	5.12	1.70		0.57		0.37
1966	7.23	4.65	1.67		0.52		0.40
1967	4.61	2.68	1.23		0.30		0.40
1968	4.58	3.16	0.62		0.35		0.44
1969	7.45	5.31	1.10		0.59		0.45
1970	10.90	7.75	1.85		0.86		0.44
1971	11.36	7.49	2.52		0.83		0.52
1972	13.23	6.30	5.66		0.70		0.56
1973	16.24	8.15	6.58		0.91		0.60
1974	22.43	12.18	8.23		1.35		0.67
1975	32.53	21.18	8.28		2.35		0.71
1976	23.96	13.78	7.87		1.63		0.68
1977	18.00	8.10	7.13		2.14		0.63
1978	27.91	14.46	5.60	3.77	3.20		0.89
1979	35.58	21.13	7.69	3.77	2.42		1.08
1980	45.43	25.74	11.30	3.24	3.58		1.58
1981	54.60	30.80	11.18	3.02	5.43		4.17
1982	71.34	43.63	14.41	3.58	5.11		4.60
1983	75.95	43.01	17.44	4.56	6.20		4.73
1984	91.72	47.42	22.56	5.23	8.98		7.52
1985	118.56	57.05	35.61	3.26	10.44		12.20
1986	146.93	71.37	46.83	4.26	13.99		10.48
1987	186.30	92.62	57.79	4.04	18.65		13.20
1988	245.27	116.06	78.04	4.58	29.03		17.56
1989	214.76	112.45	62.93	3.43	21.00		14.96
1990	227.08	108.53	71.77	3.77	18.29	8.16	16.55
1991	258.30	108.90	95.21	3.91	27.82	7.59	14.87
1992	357.38	129.60	126.84	6.52	64.16	12.71	17.55
1993	653.91	273.64	220.30	9.91	120.56	22.03	7.46
1994	1 123.29	511.24	304.01	13.99	165.01	117.43	11.61
1995	1 601.79	551.86	389.20	16.33	164.38	466.20	13.82
1996	1 952.05	651.28	415.73	12.43	193.74	657.79	21.08
1997	1 977.59	762.00	386.24	7.43	189.80	614.23	17.89
1998	1 964.83	844.15	365.01	13.44	150.94	577.12	14.17

21－18 住宅投资和竣工建筑面积

INVESTMENT IN RESIDENTIAL HOUSING AND FLOOR SPACE OF BUILDINGS COMPLETED

年 份 Year	住宅投资额（万元） Investment in Residential Housing (10 000 yuan)	占固定资产投资总额比重（%） As Percentage of Total Fixed Asset Investment	住宅竣工建筑面积（万平方米） Floor Space of Residential Housing Completed (10 000 sq.m)	人均居住面积（平方米） Dwelling Area Per Capita (sq.m)
1952	2 786	16.8	25.77	3.4
1953	7 133	23.4	109.84	3.3
1954	3 856	14.2	54.95	3.2
1955	880	3.1	15.67	3.5
1956	1 890	6.0	29.61	3.3
1957	4 605	10.5	84.05	3.1
1958	4 479	4.0	138.04	3.8
1959	5 188	3.5	94.96	3.7
1960	4 771	2.8	67.04	3.8
1961	2 208	3.3	43.95	3.8
1962	1 380	4.0	31.32	3.8
1963	2 413	5.1	16.50	3.8
1964	3 583	5.6	55.46	3.8
1965	3 861	5.6	65.08	3.9
1966	2 668	4.2	52.77	3.9
1967	1 842	4.7	34.83	3.9
1968	1 946	5.1	45.63	4.0
1969	193	0.3	52.28	4.2
1970	1 116	1.2	21.65	4.4
1971	2 121	2.1	39.68	4.5
1972	3 445	2.9	42.18	4.6
1973	4 515	3.1	67.33	4.3
1974	6 986	3.4	90.64	4.1
1975	10 602	3.6	105.67	4.2
1976	12 730	5.9	88.99	4.3
1977	9 171	6.0	108.73	4.5
1978	22 744	9.4	199.61	4.5
1979	27 269	8.4	215.99	4.3
1980	43 407	10.6	304.32	4.4
1981	56 106	12.3	297.57	4.5
1982	62 055	9.9	394.60	4.7
1983	64 253	9.7	405.89	4.9
1984	81 986	10.6	438.24	4.7
1985	129 468	13.0	488.55	5.4
1986	175 572	14.3	490.95	6.0
1987	224 626	14.5	486.24	6.2
1988	270 265	13.5	474.88	6.3
1989	189 379	10.1	371.01	6.4
1990	262 557	13.6	421.94	6.6
1991	356 695	16.2	477.69	6.7
1992	447 051	15.7	543.48	6.9
1993	666 984	10.2	616.50	7.3
1994	2 890 633	25.7	873.57	7.5
1995	4 078 202	28.2	1 268.90	8.0
1996	4 338 524	24.5	1 509.48	8.7
1997	4 330 490	24.1	1 684.20	9.3
1998	3 832 727	19.5	1 624.03	9.7

21－19 自来水供应情况

TAP WATER SUPPLY

年 份 Year	水厂生产能力 （万立方米/日） Production Capacity (10 000 cu.m/day)	供水管道长度 （公里） Length of water Supply Pipelines (km)	售水总量 （亿立方米） Sales Volume of Tap Water (100 million cu.m)	# 生产用水 Industrial Use	# 生活用水 Residential Use
1952	94	956	1.48	0.32	1.14
1953	94	1 052	1.80	0.44	1.34
1954	97	1 144	1.97	0.52	1.43
1955	97	1 193	1.95	0.49	1.45
1956	97	1 207	2.17	0.68	1.48
1957	109	1 254	2.37	0.75	1.61
1958	109	1 299	2.71	1.00	1.69
1959	119	1 336	3.38	1.51	1.85
1960	132	1 377	3.78	1.71	2.04
1961	127	1 382	3.50	1.41	2.07
1962	127	1 383	3.62	1.48	2.12
1963	135	1 421	3.74	1.66	2.05
1964	160	1 484	4.34	2.22	2.09
1965	180	1 550	5.11	2.93	2.15
1966	180	1 603	5.50	3.22	2.22
1967	180	1 641	5.63	3.06	2.50
1968	180	1 672	5.53	2.96	2.50
1969	180	1 709	6.11	3.43	2.57
1970	180	1 725	6.14	3.58	2.51
1971	180	1 739	6.37	3.74	2.60
1972	254	1 772	6.68	4.02	2.63
1973	234	1 830	7.40	4.33	2.84
1974	249	1 874	7.77	4.61	2.98
1975	302	1 923	8.34	5.04	3.20
1976	312	1 963	8.47	5.09	3.29
1977	328	2 042	8.63	5.14	3.39
1978	320	2 151	9.11	5.42	3.57
1979	350	2 227	9.44	5.65	3.68
1980	372	2 317	9.16	5.63	3.42
1981	372	2 403	9.36	5.76	3.48
1982	380	2 493	9.45	5.79	3.53
1983	370	2 614	9.54	5.80	3.61
1984	378	2 621	9.79	5.89	3.77
1985	378	2 762	10.51	6.26	4.13
1986	371	2 924	10.54	6.07	4.36
1987	400	3 063	10.97	6.14	4.77
1988	422	3 176	11.59	6.22	5.26
1989	434	3 330	11.81	5.98	5.58
1990	462	3 483	12.25	5.90	6.11
1991	465	3 663	12.41	5.81	6.28
1992	485	3 830	12.90	6.02	6.56
1993	491	4 070	13.51	5.96	7.14
1994	528	4 442	14.18	5.47	7.78
1995	823	10 647	19.04	7.40	10.28
1996	880	10 652	19.79	7.08	10.77
1997	982	13 015	19.81	6.74	11.24
1998	1 019	13 657	20.08	6.19	11.55

注:1995年以前是自来水公司口径,1995年起为全市口径。
Note: Before 1995, the statistics came from the tap water companios and after 1995, the figures have collected across the whole city.

21－20 用 电 量

POWER CONSUMPTION

单位：亿千瓦·时 (100 million kwh)

年 份 Year	全年用电量 Annual Consumption	工业用电 Industrial Consumption	农村用电 Agricultural Consumption	市政生活用电 Urban Facilities and Domestic Comsumption
1952	11.33	9.44		1.87
1953	13.55	11.37		2.16
1954	14.95	12.65		2.28
1955	13.36	11.26		2.08
1956	16.60	14.37	0.01	2.21
1957	16.41	13.94	0.01	2.43
1958	23.14	20.52	0.03	2.58
1959	35.18	32.06	0.07	3.03
1960	45.23	41.22	0.33	3.64
1961	37.70	33.29	0.63	3.74
1962	33.73	29.06	0.83	3.80
1963	38.64	33.74	0.92	3.95
1964	46.06	40.47	1.10	4.45
1965	55.25	49.07	1.28	4.87
1966	61.56	54.78	1.69	4.96
1967	55.75	48.83	2.02	4.86
1968	57.89	51.13	2.10	4.63
1969	69.12	61.56	2.52	4.99
1970	74.17	66.37	2.81	4.94
1971	81.37	72.49	3.71	5.06
1972	86.13	75.81	4.64	5.64
1973	94.63	83.46	4.93	6.18
1974	97.05	83.58	5.79	6.71
1975	102.65	90.50	6.57	7.50
1976	107.27	91.63	7.46	8.09
1977	114.02	97.62	7.79	8.50
1978	127.72	109.13	9.12	9.32
1979	134.50	113.16	11.04	10.12
1980	139.95	116.43	12.50	10.86
1981	143.18	117.59	13.92	11.51
1982	148.18	120.56	15.29	12.16
1983	154.19	124.16	16.96	12.90
1984	163.19	130.33	18.67	13.97
1985	179.74	141.25	22.21	16.09
1986	191.33	148.00	24.33	18.84
1987	203.28	154.91	27.18	21.19
1988	214.08	156.47	31.20	23.60
1989	219.43	155.64	33.64	26.70
1990	234.10	190.34	31.42	29.50
1991	288.78	240.26	11.96	36.56
1992	317.38	262.62	12.89	41.87
1993	345.86	280.79	13.59	51.48
1994	377.30	293.31	15.90	68.09
1995	403.27	307.01	17.25	79.01
1996	430.40	318.18	18.82	93.40
1997	454.26	333.79	15.25	105.22
1998	482.94	343.59	17.81	121.54

注：1990年以前，用电量不包括电厂用电和输变电损失量，1991年以后其包括在内，但不包括水利业用电量。

Note: Before 1990, power comsumption did not include consumption of power plants and loss in electricity transmission and transforming. After 1991, these consumption and losses have been included into the total consumption, but still excluding consumption of water conservancy industry.

21－21 煤气供应情况
GAS SUPPLY

年 份 Year	供应总量 (亿立方米) Total Gas Supply (100 million cu.m)	管线长度 (公里) Length (km)	销售总量 (亿立方米) Total Sales Volume (100 million cu.m)	#生产用 Production Use	#生活用 Residential Use	家庭用气户数 (万户) Households With Access to Gas(10 000)
1952	0.36	419	0.25	0.14	0.12	1.70
1953	0.42	432	0.34	0.21	0.13	1.98
1954	0.51	444	0.39	0.24	0.15	1.84
1955	0.54	452	0.42	0.23	0.18	2.16
1956	0.69	454	0.56	0.32	0.24	2.79
1957	0.71	464	0.60	0.32	0.28	3.25
1958	0.92	511	0.87	0.52	0.34	4.70
1959	1.38	543	1.38	0.89	0.49	6.34
1960	2.57	601	2.35	1.64	0.70	8.03
1961	2.65	625	2.57	1.69	0.88	8.72
1962	2.45	636	2.37	1.34	1.02	9.58
1963	2.61	673	2.57	1.48	1.08	11.11
1964	2.73	722	2.75	1.56	1.17	13.63
1965	3.47	788	3.46	2.19	1.26	16.79
1966	4.02	861	4.05	2.42	1.42	20.99
1967	4.11	923	4.14	2.62	1.70	24.72
1968	4.19	932	4.22	2.34	1.86	25.54
1969	4.94	950	4.88	2.95	1.92	25.62
1970	4.89	964	4.91	3.06	1.84	25.82
1971	5.27	979	5.19	3.34	1.84	27.38
1972	5.76	1 003	5.66	3.66	1.99	29.90
1973	6.27	1 046	6.31	4.16	2.14	33.39
1974	6.46	1 080	6.38	4.03	2.34	37.09
1975	6.85	1 126	6.73	4.18	2.56	40.85
1976	7.39	1 181	7.25	4.42	2.81	45.39
1977	7.78	1 248	7.64	4.53	3.11	50.24
1978	8.31	1 312	8.33	4.89	3.44	55.32
1979	8.85	1 354	8.96	5.10	3.84	61.37
1980	9.59	1 414	9.53	5.13	4.38	66.33
1981	9.87	1 486	9.77	4.96	4.79	69.42
1982	10.06	1 558	9.90	4.88	4.98	72.51
1983	10.37	1 617	10.13	4.86	5.24	75.73
1984	10.70	1 688	10.43	4.96	5.44	80.28
1985	11.19	1 798	11.01	5.17	5.81	86.47
1986	11.85	1 910	11.45	5.18	6.25	91.43
1987	12.33	2 039	11.92	5.21	6.69	98.45
1988	12.95	2 212	12.20	5.13	7.04	105.78
1989	12.82	2 495	12.11	4.80	7.29	109.71
1990	12.72	2 700	12.15	4.50	7.63	113.19
1991	13.27	2 893	12.42	4.57	7.82	126.02
1992	14.69	3 145	13.82	4.69	9.10	141.68
1993	15.67	3 431	14.73	4.40	10.29	151.58
1994	16.63	3 938	14.88	3.94	10.91	169.10
1995	18.81	4 825	15.83	3.71	12.10	192.69
1996	19.65	5 294	17.07	3.44	13.60	206.69
1997	19.54	5 995	17.04	3.06	13.95	226.12
1998	19.27	6 734	17.25	2.72	14.48	247.18

注：1995年以前是煤气公司口径，1995年起为全市口径。
Note: Before 1995, the statistics came from the city gas companies and afterwards, the figures have collected across the whole city.

21－22 液化石油气用户数和销售量

HOUSEHOLDS WITH ACCESS TO LIQUEFIED PETROLEUM GAS AND ITS SALES VOLUME

(1972－1998)

年 份 Year	销售总量 (吨) Total Sales Volume (ton)	# 家庭用量 Residential Use	液化气用户数 (万户) Liquefied Petroleum Gas Users (10 000)	# 家庭用户数 Residential Users
1972	17	16	0.05	0.05
1973	310	309	0.26	0.26
1974	419	414	0.27	0.27
1975	557	536	0.51	0.51
1976	1 142	1 091	1.10	1.09
1977	2 880	2 786	3.13	3.10
1978	5 038	4 865	3.42	3.38
1979	6 394	5 943	4.21	4.16
1980	7 915	6 912	4.63	4.56
1981	9 981	8 544	5.72	5.65
1982	22 543	14 450	8.74	8.63
1983	28 696	16 647	9.58	9.45
1984	29 723	19 830	12.07	11.90
1985	38 836	24 589	14.02	13.78
1986	42 631	27 122	15.68	15.39
1987	46 056	30 020	17.77	17.44
1988	46 446	33 372	20.71	20.32
1989	51 572	37 428	23.11	22.64
1990	59 687	42 704	30.23	29.64
1991	64 329	49 303	32.64	31.98
1992	68 991	47 888	33.23	32.51
1993	78 943	51 880	44.00	43.25
1994	122 801	65 392	56.54	55.77
1995	205 460	166 912	156.19	153.93
1996	231 807	191 929	176.81	174.14
1997	262 180	204 942	198.96	196.30
1998	260 127	189 656	222.35	219.50

21－23 公共交通和轮渡
PUBLIC TRANSPORTATION AND FERRY

年 份 Year	公交线路长度(公里) Length of Public Transt Route (km)	公交线路条数(条) Public Transt Route	运营公交车辆数(辆) Operating Public Transt Vehicles	#公共汽车 Buses	全年运客总量(亿人次) Annual Passenger Traffic Volume (100 million person/times)	年末轮渡船数(艘) Year-end Number of Ferry Boats	乘客人数(亿人次) Passenger Volume (100 million person/times)
1952	428	45	1 096	505	4.10	20	0.18
1953	459	50	1 170	538	5.45	21	0.26
1954	503	53	1 248	576	5.78	25	0.30
1955	538	54	1 251	578	5.49	43	0.33
1956	588	57	1 337	664	7.59	55	0.65
1957	613	61	1 512	785	9.37	32	0.80
1958	800	76	1 871	1 085	9.83	33	0.86
1959	1 385	95	2 122	1 275	12.33	36	1.01
1960	1 405	101	2 360	1 331	14.16	42	1.14
1961	1 409	104	2 360	1 351	14.17	57	1.13
1962	1 588	114	2 331	1 322	13.43	62	1.06
1963	1 616	114	2 248	1 319	12.06	58	0.90
1964	1 627	116	2 274	1 371	12.14	60	0.94
1965	1 673	118	2 282	1 395	14.72	65	1.01
1966	1 673	118	2 297	1 407	15.28	72	1.10
1967	1 689	118	2 290	1 408	16.51	73	1.29
1968	2 099	126	2 281	1 411	16.42	71	1.35
1969	2 221	130	2 250	1 395	17.26	68	1.43
1970	2 342	136	2 245	1 409	16.46	75	1.36
1971	2 391	141	2 264	1 453	16.14	80	1.41
1972	2 422	142	2 141	1 529	17.47	76	1.58
1973	2 477	143	2 268	1 644	18.75	77	1.74
1974	2 691	148	2 334	1 672	19.93	79	1.77
1975	2 825	152	2 408	1 809	21.10	81	1.82
1976	2 947	156	2 596	1 956	22.19	91	1.90
1977	3 029	162	2 768	2 108	22.58	92	1.92
1978	3 619	186	2 983	2 298	25.05	104	2.04
1979	4 054	215	3 416	2 731	30.02	107	2.25
1980	5 231	231	3 719	3 034	34.09	107	2.41
1981	5 291	236	3 974	3 269	36.85	107	2.53
1982	5 428	247	4 189	3 374	38.42	106	2.61
1983	6 854	268	4 456	3 616	41.09	103	2.84
1984	7 019	276	4 703	3 835	45.56	105	3.16
1985	10 138	297	5 036	4 153	50.10	103	3.45
1986	14 146	331	5 505	4 579	51.85	105	3.62
1987	15 780	348	5 843	4 883	55.41	107	3.70
1988	17 267	367	5 988	5 027	55.99	115	3.79
1989	17 368	372	6 087	5 187	55.09	122	3.59
1990	18 593	390	6 264	5 341	54.37	126	3.74
1991	20 275	408	6 562	5 628	56.95	125	3.59
1992	23 322	436	6 837	5 960	58.68	120	3.54
1993	25 281	450	7 037	6 184	55.98	116	3.85
1994	27 046	458	7 415	6 617	52.37	69	3.61
1995	41 563	961	11 637	10 884	51.35	68	3.57
1996	45 840	1 058	13 323	12 715	23.07	69	3.46
1997	51 220	1 078	14 207	13 655	23.78	71	3.11
1998	53 901	1 098	15 282	14 764	24.88	72	2.45

21－24 市政工程设施

CIVIL FACILITIES

年 份 Year	年末实有铺装道路长度(公里) Length of Paved Roads (year-end)(km)	年末实有铺装道路面积(万平方米) Area of Paved Roads(year-end) (10 000 sq.m)	城市桥梁(座) Bridges	城市排水管道长度(公里) Length of Sewer Pipelines (km)	城市污水处理能力(万吨/日) Capacity of Sewage Treatment (10 000 tons/day)	防汛泵站(座) Pumps of Flood Prevention	路灯盏数(万盏) Street Lights (10 000)
1949	711	600	140	649	4	11	
1950	713	590	141	651	4	12	
1951	752	599	158	660	4	13	
1952	763	623	173	698	4.4	15	
1953	796	658	176	754	4.6	16	
1954	829	693	177	806	5.6	16	
1955	850	708	181	813	5.6	16	
1956	853	713	182	818	5.6	17	
1957	853	713	183	840	5.6	15	
1958	857	719	192	943	5.6	20	
1959	860	720	196	956	5.6	27	
1960	883	75	202	1 020	6.2	41	
1961	886	779	202	1 039	7.5	53	
1962	886	780	201	1 048	7.8	60	
1963	887	781	184	1 053	7.8	64	
1964	887	790	177	1 089	14.1	73	
1965	888	799	177	1 102	14.1	74	
1966	889	809	175	1 121	14.1	75	
1967	889	817	174	1 130	14.1	76	
1968	889	822	175	1 146	14.3	76	
1969	889	825	173	1 153	14.3	76	
1970	889	826	173	1 162	14.3	76	
1971	889	827	173	1 195	14.3	78	
1972	889	831	174	1 202	14.3	82	
1973	890	835	172	1 233	14.3	84	
1974	898	852	172	1 236	13.9	84	
1975	905	855	172	1 262	13.9	86	
1976	905	865	173	1 275	13.9	88	
1977	905	868	174	1 295	13.9	91	
1978	905	868	174	1 301	13.9	90	
1979	907	889	170	1 307	13.9	94	
1980	907	894	170	1 370	15.3	96	6.50
1981	964	974	202	1 438	17.2	101	6.57
1982	973	981	200	1 446	17.1	102	6.78
1983	987	997	203	1 453	17.1	107	7.08
1984	1 030	1 017	212	1 487	17.1	107	7.31
1985	1 265	1 294	348	1 502	21.3	108	7.44
1986	1 300	1 343	385	1 514	21.3	116	7.81
1987	1 340	1 394	381	1 592	39.1	120	
1988	1 643	1 688	566	1 751	39.1	127	
1989	1 674	1 755	578	1 886	39.4	131	
1990	1 663	1 787	553	1 892	40.5	134	
1991	1 653	1 802	567	1 942	40.5	140	6.82
1992	1 677	1 841	569	1 976	42.7	145	7.27
1993	2 722	2 829	1 548	2 132	44.8	154	9.57
1994	2 799	3 037	1 575	2 275	49.3	165	8.70
1995	3 008	3 434	1 625	2 536	49.3	171	11.12
1996	3 118	3 755	1 690	2 898	189.3	193	12.04
1997	3 553	4 341	1 762	3 023	188.7	194	13.94
1998	4 712	5 403	2 598	3 651	188.7	178	15.29

21－25 城市环境卫生
URBAN ENVIRONMENTAL SANITATION

年 份 Year	清运垃圾 (万吨) Garbage Disposal Cleared (10 000 tons)	生活垃圾 Residential Garbages	建筑垃圾 Construction Garbages	清运粪便 (万吨) Night Soil Disposal Cleared (10 000 tons)	环境卫生设施 Facilities of Environmental Sanitation 公共厕所 (座) Public Toilets	垃圾箱 (座) Garbage Cans	废物箱 (只) Trash Cans	倒粪站 (座) Excrements Stations	化粪池 (只) Septic Tanks
1952	144			96					
1953	159			110					
1954	133			124					
1955	116			126					
1956	110			130					
1957	115			148					
1958	128			258					
1959	150	103	47	323	722	16 391	2 255		15 916
1960	163	107	56	355					
1961	155	104	50	318	837	15 616	2 231		17 918
1962	151	106	45	323	876	16 189	2 823		17 901
1963	140	106	34	281	910	16 218	1 626		18 454
1964	149	113	36	281	823	17 189	2 351		18 311
1965	164	117	48	274	822	17 149	3 683		19 530
1966	140	89	51	292	804	17 853	3 202		20 795
1967	122	82	40	283	786	17 454	2 798		21 471
1968	123	82	40	305	805	16 234	2 985		21 073
1969	126	77	49	306	790	16 311	2 605		20 957
1970	112	61	50	314	785	16 079	2 484		21 594
1971	120	75	44	316	822	16 755	2 020		21 116
1972	124	86	38	325	803	15 558	1 962		20 966
1973	140	92	48	340	800	15 043	2 014	636	21 089
1974	135	90	45	354	794	13 334	1 965	1 769	22 322
1975	137	85	51	371	724	13 690	1 677	2 579	21 927
1976	154	88	66	376	739	13 738	1 696	2 983	22 643
1977	179	92	87	407	718	13 539	1 723	3 139	24 374
1978	214	108	106	418	706	13 840	2 333	3 303	25 540
1979	250	125	126	374	696	12 695	3 151	3 382	25 915
1980	272	131	141	331	713	15 707	3 402	3 445	26 754
1981	272	146	126	329	740	17 905	2 546	3 464	27 407
1982	296	169	127	325	760	18 824	2 821	3 484	28 652
1983	280	166	113	311	778	17 859	2 733	3 467	29 977
1984	308	185	123	272	798	20 384	3 890	3 481	30 943
1985	305	196	109	252	952	22 870	5 700	3 470	33 477
1986	328	226	102	263	950	31 142	5 983	3 537	39 175
1987	325	229	97	262	978	37 751	6 341	3 587	40 042
1988	329	240	89	249	992	42 802	5 117	3 342	41 171
1989	344	250	94	246	1 057	46 149	5 276	3 107	41 349
1990	382	279	103	243	1 016	46 368	4 921	2 973	43 655
1991	393	296	97	229	1 033	40 309	4 980	3 006	43 089
1992	428	301	127	242	1 048	44 752	4 961	2 655	43 694
1993	488	335	152	234	1 104	46 741	5 756	2 732	43 323
1994	558	358	200	240	1 100	50 292	6 993	2 739	43 125
1995	668	372	296	216	1 100	48 563	9 019	2 532	43 151
1996	736	419	317	217	1 112	51 456	9 522	2 412	38 657
1997	755	454	301	227	1 120	53 643	12 735	2 207	44 440
1998	824	470	353	218	1 203	59 498	15 968	2 127	41 760

21－26 全市园林绿化情况

PARKS, GARDENS AND GREEN AREAS

单位：公顷 (hectare)

年 份 Year	全市园林绿地面积 Total Area of Parks, Gardens and Green Areas	公共绿地 Public Green Area	公园面积 Area of Parks	街道绿地 Roadside Green Area	专用绿地 Special-purpose Green Area	园林苗圃 Gardens and Nurseries
1952	115	81	80	1		34
1953	174	89	87	2		85
1954	328	123	119	4		205
1955	363	145	132	13		218
1956	454	158	135	23		296
1957	605	207	182	25		397
1958	672	262	236	26		410
1959	1 400	363	327	36		1 038
1960	1 037	398	347	50		640
1961	944	415	349	66		529
1962	762	416	355	61		346
1963	777	420	355	65		357
1964	822	408	343	66		414
1965	812	396	331	65		416
1966	802	385	320	65		416
1972	720	344	295	49		376
1973	726	351	298	53		375
1974	728	359	301	59		569
1975	726	363	301	62		363
1976	726	366	301	64		361
1977	729	369	302	67		360
1978	761	383	309	75		308
1979	775	401	319	82		305
1980	1 738	390	319	71	970	303
1981	1 772	404	320	84	986	306
1982	1 883	485	403	83	1 081	270
1983	1 947	489	399	90	1 174	240
1984	2 113	510	410	99	1 335	153
1985	2 339	522	412	110	1 551	143
1986	2 719	761	596	165	1 632	292
1987	2 886	801	615	186	1 757	290
1988	3 127	889	683	206	1 902	291
1989	3 308	910	686	224	2 061	293
1990	3 570	983	712	271	2 255	294
1991	4 167	1 070	717	352	2 755	300
1992	4 399	1 121	732	389	2 936	301
1993	4 654	1 189	741	448	3 141	294
1994	5 939	1 431	752	679	4 142	335
1995	6 561	1 793	920	873	4 429	309
1996	7 231	2 008	933	1 076	4 889	305
1997	7 849	2 484	961	1 523	5 083	253
1998	8 855	3 117	976	2 141	5 456	253

表21－26 续表 continued

年 份 Year	公园数（个）Park	全年游园人数（万人次）Visitors to Parks and Zooes (10 000 person-times)	全年植树数（万株）Trees Planted (10 000)	市区人均占有公共绿地面积（平方米）Per Capita Urban Public Green Areas (sq.m)	市区绿化覆盖率（%）Coverage Rate of Urban Green Areas	行道树实有数（万株）Roadside Trees (10 000)
1952	23	1 539		0.16		6
1953	27	1 518		0.17		6
1954	32	1 638		0.22		6
1955	34	1 445		0.28		7
1956	34	1 432		0.28		13
1957	41	1 956		0.34		16
1958	50	1 467		0.44		53
1959	57	1 818		0.57		61
1960	53	2 043		0.57		
1961	53	2 444		0.58		74
1962	54	2 308		0.60		72
1963	54	2 313		0.60		
1964	51	2 470		0.60		
1965	46	2 666		0.58		
1966	44	2 526				
1972	40	2 442	19	0.44		16
1973	41	3 034	52	0.43		16
1974	41	3 526	47	0.45		16
1975	40	3 712	44	0.46		15
1976	40	3 708	37	0.47		15
1977	41	3 568	35	0.47		14
1978	42	3 876	35	0.47	8.2	13
1979	45	5 888	35	0.47	9.6	13
1980	45	6 404	60	0.44	8.2	13
1981	44	6 709	47	0.46	6.1	13
1982	48	8 290	89	0.45	9.0	15
1983	46	8 005	105	0.45	9.1	14
1984	51	8 464	142	0.47	9.7	15
1985	52	8 372	208	0.71	9.7	15
1986	67	8 918	175	0.90	10.2	19
1987	72	8 969	125	0.93	10.7	21
1988	77	9 066	131	0.96	11.4	22
1989	80	8 590	144	0.96	11.7	23
1990	83	8 474	130	1.02	12.4	23
1991	86	8 633	155	1.07	12.7	28
1992	89	9 424	141	1.11	13.2	29
1993	91	7 617	87	1.15	13.8	29
1994	95	7 301	261	1.44	15.1	27
1995	100	9 064	279	1.69	16.0	33
1996	105	9 797	355	1.92	17.0	41
1997	108	9 757	383	2.41	17.8	43
1998	111	9 285	773	2.96	19.1	48

21－27 外贸进出口商品总额和口岸进出口商品总额

TOTAL VALUE OF FOREIGN TRADE IMPORTS AND EXPORTS AND IMPORT AND EXPORT VALUE THROUGH SHANGHAI CUSTOM

单位：亿美元 (USD 100 million)

年份 Year	外贸进出口商品总额 Total Value of Foreign Trade Imports and Exports	进口商品总额 Total Value of Imports	出口商品总额 Total Value of Exports	轻纺产品 Products of Light Industry and Textile	重工产品 Products of Heavy Industry	农副产品 Products of Agriculture and Sideline	口岸进出口商品总额 Import and Export Value Through Shanghai Custom	进口商品总额 Total Value of Imports	出口商品总额 Total Value of Exports
1952	1.25	0.06	1.19						
1953	1.89	0.06	1.83	0.64	0.02	1.17			
1954	3.17	0.43	2.74	0.97	0.03	1.74			
1955	3.94	0.34	3.60	1.54	0.11	1.95			
1956	4.98	0.21	4.77	2.31	0.15	2.31			
1957	4.90	0.38	4.52	2.62	0.23	1.67			
1958	6.95	0.66	6.29	3.14	0.34	2.81			
1959	7.96	0.54	7.42	3.99	0.36	3.07			
1960	6.73	0.53	6.20	3.76	0.65	1.79			
1961	5.81	0.26	5.55	4.08	0.58	0.89			
1962	5.79	0.25	5.54	3.82	0.72	1.00			
1963	6.19	0.24	5.95	3.73	0.76	1.46			
1964	6.89	0.37	6.52	3.65	0.98	1.89			
1965	8.25	0.60	7.65	3.90	1.11	2.64			
1966	9.12	0.38	8.74	4.33	1.38	3.03			
1967	8.89	0.47	8.42	4.20	1.20	3.02			
1968	8.83	0.34	8.49	4.31	1.00	3.18			
1969	8.92	0.16	8.76	4.57	1.24	2.95			
1970	9.13	0.46	8.67	4.43	1.11	3.13			
1971	10.39	0.58	9.81	4.84	1.58	3.39			
1972	13.93	0.63	13.30	7.60	1.53	4.17			
1973	23.96	0.80	23.16	11.77	2.13	9.26			
1974	25.37	0.98	24.39	11.35	2.88	10.16			
1975	23.28	1.08	22.20	10.85	3.05	8.30			
1976	20.03	0.25	19.78	11.15	2.64	5.99			
1977	23.21	1.00	22.21	12.73	2.63	6.85			
1978	30.26	1.33	28.93	16.36	3.55	9.02			
1979	38.78	2.03	36.75	20.85	5.48	10.42			
1980	45.06	2.40	42.66	23.25	8.13	11.28			
1981	41.50	3.43	38.07	21.95	7.67	8.45			
1982	38.93	2.88	36.05	20.37	7.05	8.63			
1983	41.40	4.92	36.48	20.52	6.74	9.22			
1984	44.00	8.13	35.87	20.69	5.96	9.24			
1985	51.74	18.13	33.61	19.74	6.20	7.67	148.73	99.65	49.08
1986	52.04	16.22	35.82	22.56	6.11	7.15	160.66	105.90	54.76
1987	59.96	18.36	41.60	25.76	8.29	7.55	156.35	90.34	66.01
1988	72.45	26.40	46.05	28.50	10.03	7.52	186.54	113.30	73.24
1989	78.48	28.16	50.32	32.54	11.29	7.49	194.37	117.26	77.11
1990	74.31	21.10	53.21	33.89	12.68	6.62	172.89	86.27	86.62
1991	80.44	23.04	57.40	34.88	17.73	4.79	204.09	102.58	101.51
1992	97.57	32.02	65.55	40.74	16.96	7.85	251.45	131.81	119.64
1993	128.32	54.50	73.82	54.18	12.17	7.47	309.31	169.54	139.77
1994	158.67	67.90	90.77	64.78	22.78	3.21	362.42	173.08	189.34
1995	190.25	74.48	115.77	75.70	35.74	4.33	481.37	225.30	256.07
1996	222.63	90.25	132.38	84.96	43.09	4.33	528.70	256.57	272.13
1997	247.64	100.40	147.24	88.24	54.95	4.05	586.83	252.31	334.52
1998	260.46	97.18	163.28	91.03	64.26	7.99	636.38	261.80	374.58

21－28 全市财政收入

TOTAL MUNICIPAL FINANCIAL REVENUE

单位：亿元 (100 million yuan)

年 份 Year	全市财政收入 Financial Revenue	# 中央单位预算内收入 Central Unit Revenue in Budget	# 地方财政收 入 Local Financial Revenue	企业收入 Enterprises Revenue	税收收入 Taxes	其他收入 Others	地方自筹收入 Local-raised Revenue
1949	0.34	0.26	0.08		0.05	0.02	0.01
1950	7.36	6.27	1.09	0.10	0.64	0.19	0.25
1951	16.94	15.49	1.45	0.13	0.55	0.23	0.54
1952	19.30	16.75	2.55	0.28	0.54	0.53	1.20
1953	28.33	26.34	1.99	0.47	0.92	0.28	0.32
1954	32.14	29.42	2.72	0.72	1.13	0.36	0.51
1955	31.05	28.51	2.54	1.07	0.82	0.19	0.46
1956	40.22	37.16	3.06	1.64	0.76	0.11	0.55
1957	45.77	41.15	4.62	3.15	0.70	0.10	0.67
1958	72.64	57.70	13.94	12.34	0.63	0.13	0.84
1959	101.06	15.93	85.13	58.75	25.26	0.12	1.00
1960	121.10	19.84	101.26	73.83	26.10	0.14	1.19
1961	73.73	14.14	59.59	40.51	17.95	0.15	0.98
1962	61.70	17.34	44.36	27.01	16.37	0.12	0.86
1963	67.99	16.26	51.73	33.28	17.43	0.10	0.92
1964	73.35	15.47	57.88	37.09	19.59	0.14	1.06
1965	83.18	20.28	62.90	39.87	21.71	0.17	1.15
1966	92.49	21.66	70.83	48.60	20.86	0.13	1.24
1967	73.97	17.93	56.04	36.20	18.57	0.10	1.17
1968	83.98	21.55	62.43	40.98	20.14	0.14	1.17
1969	102.30	17.31	84.99	59.24	24.15	0.13	1.47
1970	114.02	14.12	99.90	69.12	29.14	0.18	1.46
1971	123.53	9.40	114.13	81.99	30.34	0.23	1.57
1972	129.11	7.96	121.15	87.24	31.97	0.29	1.65
1973	138.18	8.60	129.58	91.45	36.12	0.16	1.85
1974	143.04	10.29	132.75	92.13	38.52	0.18	1.92
1975	147.11	10.93	136.18	93.41	40.65	0.11	2.01
1976	144.42	11.19	133.23	89.48	41.56	0.08	2.11
1977	159.91	12.22	147.69	100.01	45.36	0.12	2.20
1978	190.67	21.45	169.22	115.30	51.51	0.03	2.38
1979	192.75	20.06	172.69	116.59	53.73	-0.16	2.53
1980	198.85	24.12	174.73	114.39	57.59	0.07	2.68
1981	204.52	30.17	174.35	109.14	62.21	0.18	2.82
1982	200.69	32.70	167.99	99.55	65.00	0.53	2.91
1983	204.34	47.95	156.39	85.94	67.04	0.72	2.69
1984	215.79	51.83	163.96	84.45	76.90	-0.25	2.86
1985	263.86	79.63	184.23	78.32	102.16	1.11	2.64
1986	257.72	78.26	179.46	65.76	108.66	1.68	3.36
1987	241.36	72.39	168.97	48.41	114.00	2.72	3.84
1988	261.69	100.07	161.62	24.01	126.72	6.74	4.15
1989	297.25	130.37	166.88	8.17	143.23	11.61	3.87
1990	284.36	114.33	170.03	2.19	152.37	11.22	4.25
1991	324.66	149.13	175.53	-3.55	161.17	13.37	4.54
1992	340.13	154.57	185.56	-16.52	182.63	12.74	6.71
1993	439.53	197.19	242.34	-33.17	255.70	13.72	6.09
1994	615.91	440.58	175.33	-25.40	179.95	15.07	5.71
1995	702.46	475.16	227.30	-23.56	226.72	16.41	7.73
1996	873.76	585.27	288.49	-5.51	271.28	14.69	8.03
1997	1 070.95	718.62	352.33	8.41	303.64	30.33	9.95
1998	1 146.00	753.78	392.22	4.50	339.34	36.85	11.53

21－29 地方财政支出
LOCAL FINANCIAL EXPENDITURE

单位：亿元 (100 million yuan)

年 份 Year	地方财政支出 Local Expenditure	#基本建设 Capital Construction	#企业挖潜改造资金 Technical Updates and Transformation of Enterprises	#科技三项费用 New Products Promotion Funds	#支农支出 Supporting Agricultural Production	#城市维护费 City Maintenance	#科教文卫事业费 Culture, Education, Science and Health Care	#行政管理费 Administration
1952	2.10	0.91				0.05	0.43	0.54
1953	1.87	0.64				0.16	0.41	0.57
1954	2.34	0.75			0.01	0.15	0.49	0.66
1955	1.88	0.35			0.02	0.12	0.49	0.69
1956	2.41	0.54			0.06	0.13	0.76	0.72
1957	3.75	1.32			0.02	0.12	0.95	0.65
1958	12.40	9.15			0.01	0.21	1.21	0.60
1959	16.42	8.51			0.07	0.18	1.52	0.81
1960	19.25	10.20			0.18	0.18	2.11	0.79
1961	8.85	3.50			0.41	0.14	1.31	0.71
1962	3.87	1.44		0.01	0.11	0.17	1.18	0.54
1963	4.92	1.42		0.42	0.24	0.50	1.31	0.53
1964	6.77	2.64		0.84	0.18	0.45	1.54	0.58
1965	7.59	2.24		1.12	0.11	0.59	1.58	0.56
1966	7.24	2.10		1.15	0.11	0.52	1.86	0.57
1967	5.99	1.63		0.92	0.10	0.30	1.82	0.55
1968	4.83	1.50		0.34	0.08	0.29	1.52	0.51
1969	8.47	3.61		0.81	0.11	0.30	1.55	0.54
1970	12.88	5.80		1.51	0.14	0.34	1.77	0.63
1971	11.59	5.17		1.94	0.23	0.58	1.85	0.67
1972	11.20	4.64	0.02	1.66	0.27	0.37	2.18	0.71
1973	15.40	5.82	0.01	2.69	0.42	0.51	2.56	0.63
1974	22.06	9.90	1.87	2.24	0.45	0.44	2.70	0.67
1975	26.53	12.87	1.04	4.31	0.58	0.49	0.75	0.69
1976	21.87	9.29	2.26	2.02	0.60	0.61	2.81	0.69
1977	17.18	5.86	0.95	1.90	0.48	0.46	2.75	0.66
1978	26.01	11.75	2.41	1.85	1.40	0.53	3.06	0.83
1979	27.06	12.73	3.45	0.95	1.39	0.75	3.61	0.90
1980	19.18	6.16	2.07	0.67	1.30	0.96	4.23	1.14
1981	19.06	5.42	2.93	0.52	1.02	1.20	4.62	1.15
1982	20.68	4.96	3.67	0.51	1.04	1.57	5.19	1.24
1983	22.39	4.80	4.68	0.82	0.92	1.83	5.62	1.41
1984	30.32	7.97	7.02	1.21	1.16	2.09	6.43	1.73
1985	46.07	14.23	8.48	0.93	1.46	2.75	9.08	1.84
1986	59.08	14.19	12.68	0.86	1.97	3.87	10.87	2.08
1987	53.85	10.03	6.95	0.49	1.68	4.55	11.98	2.28
1988	65.88	5.65	17.87	0.45	2.10	4.63	14.31	1.65
1989	73.31	5.49	16.93	0.49	3.61	5.83	16.51	1.89
1990	75.56	13.97	6.88	0.38	4.07	6.72	18.45	2.30
1991	86.05	12.77	7.95	0.35	4.50	7.34	20.63	2.71
1992	94.99	18.69	3.55	0.23	4.52	9.39	24.50	3.59
1993	129.26	22.21	12.44	0.07	5.30	11.97	32.82	5.57
1994	196.92	34.42	14.22	0.29	6.68	13.22	45.77	7.64
1995	267.89	42.26	28.60	0.15	6.44	17.52	61.02	9.62
1996	342.66	58.80	38.08	0.31	6.72	19.70	77.87	11.06
1997	428.92	82.78	59.80	0.51	8.13	23.81	95.42	13.66
1998	480.70	97.77	51.11	0.88	9.07	25.84	108.14	16.35

21－30 农 业 总 产 值
GROSS OUTPUT VALUE OF AGRICULTURE

单位：亿元 (100 million yuan)

年 份 Year	农业总产值 Gross Output Value of Agriculture	种植业 Planting	林 业 Forestry	牧 业 Animal Husbandry	副 业 Sideline	渔 业 Fishery
1952	3.43	2.77	0.02	0.41	0.16	0.07
1953	3.70	3.02	0.02	0.42	0.16	0.08
1954	3.36	2.59	0.02	0.50	0.14	0.11
1955	3.79	3.06	0.02	0.46	0.13	0.12
1956	3.87	3.10	0.02	0.50	0.14	0.11
1957	4.13	3.37	0.01	0.42	0.16	0.17
1958	5.71	5.18	0.02	0.21	0.15	0.16
1959	6.61	5.81	0.03	0.36	0.17	0.24
1960	6.69	5.81	0.03	0.33	0.25	0.27
1961	6.73	6.10	0.03	0.26	0.06	0.28
1962	7.61	6.78	0.03	0.27	0.22	0.31
1963	7.66	6.93	0.03	0.23	0.15	0.32
1964	9.61	8.44	0.04	0.50	0.13	0.49
1965	10.61	8.76	0.04	1.04	0.15	0.62
1966	10.77	8.81	0.04	1.20	0.15	0.57
1967	11.09	8.84	0.03	1.19	0.36	0.47
1968	12.34	9.74	0.02	1.43	0.52	0.63
1969	12.54	9.66	0.02	1.80	0.50	0.56
1970	12.29	9.33	0.03	1.95	0.58	0.40
1971	12.71	8.92	0.04	2.46	0.64	0.65
1972	14.24	10.60	0.03	2.66	0.41	0.54
1973	13.89	10.03	0.06	2.52	0.74	0.54
1974	14.96	11.45	0.06	2.16	0.77	0.52
1975	14.17	9.70	0.07	3.03	0.63	0.74
1976	15.95	11.24	0.08	3.35	0.71	0.57
1977	14.72	10.57	0.06	3.24	0.27	0.58
1978	18.26	13.49	0.06	3.67	0.18	0.86
1979	20.41	15.10	0.04	4.22	0.15	0.90
1980	18.90	11.40	0.06	6.27	0.20	0.97
1981	20.33	11.91	0.21	6.38	0.60	1.23
1982	23.97	13.80	0.23	7.81	0.57	1.56
1983	22.68	12.59	0.20	7.80	0.80	1.29
1984	26.59	16.41	0.21	8.06	0.51	1.40
1985	31.38	15.63	0.21	12.25	0.47	2.82
1986	33.76	16.83	0.24	12.75	0.49	3.45
1987	38.84	17.69	0.34	15.48	0.54	4.79
1988	53.07	22.47	0.45	22.18	0.54	7.43
1989	60.63	25.53	0.39	26.41	0.42	7.88
1990	68.16	29.09	0.37	30.25	0.41	8.04
1991	73.65	30.51	0.39	33.38	0.40	8.97
1992	80.01	32.80	0.43	37.19	0.41	9.18
1993	96.20	40.52	0.41	42.95		12.31
1994	140.24	60.19	0.49	62.04		17.52
1995	182.47	77.71	0.45	81.48		22.83
1996	200.95	87.64	0.67	85.46		27.18
1997	204.41	85.20	0.47	88.37		30.37
1998	206.75	89.10	0.84	87.27		29.54

21－31　农业总产值指数

INDEX OF GROSS OUTPUT VALUE OF AGRICULTURE

(以 1952 年为 100)　　　　(1952＝100)

年　份 Year	农业总产值 Gross Output Value of Agriculture	种植业 Planting	林　业 Forestry	牧　业 Animal Husbandry	副　业 Sideline	渔　业 Fishery
1953	109.7	111.5	103.5	101.3	98.2	115.2
1954	103.9	101.1	107.1	122.3	82.6	156.8
1955	125.6	129.4	107.1	110.9	82.1	162.7
1956	116.5	111.8	108.2	152.2	88.5	158.7
1957	114.0	108.3	94.1	147.3	91.9	199.2
1958	134.3	142.6	77.5	82.2	66.2	271.4
1959	141.1	138.6	199.3	131.2	112.5	349.8
1960	142.1	140.0	135.1	128.5	98.8	397.6
1961	136.8	141.0	48.7	81.5	91.1	403.3
1962	146.7	148.4	29.9	120.5	61.6	438.0
1963	152.5	147.3	14.4	164.9	79.3	461.2
1964	184.3	176.6	15.5	190.7	166.9	502.2
1965	210.8	191.0	13.3	234.3	376.5	484.2
1966	214.4	181.8	36.5	352.6	356.2	384.6
1967	212.0	181.7	34.3	343.1	362.0	313.7
1968	239.6	212.2	46.5	348.7	406.8	318.1
1969	247.9	204.4	14.4	270.7	865.0	416.6
1970	239.6	215.8	132.9	325.2	336.8	465.3
1971	244.7	208.3	145.1	367.5	431.5	537.9
1972	264.3	221.8	208.0	396.2	526.3	614.6
1973	254.9	220.2	455.9	346.4	428.3	671.0
1974	261.0	221.4	533.4	386.1	444.2	632.9
1975	241.0	204.7	549.5	414.4	141.6	639.8
1976	252.7	209.5	578.7	414.8	411.8	565.8
1977	215.7	184.1	491.2	371.2	84.8	609.2
1978	286.1	254.6	493.5	448.2	19.9	831.3
1979	290.0	236.5	601.7	574.2	86.0	844.6
1980	263.6	200.2	754.4	519.1	389.7	965.1
1981	286.2	213.5	710.7	628.5	347.7	809.1
1982	335.9	248.0	795.1	762.5	430.5	891.6
1983	314.4	218.9	572.8	749.8	464.8	1 027.5
1984	356.1	277.6	485.5	750.8	295.8	953.6
1985	323.2	224.6	528.9	813.0	274.2	1 060.4
1986	342.6	227.9	663.7	901.9	279.9	1 242.6
1987	350.5	230.6	685.7	926.3	309.9	1 314.2
1988	372.7	242.7	819.4	1 017.5	307.7	1 329.8
1989	377.6	234.9	665.5	1 100.6	241.1	1 427.8
1990	399.1	245.3	689.3	1 215.6	237.2	1 366.0
1991	418.4	243.4	758.4	1 339.9	231.1	1 435.6
1992	442.6	257.9	710.5	1 447.1	235.9	1 403.5
1993	423.1	239.6	638.7	1 406.6		1 386.7
1994	456.1	244.4	643.8	1 509.3		1 787.5
1995	506.3	264.7	618.1	1 627.0		2 098.5
1996	548.3	291.4	832.0	1 744.1		2 241.2
1997	579.3	313.5	656.2	1 812.1		2 397.7
1998	593.2	329.4	913.9	1 846.8		2 316.2

21－32 耕 地 面 积
AREAS UNDER CULTIVATION

年 份 Year	耕地面积 (公顷) Cultivated Area (hectare)	水 田 Paddy Fields	旱 田 Dry Fields	平均每个乡镇人口占有耕地 (平方米) Cultivated Area Per Rural Person (sq.m)	平均每个乡镇劳动力占有耕地 (平方米) Cultivated Area Per Rural Laborer (sq.m)
1952	387 300			1 359	2 965
1953	387 813			1 333	2 969
1954	386 707			1 292	2 906
1955	388 653			1 269	2 868
1956	387 000			1 242	2 840
1957	382 507			1 210	2 854
1958	372 907			1 129	2 697
1959	363 553			1 096	2 733
1960	362 340	279 790	82 550	1 138	2 608
1961	361 387	279 060	82 327	1 090	2 509
1962	362 980	280 293	82 687	1 041	2 255
1963	363 840	285 393	78 447	1 012	2 179
1964	364 313	288 667	75 646	992	2 093
1965	367 666	290 853	76 813	989	2 003
1966	367 640	293 393	74 247	909	1 983
1967	367 000	295 653	71 347	957	1 873
1968	367 313	298 587	68 726	919	1 747
1969	366 113	300 280	65 833	912	1 618
1970	364 820	301 700	63 120	896	1 568
1971	365 833	310 187	55 646	884	1 531
1972	365 833	310 187	55 646	886	1 504
1973	364 740	326 533	38 207	878	1 469
1974	365 973	329 007	36 967	875	1 414
1975	364 700	328 380	36 320	866	1 355
1976	362 100	322 813	39 287	854	1 346
1977	363 147	321 054	42 093	845	1 315
1978	360 127	318 767	41 360	800	1 240
1979	355 760	314 913	40 847	793	1 220
1980	354 053	312 593	41 460	787	1 193
1981	352 727	310 207	42 520	773	1 173
1982	351 653	309 600	42 053	767	1 173
1983	349 933	309 973	39 960	760	1 193
1984	345 753	308 900	36 853	760	1 207
1985	339 573	304 507	35 066	753	1 200
1986	333 033	297 473	35 560	740	1 200
1987	330 867	296 700	34 167	740	1 207
1988	327 193	292 820	34 373	740	1 213
1989	324 013	289 493	34 520	733	1 227
1990	323 193	285 353	37 840	773	1 293
1991	320 953	283 795	37 158	731	1 236
1992	317 829	280 274	37 555	718	1 303
1993	301 980	264 194	37 786	712	1 215
1994	293 844	258 060	35 784	735	1 262
1995	289 959	253 870	36 090	740	1 189
1996	300 580	271 640	28 940	753	1 051
1997	298 045	269 337	28 708	762	1 052
1998	293 814	266 700	27 114	758	1 087

21－33 农作物总播种面积

TOTAL AREAS OF PLANTING

单位：公顷 (hectare)

年 份 Year	总播种面积 Total Areas of Planting	粮食作物 Grain Crops		经济作物 Cash Crops		其他作物 Others	
		播种面积 Area	占总播种面积% Percentage of the Total	播种面积 Area	占总播种面积% Percentage of the Total	播种面积 Area	占总播种面积% Percentage of the Total
1952	741 100	393 060	53.0	195 307	26.4	152 733	20.6
1953	713 193	399 700	56.0	160 040	22.5	153 453	21.5
1954	730 913	401 120	54.9	156 133	21.4	173 660	23.7
1955	749 420	408 633	54.5	171 700	20.9	169 087	22.6
1956	802 313	445 193	55.5	161 087	20.1	196 033	24.4
1957	767 260	433 667	56.5	160 147	20.9	173 447	22.6
1958	747 100	396 887	53.1	149 933	20.1	200 280	26.8
1959	676 993	326 367	48.2	123 627	18.3	227 000	33.5
1960	706 720	361 300	51.1	128 087	18.1	217 333	30.8
1961	760 613	393 313	51.7	133 367	17.5	233 933	30.8
1962	759 660	415 533	54.7	125 207	16.5	218 920	28.8
1963	753 420	421 660	56.0	139 127	18.5	192 633	25.5
1964	754 967	431 600	57.2	167 380	22.2	155 987	20.6
1965	790 494	465 260	58.9	167 467	21.2	157 767	19.9
1966	800 500	476 913	59.6	172 700	21.6	150 887	18.8
1967	776 420	462 753	59.6	169 087	21.8	144 580	18.6
1968	783 133	471 987	60.3	171 753	21.9	139 393	17.8
1969	814 953	509 600	62.5	179 687	22.1	125 667	15.4
1970	831 947	542 033	65.1	175 420	21.1	114 493	13.8
1971	845 460	557 920	66.0	175 007	20.7	112 533	13.3
1972	848 613	561 680	66.2	179 700	21.2	107 233	12.6
1973	855 893	567 247	66.3	179 120	20.9	109 527	12.8
1974	860 060	564 453	65.6	178 233	20.7	117 373	13.7
1975	862 260	564 287	65.4	179 993	20.9	117 980	13.7
1976	850 113	561 633	66.1	175 353	20.6	113 127	13.3
1977	849 953	557 320	65.6	176 367	20.7	116 267	13.7
1978	828 587	532 207	64.2	173 873	21.0	122 507	14.8
1979	824 747	512 307	62.1	174 373	21.1	138 067	16.8
1980	775 980	493 880	63.7	161 567	20.8	120 533	15.5
1981	758 513	444 520	58.6	195 760	25.8	118 233	15.6
1982	759 053	449 327	59.2	184 840	24.3	124 887	16.5
1983	763 800	478 473	62.6	159 360	20.9	125 967	16.5
1984	735 973	486 247	66.1	151 293	20.5	98 433	13.4
1985	696 067	438 233	63.0	148 460	21.3	109 373	15.7
1986	679 027	446 840	65.8	118 347	17.4	113 840	16.8
1987	670 233	442 133	66.0	107 513	16.0	120 587	18.0
1988	647 920	424 473	65.5	108 173	16.7	115 273	17.8
1989	636 167	416 880	65.5	107 573	16.9	111 713	17.6
1990	631 113	417 127	66.1	111 607	17.7	102 380	16.2
1991	625 978	415 385	66.4	111 422	17.8	99 171	15.8
1992	601 635	392 388	65.2	114 725	19.1	94 522	15.7
1993	558 477	363 127	65.0	91 554	16.4	103 796	18.6
1994	536 833	349 682	65.1	82 399	15.3	104 752	19.6
1995	542 156	343 951	63.4	88 845	16.4	109 361	20.2
1996	570 053	353 698	62.0	83 258	14.6	133 097	23.4
1997	552 128	365 777	66.2	68 915	12.6	117 436	21.2
1998	556 412	352 483	63.4	74 153	13.3	129 776	23.3

注：播种面积中，不包括市农业系统新开垦、围垦耕地面积。

Note: The sown area doesn't include the seeded area of newly reclaimed land of state farms.

21－34 粮食作物播种面积和产量
OUTPUT AND PLANTING AREAS OF GRAIN CROPS

年 份 Year	粮食(包括大豆) Grain (Including Soybean)			在粮食总产量中 Of the Total Grain Output	
	播种面积 (公顷) Planting Areas (hectare)	单 产 (千克/公顷) Yield Per Unit (kg/hectare)	总产量 (万吨) Total Output (10 000 tons)	夏 粮 (万吨) Summer Grain (10 000 tons)	秋 粮 (万吨) Autumn Grain (10 000 tons)
1952	393 060	2 467	96.96	16.73	77.83
1953	399 700	2 801	111.96	23.08	87.09
1954	401 120	2 575	103.28	15.66	85.02
1955	408 633	2 764	112.94	18.27	93.63
1956	445 193	2 738	121.90	25.20	95.72
1957	433 667	2 347	101.78	18.59	81.50
1958	396 887	2 946	116.93	17.72	97.62
1959	326 367	3 305	110.06	13.81	93.76
1960	361 300	3 201	115.65	17.12	97.72
1961	393 313	2 913	114.58	16.85	95.51
1962	415 533	3 077	127.87	20.94	104.22
1963	421 660	3 332	140.49	19.62	117.85
1964	431 600	3 968	171.24	27.46	141.62
1965	465 260	3 749	174.42	37.02	136.01
1966	476 913	3 909	186.41	25.54	159.29
1967	462 753	3 972	183.81	26.15	155.97
1968	471 987	3 929	185.42	32.10	151.57
1969	509 600	4 082	208.03	30.53	175.88
1970	542 033	3 912	212.02	35.98	174.21
1971	557 920	3 924	218.94	50.81	167.10
1972	561 680	4 077	228.99	46.09	181.68
1973	567 247	4 307	244.32	27.45	215.73
1974	564 453	4 400	248.36	58.57	188.78
1975	564 287	4 077	230.05	39.96	189.23
1976	561 633	4 494	252.39	55.00	196.48
1977	557 320	3 775	210.39	26.38	183.03
1978	532 207	4 905	260.88	54.69	204.64
1979	512 307	5 055	259.05	62.12	195.87
1980	493 880	3 780	186.85	59.23	126.95
1981	444 520	4 170	185.37	50.18	134.57
1982	449 327	4 800	215.94	53.09	162.24
1983	478 473	4 335	207.17	47.75	158.63
1984	486 247	5 190	252.29	62.26	189.19
1985	438 233	4 875	213.83	53.83	158.90
1986	446 840	5 295	236.88	54.65	181.12
1987	442 133	5 265	232.56	50.32	180.88
1988	424 473	5 595	237.54	56.68	179.37
1989	416 880	5 670	236.55	46.96	188.19
1990	417 127	5 865	244.36	54.47	188.79
1991	415 385	5 955	247.34	54.73	191.47
1992	392 388	5 980	234.64	55.54	177.96
1993	363 127	5 944	215.84	49.08	165.15
1994	349 682	6 150	215.06	39.43	171.67
1995	343 951	6 382	219.50	46.04	169.87
1996	353 698	6 638	234.78	54.68	177.09
1997	365 777	6 503	237.86	59.40	175.57
1998	352 483	6 031	212.58	39.29	173.29

注：1. 1984年前的夏粮和秋粮不包括农民自营产量。
Note: Before 1984, summer and autumn grain output excluded farmers' self-operating products.
2. 秋粮中不包括大豆产量。Output of soybean is not included in autumn grain.
3. 从1998年开始，粮食产量按抽样调查统计。From 1998, the data of output was obtained through spot check.

21－35 棉花、油菜籽播种面积和产量

OUTPUT AND PLANTING AREAS OF COTTON AND RAPESEED

年份 Year	棉花 Cotton			油菜籽 Rapeseed		
	播种面积 (公顷) Areas of Planting (hectare)	单产 (千克/公顷) Yield Per Unit (kg/hectare)	总产量 (万吨) Total Output (10 000 tons)	播种面积 (公顷) Areas of Planting (hectare)	单产 (千克/公顷) Yield Per Unit (kg/hectare)	总产量 (万吨) Total Output (10 000 tons)
1952	144 307	270	3.89	43 607	754	3.29
1953	124 860	356	4.44	28 447	844	2.40
1954	124 527	296	3.69	25 640	616	1.58
1955	131 633	518	6.82	37 427	639	2.39
1956	124 047	284	3.52	34 440	363	1.25
1957	119 047	371	4.42	36 660	720	2.64
1958	104 240	578	6.03	37 387	778	2.91
1959	80 353	584	4.69	37 087	1 157	4.29
1960	75 120	498	3.74	49 013	1 087	5.33
1961	75 787	467	3.54	54 833	797	4.37
1962	69 180	412	2.85	53 280	901	4.80
1963	85 300	611	5.21	52 053	563	2.93
1964	91 253	856	7.81	52 587	1 310	6.89
1965	98 100	873	8.56	47 280	1 963	9.28
1966	98 007	798	7.82	49 353	1 633	8.06
1967	95 847	851	8.16	48 993	1 466	7.18
1968	98 227	1 178	11.57	48 840	1 710	8.35
1969	100 220	982	9.84	50 047	1 746	8.74
1970	97 720	892	8.72	51 407	1 622	8.34
1971	98 173	714	7.01	51 533	2 138	11.02
1972	98 040	852	8.35	53 820	2 064	11.11
1973	98 313	951	9.35	53 387	1 281	6.84
1974	97 473	887	8.65	53 740	2 125	11.42
1975	99 113	948	9.40	53 587	1 618	8.67
1976	97 793	698	6.83	50 507	1 451	7.33
1977	97 667	687	6.71	51 120	1 150	5.88
1978	96 620	1 245	12.10	51 120	2 280	11.63
1979	96 813	945	9.18	51 427	2 325	11.97
1980	103 707	735	7.62	52 013	1 845	9.58
1981	117 787	630	7.43	72 407	2 025	14.66
1982	107 973	750	8.05	71 813	2 325	16.66
1983	97 727	780	7.65	56 387	1 800	10.12
1984	94 107	1 125	10.64	51 247	2 265	11.63
1985	71 040	690	4.88	70 253	2 190	15.35
1986	32 320	660	2.15	78 113	1 905	14.95
1987	20 787	735	1.52	80 207	2 025	16.20
1988	16 473	810	1.33	85 280	2 220	18.96
1989	10 673	720	0.77	92 393	1 620	15.00
1990	12 953	960	1.22	92 927	1 950	18.17
1991	13 888	1 163	1.62	92 315	2 160	19.94
1992	14 923	1 032	1.54	94 417	2 313	21.84
1993	9 555	911	0.80	72 694	1 780	12.94
1994	4 868	956	0.47	68 493	1 394	9.55
1995	3 291	1 087	0.36	78 356	1 977	15.49
1996	3 058	1 383	0.42	69 470	2 283	15.86
1997	3 419	1 116	0.38	53 032	1 952	10.35
1998	4 457	1 059	0.47	56 550	1 143	6.47

21－36 奶牛、羊年末头数和生猪饲养
YEAR-END NUMBER OF MILK COWS, SHEEP AND HOGS

单位：万头 (10 000)

年 份 Year	奶 牛 Milk Cow	羊 Sheep	生 猪 Hog		
			全年饲养量 Raised Hogs (the whole year)	全年上市量 Hogs on Market (the whole year)	全年圈存量 Hogs inpens (year-end)
1952	0.72	28.17	79.67	25.83	53.84
1953	0.73	31.62	82.35	31.36	50.99
1954	0.87	32.26	106.48	49.64	56.84
1955	1.02	29.16	95.69	45.39	50.30
1956	1.15	34.37	129.22	51.46	77.76
1957	1.30	44.16	175.71	63.64	112.07
1958	1.69	40.08	147.89	42.87	105.02
1959	1.93	36.47	211.03	78.76	132.27
1960	2.24	34.39	222.31	96.38	125.93
1961	1.84	36.20	172.46	61.91	110.55
1962	1.68	46.26	173.37	75.51	97.86
1963	1.66	53.82	206.25	94.20	112.05
1964	1.58	48.04	264.97	121.77	143.20
1965	1.64	45.47	337.18	154.04	183.14
1966	1.73	38.39	399.27	194.79	204.48
1967	1.69	35.86	395.01	198.07	196.94
1968	1.73	36.16	396.92	197.55	199.37
1969	1.82	41.07	433.81	208.34	255.47
1970	1.82	45.78	475.66	220.63	255.03
1971	1.81	45.28	557.14	267.03	290.11
1972	1.95	44.34	588.00	301.80	286.20
1973	2.01	42.60	557.15	275.52	281.63
1974	2.02	37.25	605.98	299.44	306.54
1975	2.11	36.05	641.73	322.82	318.91
1976	2.10	33.18	660.48	327.20	333.28
1977	2.11	33.63	585.04	283.03	302.01
1978	2.19	38.44	665.01	299.27	365.74
1979	2.36	45.22	759.99	417.57	342.42
1980	2.65	41.15	611.59	350.66	260.93
1981	2.99	38.45	597.21	331.05	266.16
1982	3.32	35.22	634.29	373.39	260.90
1983	3.84	33.31	596.53	366.47	230.06
1984	4.36	26.88	548.84	340.67	208.17
1985	4.91	22.28	505.97	307.25	198.72
1986	5.21	22.99	538.78	329.44	209.34
1987	5.68	23.01	511.27	336.18	175.09
1988	6.46	29.59	506.08	302.70	203.38
1989	6.72	33.50	607.92	361.34	246.57
1990	7.09	37.19	649.33	411.80	237.53
1991	7.42	35.45	622.50	394.62	227.88
1992	6.96	34.81	651.63	405.20	246.43
1993	5.92	37.66	610.39	409.15	201.24
1994	5.94	40.34	581.80	397.60	184.20
1995	6.12	47.90	660.97	452.55	208.42
1996	5.53	40.83	660.84	429.25	188.49
1997	5.77	51.90	674.61	450.00	224.61
1998	5.75	56.48	702.79	460.00	242.79

21－37 牛奶、猪肉和水产品产量

OUTPUT OF MILK, PORK AND AQUATIC PRODUCTS

单位：万吨 (10 000 tons)

年 份 Year	牛奶产量 Milk Output	猪肉产量 Output of Pork	水产品产量 Output of Aquatic Products	海水产品 Seawater Aquatic Products	淡水产品 Freshwater Aquatic Products	#养殖产量 Breed Product Output
1952	1.01	1.07	2.21	1.34	0.87	
1953	1.26	1.42	2.53	1.56	0.97	
1954	1.50	1.93	3.55	2.42	1.13	
1955	1.68	1.92	3.69	2.53	1.16	
1956	1.84	2.16	3.57	2.3	1.27	
1957	2.18	2.37	4.51	2.93	1.58	
1958	2.64	1.61	6.27	4.2	2.07	
1959	2.98	1.45	8.15	5.85	2.30	
1960	2.51	1.03	9.81	7.75	2.06	
1961	1.67	0.89	6.89	7.98	1.91	
1962	1.90	1.75	11.17	9.77	1.4	
1963	3.06	2.63	11.69	10.27	1.42	
1964	3.87	4.01	12.68	11.19	1.49	
1965	4.36	5.82	11.85	10.40	1.45	
1966	4.43	7.34	9.74	8.25	1.49	
1967	4.48	7.07	7.92	6.41	1.51	
1968	4.49	7.41	8.07	6.54	1.53	
1969	4.75	7.90	10.54	8.89	1.65	
1970	4.96	8.17	12.05	10.27	1.78	
1971	4.96	9.92	13.62	11.70	1.92	
1972	5.22	11.29	15.59	14.06	1.53	
1973	5.10	10.16	17.00	15.33	1.67	
1974	5.39	11.46	16.07	14.50	1.57	
1975	5.40	12.92	15.27	13.64	1.63	
1976	5.40	12.81	14.17	12.52	1.65	
1977	5.30	10.99	15.47	13.97	1.50	
1978	6.34	12.86	21.40	19.59	1.81	1.11
1979	6.97	19.56	21.29	19.43	1.86	1.23
1980	7.33	16.76	20.45	18.56	1.89	1.15
1981	8.13	16.89	19.04	17.14	1.90	1.42
1982	9.25	20.32	21.49	19.29	2.20	1.72
1983	10.26	19.52	18.41	15.66	2.75	2.33
1984	12.52	17.82	20.56	16.84	3.72	3.08
1985	14.19	16.94	20.60	15.29	5.31	4.72
1986	15.41	17.92	23.71	16.24	7.47	6.83
1987	16.93	18.56	26.38	17.61	8.77	8.28
1988	19.01	17.79	25.83	15.88	9.95	9.58
1989	20.05	20.20	29.66	19.63	10.03	9.55
1990	22.68	23.32	27.36	17.04	10.32	9.80
1991	25.55	22.98	29.07	18.20	10.87	10.39
1992	27.74	22.87	24.86	13.67	11.19	10.72
1993	24.54	21.48	23.67	12.42	11.25	10.74
1994	21.82	20.30	27.04	14.78	12.26	11.73
1995	21.78	23.94	29.07	16.21	12.86	12.42
1996	22.01	22.19	28.04	14.50	13.54	12.91
1997	23.91	23.67	30.20	16.18	14.02	13.52
1998	24.61	25.30	26.82	12.21	14.61	14.00

21－38 主要工业产品产量
PRODUCTION OF MAIN INDUSTRIAL PRODUCTS

年 份 Year	合成纤维 （万吨） Synthetic Fibers (10 000 tons)	丝织品 （万米） Silk Knitting Goods (10 000 m)	服 装 （万件） Garments (10 000)	照相机 （万架） Cameras (10 000)	家用洗衣机 （万台） Household Washing Machines (10 000)	家用电冰箱 （万台） Household Refrigerators (10 000)	彩 电 （万台） Color TV Sets (10 000)
1952		1 826					
1953		1 687					
1954		2 363					
1955		2 834					
1956		3 799					
1957		4 722					
1958		6 152		0.09			
1959	…	6 838		2.22			
1960	0.01	7 116		9.33			
1961	0.01	6 524		5.83			
1962	0.02	5 551		1.85			
1963	0.03	5 479		1.10			
1964	0.08	5 877		0.97			
1965	0.11	7 026		1.54			
1966	0.17	7 928		2.67			
1967	0.12	6 483		3.11			
1968	0.14	6 687		3.97			
1969	0.20	6 966		4.30			
1970	0.26	7 105		4.27			
1971	0.43	7 931		4.02			
1972	0.89	7 912		4.87			
1973	1.18	8 220		5.92			0.06
1974	1.20	8 043		8.23			0.20
1975	1.37	8 165		12.56			0.17
1976	1.94	7 969		15.42			0.20
1977	4.69	8 541		16.34			0.11
1978	9.00	9 816	7 324	10.57			0.24
1979	10.94	10 125	9 234	15.68			0.53
1980	12.32	10 995	11 912	20.69	0.81	0.42	0.55
1981	12.88	12 338	14 374	26.90	3.83	0.48	0.66
1982	13.20	11 860	16 370	31.18	16.55	1.09	5.34
1983	13.05	11 898	15 304	36.88	31.80	1.53	15.02
1984	14.93	12 367	20 291	44.34	61.55	3.41	24.44
1985	19.55	13 914	23 346	53.51	113.85	20.49	71.75
1986	19.82	12 799	23 520	41.42	129.42	20.20	74.58
1987	20.33	11 686	28 891	45.06	159.33	28.76	85.86
1988	21.01	12 146	27 961	48.25	177.04	57.45	108.56
1989	22.02	12 595	27 532	34.07	138.79	63.15	86.45
1990	22.28	13 474	24 285	20.62	101.29	53.36	81.48
1991	23.17	13 476	29 024	18.60	92.26	67.93	108.13
1992	25.83	10 902	29 328	16.51	100.91	75.76	112.29
1993	25.11	7 549	23 685	60.76	118.85	95.18	98.29
1994	29.43	7 197	27 261	189.90	182.00	110.90	132.99
1995	34.51	10 390	63 030	153.23	144.80	128.72	111.77
1996	34.79	8 492	71 416	198.99	141.52	93.12	42.59
1997	35.30	7 702	56 270	373.95	124.81	30.72	70.42
1998	37.33	2 981	55 006	428.58	72.55	38.61	107.80

表21－38 续表 1 continued

年 份 Year	发电量 （亿千瓦·时） Electricity (100 million kwh)	钢 （万吨） Steel Final Products (10 000 tons)	成品钢材 （万吨） Rolled-steel Final Praducts (10 000 tons)	生 铁 （万吨） Rolled-steel Final Products (10 000 tons)	水 泥 （万吨） Cement (10 000 tnos)	人造板 （万立方米） Artificial Board (10 000 cu.m)	发电设备 （万千瓦） Power Generating Equipment (10 000 kw)
1952	13.19	7.14	14.11		11.35	0.31	
1953	15.77	14.28	18.39		14.09	0.68	
1954	17.11	22.71	23.03		17.28	1.07	0.60
1955	15.26	31.81	29.03		15.11	1.01	3.00
1956	18.91	40.37	44.97		18.99	1.47	10.40
1957	18.89	51.82	60.53		17.04	1.79	12.50
1958	28.24	122.26	81.29	0.01	20.27	2.85	52.10
1959	43.30	179.15	136.64	11.96	45.44	4.08	85.40
1960	55.12	251.94	184.66	20.72	72.90	5.55	135.90
1961	42.16	165.22	150.35	13.55	40.37	2.78	31.10
1962	38.08	120.77	114.10	16.72	24.98	2.97	4.20
1963	47.72	140.33	132.60	2.34	42.70	3.64	7.50
1964	52.14	196.97	166.82	22.35	59.23	4.64	9.00
1965	65.10	242.00	201.76	27.82	67.58	5.98	21.30
1966	72.07	263.11	208.94	19.89	72.85	6.74	43.50
1967	67.40	218.18	161.90	21.10	59.76	4.73	45.80
1968	72.79	212.13	178.59	21.12	57.90	5.15	49.40
1969	81.71	259.24	199.54	27.30	70.15	5.74	76.40
1970	89.97	301.42	220.80	32.43	85.96	6.35	83.40
1971	101.47	352.67	252.79	77.02	94.48	7.06	104.50
1972	116.26	388.71	285.74	104.05	96.46	8.12	88.20
1973	123.83	428.02	308.72	106.09	97.96	8.74	142.50
1974	138.18	375.17	302.57	83.59	104.10	9.36	160.60
1975	152.06	398.00	294.69	113.33	119.49	8.79	171.00
1976	168.84	373.80	280.87	118.92	121.53	8.97	123.60
1977	175.22	409.04	303.79	113.92	116.63	9.23	86.50
1978	199.32	476.52	360.08	149.86	139.47	11.72	109.80
1979	209.96	494.07	397.40	166.24	153.91	13.32	124.70
1980	206.41	521.61	412.63	171.12	161.28	14.58	58.20
1981	204.69	506.30	407.41	167.84	177.42	14.66	25.00
1982	219.90	494.26	423.34	168.14	187.28	16.03	40.10
1983	224.77	511.64	423.51	176.09	197.22	16.13	76.50
1984	245.38	549.17	446.72	184.09	209.84	16.76	123.00
1985	256.25	570.16	451.18	215.37	219.31	16.40	133.00
1986	267.63	801.39	462.57	426.84	227.28	16.77	169.50
1987	276.34	866.92	473.74	496.91	232.81	14.89	225.40
1988	280.59	859.80	473.41	511.62	261.84	14.45	238.60
1989	278.33	808.78	476.98	518.14	251.85	12.63	239.00
1990	284.10	914.62	609.59	526.90	230.30	10.69	210.20
1991	304.82	1 006.92	738.08	664.04	297.85	10.80	238.70
1992	347.64	1 234.24	918.09	867.98	354.73	15.84	253.60
1993	371.14	1 298.22	1 103.67	912.66	359.88	16.03	300.30
1994	399.40	1 326.77	1 149.26	948.42	379.44	13.17	351.00
1995	403.42	1 454.11	1 185.89	1 048.38	433.22	17.33	496.50
1996	428.64	1 441.92	1 175.74	964.03	443.77	14.54	494.30
1997	458.48	1 532.42	1 296.48	1 054.56	338.47	55.60	541.60
1998	482.16	1 603.75	1 417.58	1 208.57	330.95	82.67	403.85

表21－38 续表 2 continued

年 份 Year	吸尘器（万台） Vacuum cleaners (10 000)	房间空气调节器（台） Household Air-conditioners	录像机（部） Video-recorders	机制纸及纸板（万吨） Machine-made Paper and Paper-boards(10 000 tons)	卷 烟（万箱） Cigarettes (10 000 cases)	塑料制品（万吨） Plastic Products (10 000 tons)	日用玻璃制品（万吨） Enamel Products for Daily Use (10 000 tons)
1952				7.07	74.70	0.02	1.12
1953				6.90	127.30	0.04	2.31
1954				8.00	140.70	0.02	2.51
1955				8.54	132.90	0.02	2.75
1956				12.17	148.40	0.04	3.37
1957				14.19	162.90	0.07	4.72
1958				18.31	138.00	0.52	5.20
1959				24.29	125.10	0.33	6.55
1960				22.70	73.70	0.50	7.22
1961				13.40	30.70	0.55	5.91
1962				13.24	27.60	0.77	4.94
1963				15.73	42.90	1.03	5.94
1964				17.35	47.50	1.16	6.45
1965				19.77	49.00	1.46	7.24
1966				20.98	53.10	3.30	7.53
1967				19.52	53.60	3.60	6.81
1968				20.18	74.00	4.25	7.29
1969				22.23	79.80	4.92	8.38
1970				20.56	83.60	5.43	9.68
1971				20.98	75.30	4.95	10.33
1972				21.80	59.10	5.69	10.19
1973				24.06	60.80	6.74	10.67
1974				24.83	73.00	7.45	11.57
1975				25.30	74.00	7.64	12.64
1976				25.01	76.80	7.48	13.17
1977				25.65	82.10	8.08	15.08
1978				27.34	82.50	9.89	15.98
1979	0.50	205		28.57	84.70	11.00	16.06
1980	0.78	958		29.57	82.30	12.90	15.93
1981	1.08	1 250		30.95	82.80	13.85	18.20
1982	1.27	1 959		32.48	83.00	16.72	20.78
1983	3.03	2 258		33.76	83.20	18.80	21.20
1984	4.24	2 496		38.41	84.80	19.56	23.33
1985	6.10	7 435		41.29	86.30	21.93	23.57
1986	3.72	5 505		41.55	86.30	22.42	24.74
1987	10.20	8 295		45.16	87.60	21.59	23.20
1988	40.39	15 822		45.54	90.00	22.08	22.22
1989	48.27	28 281		45.83	89.70	21.99	19.62
1990	20.03	18 342	880	46.49	82.00	19.54	19.68
1991	12.16	42 774	20 235	47.08	82.00	21.88	19.81
1992	12.05	125 572	67 894	46.86	85.90	20.58	20.28
1993	16.29	318 206	222 726	36.47	90.10	20.10	12.61
1994	17.03	558 877	574 186	37.37	93.70	21.00	16.63
1995	26.21	624 628	266 892	39.97	96.00	38.38	22.62
1996	17.10	867 470	204 395	38.85	104.20	37.41	24.64
1997	20.31	882 012	846 482	40.00	108.30	40.19	27.69
1998	29.38	1 139 840	1 021 369	45.46	113.88	28.19	19.88

表21－38 续表 3 continued

年 份 Year	合成洗涤剂（万吨） Synthetic Detergents (10 000 tons)	金属切削机床（台） Metal Cutting Machines	汽 车（辆） Motor Vehicles	民用钢质船舶（万吨） Civil Steel Ship (10 000 tons)	平板玻璃（万重量箱） Plate Glass (10 000 wt.cases)	轮胎外胎（万条） Tires (10 000)	力车外胎（万条） Vehicle Tires (10 000)
1952		3 789		0.42	2.59	7.65	77.40
1953		6 778		2.05	14.01	7.51	116.81
1954		5 169		5.12	18.02	10.48	125.08
1955		2 548		7.33	15.59	8.66	123.46
1956		3 318		7.53	15.44	15.24	153.51
1957	…	4 399		4.81	13.86	16.03	206.79
1958	0.06	12 720	946	10.12	21.36	33.10	424.78
1959	0.41	16 090	1 210	17.69	49.96	49.28	380.76
1960	0.46	20 722	2 085	15.16	55.38	49.81	426.76
1961	0.63	11 363	1 521	5.73	44.00	38.82	377.61
1962	1.31	4 902	1 393	3.96	26.89	39.98	388.17
1963	1.50	5 773	1 618	1.98	42.22	55.67	425.16
1964	1.56	6 930	2 120	4.54	38.97	68.52	482.33
1965	1.74	10 264	3 195	5.08	32.70	75.12	451.97
1966	2.03	12 508	3 139	5.73	57.97	74.37	363.20
1967	1.79	8 538	2 443	4.08	56.91	61.01	318.74
1968	2.27	11 335	3 082	5.94	55.21	82.44	318.42
1969	2.55	13 617	4 226	4.00	65.90	100.52	485.10
1970	3.57	16 457	4 555	15.15	67.87	114.32	503.18
1971	3.51	15 373	6 027	11.83	72.21	114.49	536.32
1972	3.86	16 643	6 337	6.99	72.77	118.90	584.52
1973	4.01	18 661	8 138	26.70	49.71	126.35	632.45
1974	4.49	17 644	10 089	28.83	58.96	129.97	688.36
1975	4.94	17 672	11 026	33.10	85.06	135.98	705.20
1976	4.56	16 334	9 919	21.12	99.65	130.27	701.23
1977	5.08	16 533	9 392	27.25	106.51	140.16	711.92
1978	5.99	17 384	10 396	25.18	111.87	149.59	771.53
1979	6.35	15 617	10 783	15.56	104.70	172.58	847.54
1980	6.67	16 949	14 675	17.26	132.79	174.85	957.48
1981	7.05	17 245	6 497	20.64	147.74	154.49	1 130.38
1982	7.65	15 979	6 920	19.47	129.62	141.46	1 209.44
1983	7.79	17 019	8 125	33.23	147.72	180.55	1 369.03
1984	8.58	17 638	8 958	34.54	149.07	192.59	1 470.74
1985	9.49	19 408	12 166	40.13	160.08	219.00	1 556.40
1986	10.19	16 877	15 147	40.83	146.44	239.40	1 594.60
1987	10.31	17 040	20 144	38.42	161.85	253.07	1 644.71
1988	10.05	14 855	26 080	30.49	415.59	278.59	1 529.90
1989	10.10	16 146	24 769	28.12	507.24	304.32	1 544.56
1990	10.51	13 796	28 090	39.07	503.05	318.78	1 527.66
1991	11.50	14 927	44 448	46.40	483.47	375.31	1 605.84
1992	13.23	16 070	69 953	34.33	513.55	464.68	1 602.90
1993	13.76	17 681	103 806	66.91	570.72	577.57	931.60
1994	19.75	13 628	117 631	64.87	664.81	692.64	1 933.08
1995	30.39	15 833	162 729	83.33	634.63	639.09	1 689.59
1996	32.57	15 379	201 715	77.54	687.63	942.69	1 635.01
1997	30.89	18 700	233 037	85.29	691.08	829.57	1 896.19
1998	27.74	11 916	236 411	79.93	701.45	957.75	1 813.83

21－39 建筑安装企业主要指标
MAJOR INDICATORS OF CONSTRUCTION INDUSTRY

年 份 Year	从业人员 (万人) Emplogment (10 000 persons)	施工产值 (亿元) Gross Output Value of Construction (100 million yuan)	竣工房屋面积 (万平方米) Area of Completed Housing (10 000 sq.m)	平均每个职工竣工房屋面积 (平方米/人) Per Capita Area of Completed Housing Among Staff and Workers (sq.m/person)	全员劳动生产率 (按施工产值计算) (元/人) Overall Labor Productivity (In Terms of Gross Output Value of Construction) (yuan/person)
1953	6.44	1.61	118.02	19.47	2 660
1954	5.32	1.30	95.92	18.90	2 559
1955	1.88	0.61	62.52	34.85	3 425
1956	2.16	0.50	53.46	40.77	3 807
1957	4.78	1.12	116.92	40.83	3 913
1958	4.76	2.33	256.15	49.26	4 490
1959	5.76	2.89	143.89	22.61	4 537
1960	5.21	3.61	149.77	20.12	4 850
1961	4.00	1.43	68.15	17.35	3 639
1962	2.75	0.99	57.28	20.64	3 560
1963	3.67	1.67	74.28	24.54	5 527
1964	3.94	2.32	140.86	35.36	5 827
1965	4.29	2.30	163.38	41.84	5 881
1966	4.62	1.95	152.06	38.37	4 910
1967	4.61	1.39	92.54	21.56	3 229
1968	5.18	1.39	102.83	22.61	3 065
1969	5.20	1.92	85.81	17.56	3 929
1970	5.37	2.57	115.77	23.30	5 173
1971	5.52	2.25	105.34	20.81	4 444
1972	6.13	2.78	119.95	20.90	4 851
1973	6.47	3.38	166.44	26.93	5 470
1974	7.74	4.58	175.23	21.41	5 596
1975	8.83	5.26	187.13	20.03	5 631
1976	9.47	4.60	174.51	18.91	4 987
1977	9.00	3.89	161.40	18.74	4 513
1978	10.07	5.34	234.03	26.32	6 005
1979	23.35	13.44	564.62	26.10	6 226
1980	27.27	16.41	607.91	24.13	6 513
1981	30.21	17.33	649.93	22.28	5 941
1982	30.73	20.74	684.61	22.90	6 928
1983	33.35	23.57	736.34	22.46	7 189
1984	32.94	29.08	799.40	23.09	8 402
1985	33.35	34.69	819.24	23.79	10 070
1986	35.53	46.06	867.00	22.86	12 147
1987	35.83	55.63	872.00	22.66	14 455
1988	36.70	63.97	837.00	21.27	16 251
1989	34.43	69.48	758.00	19.69	18 053
1990	34.01	69.39	748.00	20.02	18 569
1991	34.62	80.98	776.00	20.15	21 022
1992	36.33	113.26	860.00	19.91	26 221
1993	36.90	193.00	1 144.00	26.09	44 020
1994	39.95	309.68	1 558.00	29.34	58 305
1995	41.10	391.42	1 468.00	25.14	67 023
1996	36.19	450.41	1 398.00	24.88	80 161
1997	37.40	564.37	1 650.00	27.48	93 995
1998	40.88	593.11	1 913.55	33.08	102 531

21－40　货物运输量和港口吞吐量

FREIGHT TRAFFIC VOLUME AND CARGO HANDLED AT PORTS

单位：万吨　　(10 000 tons)

年 份 Year	合 计 Total	铁 路 Rail-way	# 发送量 Departing	公 路 High-way	水 运 Waterway	# 远洋运输 Ocean Shipping	民用航空 Civil Aviation	港口吞吐量 Cargo Handled at Ports
1952	2 420	829		1 046	545	28		560
1953	3 155	995		1 483	677	40		658
1954	3 425	953		1 521	951	52		1 011
1955	2 943	810		1 197	936	53		1 118
1956	3 838	909		1 798	1 131	60		1 297
1957	4 252	1 068		1 882	1 302	62		1 649
1958	6 374	1 714		2 829	1 831	79		2 739
1959	11 899	2 522		5 630	3 747	78		3 697
1960	16 622	2 998		8 936	4 688	78		4 267
1961	10 255	2 053		5 118	3 084	81		3 105
1962	7 087	1 402		3 201	2 484	62		2 556
1963	7 138	1 510		3 068	2 560	77		2 575
1964	7 806	1 830		3 245	2 731	109		2 679
1965	9 337	2 199		3 813	3 325	163		3 194
1966	9 948	2 174		4 033	3 741	169		3 609
1967	8 584	1 546		3 787	3 251	131		3 380
1968	9 249	1 920		3 943	3 386	147		3 571
1969	10 060	2 056		4 357	3 647	166		3 602
1970	11 400	2 537		4 795	4 068	144		3 991
1971	12 162	2 718		5 129	4 315	187		4 158
1972	12 939	2 879		5 461	4 599	208		4 459
1973	14 496	3 194		6 029	5 273	246		5 039
1974	14 976	3 083		6 442	5 451	370		5 137
1975	16 123	3 240		6 673	6 210	469		5 581
1976	16 522	3 391		6 522	6 609	560		5 461
1977	17 139	3 635		6 336	7 168	727		6 089
1978	19 645	4 329	1 605	7 184	8 131	939	1	7 955
1979	19 613	4 373	1 556	7 255	7 983	1 081	2	8 350
1980	20 037	4 484	1 511	7 284	8 267	1 098	2	8 483
1981	20 150	4 421	1 445	7 451	8 276	1 118	2	8 335
1982	21 153	4 562	1 488	7 826	8 763	1 097	2	8 976
1983	21 594	4 627	1 559	8 052	8 913	1 209	2	9 190
1984	23 121	4 841	1 608	8 696	9 581	1 370	3	10 066
1985	24 243	5 059	1 649	9 216	9 965	1 402	3	11 291
1986	26 671	5 306	1 693	10 126	11 235	1 634	4	12 604
1987	27 241	5 484	1 643	10 159	11 592	1 847	6	12 833
1988	27 832	5 322	1 501	10 019	12 480	2 032	11	13 320
1989	27 666	5 303	1 545	9 526	12 826	2 066	11	14 604
1990	26 777	5 186	1 519	8 714	12 864	2 246	13	13 959
1991	27 558	5 169	1 576	8 888	13 485	2 491	16	14 679
1992	29 580	5 527	1 688	9 427	14 607	2 525	19	16 297
1993	30 293	6 085	1 748	9 194	15 000	2 529	24	17 596
1994	28 585	6 230	1 745	7 446	14 882	2 605	27	16 581
1995	27 571	6 416	1 784	6 273	14 845	2 778	37	16 567
1996	45 821	6 213	1 740	25 023	14 544	3 594	41	16 402
1997	45 938	5 817	1 651	25 991	14 082	4 201	48	16 397
1998	46 230	5 292	1 493	26 352	14 529	4 844	57	16 388

注：1. 从1979年开始，货运量总计中包括民用航空（虹桥机场）的运量。
2. 从1996年开始，水路货运为本市独立核算运输企业口径。

Note: 1. Starting from 1979, the total freight volume has included that of civil aviation (Hongqiao Airport)
2. Starting from 1996, the freight volume of waterway was refered to which hardled by the traffic enterprises with independent accounting system.

21－41 邮电通信

POSTAL AND TELECOMMUNICATIONS SERVICES

年份 Year	邮电局、所（个） Post Office	邮路及农村投递路线总长度(万公里) Length of Postal Routes and Rural Delivery Routes(10 000 km)	邮运汽车(辆) Postal Automobiles (cars)	长途电话电路(路) Long Distance Telephone Lines (line)	电话机(万部) Tele-phones (10 000)	邮电业务总量（亿元） Revenue from Postal and Telecommuni-cations Services (100 million yuan)	函件(亿件) Mail (100 million)	电话交换机容量(万门) Switchboard Lines (10 000)
1952	644	0.35	23	94	10.90	0.72	0.81	8.09
1953	687	0.33	23	84	11.50	0.81	0.94	8.13
1954	599	0.38	25	80	11.20	0.76	0.88	8.17
1955	464	0.37	28	85	10.60	0.73	0.81	8.19
1956	482	1.62	39	87	11.20	0.75	0.88	8.20
1957	498	2.13	44	90	11.40	0.78	0.94	8.34
1958	583	2.41	56	216	11.10	0.83	0.97	8.81
1959	575	2.02	65	209	12.40	0.92	1.02	9.35
1960	587	1.51	63	247	13.10	0.99	1.10	9.65
1961	553	1.80	63	263	13.20	0.96	1.06	9.69
1962	445	1.53	65	264	12.90	0.92	1.03	9.68
1963	439	1.42	66	280	13.20	0.91	0.92	9.30
1964	440	1.70	69	289	13.50	0.93	0.92	9.29
1965	435	1.44	71	304	13.90	0.96	0.94	9.36
1966	427	1.92	75	304	13.80	0.97	0.95	9.48
1967	420	1.97	77	314	13.80	0.98	0.99	9.25
1968	430	3.11	76	334	13.10	0.95	0.96	9.07
1969	429	3.13	77	361	13.20	1.01	1.11	9.14
1970	590	3.33	81	359	13.40	1.05	1.19	8.93
1971	691	4.66	133	340	13.60	1.04	1.12	9.14
1972	678	4.49	135	402	14.00	1.11	1.13	9.17
1973	691	4.40	146	453	14.70	1.20	1.24	8.70
1974	433	4.61	137	484	15.40	1.27	1.26	8.94
1975	432	4.64	161	489	16.00	1.33	1.31	9.35
1976	431	4.72	173	608	17.00	1.41	1.36	9.67
1977	433	4.58	186	621	16.20	1.44	1.33	9.87
1978	437	4.68	168	758	18.70	1.59	1.30	10.93
1979	439	4.60	147	900	20.10	1.78	1.40	15.08
1980	411	4.62	140	1 044	21.10	2.04	1.60	15.94
1981	445	4.92	161	1 164	22.50	2.12	1.61	17.08
1982	457	5.11	152	1 271	24.20	2.26	1.66	18.93
1983	467	5.33	143	1 500	26.80	2.58	1.64	21.02
1984	478	5.71	158	1 669	29.70	2.94	1.85	23.47
1985	481	7.15	244	1 909	33.80	3.53	2.19	27.30
1986	493	18.76	298	2 156	36.80	3.94	2.28	32.35
1987	508	18.54	388	2 835	40.00	4.65	2.70	37.40
1988	519	19.89	398	4 934	45.70	6.58	2.88	45.90
1989	527	19.53	432	6 698	60.70	8.30	2.93	57.62
1990	535	18.40	441	9 558	79.10	10.23	2.96	74.17
1991	528	18.15	480	12 807	92.60	13.16	3.14	83.68
1992	538	18.27	511	17 840	115.70	18.52	3.17	106.98
1993	572	20.01	610	28 734	154.30	28.64	3.91	163.63
1994	599	20.10	856	34 385	209.70	39.19	4.90	232.56
1995	666	19.30	974	46 422	278.20	55.70	5.58	345.71
1996	712	20.63	1 212	58 677	392.50	77.06	6.82	455.53
1997	714	20.67	1 281	70 250	506.40	102.01	5.09	531.88
1998	849	20.60	1 367	84 357	627.40	139.87	4.20	618.40

注：邮电业务总量按1990年不变价格计算。

Note: Revenue from postal and telecommunications services are caculated at 1990 constant prices.

21－42 工业能源终端消费量

FINAL CONSUMPTION OF INDUSTRY ENERGY

年 份 Year	工业能源终端消费量 (万吨标准煤) Final Consumption of Industry Energy (10 000 tons SCE)	#煤炭(万吨) Coal (10 000 tons)	#焦炭(万吨) Coke (10 000 tons)	#燃料油(万吨) Fuel Oil (10 000 tons)	#电力(亿千瓦·时) Electricity (100 million kwh)
1952	155.19	119.76	3.34	0.23	11.30
1953	202.20	160.34	5.79	…	13.59
1954	227.72	182.55	6.84	0.32	14.76
1955	220.81	185.15	7.04	0.53	13.13
1956	271.49	222.63	10.79	0.40	16.60
1957	263.80	212.80	12.12	1.09	16.18
1958	423.80	341.16	28.81	0.71	23.72
1959	758.44	581.05	100.32	0.74	36.51
1960	833.28	550.27	136.35	1.02	47.80
1961	613.94	394.90	82.73	4.93	39.19
1962	505.53	325.02	52.13	8.12	34.77
1963	519.54	288.28	67.02	7.86	39.68
1964	627.29	366.48	74.65	8.40	47.10
1965	741.99	418.31	95.31	8.66	56.68
1966	780.29	412.95	98.05	11.66	63.20
1967	715.08	357.26	91.30	14.90	57.20
1968	699.43	322.49	97.57	14.84	59.89
1969	831.17	355.81	110.74	34.74	70.68
1970	919.19	375.47	123.90	49.84	76.17
1971	1 094.89	400.52	173.57	81.99	84.84
1972	1 181.32	413.12	194.02	92.53	88.97
1973	1 284.63	454.18	232.60	76.52	97.36
1974	1 350.57	446.31	183.88	146.80	98.97
1975	1 398.59	459.02	193.61	134.51	107.06
1976	1 454.74	483.39	194.17	141.50	110.03
1977	1 529.94	484.19	199.23	152.77	116.04
1978	1 630.24	490.54	206.45	158.01	128.51
1979	1 655.10	509.82	215.29	140.42	132.39
1980	1 645.20	535.03	211.53	122.41	136.85
1981	1 661.03	510.02	224.41	102.30	145.60
1982	1 703.88	524.52	232.95	96.95	152.03
1983	1 746.88	539.01	241.49	91.61	158.47
1984	1 789.92	553.51	250.03	86.26	164.90
1985	1 878.33	567.67	247.40	80.91	171.34
1986	1 965.27	596.95	348.20	97.44	182.91
1987	2 122.06	691.52	381.04	98.82	190.50
1988	2 667.12	642.72	411.73	125.61	195.26
1989	2 285.15	646.33	410.04	128.95	197.80
1990	2 369.99	596.14	419.24	136.09	209.21
1991	2 591.11	641.71	516.28	140.06	226.69
1992	2 731.13	630.83	651.49	112.06	247.75
1993	3 151.03	700.97	617.24	170.97	262.75
1994	3 233.83	661.10	625.62	165.55	270.54
1995	3 512.49	694.31	716.47	154.76	282.87
1996	3 456.97	754.27	637.73	149.69	293.04
1997	3 498.84	698.14	653.75	147.70	309.74
1998	3 452.96	723.59	660.40	132.93	318.12

21－43 社会消费品零售总额
RETAIL SALES OF CONSUMER GOODS

单位：亿元 (100 million yuan)

年 份 Year	社会消费品零售总额 Retail Sales of Consumer Goods	按商品用途分 By Use			
		食品类 Food	衣着类 Clothing	用品类 Articles	燃料类 Fuels
1952	19.50	10.44	2.66	5.64	0.76
1953	25.56	12.97	3.62	8.06	0.91
1954	23.58	12.26	3.24	7.09	0.99
1955	21.64	11.84	3.05	5.74	1.01
1956	24.63	12.68	3.96	7.11	0.88
1957	25.61	13.41	3.68	7.55	0.97
1958	27.07	14.28	4.18	7.73	0.88
1959	29.89	15.46	4.46	9.02	0.95
1960	32.24	15.33	4.94	11.04	0.93
1961	29.43	15.94	3.45	9.01	1.03
1962	27.19	16.16	2.91	7.15	0.97
1963	25.82	15.21	2.95	6.79	0.87
1964	26.55	14.98	3.73	7.01	0.83
1965	27.13	15.45	4.33	6.53	0.82
1966	28.72	16.10	4.12	7.68	0.82
1967	30.78	16.85	4.94	8.19	0.80
1968	29.94	17.11	4.29	7.76	0.78
1969	32.57	17.26	5.36	9.19	0.76
1970	31.85	16.80	5.47	8.84	0.74
1971	32.91	17.38	5.36	9.44	0.73
1972	36.15	19.19	5.35	10.89	0.72
1973	39.79	20.16	6.96	11.97	0.70
1974	44.06	22.14	8.28	12.93	0.71
1975	47.71	23.56	9.37	14.02	0.76
1976	49.98	25.23	10.01	13.95	0.79
1977	49.28	24.20	11.07	13.20	0.81
1978	54.10	26.51	11.60	15.16	0.83
1979	68.28	30.05	16.07	21.28	0.88
1980	80.43	34.30	19.75	25.44	0.94
1981	88.73	38.78	21.27	27.73	0.95
1982	89.80	40.72	19.57	28.52	0.99
1983	100.68	44.20	22.31	33.18	0.99
1984	123.72	50.14	27.71	44.85	1.02
1985	173.39	64.08	35.51	72.70	1.10
1986	196.84	76.98	39.38	79.31	1.17
1987	225.25	91.01	42.52	90.41	1.31
1988	295.83	119.36	53.66	121.17	1.64
1989	331.38	140.03	51.95	137.70	1.70
1990	333.86	142.15	52.33	137.23	2.15
1991	382.06	162.82	52.91	163.30	3.03
1992	464.82	190.70	67.04	202.83	4.25
1993	624.30	245.13	93.90	280.42	4.85
1994	770.74	306.85	114.84	343.18	5.87
1995	970.04	384.08	142.58	436.40	6.98
1996	1 161.30	462.71	165.76	524.69	8.14
1997	1 325.21	532.12	186.04	597.64	9.41
1998	1 471.03	604.21	197.44	659.24	10.14

21－44 主要消费品零售量

RETAIL SALES OF MAIN CONSUMER GOODS IN QUANTITY

单位:万吨 (10 000 tons)

年 份 Year	粮 食 Grain	食用植物油 Edible Vegetable Oil	猪 肉 Pork	家禽(万只) Poultry (10 000)	鲜 蛋 Fresh Eggs
1952	124.25	4.95	7.73	896	1.81
1953	138.00	6.65	9.64	1 124	1.84
1954	144.60	5.40	7.64	848	1.56
1955	151.00	5.30	5.58	485	1.25
1956	137.95	5.25	7.12	779	1.94
1957	150.15	5.15	7.79	1 569	2.53
1958	158.15	4.75	6.58	841	2.17
1959	169.50	5.10	3.27	321	0.37
1960	175.85	5.05	1.76	493	0.23
1961	147.25	4.00	0.75	377	0.14
1962	150.70	2.95	1.42	531	0.30
1963	146.65	2.60	5.15	877	1.12
1964	144.85	3.80	9.47	644	2.18
1965	145.30	4.90	11.09	730	3.15
1966	143.85	5.25	13.17	924	2.81
1967	145.80	4.70	12.56	681	2.52
1968	148.45	4.55	12.83	648	2.01
1969	145.50	4.75	13.73	583	2.23
1970	143.20	4.60	13.01	591	2.07
1971	137.90	3.85	13.30	609	2.32
1972	147.30	4.25	14.78	862	2.40
1973	148.15	4.00	16.18	807	2.55
1974	144.90	3.90	18.08	661	2.27
1975	149.20	4.25	20.12	736	1.73
1976	155.35	4.40	21.15	714	1.74
1977	160.35	4.45	17.67	492	1.59
1978	163.80	4.55	18.47	945	2.84
1979	177.70	5.35	23.26	1 485	4.87
1980	193.60	5.80	25.04	1 192	5.76
1981	215.85	7.35	27.88	1 216	5.65
1982	228.51	8.90	26.66	1 805	6.30
1983	240.25	9.78	28.68	1 901	6.21
1984	232.67	11.33	30.39	1 856	9.17
1985	214.61	11.71	28.77	2 971	9.75
1986	235.88	12.37	31.22	4 553	10.05
1987	245.93	13.12	35.59	4 485	10.47
1988	275.45	14.79	28.25	6 325	11.89
1989	283.27	14.19	35.33	5 917	13.76
1990	280.02	15.97	33.60	5 039	11.51
1991	284.42	14.24	34.12	5 621	12.16
1992	313.06	11.95	31.17	5 814	9.20
1993	300.26	17.15	31.54	5 972	8.02
1994	253.03	16.78	30.69	5 732	7.98
1995	209.44	16.93	34.46	5 903	9.62
1996	187.01	18.17	40.22	5 760	9.54
1997	178.11	20.20	40.76	8 161	11.06
1998	183.56	24.73	37.45	8 965	9.91

单位:万吨 表 21－44 续表 1 Continued (10 000 tons)

年 份 Year	水产品 Aquatic Products	鲜 菜 Fresh Vegetable	卷烟(万箱) Cigarettes (10 000 cases)	酒 Liquor	各种布(万米) Cloth (10 000m)	#棉 布 Cotton Cloth	呢绒(万米) Wool Fabric (10 000m)
1952	9.45	38.65	17.44	4.14	8 553	8 553	45
1953	10.75	51.75	18.76	4.97	13 830	13 830	96
1954	11.15	56.30	17.90	3.68	11 097	11 097	87
1955	11.55	58.30	15.10	3.37	11 657	11 657	82
1956	9.70	68.60	15.13	4.10	15 187	15 187	126
1957	10.75	77.75	17.99	5.00	10 962	10 962	111
1958	12.05	72.40	16.85	4.80	11 730	11 730	146
1959	13.15	109.60	18.00	5.62	13 419	13 419	148
1960	13.80	114.15	21.33	6.53	9 662	9 662	154
1961	14.70	124.85	13.10	6.11	3 796	2 341	278
1962	14.20	155.90	12.17	5.67	4 423	2 727	327
1963	13.45	120.15	14.34	4.14	5 037	3 381	116
1964	12.55	98.75	17.15	3.58	7 172	4 803	152
1965	12.70	99.00	17.45	3.50	8 378	5 636	276
1966	12.55	90.45	18.05	3.63	8 464	6 576	187
1967	14.20	95.45	20.42	4.28	8 913	7 045	264
1968	12.15	103.75	23.60	4.59	5 356	4 224	212
1969	12.45	86.35	23.42	5.04	7 230	5 886	160
1970	15.95	100.50	22.09	4.90	8 717	7 063	220
1971	17.25	105.40	21.43	4.70	7 652	6 042	292
1972	17.25	102.25	24.96	5.79	9 607	6 999	363
1973	17.00	90.60	28.37	6.51	10 759	6 060	322
1974	19.50	100.40	42.75	7.12	11 654	7 365	385
1975	16.15	93.45	45.16	7.83	12 100	7 578	474
1976	14.60	109.95	52.46	8.53	13 063	8 163	398
1977	16.75	100.33	45.30	9.22	12 346	7 485	388
1978	16.80	115.30	46.80	10.48	12 723	6 911	363
1979	18.37	103.85	51.11	12.98	13 830	6 657	626
1980	18.27	99.25	53.29	14.70	14 503	6 627	821
1981	17.80	106.53	55.36	17.00	13 708	7 080	990
1982	17.20	117.20	51.20	15.92	13 140	6 051	951
1983	17.68	101.80	55.94	17.08	16 044	7 693	1 042
1984	20.43	108.25	56.70	18.83	16 206	7 843	1 461
1985	19.64	105.04	68.50	14.78	17 805	8 321	1 703
1986	21.49	111.82	66.42	19.86	13 258	6 447	1 537
1987	18.92	114.37	66.84	25.42	12 003	6 034	1 551
1988	17.43	113.60	79.51	28.98	12 751	7 373	1 653
1989	20.12	117.03	71.70	29.45	10 652	5 741	1 186
1990	20.64	119.21	54.60	28.37	8 004	4 063	1 171
1991	20.02	111.85	52.72	23.07	5 689	3 202	1 019
1992	21.16	103.17	60.26	22.63	5 177	3 083	845
1993	19.46	88.75	43.51	21.37	4 846	1 910	645
1994	19.83	78.41	31.95	23.42	3 946	1 696	682
1995	21.02	110.09	28.65	29.94	5 583	2 506	604
1996	19.09	144.11	30.43	24.53	3 940	1 683	804
1997	22.81	145.98	33.57	24.03	3 832	1 561	520
1998	23.57	146.98	37.06	28.44	3 075	1 540	479

表 21－44 续表 2 Continued

年 份 Year	绸 缎 （万米） Silk and Satins (10 000m)	针织内衣裤 （万件） Knitted Underwear (10 000pieces)	毛 线 （万公斤） Knitting Wool (10 000kg)	各种服装 （万件） Garments (10 000)	洗衣粉 （万吨） Washig Powder (10 000 tons)	缝纫机 （万架） Sewing Maching (10 000)
1952	309	455	47			1.61
1953	221	651	74			3.04
1954	262	627	67			2.65
1955	363	636	49			1.22
1956	346	990	68			0.84
1957	492	1 058	76			1.62
1958	388	1 331	104			1.28
1959	771	1 763	68			0.34
1960	891	1 785	74	431		3.19
1961	405	353	22	396	0.28	3.87
1962	378	404	55	343	0.38	2.18
1963	553	652	40	324	0.22	5.05
1964	474	929	48	537	0.27	5.35
1965	534	1 297	45	731	0.25	4.65
1966	572	1 226	40	893	0.25	6.54
1967	801	1 267	64	1 094	0.21	5.78
1968	720	962	43	930	0.22	10.32
1969	708	1 284	76	1 411	0.25	5.78
1970	757	1 421	121	1 333	0.27	11.66
1971	638	1 337	113	1 221	0.31	18.51
1972	811	1 491	168	1 602	0.36	15.80
1973	910	1 358	170	1 767	0.36	17.83
1974	950	1 586	185	1 980	0.48	19.17
1975	1 005	1 788	205	2 057	0.52	18.79
1976	1 046	1 904	212	2 128	0.58	17.05
1977	1 065	1 892	199	2 130	0.62	19.90
1978	1 135	2 083	276	2 514	0.79	21.89
1979	1 651	2 559	345	3 531	0.87	22.88
1980	2 029	2 883	392	4 240	0.78	24.93
1981	2 275	3 010	465	4 082	0.91	29.74
1982	2 096	2 877	421	4 024	1.05	37.84
1983	2 263	3 566	410	5 355	1.27	36.44
1984	2 665	3 535	497	6 202	1.70	45.42
1985	3 688	3 779	710	7 135	2.43	62.03
1986	3 259	3 605	787	6 415	3.15	38.70
1987	3 058	2 846	624	5 919	3.60	33.83
1988	3 784	2 823	659	5 849	3.82	21.07
1989	2 844	2 580	532	4 789	3.05	15.84
1990	2 821	2 320	271	4 007	2.19	7.49
1991	2 226	2 056	232	3 720	1.80	5.84
1992	2 148	1 804	215	4 069	1.60	3.97
1993	1 694	1 802	215	3 253	1.54	8.12
1994	1 962	2 196	200	3 594	1.35	7.59
1995	1 411	2 148	209	4 449	1.50	2.74
1996	1 407	2 678	161	4 941	1.43	1.90
1997	1 126	2 855	150	8 547	1.34	2.60
1998	757	3 068	119	8 615	1.18	1.90

表 21－44 续表 3 Continued

年 份 Year	手 表 (万只) Watches (10 000)	自行车 (万辆) Bicycles (10 000)	皮 鞋 (万双) Leather Shoes (10 000pairs)	电视机 (万台) TV Sets (10 000)	照相机 (万架) Cameras (10 000)	录音机 (万台) Recorders (10 000)	电冰箱 (万台) Refrigerator (10 000)	洗衣机 (万台) Washing Machines (10 000)
1952	5.90	1.36	96					
1953	7.58	1.70	145					
1954	6.70	1.69	89					
1955	8.21	1.32	76					
1956	17.00	1.75	125					
1957	11.74	2.15	129					
1958	8.81	2.32	105					
1959	7.27	3.86	134		0.52			
1960	5.90	8.10	243		1.06			
1961	8.40	5.54	341		0.83			
1962	7.16	1.28	159		0.67			
1963	7.04	2.93	180		0.13			
1964	9.33	5.52	107		0.44			
1965	13.91	7.36	105	0.16	0.55			
1966	18.17	9.14	112	0.12	0.75	0.09		
1967	13.96	10.54	152	0.12	0.36	0.10		
1968	13.60	8.50	223	0.01	0.41	0.15		
1969	25.75	13.00	282	0.04	0.53	0.03		
1970	29.15	11.90	263	0.05	0.72	0.05		
1971	36.18	14.35	296	0.04	0.51	0.01		
1972	53.50	24.69	415	0.12	0.33	0.02		
1973	59.74	19.88	558	0.80	0.27	0.05		
1974	74.51	20.26	623	2.10	0.35	0.08		
1975	80.83	22.77	721	2.47	1.10	0.22		
1976	92.66	20.08	788	5.32	2.04	0.47		
1977	107.08	24.77	880	4.86	2.65	0.75		
1978	118.65	24.98	987	7.61	2.26	1.13		
1979	171.10	25.85	1 190	21.56	3.18	8.00		
1980	209.42	30.10	1 309	33.53	4.94	14.89		
1981	196.84	41.99	1 253	40.48	8.43	18.87	0.66	1.87
1982	117.53	55.77	1 203	44.94	8.31	26.74	0.95	4.23
1983	88.50	58.04	1 364	38.92	9.78	29.90	1.60	8.15
1984	106.85	89.73	1 574	56.58	9.95	38.02	4.69	16.45
1985	170.95	115.85	1 691	105.20	17.72	58.62	21.06	42.64
1986	142.73	106.77	1 849	81.56	20.09	55.59	36.47	45.60
1987	175.47	104.16	2 054	55.93	21.67	54.23	31.75	52.00
1988	228.76	118.00	2 093	58.79	19.70	61.22	34.87	52.35
1989	174.75	122.42	1 853	57.86	14.27	47.58	34.44	24.31
1990	133.00	63.47	1 813	35.87	13.43	37.02	16.18	13.73
1991	126.30	54.43	1 784	34.44	11.19	43.49	18.57	15.57
1992	131.08	76.12	1 629	34.49	12.73	48.44	18.77	16.50
1993	150.57	98.39	1 678	44.75	16.36	56.92	22.39	19.44
1994	234.68	70.90	1 977	43.19	16.55	40.05	24.06	20.73
1995	229.15	67.26	1 852	47.14	23.35	41.19	27.32	27.92
1996	223.67	50.11	1 501	42.98	21.42	42.13	26.45	24.66
1997	186.69	52.90	1 606	53.69	21.52	42.99	27.48	28.81
1998	207.06	45.44	1 415	64.03	19.49	35.15	32.41	35.21

21－45　各级各类学校在校学生数

STUDENTS ENROLLMENT BY VARIOUS SCHOOLS

单位：万人　　(10 000 persons)

年 份 Year	高等学校 Institutions of Higher Education	中等学校 Secondary Schools	# 中等专业学校 Specialized Secondary Schools	# 普通中学 Regular Secondary Schools	小 学 Primary Schools	特殊教育学校 Special Education Schools	平均每万人口在校学生数(人) Students Enrollment Per 10 000 populations(person)			
							大学生 College and University	中专生 Special Secondary School	中学生 High School	小学生 Primary School
1952	2.23	18.90	1.80	17.10	91.17	0.07	26	21	222	1 072
1953	2.34	20.80	1.63	19.17	88.50	0.07	26	18	231	982
1954	2.74	25.00	1.86	23.14	95.04	0.07	29	19	261	992
1955	3.01	27.91	2.00	25.91	100.41	0.07	33	22	302	1 085
1956	3.99	35.90	2.64	33.26	114.37	0.09	42	28	381	1 214
1957	3.87	39.09	2.36	36.73	124.48	0.10	38	23	387	1 233
1958	4.58	46.28	3.71	39.32	155.13	0.14	46	37	463	1 553
1959	5.59	44.62	4.79	37.02	162.91	0.16	54	47	434	1 584
1960	6.34	49.73	6.71	38.85	179.16	0.18	60	64	471	1 696
1961	6.36	48.93	6.02	38.62	178.80	0.18	60	57	462	1 688
1962	5.86	51.03	3.84	44.65	175.94	0.17	55	36	482	1 663
1963	5.36	55.86	3.13	49.92	183.88	0.17	50	29	520	1 713
1964	5.29	66.42	2.89	58.77	199.17	0.18	49	27	611	1 834
1965	5.20	72.63	2.81	64.07	207.92	0.20	48	26	664	1 901
1966	5.27	54.86	0.27	54.59	202.60	0.20	48	2	501	1 849
1967	4.80	52.98	0.22	52.76	199.72	0.20	43	2	479	1 806
1968	2.86	57.52	0.08	57.44	192.44	0.19	26	1	519	1 735
1969	2.18	77.30	0.09	77.21	169.86	0.19	20	1	707	1 553
1970	0.38	71.60	0.06	71.54	164.59	0.21	4	1	668	1 535
1971	0.35	76.58	0.17	76.41	155.73	0.15	3	2	718	1 460
1972	0.81	103.81	0.10	103.71	163.52	0.16	8	1	967	1 537
1973	1.68	125.32	1.53	123.79	152.33	0.19	16	14	1 171	1 424
1974	2.51	115.11	0.75	114.36	138.23	0.20	23	7	1 072	1 287
1975	3.13	111.81	1.12	110.69	123.93	0.16	29	10	1 038	1 151
1976	3.36	113.26	0.69	112.57	104.83	0.15	31	6	1 047	969
1977	3.56	122.91	0.48	122.43	84.06	0.17	33	4	1 131	774
1978	5.06	101.81	1.55	100.26	87.06	0.18	46	14	913	793
1979	6.74	90.80	2.42	81.72	88.00	0.18	60	21	722	777
1980	7.67	71.68	2.81	62.71	85.47	0.18	67	24	547	746
1981	9.11	58.83	2.94	49.93	83.22	0.16	78	25	429	716
1982	8.39	61.69	3.30	53.53	78.88	0.16	71	28	453	668
1983	7.87	60.53	3.61	52.04	79.82	0.23	66	30	436	669
1984	8.99	61.01	4.48	49.18	83.47	0.21	75	37	408	693
1985	10.79	63.50	5.92	48.23	84.18	0.23	89	49	396	692
1986	11.77	64.82	6.86	48.31	86.56	0.25	95	56	392	702
1987	12.25	64.50	7.03	48.21	89.35	0.28	98	56	386	715
1988	12.82	61.21	6.52	45.68	98.39	0.30	102	52	362	779
1989	12.61	61.01	6.45	46.10	106.02	0.32	99	50	361	831
1990	12.13	62.59	6.17	48.31	110.19	0.33	94	48	376	859
1991	11.69	65.92	6.01	51.24	111.38	0.35	91	47	398	865
1992	11.95	70.84	6.41	54.77	113.37	0.38	93	50	425	879
1993	13.10	76.54	7.58	57.69	116.70	0.44	101	58	445	901
1994	14.04	87.24	9.23	65.56	113.98	0.52	108	71	504	877
1995	14.41	96.38	10.85	72.40	109.78	0.57	110	83	556	843
1996	14.79	99.97	9.95	76.23	106.46	0.62	113	76	584	816
1997	15.38	100.80	11.10	74.43	102.44	0.63	118	85	570	785
1998	16.51	102.52	12.38	73.85	96.14	0.52	126	95	565	736

注：1. 1978年中等学校合计数中未包括技工学校在校学生数。

Note: The total number of students of secondary schools of the years 1978 did not include the students of technical schools.

2. 特殊教育学校指盲聋哑学校及低能儿童辅导班。

Special education schools refer to the blind, deaf and deaf-mutes schools and classes for retarded children.

21－46 高等学校基本情况

BASIC STATISTICS OF INSTITUTIONS OF HIGHER EDUCATION

单位：人 (person)

年份 Year	学校(所) Institutions	毕业生数 Graduates	招生数 New Students Enrollment	在校学生 Students Enrollment	教职员工 Staff and Workers	#专任教师 Full-time Teachers
1952	17	5 804	7 065	22 302	6 207	2 592
1953	15	6 939	8 112	23 407	7 953	3 438
1954	16	5 709	10 107	27 366	8 476	3 683
1955	16	7 094	9 990	30 117	9 522	4 111
1956	20	6 320	17 185	39 859	13 641	5 967
1957	18	6 923	9 272	38 663	14 237	6 619
1958	20	6 647	15 984	45 840	13 589	6 015
1959	31	4 797	15 838	55 913	15 276	6 837
1960	39	9 910	18 522	63 435	21 843	8 296
1961	35	10 460	10 392	63 648	22 809	9 876
1962	34	12 730	8 835	58 575	22 457	10 078
1963	28	14 485	10 628	53 550	22 348	10 311
1964	25	11 655	11 534	52 886	22 901	9 806
1965	24	12 064	11 761	52 013	24 349	9 883
1966	24			52 744	24 633	11 014
1967	24	4 595		48 040	24 586	11 064
1968	24	18 981		28 613	24 571	11 114
1969	24	6 835		21 750	24 033	10 988
1970	24	21 220	3 180	3 755	23 510	10 957
1971	24	391	97	3 510	24 398	10 752
1972	16	307	4 723	8 065	22 991	10 412
1973	16	569	9 423	16 820	25 190	11 043
1974	16	2 410	10 762	25 145	26 688	11 748
1975	16	4 575	10 238	31 313	29 443	12 369
1976	16	9 170	10 770	33 633	31 901	12 671
1977	16	10 886	14 082	35 604	37 104	15 454
1978	45	9 932	24 731	50 584	39 481	16 309
1979	48	365	18 416	67 404	43 187	17 681
1980	49	11 780	20 610	76 731	46 800	18 624
1981	51	3 630	18 596	91 136	48 493	18 755
1982	51	26 610	19 928	83 918	52 356	20 510
1983	43	29 103	24 495	78 696	54 943	21 874
1984	45	18 353	29 818	89 879	58 084	22 169
1985	45	19 327	37 459	107 865	62 765	24 306
1986	48	23 907	34 326	117 664	66 860	25 664
1987	51	30 902	36 974	122 529	70 312	26 375
1988	51	30 581	37 572	128 163	71 353	26 603
1989	51	32 520	31 777	126 091	71 484	26 529
1990	50	34 585	32 352	121 251	70 565	25 788
1991	50	33 943	32 609	116 925	69 599	24 501
1992	50	33 246	37 458	119 532	69 505	23 866
1993	49	31 584	43 643	131 034	68 304	22 841
1994	46	31 771	41 830	140 396	67 501	21 863
1995	45	39 568	44 341	144 082	65 764	21 522
1996	41	39 043	43 841	147 926	63 988	21 018
1997	39	38 961	45 102	153 804	62 555	20 106
1998	40	36 203	48 845	165 123	62 145	20 071

注：学生数未包括研究生数。
Note: Postgraduates are not included in the total number of students enrollment.

21－47 中等技术专业学校基本情况

BASIC STATISTICS OF SPECIALIZED SECONDARY TECHNICAL SCHOOLS

单位：人 (person)

年 份 Year	学校(所) Institutions	毕业生数 Graduates	招生数 New Students Enrollment	在校学生 Students Enrollment	教职员工 Staff and Workers	#专任教师 Full-time Teachers
1952	30	2 315	8 757	16 008	1 849	788
1953	28	3 722	4 505	13 425	2 537	896
1954	28	3 714	4 136	15 292	2 882	846
1955	25	3 669	3 323	16 268	3 271	1 277
1956	27	5 116	10 732	20 572	4 403	1 833
1957	29	5 022	932	17 616	4 674	1 947
1958	92	2 646	15 092	29 323	4 651	1 766
1959	95	5 593	14 393	37 583	6 493	2 337
1960	147	7 222	25 117	54 282	9 733	3 856
1961	117	7 993	11 031	48 596	8 950	4 458
1962	56	11 506	3 738	33 090	6 877	3 370
1963	48	9 316	7 849	28 359	7 593	3 229
1964	47	9 394	7 589	26 862	7 797	3 185
1965	46	6 771	6 637	25 694	5 853	2 838
1973	47	3 649	4 050	13 150	1 114	617
1974	63	5 985	816	5 303	1 413	658
1975	65	494	3 317	8 564	1 648	929
1976	65	4 342	1 269	4 668	1 434	512
1977	43	3 266	3 158	3 857	1 714	933
1978	67	251	8 896	12 876	5 574	2 310
1979	72	128	8 947	18 963	6 824	2 870
1980	74	1 994	8 679	25 608	7 161	3 311
1981	75	8 841	8 079	24 654	7 730	3 490
1982	77	7 829	9 225	25 899	9 316	4 222
1983	83	9 088	10 384	27 814	10 559	4 863
1984	84	8 903	14 660	34 571	10 169	4 692
1985	101	8 669	19 042	44 852	11 982	5 095
1986	103	12 277	17 765	50 581	12 151	5 747
1987	105	14 806	16 013	50 960	13 559	5 875
1988	104	16 521	15 797	49 233	13 755	5 931
1989	102	15 126	17 218	51 288	13 442	5 781
1990	99	15 033	16 249	51 076	13 245	5 668
1991	95	16 101	16 729	50 720	12 944	5 459
1992	92	15 710	21 637	54 451	13 226	5 406
1993	90	14 359	27 254	66 148	13 414	5 560
1994	89	14 477	34 356	83 243	13 199	5 558
1995	89	19 754	38 440	99 609	14 349	5 557
1996	88	18 166	31 059	93 242	13 886	5 443
1997	88	21 006	36 216	106 549	13 467	5 285
1998	85	25 084	42 047	121 523	13 144	5 238

21－48 中等师范学校基本情况
BASIC STATISTICS OF SECONDARY TEACHER TRAINING SCHOOLS

单位：人 (person)

年 份 Year	学校(所) Schools	毕业生数 Grauates	招生数 New Students Enrollment	在校学生 Students Enrollment	教职员工 Staff and Workers	#专任教师 Full-time Teachers
1952	2	109	1 181	2 004	262	130
1953	4	245	1 104	2 874	348	170
1954	4	560	1 054	3 353	402	197
1955	4	1 168	1 595	3 738	397	199
1956	5	1 163	3 179	5 826	549	307
1957	5	1 054	1 256	5 986	655	345
1958	15	1 930	2 944	7 780	754	401
1959	26	3 043	5 941	10 293	1 039	575
1960	25	1 518	5 055	12 823	1 239	674
1961	21	2 379	2 013	11 610	1 309	728
1962	9	4 588	246	5 289	675	361
1963	5	2 651	803	2 974	438	246
1964	5	1 676	811	1 991	444	249
1965	5	844	1 096	2 442	441	236
1966	5	465	323	2 749	447	253
1967	5	966		2 179	443	251
1968	5	1 072		790	441	253
1969	4	202		924	432	247
1970	4	327		562	339	201
1971	4		1 351	1 746	329	194
1972	4	1 746	60	1 046	378	236
1973	4		1 990	2 150	395	249
1974	4		485	2 150	430	284
1975	4	528	880	2 665	449	273
1976	4	2 530	1 659	2 224	520	295
1977	4	1 659		928	528	319
1978	4		2 623	2 621	558	339
1979	4		1 192	5 230	559	333
1980	4	4 030	1 275	2 465	608	367
1981	5	706	2 971	4 765	614	368
1982	9	913	3 211	7 075	955	528
1983	9	1 983	3 253	8 335	1 285	741
1984	11	2 625	4 595	10 247	1 371	726
1985	13	2 778	6 607	14 373	1 634	893
1986	13	2 001	5 724	18 015	1 828	1 134
1987	11	4 307	5 810	19 299	2 282	1 370
1988	11	7 577	4 242	16 011	2 022	1 175
1989	11	5 467	2 820	13 167	1 659	919
1990	11	5 304	2 821	10 585	1 683	925
1991	11	4 063	2 950	9 372	1 687	914
1992	11	2 893	2 936	9 698	1 722	893
1993	11	2 955	2 968	9 653	1 608	850
1994	11	2 766	2 426	9 057	1 556	826
1995	11	2 847	2 804	8 912	1 566	815
1996	11	3 474	983	6 228	1 443	730
1997	10	1 873	479	4 416	1 332	671
1998	2	2 188	867	2 315	454	230

21－49 普通中学基本情况
BASIC STATISTICS OF REGULAR SECONDARY SCHOOLS

单位：万人 (10 000 persons)

年 份 Year	学校(所) Schools	毕业生数 Graduates	招生数 New Students Enrollment	在校学生 Students Enrollment	教职员工 Staff and Workers	# 专任教师 Full-time Teachers
1952	247	2.16	7.22	17.1	0.96	0.57
1953	237	2.87	4.87	19.17	1.08	0.63
1954	254	3.90	8.00	23.14	1.35	0.80
1955	258	5.70	8.72	25.91	1.41	0.85
1956	269	5.69	11.03	33.26	1.88	1.20
1957	340	8.02	11.68	36.73	2.24	1.46
1958	417	9.44	14.25	39.32	2.31	1.51
1959	399	9.97	12.78	37.02	2.41	1.55
1960	431	10.79	15.00	38.85	2.57	1.66
1961	411	10.67	13.51	38.62	2.77	1.82
1962	495	10.08	18.02	44.65	3.02	2.05
1963	521	11.59	19.25	49.92	3.43	2.35
1964	508	11.81	23.47	58.77	3.85	2.68
1965	519	15.45	18.62	64.07	4.22	2.94
1966	939	18.30	2.33	54.59	4.64	3.37
1967	957	25.12	23.51	52.76	4.79	3.50
1968	1 062	25.56	30.68	57.44	5.17	3.78
1969	1 150	24.46	45.60	77.21	5.54	4.14
1970	1 184		20.17	71.54	6.04	4.49
1971	925	24.38	35.92	76.41	6.23	4.86
1972	941	45.16	44.96	103.71	6.42	4.89
1973	964	34.20	33.46	123.79	6.84	5.17
1974	950	19.41	33.87	114.36	7.04	5.30
1975	960	39.99	37.07	110.69	7.24	5.20
1976	1 056	39.93	42.61	112.57	7.57	5.40
1977	1 189	22.05	41.09	122.43	8.15	5.82
1978	1 087	30.29	40.75	100.26	8.07	5.70
1979	1 024	33.92	25.89	81.72	7.90	5.35
1980	986	31.68	20.34	62.71	7.85	5.09
1981	939	24.08	19.30	49.93	7.58	4.75
1982	916	11.01	19.32	53.53	7.48	4.71
1983	900	12.84	16.29	52.04	7.14	4.59
1984	868	14.10	14.76	49.18	6.99	4.33
1985	844	16.13	17.14	48.23	6.64	4.10
1986	806	13.87	16.00	48.31	6.56	4.03
1987	777	13.12	15.49	48.21	6.51	4.07
1988	741	14.75	15.07	45.68	6.59	4.13
1989	720	13.56	16.18	46.10	6.63	4.13
1990	712	13.36	17.09	48.31	6.62	4.13
1991	705	13.43	17.95	51.24	6.71	4.20
1992	711	14.69	19.53	54.77	6.77	4.18
1993	729	15.53	19.87	57.69	6.84	4.24
1994	741	16.65	25.53	65.56	7.00	4.43
1995	756	18.38	25.94	72.40	7.22	4.65
1996	784	19.14	23.98	76.23	7.38	4.81
1997	812	24.46	23.70	74.43	7.49	4.87
1998	846	25.05	25.67	73.85	7.58	4.93

21－50 小学基本情况
BASIC STATISTICS OF PRIMARY SCHOOLS

单位：万人 (10 000 persons)

年 份 Year	学校(所) Schools	毕业生数 Graduates	招生数 New Students Enrollment	在校学生 Students Enrollment	教职员工 Staff and Workers	#专任教师 Full-time Teachers
1952	4 276	4.59	11.42	91.17	2.95	2.52
1953	3 924	5.38	5.83	88.50	2.96	2.46
1954	3 792	6.79	12.48	95.04	3.03	2.56
1955	3 703	7.57	12.92	100.41	3.13	2.68
1956	3 344	8.98	18.92	114.37	3.47	2.98
1957	3 497	9.82	17.54	124.48	4.04	3.51
1958	5 942	13.55	45.35	155.13	4.64	3.73
1959	5 596	11.15	25.41	162.91	5.11	4.19
1960	5 475	15.44	35.49	179.16	5.71	4.71
1961	5 423	16.41	29.84	178.80	5.98	4.92
1962	5 328	19.67	31.83	175.94	5.90	4.89
1963	5 301	19.22	34.82	183.88	6.15	5.13
1964	6 098	26.89	40.60	199.17	6.48	5.45
1965	5 228	24.08	39.35	207.92	6.00	5.54
1966	5 366	27.63	31.02	202.60	6.82	6.26
1967	5 400	29.56	29.94	199.72	6.94	6.38
1968	5 267	32.63	26.70	192.44	7.10	6.52
1969	5 133	35.65	14.00	169.86	7.22	6.60
1970	5 051	12.60	31.13	164.59	7.13	6.52
1971	4 710	23.59	34.72	155.73	7.14	6.57
1972	4 738	28.06	21.25	163.52	7.02	6.24
1973	4 652	27.88	18.61	152.33	7.00	5.99
1974	4 494	27.77	15.44	138.23	6.86	6.04
1975	4 372	30.66	17.25	123.93	6.57	5.53
1976	4 185	35.28	17.77	104.83	6.37	5.36
1977	4 036	35.86	17.22	84.06	5.97	4.73
1978	3 641	16.35	20.92	87.06	6.19	4.92
1979	3 475	10.78	13.84	88.00	6.06	4.60
1980	3 356	12.65	12.40	85.47	6.34	4.70
1981	3 359	13.25	12.01	83.22	6.52	4.84
1982	3 328	14.36	12.36	78.88	6.55	4.88
1983	3 282	10.86	13.47	79.82	6.35	4.87
1984	3 239	9.79	14.18	83.48	6.43	4.85
1985	3 147	13.09	14.81	84.18	6.45	4.97
1986	3 056	12.56	15.88	86.56	6.53	5.05
1987	2 968	12.33	15.90	89.35	6.61	5.23
1988	2 871	12.14	21.85	98.39	7.00	5.61
1989	2 761	12.93	20.93	106.02	7.27	5.73
1990	2 630	13.66	18.14	110.19	7.48	5.88
1991	2 493	14.51	16.07	111.38	7.51	5.82
1992	2 279	15.77	17.84	113.37	7.48	5.26
1993	2 122	15.91	19.37	116.20	7.38	5.64
1994	1 962	21.33	18.46	113.98	7.29	5.50
1995	1 807	21.02	17.09	109.78	7.16	5.45
1996	1 671	18.83	15.66	106.46	7.07	5.33
1997	1 533	16.48	12.46	102.44	6.92	5.18
1998	1 382	17.66	11.39	96.14	6.67	4.96

21－51 幼儿园、特殊教育学校基本情况
BASIC STATISTICS OF KINDER GARDENS AND SPECIAL EDUCATION SCHOOLS

年 份 Year	幼儿园 (万人) Kinder-gartens (10 000 persons)				特殊教育学校 (人) Special Eduation (person)					
	幼儿园(所) Kinder-gardens	幼儿数 Children Enrollment	教职员工 Staff and Workers	# 教师 Teachers	学校数(所) Schools	毕业生数 Graduates	招生数 New Students Enrollment	在校学生 Students Enrollment	教职员工 Staff and Workers	# 专任教师 Full-time Teachers
1952	1 047	8.19	0.25	0.20	9			686	112	68
1953	923	7.92	0.28	0.21	8			669	115	71
1954	915	8.16	0.42	0.26	8	63		655	126	81
1955	946	8.11	0.49	0.29	7	47		692	134	84
1956	1 118	9.65	0.69	0.40	7	89		873	161	105
1957	1 453	11.37	0.91	0.56	7	18	138	988	192	136
1958	4 293	26.48	1.56	1.08	10	80	369	1 442	208	127
1959	4 953	24.64	2.06	1.27	12	130	331	1 608	244	144
1960	8 019	45.87	3.58	2.83	13	100	355	1 817	296	176
1961	2 188	23.70	2.38	1.04	13	134	254	1 783	324	182
1962	1 578	14.80	1.67	1.14	12	160	249	1 697	267	164
1963	1 452	14.38	1.61	1.09	12	180	299	1 697	270	170
1964	1 431	14.44	1.57	1.08	13	217	376	1 794	277	177
1965	1 474	14.99	1.42	0.98	13	148		2 033	305	199
1966	683	11.27	0.83	0.58	13	175	390	1 982	318	236
1967	690	11.36	0.82	0.59	13	175	257	1 954	317	232
1968	690	11.86	0.82	0.57	13	275	215	1 945	319	234
1969	688	11.10	0.80	0.59	13	132	164	1 917	330	333
1970	692	10.94	0.80	0.51	13	194	178	2 133	352	365
1971	1 090	10.03	0.96	0.59	10	19	151	1 305	207	176
1972	1 057	10.79	0.94	0.58	11		115	1 576	280	207
1973	1 515	12.82	1.21	0.81	7	98	237	1 866	332	262
1974	2 169	16.53	1.29	0.89	13	202	190	2 034	357	225
1975	2 242	19.20	1.63	1.19	13	202	104	1 627	396	216
1976	3 501	23.71	1.98	1.49	14	129	205	1 532	476	277
1977	3 489	21.63	1.91	1.42	19	152	276	1 720	545	317
1978	3 843	22.88	2.20	1.49	19	186	347	1 764	541	338
1979	4 017	26.85	2.38	1.55	20	78	254	1 772	615	356
1980	4 599	26.30	2.24	1.57	20	195	271	1 812	621	358
1981	4 522	28.45	2.42	1.65	21	418	405	1 645	727	441
1982	4 664	30.67	2.57	1.75	21	209	225	1 586	749	452
1983	4 841	32.68	2.78	1.87	21	85	250	2 252	805	492
1984	4 961	34.56	2.81	2.01	21	211	277	2 148	839	514
1985	4 952	38.05	3.81	2.25	21	195	471	2 312	881	523
1986	5 630	46.18	3.93	2.55	22	323	463	2 484	938	568
1987	5 822	49.66	4.18	2.76	25	110	501	2 768	955	580
1988	5 631	45.69	4.32	2.83	28	247	570	2 986	1 030	643
1989	5 206	41.81	4.18	2.77	28	293	582	3 167	1 091	653
1990	4 774	41.75	4.35	2.79	29	237	561	3 341	1 053	613
1991	4 442	44.39	3.81	2.55	29	271	603	3 494	1 172	680
1992	4 315	43.38	3.82	2.59	33	306	854	3 820	1 240	720
1993	3 929	39.31	3.97	2.54	36	302	864	4 365	1 267	729
1994	3 422	34.61	3.42	2.18	36	355	1 476	5 161	1 347	770
1995	3 115	30.76	3.08	1.98	39	363	1 140	5 728	1 434	841
1996	2 576	26.82	2.95	1.83	39	620	910	6 164	1 512	929
1997	2 195	25.72	2.79	1.73	38	749	793	6 313	1 512	914
1998	1 947	24.91	2.60	1.60	36	656	722	5 168	1 580	953

21－52 文化事业单位数

CULTURAL UNDERTAKINGS

单位：个

年 份 Year	电影放映单位 Film Projection Units	#影、剧院 Cinemas and Theatres	剧 院 Theatres	书 场 Storytelling Places	艺术表演团体 Art Performance Troupes
1952	132	40	96	103	
1953	148	45	97	122	
1954	145	49	96	131	
1955	165	53	92	59	
1956	171	57	73	25	
1957	178	56	73	25	196
1958	223	63	88	21	65
1959	289	71	91	21	76
1960	344	75	89	18	77
1961	418	82	92	20	78
1962	397	78	85	17	75
1963	357	78	59	15	75
1964	347	83	76	14	
1965	377	86	68	15	
1966	414	87	53	4	
1967	422	87	31	4	
1968	422	87	31	4	
1969	422	88	31	4	
1970	422	88	31	4	15
1971	410	79	31	4	15
1972	434	89	29	4	15
1973	463	89	28	4	15
1974	622	92	28	4	12
1975	844	97	28	4	10
1976	909	99	28	4	
1977	825	106	28	4	
1978	803	109	26	4	17
1979	799	115	32	5	17
1980	770	119	43	6	48
1981	804	127	56	6	49
1982	815	134	48	6	46
1983	822	140	49	8	46
1984	815	146	48	8	44
1985	847	156	47	8	44
1986	859	169	49	9	42
1987	890	199	48	8	42
1988	734	215	50	8	40
1989	579	213	49	8	37
1990	577	211	46	8	38
1991	548	229	47	9	38
1992	530	249	47	9	37
1993	462	254	40	9	34
1994	462	254	39	8	35
1995	452	249	35	7	31
1996	488	280	38	7	31
1997	466	263	38	7	31
1998	445	242	39	5	29

注：影剧院包括电影院、影剧院和开放礼堂俱乐部；剧院包括剧场、影剧院、杂技场、音乐厅。
Note: Cinemas and theatres include cinemas,theatres and opening clubs.Theatres include acrobatic grounds and music halls.

21－53 图书馆、博物馆及文化馆情况

LIBRARIES, MUSEUMS AND CULTURE CENTERS

年 份 Year	公共图书馆 Public Libraries			博物馆、纪念馆 Museums and Memorial Halls		群艺馆、文化馆(个)
	个数(个) Libraries (unit)	总藏量(万册) Collection (10 000 books)	读者人数(万人次) Readers (10 000 person-times)	个数(个) Institu- tions(unit)	参观人数(万人次) Visitors (10 000 person-times)	Mass Art Centers and Culture Centers (unit)
1952	16	164	324	3	8	2
1953	13	241	453	3	30	9
1954	11	291	396	3	35	7
1955	9	331	328	4	44	7
1956	20	409	405	5	90	8
1957	21	449	570	10	67	8
1958	21	546	1 225	10	252	17
1959	26	714	2 037	18	385	23
1960	25	770	525	17	535	23
1961	24	752	518	18	325	22
1962	24	793	454	11	312	22
1963	24	801	532	11	331	22
1964	24			10		20
1965	24			10		20
1966	14	619	76	5	67	20
1967	4	600	2	3	8	19
1968	4	599	2	3	22	19
1969	4	599	5	3	11	15
1970	4	600	7	3	23	15
1971	4	602	28	3	42	16
1972	4	604	35	3	98	17
1973	11	706	113	3	120	20
1974	11	716	159	3	155	20
1975	11	731	163	3	128	20
1976	12	767	173	3	144	20
1977	13	941	290	5	73	20
1978	23	1 064	422	6	56	24
1979	23	1 107	455	8	66	23
1980	23	1 138	544	7	72	24
1981	23	1 163	638	7	75	24
1982	23	1 236	697	8	72	25
1983	40	1 814	814	8	102	42
1984	45	1 356	852	8	83	42
1985	46	1 430	797	8	98	43
1986	49	1 477	743	10	42	47
1987	50	1 519	704	10	70	47
1988	54	1 531	594	10	60	50
1989	52	1 545	691	10	69	49
1990	51	1 586	659	10	53	49
1991	31	1 803	748	10	78	41
1992	31	1 642	759	12	59	43
1993	31	1 572	702	12	60	43
1994	31	1 572	663	12	51	43
1995	31	1 586	687	12	74	43
1996	32	1 653	879	12	186	46
1997	32	4 780	1 103	12	171	47
1998	32	4 809	1 170	11	150	46

注: 1.从1983年起,图书馆及文化馆数包括分馆数。
Note: Since 1983, the number of libraries and culture centers covers branch units.
2.博物馆、纪念馆参观人数中未包括自然博物馆的数字。
The number of visitors to the natural museum are not included in the number of vistors to museums and memorial halls.
3.从1991年起,图书馆及文化馆数只统计独立核算单位。
Since 1991, statistics for libraries and culture centers only cover the units with independent accounting systems.
4.从1991年起,公共图书馆藏量中增加了缩微制品和视听文献等。
Since 1991, microdocuments and audio-visual documents have been added to the library collection.

21－54 报纸、杂志、图书出版情况
PUBLICATION OF NEWSPAPER, MAGAZINES AND BOOKS

年份 Year	图书 Books		杂志 Magazines		报纸 Newspaper	
	出版种数（种）Number of Publications	总印数（万册、张）Total Printed (10 000 copies)	出版种数（种）Number of Publications	总印数（万册、份）Total Printed (10 000 copies)	每期平均印数（万份）Average Publication/Issue (10 000 copies)	总印数（万份）Total Printed (10 000 copies)
1952	6 298	18 344	48	2 727	62.8	16 752
1953	8 380	24 868	29	1 661	70.5	18 796
1954	6 594	26 396	27	2 410	64.7	18 563
1955	5 711	29 491	27	3 307	63.7	16 849
1956	6 175	49 044	35	4 095	80.0	18 652
1957	6 212	32 944	49	3 665	87.0	24 158
1958	8 624	49 261	58	4 503	96.6	25 258
1959	6 874	27 975	52	6 734	118.8	28 019
1960	4 541	19 105	13	4 401	129.0	26 583
1961	2 872	13 944	21	4 082	85.3	18 548
1962	3 313	19 401	24	3 511	73.5	15 597
1963	3 221	24 579	38	3 764	84.0	18 192
1964	3 156	25 317	56	5 593	114.1	24 900
1965	3 238	29 649	58	7 260	139.6	30 255
1966	1 786	36 481	51	7 008	161.0	34 647
1967	319	45 914			132.9	42 438
1968	273	18 537			139.8	51 085
1969	16	4 715			132.1	48 201
1970	180	20 359			128.5	46 894
1971	392	27 929			135.4	49 434
1972	829	28 105	1	1 018	221.8	58 842
1973	1 239	34 591	1	1 027	188.6	43 939
1974	1 475	37 257	12	2 959	235.3	61 360
1975	1 638	34 688	23	3 437	225.3	61 717
1976	1 485	30 381	32	4 035	220.8	62 503
1977	1 332	32 652	33	2 678	211.6	58 727
1978	1 666	39 206	42	4 710	257.1	64 063
1979	2 040	45 815	90	7 278	348.8	73 249
1980	2 338	56 207	126	12 209	464.3	85 520
1981	2 801	60 149	266	20 331	640.0	102 780
1982	3 395	60 652	308	23 069	936.2	149 290
1983	3 653	46 510	349	25 144	1 185.2	181 289
1984	3 848	53 727	402	31 018	1 429.3	196 328
1985	4 176	49 598	491	34 503	1 656.0	195 383
1986	4 531	36 567	541	30 344	1 750.3	199 406
1987	5 103	42 624	546	31 324	2 002.6	224 511
1988	5 538	43 285	535	26 620	1 957.6	213 758
1989	6 765	32 843	527	18 609	1 476.8	158 545
1990	7 767	29 849	522	17 314	1 509.6	161 575
1991	8 141	31 097	504	17 939	1 506.0	184 792
1992	8 095	27 512	527	18 424	1 506.0	247 625
1993	7 721	22 599	535	18 187	1 506.3	322 744
1994	7 812	235 439	556	17 232	1 368.9	304 322
1995	8 338	24 438	565	17 846	1 357.9	190 372
1996	9 234	27 899	582	16 587	1 356.5	189 300
1997	9 928	27 023	587	16 623	1 397.0	193 431
1998	10 718	28 345	591	16 503	1 440.9	197 344

21－55 卫生机构数

HEALTH CARE INSTITUTIONS

单位：个

年 份 Year	合 计 Total	医 院 Hospital	疗养院、所 Sanatoriums	门诊部、所 Clinics	专科防治所、站 Specialized Stations	卫生防疫站 Sanitation and Disease Control Stations	妇幼保健所、站 Maternity and Child Care Centers	医学科研机构 Medical Science Research Institutions	高、中等医药院校 Medical Institutions of Higher Education and Seconary Medical Schools
1952	1 035	127	12	767	8	31	67		
1953	1 193	133	32	834	12	34	117		
1954	1 322	127	91	865	12	33	127		
1955	1 516	126	128	883	15	33	135		
1956	1 637	111	124	942	20	21	157		
1957	1 876	108	146	1 391	21	20	166	1	
1958	3 023	336	116	1 780	80	22	126	7	
1959	2 925	283	108	1 914	68	22	86	3	
1960	3 695	333	90	2 606	49	20	40	5	
1961	2 904	336	88	2 235	47	19	31	8	
1962	2 667	335	109	2 073	45	19	31	9	
1963	2 821	341	103	2 207	57	19	33	12	
1964	2 949	341	82	2 367	49	18	30	12	
1965	2 992	340	75	2 417	50	18	28	14	
1966	2 270	346	76	1 675	39	18	28	12	14
1967	2 208	348	76	1 621	40	18	28	12	15
1968	2 204	315	76	1 655	40	18	28	12	14
1969	2 147	314	76	1 650	29	22	8	12	14
1970	1 821	341	27	1 362	20	23	1	12	11
1971	1 819	346	24	1 356	20	23	2	12	11
1972	2 597	358	34	2 104	35	22		7	14
1973	2 893	373	29	2 371	36	24	4	8	14
1974	3 138	385	27	2 589	35	26	6	8	13
1975	3 736	389	53	3 145	46	30	5	8	25
1976	3 662	393	55	3 059	54	30	5	8	25
1977	5 114	382	56	4 521	52	31	10	8	26
1978	4 823	388	53	4 195	52	31	21	11	37
1979	5 627	394	61	4 971	50	32	22	26	35
1980	6 067	399	62	5 397	49	35	21	15	36
1981	6 337	403	70	5 651	45	34	21	17	36
1982	6 445	408	70	5 756	44	34	22	16	35
1983	6 451	415	67	5 761	44	34	22	16	35
1984	6 318	420	63	5 626	42	35	23	16	35
1985	7 245	405	50	6 567	45	32	22	16	37
1986	7 306	419	47	6 610	47	32	22	17	38
1987	7 330	431	55	6 611	46	32	22	17	38
1988	7 471	444	46	6 738	42	32	24	17	39
1989	7 550	460	41	6 810	43	33	23	17	35
1990	7 690	462	40	6 947	41	33	23	17	33
1991	7 554	463	37	6 817	41	33	23	17	34
1992	7 363	454	31	6 644	40	33	23	17	32
1993	6 077	486	18	5 377	34	35	13	18	33
1994	5 606	497	13	4 909	32	33	12	17	32
1995	5 286	485	13	4 604	32	33	12	17	29
1996	5 200	477	4	4 537	29	33	12	17	29
1997	5 028	474	4	4 367	30	33	12	17	28
1998	4 637	473	4	3 988	24	33	11	15	26

注：1996年始，没有保健功能的疗养院、所列入门诊部、所之内。

Note: Since 1996, the sanatoriums without health care services are classified into clinics.

21－56 卫生机构人员数和床位数

PERSONNEL OF HEALTH CARE INSTITUTIONS AND HOSPITAL BEDS

年 份 Year	卫生机构人员(万人) Personnel of Health Care Institution (10 000 persons)	#卫 生技术人员 Medical Profess-ionals	#中 医 Traditional Chinese Medicine	#西医师 Western Medicine Senior	#西医士 Western Medicine Junior	#护师、护士 Senior and Junior Nurses	床位数(万张) Hospi-tal Beds (10 000)	医 院 In Hos-pitals	疗养院、所 In Sanato-riums	其 他 卫生机构 In Other Health Care Institutions
1952	2.77	1.88	0.33	0.39	0.01	0.39	1.48	1.40	0.08	
1953	3.24	2.16	0.30	0.43	0.02	0.47	1.76	1.56	0.16	0.04
1954	3.48	2.33	0.28	0.48	0.02	0.56	2.18	1.67	0.34	0.17
1955	3.82	2.58	0.27	0.49	0.04	0.67	2.40	1.71	0.43	0.26
1956	4.04	2.66	0.29	0.54	0.07	0.71	2.32	1.70	0.48	0.14
1957	4.50	3.04	0.30	0.60	0.11	0.80	2.53	1.80	0.55	0.18
1958	5.09	3.66	0.49	0.61	0.17	0.85	3.69	2.65	0.53	0.51
1959	5.34	3.80	0.48	0.64	0.20	0.93	3.76	2.70	0.58	0.48
1960	5.35	3.89	0.49	0.66	0.20	0.96	4.13	3.10	0.57	0.46
1961	5.71	4.21	0.50	0.69	0.29	1.20	4.01	3.06	0.61	0.34
1962	5.58	4.12	0.50	0.74	0.28	1.22	3.73	2.91	0.55	0.27
1963	6.02	4.54	0.51	0.87	0.34	1.39	3.86	3.04	0.53	0.29
1964	6.30	4.74	0.52	0.91	0.41	1.45	3.88	3.14	0.45	0.29
1965	6.53	4.90	0.54	0.97	0.42	1.47	3.92	3.17	0.43	0.32
1966	6.83	4.83	0.38	1.02	0.39	1.63	4.28	3.34	0.44	0.50
1967	6.96	4.93	0.44	1.03	0.41	1.61	4.34	3.44	0.44	0.46
1968	7.08	5.01	0.41	1.03	0.45	1.68	4.32	3.39	0.45	0.48
1969	7.00	4.98	0.42	1.02	0.45	1.62	4.19	3.38	0.43	0.38
1970	6.81	4.87	0.38	1.01	0.49	1.56	4.38	3.90	0.16	0.32
1971	7.03	4.90	0.41	1.02	0.47	1.72	4.40	3.91	0.12	0.37
1972	7.84	5.32	0.41	1.01	0.60	1.89	4.77	4.09	0.34	0.34
1973	8.50	5.88	0.42	1.04	0.66	2.00	5.05	4.34	0.21	0.50
1974	9.41	6.74	0.45	1.06	0.98	2.17	5.22	4.56	0.19	0.47
1975	9.87	6.97	0.46	1.14	1.18	2.11	5.40	4.69	0.28	0.43
1976	10.55	7.38	0.48	1.17	1.32	2.15	5.55	4.78	0.29	0.48
1977	11.54	8.22	0.53	1.23	1.46	2.07	5.53	4.70	0.29	0.54
1978	11.91	8.50	0.61	1.36	1.39	2.23	5.47	4.68	0.30	0.49
1979	12.60	8.88	0.58	1.63	1.38	2.12	5.56	4.78	0.34	0.44
1980	13.19	9.41	0.64	1.76	1.53	2.24	5.80	4.94	0.42	0.44
1981	13.49	9.57	0.68	1.79	1.90	2.22	5.84	4.99	0.47	0.38
1982	13.88	9.88	0.68	1.93	2.11	2.29	5.43	5.11	0.46	0.36
1983	14.09	10.09	0.70	2.05	2.12	2.35	6.00	5.20	0.45	0.35
1984	14.35	10.24	0.70	2.11	2.04	2.44	6.16	5.34	0.47	0.35
1985	14.36	10.42	0.68	2.15	2.02	2.51	6.02	5.32	0.30	0.40
1986	14.74	10.71	0.70	2.21	2.00	2.66	6.22	5.47	0.30	0.45
1987	15.15	11.00	0.69	2.35	2.01	2.81	6.38	5.60	0.37	0.41
1988	15.49	11.46	0.69	3.19	1.52	3.00	6.29	5.89	0.38	0.52
1989	15.68	11.65	0.68	3.62	1.43	3.15	6.87	6.04	0.31	0.52
1990	15.85	11.84	0.67	3.68	1.47	3.27	6.96	6.21	0.32	0.43
1991	15.97	11.92	0.67	3.84	1.37	3.38	7.01	6.31	0.31	0.39
1992	15.93	11.82	0.67	3.86	1.34	3.39	7.07	6.42	0.28	0.37
1993	15.67	11.53	0.64	3.91	1.19	3.37	7.12	6.75	0.19	0.18
1994	15.33	11.20	0.62	3.92	0.98	3.35	7.20	6.81	0.17	0.22
1995	15.15	11.06	0.61	3.89	0.87	3.40	7.10	6.69	0.16	0.25
1996	15.04	10.95	0.58	3.85	0.79	3.45	7.00	6.73	0.05	0.22
1997	15.02	10.89	0.57	3.81	0.74	3.48	7.00	6.78	0.02	0.20
1998	14.94	10.84	0.53	3.77	0.72	3.57	7.01	6.83	0.02	0.16

注：1. 从1985年起卫生机构人员数、床位数不包括设在外省市的后方基地资料。

Note: Since 1985 the personnel and the beds of rear bases set up outside city, have been excluded from this table.

2. 其他卫生机构包括门诊部、专科防治所、卫生防疫站、妇幼保健站、医学科研机构等。

Other health care institutions indule clinics, specialized prevention and health institutions, sanitation and antiepidemic stations,health centers for women and children and medical research institutions.

21－57　县及县以上医院病床使用情况

UTILIZATION OF HOSPITAL BEDS AT COUNTY LEVEL AND ABOVE

年　份 Year	病床周转次数 (次) Turnover of Beds (time)	病床工作日 (日) Beds in Use (day)	病床使用率 (%) Utilization Rate	出院者平均住院日 (日) Average Hospitalization Period (day)
1953	22.8	298.9	81.9	
1954	23.9	296.2	81.2	12.3
1955	24.3	299.5	82.1	12.4
1956	23.9	315.1	86.1	12.8
1957	25.1	319.2	87.4	12.7
1958	27.6	315.9	86.5	11.1
1959	25.7	317.0	86.8	11.6
1960	23.3	305.6	83.5	13.2
1961	21.3	293.7	80.5	13.5
1962	19.8	279.1	76.5	13.7
1963	20.4	286.1	78.4	13.7
1964	21.0	304.5	83.2	14.9
1965	20.7	307.7	84.3	14.7
1974	14.3	292.6	80.2	19.8
1975	14.2	287.7	78.8	20.0
1976	13.6	281.2	76.8	20.2
1977	13.7	276.9	75.9	20.2
1978	14.0	276.3	75.7	19.7
1979	14.6	287.8	78.9	19.0
1980	15.2	306.1	83.6	20.2
1981	15.4	303.4	83.1	19.3
1982	15.9	305.0	83.6	19.1
1983	15.5	304.7	83.5	19.4
1984	15.2	307.3	84.0	20.3
1985	14.8	316.9	86.8	21.7
1986	15.0	321.2	88.0	21.0
1987	15.3	350.4	90.6	20.9
1988	15.6	349.7	95.8	21.6
1989	14.2	332.2	91.0	22.7
1990	13.4	330.3	90.5	23.7
1991	12.8	334.3	91.6	25.0
1992	12.7	332.9	91.2	25.7
1993	11.9	315.4	86.4	26.3
1994	11.5	300.0	82.2	25.2
1995	11.6	294.2	80.6	24.6
1996	12.1	298.9	81.9	23.5
1997	12.1	306.0	83.8	22.2
1998	15.5	313.1	85.8	17.9

主要统计指标解释

Explanatory Notes for Major Indicators

主要统计指标解释
Explanatory Notes for Major Indicators

1. 登记注册类型 Registration Categories

登记注册类型是以工商行政管理机关登记注册的具有法人资格的各类企业为划分对象。

Registration categories are used to classify all kinds of enterprises that have the legal person status and have registered with the industrial and commercial administrations.

国有企业指企业全部资产归国家所有,并按《中华人民共和国企业法人登记管理条例》规定登记注册的非公司制的经济组织。

The state-owned enterprises are economic organizations whose assets are solely owned by the state and whose registrations are made according to "Regulations of the People's Republic of China for Controlling the Registration of Enterprises as Legal persons."

集体企业指企业资产归集体所有,并按《中华人民共和国企业法人登记管理条例》规定登记注册的经济组织。

The collective-owned enterprises are economic organizations whose assete are owned by collectiveds and whose registration are made according to "Regulations of the People's Republic of China for Controlling the Registration of Enterprises as Legal Persons."

股份合作企业指以合作制为基础,由企业职工共同出资入股,吸收一定比例的社会资产投资组建,实行自主经营、自负盈亏、共同劳动、民主管理、按劳动分配与按股分红相结合的一种集体经济组织。

Joint-stock cooperative enterprises are a kind of collective economic organizations based on a cooperative system. In addition to the shares bought by their workers and staff, the enterprises also absorb a certain percentage of social capital. They enjoy staff, the autonomy in operation and take care of their own losses and profits. The share-holders work together, conduct democratic management, and combine distribution according to one's performance with sharing out profits according to shares.

联营企业指两个及两个以上相同或不同所有制性质的企业法人或事业单位法人,按自愿、平等、互利的原则,共同投资组成的经济组织。联营企业包括国有联营、集体联营、国有与集体联营企业和其他联营企业。

Joint operation enterprises refer to economic organizations set up with joint investment from legal persons of two or more enterprises of diffirent ownerships or institutions according to principle of voluntary participation, equality and mutual benefit. They include state-owned joint operation enterprises, collective joint operation enterprises, state-collective joint operation enterprises and other types of joint operation enterprises.

有限责任公司指按《中华人民共和国公司登记管理条例》规定登记注册,由两个以上,50个以下的股东共同出资,每个股东以其所认缴的出资额对公司承担有限责任,公司以其全部资产对其债务承担责任的经济组织。有限责任公司包括国有独资公司以及其他有限责任公司。

Company with limited liability is a company registered in accordance with the "Regulations of the People's Republic of China on Administration of Company Registration." Its investment comes from more than two and less than 50 shareholders. Each shareholder assumes limited liability for the company according to his subscription to capital stock. The company assumes liabilities for its debts according to all its assets. Such economic organizations include solely state-invested companies and other types of companies with limited liability.

股份有限公司指根据《中华人民共和国公司登记管理条例》规定登记注册,其全部注册资本由等额股份构成并通过发行股票筹集资本,股东以其认购的股份公司对公司承担有限责任,公司以其全部资产对其债务承担责任的经济组织。

The joint stock company limited refers to economic organizations registered in accordance with the "Regulations of the People's Republic of China on Administration of Company Registration." All its registered capital is composed of shares of equal value and its capital is collected through share issuing. The shareholders bear limited liability for the company according to the amount of shares they have bought from the company and the company assumes liabilities for its debts according all its assets.

私营企业指由自然人投资设立或自然人控股,以雇佣劳动为基础的营利性经济组织。包括按照《公司法》、《合伙企业法》、《私营企业暂行条例》规定登记注册的私营有限责任公司、私营股份有限公司、私营合伙企业和私营独资企业。

Private enterprise refers to profit-making economic organizations set up with investment from natural persons or with controlling interest in the hands of natural persons who employ labourers for operation. Such enterprises include private companies with limited liability, private joint stock companies limited, private partnership enterprises and solely individual-invested enterprises, which are registered according to the "Company Law," "Partnership Enterprise Law" and "Interim Regulations of Private Enterprises."

与港澳台商合资经营企业指港澳台地区投资者与内地的企业依照《中华人民共和国中外合资经营企业法》及有关法律的规定,依照合作合同的约定进行投资或提供条件设立、分配利润和分担风险的企业。

Joint ventures with investment from Hong Kong, Macao and Taiwan investors refer to enterprises jointed invested by investors from Hong Kong, Macao and Taiwan and mainland enterprises according to the "Law of the People's Republic of China on Chinese-foreign Contractual Joint Ventures" and other relevant regulations. They invest or provide conditions for establishment, decide profit distribution, and share risks according to provisions prescribed in the joint venture contracts.

与港澳台商合作经营企业指港澳台地区投资者与内地企业依照《中华人民共和国中外合作经营企业法》及有关法律的规定,依照合作合同的约定进行投资或提供条件设立、分配利润和分担风险的企业。

Cooperative ventures with Hong Kong, Macao and Taiwan investors refer to enterprises jointly set up by investors form Hong Kong, Macao and Taiwan and mainland enterprises according to the "Law of the People's Republic of China on Chinese-foreign Contractural Joint Ventures" and other relevant regulations. They invest or provide conditions for establishment, decide profit distribution, and share risks according to provisions prescribed in the cooperative venture contracts.

港澳台商独资经营企业指依照《中华人民共和国外资企业法》及有关法律的规定,在内地由港澳台地区投资者全额投资设立的企业。

Solely-invested Hong Kong, Macao and Taiwan enterprises refer to enterprises set up on the mainland according to the "Law of the People's Republic of China on Foreign Capital Enterprises and solely invested by investors from Hong Kong, Macao and Taiwan."

港澳台商投资股份有限公司指根据国家有关规定,经外经贸部依法批准设立,其中港、澳、台商的股本占公司注册资本的比例达25%以上的股份有限公司。凡其中港、澳、台商的股本占公司注册资本的比例小于25%,属于内资企业中股份有限公司。

The joint stock company limited funded by investors from Hong Kong, Macao and Taiwan refers to any joint stock company limited that is set up according relevant state regulatinos and is approved by the Ministry of Foreign Economic Relations and Trade. The investment from Hong Kong, Macao and Taiwan investors must account more than 25 per cent of the company's total capital. If such investment is less than 25 per cent, it shall be classified as a joint stock company limited invested by domestic investors.

中外合资经营企业指外国企业或外国人与中国内地企业依照《中华人民共和国中外合资经营企业法》及有关法律的规定,按合同规定的比例投资设立、分配利润和分担风险的企业。

The Sino-foreign joint venture refers to any enterprise that is jointly set up by foreign enterprises or foreigners with Chinese enterprises in accordance with the "Law of the People's Republic of China on Joint Ventures with Chinese and Foreign Investment." The investors shall put in investment, share profits and risks according to the contract on the joint venture.

中外合作经营企业指外国企业或外国人与中国内地企业依照《中华人民共和国中外合作经营企业法》及有关法律的规定,依照合作合同的约定进行投资或提供条件设立、分配利润和分担风险的企业。

Sino-foreign cooperative ventures refer to the enterprises set up by foreign enterprises or foreigners with Chinese enterprises as their partners, in line with "The Sino-foreign Cooperative Ventures Law of the People's Republic of China" and other relevant laws and regulations. The partners of the cooperative ventures will invest, take profits and share risks according to the requirements of stipulated in the contract.

外资企业指依照《中华人民共和国外资企业法》及有关法律的规定,在中国内地由外国投资者全额投资设立的企业。

The foreign-capital enterprise refers to any enterprise that is set up on the Chinese mainland according to the "Law of the People's Republic of China on Foreign-Capital Enterprises" and with all its investment coming from foreign investors.

外商投资股份有限公司指根据国家有关规定,经外经贸部依法批准设立,其中外资的股本占公司注册资本的比例达25%以上的股份有限公司。凡其中外资股本占公司注册资本的比例小于25%的,属于内资企业中的股份有限公司。

The foreign-invested joint stock company limited refers to any joint stock company limited that is set up according relevant state regulations and is approved by the Ministry of Foreign Economic Relations and Trade. The foreign investment must account more than 25 per cent of the company's total capital. If such investment is less than 25 per cent, it shall be classified as a joint stock company limited invested by Chinese investors.

2. 各个计划时期 Various Planning Periods

表内所用各个"时期"代表的年份如下:恢复时期为1950到1952年;第一个五年计划时期(简称一五时期)为1953到1957年;第二个五年计划时期(简称二五时期)为1958到1962年;第三个五年计划时期(简称三五时期)为1966到1970年;第四个五年计划期(简称四五时期)为1971到1975年;第五个五年计划时期(简称五五时期)为1976到1980年;第六个五年计划时期(简称六五时期)为1981到1985年;第七个五年计划时期(简称七五时期)为1986到1990年;第八个五年计划时期(简称八五时期)为1991到1995年;第九个五年计划时期(简称九五时期)为1996到2000年。

The conventional division of time period in this statistical yearbook is as follows: Rehabilitation Period, 1950-1952; The First Five-Year Plan period (cited as first-five period), 1953-1957; The Second Five-Year Plan period (cited as second-five period), 1958-1962; The Third Five-Year Plan period (cited as third-five period), 1966-1970; The Fourth Five-Year Plan period (cited as fourth-five period), 1971-1975; The Fifth Five-Year Plan period (cited as fifth-five period), 1976-1980; The Sixth Five-Year Plan period (cited as sixth-five period), 1981-1985; The Seventh Five-Year Plan period (cited as seventh-five period), 1986-1990; The Eighth Five-Year Plan period (cited as eighth-five period), 1991-1995; The Nine Five-Year Plan period (cited as ninth-five period).

3. 可比价格、不变价格 Comparable Prices and Constant Prices

可比价格指在不同时期的价值指标对比时,扣除了价格变动的因素,以确切反映物量的变化。按可比价格计算有两种方法:一种是直接用产品产量乘某一年的不变价格计算;另一种是用价格指数换算。

Comparable Prices are applied when comparing indicators over time to reflect accurately the changes in real term. Two methods are used for calculating comparable prices: 1. output by constant price of certain year; 2. output in current prices divided by relevant price index.

不变价格指用同类产品的年平均价格作为固定价格来计算各年产品价值。按不变价格计算的产品价值消除了价格变动因素，不同时期对比可以反映生产的发展速度。新中国成立后，随着工农业产品价格水平的变化，国家统计局先后五次制定了全国统一的工业产品不变价格和农业产品不变价格，从1949到1957年使用1952年工(农)业产品不变价格，从1957到1971年使用1957年不变价格，从1971到1981年使用1970年不变价格，从1981到1990年使用1980年不变价格，从1990开始用1990年不变价格。

Constant Prices refer to the average price of a given product in a certain year, which is used as the fixed price to calculate the output value of products of each year, As the output value calculated according to constant prices excludes the factor of price changes, it reflects the production development of various periods. Since 1949 when New China was established, with the changes of the general price level, the State Statistics Bureau has issued for five times unified national constant prices for industrial and agricultural products. The 1952 constant prices were used in the 1949-1957 period, the 1957 constant prices were ued in the 1957-1971 period, the 1970 constant prices were used in the 1971-1980 period, the 1980 constant prices were used in the 1981-1990 period, and the 1990 constant prices have been in use since 1990.

4. 指数 Index

指数是一种表明社会经济现象动态的相对数。运用指数可以测定不能直接相加和直接对比的社会经济现象的总动态；可以分析社会经济现象总变动中各因素变动的影响程度；可以研究总平均指标变动中各组标志水平和总体结构变动的作用。它是在把各个年份的产值换算成可比价格的基础上，根椐定基数等于相应各个环比指数的连乘积这个换算关系计算出来的。

本年鉴所列的国内生产总值、工业总产值、农业总产值等指标增长，就是分别使用国内生产总值指数、工业总产值指数、农业总产值指数直接计算的。

Index refers to the relative figures indicating social and economic phenomena and developments. Index is used to evaluate the overall development of social and economic phenomena which can not be determined by simple addition or direct comparison. It is also used to analyze the outcome of various changes in the general phenomenon movement of social and economic development, and to study the level of each sub-index in the changes of general average index and the role of the changes of the overall structure. It is calculated at the comparable prices conversed from the output value of each year, using the formula of index number with fixed base period equal to the continuous product of its relative chain index.

The increases of the gross domestic product, industrial output value and agricultural output value compared with the previous year, which are listed in this yearbook, are calculated according to the GDP index, industrial output value index and agricultural output value index.

5. 平均每年增长速度 Average Annual Growth Rate

在我国计算平均增长速度有两种方法。一种是习惯上经常使用的"水平法"，又称几何平均法，是以间隔期最后一年的水平同基期水平对比来计算平均每年增长(或下降)速度；另一种是"累计法"，又称代数平均法或方程法，是以间隔期内各年水平的总和同基期水平对比来计算平均每年增长(或下降)速度。

在一般正常情况下，两种方法计算的平均每年增长速度比较接近。但在经济发展不平衡，出现大起大落时，两种方法计算的结果差别较大。

本《年鉴》内所列的平均每年增长速度，除固定资产投资、吸收外资是用"累计法"计算以外，其余均用"水平法"计算。从某年到某年平均增长速度的年份，均不包括基期年在内。如建国46年的平均增长速度是以1952年为基期计算的，则写为1953-1998年平均增长速度，余类推。

Two methods for calculating Average Annual Growth Rate are applied in China, one is often called "level approach" or geometry average, which is derived by comparing the growth rate for the last year of the interval with that of the beginning year; the other is called "accumulating approach" or algebraic average of equation method, which is calculated by comparing the total growth rate of each year for the interval with that of base year.

Usually the results calculated by the two methods are fairly close, but they differ sharply when imbalance occurred in economic development with striking fluctuations in growth.

The Average Annual Growth Rates listed in this statistical yearbook are calculated by "level approach" except for the growth rate of investment in fixed assets and foreign capital absorbed. The base years are not listed when the years are listed for average annual growth rates for instance, the average annual growth rate of 46 years since 1949 is listed as average annual growth rate of 1953-1998 without listing the base year 1952. And the analogy of this is also for the rest.

6. 国内生产总值 Gross Domestic Product

国内生产总值是一个国家(地区)所有常住单位在一定时期内生产活动的最终成果。国内生产总值有三种表现形态,即价值形态、收入形态和产品形态。从价值形态看,它是所有常住单位在一定时期内所生产的全部货物和服务价值超过同期投入的全部非固定资产货物和服务价值的差额,即所有常住单位的增加值之和;从收入形态看,它是所有常住单位在一定时期内所创造并分配给常住单位和非常住单位的初次分配收入之和;从产品形态看,它是最终使用的货物和服务减去进口货物和服务。在实际核算中,国内生产总值的三种表现形态表现为三种计算方法,即生产法、收入法和支出法。三种方法分别从不同的方面反映国内生产总值及其构成。

Gross Domestic Product refers to the final products of all resident units of a country (or region) during a certain period of time. Gross Domestic Product is presented in three different forms: value added, income, and products. The form of value added refers to the total value of all products and services produced by all resident units during a certain period of time minus total value of inputs of non-fixed assets and services or the summation of the value added of all resident units; the form of income includes all the income items produced by all resident units and distributed primarily to all resident and non-resident units; the form of product refers to all final goods and services minus imports of goods and services. In the practice of national accounting, Gross Domestic Product is calculated by three approaches, i.e. product approach, income approach, and expenditure approach, respectively, to reflect Gross Domestic Product and its composition of different aspects.

7. 三次产业 Three Industries

根据社会生产活动历史发展的顺序对产业结构的划分。产品直接取自自然界的部门称为第一产业,对初级产品进行再加工的部门称为第二产业,为生产和消费提供各种服务的部门称为第三产业。它是世界上通用的产业结构分类,但各国的划分不尽一致。我国的三次产业划分是:

第一产业: 农业(包括种植业、林业、牧业、副业和渔业)。

第二产业: 工业(包括采掘工业、制造业、自来水、电力、蒸气、热水、煤气)和建筑业。

第三产业: 除第一、第二产业以外的其他各业。由于第三产业包括的行业多、范围广,根据我国的实际情况,第三产业可分为两大部分:一是流通部门,二是服务部门。具体又可分为四个层次:

第一层次: 流通部门,包括交通运输业、邮电通信业、商业、饮食业、物资供销和仓储业。

第二层次: 为生产和生活服务的部门,包括金融、保险业、地质普查业、房地产、公用事业、居民服务业、咨询服务业和综合技术服务业、农、林、牧、渔、水利服务业和水利业,公路、内河(湖)航道养护业等。

第三层次: 为提高科学文化水平和居民素质服务的部门,包括教育、文化、广播电视、科学研究、卫生、体育和社会福利事业等。

第四层次: 为社会公共需要服务的部门,包括国家机关、政党机关、社会团体,以及军队和警察等。

The Industry structure of Three Industries has been classified according to the historical sequence of development. Primary industry refers to extraction of natural resources; secondary industry involves processing of primary products; and tertiary industry provides services of various kinds for production and consumption. The above classification is universal although it varies to some extent form country to country. Industry in China comprises:

Primary industry: agriculture (including farming, forestry, animal husbandry, sideline production, and fishing).

Secondary industry: industry (including mining, manufacturing, water supply, electricity generation and supply, steam, hot water, gas) and construction.

Tertiary industry: all other industries not included in primary or secondary industries.

Due to the fact that tertiary industry involves a large variety of industries in China, it is divided into two sectors: circulation sector, and service sector and further into four levels:

The first level: circulation sector, including transportation, postal service and communications, commerce, catering, material supply and distribution, and storage.

The second level: service sector providing service for production and consumption, including banking, insurance, geological survey, real estate, public utilities, community service, consultancy service, and comprehensive technical services, and service for agriculture, forestry, animal husbandry, fishing, water conservancy, and maintenance of roads, internal water ways, etc.

The third level: service for improving education and cultural life of people, including education, culture, broadcasting, television, research of science, health, sports, and social welfare. etc.

The fourth level: sector providing service for public needs, including government agencies, political and party institutions, social organizations, armies, and policemen.

8. 私营企业 Private-owned Enterprises

私营企业指企业资产属于私人所有，雇工8人以上的营利性经济组织。

Private-owned Enterprises refer to profit-making economic units with private ownership of capital and more than eight employees.

9. 人口 Population

人口数为每年12月31日的常住户口人数，不包括户口不在本市的临时户口人数。

Population refers to the population with permanent residence registered by December 31 every year, excluding migrant population without registered residence of Shanghai.

10. 出生率、死亡率、人口自然增长率 Birth Rate, Death Rate and Natural Growth Rate of Population

出生率(又称粗出生率)指在一定时期内(通常为一年)一定地区的出生人数与同期平均人数(或期中人数)之比，一般用千分率表示。计算公式：

$$出生率=\frac{年出生人数}{年平均人数}\times 1000‰$$

出生人数是指活产婴儿，即胎儿脱离母体时(不管怀孕月数)，有过呼吸或其他生命现象。

年平均人数是年初、年底人口数的平均数，也可用年中人口数代替。

Birth rate (or gross birth rate) means the ratio between the number of births in a certain period (usually a year) and the average population in the same period (or mid-year figure). It is usually calculated in terms of permillage and according to the following formula:

$$\text{Birth Rate}=\frac{\text{Number of Births}}{\text{Average Number of Population}}\times 1000‰$$

Number of Births refers to live births, when babies have showed any vital phenomena regardless of the length of pregnancy.

Average Number of Population is the average of the number of population at the beginning of the year and, at the end of the year and sometimes is substituted for with mid-year population.

死亡率(又称粗死亡率)指在一定时期内(通常为一年)一定地区的死亡人数与同期平均人数(或期中人数)之比，一般用千分率表示。计算公式:

$$\text{死亡率}=\frac{\text{年死亡人数}}{\text{年平均人数}}\times 1000‰$$

Death Rate (or Crude Death Rate) refers to the ratio of number of deaths to the average population (or mid-year population) during a certain period of time (usually a year), which is often presented as perminvar. The following formula is used:

$$\text{Death Rate}=\frac{\text{Number of Deaths}}{\text{Average Number of Population}}\times 1000‰$$

人口自然增长率指在一定时期内(通常为一年)人口自然增加数(出生人数减死亡人数)与该时期内平均人数(或期中人数)之比，一般用千分率表示。计算公式:

$$\text{人口自然增长率}=\frac{\text{本年出生人数}-\text{本年死亡人数}}{\text{年平均人数}}\times 1000‰$$

$$\text{人口自然增长率}=\text{人口出生率}-\text{人口死亡率}$$

Natural Growth Rate of Population refers to the ratio of natural increase in population (number of births minus number of deaths) in a certain period of time (usually a year) to the average population (or mid-year population) of the same period, which is often presented as perminvar. The following formula are applied:

$$\text{Natural Growth of Population}=\frac{\text{Number of Births}-\text{Number of Deaths}}{\text{Average Number of Population}}\times 1000‰$$

$$\text{Natural Growh Rate of Population}=\text{Birth Rate}-\text{Death Rate}$$

11. 从业人员 Persons Employed

从业人员指从事一定社会劳动并取得劳动报酬或经营收入的全部劳动力。包括:

(1) 全部职工

(2) 城镇私营企业从业人员

(3) 城镇个体劳动者

(4) 农村社会劳动者

(5) 其他社会劳动者

这一指标反映了一定时期内全部劳动力资源的实际利用情况，是研究我国基本国情国力的重要指标。

各单位的从业人员是指在各级国家机关、政党机关、社会团体及企业、事业单位中工作，并取得劳动报酬的全部人员。包括职工、再就业的离退休人员、民办教师以及在各单位工作的外方人员和港、澳、台方人员。

各单位的从业人员反映了各单位实际参加生产或工作的全部劳动力。

Persons Employed refers to the total number of persons engaged in social labour which generates income, including:

(1) Total staff and workers

(2) Employees in urban private enterprises

(3) Urban individual labourers

(4) Rural labourers

(5) Other social labourers

This indicator reflects the actual utilization of total labour force during a certain period of time and is often used for the research of China's economic affairs and power.

Persons Employed in Various Units refers to total staff working for government agencies of various levels, political and party organizations, social organizations, and enterprises and institutions receiving income, including staff, reemployed retirees, non-government paid teachers, foreigners, and Chinese compatriots from Hong Kong, Macao, and Taiwan working in various units. This indicator reflects the total labourers actually engaged in production or other operations in various units.

12. 职工 Staff and Workers

职工指在内资(国有、集体、股份合作、联营、有限责任公司、股份有限公司、私营)单位、港澳台商投资单位和外商投资单位及其机构工作,并由其支付工资的各类人员。

Staff and Workers refer to all those people who work in and receive payment from Chinese-invested units (including state-owned, collectively-owned, joint stock cooperative, cooperative operation enterprises, companies with limited liability, joint stock companies limited and private businesses); units funded by investors from Hong Kong, Macao and Taiwan and their affiliated units; and units funded by foreign investors and their affiliated units.

13. 在岗职工 Staff Staff and Workers

在岗职工指在各单位工作并由单位支付劳动报酬的职工。包括由单位派出学习、劳务及病伤产假且仍由单位支付劳动报酬的人员。

Working Staff and Workers refer to staff and workers who work in and receive payment from various units, including those who have been sent out to study or for labour services and those who are on sick, injury and maternity leaves, but are still paid by the units.

14. 城镇待业人员 Unemployment

城镇待业人员指有非农业户口,在一定的劳动年龄内(16岁以上及男50岁以下、女45岁以下),有劳动能力,无业而要求就业,并在当地就业服务机构进行待业登记的人员。

Unemployment refers to those non-agricultural population within working age (16-50 for male and 16-45 for female) who are able and willing to work but unemployed and have registered in local employment service agencies.

15. 从业人员报酬 Labour Remuneration

从业人员报酬指各单位在一定时期内直接支付给本单位全部从业人员的劳动报酬总额。包括在岗职工工资总额和本单位其他从业人员劳动报酬两部分。

Labour Remuneration refers to total payment by various units to their employees during a certain period of time, including total wage bill of permanent workers and staff and remuneration payment to other employees.

16. 职工工资总额 Total Wage Bill of Staff and Workers

职工工资总额指各单位在一定时期内直接支付给本单位全部职工的劳动报酬总额,即在岗职工工资总额和离岗职工生活费两部分。

工资总额的计算原则应以直接支付给职工的全部劳动报酬为根据。各单位支付给职工的劳动报酬以及其他根据有关规定支付的工资，不论是计入成本的还是不计入成本的，不论是按国家规定列入计征奖金税项目的，还是未列入计征奖金税项目的，不论是以货币形式支付的还是以实物形式支付的，均包括在工资总额内。

Total Wages Bill of Staff and Workers refers to total remuneration payed in line with relevant regulations to permanent staff and workers of various units during a certain period of time. Total Payroll of Staff and Workers includes the total salary payment for the working staff and workers and the stipends for laid-off workers.

The calculation of total wages bill is based on the total remuneration payment and therefore, wage and salaries and other payments to staff and workers regardless of its resources, category, in kind or cash, are included.

17. 职工平均工资 Average Wages of Staff and Workers

职工平均工资指企业、事业、机关单位的职工在一定时期内平均每人所得的货币工资额。它表明一定时期职工工资收入的高低程度，是反映职工工资水平的主要指标。计算公式为：

$$\text{职工平均工资} = \frac{\text{报告期实际支付的全部职工工资总额}}{\text{报告期全部职工平均人数}}$$

Average Wages of Staff and workers refer to the average wages in money terms per person during a certain period of time for staff and workers of enterprises, institutions, and government agencies, which reflect the general level of wage income during a certain period of time and is calculated as follows:

$$\text{Average Wages of Staff and Workers} = \frac{\text{Total Wages Bill of Staff and Workers in Reference Period}}{\text{Average Number of Staff and Workers in Reference Period}}$$

18. 劳保福利费用 Labour Insurance and Welfare Funds

劳保福利费用指企业、事业、机关根据国家有关劳保福利规定，在工资以外实际支付给职工个人和用于集体的劳动保险和福利设施的费用。具体包括：(1)退职、退休、离休费等；(2)医疗卫生费；(3)职工生活困难补助费；(4)职工及供养直系亲属死亡丧葬费、抚恤费、救济费；(5)农业生产补贴；(6)文艺、体育、宣传费；(7)集体福利事业的补贴；(8)集体福利设施费用；(9)其他福利费用。

劳保福利费用不包括用于职工的劳动保护费用。劳动保护用品的支出是安全生产的需要，不属于福利费用范围。

Labour Insurance and Welfare Funds refer to the real cost paid, in line with relative state labour insurance and welfare regulations, to staff and workers outside the wages and used by the collective as labour insurance and welfare facilities funds. It mainly includes: (1)resignation pay, retirement pay and payment for retirees with honours; (2)medical and health care fees; (3)subsidies for staff and workers with financial difficulties; (4)funeral expanses for workers and staff and their direct relatives whom they support, pension for the disabled or for the family of the deceased, and relief payment; (5) agricultural production subsidies; (6)funds for cultural, sports and propaganda activities; (7)subsidies for collective welfare works; (8)collective welfare facilities expenses; (9)other welfare cost.

Labour protection cost is not included in the labour insurance and welfare funds. The need of appliances for labour protection is to ensure safety in production and can not be listed in the welfare funds.

19. 可支配收入 Disposable Income

可支配收入是指在居民家庭的实际收入中，扣除个人所得税支出后可由家庭成员自由支配的收入。

Disposable Income refers to the part of the family income, after deducting personal income taxes, which can be used freely by the family members.

20. 农村居民家庭纯收入 Net Income of Peasants' Households

农村居民家庭纯收入指农村常住居民家庭总收入中，扣除从事生产和非生产经营费用支出、生产性固定资产折旧、缴纳税款和上交承包集体任务金额以后剩余的，可直接用于进行生产性、非生产性建设投资、生活消费和积蓄的那一部分收入。它是反映农民家庭实际收入水平的综合性的主要指标。农民家庭纯收入，既包括从事生产性和非生产性的经营收入，又包括取自在外人口寄回、带回和国家财政救济、各种补贴等非经营性收入；既包括货币收入，又包括自产自用的实物收入。但不包括向银行、信用社和向亲友借款等属于借贷性的收入。

Net Income of Rural Households refers to rural households total income during a year after the deduction of expenses, Depreciation of productive Fix Asset The Net Income of Rural Households include not only productioned and non-production earnings but also incomes brought in by production working outside town and government reliefs and subsidies, both in cash and kind, which can be spent as investments in production and non-production construction and for improvement of daily life, while loan income borrowed from banks, friends and relatives is not included. It is an indicator of peasants' actual income level.

21. 各种价格指数 Various Price Indices

目前，国家统计部门编制的价格指数主要有以下几种：居民消费价格指数、商品零售价格指数、农业生产资料价格指数、农产品收购价格指数、居民基本生活费用价格指数、工业品出厂价格指数、原材料、燃料、动力购进价格指数、固定资产投资价格指数、建筑安装工程价格指数、建筑业产值价格指数、主要建筑材料费用价格指数。

The State Statisics Bureau has worked out the following main price indices: consumer price index; retail price index; agriculture production means price index; farm product purchase price index; basic living price index; factory price index; raw materials, fuel and power purchase price index; fixed assets investment price index; architectural engineering price index; construction industry output value index; main construction materials price index.

22. 居民消费价格指数 Consumer Price Index

居民消费价格是指城乡居民支出所购买生活消费品和获得服务消费的价格，是社会产品和服务项目的最终价格，同人民生活密切相关，在整个国民经济体系中具有极为重要的地位。居民消费价格指数是用以反映一定时期居民消费价格变动趋势和程度的相对数。编制这一指数的目的，在于全面观察居民消费价格变动对居民生活的影响，为党政领导和决策部门掌握消费价格状况，研究和制定居民消费政策、价格政策、工资政策、货币政策以及进行国民经济核算提供科学依据。居民消费价格指数还是反映通货膨胀程度的重要指标。

1952年以前采用固定数量加权综合法(即总值法)计算;1953到1956年采用加权算术平均公式计算;1957年以后根据消费品零售价格指数与服务项目价格指数汇编居民生活费用价格指数;1994年起正式称为居民消费价格指数，分为食品、衣着、家庭设备及用品、医疗保健、交通和通讯、娱乐教育和文化用品、居住、服务项目等八个大类，国家规定325种必报商品和服务项目，其中，一般商品273种，餐饮16种，服务项目36种。

Consumer Price Index refers to the price that urban and rural population pay to buy daily consumer goods and services. It is the end price of social products and service items. It is closely linked with people's daily life and plays a very important role in the price system of the national economy. Consumer Price index reflects the relative change in prices of consumer goods and services in a certain period of time. Formation of consumer price index aims to study the impact of consumer price changes on the actural living cost of urban and rural residents and to provide scientific basis for central government and relevant departments in drawing up consumer policy, price policy, wage policy and monetary policy and in accounting the national economy. It is also a key index reflecting the fluctuation of inflation.

Prior to 1952, consumer price index was calculated with a weighted mean price on a fixed quantity (total value method). After 1957, consumer price index is based on retail price index and service price index. Officially named Consumer Price Index, it consists of eight categories－food; clothing; household equipment and appliances; medical treatment and health care; transportation and communications; recreation, education and stationery; housing; and services. Commodities and services of 382 kinds have been chosen for the calculation, of which 273 are ordinary products, 16 catering items and 36 are services.

23. 商品零售价格指数 Retail Price Index

商品零售价格是指工业、商业餐饮业和其他零售企业向城乡居民、机关团体出售生活消费品和办公用品的价格。商品零售价格指数是指一定时期内商品零售价格变动趋势和变动程度的相对数。编制这一指数的目的，在于全面掌握市场商品价格的变动状况，为国家制定经济政策提供参考依据。同时，还可以在此基础上编制出其他各种派生价格指数，为研究市场流通，进行新国民经济核算体系提供科学依据。商品零售价格指数分为食品、饮料烟酒、服装鞋帽、纺织品、中西药品、化妆品、书报杂志、文化体育用品、日用品、家用电器、首饰、燃料、建筑装潢材料、机电产品等14个大类。国家规定304种必报商品；各地根据本地实际情况适当增加一些商品，但不超过45种。需要予以特别说明的是，从1994年起，国家、各省、市编制的商品零售价格指数不再包括农业生产资料。

Retail Price Index refers to the prices at which industrial, commercial, catering and other retail enterprises sell daily consumer goods and products for office use to urban and rural residents and institutions and social organizations. It reflects the general change in prices of retail commodities in a certain period of time. Formation of retail price index aims to keep abreast of price fluctuation of retail commodities and provide the reference basis for the central government in working out economic policies. Other derivative indexes can been formulated based on retail price index, providing the scientific basis for studying market circulation and the new accounting system of national economy.

Retail price index consisits of 14 categories－commodities: beverages, cigarette, wine and liquor; clothing, shoes and hats; textile products; Western and traditional Chinese medicines; cosmetics; books, newspapers and magazines; cultural and sports goods; daily use articles; electric appliances; jewelry; fuels; construction and decoration materials and mechanical and electrical products. State stipulated commodities of 304 kinds and on more than 45 commodities selected by various localities in line with their own situation are used to calculate retail price index of the country or various provinces and cities. Since 1994, agricultural production means are no longer included in neither central nor local retail price index.

24. 工业品出厂价格指数 Factory Price Index

工业品出厂价格指数是反映全部工业产品出厂价格总水平的变动趋势和程度的相对数。其中除包括工业企业售给商业、外贸、物资部门的产品外，还包括售给工业和其他部门的生产资料以及直接售给居民的生活消费品。通过工业生产价格指数能观察出厂价格变动对工业总产值的影响。

Factory Price Index reflects the changes in general factory prices of all industrial products, including sales of industrial products to commercial enterprises, foreign trade companies, materials supplying and distributing enterprises as well as sales of production means to industry and other sectors and direct sales of consumer goods to residents. It can be used to predict the impact of factory prices on gross output value of industry.

25. 原材料、燃料、动力购进价格指数 Raw Materials, Fuel and Power Purchase Price Index

原材料、燃料、动力购进价格指数是反映全部工业原材料、燃料、动力购进价格总水平的变动趋势和程度的相对数。用其可以观察和研究工业企业原材料价格变动对生产的影响，以及企业对原材料涨价的消化能力和承受能力，为制订价格政策提供依据。

Raw Materials, Fuel and Power Purchase Price Index reflects changes in the general purchase prices of all industrial raw materials, fuel and power. The index can be used to study and analyze the impact of price changes of industrial raw materials on the production and enterprises capability to bear and digest the price increase of raw materials, so as to provide basis for the government to formulate price policies.

26. 全社会固定资产投资 Total Investment in Fixed Assets

固定资产投资是社会固定资产再生产的主要手段。通过建造和购置固定资产的活动，国民经济不断采用先进技术装备，建立新兴部门，进一步调整经济结构和生产力的地区分布，增强经济实力，为改善人民物质文化生活创造物质条件。这对我国的社会主义现代化建设具有重要意义。

固定资产投资额是以货币表现的建造和购置固定资产活动的工作量，它是反映固定资产投资规模、速度、比例关系和使用方向的综合性指标。按照我国现行管理体制，全社会固定资产投资包括基本建设、更新改造、城乡集体经济单位、房地产投资、城乡私人建房和其他经济单位投资。

从1997年起，固定资产投资统计起点为50万元(含50万元)以上项目。

Investment in Fixed Assests is a major means for social reproduction of fixed assets. In the process of capital construction and technical updating and transformation, more advanced technologies and new equipments are adopted and new sectors are established, which promote the readjustment of economic structure, and regional production layout enhance the productivity to improve people's livelihood and speeded up the drive of socialist modernization.

Value of investment in fixed assets refers to construction and purchase of fixed assets in money terms, which reflect the size, pace, structure, and utilization of investment in fixed assets. According to current planning and management system of our country, total investment in fixed assests includes investment in capital construction, technical upgrading and transformation, investment by urban and rural collective-owned units, real Estate investment, investment by urban and rural residents in private house building, and other investment of ownership units.

27. 固定资产投资的分组 Composition of Investment in Fixed Assets

固定资产投资按工作内容和实现方式分为建筑安装工程、设备、工具、器具购置，其他费用三个部分。

(1)建筑安装工程(建筑工作量) 指各种房屋、建筑物的建造工程和各种设备、装置的安装工程。包括各种房屋建造工程、各种用途设备基础和各种工业窑炉的砌筑工程;为施工而进行的各种准备工作和临时工程以及完工后的清理工作等;铁路、道路的铺设，矿井的开凿及石油管道的架设等;水利工程;防空地下建筑等特殊工程;以及各种机构设备的安装工程;为测定安装工程质量，对设备进行的试行工作。在安装工程中，不包括被安装设备本身的价值。

(2)设备、工具、器具购置 指购置或自制达到固定资产标准的设备、工具、器具的价值，固定资产的标准按财务部门规定。新建单位、扩建单位的新建车间按照设计和计划要求购置或自制的全部设备、工具、器具，不论是否达到固定资产标准均计入“设备、工具、器具购置”中。

(3)其他费用 指除建筑安装工程和设备、工具、器具购置以外的投资完成额。它包括两种性质的费用，一种是属于增加固定资产的费用，主要有:建设单位管理费、土地、青苗等补偿费和安置补助费、勘察设计费、研究实验费、农林单位牲畜购置费、各种经济林木的营造费、办公和生活家具、器具购置费、引进技术和进口设备项目的其他费用、联合试运转费等;一种是属于不增加固定资产的费用，主要有:施工机械转移费、生产职工培训费、农业开荒费用及报废工程损失费等。

Investment in Fixed Assets includes three major parts of investment activities: construction and installation, purchase of equipments and instruments, and other expenses.

(1)Construction and installation (work load of construction) refers to construction projects of various houses and buildings and installation of various equipments and instruments, including construction of various houses, equipment foundations and industrial kiln stoves; preparation works for project construction, and clearing up works after projects are completed; pavement of railways and roads, drilling of mines and construction of oil pipes; water conservancy; air raid shelters constructions and other special projects; installation of various machinery equipment, and testing operation for pretesting the installated projects. The value of equipments installed in installation projects is not considered.

(2)Purchase of equipments and instruments refers to total value of equipments, tools, and instruments purchased or self-produced which come up to the standards for fixed assets. Equipments, tools and instruments purchased or self-produced for new workshops by newly established or expanded units are categorized as "purchase of equipments and instruments" regardless of standards for fixed assets.

(3)Other expenses refer to investment completed which are not mentioned above. This category consists of two types of expenses: one increases fixed assets, including administration expenses of construction units, compensation for land and plants, compensation for relocation and expenses on geological survey and designing, research and testing, purchase of animals by agricultural and forestry units, planting and operating of various cash forests, purchase office and residence furniture, purchase of instruments, introduction of technology and imports of equipments, and joint trial-run of projects; the other does not increase fixed assets, including expenses on transportation of construction machineries, training for staff and workers, opening up agricultural land, and loss of discarded projects.

固定资产投资按建设性质分　　建设项目的性质一般分为新建、扩建、改建、迁建、恢复。基本建设按建设项目划分建设性质，更新改造、国民经济单位其他固定资产投资及城镇集体投资按整个企业、事业单位的建设情况确定建设性质。目前基本建设和更新改造是根据我国现行的计划管理体制区分的，所以基本建设和更新改造都可以分别按新建、扩建等划分。

(1)新建　一般是指从无到有、"平地起家"新开始建设单位。有的单位原有的基础很小，经过建设后其新增加的固定资产价值超过原有固定资产价值(原值)三倍以上的也算新建。

(2)扩建　一般是指为扩大原有产品的生产能力，在厂内或其他地点增建主要生产车间(或主要工程)、独立的生产线或总厂之下的分厂的企业;事业单位和行政单位在原单位增建业务用房(如学校增建教学用房、医院增建门诊部或病床用房、行政机关增建办公楼等)也作为扩建。

(3)改建　一般是指现有企业、事业单位为了技术进步，提高产品质量，增加花色品种，促进产品升级换代、降低消耗和成本，加强资源综合利用和三废治理，劳保安全等，采用新技术、新工艺、新设备、新材料等对现有设施、工艺条件进行技术改造或更新(包括相应配套的辅助性生产、生活福利设施)。有的企业为充分发挥现有生产能力，进行填平补齐而增建不增加本单位主要产品生产能力的车间等，也属于改建。

Investment in Fixed Assets by Type of Construction in general can be divided into three categories as new construction, expansion, and transformation. Capital construction projects are classified according to the purposes of construction. Investment in technical updating and transformation and other fixed assets are identified by the general types of construction. The current distinction between capital construction and technical updating and transformation are determined by China's current planning and management system and therefore can be grouped into new construction, expansion, etc.

(1) New construction in general refers to newly constructed units. Expansion projects with the value of newly added fixed assets tripling the original ones are also considered as new construction.

(2) Expansion refers to construction to increase product capacity; building new workshops within factories or in other locations, independent production lines, or branch factories under parent factories, Newly constructed business houses for institutions and administrative organizations (such as school buildings, clinics or beds in hospitals, and office buildings, etc.)

(3) Transformation refers to technical updating and transformation of existing equipments and technical conditions undertaken by enterprises and institutions for the purposes of technology advancement, improvement in product quality, enlarging variety of products, developing new products, reducing production consumption and cost, promoting comprehensive utilization of resources, strengthening treatment of waste water, air, and solids, and production safety through new technologies and tech-

niques, and new materials. (including accessory production, living and welfare facilities). Construction of new workshops for improving existing production capacity rather than increasing production capacity is also considered as transformation.

固定资产投资按国民经济行业分　建设项目归哪个行业，按其建成投产后的主要产品或主要用途及社会经济活动性质来确定。基本建设按建设项目划分国民经济行业，更新改造、国有经济单位其他固定资产投资及城镇集体投资根据整个企业、事业单位所属的行业来划分。一般情况下，一个建设项目或一个企业、事业单位只能属于一种国民经济行业。为了更准确地反映国民经济各行业之间的比例关系，联合企业(总厂)所属分厂属于不同行业的，原则上按分厂划分行业。

Investment in Fixed Assets by Economic Sectors means that classification of construction projects is determined by major products of those projects, the purpose of the projects, and the nature of their social economic activities. Investment in capital construction are classified by construction of projects, while investment in technical updating and transformation, other investment by state-owned units and urban collective units are classified according to the industrial sectors that the enterprises or institutions which belong to. In general, one project or one enterprise or institution can only belong to one sector of industry. In order to reflect more accurately the proportions of various industries, branch factories which differ from their general factories in classification of industry are classified according to their economic activities.

28. 基本建设投资 Capital Construction Investment

基本建设是国有企业、事业单位以扩大生产能力或工程效益为主要目的的新建、扩建工程及有关工作。包括工厂、矿山、铁路、桥梁、港口、农田水利、商店、住宅、学校、医院等工程的建造和机器设备、车辆、船舶、飞机等的购置。

基本建设投资额是以货币表现的基本建设完成的工作量，是反映一定时期内基本建设规模和建设进度的综合性指标。它是根据工程的实际进度按预算价格(预算价格是编制施工图预算时所用的价格)计算的工作量，没有形成工程实体的建筑材料和没有开始安装的设备，都不计算投资完成额。

Capital Construction Investment refers to investment in new projects or an addition to existion facilities for the purposes of enlarging production capacity or improving efficiency, which include construction of plants, mines, railways, bridges, harbors, water conservation facilities, stores, residential facilities, schools, hospitals, and purchase of machinery and equipment, vehicles, ships, and planes.

Value of Capital Construction Investment refers to completion of capital construction in money terms, which reflects the size and progress of capital construction during a certain period of time. It is calculated at budget prices according to the actual completion of the project and therefore, construction materials and equipment that are not put into operation are not included.

29. 更新改造投资 Technical Updating and Transformation Investment

更新改造是指国有企业、事业单位对原设施进行固定资产更新和技术改造，以及相应配套的工程和有关工作(不包括大修理和维护工程)。更新改造投资是以货币表现的更新改造完成的工作量。根据我国现行统计制度，基本建设和更新改造的划分是:(1)列入基本建设计划的项目作为基本建设投资，列入更新改造计划的项目作为更新改造投资。(2)更新改造计划与基本建设计划结合安排的项目及未列入计划的项目，根据工程性质分别作为基本建设投资或更新改造投资。属于对企业、事业单位原有设施进行技术改造或更新的项目和增建主要生产车间、分厂等，其新增生产能力或效益尚未达到大中型标准的项目，以及由于城市环境保护和安全生产的需要而进行的迁建工程，作为更新改造投资。

Technical Updating and Transformation Investment refers to the investment in projects to renew, modernize or replace existing assets and related supplementary projects (excluding major repairs and maintenance projects), which is presented in money terms. According to China's current statistical system, the division between capital constrcution investment and technical updating and transformation is as follows:(1)projects which are listed in capital construction plan are identified as technical updating and transformation investment. (2) projects which are involved in both capital construction and technical updating and transformation or not listed in specific plan are identified as either capital construction investment or technical updating and transformation according to the nature of the projects. Projects for the purpose of renewing or transforming investment existing assets of enterprises and institutions and construction of major workshops or accessory plant and projects for the purposes of environmental protection and production safety are considered as technical updating and transformation investment if the increased capacity or profitability of those projects have not reached the standards of large or medium size.

30. 其他固定资产投资 Other Investment in Fixed Assets

其他固定资产投资是指按照国家规定不纳入基本建设和更新改造计划管理,其总投资在五万元以上的固定资产投资。具体包括:国有经济单位用油田维护费和石油开发基金进行的油田维护和开发工程;煤炭、铁矿、森林工业等采掘采伐业用维检费进行的开拓延伸工程;交通部门用公路养路费对原有公路、桥梁进行改建的工程;商业部门用简易建筑费建造的仓库工程。

Other Investment in Fixed Assets refers to investment in fixed assets by state-owned units and valued above 50,000 yuan which are not included in capital construction and technical undating and transformation according to the state regulations, including oil-field development projects industries using special oil-field development funds; expansion projects of mining and forestry industries using maintenance funds; road and bridge reconstruction project using road tolls; and warehouse construction of commerce departments using simple construction funds.

31. 固定资产投资的资金来源 Sources of Finance for Investment in Fixed Assets

根据固定资产投资的资金来源不同,分为上年末结余资金、本年资金来源小计和各项应付款。其中本年资金来源小计又分为国家预算内资金、国内贷款、股票、债券、利用外资、自筹资金和其他资金来源七种:

(1)国家预算内资金　指国家预算、地方财政、主要部门和国家专业投资公司拨给或委托银行贷给建设单位的基本建设拨款和中央基本建设基金,拨给企业单位的更新改造拨款,以及中央财政安排的专项拨款中用于基本建设的资金。

(2)国内贷款　指报告期企、事业单位向银行及非银行金融机构借入的用于固定资产投资的各种国内借款。国内贷款包括:银行利用自有资金及吸收的存款发放的贷款、上级主管部门拨入的国内贷款、国家专项货款(包括煤代油贷款、劳改煤矿专项贷款等)、地方财政专项资金安排的贷款、国内储备贷款、周转贷款等。

(3)股票　是股份制企业通过发行股票筹集到的,用于固定资产投资的资金。

(4)债券　是企业(公司)或金融机构通过发行各种债券筹集到的用于固定资产投资的资金,包括由银行代理国家专业投资公司发行的重点企业债券和重点建设债券。

(5)利用外资　指报告期收到的用于固定资产投资的国外资金,包括统借统还、自借自还的国外贷款,中外合资项目中的外资,以及无偿捐赠等。其中,国家统借统还的外资,是指由我国政府出面同外国政府、团体或金融组织签订贷款协议、并负责偿还本息的国外贷款。

(6)自筹资金　指建设单位报告期收到的,用于进行固定资产投资的上级主管部门、地方和本单位自筹资金。

(7)其他资金来源　指报告期收到的除以上各种拨款、借款、自筹资金之外,其他用于固定资产投资的资金。

Sources of Finance for Investment in Fixed Assets are classified as fund unsettled from the previous year, state appropriation, loans, and various payable funds. Of which state appropriation and loans are further divided into seven categories: state budgetary appropriation, domestic loans, stocks, bonds, foreign investment, self-raised funds, and others:

(1) State budgetary appropriation includes funds to construction enterprises appropriated or entrusted to banks by state budget, local finance, authoried state investment companies, appropriation by central government for the purpose of capital construction and technical updating and transformation,

and special funds arranged by central government for capital construction.

(2) Domestic loans refer to funds borrowed by enterprises and institutions during the reference period for the purpose of domestic investment in fixed assets. Domestic loan includes loans issued by banks from sources of selfowned funds and deposit funds, loans appropiated by higher authorities, special loans by government (including loans for coal replacing oil, special loans for reform-through-labour mining enterprises), loans arranged by local government, domestic reserve loans, and working loans.

(3) Stock refer to funds for investment in fixed assets raised by shareholding enterprises through issuing stocks.

(4) Bonds refer to funds for investment in fixed assets raised by enterprises (companies) or financial institutions through issuing various bonds, including Key Enterprise Bonds and Key Construction Program Bonds issued by the banks on behalf of state-owned investing companies.

(5) Utilization of Foreign Capital refer to foreign funds received during the reference period for investment in fixed assets, including foreign funds borrowed and managed by the government, and individual units, foreign funds in joint venture programs, and grants and donations. Foreign funds borrowed and managed by the government refer to foreign loans borrowed by the government from foreign governments, organizations, or financial institutions under official agreements signed by both parties and the government is responsible for repayment of both the principle and interests of the foreign loans.

(6) Self-raised funds refer to funds received by construction enterprises from their responsible institutes, local governments, and within enterprises for the purpose of investment in fixed assets during the reference period.

(7) Other refer to funds received during the reference period which are not included above.

32. 基本建设项目按大中小型划分 Capital Construction Projects by Size

基本建设划分大中小型项目原则上应按照上级批准的设计任务书或初步设计所确定的总规模或总投资划分，没有正式批准设计任务书或初步设计的，按国家或省、自治区、直辖市年度基本建设投资计划中所列的总规模或总投资划分。上述两条均不具备的，按本年计划施工工程的建设总规模或总投资划分。生产单一产品的工业项目，按产品的设计能力划分；生产多种产品的工业项目，按其主要产品的高设计能力划分。品种繁多，难以按生产能力划分的，按全部计划投资额划分。划分标准以国家颁发的《大中小型建设项目划分标准》为依据。国家曾在1958、1962、1977和1979年先后五次修订《大中小型建设项目划分标准》，因此各历史时期的大中型项目数不完全可比。

The division of the size of capital construction projects should be determined according to the construction plan approved by higher authorities or the investment size written in the initiative plan, otherwise according to current capital construction plan of the state, provinces, autonomous regions, and cities under central government. Industrial projects which produce unitary products are classified according to the planning capacity of the main products; projects which produce multi products are classified by the high planning capacity of the main products. Projects which produce a large variaty of products are classified by the total planned investment. Standards for Division of Large and Medium-sized Construction Projects issued by the central government is the base for the size division of construction projects, which was revised in 1958, 1962, 1977, and 1979, respectively, and therefore, data on the size of projects are not comparable from year to year.

33. 新增生产能力 Newly Increased Production Capacity

新增生产能力指通过固定资产投资活动而增加的设计能力或工程效益，它是用实物形态表示的固定资产投资的成果。新增生产能力的计算，是以能独立发挥生产能力或效益的单项工程(或项目)为对象。当单项工程(或项目)建成，经有关部门鉴定合格，正式移交投入生产，即可计算新增生产能力。

新增生产能力或工程效益有以下几种表现形式:

(1)以建设项目或单位工程建成后的年产能力表示。如煤炭开采、石油开采等。

(2)以建设项目或单项工程建成后处理原料的能力表示。如选矿工程的年处理矿石能力、洗煤厂年洗原煤能力等。

(3)以新增的主要设备数量或容量表示。如棉纺锭枚数、发电机组容量等。

(4)以建筑物容积、容量、面积或长度表示。如水库容量、铁路公路里程等。

新增生产能力的数量一般按设计能力计算。设计能力是指设计文件中规定的在正常情况下能够达到的生产能力,而不论投产后的实际产量如何。以设备数量、建筑物容积、面积、长度等表示的新增生产能力(或效益),则按建成的实际数量计算。

Newly Increased Production Capacity refers to increase of designed capacity and project efficiency through investment in fixed assets, which reflects the accomplishment of investment in fixed assets in kind. The calculation of newly increased production capacity is based on individual projects which operate independently. When an individual project is completed and checked and accepted and put into production, it is counted as newly increased production capacity.

Several forms of presenting newly increased production capacity and project efficienty are often appilied as follows:

(1) Annual production capacity, such as extraction of coal and oil;

(2) Raw material processing capacity, such as annual ore processing capacity of ore dressing projects;

(3) Number or volume of major equipments increased, such as number of cotton spindles increased and capacity of electricity generating sets;

(4) Physical measures of construction such as volume, capacity, area, and length, for instance, capacity of reservoirs, length of railways or roads.

Quantity of newly increased production capacity is calculated by designed capacity in general, which refers to the production capacity a project can reach under normal conditions designed in construction documents regardless of actual output after the project is put into operation.

34. 新增固定资产 Newly Increased Fixed Assets

新增固定资产指通过投资活动所形成的新的固定资产价值。包括已经建成投入生产或交付使用的工程价值和达到固定资产标准的设备、工具、器具的价值及有关应摊入的费用。它是以价值形式表示的固定资产投资成果的综合性指标,可以综合反映不同时期、不同部门、不同地区的固定资产投资成果。

Newly Increased Fixed Assets refer to increase in value of fixed assets through investment, including projects completed and put into production, and equipments, tools, and instruments considered as fixed assets, and relevant expenses as investment in fixed assets. It is a comprehensive indicator of investment in fixed assets, reflecting the accomplishment of investment in fixed assets in different periods, different sectors, and different regions.

35. 固定资产交付使用率
Rate of Projects of Fixed Assets Completed and Put into Operation

固定资产交付使用率指一定时期新增固定资产与同期完成投资额的比率。它是反映各个时期固定资产建设速度、衡量建设过程中投资效果的一个综合性指标。

Rate of projects of Fixed Assets Completed and Put into Operation refers to ratio of newly increased fixed assets to total investment completed in the same period, which is a comprehensive indicator, reflecting the development of fixed assets investment and investment efficiency.

36. 城市基础设施 Urban Infrastructure Facilities

城市基础设施包括第二产业中的电力、煤气及水的生产和供应业;第三产业中的水利业、铁路运输、公路运输、管道运输、航空运输、邮电通信、公共服务和环境保护投资等。

Urban Infrastructure Facilities include the production and supply of power, gas and tap water in the secondary industry and water conservancy, railway transportation, highway transportation, pipeline transportation, air transportation, post and telecommunications, public services, and environmental protection investment of the tertiary industry.

37. 海关进出口总额 Total Import and Export Through the Customs

海关进出口总额指实际进出我国国境的货物总金额。包括对外贸易实际进出口货物,来料加工装配进出口货物,国家间、联合国及国际组织无偿援助物资和赠送品,华侨、港澳台同胞和外籍华人捐赠品,租赁期满归承租人所有的租赁货物,进料加工进出口货物,边境地方贸易及边境地区小额贸易进出口货物(边民互市贸易除外),中外合资经营企业、中外合作经营企业、外商独资经营企业进出口货物和公用物品,到、离岸价格在规定限额以上的进出口货样和广告品(无商业价值、无使用价值和免费提供出口的除外),从保税仓库提取在中国境内销售的进口货物,以及其他进出口货物。进出口总额用以观察一个国家在对外贸易方面的总规模。我国规定出口货物按离岸价格统计,进口货物按到岸价格统计。

Total Import and Export Through the Customs refer to the actual value of goods entering and exiting the Chinese territory, including actual import and export of foreign trade; imported and exported materials for the processing and assembling trade; aids and gifts from foreign governments, the United Nations and international organizations; donations from overseas Chinese, compatriots in Hongkong, Macao and Taiwan, and ethnic Chinese of foreign citizenship; leased goods which belong to the tenant after the leasing contract expires; imports and exports processed with imported materials; border trade and small amount of imports and exports through the frontier areas (except barter trade among people living on the frontiers); imports and exports and common goods of sino-foreign joint ventures, sino-foreign cooperative ventures and solely foreign-invested ventures; samples of imports and exports and advertising materials with their cost, insurance,freight and FOB value higher than the quota (except goods without commercial and use value and free exports); bonded imports which are for sale in the Chinese territory; and other imported and exported goods. The total import and export through the Customs reflect an overall picture of a country's foreign trade. According to Chinese regulations, exports are calculated at free on board value while imports are calculated at cost, insurance and freight.

38. 吸收外资 Absorption of Foreign Capital

吸收外资指我国各级政府、部门、企业和其他经济组织通过对外借款、吸收外商直接投资以及用其他方式筹措的境外现汇、设备、技术等。

Absorption of Foreign Capital refers to credits, instruments and technology introduce by Chinese governments at all levels, various departments, enterprises, and other economic units from abroad and Hong Kong, Macao and Taiwan, in the forms of loans, direct foreign investment and through other channels.

39. 合同外资金额 Contracted Foreign Investment

合同外资金额是指合同(章程)中规定的外方出资额及外方承诺的企业境外借款金额。

Contracted Foreign Investment refers to the foreign investment stipulated by the contract as well as foreign loans promised by the overseas side.

40. 实际吸收外资 Actual Absorption of Foreign Investment

实际吸收外资是指合同外资金额的实际执行金额。

Actual Absorption of Foreign Investment refers to actual usage of contracted foreign investment, including cash, investment in kind and incorporeal capital agreed by the both sides as part of the investment, such as services and technology.

41. 对外借款 Foreign Borrowings

对外借款是我国吸收外资的主要部分。包括我国通过外国政府贷款、国际金融组织贷款、外国银行商业贷款、出口信贷以及对外发行债券、股票等方式从境外筹措的资金。

Foreign Borrowings constitute a major part of China's absorption of foreign capital, including funds borrowed from foreign countries, loans by foreign governments and international monetary organizations, commercial loans and export financed by foreign banks, and Chinese bonds and shares issued in foreign countries.

42. 外商直接投资 Direct Investment by Foreign Businesses

外商直接投资是指外国企业和经济组织或个人(包括华侨、港澳台胞以及我国在境外注册的企业)按我国有关政策、法规,用现汇、实物、技术等在我国境内开办外商独资企业、与我国境内的企业或经济组织共同举办中外合资经营企业、合作经营企业或合作开发资源的投资(包括外商投资收益的再投资)以及经政府有关部门批准的项目投资总额内,企业从境外借入的资金。

Direct Investment by Foreign Businesses refers to the investments made inside China by foreign enterprises and economic organizations or individuals (including overseas Chinese, compatriots in HongKong, Macao and Chinese enterprises registered abroad), in line with the relevant policies and laws of China, for the establishment of wholly foreign-owned enterprises, and joint ventures or development projects lauched in China (including re-investment of profits from foreign businesses), and the funds that enterprises borrow from abroad in the total investment of projects which are approved by the relevant departments of the governments.

43. 引进技术 Import of Technology

引进技术指通过贸易途径,从国外获得发展我国国民经济和提高技术水平所需要的技术装备。引进内容(项目引进方式)有:许可证贸易(技术贸易)、生产线(包括成套设备)、单机(包括关键设备)、软硬件结合(同时引进技术和设备)和其他。

Import of Technology refers to obtaining, through the trade channel, from other countries the technology and equipment which are needed for advancing China's national economy and improving its technological level. The import (project introduction form) includes: licensing (technological trade), production lines (including complete plant),single machine (including key equipment), combination of hardware and software (importing technology and equipment simultaneously) and others.

44. 对外承包工程 Overseas Contracted Projects

对外承包工程包括各对外承包公司以招标议标承包方式承揽的下列业务: (1)承包国外工程建设项目。(2)承包我国对外经援项目。(3)承包我国驻外机构的工程建设项目。(4)承包我国境内利用外资进行建设的工程项目。(5)与外国承包公司合营或联合承包工程项目时我国公司分包部分。(6)以服务成果向业主收费的技术服务项目(包括承担地形地貌测绘;地质资源勘探与普查;建设区域规划;提供设计文件、图纸、生产工艺技术资料和工程技术经济咨询;工程项目的可行性考察、研究和评估;进行技术指导和培训人员等)。(7)对外承包兼营的房屋开发业务。对外承包工程的营业额是以货币表现的本期内完成的对外承包工程的工作量,包括以前年度签订的合同和本年度新签订的合同在报告期完成的工作量。

Overseas Contracted Projects refer to projects undertaken by Chinese contractors (project contracting companies) through bidding process. They include: (1) overseas civil engineering construction projects financed by foreign investors. (2) overseas projects financed by the Chinese government through its foreign-aid programs. (3) construction projects of Chinese diplomatic missions, trade offices and other institutions stationed abroad. (4) construction projects in China financed by foreign investment. (5) sub-contracted projects to be taken by Chinese contractors through a joint umbrella project with foreign contractor(s). (6) technical assistance projects in the form of service results and chargeable to the owners (such as topographic surveying, geological prospecting, development zone programming, provision of documents, blueprint, materials on production process, technical consultation, project feasibility studies and evaluation, personnel training, etc.). and (7) housing development projects. The business turnover from international contracting is the work of contracted projects completed during the reporting period, expressed in monetary terms, including completed work on project contracts signed in previous years.

45. 对外劳务合作 Overseas Labour Service

对外劳务合作指以收取工资的形式向业主或承包商提供技术和劳动服务的活动。我国对外承包公司在境外开办的合营企业,中国公司同时又提供劳务的,其劳务部分也纳入劳务合作统计。劳务合作营业额按报告期内向雇主提交的结算数(包括工资、加班费和奖金等)统计。

Overseas Labour Service refers to activities of providing technology and labour services to employers or contractors by collecting salaries and wages. Labour services provided by Chinese international contrasting corperations to their overseas joint ventures shall be included into the statistics of overseas services. The business turn over of overseas labour services is the settlement price (including salaries, overtime pay and bonuses) submitted to the employers during the reporting period.

46. 旅游人数 Number of Tourists

旅游人数指来我国参观、访问、旅行、探亲、访友、休养、考察、参加会议和从事经济、科技、文化、教育、体育、宗教等活动的外国人、华侨、港澳和台湾同胞的人数。不包括外国在我国的常住机构,如领使馆、通讯社、企业办事处的工作人员;来我国常驻的外国专家、留学生以及在岸逗留不过夜人员。

Number of Tourists refers to the number of foreigners, overseas Chinese, and compatriots from Hong Kong, Macao and Taiwan coming to the Chinese mainland for sightseeing, visits, tours, family reunions, meeting friends, vacations, study tours, attending meetings and other activities of an economic, scientific and technological, cultural, physical culture and religious nature. This does not include employees of foreign organizations stationed in China such as embassies, consulates, news agencies, representative offices of overseas firms and foreign experts and students residing in China and persons who enter the country but without staying over.

47. 财政收入 Financial Revenue

财政收入指中央和地方财政一年内从企业、事业、个体经营者、居民等部门取得的货币收入的总和,包括中央企业在沪收入。财政收入主要有下列来源:

(1)企业所得税:指国有企业所得税、集体企业所得税、私营企业所得税、股份制企业所得税、联营企业所得税等。

(2)税收收入:包括消费税、增值税、营业税、城市维护建设税、证券交易印花税、外商外国企业所得税、关税、盐税、农业税等。

(3)其他收入:包括能源基金、调节基金、排污费、各种附加收入等。

Financial Revenue is the total monetary income the central and local treasuries have collected from enterprises, institutions, private firms residents and other social sectors within a fiscal year, which includes the income reaped by the central government-run enterprises in Shanghai. The main sources of the financial revenue include:

(1)Enterprise income tax: such as the income taxes paid by the state enterprises, collective enterprises, private enterprises, shareholding enterprises and cooperative enterprises.

(2)Tax revenue: including consumption tax, value-added tax, business tax, urban maintenance and construction tax, security exchange stamp tax, income tax paid by foreign-funded enterprises, customs duties, salt tax and agricultural tax. and

(3)Other incomes: such as energy construction fund, regulatory fund, sewage discharging fee and other additional incomes.

48. 财政支出 Financial Expenditure

财政支出指财政一年内各种支出的总和,主要包括下列内容:

(1)用于城市建设、发展生产,如基本建设拨款、更新改造拨款、科技三项费用拨款、支农支出、城市维护建设费等。

(2)用于行政事业部门的日常开支,如科教文卫事业费、行政经费等。

(3)用于改善人民生活支出,如物价补贴、抚恤救济费等。

(4)用于其他方面,如民防事业费、战备费等。

Financial Expenditure refers to the total expenditures of the local treasury within a fiscal year, which include:

(1) Expenditure on urban construction and production development, such as allocations for capital construction, technical renovation and transformation, and scientific and technological projects; aid to agricultural production; and cost of urban maintenance and construction.

(2) Current expenses of administrative departments and institutions, including expenditures for scientific, educational, cultural and public health undertakings and spendings on administration and management.

(3) Expenses for improving the local people's living standards, such as subsidies and pension and relief cost. and

(4) Spendings on other fields, such as costs of civil defence and preparations against war.

49. 储蓄存款 Savings Deposits

储蓄存款指居民个人有金融机构的存款,包括各种形式的城镇居民储蓄和农村个人储蓄。

Savings Deposits refer to the deposits that individual residents have put into financial institutions, including all kinds of urban residents' savings deposits and rural individuals savings deposits.

50. 存款 Deposits

存款是企业、机关、团体或居民根据可以收回的原则,把货币资金存入银行或其他信用机构保管并取得一定利息的一种信用活动形式。根据存款对象的不同可划分为企业存款、财政存款、机关团体存款、基本建设存款、城镇储蓄存款、农村存款等科目。它是银行信贷资金的主要来源。

Deposits are a form of credit by which enterprises, insititutions, organizations or residents can put money into banks and other credit institutions for safekeeping and earn interests under the principle of free withdrawal. According to different depositors, deposits are divided into enterprise deposits, treasury deposits, deposits of government agencies and organizations, capital construction deposits, urban savings deposits, rural deposits and other deposits. Deposits constitute a major source of bank credit funds.

51. 贷款 Loans

贷款是银行或其他信用机构根据必须归还的原则，按一定利率，为企业、个人等提供资金的一种信用活动形式。我国银行贷款，分流动资金贷款、固定资产贷款、城乡个体工商户贷款以及农户贷款等科目。

Loans are a form of credit by which banks and other credit institutions provide funds with a prescribed interest to enterprises and individuals under the principle of unconditional repayment. Loans from Chinese banks include circulating capital loans, fixed assets loans and urban and rural individual industrial and commercial unit loans and farmer household loans.

52. 保险费 Premium

保险费是保险人根据保险合同的有关规定，为被保险人取得因约定危险事故发生所造成的经济损失补偿(或给付)权利，付给保险人的代价。包括财产险和人身险储金收入。

Premium is the fee paid by the insurant based on a proportion of the benefit he may get from the insurance plus the insurance value. It includes savings income from the property and life insurance.

53. 保险赔款 Insurance Indemnity

保险赔款指保险事故发生后，经查证确属保险责任范围以内的保险标的损失，保险人根据保险合同的规定履行赔偿义务，给予被保险人的款项叫做赔款。赔款可分为已决赔款和未决赔款两种。

Insurance Indemnity is the compensation paid by the insurer for an accident happening to the insured property or the insurance value paid for an accident happening to a person who has insured his life. It is further divided into settled and unsettled reparation.

54. 年初实有耕地面积 The Actual Area of Ploland at the Beginning of a Year

是指年初实有能够种植农作物，经常进行耕锄的田地。包括熟地、当年新开荒地、新开垦围垦地、连续撂荒未满三年的耕地和当年休闲地(轮歇地)。以种植农作物为主并附带种植桑树、茶树、果树和其他林木的土地，以及沿海、沿湖地区已围垦利用的"海涂"、"湖田"等也应包括在内，但不包括专业性桑园、茶园、果园、果木苗圃、林地、芦苇地、天然草原等。

This refers to the real area of arable land and frequently-tended farmfields at the beginning of a year. It includes cultivated land, the newly-reclaimed wasteland in the year, the farmland which has been laid idle for no more than three consecutive years, and land on fallow that year. It shall also include farmland with mulberry, tea, fruit and other trees but used mainly for growing crops as well as the reclaimed "beachland" and "lakeland" along the sea coasts and the lake banks. However, it shall not include the land devoted especially for mulberry and the tea gardens, orchards, nurseries, woodlands, reed marches and natural grasslands.

55. 农村从业人员 Personnel Employed in Rural Areas

是指实际参加生产经营活动并取得实物或货币收入的人员，不论年龄大小，既包括劳动年龄内实际参加劳动人员，也包括不在劳动年龄内但实际参加劳动的人员，但不包括户口在家的在外学生和因病残而长期不能参加劳动及丧失劳动能力的人，也不包括待业人员和家务劳动者。从业人员不论是农业从业人员还是非农业从业人员，也不论是在农村还是在城镇就业都属于统计范围。

Personnel Employed in Rural Areas refers to the total number of people who are engaged in production and business activities that generate incomes in cash or in kind. It includes all the working labourers, no matter whether they are within the working age or not. But students studying outside but with their registered residence at home, silk and disabled people who have lost their ability to work, unemployed people, and those engaged in housework are not included. All the employees, whether they are engaged in the agricultural production or in the non-agricultural business, in the villages or in towns, are covered by the statistics.

56. 农业总产值 Gross Output Value of Agriculture

农业总产值是以货币表现的农、林、牧、渔业全部产品的总量,它反映一定时期内农业生产的总规模和总成果。

农、林、牧、渔业的统计范围是:

(1)农业 包括农作物种植业和其他农业。

农作物种植业包括谷物、豆类、薯类、棉、油料、糖料、麻类、烟叶、蔬菜、药材、瓜类和其他农作物的种植,以及茶园、桑园、果园的生产经营。

其他农业包括采集野生植物的果实、纤维、树胶、树脂、油料以及柴草、野生药材、菌类等及农民家庭兼营的商品性工业。

(2)林业 包括林木的栽培(不包括茶园、桑园和果园的栽培、管理和收获等活动)、林产品的采集和村及村以下合作经济组织和农户的竹木采伐。

(3)牧业 包括除渔业养殖以外的一切动物饲养和放牧,以及野生动物的捕猎和饲养。

(4)渔业 包括水生动物和海藻类植物的养殖和捕捞。

从所有制看,包括国有经济的各种专业农(农、林、牧、渔)场以及国家各级机关团体学校、科研机构、部队经营的农业;集体所有制的乡镇村各级办农场;农村各种经济组织经营的农、林、牧、渔业以及工矿企业家属集体经营的农业;农民家庭自营的农林牧渔业及兼营商品性工业等。

农业总产值的计算方法通常是按农林牧渔业产品及其副产品的产量分别乘以各自单位产品价格求得,少数生产周期较长、当年没有产品或产品产量不易统计的,则采用间接方法匡算其产值,然后将四业产品产值相加即为农业总产值。

1957年以前的农业总产值中包括了厩肥和农民自给性手工业(如农民自制衣服、鞋、袜,自己从事粮食初步加工等)。1958年及以后的农业总产值,林业中增加了村及村以下竹木采伐产值;牧业中取消费厩肥产值;副业中取消了农民自给性手工业产值,增加了村及村以下办的工业产值;渔业中增加了海洋捕劳水产品产值。1980年及以后的农业总产值,在副业中增加了农民家庭兼营工业商品部分的产值。从1984年起村及村以下办工业产值划归工业。从1993年起,取消副业。将野生动物的捕猎划入牧业,野生植物采集和农民家庭兼营商品性工业划归农业。

Gross Output Value of Agriculture refers to the total volume of products of farming, forestry, animal husbandry, and fishery expressed in the monetary terms. It reflects the overall scale and achievements of agricultural production during a given period of time.

The scope of statistics on farming, forestry, animal husbandry, and fishery are as follows:

(1) Farming includes cultivation of farm crops and other agricultural activities.

Cultivation of Farm Crops include cultivation of grain crops, legume crops, tubercrops, cotton, oil-bearing crops, sugar crops, bastfiber plants, tobacco, vegetables, medicinal herbs, melon crops, and cultivation and management of tea plantations, mulberry fields and orchards.

Other Agricultural Activities include harvesting wild fruits, fiber, tree gum, resin, oil-bearing plants, firewood, wild medicinal herbs, fungus, and rural-household commodity industries.

(2) Forestry refers to planting trees of various kinds (excluding tea plantations, mulberry fields and orchards), collection of forestry products and cutting and felling of bamboo and trees by villages and other cooperative organizations under villages.

(3) Animal Husbandry refers to raising and grazing of all kinds of farm animals except fishing and aquatic cultivating, and hunting and raising of wild animals.

(4) Fishery refers to cultivation and catching of fish and other aquatic products and cultivation and collection of seaweed and other aquatic plants.

In terms of ownership, China's agriculture includes specialized state farms (for farming, forestry, animal husbandry, fishery), farms managed by various government agencies, organizations, schools, research institutions, and army; farms managed by rural collective organizations at levels of the township, town, and village; farming, forestry, animal husbandry, fishery run by various rural collective organizations and farming run by collective family members' organizations of mining and industrial enterprises; farming, forestry, animal husbandry and fishery and some commodity industries run by individual farmers.

Gross output value of agriculture is obtained by first multiplying the output of products or by-products by their unit price. For a small number of products, annual output of which is not available or difficult to get due to the long production/growing process involved, the output value will be estimated through an indirect approach. The sum of output value of all products of farming, forestry, animal husbandry and fishery will then add together to form gross output value of agriculture.

Before 1957, China's gross agricultural output value included the value of barnyard manure and handicraft products for self-consumption (clothes, shoes, stockings, and initial grain processing undertaken by peasants). After 1958, the output value of cutting and felling of bamboo and trees by villages and other cooperative organizations under villages have been included in forestry; value of barnyard manure has been excluded from animal husbandry; the value of self-consumed handicrafts has been excluded from sideline occupations, while output value of industries run by villages and cooperative organizations under villages has been included in sideline occupations and output value of fish catches by motor fishing boats has been added to fishery. Since 1980, the output value of handicraft products made for sale by farmer households has been added to sideline occupations, From 1984, industries run by villages and cooperative organizations under villages have been included in the sector of industry. After 1993, the category of sideline occupations has been canceled and hunting of wild animals has been classified into husbandry, and harvesting of wild vegetation and commodity industry run by rural households have been grouped into the category of agriculture.

57. 农业机械总动力 Total Power of Farm Machinery

农业机械总动力指用于农、林、牧、渔业生产的各种动力机械的动力总和。动力机械包括耕作、排灌、种植、植物保护、收获、农产品加工、运输、畜牧、渔业、农田水利等各种机械。不包括专门用于乡办工业、基本建设、非农业运输、科学试验和教学等非农业生产方面用的动力机械与作业机械的数量。

Total Power of Farm Machinery refers to the total mechanical power of machinery used in farming, forestry animal husbandry and fishery, including machines used for ploughing, irrigation and drainage, crop growing, plant protection, harvesting, farm product processing, transport, stock breeding, fishery and water conservancy. Machinery employed for non-agricultural purposes such as township industry, capital construction, non-agricultural transport, scientific experiments and for teaching is excluded.

58. 工业总产值 Gross Output Value of Industry

工业指从事自然资源的开采，以及对采掘品和农产品进行加工和再加工的物质生产部门。具体包括:(1)对自然资源的开采，如采矿、晒盐、森林采伐等(但不包括禽兽捕猎和水产捕捞);(2)对农副产品的加工、再加工，如粮油加工、食品加工、轧花、缫丝、纺织、制革等;(3)对采掘品的加工、再加工，如炼铁、炼钢、化工生产、石油加工、机器制造、木材加工等，以及电力、自来水、煤气的生产和供应等;(4)对工业品的修理、翻新，如机器设备的修理、交通运输工具(包括小轿车)的修理等。

1984年以前农村的村及村以下办工业归属农业，1984年以后划归工业。

工业总产值是以货币表现的工业企业在一定时期内生产的已出售或可供出售工业产品总量，它反映一定时间内工业生产的总规模和总水平。它包括:在本企业内不再进行加工，经检验、包装入库(规定了需包装的产品除外)的成品价值，以及工业性作业价值、自制半成品在产品期末期初差额价值(生产周期较长的企业计算)。工业总产值采用“工厂法”计算，即以工业企业作为一个整体，按企业工业生产活动的最终成果来计算，企业内部不允许重复计算，不能把企业内部各个车间(分厂)生产的成果相加。但在企业之间、行业之间、地区之间存在着重复计算。

轻重工业总产值的划分也是按"工厂法"计算的,即一个工业企业在正常情况下生产的主要产品的性质属于轻工业,则该企业的全部总产值作为轻工业总产值;一个工业企业生产的主要产品的性质属于重工业,则该企业的全部总产值作为重工业总产值。

自1995年下半年起,为适应建立新国民经济核算体系的需要,工业总产值计算方法有所变化,称为工业总产值新规定。新规定与原规定的区别主要有三点。(1)全价与加工费的计算原则不同:新规定凡自备原材料,不论其加工程度如何,一律按全价计算总产值;原规定部分特殊行业是自备原材料的,也只允许按加工费计算工业产值。有些行业也有按全价计算工业总产值。(2)自制半成品、在产品期末期初差额价值的计算原则不同,新规定要求,凡会计产品成本核算时计算了成本的差额价值,总产值中就应包括,否则可不包括;原规定则区分了生产周期六个月的界限,凡生产周期六个月以上的企业,总产值计算中应包括这部分差额价值,否则可不包括。(3)计算价格不同:新规定按不含增值税(销项税额)的价格计算;原规定按含增值税(销项税额)的价格计算。本年鉴1995年以前,工业总产值按原规定计算,1995年以后按新规定计算。

Industry refers to material production sector which engaging in extraction of natural resources and processing of natural resources and agricultural products and reprocessing, including (1) the calculation of full production cost and processing cost is different. The new rules stipulate that the total output value of the production of with self-supplied raw materials should be calculated according to the full production cost,in regardless of whether the processing procedure is simple or complicated. The old rules stipulated that the production output value of some special sectors with self-supplied raw materials could only be calculated according to the processing lost; (2) processing of farm and sideline produces, such as rice husking, wheat milling, wine making, oil pressing, cotton ginning, silk reeling, animal slaughtering, and medicinal herbs processing; (3) manufacture of industrial products, such as steel making, iron smelting, steel rolling, printing and dying, dress making, and paper making; water and gas production and electricity generation and supply; (4) repairing of industrial products such as machinery and means of transport.

Prior to 1984, rural industry run by villages and village-run cooperative organizations under village was classified as agriculture and was grouped into industry after 1985.

Gross Output Value of Industry refers to the total volume, expressed in the monetary terms, of products turned out by industrial enterprises during a given period of time which are already sold or available for sale. It reflects the overall scale and level of the industrial production during a given period. It includes the value of finished products which are already examined, packed (excluding products whose packaging is required by set rules) and stored and which will not under go further processing by their producers; industrial operation value; and the differential value of initial and final self-made semi-finished products (calculated by enterprises with a relatively long production cycle). The gross output value of industry is calculated with the "factory act" method, which regards an industrial enterprise as a single unit and only takes the final production result of the unit into account, thus avoiding double counting within an industrial enterprise or add-up of the production results of various workshops (branches) of the enterprise. However, doubling counting still exists among enterprises, trades and regions.

The gross output value of light and heavy industries is also calculated with the "factory act" method. Under normal conditions, if the major products of an enterprise belong to the light industry category, the gross output value of the enterprise shall be included totally into the gross output value of the light industry. The same rule applies to the gross output value of the heavy industry.

Since the second half of 1995, China has adopted new rules to calculate its total industrial output value, in an effort to build a new accounting system for the national economy. There are three major differences between the old and new rules.

(1) The definition of full production cost and processing cost is different. The new rules stipulate that the output value of the production with self-supplied raw materials, whether its production procedure is simple or complicated, should be calculated according to the processing cost. According to the old rules, the output value of some processing production with raw materials supplied by customers can

be calculated according to the full production cost, while some production with self-supplied raw materials can only be calculated according to the processing cost. Some trades calculate the total industrial output value according to the whole prices.

(2) For self-made semi-finished products, the principal of accounting differential cost of the beginning and the end of the production is different. The new rules stipulate that if the differential cost is included in the production cost of the product, it should be included in the output value, too. Otherwise, the diffrential cost may not be included in the output value. The old rules set a limitation of six-month production period. An enterprise with a production period of more than six months should include the differential cost in calculating its total output value. Otherwise, the differential cost may not be included in the total output value.

(3) The accounting price is different. According to the new rules, the industrial output value will be calculated without value-added tax. Before 1995, this yearbook calculated the total industrial output value according to the old rules, but the new rules have been applied since then.

轻工业指主要提供生活消费品和制作手工工具的工业。按其所使用的原料不同,可分为两大类:(1)以农产品为原料的轻工业,是指直接或间接以农产品为基本原料的轻工业。主要包括食品制造、饮料制造、烟草加工、纺织、缝纫、皮革和毛皮制作、造纸以及印刷等工业。(2)以非农产品为原料的轻工业,是指在工业品为原料的轻工业,主要包括文教体育用品、化学药品制造、合成纤维制造、日用化学制品、日用玻璃制品、日用金属制品、手工工具制造、医疗器械制造、文化和办公用机械制造等工业。

重工业是指为国民经济各部门提供物质技术基础的主要生产资料的工业。按其生产性质和产品用途,可以分为下列三类:(1)采掘(伐)工业,是指对自然资源的开采,包括石油开采、煤炭开采、金属矿开采、非金属矿开采和木材采伐等工业;(2)原材料工业,指向国民经济各部门提供基本材料、动力和燃料的工业。包括金属冶炼及加工、炼焦及焦炭化学、化工原料、水泥、人造板以及电力、石油和煤炭加工等工业。(3)加工工业,是指对工业原材料进行再加工制造的工业。包括装备国民经济各部门的机械设备制造工业、金属结构、水泥制品等工业,以及为农业提供的生产资料如化肥、农药等工业。

Light Industry refers to industry which produces consumer goods and hand tools. It consists of two categories, depending on the materials used:

(1) Industries using farm products as raw materials. These are branches of light industry which directly or indirectly use farm products as basic raw materials, including the manufacture of food and beverages, tobacco processing ,textile, clothing, fur and leather manufacture, paper making, printing, etc.

(2) Industries using non-farm products as raw materials. These are branches of light industry which use manufactured goods as raw materials, including the manufacture of cultural and educational articles, crafts and art products, chemical instruments, and the manufacture of cultural and office machinery.

Heavy Industry produces capital goods, which provides various sectors of the national economy with necessary materials and technical basis, and consists of the following three branches according to purpose of production or use of products:

(1) Mining and felling industry refers to industry that extracts natural resources, including extraction of petroleum, coal, metal and non-metal ores and timber felling.

(2) Raw materials industry provides various sectors of the national economy with raw materials, fuels and power. It includes smelting and processing of metals, coke making and coke chemistry, chemical materials and building matrials such as cement, plywood, and petroleum and coal processing.

(3) Manufacturing industry processes raw materials. It includes machine-building industry which equips sectors of the national economy, industry of metal structure and cement works, industry producing means of agricultural production, and industry of chemical fertilizers and pesticides.

59. 工业销售产值 Sales Output Value of Industry

工业销售产值是以货币表现的工业企业在一定时期内销售的本企业生产的工业产品产量。包括已销售的成品、半成品价值,以及对外提供的工业性作业价值和对本单位基本建设部门、生活福利部门等提供的产品和工业性作业及自制设备的价值。已销售的成品、半成品不论是本期生产还是上期生产的,只要是本期销售出去的均包括在内。对外提供的工业性作业是指企业按合同对外提供的工业性劳务。企业为本单位基本建设部门、生活福利部门等提供的产品和工业性作业及自制设备也应视同销售,这部分也作为销售统计。

工业销售产值的计算范围、计算价格和计算方法与工业总产值一致,但两者计算的基础不同。工业销售产值计算的基础是产品销售总量,工业总产值计算的基础是工业产品生产总量。

Sales Output Value of Industry refers to total sales of products produced by industrial enterprises during a given period, including sales of finished goods, value of semi-products, value of industrial services provided to other units, value of products, industrial services provided for capital construction sector, welfare and self-produced equipments within enterprises. Sales of finished goods and semi-products in current are taken into account regardless of their production period.

The coverage, pricing, and calculation method for sales output value of industry are as same as for gross output value of industry except that the former is based on sales of products and the later is based on output of products.

60. 独立核算工业企业　非独立核算工业生产单位 Independent Accounting Industrial Enterprises and Non-Independent Accounting Industrial Production Work Units

工业企业按其行政和财务是否独立,分为独立核算工业企业和非独立核算工业生产单位。

独立核算工业企业应同时具备下列三个条件:(1)行政上有独立的组织形式;(2)经济上独立核算、自负盈亏,编制独立的资金平衡表;(3)有权与其他单位签订合同,并在银行设有独立帐户。独立核算工业企业不论是单一性生产或联合性生产的企业,均以整个企业作为一个基层单位进行统计,而不按分厂、车间统计。

非独立核算工业生产单位是指不同时具备独立核算工业企业三个条件,附设于其他企业、事业、机关、团体、学校、科研机构、部队等单位的工业生产单位。非独立核算工业生产单位,必须同时具备下列三个条件,才能列入工业统计范围,即: (1)有固定的生产场所和生产设备;(2)有固定的生产工人和学徒在10人以上;(3)一般单位常年生产,季节性生产的单位全年开工时间在三个月以上。

Depending on whether they have independent administration and accounting, industrial enterprises can be divided into independent accounting industrial enterprises and non-independent accounting industrial production work units.

An independent accounting industrial enterprise shall operate simultaneously under the following three conditions; (1) having an independent organization in terms of administration; (2) having an independent accounting system, taking care of its own profits and losses, and filling independent balance sheets; and (3)enjoying the right to sign contracts with other work units and open independent bank accounts. An independent accounting industrial enterprise, no matter under a unitary management or cooperative operation, shall be counted as a single grassroots unit in statistics and its branch factories and workshops shall not be calculated separately.

A non-independent accounting industrial production work unit is an industrial production work unit which does not operate simultaneously under the aforementioned three conditions of independent accounting industrial enterprises and is attached to an enterprise, institution, government department, organization, school, scientific research institution, or army unit. A non-independent accounting industrial production work unit can be included into the industrial statistics only when it operates simultaneously under the following three conditions; (1) having fixed production sites and production equipment; (2) having more than 10 permanent workers and apprentices; and (3) operating all-year-round if it's a normal production work unit or operating more than three months a year if it's a seasonal production work unit.

61. 大、中、小型企业 Large, Medium and Small Enterprises

工业企业按其规模大小分成大型(特大型、大一型、大二型)、中型(中一型、中二型)、小型企业。

大、中、小型企业的划分标准有下列两类:

(1)按企业产品的年生产能力划分。凡产品比较单一的行业,如电力、原煤、石油、钢铁、有色金属、硫酸、烧碱、纯碱、合成氨、发电设备、汽车、拖拉机、木材采伐、水泥、平板玻璃、纺织、造纸、制糖、手表、缝纫、自行车等均以产品生产能力作为划分大、中、小型的标准(生产多种产品的企业,以其主要产品的生产能力来划分)。

(2)按企业拥有生产经营用的固定资产原价划分。凡产品种类繁多,难以按生产能力划分的,则以企业拥有的固定资产原价作为划分大、中、小型的标准。

In light of their scales, industrial enterprises can be divided into large (extra large, large-Ⅰ, large-Ⅱ),medium (medium-Ⅰ, medium-Ⅱ) and small enterprises.

The criteria for classifying large, medium and small enterprises fall into the following two categories:

(1) Classificatin according to annual production capacity.

Enterprises with singular products, such as producers of power, raw coal, petroleum, iron and steel, non-ferrous metals, vitriol, caustic soda, soda ash, synthetic ammonia, power generation equipment, automobile, tractor, timber, cement, plate glass, textiles, paper, sugar, wrist watches, sewing machines, and bicycles, will be classified as large, medium and small enterprises in light of their production capacity (Enterprises turning out a variety of products will be classified according to their production capacity of their major products).

(2) Classification according to the original value of fixed assets. Enterprises which turn out a great variety of products and can hardly be classified according to their production capacity shall be divided into large, medium and small enterprises according to the original value of their fixed assets.

62. 工业企业主要财务指标和经济效益指标 The Main Financial Indexes and Economic Efficiency Indexes of Industrial Enterprises

1. 资本金合计

资本金是企业在工商行政管理部门登记的注册资金。资本金合计包括国家资本金、法人资本金、个人资本金、外商资本金和集体资本金等。

国家资本金是指有权代表国家投资的政府部门或者机构以国有资产投入企业形成的资本金。不论企业的资本金是哪个政府部门或机构投入的,只要是以国家资金进行投资的,均作为国家资本金。

法人资本金是指其他法人单位以其依法可以支配的资产投入企业形成的资本金。

个人资本金是指社会个人或者企业内部职工以个人合法财产投入企业形成的资本金。

外商资本金是指外国和香港、澳门、台湾地区投资者财产投入企业形成的资本金。

集体资本金是指集体所有制企业财产投入企业形成的资本金。

2. 资产总计

资产是指企业拥有或者控制的能以货币计量的经济资源,包括各种财产、债权和其他权利。资产按其流动性(即资产的变现能力和支付能力)划分为:流动资产、长期投资、固定资产、无形资产、递延资产和其他资产。

流动资产合计是指可以在一年内或者超过一年的一个生产周期内变现或者耗用的资产合计。流动资产年平均余额是指一年内工业企业全部流动资产的平均余额。

固定资产是指使用年限在一年以上,单位价值在规定标准以上,并在使用过程中保持原有物质形态的资产,包括房屋及建筑物、机器设备、运输设备、工具器具等。固定资产合计是指企业固定资产净值、固定资产清理、在建工程、待处理固定资产净损失所占用的资金合计,包括固定资产原价、固定资产净值、固定资产净值年平均余额。固定资产原价是指固定资产按取得时的实际成本计价。在固定资产尚未交付使用或者已投入使用但尚未办理竣工决算之前发生的固定资产的借款利息和有关费用,以及外币借款的汇兑差额,应当计入固定资产价值,之后的计入当期损益。接受捐赠的固定资产应按照同类资产的市场价格或有关凭据确定固定资产价值,接受捐赠固定资产时发生的各项费用,应当计入固定资产价值。融资租入的固定资产,按租赁协议确定的设备价款、运输费、途中保险费、安装调试费等支出计价,在原有固定资产基础上进行改建、扩建的固定资产,按原有固定资产帐面原价,减去改建、扩建过程中发生的变价收入,加上由于改建、扩建而增加的支出计价。盘盈的固定资产,按重置完全价值计价。固定资产净值是指固定资产原价减去累计折旧的净额。

3. 负债合计

负债合计是指企业所承担的能以货币计量,将以资产或劳务偿付的债务总计。负债一般按偿还期长短分为流动负债和长期负债。流动负债合计是指企业在一年内或超过一年的一个营业周期内偿还的债务;长期负债合计是指偿还期在一年以上或者超过一年的一个营业周期内偿还债务。

4. 产品销售收入

产品销售收入是指企业销售成品,自制半成品,提供工业性劳务等取得的收入。

5. 利润总额

利润总额是企业在一定时期内实现的盈亏总额,是企业最终的财务成果,包括营业利润、补贴收入、投资收益、营业外净收入和以前年度损益调整等。

6. 工业经济效益综合指数

工业经济效益综合指数是综合衡量工业经济效益各个方面在数量上总体水平的一种特殊相对数,是反映工业经济运行质量的综合指数。它是以每项指标的实际值分别除以该项指标的全国标准值,并乘以其权数,加总后再除以总权数而求得,计算公式:

$$工业经济效益综合指数=\sum\left(\frac{某项经济效益指标报告期数值}{该项指标全国标准值}\times(该项指标权数)\right)\div 总权数$$

计算工业经济效益综合指数时,各项经济效益指标的分子、分母应按报告期止累计数(如产品销售收入为报告期止累计产品销售收入)或序时平均数(如平均流动资产为报告期止各月平均流动资产之和除以累计月数)计算。

全国的标准值:是根据“八五”期间全国乡及乡以上工业企业每项指标实际完成数值加权平均计算出来的。

权数:是根据上述各项工业经济效益指标在综合经济效益中的重要程度,根据专家调查法确定。

7. 工业企业主要经济效益指标的内容及计算公式

(1)总资产贡献率。该指标反映企业全部资产的获利能力,是企业经营业绩和管理水平的集中体现,是评价和考核企业盈利能力的核心指标。计算公式为:

$$总资产贡献率=(利润总额+税金总额+利息支出)/平均资产总额\times\frac{12}{累计月数}$$

其中: 税金总额为产品销售税金及附加与应交增值税之和;平均资产总额为期初、期末资产总计的算术平均值。

(2)资本保值增值率。该指标反映企业净资产的变动状况,是企业发展能力的集中体现。计算公式为:

资本保值增值率=报告期期末所有者权益/上年同期期末所有者权益

所有者权益等于资产总计减负债总计。

(3)资产负债率。该指标既反映企业经营风险的大小,也反映企业利用债权人提供的资金从事经营活动的能力。计算公式为:

资产负债率=负债总额/资产总额

资产及负债均为报告期期末数。

(4)流动资产周转率。指一定时期内流动资产完成的周转次数,反映投入工业企业流动资金的周转速度。计算公式为:

$$流动资产周转率=销售收入/流动资产平均余额\times\frac{12}{累计月数}$$

(5)成本费用利润率。反映工业投入的生产成本及费用的经济效益,同时也反映企业降低成本所取得的经济效益。计算公式为:

成本费用利润率＝利润总额/成本费用总额

其中：成本费用总额为产品销售成本、销售费用、管理费用、财务费用之和。

(6)全员劳动生产率。该指标反映企业的生产效率和劳动投入的经济效益。计算公式为：

$$全员劳动生产率=工业增加值/全部职工平均人数\times\frac{12}{累计月数}\times\frac{工业总产值(不变价格)}{工业总产值(当年价格)}$$

由于工业增加值是按现行价格计算的，而职工人数不含价格因素，因此应将增加值价格因素予以消除。具体方法可采用总产值价格变动系数消除价格影响。

(7)产品销售率。该指标反映工业产品已实现销售的程度，是分析工业产销衔接情况、研究工业产品满足社会需求的指标。计算公式为：

产品销售率＝工业销售产值/工业总产值(现价)

1. Aggregate Capital in Cash

Capital in cash refers to an enterprise's capital registered with a local industrial and commercial administrative department. The aggregate capital in cash includes the capital in cash of the state, the legal persons, individuals, foreign investors and collectives.

State capital in cash means the capital in cash derived from the state-owned assets invested into enterprises by government departments or organizations which have the right to invest on behalf of the state. No matter the capital in cash of an enterprise comes from which government department or organization, it shall be deemed as the state capital in cash if the investment comes from the state fund.

Legal person capital in cash refers to the capital in cash stemmed from the investment put into an enterprise by other firms using assets legitimately at their disposal.

Individual capital in cash is the capital in cash derived from investment put into an enterprise by individuals or the enterprise's employees using their legitimate personal possessions.

Foreign investor's capital in cash is the capital in cash resulting from investment put into an enterprise by foreign investors or investors from Hong Kong, Macao and Taiwan.

Collective capital in cash is the capital in cash derived form investment put into an enterprise by collective enterprises.

2. Aggregate Assets

Assets mean economic resources owned or controlled by an enterprise which can be calculated in monetary terms. They include all types of properties, creditor's rights and other rights. In view of their liquidity (e.g., cashability and paying capacity), assets can be divided into circulating assets, long-term investment, fixed assets, intangible assets, deterred assets and other assets.

The aggregate circulating assets refer to an enterprise's total casheable or usable assets within a production cycle which can be either shorter or longer than a yerar. The average annual balance of circulating assets means the average balance of the total circulating assets of an enterprise within a year.

The aggregate fixed assets mean assets with a duration over one year, a unit price above the prescribed level and maintaining their original physical shape during the utilization period. They include houses, buildings, machines, equipment, transport facilities, tools and instruments. The aggregate assets are the add-up of the new value of the fixed assets, retirement of fixed assets, projects under construction and the capital occupied for handling the net loss of the fixed assets of an enterprise. They include the original value, the net value and the annual net value balance of the fixed assets. The original value of the fixed assets is the cost price of the assets at the time of their obtaining. The loan interest and other fees concerning the fixed assets before they are put into use or after they are put into use but before the final settlement of account and the balance of exchange of the relevant foreign exchange loans shall be included into the value of the fixed assets, but they shall be grouped into the current period profits and losses afterwards. The value of donated fixed assets shall be calculated according to the market price of the same type of assets or relevant credentials and shall include all the fees related to accepting the donation. The value of the fixed assets obtained through capital leasing shall include the equipment prices as prescribed in the leasing contracts, the transportation fee, the transportation insurance and the cost of installation and testing. The value of the renovated and expanded assets shall be equal to the original book value of the original assets minus the income from the current price occurred during the renovation and expansion process and plus the expenditure for the renovation and expansion. The value of the inventory profit-generated fixed assets shall be equal to the complete replacement price. The net value of the fixed assets is the result of deducting the accumulated depreciation from the original value of the fixed assets.

3. Aggregate Liabilities

Aggregate liabilities refer to the total debts of an enterprise which can be calculated in monetary terms and will be repaid in the forms of assets or service. Usually, the debts are divided into liquid liability and long-term debt according to the length of the payback period. The liquid liability is the debt that an enterprise will pay back during an operation cycle which is either shorter or longer than a year. The long-term debt refers to a debt whose payback period is longer than a year or which will be repaid during an operation cycle that is longer than a year.

4. Product Sales Income

Product sales income refers to the income obtained by an enterprise by selling its finished products, semi-finished products or by providing industrial services.

5. Aggregate Profit

Aggregate profit is the total profits and losses realized by an enterprise during a given period of time and is the enterprise's final financial result. It includes operating profit, subsidies, investment yield non-operation net income. and the adjustment of profit and loss of the previous fiscal year.

6. Comprehensive Index of Industrial Economic Efficiency

Comprehensive Index of Industrial Economic Efficiency is a special relative figure which is used to evaluate the overall level of various aspects of the industrial economic efficiency in the quantitative terms. It is a comprehensive indicator of the quality the industrial economy. As shown below, the index is the result of the real number of the industrial economic efficiency index in each field being divided by the national standard value in the same field and then multiplied by the respective weigh number:

$$\text{Aggregative index of industrial economic efficiency} = \left(\frac{\text{Reporting period figure of a certain economic efficiency index}}{\text{National standard value in the same field}} \times \text{weight}\right)(\text{overall weight})$$

When calculating the aggregative index of industrial economic efficiency, the numerator and denominator of various industrial economic efficiency indexes shall be the accumulative figures by the end of the reporting period (for instance, the product sales income shall be the accumulative product sales income by the end of the reporting period) or the chronological average (for instance, the average circulating assets shall be the result of dividing the sum of average monthly figure by the number of months within the reporting period).

The national standard value is based on the weighted average of the real figure of each index of industrial enterprises at and above the township level in the country during the Eighth Five-Year Plan period (1991-1995).

Weight is determined by the expert investigation method in light of the degree of significance of each of the aforementioned industrial economic efficiency indexes in the aggregative industrial economic efficiency.

7. The Main Economic Efficiency Indexes of Industrial Enterprises and Their Calculating Formulas:

(1) Rate of Return on Total Assets reflects the state of return on total assets of an enterprise. It

epitomizes the business achievements and administrative level of an enterprise. It is also used as a key index in assessing the economic efficiency of an enterprise. Its calculating formula is:

$$\text{Rate of return on total assets} = \text{(Total profits + total taxes + interest exchange)/Average total assets} \times \frac{12}{\text{cumulative months}}$$

Total taxes are the sum of sales tax and additional plus added－value tax to be paid; Average total assets are the arithmetic average value of the total assets at the beginning and end of the reporting period.

(2) Capital Maintenance and Appreciation Rate reflects the changes of an enterprise's net assets. It epitomizes the growth capability of an enterprise. Its calculating formula is: Capital maintenance and appreciation rate = Ownership equity at the end of the reporting period/Ownership equity at the same period of the previous year. Ownership equity is the result of total assets minus total liabilities.

(3) Asset－Debt Ratio reflects the risks an enterprise takes while in operation. It also indicates the enterprise's capability in utilizing the fund provided by creditors. Its calculating formula is: Asset－Debt ratio = total liabilities/total assets both liabilities and assets are the figures at the end of the reporting period.

(4) Turnover of Current Assets refer to the turnover time of current assets in a certain period of time, reflecting the turnover speed of current assets in an industrial enterprise. Its calculating formula is:

$$\text{Turnover of current assets} = \text{Sales income/Average balance of current assets} \times \frac{12}{\text{cumulative months}}$$

(5) Cost－Profit Ratio reflects the economic returns on industrial production cost and expenses. It also shows the economic benefits an enterprise gains by reducing production cost. Its calculating formula is: Cost－Profit ratio = total profits/total cost and expenses. Total cost and expenses refer to the sum of cost of goods sold, distribution cost, administrative expenses and finance cost.

(6) Labour Productivity of Total Workers reflects the production efficiency of an enterprise and the economic returns of its labour investment. Its calculating formula is:

$$\text{Labour productivity of total workers} = \text{Industrial added-value/Number of total workers and staff} \times \frac{12}{\text{cumulative months}} \times \frac{\text{Gross Output Value of Industry (Constant prices)}}{\text{Gross Output Value of Industry (Current prices)}}$$

Since industrial added－value is calculated at the current price while the number of total workers and staff doesn't involve price factor, coefficient of price changes should be adopted in calculating industrial added－value.

(7) Product Sales Ratio reflects how many industrial products have been sold. It is the index to analyze the situation of market and industrial production and relations between demand and supply.

$$\text{Product sales ratio} = \frac{\text{Sales value of industry}}{\text{Total output value of industry}} \text{(current price)}$$

63. 货(客)运量 Freight (Passenger) Traffic

货(客)运量指在一定时期内,各运输部门实际运送的货物(旅客)数量。是反映运输业为国民经济和人民生活服务的数量指标，也是制定和检查运输生产计划，研究运输发展规模和速度的重要指标。货运按吨计算，客运按人计算。货物不论运输距离长短，货物类别，均按实际重量统计；旅客不论行程远近或票价多少，均按一人一次作为客运量统计。半价票、小孩票也按一人统计。

Freight (Passenger) Traffic refers to the physical volume of freight (passenger) transported. Freight transport is calculated by ton and passenger traffic by number of persons. Despite the type of freight and travelling distance, the freight transport is calculated by the actual weight: and despite the travelling distance and ticket price, the passenger traffic is calculated by one person per travel. The half-price and child tickets are also calculated on one-person ticket basis. The freight (passenger) traffic provices a quantitative measure to reflect how the transport industry serves the national economy and people, and an important indicator for planning the transport industry and for studying the development scale and speed of the industry.

64. 货物(旅客)周转量 Freight (Passenger) Traffic Volume

货物(旅客)周转量指在一定时期内，由各种运输工具运送的货物(旅客)数量与其相应运输距离的乘积之总和，是反映运输业生产总成果的重要指标，也是编制和检查运输生产计划，计算运输效益、劳动生产率以及核算运输单位成本的主要基础资料。通常以吨公里和人公里为计算单位。计算货物周转量通常按发出站与到达站之间的最短距离，也就是计费距离计算。

Freight (Passenger) Traffic Volume refers to the total of the product of the physical volume of transported cargo (passengers) by the transport distance, usually using ton/kilometre and person/kilometre as calculating units. Normally, the shortest distance between the departure point and the destination is the basis to calculate the freight traffic volume, that is to say, the payable distance. This is an important indicator to show the total results of the transport industry, to prepare and examine the transport plan and to measure the efficiency, the labour productivity and the unit cost of transport.

65. 邮电业务总量 Service Revenue of Posts and Telecommunications

邮电业务总量指以货币表现的邮电部门用于传递信息和提供其他邮电服务的总数量。它综合反映了一定时期邮电工作的总成果，是研究邮电业务量构成和发展趋势的重要指标。根据邮电管理体制不同，分为中央国营业务总量和地方国营业务总量。它用各种邮电分类业务量，如函件件数、电报份数、长话张数、市内电话和农村电话的年均户数、订销报刊累计份数等，分别乘以相应的平均单位(不变价)，加总后再加上出租电路和设备的收入、代用户维护电话交换机和线路等设备的收入、其他业务收入求得。

Service Revenue of Posts and Telecommunications refers to the total amount of the information delivered and other post and telecommunications services provided by the post and telecommunications departments for the customers. It is arrived by first multiplying the business volume of different types, such as number of letters, telegrams, long distance calls, city and rural telephone subscribers and accumulated number of newspapers and journals subscribed and sold, etc. by their respective average unit price (fixed price) and then adding these products together, plus the income from maintenance of telephone switchboards and lines, and the income from other business operations. The service revenue of posts and telecommunications reflects the total achievement by the post and telecommunications departments during a given period of time in a comprehensive way, and is an important indicator to study the composition and development of the post and telecommunications business.

66. 社会消费品零售总额 Value of Retail Sales of Consumer Goods

社会消费品零售总额指各种类型的批发零售贸易业、餐饮业、制造业和其他行业对城乡居民和社会集团的消费品零售额。这个指标反映通过各种商品流通渠道向居民和社会集团供应的生活消费品总量，满足他们生活需要，是研究人民生活、社会消费品购买力、货币流通等问题的重要指标。社会消费品零售额包括：(1)售给城乡居民作为生活消费用的商品和住房及修建房屋用的建筑材料；(2)售给机关、团体、学校、部队、企业、事业单位的职工食堂和旅店(招待所)附设专门供本店旅客食用,不对外营业的食堂的各种食品、燃料;企业、单位和国营农场直接售给本单位职工和职工食堂自己生产的产品;(3)售给部队干部、战士生活用的粮食、副食品、衣着品、日用品、燃料;(4)售给来本地的外国人、华侨、港澳台同胞的消费品;(5)居民自费购买的中西药品、中药材及医疗用品;(6)报社、出版社直接售给居民和社会集团的报纸、图书、杂志,以及集邮公司出售的新、旧纪念邮票、特种邮票、首日封、集邮册、集邮工具等;(7)旧货寄售商店自购、自销部分的商品零售额;(8)煤气公司、液化石油气站售给居民和社会集团的燃气灶具和罐装液化石油气;(9)售给社会集团的各种办公用品及公用消费品;(10)农民售给非农业居民和社会集团的商品,但不包括售给国民经济各部门企业、事业单位(包括国有经济的农场)生产经营用的各种原材料、燃料、设备、工具等和售给批发零售贸易业、餐饮业作为转卖用的商品、旧货寄售商店受托寄售卖出的商品、服务业的营业收入、邮局出售邮票的收入、自来水、电力、煤气生产(供应)单位的产品供应收入,也不包括农民之间的商品销售。

Value of Retail Sales of Consumer Goods refers to the sum of retail sales of consumer goods by wholesale, retail, catering, manufacturing establishments and establishments in other industries of different types of ownership, to urban and rural households and institutions, as well as retail sales by farmers to non-agricultural households. Illustrating the supply of consumers goods through various channels to households and institutions to meet their demands, this is an important indicator for the study of issues on people's livelihood, on the purchasing power of consumer goods and on the circulation of money. The retail sales of consumer goods include: (1) commodities and housing (incluidng building materials for the construction or repair of housing) sold to urban and rural households; (2) food and fuels sold to canteens of institutions, enterprises, schools, military units and to canteens of hotels and hotels that only serve their guests, and commodities produced by enterprises, institutions or state farms and sold directly to their employees or their canteens; (3) grain and non-staple food, clothing, daily articles and fuels sold to military personnel; (4) consumer goods sold to foreigners, overseas Chinese, and Chinese compatriots in Taiwan, Hong Kong and Macao during their stay in the mainland of China; (5) Chinese and Western medicines, herbs and medical facilities purchased by households; (6) newspapers, books and magazines directly sold to households and institutions by publishers; new and old commemorative stamps, special stamps, first-day covers, stamp albums and other stamp-collection articles sold by stamp companies; (7) consumer goods purchased and then sold by second-hand shop; (8) stoves and other heating facilities and liquified gas sold by gas companies to households and institutions; (9) Office commodities and public consumable sold to social group; (10) commodities sold by farmers to non-agricultural households and institutions. Excluded under this heading are: raw materials, fuels, equipment, tools sold to enterprises, institutions and state farms for production purpose; commodities sold to trade establishments for re-selling; commissioned sales at secondhand shops; operational income of urban public utilities; stamps sold at post offices; income of water, power, gas production and supply establishments from the supply of their products; and sales of commodities among farmers.

67. 商品购进总额 Total Purchase of Commodities

商品购进总额指从本企业(单位)以外的单位和个人购进(包括从国外直接进口)作为转卖或加工后转卖的商品。这个指标反映批发零售贸易业从国内、外市场上购进商品的总量。商品购进总额包括:(1)从工农业生产者购进的商品;(2)从出版社、报社的出版发行部门购进的图书、杂志和报纸;(3)从各种类型的批发零售贸易企业(单位)购进的商品;(4)从其他单位购进的商品,如从机关、团体、企业、单位购进的剩余物资,从餐饮业、服务业购进的商品,从海关、市场管理部门购进的缉私和没收的商品,向居民收购的废旧商品等;(5)从国(境)外直接进口的商品,但不包括企业(单位)为自身经营用和未通过买卖行为而收入的商品以及销售退回、商品升溢等。

Total Purchase of Commodities refers to purchase of commodities from other establishments or individuals (including direct import from abroad) for the purpose of re-selling, either with or without further processing of the commodities purchased. Reflecting the total value of purchases of commodities by wholesale and retail establishments from domestic and overseas markets, they include: (1) agricultural and industrial products purchased from producers; (2) books, magazines and newspapers purchased from distribution departments of the publishers; (3) commodities purchased from wholesale and retail establishments; (4) commodities purchased from other units, such as surplus materials purchased from government agencies, enterprises or institutions; commodities purchased from catering and service establishments; confiscated goods purchased from customs authorities or market management agencies; secondhand goods and wastes purchased from households; (5) commodities directly imported from abroad. Excluded are commodities purchased by enterprises for their own operation, commodities obtained without buying or selling procedures, rejected commodities, etc.

68. 商品销售总额 Total Sales of Commodities

商品销售总额指对本企业(单位)以外的单位和个人出售(包括对国(境)外直接出口)的商品。这个指标反映批发零售贸易业在国内市场上销售商品以及出口商品的总量。商品销售总额包括:(1)售给城乡居民和社会集团消费用的商品;(2)售给工业、农业、建筑业、运输邮电业、批发零售贸易业、餐饮业、服务业等作为生产、经营使用的商品;(3)售给批发零售贸易业作为转卖或加工后转卖的商品;(4)对国(境)外直接出口的商品。不包括:出售本企业(单位)自用的废旧包装用品,未通过买卖行为付出的商品,经本单位介绍,由买卖双方直接结算,本单位只收取手续费的业务,购货退出的商品以及商品损耗和损失等。

Total Sales of Commodities refer to selling of commodities to other establishments and individuals (including direct export). Reflecting the total value of sales of commodities at domestic markets and export, this indicator includes:(1) commodities sold to urban and rural households and institutions for their consumption; (2) commodities sold to establishments in industry, agriculture, construction, transporation, post and telecommunications, wholesale and retail trade, catering and service trade and public utility for their production and operation; (3) commodities sold to wholesale and retail establishments for re-selling, with or without further processing; and (4) commodities for direct export to other countries. Excluded are selling of waste packaging materials used by enterprises themselves commodities transferred without buying or selling procedures, commission income from brokerage in transactions whose settlement is directly handled by buyers and sellers, rejected commodities in the purchase, loss in commodities, etc.

69. 能源消费总量 Total Domestic Energy Consumption

能源消费总量指一定时期内全国(地区)物质生产部门、非物质生产部门和生活消费的各种能源的总和,是观察能源消费水平、构成和增长速度的总量指标。能源消费总量包括原煤和原油及其制品、天然气、电力,但不包括低热值燃料、生物质能和太阳能等的利用。能源消费总量分为三部分,即终端能源消费量、能源加工转换损失量和能源损失量。

(1)终端能源消费量指一定时期内全国(地区)物质生产部门、非物质生产部门和生活消费的各种能源在扣除了用于加工转换三次能源消费量和损失量以后的数量。

(2)能源加工转换损失量指一定时期内全国(地区)投入加工转换的各种能源数量之和与产出各种能源产品之和的差额。它是观察能源在加工转换过程中损失量变化的指标。

(3)能源损失量指一定时期内能源在输送、分配、储存过程中发生的损失和由客观原因造成的各种损失量。不包括各种气体能源放空、放散量。

Total Domestic Energy Consumption refers to the total energy consumption of various forms by material production departments, non-material production departments and households in the country (region) in a given period of time. It is a comprehensive indicator to observe the scale, composition and development of energy consumption. The total energy consumption includes raw coal, crude petroleum and their products, natural gas and electricity, but excludes fuel of low calorific value, bioenergy and solar energy. Total domestic energy consumption can be divided into three parts:

(1) Final Energy Consumption refers to the total energy consumption by material production department, non-material production departments and households in the country (region) in a given period of time, after deducting the secondary energy consumption and loss during the process of energy

conversion.

(2) Loss During the Process of Energy Conversion refers to the total input of various forms for conversion, minus the total output of energy of various forms in the country in a given period of time. It is an indicator to observe the loss that occurs during the process of energy conversion.

(3) Loss refers to the total loss of energy due to mistakes or any objective reasons during the course of energy transport, distribution and storage in a given period of time. The loss of various kinds of gas due to gas discharges and stocktaking is excluded.

70. 专业技术人员 Professional and Technical Personnel

专业技术人员指事业、企业单位中已被聘任专业技术职务的从事专业技术工作及其专业技术管理的人员，以及虽未被聘任专业技术职务，但现在专业技术岗位上工作的国家干部。

Professional and Technical personnel refers to professional, technical and managerial staff members in institutions or enterprises who not only have professional and technical titles but also hold professional and technical posts. They also include state cadres who work on professional and technical posts but do not have professional and technical titles.

71. 专业技术人员 Professional and Technical Personnel

专业技术人员指事业、企业单位中已经聘任专业技术职务从事专业技术工作方面专业技术管理工作的人员，以及未聘任专业技术职务、现在专业技术岗位上工作的国家干部。

Professional and Technical personnel refers to professional, technical and managerial staff members in institutions or enterprises who not only have professional and technical titles but also hold professional and technical posts. They also include state cadres who work on professional and technical posts but do not have professional and technical titles.

72. R&D

R&D 是"研究与试验发展"(Research and Experimental Development)的英文缩写。其含义是指为了增加知识的总量—包括关于人类、文化和社会的知识，以及运用这些知识去发明新的用途而进行的系统的创造性工作。R&D包括基础研究、应用研究、试验发展。

R&D is an abbreviation which stands for "research and experimental development", meaning systematic and creative endeavours aimed at expanding the overall volume of knowledge, including the knowledge about the mankind, culture and society, and applying the knowledge in inventing new uses. R&D includes basic studies, application research and experimental development.

73. 发明、实用新型和外观设计 Invention, Utility Models and Exterior Designs

发明专利法及其实施细则所称的发明是指对有关产品、方法或其改进所提出的新的技术方案。

实用新型专利法及其实施细则所称的实用新型是指对产品的形状、构造或者其结合所提出的适于实用的新的技术方案。

外观设计专利法及其实施细则所称的外观设计是指对产品的形状、图案、色彩或者其结合所作出的富有美感并适于工业上应用的新设计。

Inventions as specified by the patent law and its detailed rules and regulations for implementaiton refer to the new technical proposals about related products or methods or their modifications.

Utillity Models as specified by the patent law and its detailed rules and regulations for implementation refer to new technical proposals about the shape and structure of the products or the combination of both, which are practical in industrial production.

Exterior Designs as specified by the patent law and its detailed rules and regulation for implementation refer to the aesthetics and industry-applicable new designs for the shape, design and color of a product, or their combinations.

74. 独立研究与开发机构 Independent Research and Development Institutions

独立研究与开发机构指有明确的任务和研究方向，有一定学术水平的业务骨干和一定数量的研究人员，具有研究、开发、开展学术工作的基本条件，主要进行科学研究与技术开发活动，并且在行政上有独立的组织形式，财务上独立核算盈亏，有权与其他单位签订合同，在银行有单独户头的单位。包括国务院各部门、中国科学院、中国社会科学院和各省、自治区、直辖市以及地(市)以上〔含地(市)〕各部门所属的国有独立的科学研究与技术开发机构。

Independent Research and Development Institutions refer to the state-owned institutions which have direct mission and research purpose, a certain research level and quantities of personnel, favorable conditions for R & D and engaging in scientific research and technological development. The institutions also have their own independent organization, accounting system authority to sign contract with other units, and their own accounts in banks. Independent research and development institutions include the institutions attached to central government departments and the institutions attached to local governments.

75. 科学家和工程师 Scientists and Engineers

科学家和工程师指具有大学本科及以上学历和不具备上述学历但有高、中级职称的人员。

Scientists and Engineers refer to persons who have completed university or higher education or obtained a senior or midde-level professional title.

76. 普通高等学校 General Institutions of Higher Learning

普通高等学校指按照国家规定的设置标准和审批程序批准举办，通过国家统一招生考试，招收高中毕业生为主要培养对象，实施高等教育的全日制大学、独立设置的学院和高等专科学校、短期职业大学。

General Institutions of Higher Learning refer to educational establishments which are set up according to government evaluation and approval procedures, enroll graduates from high schools who have passed the national college entrance examination and provide higher education courses and training for senior professionals. They include full-time universities, colleges, high professional schools and short-term professional universities.

77. 成人高等学校 Institutions of Higher Learning for Adults

成人高等学校指按照国家有关规定审批，招收通过全国成人高教统一招生考试的具有高中毕业或同等学历的在职从业人员利用脱产、半脱产、业余或函授等多种形式对其实施高等学历教育，培养高等教育专科或本科毕业水平的专门人才，修业年限、课程设置和总学时数均按高等学历教育要求付诸实施的学校。包括广播电视大学、职工高等学校、农民高等学校、管理干部学院、教育学院、独立设置的函授学院等。

Institutions of Higher Learning for Adults refer to educational establishments which are set up in line with relevant rules and approved by government, enroll workers or staff with high school or equivalent education, and provide higher education courses in forms of full-time, part-time, spare-time, or correspondence for adults. Professinals thus trained receive a qualification equivalent to graduates studying regular courses at general colleges, universities and professional colleges. Institutions of higher learning for adults include radio and TV universities, schools of high education for staff and workers and peasants, colleges for management cadres, pedagogical colleged, independent correspondence colleges.

78. 文化事业机构 Cultural Institutions

文化事业机构指从事专业文化工作和为专业文化工作服务的独立建制的单独核算的单位。不包括这些单位另外举办独立核算的其他机构和各部门的业余文化组织。

Cultural Institutions refer to units which have their own establishment and independent accounting system and specialize in cultural activities or serve cultural developments. Cultural Institutions exclude other extablishments run by units under the cultural authorities and amateur cultural groups established by other departments.

79. 电影放映单位 Film Projection Units

电影放映单位指具有放映机器设备、固定或不固定的放映场所与专职或兼职的放映技术人员，经有关部门登记批准，经常为一定的观众对象放映电影的机构。包括经批准对外开放进行营业，并与电影发行放映管理机构分帐的专用放映单位和军委系统租片单位。

Film Projection Units refer to units with film projection equipment, full or part-time projectionists, permanent or non-permanent places, approved by related administrative departments to show films regularly for certain groups of audience, including those film projection units which have been approved to give commercial shows and registered with film circulation and projection administrations as well as those film-renting units of the army.

80. 等级运动员人数 Number of Graded Athletes

等级运动员人数指经考核正式批准授予等级运动员称号的人数。运动员等级分为国际级运动健将、运动健将、一级运动员、二级运动员、三级运动员、少年级运动员。

Number of Graded Athletes refers to the number of athletes who have been given titles through examination. The titles of graded athletes include international masters of sports, masters of sports, first-class, second-class and third-class athletes and young athletes.

81. 等级裁判员人数 Number of Graded Referees

等级裁判员人数指经考核正式批准授予等级裁判员称号的人数。裁判员等级分为国际裁判、国家级裁判、一级裁判、二级裁判、三级裁判。

Number of Graded Referees refers to the number of referees who have been given titles after passing the examination. They are classified as international referees, national referees and referees of the first, second and third classes.

82. 卫生技术人员 Medical Technical Workers

卫生技术人员指卫生事业机构支付工资的全部固定职工和合同制职工中现任职务为卫生技术工作的专业人员。包括中医师、西医师、中西医结合高级医师、护师、中药师、西药师、检验师、其他技师、中医士、西医士、护士、助产士、中药剂士、西药剂士、检验士、其他技士、其他中医、护理员、中药剂员、西药剂员、检验员、其他初级卫生技术人员。

Medical Technical Workers refer to all permanent medical workers employed by medical institutions, including doctors of Chinese and Western medicine, senior doctors of integrated Chinese-Western medicine, head nurses, pharmacists of Chinese and Western medicine, laboratory specialists, other specilists, junior doctors of Chinese and Western medicine, nurses, midwives, druggists of Chinese and Western medicine, laboratory thechnicians, other technicians, other practitioners of Chinese medicine, nursing attendants, pharmacological workers of Chinese and Western medicine, laboratory workers, and other primary medical personnel.

83. 优抚事业 Special Care for Servicemen and Their Family Members

优抚事业指享受国家定期抚恤金或享受国家定期定量补助的人员。包括革命烈士家属、因公牺牲、病故军人家属、革命伤残人员、现役军属、退伍红军老战士、红军失散人员、复员军人、退伍军人、在职退役军人、在乡退役军人、带病回乡退伍军人,复退军人精神病员、孤老优抚对象等。

Special Care for Servicemen and Their Family Members is given to people who are entitled to regular state pension for the disabled or the family members of the deceased or those who receive regular fixed allowances from the state. They include family members of revolutionary martyrs, family members of servicemen who died on duty or died of an illness, disabled servicemen, family members of servicemen on active service, retired veteran Red Army soldiers, scattered Red Army soldiers, demobilized servicemen, ex-servicemen, servicemen demobilized while on duty, ex-servicemen back to their rural homes, ex-servicemen who were demobilized because of an illness and have gone back to their rural homes, ex-servicemen who suffer from mental illness and elderly persons with no family.

84. 社会福利事业单位 Social Welfare Institutions

社会福利事业单位指集中收养社会孤老、残、幼的机构。包括由民政部门管理的社会福利院、儿童福利院、精神病人福利院和城镇集体办的福利院,以及农村集体举办的敬老院。

Social Welfare Institutions refer to institutions taking care of old people without children, handicapped people and orphans. They include social welfare institutions run by civil affairs departments, children's welfare institutions, social welfare institutions for mental patients, and collectively-run old people's homes in rural areas.

85. 公证人员 Notarial Personnel

公证人员指在国家公证机关依法办理公证事务的司法人员。包括公证员、助理公证员和在公证处工作的其他人员。

Notarial Personnel are judicial workers of the state notary organs handling notarization work according to law. They include notaries, assistant notaries, and other people working for notary firms.

86. 办理公证文书 Notarized Documents

办理公证文书指公证处在一定时期内办结的公证文书件数。公证文书系按司法部规定或批准的格式制作。包括国内公证和涉外公证两部分。其中国内公证为经济合同公证和民事法律关系公证两大类。

Notarized Documents refer to the number of documents certified by notary firms in a year. The notarized documents are drawn up in accordance with the regulations of the Ministry of Justice, including certified Chinese and foreign documents. Chinese documents are divided into two major categories: economic contracts and civil legal papers.

87. 法人单位 Impersonal Entity

法人单位是指具备以下条件的单位:

1. 依法成立,有自己的名称、组织机构和场所,能够独立承担民事责任;
2. 独立拥有和使用(授权使用)资产,承担负债,有权与其他单位签定合同;
3. 会计上独立核算,能够编制资产负债表。

法人单位包括具有法人资格的企业、事业单位、机关、社会团体和经法定程序批准设立的其他单位。

Impersonal Entity refers to the units that meet the following requirements:

1. Established according to law, having its own name, organization and operation place, and able to shoulder independently civil liability;

2. With the independent ownership of and the right to use the assets, bearing liabilities and having the right to sign contracts with other units;

3. With independent accounting system and the ability to make balance sheet.

Impersonal entity includes enterprises, institutions and social groups which have the legal personality and other units that are approved to be established in line with legal procedures.

88. 产业活动单位 Units with Industrial Undertakings

产业活动单位是指具备以下条件的单位:

1. 在一个场所从事一种或主要从事一种社会经济活动;

2. 相对独立组织生产经营或业务活动;

3. 能够掌握收入和支出等业务核算资料。

一个法人单位由一个或一个以上的产业活动单位组成。如果一个法人单位只由一个产业活动单位组成,该法人单位本身就是产业活动单位。

Units with Industrial Undertakings refer to those that meet the following requirements:

1. Located in a cretain place to be engaged in one, or mainly in one, social economic operation;

2. Independently organizing production or business activities;

3. With the ability to handle its incomes and expenditures and other business accounting data.

An impersonal entity is made of one or more units with industrial undertakings. If an impersonal entity is made of one unit with industrial undertakings, itself then is a unit with industrial undertakings.

企业介绍

Enterprise Introduction

上海国际信托投资公司

1998年是极不平凡的一年。面对国家深化金融改革、整顿金融秩序的新形势,尤其是对非银行金融机构包括对信托投资公司的整顿,上海国际信托投资公司大力推进业务结构调整,按照合法、规范、稳健的经营方针,努力开拓新的业务领域,取得了良好的业绩。

1998年,公司业务在调整中求发展,尽管受到内外环境的制约,全年仍实现利税人民币3.7亿元。截至1998年12月31日,公司总资产为人民币238.56亿元,净资产人民币39.72亿元。为了适应公司未来业务的发展方向和金融市场的进一步开放,公司在1998年成立了金融总部、信托总部、投资银行总部、证券总部、投资总部、贸易总部和海外总部。

在传统金融业务方面,公司以提高信贷资产质量为中心,通过贷款结构和投向调整、加强风险管理和实时监控,进一步改善并提高了公司贷款的安全性和盈利性。1998年年底,在面临东南亚金融危机和国际金融市场条件不利的情况下,公司通过加强外汇资产回收,在没有进入国际资本市场筹资的情况下,按期如数偿还了1993年在新加坡发行的7,000万美元的浮动利率债券本息。

1998年,公司进一步拓展了包括财务顾问、兼并收购、证券承销等形式的金融服务业务。

公司的基金业务在1998年取得了突破性发展。公司发起成立了华安基金管理公司,其发行的证券投资基金是全国第四个人民币20亿元规模的证券投资基金,也是全国第一个由地方性金融机构发起的此类基金。此外,公司还努力在证券基金、产业基金、高科技基金和创业基金等方面寻求市场机会。

公司的直接投资通过投资组合的调整和优化,进一步强化了资本运作。同时,在对原有项目进行盘整的基础上,努力抓好有成长性、有前瞻性的重点项目,提高公司的投资回报率。1998年公司继续为上海市重大基础设施项目提供全方位专业服务,公司下属的申信进出口公司、上投国际咨询公司、上投招标公司分别担任项目的咨询顾问、进口和招标代理等。

1999年将是信托业重生的一年。信托业将面临兼并重组的重大调整。我公司认为这对于公司的发展是挑战也是机遇。通过市场的自然淘汰,我们将赢得更大的发展机会和发展空间。公司将以一贯的规范经营为本,大力培养信托主业,加快形成业务发展新格局,稳步推进业务结构的战略转移,为上海的经济建设继续作出贡献。

上海市银行卡网络服务中心

上海是全国“金卡工程”国家级试点城市之一。在市委、市府和中国人民银行的正确领导下,市人行组织全市各发卡银行密切配合,于1993年底开始全市ATM/POS联网信息系统的建设工作。

1995年9月,本市ATM/POS联网信息系统正式建成并向市民开放,从而基本实现了“一卡在手,全市通用”的目标,打破了本市银行卡业务发展中各自为政,互不通用的局面,在一定程度上促进了本市银行卡业务的发展,方便了全市银行卡持卡人。

1997年6月底,本市ATM联网信息系统与V2SA国际组织联网成功,与万事达卡国际组织的联网也已开通。境外V2SA、万事达卡持卡人可在本市部份联网ATM机上兑取人民币,标志着本市银行卡业务得到了长足发展,改善了上海的投资环境和金融环境。

目前,本市工、农、中、建、交、发展、上海银行、招商、福建兴业、邮政储汇、民生银行及市商业增值网络服务公司已与中心联网。

全市已有联网ATM2077台,联网商户2804户,联网POS6899台。1998年全年跨行交易为837.61万笔;跨行交易金额为58.08亿元。

◇◇◇

四川省工业设备安装公司

四川省工业设备安装公司系建设部核准的具有设备安装一级资质的国家二级企业,为中国华西集团骨干企业之一。现有职工近万名,管理人员2893人(其中高中级专业技术人员1800人)。技术力量雄厚、装备先进。1952年成立以来,先后承担省市或国家重点工程800余项,荣获鲁班金像奖5项、国家银质奖5项、省部级优质奖31项等196项优质工程奖,并获全国和省先进施工企业等百余种荣誉称号。

上海分公司是公司在沪的直属单位,成立于1987年,现有职工600余人,各类专业技术人员60余人,先后已完成了华夏宾馆、中科院上海生物工程研究中心、吴泾化工厂16万吨尿素公用工程、上海虹桥机场国际候机楼、上海贝尔电话设备制造有限公司浦东新厂二期三期工程、青浦韩国现代电子一、二、三期工程、苏州韩国三星电子工程、嘉定日本富士通工程、松江日本东洋和日塑料工程、兆丰环球大厦、上海交通大学申通广场工程、上海浦东国际机场站坪管线加油系统工程等安装和调试任务,以质量优、工期短、价格合理获得了一致好评。曾荣获白玉兰杯、天山杯等优质工程奖,并在1996年上海市建设工程安装质量大检查中,获得上海市建筑业管理办公室通报表彰。

公司将一如既往地坚持“质量第一、用户至上、信守合同”的方针,与国内外客商继续进行广泛的联系与合作,为各种工程建筑安装提供最佳服务。

副总经理兼上海分公司经理: 陈大明(高级工程师)

地　址: 上海市龙吴路2031号(即华发路15号)

电　话: 64702997 64367080 64137832

传　真: 64367080　　邮　编: 200231

江苏南通三建集团公司

江苏南通三建集团公司创建于1958年，系国家一级施工企业，是一家集土建、安装、基础、市政、装饰为一体的大型建筑公司。在册职工20600人，技术经济职称人员1514人，高中级职称人员275人，大中型机械设备2826台，总股本为10819万元。

企业自1978年进沪以来，坚持“管理上一流，质量出精品，服务创信誉”的企业精神，坚持“质量第一，确保工期，一流服务，用户至上”的经营宗旨，二十年来屡创佳绩，通过ISO9002质量全面标准化管理国家认证，连续多年被评为上海市优秀施工企业，并获质量、安全、综合治理先进单位，上海市级机关工委“文明单位”等称号。共创国家优质工程“鲁班奖”一项，建设部全国住宅优质样板工程二项，上海市优质工程“白玉兰杯”二十一项、“浦江杯”工程七项。

公司迄今为止已在上海滩耸立高层建筑95幢，居江苏在沪施工企业首位。承建的主要工程项目有：宝钢十街坊高层、嘉定宾馆、远虹大楼、仁恒广场、阳明新城、达安城、八一迎宾楼、威海商厦、天山商厦、伊泰利大厦、仁恒滨江园、浦东国际机场等大型施工项目。同时参与了南浦大桥、杨浦大桥、东方明珠电视塔、市府大楼、88层金茂大厦、世贸商城、波特曼大酒店、永新彩管厂、海伦宾馆、协泰中心等市重大工程的建设、在沪赢得了广泛的信誉。是江苏省驻沪办“七连冠”表彰和嘉奖的唯一单位。

本集团公司业务覆盖全国，遍及世界各地。为了加强企业管理，便于承揽工程，本集团在新加坡、北京、上海、南京、济南、大庆、武汉、天津、克拉玛依等地设置分公司机构，全权代理公司处理一切业务。

本集团愿竭诚与海内外投资建设者合作，欢迎海内外客户惠顾洽淡业务工程。

◇◇

上海市崇明县庙镇人民医院

庙镇人民医院是崇明县三所县级综合性医院之一。1995年被评定为二级乙等医院，通过了市爱婴医院的评审和上海市506家医院精神文明建设达标验收，并被评为1995、1996年度崇明县和上海市农口系统文明单位。医院承担了崇明西部地区7个乡和3个国营农场20多万人口的医疗保健任务。

改革开放为医院的发展创造了勃勃生机。自1992年以来，新建了病房大楼、急诊楼、中心供应室。图书阅览室等，今年初新建的高规格妇产科病房楼也即将竣工。医院占地面积1.5万m^2，建筑面积1.25万m^2。现设置床位230张，职工318人，卫技人员225人，其中高中级职称有32人。医院设有临床科室12个，医技科室12个，临床病区5个。病房设有普通病房、等级病房和ICU监护病房。

医院走科技兴院之路，坚持应用高科技来提高医疗质量，重视医疗设备的投入，近几年来添置国内外医疗设备有：全自动血球计数仪、电视纤维胃镜、纤维结肠镜、纤维膀胱镜、纤维胆道镜、尿十联仪、多功能参数心脏监护仪、多功能麻醉机、自动呼吸机、全自动生化仪、500MA遥控遥测X光机、经颅多普勒彩超诊断仪以及九十年代先进产品B&K3535数字电脑彩色多普勒超声诊断仪等。

近年来医院业务不断拓展，普外科、骨科、妇产科的手术范围除一般手术外，已向高难度手术发展。1997年完成大小手术1200多例，有胃癌根除、胆囊切除、胆总管内外引流、直肠癌保肛根除、乳房癌根除、部分肝叶切除、甲状腺癌根除、腰椎间盘突出摘除、前裂腺摘除、妇科子宫切除、生殖肿癌盆腔清扫等手术，其中椎间盘突出摘除术200多例。

内科针对农村的特点，在开展防治常见病、多发病方面积累了经验，尤其对大面积心肌梗塞的抢救、脑血管意外抢救和有机磷农药中毒的抢救具有一定的特色。

医技科室中，超声科拥有先进的设备，既能进行脑、心胸、腹部超声，又可进行子宫、阴道、直肠、腔内超声，对于眼、甲状腺、乳房肿块、肾上腺、睾丸等小器官及胃十二指肠、肝硬度定量超声测定等更具特色，诊断技术水平处于领先地位。

几年来，职工中获上海市劳动模范1中、市三八红旗手1名、高尚医德奖1名、市十大服务明星1名、女职工标兵1名、上海市优秀青年医师1名，30多人次获卫生局操作技术能手和优秀共产党员的称号。

医院重视人才的培养，在业务上坚持走出去进修和请进来带教的制度，与市区多所三级医院直接挂钩，实行帮助、指导和导师专职带教等制度。近年来，在国家级和省市级学术杂志上发表论文80多篇。

医院坚持社会主义办院方向，坚持两个文明一起抓，坚持农村卫生工作的重点，以规范服务、提高质量，树行业新风为标准，争创一所环境优美化、窗口规范化、病区舒适化，门急诊标准化、仪表礼仪化的新型综合性医院。

院　长：顾　仲　书　记：施伯昌　地　址：上海市崇明县庙镇镇　电　话59361194　邮　编：202153

上海港湾工程设计研究院

上海港湾工程设计研究院是我国华东地区港湾工程建设的重要设计科研机构,创建于1960年。

全院现有职工400余人、拥有各类专业技术人员352人,其中高级技术人员96人、中级技术人员206人、专业配备齐全。设有桩基结构、软土地基、港工材料、施工工艺、综合设计、测试仪器、科技信息等设计研究室,并设有工程施工监理所及工程质量检测中心等。

三十多年来,我院一直从事水运工程及土木建筑结构设计、桩基结构、软基加固、深基坑支护、地质勘探、土工试验、施工环保监测。工程原体观测、建材试验,结构防腐、水下及潮湿混凝土修补、施工工艺等设计与研究、先后承担了3650余项设计和科研服务项目,其中各类工程可行性研究,规划勘测设计项目达300余项,多次承担部、市级重点工程项目的设计与研究。近期来,曾参与杨浦大桥、内环线高架公路等工程建设,我院设计及科研成果获国家级,交通部及上海市重大科技成果奖共35项,1999年已通过ISO—9000系列标准的贯标认证。

近年来,我院与日本,加拿大、瑞典、英国、美国以及其它国家的同行们进行了广泛的技术合作与交流,并多次派员赴坦桑尼亚、马耳他、哥伦比亚、毛里塔尼亚,新加坡等国家和地区提供技术性服务。

为了适应深化改革、对外开放的需要,本着质量第一、信誉第一、用户第一、收费合理的宗旨,我院热忱欢迎国内外企事业,委托进行工程咨询和设计研究业务,希望和国内外的同行们进一步开展技术合作与交流。

地　址:上海市肇嘉浜路829号　邮　编:200032
电　话:64399960　传　真:64399561

◇◇◇

华能上海石洞口第二电厂

1998年,华能上海石洞口第二电厂全体职工在党的十五大精神指引下,继续发扬解放思想,大胆创新,知难而进,实事求是的精神,克服亚洲金融危机和国内洪涝灾害的影响,在电力供求仍趋缓和的情况下,经过艰苦努力,取得了生产经营指标持续增长,生产成本得到有效控制,各项改革稳步推进,两个文明建设继续协调发展的好成绩。全年完成发电量68.146亿千瓦时,比计划电量超发3.146亿千瓦时,增长4.8%,连续7年超额完成了发电量计划;供电煤耗完成311.54克/千瓦时,比计划降低0.46克/千瓦时,同比降低0.68克/千瓦时;厂用电率完成4.11%,同比基本持平。由于电量的超额完成,促进了经营效益的提高。全年超额完成上缴还贷指标0.13亿元;实现利润比承包指标超额完成1.47亿元,增长27.7%;回收电费21.98亿元,回收率达到98.94%;全员劳动生产率130.9万元/人。处于国内电力行业领先水平。

在实现计划经济向市场经济转轨的过程中,坚持"两手抓,两手都要硬"的方针,精神文明建设和创建文明单位活动取得丰硕成果。1998年7月被国家电力公司授予"双文明单位"光荣称号。

上海大隆会计师事务所

上海大隆会计师事务所前身是中国社科院会计师事务所三分部，于1988年成立。1991年8月经上海市财政局批准，成为独立的会计师事务所。

上海大隆会计师事务所共有固定员工50名，其中注册会计师22名，工程审价人员8名。

业务种类有：

1. 企业年度(含年中)财务会计报表审计。
2. 企业外汇业务审计。
3. 代写可行性研究报告及经济部分见证。
4. 工商执照年检审计。
5. 验证各类企业资本(即验资)。
6. 企业投资、合并、分立、清算等专项审计。
7. 编制基建工程项目预算，审计工程项目决算。
8. 企业投资、抵押、租赁、清算、改制、承包等经济事项中的资产评估。
9. 企业常年会计顾问。
10. 受托的经济纠纷查证。
11. 代写合同章程
12. 其他各种经济、会计咨询和会计服务。

宗旨：遵守执业道德、客观公证、信誉第一，服务热情。

主任：许幸华

上海大隆会计师事务所(总部)

地　址：上海市莘庄沪闵路6358号上海闵行区财政局后三楼　　电　话：64120810 64121512(传真)

总　机：64120198－630、633、634、636、637　　邮　编：201100

上海大隆会计师事务所(闵行分部)

地　址：闵行区兰坪路302弄15号6楼　　电　话：64306767 64307441　　邮　编：200240

上海大隆会计事务所(工程审价部)

地　址：上海市莘庄雅致路215号　　电　话：64139590 64139461

◇◇

中国铁路物资上海公司

中国铁路物资上海公司是一个集物资流通管理、内外贸易营销、商品存储集散功能于一体的大型物资企业。经过半个多世纪的发展，上海公司不仅积累了雄厚的资本实力，而且积累了丰富的流通组织经验。

公司营销服务以上海市本部为中心，内设金属、非金属、油品、机电、配件、再生资源开发等营销服务部门，并分别在浦东新区、济南、南京、马鞍山、厦门、南昌等地设置营销网点，充分依托铁路路网和通信网络的优势，拓宽产需渠道，为500多户大中型生产厂家和千余户国内外企业提供了全方位的流通服务。公司营销品种齐全，市场覆盖面广，1994、1995年排列上海市流通企业销售五十强第四名，1996、1997年排列第三名。公司拥有外经贸进出口经营权，最近十年接运进口钢材42.6万吨，完成了近6亿元机电产品的进口接运任务，积累了丰富的实践经验。

上海公司拥有土地15.2万平方米，建有大型全封闭仓库3.6万平方米，硬面化混凝土储料场5万平方米。下设真如、宝山、马鞍山、杨浦4个材料厂。拥有铁路专用线和各类起重吊运设备，收、发、堆、存作业实现了机械化、自动化。公司多年来与车站、港区、码头、公路等运输部门保持了融洽的业务关系，物资储存集散极其便利快捷。

上海公司目前具有各类专业技术职务的员工占全体员工的50%以上，80%以上的管理干部都经过政策法规学习和系统培训。公司已连续6年被评为上海市文明单位。

上海公司的经营格局正不断向多元化经营和跨行业方向拓展，目前已基本形成贸易、实业、加工、租赁、储运、餐饮、住宿、房地产等多元化经营格局，拥有相当的规模和实力，具有较强的发展后劲，公司于1998年通过了ISO9002质量体系认证。

地　址：上海市会文路50号

电　话：56635647

浦东开发的黄金地带——北蔡镇

北蔡镇地处浦东新区西南部，地域面积20.26平方公里，耕地面积478.7公顷。镇政府驻沪南公路838号，下辖潘姚、杨桥、中界、北蔡、安建、陈桥、联勤、五星、御桥、卫行和一六等11个行政村(92个村民小组)、1个临时居委、1个街道、1个社区(共13个居委)。1998年10月全镇常住人口44100人。劳动力16108人，人口增长率-2.75‰。

境内水陆交通便捷，川杨河、白莲泾等区级河道横贯镇区，镇村两级大小河道40条(段)，总长43.74千米、水域面积247.43公顷，灌溉、运输方便。沪南公路、锦绣路、川北公路、华夏中路等交通干线纵横境内，北蔡集镇距南浦大桥3公里。581、639、794、沪南线、南川线、塘川线等十多条公交线路和中巴招手车穿越镇区。

浦东开发开放以来，北蔡的乡镇工业经济取得了持续的发展。上海北蔡实业总公司为镇级经济代表，下属镇、村、队三级企业350余家(其中"三资"企业31家。合作伙伴遍及美国、日本、台湾、香港等国家和地区)。产品主要有汽车空调、电池、新型塑胶材料、家具、丝绸服装、羊毛衫、手套、胶合板、木门、木地板、防水涂料、各类阀门、变速器等。1998年，全镇经济总收入达到34亿元，利润总额2.9亿元，财政收入达到2.1亿元，，全镇固定资产原值达到11.4亿元，外贸出口创汇2.7亿元，劳均收入和人均收入分别达到9400元和6500元。

1998年农副业生产，夏粮种植2209亩，平均亩产257.1公斤，单季晚稻种植2624亩，平均亩产547.2公斤，蔬菜总产量240910公担，总产值1929万元。年上市生猪5835头，鲜奶58万公斤，鲜蛋77万公斤，肉禽5.8万羽。均超额完成上级下达计划。

按照城乡一体化和都市型城镇的建设目标和标准，几年来，北蔡镇的集镇建设和管理取得了长足的发展，集镇面积扩大到2.2平方公里，镇区内的道路、供水、配电、通讯、交通、学校、商店、医院等生产、生活基础设施较为完善，有银行、合作信用社、保险公司、证券交易所等十家金融机构在镇区开业。全镇共有各类学校10所。莲溪、紫叶、天池、莲南、绿川山庄、海东花园、世外桃园、御桥花园等住宅小区和高档花园别墅区入住率不断提高，华联、联华、农工商、八仙等大型超市和多家沪上特色商店相继进镇开设分号或连锁店。581等公交专线直达市中心。北蔡镇1996年被评为二级卫生镇，1998年被评为市社会主义新型村镇。

北蔡镇充分利用浦东开发开放的优惠政策和本镇独特的地理优势和经济基础，坚持二、三、一产业发展方向，一方面瞄准国内外市场，积极采取各种形式和途径，加大开发、投入、创办新企业，另一方面以浦东新区第二轮开发为依托，以镇工业园区开发为契机，加紧产业结构调整，大力发展技术密集型企业，推动两个根本性的转变。

北蔡镇人民热忱欢迎海内外各界朋友、有识之士前来投资创业，携手共建文明、富裕、美丽的新北蔡。

◇◇

上海广厦(集团)有限公司

上海广厦(集团)有限公司，是由原闵行区建筑工程总公司改制组建的市级集团企业。以经营建筑业为主，集建筑施工、建材经营、房地产开发及市政、建筑装潢等于一体的大型建筑企业集团。国家工业与民用建筑施工一级企业、全国先进集体建筑企业、全国集体建筑企业全面质量管理优秀企业。上海市优秀施工企业、上海市集体建筑企业全面质量管理优秀企业、上海市"重合同、守信用"单位、上海市文明单位。通过ISO9002质量体系认证《国际认可论坛多边承认协议(IAF/MLA)集团承认》。公司现有职工2300多人(核心企业，下同)，各类管理人员427名，其中有中高级职称117名，净资产1.08亿元。企业法人、董事长兼总经理陆根良同志系首届上海市优秀建筑企业经理，1993、1997年度两届上海市劳动模范。

本公司从行业的经营特点出发，把"以质量取胜、以信誉取胜"列为企业宗旨，坚持"精心施工、质量创优"的质量方针，弘扬"建一流工程、创一流质量、抓一流管理、上一流服务"的企业精神，以ISO9002标准规范企业行为，创企业品牌，扬广厦信誉，工程质量年年上一个新的台阶。仅1998年度，公司共获得市"白玉兰"工程2只、市优质结构3只、市"浦江杯"4只和区优质结构、优质工程12只，当年竣工工程优良率达73.2%；获市文明、标化工地10只，区文明、标化工地20只。由本公司承建的华利公寓5#、6#房两幢30层(包括地下1层)高层，单位工程面积3.26万平方米，分别被评为优良工程。承建的地铁莘庄站地下停车场，建筑面积11135平方米(其工程规模仅次于市中心人民广场地下停车场)，与此相配套的地铁莘庄文化广场，属闵行区标志性建筑，分别被评为市优质结构和"白玉兰"工程。本公司1996～1998年已连续3年进入上海市优秀施工企业30强，1998年度在本市优秀施工企业排行榜上名列第15位。1998年度在全市施工企业工程质量单项业绩考评中，本公司以全市排名第6位的优异成绩，再次进入上海市质量业绩考评前30名的行列。

"安得广厦千万间"。本公司将在新的形势下，进一步深化企业改革，发挥优势，锐意进取，质量创优，规范服务，为上海城市建设和地区经济发展作出更大的贡献。

上海港务工程公司

上海港务工程公司是国家航务工程一级施工企业，1994年被国务院发展研究中心列入中国行业100家最大经营规模建筑企业第36位，1997年在上海市前50家建筑企业综合实力评比中列第28位，1998年在上海市施工企业综合考评中列30强第26位。通过了上海市质量体系审核中心ISO9002认证。

公司系上海港务局所属全资子公司，创建于1952年，注册资金7414万元。公司现有各类专业职称人员550名，其中高级技术职称58名，中级技术职称157名。公司现有职工1600余名，下设六个独立生产的工程施工分公司、两个工程管理部、港口设计研究院、及船舶、机械施工、设备安装分公司、汽车运输队、金属结构和砼构件预制品分公司、年生产能力在三亿元以上。公司施工机械完备，拥有64米高架和49米高架配进口柴油锤的打桩船各一艘，以及63吨浮吊、拖轮、方驳等水上施工船只，还拥有年生产能力2万立方米的钢筋混凝土预制品分公司以及进口汽车吊、陆上打桩机、砼泵拌车、强夯机等陆上施工机械。经过40多年的发展，特别是通过改革开放二十年的实践，成为拥有固定资产8062万元、航务工程一级资质，施工总承包二级，砼预制构件一级资质的综合性施工企业。公司近年来承接的施工项目，其影响和规模正不断扩大。外高桥一期工程、罗泾煤码头一期工程、SCT军集1～5泊位码头、堆场及房建工程、上海港务局档案馆工程及目前正在施工的外高桥二期工程，均体现了公司的总体实力和综合优势。上海档案馆工程获市级工程质量最高奖“白玉兰”杯、外一期集箱拆站工程获市“金钢奖”、罗泾煤码头一期工程获交通部“水运工程质量奖”。公司还特别注重企业管理和科技进步，先后有一批科技项目获部、市级科技进步成果奖，优秀技术成果奖，公司所属的设计科研项目获国际日内瓦发明成果奖。公司多次被评为在沪施工企业安全、质量单项考评优胜单位。

公司自1990年以来连续七年被命名为“重合同、守信用”单位，1995，1996年被评为市交通邮电系统“文明单位”，1997年被评为交通邮电系统“让人民高兴，使人民放心”好班子。公司将一如既往地以“信誉在港工”为宗旨，竭诚为业主提供优质的服务。

中国统计出版社最新资料书简目

中国统计年鉴－1999(汉英)
中国统计摘要－1999
国际统计年鉴－1999
中国农村统计年鉴－1999
中国城市统计年鉴－1999
中国劳动统计年鉴－1999(汉英)
中国人口统计年鉴－1999
中国建筑业统计年鉴－1999
中国对外经济统计年鉴－1999
中国固定资产投资统计年鉴－1999
中国物价及城镇居民家庭收支调查统计年鉴－1999
北京统计年鉴－1999(汉英)
天津统计年鉴－1999
河北经济年鉴－1999
山西统计年鉴－1999
内蒙古统计年鉴－1998
辽宁统计年鉴－1999
吉林统计年鉴－1999(汉英)
黑龙江统计年鉴－1999
上海统计年鉴－1999(汉英)
江苏统计年鉴－1999(汉英)
浙江统计年鉴－1999
安徽统计年鉴－1999
福建统计年鉴－1999
江西统计年鉴－1999
山东统计年鉴－1999
河南统计年鉴－1999
湖北统计年鉴－1999
湖南统计年鉴－1999
广东统计年鉴－1999(汉英)
广西统计年鉴－1999
海南统计年鉴－1999
重庆统计年鉴－1999(汉英)
新疆生产建设兵团统计年鉴－1999
柳州地区社会经济统计年鉴－1999
南宁地区统计年鉴－1999
开封统计年鉴－1999
郑州统计年鉴－1999
邢台经济统计年鉴－1999
南通统计年鉴－1999
四川统计年鉴－1999
贵州统计年鉴－1999
云南统计年鉴－1999
西藏统计年鉴－1999
陕西统计年鉴－1999
青海统计年鉴－1999
宁夏统计年鉴－1999
新疆统计年鉴－1999
石家庄统计年鉴－1999
唐山统计年鉴－1999
邯郸统计年鉴－1999
衡水统计年鉴－1999
廊坊经济统计年鉴－1999
呼和浩特经济统计年鉴－1999
四平统计年鉴－1999
延吉统计年鉴－1999
哈尔滨统计年鉴－1999
双鸭山社会经济统计年鉴－1999
延边统计统计年鉴－1999
徐州统计年鉴－1999
杭州统计年鉴－1999
苏州统计年鉴－1999
无锡统计年鉴－1999
常州统计年鉴－1999
宁波统计年鉴－1999
绍兴统计年鉴－1999
嘉兴统计年鉴－1999
金华统计年鉴－1999
舟山统计年鉴－1999
温州统计年鉴－1999
台州统计年鉴－1999
济南统计年鉴－1999
青岛统计年鉴－1999
泰安统计年鉴－1999
潍坊统计年鉴－1999
德州统计年鉴－1999
南昌统计年鉴－1999
齐齐哈尔经济社会统计年鉴－1999
贵阳统计年鉴－1999
攀枝花统计年鉴－1999
吉林社会经济统计年鉴－1999
三门峡统计年鉴－1999
平顶山统计年鉴－1999
洛阳统计年鉴－1999
武汉统计年鉴－1999
十堰统计年鉴－1999
宜昌统计年鉴－1999
海口统计年鉴－1999
广州统计年鉴－1999
惠州统计年鉴－1999
珠海统计年鉴－1999
东莞统计年鉴－1999
南宁统计年鉴－1999
宜春统计年鉴－1999
西安统计年鉴－1999
成都统计年鉴－1999
西宁统计年鉴－1999
乌鲁木齐统计年鉴－1999
巴音郭楞统计年鉴－1999
吐鲁番统计年鉴－1999
广安统计年鉴－1999
九江经济统计年鉴－1999
深圳统计信息年鉴－1999
桂林经济社会统计年鉴－1999
临汾统计年鉴－1999
上海浦东新区统计年鉴－1999(汉英)
大理统计年鉴－1999
甘肃年鉴－1999
沈阳年鉴－1999
福州年鉴－1999
宝山年鉴－1999
兰州年鉴－1999
厦门经济特区年鉴－1999
福州经济技术开发区马尾区年鉴－1999
黑龙江垦区统计年鉴－1999
广东农村统计年鉴－1999
湖北农村统计年鉴－1999
福建农村统计年鉴－1999
柳州经济统计年鉴－1999
河北农村统计年鉴－1999
河南农村统计年鉴－1999

ISBN 7-5037-2982-1
9 787503 729829 >

(京)新登字 041 号

图书在版编目(CIP)数据

上海统计年鉴·1999 / 上海市统计局编。- 北京：中国统计出版社，1999
ISBN 7-5037-2982-1
Ⅰ.上…
Ⅱ.上…
Ⅲ.统计资料 - 上海市 -1999- 年鉴
Ⅳ.C832.51-54
中国版本图书馆 CIP 数据核字(1999)第 17706 号

中国统计出版社
(北京西城三里河月坛南街 75 号 100826)
深圳宝峰印刷有限公司印刷
*
787 × 1092 毫米 16 开本 31.75 印张 16 彩页 157 万字
1999 年 8 月第 1 版 1999 年 8 月 第 1 次印刷
印数：1 - 4000 册
*
ISBN 7-5037-2982-1/C ·1652
定价：230.00 元

中国工商银行上海市分行

INDUSTRIAL AND COMMERCIAL BANK OF CHINA SHANGHAI BRANCH

中国工商银行上海市分行行长：姜建清

中国工商银行上海市分行是上海最大的国有商业银行之一。1998年，该行按照现代商业银行“高效益、低风险”的经营原则，深入推进信贷结构的战略性调整，大力开拓新市场，开发新品种，积极培育新的业务增长点，坚持依法合理经营，努力提高金融服务，为上海经济持续、快速、健康增长与我国金融事业的健康发展作出了积极的贡献。

该行资金实力雄厚，业务品种齐全，科技手段先进，营业网点遍布全市。能为本市各界人士及工商企业提供本外币存、贷款与结算、信用卡、个人金融理财、个人外汇买卖、住房按揭等以及包括电子付款、证券清算、代发工资、代收公用事业费、ATM、POS、电话银行、自助银行等各种银行服务。目前，该行在全市各区县共拥有600多个营业网点，并全部实现了电子化、网络化；在全市拥有ATM机600多台、POS机3200多台，发行各类银行卡超过400万张。此外，该行还能为境外持卡人提供ATM取人民币、国际信用卡消费服务等；并能为外省市的工行客户提供活期储蓄通存通兑、ATM取款、POS消费等多种银行服务。

到1998年末，中国工商银行上海市分行的本外币存款余额1827亿元，比年初增加142亿元；本外币贷款余额1530亿元，比年初增加152亿元；实现利润29.4亿元。

营业大厅

座落在金陵东路外滩的市工商银行大楼——光明大厦

地址：上海市中山东二路11号　电话：021-63217777　传真：021-63238727　邮编：200002

SBN 上海卫星电视中心

SHANGHAI BROADCASTING NETWORK

上海卫视领导班子成员

导控室

上海卫星电视(Shanghai Broadcasting Network)，简称上海卫视(SBN)，于1998年10月1日18:00正式开播。

上海卫星电视租用“鑫诺-1”卫星上星播出，信号覆盖亚太地区，每天24小时全天候滚动播出，节目内容涵盖新闻、财经、社教、综艺、青少、体育和电影电视剧。另有25档精心编排的来自上海各家电视台的综艺、社教、青少、体育名牌栏目轮番播出。

上海市广播电影电视局副局长穆端正兼任上海卫星电视中心总编辑，中心下设：党政办公室、总编室、新闻部、节目部、广告部。

上海卫星电视集上海电视之精品，创现代电视之时尚，充分利用上海影视资源，充分发挥上海广电整体优势，充分体现上海电视整体水平，是宣传上海改革开放成果的窗口，是展示上海两个文明建设成就的窗口，也是弘扬中华优秀文化的窗口。

上海广播电视卫星地球站

上海财政证券公司

总经理：赵叶龙

上海财政证券公司（原名上海振兴证券公司），成立于1988年4月21日，现为上海证券交易所和深圳证券交易所的会员单位，是首批获准的中华人民共和国国债一级自营商之一。公司注册资本金5亿元，经营范围包括：发行和承销各种有价证券、代理买卖各种有价证券、资产运作中介业务、企业股份制策划与上市运作、国债市场动态研究和分析、上市公司投资分析、咨询以及资本市场新兴金融工具的探索与创新等。

1998年上海财政证券公司迎来了成立十周年庆典。在这十年创建的道路上，"上财人"始终以市场为依托，以改革为动力，把握机遇，开拓进取，坚持走企业化道路，规范管理，自律发展，用辛勤的汗水耕耘在中国证券市场上。至1998年底，公司资产总额为36亿元，拥有29家营业部，近600名职工，累计实现证券交易额7038亿元，累计发行证券150亿元，实现利税近9亿元。经中国诚信证券评估公司跟踪评定，1998年公司的证券商信用等级为AA+。

本着"开拓、高效、服务"的经营宗旨，1998年公司将把发展经纪业务作为一项重要工作，通过改善服务方式、更新硬件设施等一系列措施，提高服务技术内涵，稳步拓展经纪业务。全年共对8家营业部进行了改进和扩建，投入大量技术设备，推出了远程家庭可视电话委托交易系统、代理申购系统、代理配股系统、隔日委托系统等业务，为广大投资者提供了便利、快捷的服务。在各营业部设立开放式"咨询台"，受理不涉及现金的业务，如开户、交割、查询等。推行面对面服务，解答客户问题，辅导客户进行电脑操作。1998年共完成证券交易额1813亿元，居上海证券交易所会员公司第六位；完成证券发行额2.5亿元，实现利润2.7亿元，保持了公司的经营规模。

交易大厅

地址：上海市临平北路19号
电话：65076608
邮编：200086

上海宝钢冶金建设公司

上海宝钢冶金建设公司（简称宝冶）是具有工程施工总承包一级资质的大型国有施工企业。质量保证体系通过ISO9002标准认证。

公司注册资金11443.8万元，总资产258864万元，固定资产净值27511万元，动力装备总功率122869kw，技术装备率11521元／人。拥有日本产地下连续墙钻机及抓斗、2400吨·米自爬式攀登起重机、德国产300吨液压履带式起重机、160吨汽车式起重机等先进设备在内的各类施工、运输机械5000多台、各类精密仪器、仪表700多台及其他门类齐全的先进加工机械设备。

公司现有职工13040人，各类专业技术及管理人员4248人。公司拥有土木建筑、土石方、公路、铁路、工业炉窑、钢结构及管道安装、机电设备安装、机械动力吊装运输、设备检修等综合施工能力的10个专业公司和一个物资供应公司、一个建筑设计研究院，以及具有年产4万吨加工生产能力的各类钢结构、非标设备加工厂和15个合资企业。

公司组建于五十年代，先后参加过武钢、马钢、攀钢及宝钢一期、二期和三期等国家重点工程建设，并且还承建了上海川沙水泥厂、上海地铁一号线工程、上海合流污水治理工程、上海耀华皮尔金顿浮法玻璃二期工程、上海韩松潜力纸业工程、上海通用汽车工程、南通远洋船务三期陆域工程、漳州华阳电业工程、厦门国际会展中心、上海月浦高层住宅、宝钢浦东国贸大厦、上海浦东新区招商中心、宁波栎社机场、杭

由宝冶承建的宝钢三号高炉荣获国家建筑工程鲁班奖

上海耀华皮尔金顿浮法玻璃生产线

州笕桥机场、上海浦东国际机场、沪嘉高速公路等众多跨地区、跨行业的重点工程建设。

公司先后获国家科技进步特等奖、全国“五·一”劳动奖状、全国先进施工企业、全国质量效益型先进企业、中国施工企业管理优秀奖、上海市建筑业特级信用企业、上海市优秀企业、全国先进建筑施工企业、中国建筑施工综合实力百强企业等殊荣及多项国家质量金奖、银奖、建筑业鲁班奖、国家市政工程金杯奖、上海市白玉兰奖、上海市政工程金奖等质量奖。在上海建筑企业综合考评中连续四年名列前茅，企业综合实力为上海市建筑企业五十强第一名。

上海宝钢冶金建设公司办公大楼

获国家、上海市“市政工程金杯奖”的上海地铁一号线徐家汇车站

宝钢三期1580mm热轧工程获国家建筑工程鲁班奖

公司总经理：董文军（法人代表）
公 司 地 址：上海市宝山区四元路168号
电话：56646640（总机）
传真：56935851
邮编：200941

厂党委中心组学习

上海电力股份有限公司吴泾热电厂，是华东电网的大型供热电厂，位于黄浦江上游西岸，毗邻吴泾化工区。自1958年8月建厂以来，先后经历了7期建设工程，目前装机容量为950MW，年发电量为50多亿千瓦时，供电煤耗率为360克／千瓦时，年供热量为700万百万千焦。占地面积为57.4万平方米。全厂固定资产原值25.9亿元。

该厂于1998年8月进行了股份制改制，目前全厂员工共1094名，其中大专以上学历138名，中专241名。该厂根据现代企业制度的要求和创一流工作的需要，特提出1999年厂方针目标"转变观念，理顺关系，确保安全，控制成本，加强管理，争创一流"。严格按照国家电力公司创一流企业标准真抓实干，整体推进企业的综合管理水平。

同时，该厂正在建设2×600MW机组的八期工程。为了确保第一台机组于2000年7月投产发电，第二台机组于2001年5月投产发电，目前正在进行必要的生产准备工作，并招聘和培训各类人员。

在厂领导班子的带领下，全厂员工决心视挑战为机遇，不畏艰难，锐意进取，以科学的态度，求实的精神，严谨的作风做好各项工作，在世纪之交的关键一年，向党和人民交出两个文明建设出色的答卷。

上海电力股份有限公司

吴泾热电厂

地　址：上海市龙吴路5000号
电　话：64500150
邮　编：200241

上海港

——昂首阔步迈向国际航运中心

上海港务局局长 陆海祜

上海港是一座百年老港，在其150年的历史发展中奋起成为中国大陆第一大港，亦是亚洲乃至于世界上最大港口之一。她位于我国大陆海岸线中部，自然条件优越。背依6300公里长江，经济腹地广阔，经济非常发达，货源十分充沛。她前通中国南、北沿海和世界大洋，后贯长江干流及江、浙、皖内河和太湖流域，并与全国铁路干线和公路网络相衔接，集疏渠道交错畅通，是中国对外开放通向世界的重要门户。

上海港岸线长达308公里，港区总面积3618平方公里。港务局管辖42个单位，其中13个港务（装卸）公司，1个客运服务总公司，拥有资产总值108亿元。公用码头生产泊位135个，其中万吨级泊位67个，吞吐能力9255万吨。集装箱泊位13个，集装箱堆场总面积85万平方米，吞吐能力约230万标准箱。粮食筒仓2座，容量12.4万吨。1998年上海港共完成16388万吨；外贸吞吐量4904万吨，比上年增长4%；集装箱吞吐量达到307万标准箱，比上年增长21.2%，持续9年高速增长，世界集装箱1998年港口排名表上位居第10位。

上海港对外合作交流日益扩大。目前上海港已与8个国家11个港口建立了友好港关系，已经和世界上200多个国家和地区的500多个港口600多家船公司建立了海上贸易往来业务，从上海港始发的国际集装箱航线达16条，每月有630多个航班，直达世界各大洲。上海港——太平洋西岸国际集装箱枢纽港雏型已经凸现。

世纪之交，党中央作出重大战略决策，尽快把上海建成国际经济、金融、贸易中心之一，又提出了建设上海国际航运中心的构想，不仅为上海港发展描绘了宏伟蓝图，也为上海港迎接国际航运趋势的发展和港口竞争提供了发展机遇。我们要审时度势乘势而上，昂首阔步迈向国际航运中心，去实现上海港21世纪更大辉煌。

热忱地欢迎海内外朋友们来上海港洽谈业务，交流经验。

上海港集装箱码头

上海港务局
地址：上海市中山东一路13号
电话：63290660
邮编：200002

上海汽车工业销售总公司
开创中国轿车销售新局面

上海汽车工业销售总公司作为曾经营造中国轿车市场半壁江山的轿车销售企业，将从容应战新一轮竞争，引进国际先进销售经验，开创中国轿车销售新局面。经过销售总公司全体员工的竭诚努力，一个目前国内规模最大、覆盖面最广的轿车网络终于建立起来。通过“精益求精”形成规范的市场行为和市场秩序，不断提高产品的“市场占有率”和“用户的满意度”。在实行营销体制改革的同时，销售总公司以积极的姿态参与市场竞争，采取多种手段，加强促销、制造商机，拓展私人用车、出租用车、旧车置换、租赁车等新的市场空间。同时，上海汽车工业销售总公司以大于、快于、先于销售能力为思路，规划全方位离地运输的综合集散分流系统，进一步壮大储运实力。

上海市文明社区

梅园文明小区一角

——梅园新村街道

上海市市长徐匡迪在街道党委书记王志文、办事处主任陶黎明的陪同下，视察街道就业和社会保障服务中心

1998年是梅园新村街道适应浦东城区区划调整，重新组建，构筑大社区管理新格局的起步、开局之年。3月28日，原陆家嘴街道（部分）、崂山西路街道、梅园新村街道合并而成的新梅园新村街道挂牌，面对5.5平方公里，16万人口的大社区，街道党工委、办事处从社区实际出发，提出了“巩固、提高、延伸、辐射”精神文明创建成果的工作方针和“抓住重点、突破难点、解决热点、全面推进”的创建工作思路。

为加强梅园社区的管理和建设，建设一个“整洁、优美”的社区环境是梅园新村街道的工作重点。1998年，街道共拆除违章搭建1500万平方米，复绿补绿1.4万平方米。把崂山东路马路集市以“多点分流”的方法引入室内，率先在浦东城区实现社区无马路市场的目标。

1998年，街道对社区资源进行认真地调研并重新组合，建成了社区文化中心、社区服务中心、社区图书馆、社区健身中心、家庭保健中心，这些实事工程的建成，极大地丰富了社区文化和社区服务内涵，形成了以各中心向全社区辐射的社区文化和社区服务的网络，年底建成的就业和社会保障服务中心为地区的就业和社会保障服务提供了“一门式”服务的良好环境，使街道的就业保障工作上了一个新的台阶。

街道领导班子在研讨梅园社区发展规划

街道党工委努力完善社区党建工作的内涵和机制，以党建带创建，进一步深化精神文明的创建活动，在社区内倡导“十种”精神，营造“三美”环境，1998年创建市级文明小区7个，区级文明小区9个，巩固了上海市文明社区和一级卫生街道的成果，梅园新村街道办事处被评为上海市先进街道办事处和上海市实事工程立功竞赛优秀单位。

浦东新区梅园新村街道所辖陆家嘴金融贸易区俯瞰

上海市环境保护科技咨询服务中心

董事长：陈江涛
常务副董事长：李剑白
副董事长：陈成宝
总经理：姚祚训

上海市建委谭企坤、市环保局吕淑萍、明珠线指挥部黄融等领导和专家们在鉴定会上

轨道交通明珠线声屏障试验工程实况

1998年，上海市环保局领导责成上海市环境科技咨询服务中心，受上海市轨道交通明珠线工程建设指挥部的委托，主持组织有关单位协同完成了《上海市轨道交通明珠线声屏障试验工程研究课题》的实施工作。同年12月，上海市建委组织了鉴定会，专家鉴定意见指出：“该课题采用了1:1实况模拟试验的方法，首次在国内建造了长达250米的试验工程。在声屏障的计算分析、结构形式、材质选优、降噪效果等方面进行了全面综合的研究。研究方法科学、技术路线正确，实施程序严密”。“声学结构合理、外型美观，降噪效果显著，如整体4.4m高的声屏障在10-30m距离内对多层建筑可获得13-15dB(A)的降噪效果”。“达到国内领先水平”。“对明珠线正线声屏障建设具有现实的指导作用”，并会同有关单位，以“产学研”的形式，进一步组织开发和推广，已取得较明显成效。

地址：上海市徐汇区南丹路1号
电话：(021)64392377
邮编：200030
传真：(021)64688796

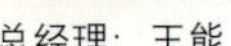
总经理：王能

上海香山钢材交易市场

XIANG SHAN METAL MATERIAL MARKET

上海香山钢材交易市场是上海香山物资有限公司下属的一个融交易、信息、服务、休闲于一体的现代化生产资料交易市场，也是全国首家引进计算机网络进行信息管理的钢材现货市场。现有交易席位380只，吸引全国20多个省市的300多家客户入驻，年成交钢材100多万吨，成交金额达27亿元，是业内知名的高品质市场。

香山钢市自1995年5月开业以来，以建设企业文化为契机，逐步规范市场的经营管理，被誉为沪上"精品钢市"。

市场专设：市场管理部为客户进驻市场提供咨询、办理手续，管理、维持场内交易秩序；信息管理部为驻场客户提供商务服务和信息服务，并进行电脑网络的管理；物业管理部24小时全天候提供设施保障和安保服务；为方便场内企业存取款，市场引进了中国工商银行等金融机构为客户提供结算服务。

上海香山钢材交易市场面向21世纪，为建设社会主义市场经济，逐步探索要素市场的发展而作出贡献。

香山钢材交易市场外貌

交易市场大厅

地　址：上海市徐家汇路679号
电　话：021-64150858
邮　编：200023

上海财政税务职工大学
上海市财经学校

校　长：马敬之

副校长：胡伯权　徐敏华

上海财政税务职工大学与上海市财经学校是两所隶属于上海市财税局的专业学校。

上海财税职大是成人高校，总部在宝山区共康路51号，分部设在毗邻外滩的黄浦区江西中路246号。学校开设财政、税务、会计、审计等专业，除了大专、中专两个层次的学历教育之外，还是财政部全国财政干部培训基地，承担着全国财政系统和市财税系统干部培训的任务。此外，上海财税职大还是上海市市民计算机能力和外语能力考试指定办学点、上海市人事管理岗位资格培训办学点、上海市市级机关后勤岗位培训定点单位。由于长年承担各类培训教育，学校不仅积累了丰富的培训教育经验，形成了相应的管理机制，而且在教育、办公、生活等方面设施的配置也较全面、较先进。

上海市财经学校是一所具有三十多年历史的中专学校，现开设财政、税务、投资财务与信用、财务会计、金融、对外贸易、企业管理、国有资产管理八个专业，招收高中毕业生，学制二年；招收初中毕业生，学制三年，现在校全日制中专生1800人。除中专学历教育之外，上海市财校还是上海市“三类”学校（中专、职校、技校）财经类师资培训基地、上海市中专自学考试财经类专业主考学校。学校地处杨浦区，拥有较先进的教学、生活、办公设施，教学水平被市教委评定为优秀（A级）水平。

1995年，上海财税职大与上海市财经学校合并，现在两校共一套领导班子，各部门分别运行。

学校办公、图书综合楼

上海财政税务职工大学
地址：上海市共康路51号
邮编：200435

上海市财经学校
地址：上海市民星路467号
邮编：200433

上海汽车工业培训中心

SAIC

The Training Centre of Shanghai Automotive Industry

上海汽车工业培训中心隶属于上海汽车工业（集团）总公司，设有上海汽车工业（集团）总公司职工大学，中共上海汽车工业（集团）总公司党校，共青团上海汽车工业（集团）总公司团校和上海汽车工业联合技工学校等教育培训机构。培训中心建立于1980年，既是上海汽车工业（集团）总公司职工教育管理机构，又是总公司系统中、高级人员的培训基地。培训中心坚持以提高教育培训质量为工作重心，逐步形成了“树精誉风范，育上汽英才”的校园精神，荣获全国机械工业教育先进单位，上海市文明单位等荣誉称号。1997年又获“上海市成人高等教育评估优良院校”称号。

为适应“九五”期间汽车工业的迅速发展，上汽（集团）总公司决定加大对教育的投入，再次扩建改造培训基地，为上海汽车工业的发展注入新的活力。培训中心将形成以岗位培训，继续教育为主，深化学习教育的具有上汽（集团）特色的办学模式。

上海汽车工业培训中心
全国机械工业职工教育
先进单位
中华人民共和国机械工业部
一九九六年十月

地址：上海市西康路252号
邮编：200040
电话：62792380　传真：62793647

上海市机械设备成套（集团）公司

上海市机械设备成套（集团）公司是上海市机械设备成套集团的核心企业，是具有国家甲级成套、甲级工程咨询和工程总承包资质的法人经济实体。● 历史悠久——公司前身成立于1959年，是全国最早的成套单位之一，为国家八个五年计划时期的基建、技改项目的实施都作出了较大的贡献，为国家和上海市重点工程提供成套设备已成为公司的优良传统。● 成绩卓著——40年来，公司为国家和上海市的交通、公用、环保、邮电、石油、化工、电力、冶金、轻工、纺织、建材、仪表、机电、船舶、水利、医疗、汽车等各行各业的基本建设和技术改造等上万个成套项目，提供了数百亿元成套设备。近年来，公司连续被评为上海市重点实事立功竞赛优秀公司、全国设备成套系统先进单位、上海市工商局连续七次授予“重合同、守信用”优秀企业，公司还进入了国家物资流通企业综合实力百强、上海市物资流通企业五十强前列。● 功能齐全——随着经济的发展，公司已从成套服务扩展到科研设计、专业成套、工程承包、工程监理、设备租赁、资产评估、设备经营、招标投标、信息咨询、房产实业、工业生产、进出口业务等集科、工、贸为一体的多功能的综合性企业，和全国各省市成套局组成了一个全方位的成套系统网络。● 服务最佳——多年的积累，丰富了公司的技术服务经验，造就了一大批熟悉业务、门类齐全、服务精湛的中高级专业技术人才，全体员工将“用户的需要就是我们的工作方向”奉为座右铭。

地　址：上海市长寿路285号恒达广场18楼　　邮　编：200060　　电　话：62270300　　传　真：62270301

龙元建设集团股份有限公司

总经理：赖朝晖

龙元建设集团股份有限公司是一家集土建、市政、装饰、地基四个一级资质于一身的大型建设集团，实力雄厚，设备精良，进沪以来坚持走质量兴业之路，业绩辉煌。连续4年5次荣获QC成果“国优”称号，连续13年被评为浙江进沪施工企业先进单位，连续7年位居上海市进沪施工企业综合考评前三名。至今共创“鲁班”奖、全国优质样板工程、上海市“白玉兰”金奖，优质结构，浦江杯等优质工程奖八十余项；创市文明工地，标化工地，标化样板工地、创安工地等百余项。

1997、1998年公司通过ISO9002质量体系认证，获得了对外经营权，被授予“全国质量管理优秀企业”、“全国用户满意服务单位”、“全国全面质量管理优秀企业”、“全国质量效益先进企业”。1998年兼并了上海建设工程总承包有限公司，实力大增，完成年施工产值14.2亿元，居浙江施工企业首位。现为宁波市明星企业、浙江省重点骨干企业、上海市进沪施工优秀企业、上海市重大工程立功竞赛优秀公司、上海市跨世纪住宅建设优秀施工企业、全国优秀建筑企业。

公司董事长：赖振元　　总经理：赖朝晖

汇嘉大厦

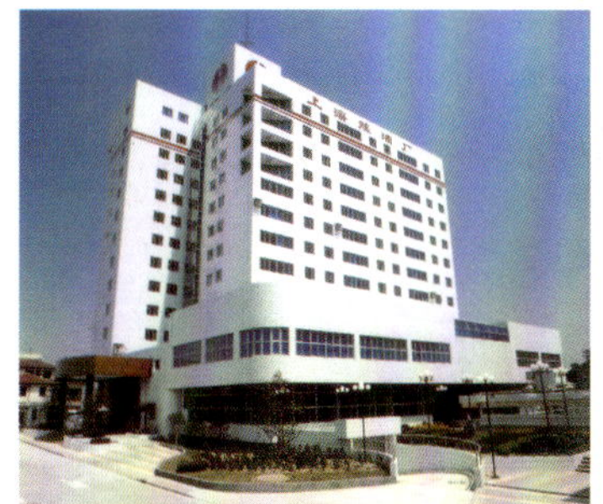
上海炼油厂主楼

四川省第十二建筑工程公司上海公司

华西集团

华西集团四川省第十二建筑工程公司，系国有一级资质型建筑施工企业。

公司总部设在四川成都，现有职工万余人，其中高中级技术人员和专业管理干部1300多人，注册资本4400万元，固定资产6423万元，现有各类大、中型机械设备1400台。公司管理科学，技术实力雄厚，坚持“质量第一，缩短工期，优质服务，信誉至上”的经营宗旨。年施工产值8亿元，施工面积150万平方米，近年来工程合格率100%，优良率40%以上。

四川省第十二建筑工程公司副总经理、上海公司经理：程宗林

公司所属上海公司自1986年开拓上海建筑市场以来，先后承建了华东地区最大的高层建筑群——上海田林新苑住宅小区、宝钢、宝林一村、六村的高层、多层住宅小区，浦东云台小区高层住宅、虹古银鑫高级公寓、杨浦区“又一村”住宅、浦东六里二十一世纪现代居住小区、航天部615研究所、漕河泾新兴技术开发区6-9期工业厂房、闸北区政务中心信息大楼、珠氏宾馆等一大批工程。

华西集团四川十二建自1986年进沪以来，发扬吃苦耐劳、积极奉献的精神，努力“为上海人民作贡献，为四川人民争光”。已竣工工程92万余平方米，近五年工程优良率年均达82.6%，先后荣获6个上海市“白玉兰”优质工程奖，并荣获了国家优质样板工程奖和国家“鲁班奖”；上缴税金2640余万元；连续五年被评为进沪施工优秀企业，并被评为四川省级“文明单位”。

近年来，公司积极参加市建委组织的“加强城市管理，创建达标窗口”活动。公司所承建的所有施工现场全部荣获上海市“标准化管理达标工地”。其中，田林新苑四号、五号楼工地，虹古银鑫公寓工地，闸北区政务中心信息大楼工地，北新泾22#、23#高层住宅等工地先后荣获上海市“标化管理样板工地”称号。

本公司积极加强企业内部管理，努力提高企业素质，企业综合管理水平不断提高。从1993年至1995年连续三年荣获上海市进沪施工企业综合评比“优秀企业”。1995年在外地进沪施工企业500家的评选中列第八名。并多次荣获“上海市社会治安综合治理先进单位”称号。

本公司愿在土建、装饰、安装等方面，竭诚为客户提供一流服务、一流技术、一流水平，为上海新三年的大变样和经济发展作出我们更大的贡献，共同把上海建成东方国际大都市。

白玉苑获“白玉兰”小区杯金奖

杨浦区“又一村家园”小区

地址：上海市田林东路三百六十弄二号三楼
电话：六四〇八一四〇六　传真：六四八三五六四四　邮编：二〇〇二三三